中国社会科学院哲学社会科学创新工程学术出版资助
国家社科基金重大委托项目"中国少数民族语言与文化研究"

中国社会科学院创新工程学术出版资助项目

中国社会科学院民俗学研究书系
中国少数民族语言与文化研究

朝戈金　主编

民俗学：一门伟大的学科
从学术反思到实践科学的历史与逻辑研究

Folkloristics as a Great Discipline:

Studies on the History and Logic of Paradigm Shift from Theoretical Reflections to Practical Science

吕　微｜著

中国社会科学出版社

图书在版编目（CIP）数据

民俗学:一门伟大的学科:从学术反思到实践科学的历史与逻辑
研究/吕微著.—北京:中国社会科学出版社,2015.10
（中国社会科学院民俗学研究书系）
ISBN 978 – 7 – 5161 – 6221 – 7

Ⅰ.①民… Ⅱ.①吕… Ⅲ.①民俗学—研究 Ⅳ.①K890

中国版本图书馆 CIP 数据核字(2015)第 117583 号

出 版 人　赵剑英
责任编辑　张　林
特约编辑　吴连生
责任校对　石春梅
责任印制　戴　宽

出　　　版　中国社会科学出版社
社　　　址　北京鼓楼西大街甲 158 号
邮　　　编　100720
网　　　址　http://www.csspw.cn
发 行 部　010 – 84083685
门 市 部　010 – 84029450
经　　　销　新华书店及其他书店

印刷装订　三河市君旺印务有限公司
版　　　次　2015 年 10 月第 1 版
印　　　次　2015 年 10 月第 1 次印刷

开　　　本　710×1000　1/16
印　　　张　38.25
插　　　页　2
字　　　数　648 千字
定　　　价　128.00 元

谨以拙著，献给我的老师

因为你们的理想

因为你们的人格

总　序

　　自英国学者威廉·汤姆斯（W. J. Thoms）于 19 世纪中叶首创"民俗"（folk-lore）一词以来，国际民俗学形成了逾 160 年的学术传统。作为现代学科意义上的中国民俗学肇始于五四新文化运动，80 多年来的发展几起几落，其中数度元气大伤。从 20 世纪 80 年代开始，这一学科方得以逐步恢复。近年来，随着国际社会和中国政府对非物质文化遗产（其学理依据正是民俗和民俗学）保护工作的重视和倡导，民俗学研究及其学术共同体在民族文化振兴和国家文化发展战略中，都正在发挥越来越重要的作用。

　　中国社会科学院曾经是中国民俗学开拓者顾颉刚、容肇祖等人长期工作的机构，近年来又出现了一批较为活跃和有影响力的学者，他们大都处于学术黄金年龄，成果迭出，质量颇高，只是受既有学科分工和各研究所学术方向的制约，他们的研究成果没能形成规模效应。为了部分改变这种局面，经跨所民俗学者多次充分讨论，大家都迫切希望以"中国民俗学前沿研究"为主题，申请"院长学术基金"的资助，以系列出版物的方式，集中展示以我院学者为主的民俗学研究队伍的晚近学术成果。

　　这样一组著作，计划命名为"中国社会科学院民俗学研究书系"。

　　从内容方面说，这套书意在优先支持我院民俗学者就民俗学发展的重要问题进行深入讨论的成果，也特别鼓励田野研究报告、译著、论文集及珍贵资料辑刊等。经过大致摸底，我们计划近期先推出下面几类著作：优秀的专著和田野研究成果，具有前瞻性、创新性、代表性的民俗学译著，以及通过以书代刊的形式，每年择选优秀的论文结集出版，拟定名为《中国民俗学》（*Journal of China Folkloristics*）。

那么，为什么要专门整合这样一套书呢？首先，从学科建设和发展的角度考虑，我们觉得，民俗学研究力量一直相对分散，未能充分形成集约效应，未能与平行学科保持有效而良好的互动，学界优秀的研究成果，也较少被本学科之外的学术领域所关注、进而引用和借鉴。其次，我国民俗学至今还没有一种学刊是国家级的或准国家级的核心刊物。全国社会科学刊物几乎都没有固定开设民俗学专栏或专题。与其他人文和社会科学的国家级学刊繁荣的情形相比较，学科刊物的缺失，极大地制约了民俗学研究成果的发表，限定了民俗学成果的宣传、推广和影响力的发挥，严重阻碍了民俗学科学术梯队的顺利建设。再者，如何与国际民俗学研究领域接轨，进而实现学术的本土化和研究范式的更新和转换，也是目前困扰学界的一大难题。因此，通过项目的组织运作，将欧美百年来民俗学研究学术史、经典著述、理论和方法乃至教学理念和典型教案引入我国，乃是引领国内相关学科发展方向的前瞻之举，必将产生深远影响。最后，近些年来，国内外非物质文化遗产保护工作的大力推进，也频频推动国家文化政策的制定和实施中的适时调整，这就需要民俗学提供相应的学理依据和实践检验，并随时就我国民俗文化资源应用方面的诸多弊端，给出批评和建议。

从工作思路的角度考虑，"中国社会科学院民俗学研究书系"着眼于国际、国内民俗学界的最新理论成果的整合、介绍、分析、评议和田野检验，集中推精品、推优品，有效地集合学术梯队，突破研究所和学科片的藩篱，强化学科发展的主导意识。

我们期待着为期三年的第一期目标实现后，再行设计二期规划，以利我院的民俗学研究实力和学科影响保持良好的增长势头，确保我院的民俗学传统在代际学者之间不断传承和光大。本套书系的撰稿人，将主要来自民族文学研究所、文学研究所、世界宗教研究所和民族学与人类学研究所的民俗学者们。

在此，我代表该书系的编辑委员会，感谢中国社会科学院文史哲学部和院科研局对这个项目的支持，感谢"院长学术基金"的资助。

朝戈金

目　录

绪　论

"内在的"和"外在的"民间文学[*]

一　解题:从索绪尔的外在性批判开始

　　题目中的"民间文学"有两个意思,一是指学科对象的民间文学,二是指学科本身的民间文学。钟敬文曾经将后者命名为"民间文艺学",以示两者之间的区别。在本绪论中,我使用了多数学者约定俗成的习惯说法,也用"民间文学"来指称作为学科本身的民间文学。无论是对象意义上的民间文学还是学科意义上的民间文学,在使用中因上下文的关系,读者和听众一般都不会弄混,特别是说到"民间文学—民俗学"的时候,则肯定指的是作为学科本身的民间文学。

　　1846 年,英国人汤姆斯建议使用 folk - lore(直译"民众知识"或"民俗")这个撒克逊语合成词以后,民间文学—民俗学就有了一个正式的名称[②],尽管在这之前格林兄弟已经出版了《儿童与家庭童话集》

　　* "绪论"是笔者于 2002 年 4 月 2 日在中国社会科学院研究生院举办的"学术前沿"系列讲座上的一次讲演,于明清同学整理了讲稿,谨此致谢! 笔者对讲稿作了补充和修改后,发表于《文学评论》2003 年第 3 期,发表时有删节,但仍残留大量口语痕迹,发表时的内容提要云:"借助索绪尔关于'内在语言学'和'外在语言学'的命题为参照,分析近二十年中国民间文学和民俗学研究的理论趋势,指出索绪尔关于内在性、共时性语言学的思想隐含了对历史语言学意识形态性的批判,至今仍然是中国学者批判外在性历史研究的学术思想资源。但是索绪尔的'内在语言学'思想囿于传统的认识论,无法解释在排除了对象主体之后的形式主义研究,如何可能仍然内化了研究主体外在性的价值立场和问题意识,而经过伽达默尔解释学转换的索绪尔命题,不仅可以理解中国民间文学和民俗学当前发展的理论脉络,而且也为研究者主体意识介入研究过程的外在性学术研究和学术政治实践,确定了合法性前景。"收入本书时,笔者重写了"绪论"。
　　② 参见 〔美〕邓迪斯编《世界民俗学》,陈建宪等译,上海文艺出版社 1990 年版,第 1—9 页。

（1812—1815 年）。因此，即使以 1846 年作为民间文学—民俗学正式启动的学科标志，民间文学—民俗学在欧洲登上学坛，至今也已有 150 多年的历史了，比起我们所熟悉的《共产党宣言》的发表时间（1848 年）还要早两年，因此，民间文学—民俗学完全可以自诩是一门有着不菲传统的学科。但是，民间文学—民俗学并没有像与它同时诞生的应用政治学——共产主义学说那样与社会实践发生直接关联，对社会发展产生直接影响，而是在一个相对狭小的知识圈里逐步地积累、缓慢地成长（当然这只是就民间文学—民俗学和共产主义学说的比较而言，实际的情况是，民间文学—民俗学与社会实践、社会发展关系密切，两者之间的互动关联不可小觑），至今，民间文学—民俗学与诸多学科中的马克思主义学派一样，仍然具有自我深化、自我拓展的潜力。

　　一百多年来，民间文学—民俗学先后经历了文学、历史学、语言学、人类学、心理学等学科的从旁襄助的型塑，在学科发展的早期，民间文学—民俗学甚至与相邻学科比如德国浪漫主义的历史语言学难分你我。回顾学科历史，其他学科对于民间文学—民俗学的影响，都是推动了民间文学—民俗学内部各个流派的更迭，民间文学—民俗学没有因为哪个学科的介入而失去自我。但是今天，民间文学—民俗学却感觉到了危机，这危机仍然不是因为其他学科对于民间文学—民俗学边界的侵犯，而是从事民间文学—民俗学研究的学者自己对民间文学—民俗学的学科名称，同时也是学科对象以及学科核心概念的 folklore 产生了疑问。

　　当我们从事某项具体的研究时，我们往往是从一个自认为很明确的状态出发，或者说我们从一个自明的大前提出发走向一个较小的未知领域（从抽象到具体）。比如，当我们研究某个民间文学文本时，我们对"民间文学"这个基本概念本身没有任何怀疑，因此我们也就不会怀疑我们正在研究的是不是一个属于民间文学的文本，这时，我们是在一个早就规定好了的学科传统框架中，从事某项具体的解题工作。但是，经过一段时间，我们会发现我们根据的大前提框架有问题，这个大的前提框架无法使我们的解题工作最终得到一个满意的答案，这时，我们就会产生怀疑，怀疑我们根据的学科大前提出了问题。实际上，我们所有具体的学术研究都是在用我们个别的解题工作，给各自的学科提供一种崭新的、独到的和（对于自己来说是）"科学革命"[1] 的理解，尽管在具体解题的时候我们

---

① ［美］库恩：《科学革命的结构》，李宝恒等译，上海科学技术出版社 1980 年版。

自己往往不会意识到这一点，尽管在我们的学术共同体中究竟由哪个人最后臻于重新理解的新境界是个不确定的因素，但是共同体中的每个人都将为这一天的到来贡献自己的那一分力量则是毫无疑义的。目前，我们的民间文学—民俗学正处在这种境域当中：一百多年之后，大家忽然意识到，folklore（汉译为"民间文学"或"民俗""民俗学"）这个术语，有必要重新定义了，否则，我们的学科将很难从目前的困境中自拔。

但是，如果民间文学—民俗学从来没有因为其他学科的越界侵犯，而发生根本性的危机，那么目前的学科危机又是因何缘由呢？这还得回到刚才的话题：学术与社会的实践关系。也就是说，民间文学—民俗学虽然没有引发直接的政治运动，但是若说民间文学—民俗学只是纯粹的知识和智慧，而不具备应用的社会品格则是失实的判断。现代诸学科都是在知识的层面对于现代社会问题做出的回答（或是在象征的层面与其他社会文化因素发生功能耦合的实践关系），因此学科的基本问题往往是社会基本问题在学术层面的知识性转换，学科对其基本问题的回答也就是在间接地参与社会问题的解决，或者是社会观念的建设，甚至是社会实体的建构。如果一门学科的基本概念发生了问题，也就是学科的基本概念不能解决学科的基本问题，那么从社会存在的立场看，就是学术与社会之间的实践关系发生了错位。就此而言，学科危机主要不应从本学科与他学科的关系找原因，而主要应当到学术与社会存在的关系找原因。打个比喻，知识就好比是产品，它首先具有使用价值，其次它是商品，具有交换价值，而各个学科的知识就好比是各种产品和商品；如果社会需求和知识供给之间发生了矛盾，那么无论供大于求还是供小于求，都会导致市场上知识商品的价格波动，并预示了可能的供求危机；然而最根本的危机还在于，某一学科知识是不是有使用价值的产品和有价值的商品，是否以其使用价值和价值满足了社会的特殊需求和普遍需求。

本绪论的题目"'内在的'和'外在的'民间文学"借用了20世纪初伟大的语言学家索绪尔的一组命题。索绪尔提出，语言学应当被进一步区分为"内在的"语言学和"外在的"语言学（或翻译为"内部的"语言学和"外部的"语言学）这两种不同的研究方向，在《普通语言学教程》这本书里，索绪尔用国际象棋的例子区分了语言的"内在性"和"外在性"。

国际象棋由波斯传到欧洲，这是外部的事实，反之，一切与系统和规则有关的都是内部的。例如我把木头的棋子换成象牙的棋子，这种改变对于系统是无关紧要的；但是假如我减少或增加了棋子的数目，那么，这种改变就会深深影响到"棋法"。①

索绪尔认为，语言的"内在（部）性"和"外在（部）性"是语言学的两个不同的研究对象或方向：语言的"内在性"，即语言的"系统和规则"——索绪尔又称之为"社会制度"——是内在的语言学的研究对象或研究方向；而语言的"外在性"，即语言的"外部的事实"——索绪尔据以比喻的例证包括"国际象棋由波斯传到欧洲"，即语言的传承与传播——则是外在的语言学的研究对象。在《普通语言学教程》中，索绪尔指出，影响语言的系统规则这种内部的社会制度的"外部的事实"包括历史、地理、民族，以及宗教、政治、教育、文学等广义的文化现象②，但是，由于各种"外部的事实"多半与政治是"分不开的普遍现象"③，所以，在索绪尔看来，影响语言这种内部的社会制度的"外部的事实"，主要是外在于语言的内部系统规则，同时又影响了语言的内部系统规则的广义的政治现象。④

以此，索绪尔的"外在性"概念就可与"政治性"互换，而语言的"内在性"则是指摆脱了政治现象的"外部的事实"影响而内在于语言的

---

①　［瑞士］索绪尔：《普通语言学教程》，高名凯译，岑麒祥等校，商务印书馆1980年版，第46、128—130、155页。

②　同上书，第43—44页。

③　同上书，第44页。

④　"索绪尔强调'内在语言学'并且把它和作为外在性的书写语言严加区别，所要表达的正是这个意思。对于索绪尔来说，所谓书写语言的外在性是指各种广义的政治关系。""索绪尔强调'内在语言学'并不意味着排斥'外在的'因素，而是旨在批评语言学内化了'外在'因素的结果。通过强调'内在语言学'，他实际上揭示了'外在'因素的外在性。""索绪尔经常受到一种非议是说他忽视语言的政治性，把语言当作一个事实上自主的系统。但书写语言的外在性恰恰是政治性。索绪尔极力批评的那种语言学才以内在化的方式抹杀了这种政治性。""索绪尔所面临的形势无疑是政治性的。在这种形势下，他作为一个语言学家对语言学本身的意识形态功能是不可能视而不见的。历史语言学的语音中心主义不仅仅是和民族语言的观念同时发生的；它事实上有助于强化这种观念。""索绪尔……指出语言学本身的政治性。如果语言学家确立了一种语言，其结果也就确定了一个种族的存在。""索绪尔对历史语言学的批判显然包含着对那种意识形态功能的批判。""索绪尔的'内在语言学'，不论它有什么别的意义，正是对这种固定语言之假设的批判。因为这种假设具有一种直接的政治功能。""被奉为排除'外在'因素的语言学奠基人的索绪尔本人，对那种最'外在'的东西——政治——有着清醒的认识。"［日］柄谷行人：《民族主义与书写语言》，陈燕谷译，《学人》第9辑，江苏文艺出版社1996年版，第98—101、104页。该文收入［日］柄谷行人《日本现代文学的起源》，赵京华译，三联书店2003年版。

系统规则本身。以此，柄谷行人认为，索绪尔对历史语言学的批判，主要是针对内化在历史语言学之中而未被察觉的政治意识形态影响的批判，于是，当柄谷行人说"索绪尔之后存在的只外在语言学"① 时候，这种看法或者说法可以在索绪尔那里找到充分的证据，因而可以成立。柄谷行人的意思是，在索绪尔之后，很少人对影响内在性学术的外在性政治意识形态有清醒的认识，柄谷行人说得不错。

　　与语言学的研究对象的内在性和外在性相对应，索绪尔还把语言对象区分为"语言（langue）"和"言语（parole）"②，按照前引"棋法"的例证，"语言"即语言的共时性系统规则③，是内在性的语言学即纯粹语言学的研究对象；而"言语"即使用语言"系统和规则"的历时性实践的"事实"或"现象"，则是外在性的语言学即"言语的语言学"及"历史语言学"的研究对象。④ 在索绪尔之前，欧洲的语言学都是研究历时性、外在性的言语"事实"或"现象"的历史语言学⑤，代表性人物当中就有研究神话的缪勒和研究民间文学的格林兄弟；而索绪尔开始提倡研究共时性、内在性的语言"系统和规则"本身的纯粹语言学。

　　在把语言学区分为内在的、共时的语言学，和外在的、历时的语言学的同时，索绪尔也为语言学的研究对象（客体）——语言和言语——分别设定了不同的主体。在索绪尔看来，言语的主体就是具体地使用语言"系统和规则"的实践主体（经验的个体或集体），而语言的主体则是任意地约定了语言"社会制度"的抽象的逻辑主体（先验的个体或交互主体）。索绪尔认为，政治现象等"外部的事实"或"外部的原因""外部

---

① 参见［日］柄谷行人《民族主义与书写语言》，陈燕谷译，《学人》第9辑，江苏文艺出版社1996年版，第104页。

② 户晓辉批注："索绪尔实际上区分了langage（语言能力）、langue（语言系统）和parole（语言的个人表现或表达），但翻译上的困难造成了理解上的歧义。"

③ "一般共时语言学的目的是要确立任何特殊共时系统的基本原则。"［瑞士］索绪尔：《普通语言学教程》，高名凯译，岑麒祥等校，商务印书馆1980年版，第144页。

④ "可是外部语言学所研究的却是一些很重要的东西；我们着手研究言语活动的时候想到的也正是这些东西。""语言中凡属历时的，都只是由于言语。一切变化都是在言语中萌芽的。"（同上书，第43、141页）所以，根据索绪尔，我们说，言语是外在的、历时的"言语的语言学"和历史语言学的研究对象。

⑤ "时代这个术语借自历史学，它会使人想到环绕着语言和制约着语言的环境，而不是想到语言本身。一句话，它会唤起我们曾称之为外部语言学的那个观念。"同上书，第145页。

条件"①，都是通过实践主体而影响言语实践，并且内化于以认识言语实践为目的的历史语言学当中，从而导致了索绪尔之前的历史语言学，始终是一门内化了政治诉求却不自知的人文学术而不是纯粹的社会科学。正因如此，柄谷行人才认为，索绪尔区分内在性、共时性的语言系统、规则，和外在性、历时性的言语事实、现象，以及言语的实践主体和语言的逻辑主体，对于警惕外在性的政治意识形态对内在性学术的影响，有重要的理论和实践意义。

言及于此，有读者会提出质问，笔者讲的是民间文学，那么民间文学能否独立于实践主体？能否杜绝外在性、历时性的意识形态的政治影响？索绪尔不是已将言语（文学正是言语）排除在了内在性、共时性语言学的研究对象之外了吗？不错！民间文学的"事实"和"现象"的确难以脱离实践主体而独立存在，正如我们常说"文学是人学"，但也正是以此，我们才可以说，民间文学—民俗学自诞生以来始终都还是外在性、历时性的研究，而不是内在性、共时性的学术，至少站在索绪尔划分语言和言语的立场上看，就是如此。

在此，我的意思并不是说，为了使民间文学—民俗学转换为道德中立或价值无涉的学问，仅仅根据索绪尔对学术对象与学科方向的划分，就有可能发展出一种纯粹内在的民间文学—民俗学。对于"内在的民间文学—民俗学"的命题是否有效的问题，我们暂且存而不论，我只是在讨论之前首先提供一种借以展开讨论的参照立场，也就是说，用含有"内在的""外在的"，和"共时的""历时的"这两组对立概念的命题，作为我们立论的框架，来分析中国民间文学—民俗学的晚近和新近发展。之所以选择索绪尔的命题作为我们讨论的前设条件，是因为索绪尔的语言学批判直接针对的是19世纪德国浪漫主义的历史语言学，而德国浪漫主义的历史语言学与民间文学研究本是一对双胞胎（格林兄弟可以为证），而"五四"开启的中国现代启蒙主义兼浪漫主义的民间文学—民俗学，也始终处于外在性、历时性学术范式以及政治意识形态的影响之下。"索绪尔之所以拒绝肯定的或界限分明的语言观念，目的在于拒绝同语言相关的

---

① 参见［瑞士］索绪尔《普通语言学教程》，高名凯译，岑麒祥等校，商务印书馆1980年版，第210页。

'主体'，因为主体从一开始就锁闭在民族之内。"① 鉴于 "在索绪尔之后存在的只有外在语言学"，即只有研究言语的语用学，因此借鉴索绪尔的批评武器，也许仍然是我们今天需要补习的功课，大概这样做的结果能使我们更清醒地理解本学科的问题性之所在。当然，在本绪论的后半部分我还会对索绪尔的命题进行一定的修正、转换，而转换、修正所依赖的理论资源，是康德关于知识的内在性和超验性的划分。索绪尔的命题可能接受过康德的影响（没有直接的文本证据）②，但索绪尔简化了康德的命题，主要表现为：康德对知识"内在性"和"超验性"的划分，建立在把知识划分为理论知识和实践知识的基础上，并且注意到了被研究者和研究者作为逻辑主体，对内在性实践知识的交互性作用和影响；但索绪尔的知识"内在性"和"外在性"的命题，没有明确地继承康德关于实践知识和理论知识的划分（索绪尔关于语言研究和言语研究的划分，只是隐约地对应于康德的实践认识和理论认识），且主要考虑了被研究者主体（实践主体）对历时性、外在性言语实践知识的作用和影响，而没有考虑到研究者主体（认识主体）对言语实践知识的理论认识的历时性、外在性作用和影响（这会让我们今天的学术反思的理论和实践深度大打折扣）。而经过回到康德而转换、修正的索绪尔命题，我们在用实践知识和理论知识的框架，分析共时性、内在性的语言实践知识，和历时性、外在性言语理论知识的同时，还将恢复在历时性、外在性言语理论知识中，被视为研究对象（处于被认识的客体位置）的被研究者主体在共时性、内在性语言实践知识中，与研究者主体一起作为交互的实践主体的先验的逻辑地位。而这就意味着，经过康德式修正和转换的索绪尔命题，最终要解决的问题是，用研究对象（语言及其逻辑主体）

---

① 〔日〕柄谷行人：《民族主义与书写语言》，陈燕谷译，《学人》第 9 辑，江苏文艺出版社 1996 年版，第 104 页。

② 户晓辉批注："索绪尔于 1876—1881 年在莱比锡大学学习并获博士学位，当时康德哲学影响正隆，所以索绪尔不会不受影响。这方面，国外学者如 Paul Thibault in Re‐reading Saussure（Routledge，1996，p. 168）一书中指出，索绪尔所谓语言的心理领域实际上类似于康德的 noumenon（本体）；国内的研究可参见李开《试论索绪尔语言学说的康德哲学渊源》，《语文研究》2007 年第 4 期。虽然《普通语言学教程》是学生整理稿，而且是不断调整中的东西，因而有其不一致之处，而且索绪尔的划分更多的是方法论和认识论上的，而不是存在论意义上的，所以实际上它的划分和论述可能更辩证一些。索绪尔和康德都为后来的交互主体性带来了重要启发，至少预留了位置。"

的"共时性"（先验性）保证研究本身的"内在性"（先验性）；而索绪尔首先要讨论的问题，仅仅是研究对象（言语及其实践主体）的"历时性"（经验性）无法保证研究本身的"内在性"（先验性）。这话听起来有些同义反复，但一个是认识的终点，一个是认识的起点，下面，我们就从索绪尔的认识起点开始我们的讨论。

二　内在的与外在的民间文学——民俗学的研究对象

英文 folk - lore 的前半部分 folk 本是"民众"的意思，后半部分 lore 的意思是"知识"，合在一起就是"民众的知识"。汉译的时候我们把这个英文合成词译成"民俗"或"民间文学"，用以界定学科本身时，也可译成"民俗学"。在传统的共同体中，民众的大部分知识往往要依赖口头形式代代相承，因此 lore 除了"知识"也有"口头传说"的意思。folklore 既可译作"民俗"，亦可译作"民间传说"，而民间文学又多以口头传说的形式存在，再加上自从民间文学—民俗学诞生以来，民间传说、民间文学始终是各国民俗学者最主要的研究对象，在有些民俗学者那里甚至是唯一的对象，因此 folklore 也可被视作"民间文学"的同义语。[1]

在中国民间文学—民俗学的经典研究和学术传统中，主要使用两种方法来定义"民间文学""民俗"，一种是否定性的定义，一种是肯定性的定义。郑振铎在《中国俗文学史》中的部分定义是否定性的定义，他说，不登大雅之堂、不为学士大夫所重视的（作品）都属于俗文学的范畴。[2]郑振铎所说的俗文学基本上就是指的民间文学。郑振铎的上述定义是否定性的、反方向的定义。1949 年以后，中国民间文学研究采用的主要是肯定性、正方向的定义方法，如钟敬文主编《民间文学概论》，根据民间文学的"性质"定义"民间文学是劳动人民的口头创作"，就是一种肯定

---

① 参见本书第一章《现代性论争中的民间文学》。

② 参见郑振铎《中国俗文学史》上册，商务印书馆 1938 年版、作家出版社 1954 年版，第1 页。

性、正方向的定义。① 郑振铎和钟敬文给予"民间文学"的定义无论是肯定性、正方向的"劳动人民"也好，否定性、反方向的"不登大雅之堂"也好，都是首先从主体（劳动人民、大雅之堂）的角度，其次从文体（文学体裁）或载体（口头创作）的角度给予"民间文学"的定义。根据索绪尔的划分，这些定义当然都是对"民间文学"的历时性、外在性定义，即出于社会、历史和文化的外在性语境（"环绕着语言和制约着语言的环境"②）中的实践主体（被研究者）和认识主体（研究者）的历时性立场的定义，因而在这些肯定性、正方向，和否定性、反方向的定义当中，所内化的被研究者（实践主体）以及研究者（认识主体）的价值诉求，都是一目了然的，无须我更多的解释。

此外，在钟敬文的肯定性、正方向定义中，还有一种根据民间文学的"基本特征"对"民间文学"的补充定义，在《民间文学概论》中根据"基本特征"的补充定义主要有四项：集体性、口头性、传承性和变异性③。与对民间文学的性质规定性不同，这些对民间文学特征的规定性多数并不直接与主体相系，而是多与民间文学的文体和载体相关，也就是说，特征规定性着重于界定民间文学与作家文学、口头文学与书面文学之间，被表象的不同文体和载体特征，而不是民间文学的主体性质。让我们尝试着来分析这"四性"。

"集体性"是指民间文学的传承者相对于作家文学的个体创作者来说的集体性质。按照《民间文学概论》的说法，民间文学的集体性特征是通过民间文学作品的传承过程（相对于索绪尔所说的言语活动、言语行为）而呈现的，因此，民间文学的集体性就不同于索绪尔所云创造了作为"社会制度"的语言共时系统的逻辑主体，而是参与了具体的言语传承活动、行为的实践主体。根据索绪尔的看法，语言的系统规则作为一种社会制度归根结底当然是主体的创造，但创造了语言的主体只能被设想为一个在逻辑上存在的抽象主体——就好像创世神话讲述的，上帝一旦完成了创世工作，就从此进入休眠状态一样——主体在创造了语言以后，语言

① 参见钟敬文主编《民间文学概论》，上海文艺出版社1980年版，第1页，
② 参见［瑞士］索绪尔《普通语言学教程》，高名凯译，岑麒祥等校注，商务印书馆1980年版，第145页。
③ 参见钟敬文主编《民间文学概论》，上海文艺出版社1980年版，第23—46页。

的系统规则也就从此独立于主体而自我发展、演变,尽管主体始终伴随着语言的系统规则而在逻辑上存在。在索绪尔看来,介入言语活动、行为的主体,其实不是这种抽象的逻辑主体而是具体的实践主体,即具体地参与了言语对话、交流的实践主体(至少是两个人①)。《民间文学概论》所云创作了民间文学的"劳动人民"本应该类似于索绪尔所云抽象的逻辑主体,而不是具体的实践主体,以此,民间文学才有可能被设想为一种共时性的文学并拥有其内在性的系统规则。但是,由于"劳动人民"本身又是一个历史性和社会性的范畴,是由特定的历史阶段和社会阶层等范畴历时地、外在地限定的主体性概念,因而受"劳动人民"的主体性概念的牵连,如若我们希望把民间文学设想成一种内在性、共时性的系统规则,就颇费解释者的口舌(《民间文学概论》的作者使用了相当的篇幅解释"劳动人民"在不同历史时期的不同政治含义,以作为民间文学的超历史性证明)。"民间文学"的基本定义在今天之所以需要重新修正,原因之一就是,"劳动人民"作为具体的实践主体占据了民间文学的抽象主体本应占据的逻辑位置,从而,"鸠占鹊巢"的历时性、外在性主体概念,就限制了我们对民间文学作为内在性、共时性系统规则,在理论上可能的设想。在索绪尔看来,具体的实践主体所参与的言语活动、行为,不可能是内在性、共时性语言学的研究对象,而只能是外在的、历时的语言学的研究对象。同理,如果"内在的、共时的民间文学"是可能的,那么"内在的、共时的民间文学"就只能借助先验论的方法悬置其具体的实践主体,进而才能抽象地设定民间文学的逻辑主体。反过来说,如果我们为了迎合不断变幻的意识形态的政治需要,而仅仅临时性地不断改换历时性、外在性的主体概念(比如用"民族""全民",代替"阶级""民间"),并继续占据民间文学的抽象主体的逻辑位置,而不是彻底悬置其具体的实践主体,那么我们也就仍然不具备在理论上讨论民间文学的内在性、共时性系统规则的任何可能。

"口头性"属于描述民间文学载体的范畴,界定了与书面文学相对立的口头文学的载体形式。在书面文学中,作品的创作(发生)和阅读

_____

① "必须仔细考察可以把言语循环重建出来的个人行为。这种行为至少要有两个人参加:这是使循环完整的最低限度的人数。"[瑞士]索绪尔:《普通语言学教程》,高名凯译,岑麒祥等校注,商务印书馆1980年版,第32页。

（接受）过程是可以分离的；但在口头文学中，作品"在表演中的编创"过程与接受过程是不可分离的。① 按照索绪尔的分类法，作为民间文学的载体形式之一的口头性，显明地体现了言语实践的形式特征，因而民间文学的口头性特征，很自然地就不属于民间文学的内在性、共时性系统规则的规定性，而只能是外在性、历时性事实现象的规定性。甚至，如果我们无法否认民间文学也有以书面文学的载体形式而被实践的事实，那就进一步证明了作为载体形式特征的口头性和书面性，与民间文学的"语言"无关，而仅仅结缘于"言语"。较之口头语言与书面语言之间不甚严格的界限，索绪尔更重视在语言（规则）和言语（规则的使用）之间划出严格的界限。② 口头语言和书面语言，作为语言的使用方式即言语实践，都隶属于历时性、外在性语言学的研究范围，而只有语言的系统规则本身才是共时性、内在性语言学的研究对象。同理，口头文学和书面文学之所以应当被我们排除在共时性、内在性民间文学的研究范围之外，原因仅仅在于，无论口头的还是书面的民间文学，都只是民间文学系统规则的使用方式即言语实践的形式，而其中内化了各种历史的、社会的和文化政治的等等历时性、外在性事实现象的影响，倒在其次。在索绪尔的眼中，语言之所以被视为共时性、内在性语言学的研究对象，不是因为静态的语言能够物化为动态的言语，而是因为只有在排除了动态性言语的静态性语言的情况下，语言之静态的系统规则才得以充分地显现出来。只是从语言规则而不是言语实践的角度，索绪尔才将"语言"定义为"没有肯定项的差异［符号］系统"③，而作为言语实践的口头语言和书面语言，都只是索绪尔共时性、内在性语言学的对象媒介，而不是真正的对象本身（正如索绪尔研究的不是特殊的法语、英语或德语，而

---

① 民间文学"在表演中的创作"，参见朝戈金《口传史诗诗学——冉皮勒〈江格尔〉程式句法研究》，广西人民出版社 2000 年版，第 13 页。

② 索绪尔更倾向于认为，语言、言语的本质通过"语音"而不是通过"文字"而被揭示出来，后来，索绪尔的这一观点遭到了德里达的反对，参见［法］德里达《论文字学》，汪堂家译，上海译文出版社 2005 年版。利科尔指出："和语言—话语的区别相比较，说话—书写的区别不是第二位的吗？以致说话和书写总是发生在话语［即言语或语言活动——笔者补注］这一边吗？"［法］利科尔：《解释学与人文科学》，陶远华等译，河北人民出版社 1987 年版，第 157页。

③ 参见［日］柄谷行人《民族主义与书写语言》，陈燕谷译，《学人》第 9 辑，江苏文艺出版社 1996 年版，第 96 页。

是"普通语言"本身）。如果对于民间文学的口头性（等同于索绪尔的言语特征），我们可以援引索绪尔区分语言（规则）和言语（规则的使用）的分析原则，那么进入了口头性这一民间文学的言语载体的对象入口之后，我们距离民间文学研究内在性、共时性对象本身，还有很长的一段路程要走。

　　倒是民间文学的"传承性"和"变异性"这两个特征，真正临近了民间文学的内在性、共时性系统规则的问题。根据索绪尔对内在性、共时性语言，和外在性、历时性言语的区分，民间文学的经典理论描述民间文学传承性与变异性特征的思路，的确有可能上升为我们思考民间文学内在性、共时性系统规则的一个富有启发性的理论支点，尽管按照《民间文学概论》的说法，集体性、口头性、传承性和变异性，都是基于"民间文学和作家文学在创作和流传方面"的区别性定义。也就是说，在民间文学的"言语"或"表演"实践中，被表象的民间文学与作家文学、书面文学与口头文学相互区别的外在性、历时性载体特征，与索绪尔基于内在性、共时性系统规则本身而定义语言学的研究对象——语言——的着眼点完全不同。这样说来，无论是民间文学的性质规定性还是民间文学的特征规定性，经典的、传统的民间文学理论定义的着眼点，或者是民间文学的实践主体的外在性质，或者是民间文学的实践载体的历时特征，都没能开辟出一条通往民间文学的内在性、共时性系统规则的有效通道。民间文学的传承性与变异性，本是最有可能成为深入民间文学的内在性、共时性系统规则领域的捷径，因为，这"二性"最临近索绪尔所说的语言（或文学）的内在性、共时性"棋法"（尽管索绪尔本人一定不会同意我这种说法①），但是显然，此"二性"在民间文学传统的、经典的理论定义中没有占据核心位置。中国现代民间文学理论体系经常遭受"浅薄"之讥，其对民间文学内在性、共时性系统规则之重要性的忽略，而导致的对理论、方

---

　　① "在一盘棋里，任何一个局面都具有从它以前的局面摆脱出来的独特性，至于这局面要通过什么途径达到，那完全是无足轻重的。旁观全局的人并不比在紧要关头跑来观战的好奇者多占一点便宜。要描写某一局面，完全用不着回想十秒钟前刚发生过什么。这一切都同样适用于语言，更能表明历时态和共时态之间的根本区别。言语从来就是只依靠一种语言状态进行工作的，介于各状态间的变化，在有关的状态中没有任何地位。"［瑞士］索绪尔：《普通语言学教程》，高名凯译，岑麒祥等校，商务印书馆1980年版，第129页。

法的思考之难以深入，以及学术概念的逻辑体系之难以建立，不能不说
是重要的原因。

20世纪80年代以来，中国民间文学的学科定义和问题意识开始面临
"过时"的批评，但"过时"的原因首先不是出自学理方面，而是因政治
意识形态的变化所引起的。简而言之，随着20世纪80年代以后阶级论意
识形态向民族论意识形态的转换，再用阶级性——"劳动人民"——的
概念定义民间文学实践主体的做法，就显得太不合时宜了，于是钟敬文开
始重新思考民俗学的研究对象，钟敬文的新定义是："民俗是全民族的生
活文化"①。其中"全民族"是对民俗—民间文学的实践主体的重新界定。
钟敬文的本意当然不是仅仅迎合变化了的政治意识形态，他只是纠正革命
的意识形态对学术研究的历时性、外在性胁迫，但在无意中却仍然与后革
命时代的意识形态保持了一致，原因在于，钟敬文的思考方式仍然基于索
绪尔所批评的外在性、历时性学术立场。如果仅仅站在"外在的、历时
的民间文学—民俗学"的学术立场上，钟敬文的思路本无可指摘，但是，
从索绪尔的内在性、共时性学术立场看，将实践主体植入研究对象，就很
难保证学术研究不受外在性、历时性意识形态的政治影响。用"内在的、
共时的民间文学—民俗学"的批评眼光看，"劳动人民"固然是历史性的
范畴，"全民族"又何尝能够避免历时性、外在性的非学术规定呢？因
此，无论将民俗—民间文学的实践主体锁闭在"劳动人民"之内，还是
锁闭在"全民族"之内，都将遮蔽民俗—民间文学的逻辑主体，从而面
临索绪尔从内在性、共时性的学术立场对民俗—民间文学的外在性、历时
性规定性发出的质疑。

钟敬文以后，高丙中的博士论文《民俗文化与民俗生活》才真正开
始了从内在性、共时性的学术立场出发，重新定义民间文学—民俗学的研
究对象的尝试与努力。高丙中将英文folklore与中文"民俗"的概念拆解
开来重新解释，他接受了钟敬文关于"民"是"全民族"和"俗"是
"生活文化"的意见，但他重新定义folklore即"民俗"的重点不是落在
作为实践主体的folk即"民"上，而是落在了作为实践载体——"生活
文化"及"文化生活"——的lore即"俗"上。高丙中把"民俗"定义

---

① 高丙中对钟敬文《新的驿程》（中国民间文艺出版社1987年版）中"民俗"的新定义
的解释，参见高丙中《民俗文化与民俗生活》，中国社会科学出版社1994年版，第39、70页。

为"群体内模式化的生活文化"①，并且坚持，只有身处"具有普遍模式的生活文化"中的主体，才属于民俗学意义上的"民"。高丙中采用的是以"俗"论"民"而不是以"民"定"俗"（从作为实践主体的"劳动人民"和"全民族"出发定义作为实践载体的"民俗""民间文学"）的思路②，尽管这一思路以及"民俗文化"与"民俗生活"的概念还没有根本上悬置实践主体于研究对象之外，而是将民俗—民间文学的实践主体及其依据共时性、内在性系统规则（普遍模式）而创造的"民俗文化"置于"民俗生活"的外在性、历时性整体语境中予以考察，但其从"俗"即"普遍模式"（颇类同于"系统规则"）出发的概念起点，已经具备了还原到民俗—民间文学的抽象主体的逻辑位置的理论可能性。

受《民俗文化与民俗生活》的启发，我在《中华民间文学史》的"导言"中，也对民间文学的研究对象给出了一种新的定义：民间文学是与作家文学相区别的非个人化、非专业性，并且趋向于模式化和功利性表达的文学类型。其中，"趋向于模式化"我认为是民间文学最本质、最普遍的属性，从而体现了从民间文学的研究对象中，排除实践主体而趋向于系统规则的内在性、共时性意识。难以否认的是，"模式化"的提法追根溯源是从传统的、经典的民间文学的理论概念——"传承性""变异性"等关于民间文学的特征描述而生发的，这说明，新的理论思考与传统的、经典的理论思考之间难以割舍的连续性。关于民间文学的"模式化"与作家文学独创性的区别，我在"导言"中写了如下这段话：

> 与民间文学相反，作家文学不断地趋向于个人化、超模式、非功利的一级，作家文学的本质在于打破集体表象，以获得对生活的崭新理解。当然，作家文学超越传统既定模式只是一个历史的趋势，而非既定的事实；这正如民间文学呈现集体的、模式的、传统的样态也只是一种趋向。典型的民间文学和作家文学都只是一种理想类型。民间文学与作家文学都对人生有超越的理解，但民间文学将对人生的超越

---

① 参见高丙中《中国民俗学的人类学倾向》，《民俗研究》1996 年第 2 期，收入高丙中《民间文化与公民社会——中国现代历程的文化研究》，北京大学出版社 2008 年版；高丙中《日常生活的文化与政治——见证公民性的成长》，社会科学文献出版社 2012 年版。

② 参见本书第八章《民俗学的笛长尔沉思》。

理解模式化并将其融入传统，与生活相契合；而作家文学则为我们提供个体化的超越形式，使我们从传统中醒悟并以一种前所未有的眼光对待人生。①

王娟《民俗学概论》代表了更年轻一代的中国民间文学—民俗学学者在定义"民俗"和"民间文学"时的最新理论倾向，现抄录其中的一段话：

> 我们发现，几乎所有的学科都只强调自己研究的内容是什么……似乎只有民俗学一直把"我们研究的是什么人的民俗"作为自己的一个重要话题……"民"的概念发展到现在，已经没有下定义的必要了……所以，我们认为"民"的概念发展到现在，应该定义为"全民"或"全人类"。②

将民俗之"民"和民间文学的"民间"定义为"全民"或"全人类"，就是将民俗和民间文学的实践主体进一步抽象化，其抽象的前景就是民俗—民间文学的纯粹（先验）的逻辑主体，换句话说，一旦把无主体的民俗—民间文学置于唯一的研究对象的学术位置上，民俗—民间文学的逻辑主体也就呼之欲出了。对于民俗—民间文学的主体"已经没有下定义的必要"的宣言，无疑标志着近二十年来中国民间文学—民俗学界关于民间文学—民俗学研究对象非主体化即内在性、共时性思考的理论行程在一个阶段的终结。

三 民间文学—民俗学的
内在性与外在性研究

以上简要地回顾了中国民间文学—民俗学界近二十年来为实现从外在

---

① 吕微：《中华民间文学史·导言》，载祁连休、程蔷主编《中华民间文学史》，河北教育出版社 1999 年版，第 14 页。

② 王娟：《民俗学概论》，北京大学出版社 2002 年版，第 10—11 页。

性、历时性的学术取向，朝向内在性、共时性的学术取向的范式转换所走过的探索之路的逻辑进程。我注意到，从新时期（20 世纪 80 年代以来）的起始阶段，学理的转换首先是与意识形态的转换搅和在一起的，在这之后，学理自身的转换才逐渐上升为主导的思路。而且，在理论上根据"内在性""共时性"的原则，定义民间文学—民俗学的研究对象是一回事，而真正将"内在性""共时性"的学术思想落实到具体的研究实践中又是一回事。换句话说，我们能否恰当地使用"无主体的系统规则"的眼光，有效地界定民间文学—民俗学的研究对象？进而，"内在的、共时的民间文学—民俗学"是否可能？至今都还是悬而未决的问题。

在以往的民间文学—民俗学的外在性、历时性研究范式下，曾经发展出了两大研究方向及相应的研究方法：其一，是对民间文学文本的内容研究，以德国浪漫主义思潮的民间文学研究为代表；其二，是对民间文学文本的形式研究，以芬兰历史地理学派的民间文学研究为代表。芬兰学派以对民间文学文本内容的形式化研究著称，为此，芬兰学者发明了一套用来描述民间文学文本内容的形式化概念，其中最主要的就是"故事母题"和"故事类型"这两大形式范畴。研究故事类型和故事母题的学者们坚持说，母题和类型都是用来描述故事内容的叙事形式的操作性工具，但工具却并不意味着不会附着上研究者者主体（认识主体）外在性、历时性问题意识。[1] 最初运用"类型"和"母题"这两个形式范畴的芬兰学者，其初衷只是为了发现故事在不同时空（历史和地理）条件下的传承阶段与传播路线，进而追溯故事起源的最初时代和原初地点。这种追溯故事起源的问题意识虽然深受 19 世纪外在性、历时性的进化论理论的影响，但在形式化研究的过程本身，却有可能导向对内在性、共时性系统规则的回溯与还原，在这方面做出了可贵尝试的，是苏联著名的民间文学家普罗普及其名著《故事形态学》[2]。

在《故事形态学》中，普罗普与索绪尔一样，把自己的研究对象严

---

[1] 参见吕微《神话何为——神圣叙事的传承与阐释》，社会科学文献出版社 2001 年版，第 3 页。

[2] 参见［俄］普罗普《故事形态学》，贾放译，中华书局 2006 年版，英文译本译作"民间故事形态学"。Vladimir Propp, *Morphology of the Folktale*, First Edition Translated by Laurence Scott with an Introduction by Svatava Pirkova‑Jakobson, Second Edition Revised and Edited with a Preface by Louis A. Wagner, Austin: University of Texas Press, 1968.

格限定为民间文学的一种体裁——神奇故事——的内容结构的内在性、共时性法则。普罗普的神奇故事研究完全排除了作为实践主体的故事讲述人的作用，而仅仅将研究的目光锁定在故事内容内在的、共时的结构法则上。在普罗普的学术视野中，创造故事的逻辑主体也已经完全退居到它的抽象背景当中。为了客观地描述神奇故事的结构法则，普罗普发明了"功能"这个形式概念以作为故事形态—结构描述的核心范畴。普罗普所描述的神奇故事的内在性、共时性法则，在学界被誉为可与自然科学的普遍性、客观性原理相媲美的杰出发现，从普罗普的研究实例看，民间文学似乎并非不可以研究排除了实践主体之后的民间文学的共时性、内在性"系统规则"问题。

如上所述，芬兰学派对民间故事的形式化研究尽管附着着外在性、历时性的问题意识，但形式化研究本身，的确比单纯针对叙事内容的文本研究，更有可能成就纯粹内在性、共时性的学术范式，可与芬兰学者的故事类型学相类比的普罗普的形态学研究似乎是一个典型的案例。在将实践主体排除出研究对象的形式化研究中，外在性、历时性因素的确没有像在研究对象中包含了实践主体的内容研究那样，直接地将实践主体的问题意识内化在研究过程中并最终内化为研究成果。但是，普罗普的形式化研究只限于神奇故事这一种叙事体裁，如果普罗普将自己的研究视野扩展到更多的叙事体裁之间，那么，决定了不同的叙事体裁之为民间文学的言语实践的不同形式的主体身影，就仍将是普罗普不得不考虑的问题，以此，就连普罗普自己也承认，他的形态学研究和历史学研究，同属于他的整体学术计划中的两个相互联系的不同研究方向[1]，以此，我们仍然难以断言，普罗普的形式化研究就已经超越了外在性、历时性范式的窠臼，普罗普的自我定位并没有错。

如果普罗普的案例不能证明，民间文学的纯粹形式化研究，尚无法彻底地独立于外在性、历时性的研究取向或学术范式，那么芬兰学派的案例

---

[1] "当列维－斯特劳斯教授说，如果形态学不从民族志材料中吸取养料，它将一事无成，那他是说对了。正因为如此我不是与形态分析断绝往来，而是开始寻找在神奇故事情节比较研究中揭示出来的那个系统的历史根基。《形态学》与《历史根源》（即《神奇故事的历史根源》，贾放译，中华书局 2006 年版）就好像是一部大型著作的两个部分或两卷。第二卷直接出自第一卷，第一卷是第二卷的前提。"［俄］普罗普：《神奇故事的结构研究与历史研究》，贾放译，《民俗研究》2002 年第 3 期，收入［俄］普罗普《故事形态学》，贾放译，中华书局 2006 年版。

则进一步证明了，外在性、历时性的问题意识，完全可以内化在纯粹形式化的研究过程甚至研究成果中，尽管芬兰学者已经从研究对象中排除了实践主体而仅仅瞩目于实践客体（文本或作品）。在德国学者爱伯哈德与美籍华人学者丁乃通之间发生的那场关于中国民间故事类型的著名争论中，我们正可以进一步领会，在排除了实践主体于研究对象之后，形式化研究仍然可能与外在性、历时性的问题意识发生联系①，这样的联系究竟是怎样发生的呢？索绪尔关于从研究对象中排除实践主体的思路，似乎并不能给我们提供令人满意的解读方案。

　　爱伯哈德和丁乃通都编制过"中国民间故事类型索引"的工具书，但由于在看待中国文化的角度、对待中国文化的立场上，有显著的差异，因而导致了他们俩人对中国民间故事性质、特征的认识也就不同。简要地说，爱伯哈德认为，由于文化主体的实践原因，中国民间故事具有与西方民间故事完全不同的类型体系，因而西方民间故事的分类系统根本不适用于度量中国民间故事；而丁乃通认为，芬兰学派根据各国民间故事编制的类型体系完全可以用来分析中国民间故事，尽管中国民间故事有自己根据其文化主体的问题意识而独立采用的实践形式，但中国民间故事仍然可以通过芬兰人的分类法而与世界民间故事的类型体系相接轨。爱伯哈德和丁乃通编制的"中国民间故事类型索引"都具有貌似的内在性、共时性的研究取向，因为他们在一定范围内，都从各自的研究对象中排除了实践主体的问题意识，而且站在索绪尔的立场上看，丁乃通的故事类型以世界文化为背景，似乎更接近于对文化通则的普遍性追求；而爱伯哈德的故事类型仅仅以中国文化为背景，于是，无论他本人如何申辩，其中必定都隐含了实践主体的问题意识，因而必定是充满了民族—文化意识形态的外在性、历时性诉求，但事实却并不完全是这样的。

　　体会爱伯哈德的主观立场，爱伯哈德的确希望达成对中国文化特殊性的内在性、共时性认识（自相矛盾），为此，爱伯哈德同样遵循了索绪尔的悬置实践主体的学术原则，从而表面上暂时地排除了中国文化的实践主

---

　　①　参见吕微《现代学术研究中的形式范畴与文化立场——爱伯哈德与丁乃通之争的案例分析》，收入严平编《全球化与文学》，山东教育出版社 2009 年版。参见［德］艾伯华《中国民间故事类型》，王燕生等译，商务印书馆 1999 年版；［美］丁乃通《中国民间故事类型索引》，郑建成等译，中国民间文艺出版社 1986 年版。

体的外在性、历时性作用与影响。但是，在爱伯哈德的内在性、共时性系统规则——中国民间故事类型——面前，实践主体是否已经完全隐退到逻辑主体的幕布背后，而只是作为系统规则的故事类型生成的逻辑前提，的确还是一个问题。将系统规则闭锁在特定文化即"环绕着……和制约着"民间文学的外在性、历时性特殊语境之内，无疑会削弱其普遍有效性，因此，我们完全有理由质疑爱伯哈德的中国文化实践特殊论。但也正是以此，爱伯哈德才刺激了丁乃通的民族主义情感或情绪，因为丁乃通的民族主义是希望在世界文化的整体性或普遍性中，为中国文化争取正当性地位的民族主义，而不是自绝于世界文化之独立性、特殊性的民族主义。当然，较之爱伯哈德的做法，丁乃通的做法似乎更有可能引导我们朝向纯粹的内在性、共时性的系统规则的认识，但丁乃通研究的起点和终点不仅始终被一个外在性、历时性（政治性）的主体实践的问题意识（民族主义）所笼罩，而且，即便世界文化较之中国文化更易于被设定为更抽象的逻辑主体，但毕竟仍然是文化主体，即便是世界文化的实践主体。以此，就理论的彻底性来说，在内在性、共时性的学术追求中，丁乃通的内在性、共时性形式研究，仍然且必然会内化外在性、历时性的实践主体的问题意识，而这在索绪尔关于"内在性"和"外在性"的理论命题中，具体地说，在索绪尔关于从研究对象中排除实践主体的"内在性、共时性语言学"中，仍然是不可思议的事情。①

索绪尔的命题不能有效地说明芬兰学派与爱伯哈德、丁乃通甚至普罗普的案例，具体地说，"内在性"和"外在性"在芬兰学派与爱伯哈德、丁乃通甚至普罗普的形式化研究中，始终都是相互纠缠而无法彻底分离的，那么，索绪尔命题的问题出在哪里？

根据柄谷行人的解读，索绪尔的命题是有具体针对性的，他的"内在性、共时性语言的语言学"命题主要是想纠正19世纪以来在欧洲占据学术霸主地位的浪漫主义历史语言学，即"历时性、外在性言语的语言学"的偏颇。索绪尔发现，在历史语言学当中，外在性、历时性的政治意识形态

---

① 索绪尔本人就是通过法语、德语、英语……即"言语活动"—langage，来研究"普通语言"—langue 和"言语"—parole，索绪尔的语言学概念首先取自法语，因而难免文化语言对"普通语言学"的历时性、外在性作用和影响。参见吕微《从翻译看学术研究中的主体间关系——以索绪尔语言学思想为理论支点》，《民间文化论坛》2006 年第 4 期。

已内化为学术研究的基本问题，索绪尔认为，这是非常危险的倾向，而不幸的是索绪尔恰恰言中了，后来的历史完全证明了索绪尔的预言，浪漫主义历史语言学最终成为了包括德国在内的各国民族主义甚至种族主义集权政治的学术根基。就此而言，继续索绪尔的历史语言学批判仍然是我们今天必做的功课，因为将外在性、历时性的意识形态政治内化为学科的基本问题，仍然是当前中国民间文学—民俗学的外在性、历时性学术范式的致命伤。历史语言学以及民间文学—民俗学的历史研究、文本研究以客观性的经验性相标榜，但是这种客观性的经验性研究，不仅以实践主体的外在性、历时性问题意识为认识的对象，而且也以认识主体的外在性、历时性问题意识为认识的前提，尽管前者似乎已退居到逻辑主体的抽象位置上，而后者却仍然隐藏于认识主体的模糊背景中，而这正是任何经验性研究的学术范式，绝无可能坚持道德中立或价值无涉的客观性立场的根本原因。①

这就是说，在经历了二十多年致力于朝向内在性、共时性的范式转换的不断尝试与努力之后，在当前中国民间文学—民俗学的学术研究中，更值得注意的倾向，不是在研究对象中容纳了实践主体的问题意识的民间文学—民俗学的内容研究，而是尽管在研究对象中排除了实践主体的政治意识，却并未在认识的前提中排除认识主体的政治意识的形式化研究。近年，芬兰学派的民间故事母题和类型研究、普罗普的神奇故事功能研究，以及弗莱的神话叙事原型研究在中国民间文学—民俗学界备受青睐，作为对经典的民间文学研究的意识形态范式的反叛，当然有其充分的正当性。毫无疑问，纯粹形式化研究的学术取向曾一度有效地阻止了意识形态对学术的政治介入；但是，二十多年来中国民间文学—民俗学的学术实践也证明了，仅仅从研究对象中排除实践主体的问题意识，不仅使民间文学—民俗学偏离了"五四"启蒙—浪漫主义的人文批判精神，同时也让民间文学—民俗学丧失了对社会问题的诊断能力，从而沦落为对社会"无用"的"出世"学问。而且这样做的结果，也并不必然地就能够保证民间文学—民俗学不会内化新的外在性、历时性的（政治、经济、文化）意识形态的问题意识。因此在我看来，当前中国民间文学—民俗学的学科危机更表现为：在有意识地排斥了外在性、历时性的实践主体的问题意识于形

---

① 参见吕微《神话何为——神圣叙事的传承与阐释》，"对历史理性方法论的反思"，社会科学文献出版社 2001 年版，第 289—292 页。

式化研究的研究对象之后，形式化研究却仍然无力阻止甚至无意识于外在性、历时性问题意识的再度内化为认识主体的认识条件，这方面的例证有《中华民间文学史》。

《中华民间文学史》的核心概念是民间文学的"体裁"，作者们历述了中国民间文学的八种体裁神话、传说、故事、歌谣、史诗、叙事诗、民间小戏和谚语、谜语的传承历史。以"体裁"的范畴作为切入中国民间文学史的角度，体现了该书的作者们试图从主体的实践形式接近研究对象的初衷，换句话说，作者们的做法是，在尝试把民间文学的实践主体（"劳动人民"）淡化为逻辑主体（"民族国家"）的同时，又（像普罗普那样）尝试将民间文学的实践形式——体裁（类同于普罗普的"神奇故事"）——设想成自我生长、自我发展的"有机体"。但是，将研究对象的实践主体淡化为逻辑主体并非易事，正如索绪尔早就指出过的：由于历史语言学家的努力，当他们"把比较所获得的一切成果都置于历史的展望之下，从而使各种事实联成自然的顺序"之后，"人们已不再把语言看作一种自我发展的有机体，而是语言集团集体精神的产物"①，这样，打着逻辑主体的旗号的实践主体，仍然会从逻辑主体的大旗背后，向我们发出外在性、历时性的冷笑。爱伯哈德的"中国文化"的逻辑主体的案例在前，《中华民间文学史》的"中华民族"的逻辑主体步其后尘，当《中华民间文学史》依托中国当下的政治版图，而追溯各民族民间文学的体裁形式的主体实践史，其为中华民族提供历史合理性与文化合法性在当下的正当性的意识形态建构功能，也就内化为该书的基本主题②，借用柄谷行人的说法，就是内在化了外在性、历时性（政治性）的问题意识，以作为研究者主体的认识条件，这是索绪尔的"外在性、历时性言语的语言学"与"内在性、共时性语言的语言学"命题所未曾明言的部分。

这就是说，如果我们认为，索绪尔判别"外在性、历时性言语"的事

---

① 参见［瑞士］索绪尔《普通语言学教程》，高名凯译，岑麒祥等校，商务印书馆1980年版，第25页。

② "'民族'一词的界定或多或少要以一个国家的地理边界为准，已经存在或正在确立的国家边疆目前所占据的空间范围也从时间上被回溯至过去……于是便产生出这样一个结果：尽管史学家们不愿再为国王进行辩护，但他们又不知不觉地在为'民族'进行辩护，而且经常是在为他们的新君王，即'人民'进行辩护。"华勒斯坦等：《开放社会科学——重新建社会科学报告书》，李锋译，三联书店1997年版，第17—18页。

实、现象,和"内在性、共时性语言"的系统、规则的综合性命题,仅仅
建立在康德所说的理性的理论使用(或理论理性)的认识论、对象论的基
础之上,那么我们就会进一步认为,索绪尔所关注的只是被认识的对象。
以此,只要我们从被认识的对象中排除了实践主体,而专注于实践客体
(事实现象和系统规则),就能够最大化地排除已内化为实践主体的主观意
识的、历时性意识形态的、外在性政治的作用、影响。当然,这只是 19 世
纪科学主义的认识论、对象论在认识主体的心目中所造成的前康德的即认
识论的哥白尼革命之前的一个无法兑现的理论幻象(我们在芬兰学派、爱
伯哈德、丁乃通以及普罗普身上,都看到了这种理论的幻影)。

　　索绪尔之后,人们尝试继续推进索绪尔的问题,这个问题就是:如何
才有可能避免历时性的政治对学术的外在性干扰? 以此,人们尝试着把索
绪尔的"主体"概念进一步区分为,指涉被研究者的"对象主体"或
"实践主体",以及反思研究者本身的"认识主体",以及实践主体(对象
主体)和认识主体交互地"同时""到场"的交流语境。① 索绪尔已经注
意到,实践主体和认识主体作为交互主体"同时""在场"的交流语境,
对研究过程的外在性、历时性作用及影响;索绪尔以来,对认识主体在外
在性、历时性交流语境中"在场"的反思,逐渐成为学术研究必做的功
课。布迪厄说:"要想实现反思性,就要让观察者的位置同样面对批判性
分析,尽管这些批判性分析原本是针对手头被建构的对象的。"② 伊格尔
斯也写道:"历史学中的解说的性质显然不同于严谨的科学中的那种 [解
说],因为它必须要考虑的不仅有它那 [作为实践主体的] 研究对象的意
图和个性,而且还要有研究者的主体性的作用。"③ 索绪尔曾天真地认为,
外在性、历时性的问题仅仅是由作为研究对象的实践主体,将自己的语境

---

① "民俗学的表演理论并不是把'语境'当作一种固定不变的、可精确描述的、外在的信
息,而是一种生成中的、偶发的、互动中的关系。"王杰文:《"语境主义者"重返"文本"》,
《青海社会科学》2013 年第 3 期。对研究主体的研究属于反思性的研究,即对研究者作为行为主
体的意识活动的研究。参见倪梁康《现象学的意向分析与主体自视、互识和共识之可能》,《中
国现象学与哲学评论》第 1 辑,上海译文出版社 1995 年版,第 52 页。

② [法] 布迪厄、[美] 华康德:《实践与反思——反思社会学导引》,李猛等译,中央编
译出版社 1998 年版,第 44 页;有关布迪厄和晚近西方学者关于"反思性"的研究状况,可参见
华康德的介绍,同上书,第 79 页至第 84 页的注释第 63 条至第 83 条。

③ [美] 伊格尔斯:《二十世纪的历史学——从科学的客观性到后现代的挑战》,何兆武
译,辽宁教育出版社 2003 年版,第 21 页。

问题带入研究过程的结果，而今天，我们通过芬兰学派、爱伯哈德、丁乃通乃至普罗普的诸多案例已经认识到：外在性、历时性的语境问题，其实也是且主要是由认识主体带入研究过程的，而这个研究过程恰恰也是一个主体之间"言语"的交流语境的交互性事件。索绪尔认为，被研究对象的实践主体的语境化实践会导致学术的外在性和历时性，但他恰恰忽略了认识主体自身的语境化认识（也是一种实践），才是造成学术的外在性和历时性的最关键因素。芬兰学派、爱伯哈德、丁乃通、普罗普以及《中华民间文学史》的案例都说明了，在好像是内在性、共时性的纯粹形式概念及形式化研究中，如何可能内化了外在性、历时性的问题意识。据此，仅仅将作为研究对象的实践主体抽象（至少是淡化）为逻辑主体的做法，被证明并不是能够保证学术研究的客观性最大化的有效途径。如果我们为了追求纯粹内在性和共时性的学术目标，却仅仅把实践主体排除在研究对象之外，而同时又无视认识主体身处其中的外在性、历时性语境，那么，我们就可能继续掩盖了外在性、历时性问题被内化的危险。亦即，如果我们仅仅自觉于研究对象的实践主体的外在性、历时性语境问题，而没有对认识主体自身的外在性、历时性语境问题有自觉的反思，那么，我们的所谓内在性、共时性的学术理想，就仍然可能且必然是不客观的，甚至是最不客观的[①]。

索绪尔之后，为继续推进"索绪尔问题"，人们甚至走上了一条"反索绪尔"的"歧路"[②] 或"小径"，走在这条"歧路"或"小径"上的，不仅有主张"词的意义就是词的使用"的哲学家维特根斯坦[③]，也有主张"以言行事"的奥斯汀[④]……说维特根斯坦、奥斯汀都是"反索绪尔"的，当然不确，实际上，维特根斯坦、奥斯汀都是沿着索绪尔区分"语言"和"言语"而开辟的学术道路上的"言语"路标而继续前行的。也

---

① 索绪尔写道："不是对象在［主体的］观点之前……是［主体的］观点创造了对象。"说明索绪尔并非没有认识到认识的主观性和先验性。参见［瑞士］索绪尔《普通语言学教程》，高名凯译，岑麒祥等校，商务印书馆1980年版，第28页。

② 索绪尔的原话是"交叉点"。参见［瑞士］索绪尔《普通语言学教程》，高名凯译，岑麒祥等校，商务印书馆1980年版，第141页。

③ "命题只有在使用时才有意义。""一个词的一种意义就是对于该词的一种使用。"［奥地利］：维特根斯坦《论实在性》，张金言译，广西师范大学出版社2002年版，第3、11页。

④ 参见［英］奥斯汀《如何以言行事——1955年哈佛大学威廉·詹姆斯讲座》，杨玉成等译，商务印书馆2013年版。

就是说,以维特根斯坦、奥斯汀为代表的索绪尔之后一代又一代哲学家、语言学家,并没有跟着索绪尔继续走在认识"社会的"① 语言制度 (lan-gue) 的通衢上,而是走上了一条"参与""个人的""言语活动" (pa-role)② 的"歧路"或"小径"。当然,与索绪尔批评的历史语言学不同,维特根斯坦和奥斯汀们不再研究历史语境中人们的言语活动,而是研究人们在交流语境中的言语行为。进而,同样受索绪尔启发,"言语的语言学"与"语言的语言学"最实质性的差异是:尽管传统的、经典的言语研究建立在认识论、对象论的基础上,但是因为索绪尔心目中的言语研究已初步具备了实践论、对话论可能(索绪尔已经强调"至少要有两个人参加"的言语"循环"模式及对话的本质)。这导致了索绪尔之后的言语研究,越来越倾向于把学术研究本身,也看做是在同一语境中"同时""到场"的主体间交互性的交流与交谈。③ 据此,后现代(后索绪尔)学术的语言学转向,实质上并不是单纯认识论、对象论的"言语的语言学"转向,而是朝向了更激进的实践论、对话论的"言语的语用学"转向④,以此,国际民间文学—民俗学界晚近提出的"从事象到事件","从文本到语境","从文化到生活","从文体到主体"⑤ 等等一系列口号,才可以有别开生面、另辟蹊径的"别解",也就是说,才可以从后现代性的实践论、对话论的"对话理性"(哈贝马斯),而不是古典主义认识论、对

---

① 参见 [瑞士] 索绪尔《普通语言学教程》,高名凯译,岑麒祥等校,商务印书馆1980年版,第35页。

② 同上书,第32页。

③ 参见巴莫曲布嫫《田野研究的"五个在场"——巴莫曲布嫫访谈录》,《民族艺术》2004年第3期。

④ 索绪尔之后的语言学的确经历了一场语用学的转向,"在语言语用学中,以 [胡塞尔现象学的] 意向性概念为理论基础的言语行为理论主要研究说话人意义 (speaker meaning),即言语交际中说话人的语用意图,解释语言使用的目的。乍看起来,语言语用学似乎沿着索绪尔语言学相反的方向发展,但情况并非那样简单。准确地说,在当今语言学的研究中,研究的重心已由语言转向言语,也可以说,从索绪尔所阐述的'内部语言学'转向了'外部语言学'。这种发展不应理解为朝着两极的方向发展,而应理解为在索绪尔20世纪初所确立的认识论的理论框架中发展。"张绍杰:《语言符号任意性研究——索绪尔语言哲学思想探索》,上海外语教育出版社2004年版,第168页。

⑤ 参见高丙中《中国民俗学的人类学倾向》,《民俗研究》1996年第2期,收入高丙中《民间文化与公民社会——中国现代历程的文化研究》,北京大学出版社2008年版;高丙中《日常生活的文化与政治——见证公民性的成长》,社会科学文献出版社2012年版。

象论的 "理论理性"（康德）的学术思想立场予以理解和解释。这样，主体（个体）间交互地交流、对话地交谈的 "言语" 命题适时地进入到后现代学术研究的理论和实践视野当中；当然，站在索绪尔当年主张的内在性、共时性 "语言" 立场上看①，上述外在性、历时性 "言语" 的命题，还是不能等而视之，因为，随着把认识主体的外在性、历时性 "在场" 对研究过程的作用及影响，也纳入到研究过程本身来考虑，索绪尔之后的 "言语" 越来越不像是认识论的 "研究对象"，而越来越像是实践论的 "阐释对话"，进而与 "言语" 密切相关的 "语境"（言语只能是在语境中的言语），也逐渐褪去了古典物理学的时、空色彩，而接近于交互主体的对话交流的实践事件本身。②

"从文体到主体" ……也是中国民间文学—民俗学家提出的口号，其直接针对的问题是晚近中国民间文学—民俗学的学术研究中，愈演愈烈的 "去主体化" 的单纯书面文本特别是书面历史文本的研究取向。高丙中认为，单纯的书面历史文本研究的 "去主体化"（祛除研究对象中的实践主体）的形式主义学术取向，最终将导致研究者主体本身迷失于对书面历史文本内容的单纯形式化研究的学术智力游戏，而不再关心被研究（者）对象作为实践主体的人生命运，从而使中国民间文学—民俗学在根本上背离具有人文关怀的批判精神的 "五四" 传统，乃至民间文学—民俗学学科的理论与实践的学术初衷，因此，中国民间文学—民俗学的当务之急不是单纯的文本研究、文体研究，而是整体（生活语境）研究、主体研究，也就是回归于对在语境中创作、"在表演中编创" 的具体的、个体的实践主体（而不是集体的、抽象的逻辑主体）的关注与关怀。

> 当代中国民俗学家可以通过研究民俗生活进而关心国人的人生，
> 关心在传统向现代的大转换过程中显得异常艰难、异常困苦的人

---

① "我们将只讨论后一种［语言的］语言学。"［瑞士］索绪尔：《普通语言学教程》，高名凯译，岑麒祥等校，商务印书馆 1980 年版，第 42 页。

② 中国民间文学—民俗学学者对 "表演理论" 的 "语境" 概念的理解、解释和使用以及对此的批评，参见刘晓春《从 "民俗" 到 "语境中的民俗" ——中国民俗学研究的范式转换》，《民俗研究》2009 年第 2 期；王杰文《"文本化" 与 "语境化" ——〈荷马诸问题〉中的两个问题》，《民俗研究》2011 年第 3 期。

生。① 我们对主体的关心要从对人生的关心切入。民俗学研究民俗模式和民俗生活，联系人生来说，也就是研究人生过程中呈现的群体模式以及人们对它们的表演。② 只有如此，民俗学家才可能面对生活，解答生活的问题，而不辱关心生活的现代使命。③

索绪尔在世，站在"语言的语言学"的内在性、共时性立场上，也许不会赞同上述意见，因为索绪尔坚持认为，在研究对象中引进实践主体，也就意味着引进了主体外在性、历时性的实践意识，从而会导致学术的政治化，只是如上所举芬兰学派、爱伯哈德、丁乃通、普罗普的"言语"研究的诸多案例说明，索绪尔未意识到，即便从研究对象中排除了实践主体，认识主体同样会把外在性、历时性的实践意识带入研究过程，从而导致学术的政治化，以此，即便是对"言语"文本内容的"去主体化"—纯形式化研究，也仍然具有外在性、历时性的实践性质。④ 因此，问题并不在于"言语"研究是否避免了学术研究的外在性、历时性（这是无法避免的），而在于"言语"研究究竟是坚持对象论、认识论范式，还是转换为对话论、实践论范式？因为认识论、对象论范式的"言语"研究，仍然摆脱不开传统的、经典的时空语境的直观形式，因而也就仍然摆脱不掉外在性、历时性的实践意识对学术研究的作用及影响，进而无法

① 高丙中：《民俗文化与民俗生活》，中国社会科学出版社 1994 年版，第 146 页。
② 同上书，第 163 页。
③ 同上书，第 100 页。
④ 高丙中后来也承认了这一观点："笔者在 1990 年写作博士论文的时候，笔者的一个主要的意图就是批判民俗学的遗留物研究。但是，后续的历史却证明，这个时期让文化遗留物在知识上重新成为可见的，对于中国社会在后来的变化中重新建立与自己的传统的连续性具有关键的作用。当时对'遗留物'作为文化现象的发掘，对'遗留物'的言说作为合法话语的呈现，实际上奠定了中国社会后续发展的文化基础，凝聚了中华民族的文化认同的集体意识或集体无意识。……不管民俗学者在那个时代对作为遗留物的中国民俗说了什么或者怎么说过，我们今天感到欣慰的是，他们的述说本身开启了遗留物重新成为日常生活的有机组成部分的可能性。他们的论说曾经被中国社会科学的兄弟学科所忽略、轻视，事实是他们的学术活动参与改变了中国社会的文化现实，最起码是呼应、催生了一个新的文化中国的问世。"高丙中：《日常生活的现代与后现代遭遇：中国民俗学发展的机遇与路向》，《民间文化论坛》2006 年第 3 期，收入高丙中《民间文化与公民社会——中国现代历程的文化研究》，北京大学出版社 2008 年版；高丙中《中国人的生活世界——民俗学的路径》，北京大学出版社 2010 年版；高丙中《日常生活的文化与政治——见证公民性的成长》，社会科学文献出版社 2012 年版。

还原出逻辑主体内在性、共时性即康德所说的纯粹理性的、先验的实践意志和实践法则。

但外在性、历时性"语境",即认识论、对象论经验下的"言语"研究,仍然为实践主体即个体的"人生"与"生活"实践留出了充分的展示余地。高丙中《民俗文化与民俗生活》与朝戈金《口传史诗诗学》都强调了实践主体在语境中的"表演"实践(《中华民间文学史》从"体裁"切入民间文学的历史叙述,同样强调的是主体实践的"表演"形式)。《口头史诗诗学》尽管是以蒙古史诗"江格尔"的文本为研究对象(正如索绪尔只能通过英语、法语、德语研究"语言一般"),但与索绪尔的"语言的语言学"以认识内在性、共时性的"语法"不同,朝戈金的"言语的语言学"则以认识民间文学—民俗学的实践主体——史诗歌手冉皮勒——如何"在表演中编创"的"程式句法",即生活语境中的言语实践之外在性、历时性的言语规则。由于《诗学》要解决的问题不是史诗一般的、脱语境的内在性、共时性"语法"法则,而是史诗在具体的生活语境中外在性、历时性的"句法"规则,以此,在《诗学》中,实践主体(不是逻辑主体)在生活语境中"任意约定"的言语实践的外在性、历时性"句法"规则,得到了特别的强调。

这样,在经历了曾经一度的追随索绪尔式的"去主体化"研究取向之后,年轻一代的中国民间文学—民俗学学者,重新把实践主体召回到民间文学—民俗学的研究范围当中,即重新确立了为索绪尔所批评的外在性、历时性"言语"研究在民间文学—民俗学学术中的正当性地位。与索绪尔不同的是,在索绪尔眼中,外在性、历时性的"言语"研究,一定是康德式的、以理论认识为学术目的的经验论范式,而晚近国际民间文学—民俗学的"言语"研究、"表演"研究、"语境"研究,其实践对话的学术目的越来越显明(尽管学者们对此学术目的的自觉意识经常要打折扣),于是,也就越来越接近于胡塞尔所提出的"交互主体的生活世界"的现象学先验论的范式理想。尽管从经验论的"言语"研究、"表演"研究、"语境"研究彻底转换为先验论的学术范式,还需要超越性一跃,但"个体""任意"实践的形式(体裁)化权利得到了充分的保证,这是民间文学—民俗学学者据以还原到索绪尔的内在性、共时性即先验性实践法则的真正有效的唯一途径,也是民俗文学—民俗学学者关心人生、关心人的生活的唯一真正有效的学术实践途径。

索绪尔最终没能够妥善地解决学术研究中的内在性、共时性，和外在性、历时性问题，这也许真的就是索绪尔的过错，因为，尽管索绪尔已经暗示了他对"语言的语言学"和"言语的语用学"的区分，参照了康德关于理性的实践使用（实践理性）和理性的理论使用（理论理性）的划分方式，把"语言"研究等同于实践理性的学术范式，而把"言语"研究等同于理论理性的学术范式。但是，由于索绪尔仅仅认可"言语"研究作为理论理性的认识论、对象论范式的可能性，因而，索绪尔既没有认识到认识主体的外在性、历时性问题意识对研究过程的影响，也不会认识到，"言语"研究被用作实践理性的对话研究的可能性，而后者，正是索绪尔之后的语言学家、民间文学—民俗学家们努力尝试的方向。

当然，索绪尔的"阴影"仍然笼罩了索绪尔之后的民间文学—民俗学家，亦即，对于晚近的民间文学—民俗学来说，"表演"研究、"语境"研究，一句话，"言语"研究的外在性、历时性仍然是难以祛除的魅影，亦即，言语研究能够给出的"句法"就只能是经验地"任意约定"的句法，而不是内在性、共时性即先验地自律规定的语法、棋法。

> 诚然，价值还首先决定于不变的规约，即下棋的规则，这种规则在开始下棋之前已经存在，而且在下每一着棋之后还继续存在。语言也有这种一经承认就永远存在的规则，那就是符号学的永恒的原则。①

但是，即便是索绪尔的内在性、共时性"语言"研究，最终也没有完全摆脱外在性、历时性经验的影响，所以在索绪尔那里，先验的语法、棋法最终也是在具体的时间、空间条件下"任意约定"的经验结果，尽管是实践对话的交互性结果，而不是理论认识的单向度结果。但是以此，索绪尔也就为后现代"言语"研究的学术范式，为保护文化多样性，以及坚持价值多元论，奠定了现象学语言学的经验论方法论前提，而不是现象学语言学的先验论方法论基础。

---

① ［瑞士］索绪尔：《普通语言学教程》，高名凯译，岑麒祥等校，商务印书馆 1980 年版，第 128 页。

四 纯粹的、内在的实践民俗学

以上，我借助索绪尔为学术研究所确立的"共时性—历时性"的事实判断标准，和"内在性—外在性"的价值判断标准，对 20 世纪 80 年代以来中国民间文学—民俗学的学术范式和研究趋势做了简要的描述与评估。索绪尔的"历时性"和"外在性"命题是针对言语研究中的研究对象（或认识客体）而言，索绪尔认为，研究对象（认识客体）中实践主体的问题意识，是导致学术研究本身受"历时性""外在性"政治影响的根本原因。我在借用索绪尔命题的同时，对该命题进行了一定的转换与修正，转换、修正的结果是：言语研究的历时性、外在性不仅是由研究对象（被研究者作为实践主体）的性质所决定的，同时也是由认识主体（研究者主体）所决定的，甚至是由认识主体单独决定的。在后者的条件下，是认识主体的问题意识而不是研究对象的"客体的性质"①，把历时性、外在性的问题意识，带入了研究过程和研究结果，因此在研究对象中是否包含了历时性的实践主体，并不是导致学术研究的过程和结果呈现外在性的根本原因，从研究对象中排除了实践主体（"祛主体化"），也仍然会导致学术研究的外在性，学术研究过程和结果的外在性，固然与实践主体在研究对象中的存在有关，更与认识主体作为研究条件有关。正是由于认识主体的问题意识介入到学术研究的过程当中，使得所有的学术研究都无法避免外在性结果的可能。但是，何以一旦认识主体作为研究条件，就无法避免学术研究的历时性和外在性，站在索绪尔的立场上，我们也许可以自我辩解说，如果祛除了作为研究条件的认识主体的历时性问题意识，学术研究就能够避免外在性的结果，但是何以能够如此，索绪尔的命题本身难以给出清晰的答案，个中原委，笔者在本绪论伊始就已经指出了，索绪尔的命题是对康德同一命题的简化，我们看到，正是这一简化，导致了索绪尔命题的含混与在一定程度上的失效。

---

① "在自然知识里面，所发生的事件的原则，同时就是自然法则；因为理性的应用在那里是理论的，是由客体的性质决定的。"［德］康德：《实践理性批判》，韩水法译，商务印书馆1999 年版，第 17—18 页。

我们已经指出，从《普通语言学教程》中，我们看不出索绪尔的"内在性—外在性"命题是否曾接受过康德的"内在的—超验（逾界）的"命题的直接影响①，但是至少，索绪尔没有像康德那样，把"内在性"和"外在性"，与理性的两种使用——理性在超验（超越时空）条件下共时性的实践使用（实践理性），和理性在经验（时空）条件中历时性的理论使用（理论理性）——联系起来考虑。索绪尔继承了康德的做法，把所谓的"内在性"等同于"正当性"，但是，对于索绪尔来说，共时性语言研究与内在的正当性，以及历时性言语研究与外在的非正当性之间的关系是凝固不变的②；而在康德那里，并非只是纯粹实践理性的共时性研究才具有内在的正当性，而理论理性的历时性研究就不具有内在的正当性，实践理性和理论理性各有其内在的正当性和外在的（康德称之为"超验的"）非正当性。康德反复强调：所谓理性的理论使用（理论理性），就是把概念理论地用于认识直观形式的时空条件下的经验对象，只要理论理性把概念用于经验对象上面，或用于经验的范围之内，理性的理论使用就具有内在性、正当性（合理性、合法性）；反之，如果理性的理论使用超出了经验的范围之外，理论理性就失去了内在性和正当性。而所谓纯粹理性的实践使用（纯粹实践理性），则是把意志实践地用以实现超出直观形式的时空条件下的先验对象（道德目的），只要纯粹实践理性把意志用于先验对象之上，或用于理性的范围之内（反过来说，就是超出经验的范围之外），纯粹理性的实践使用才具有内在性、正当性；反之，如果理性的实践使用超出了理性自身的范围之外（反过来说，就是陷入经验的范围之内），实践理性同样会失去其内在性和正当性。所以，在康德那里，所谓理性知识的内在性、正当性，并不总是与学术研究的共时性相伴随，而是随时在理论理性和实践理性的内在性使用之间相互转换。即，康德所谓理性使用的内在正当性，在理论理性和实践理性中，分别指涉了内在于经验的使用和内在于理性的使用。以此，一种理性知识（暂且不设定是理论知识还是实践知识），从理论的观点看，是内在于经验的

---

① 从索绪尔所使用的除了"内在性""外在性"以外的其他概念或命题——如"任意性"（arbitraire）——来看，索绪尔熟悉康德的思路。

② 户晓辉批注："也许只有针对内在语言学而言才能这么说，《教程》中毕竟还有第三编'历时语言学'和第四编'地理语言学'。"

（即"局限在可能经验之上的"），但是从实践的立场看，却是外在于纯粹理性的（即"超出［理性］自己的界限"或"超越了它的界限"）；反之，一种理性知识，从实践的立场看，是内在于理性的（"没有超出自己的界限"，"无须逾出我们之外"的"内在的应用"），但是从理论的观点看，却超出了经验（即"逾界的""超验的应用"）。亦即理性知识内在的正当性，既可以指涉历时性的理论知识，也可以指涉共时性实践知识，反之，外在的非正当性，亦然。

> 纯粹理性概念［在实践上］的客观运用任何时候都是超验的，而纯粹知性概念［在理论上］的客观运用按其本性任何时候都必须是内在的，因为它只是局限在可能经验之上的。①

> ［纯粹理性的实践应用］从理论的目的来看会是超验的（逾界的），而从实践的目的来看则是内在的。②

> 唯有自由概念允许我们无须逾出我们［的纯粹实践理性］之外而为有条件者和感性的东西寻得无条件者和理智的东西。③……理性的超验的［理论］应用就能够转变为一种内在的［实践］应用（即理性通过［纯粹理性的］理念自身成为在经验领域中起作用的原因）。④

> 当实践理性认为自己进入了一个知性世界的时候，它决没有超出自己［内在］的界限。然而，如果实践理性试图去直觉或感觉自己进入了这个知性世界，它就会超出自己的界限。……如果实践理性试图向知性世界借得意志的一个［"直觉或感觉"的］对象，即一个［理论认识的］动机，那么，它就超越了它的界限，并装作了解了它一无所知的事情。⑤

> 只有纯粹理性的［实践］应用，倘若这种理性的存在得到证明的话，才是内在的；相反，自封为王的以经验为条件的［理论］理

---

① ［德］康德：《纯粹理性批判》，邓晓芒译，人民出版社 2004 年版，第 278 页。本书引文（特别是引康德原文）中方括号内的文字是笔者所加，所谓"增字解经"是也，至于所"解"是否恰当，当由读者评判。

② ［德］康德：《实践理性批判》，韩水法译，商务印书馆 1999 年版，第 115 页。

③ 同上书，第 115 页。

④ 同上书，第 51 页。

⑤ ［德］康德：《道德形而上学基础》，孙少伟译，九州出版社 2007 年版，第 153 页。

性［的实践］应用则是超验的［即逾界的］。①

　　这就是康德曾反复地强调的，在理论知识和实践知识之间，理性知识的内在正当性和外在的非正当性，是可以相互转化的，康德自问自答道："对于思辨理性［即理论理性］系超验的东西，在实践理性里是否就成了内在的东西？的确如此。"② 在康德看来，理性的理论使用的目的是为了认识（自然和社会）客体的现象（对象），而且，唯当理性使用理论概念，并将理论概念"内在地"使用于"历时性"的直观形式即时空条件（生活语境）中的经验客体（对象、现象）上面，才能够给出理论理性的内在性、真理性经验知识，任何具有真理性的正当性的理论知识，都是只能用内在于感性直观的时空语境的经验对象所证明的知识，而任何超出直观语境而使用理论概念于先验对象而得到的"知识"都是无法证明的、外在于经验的超验幻象。在理性的理论使用中，没有给出外在的、超验的知识的可能性。

　　与理性的理论使用不同，理性的实践使用无论用于历时性的经验条件下，还是在逾越出历时性经验条件，即内在于理性的共时性超验条件（无条件条件）下，都能够给出实践的知识，即外在于纯粹理性（但仍然是理性即受感性影响的一般理性）的、经验性实践知识，和内在于纯粹理性的、超验的实践知识。理性的实践使用的最终目的不是为了理论地认识客体（以客体为现象的对象），而是为了实践地实现主体本身的理性意志（以主体本身为目的的对象），但是，以主体本身（本体）为目的的对象，或者是受主体本身的纯粹理性所支配的（内在于理性的）自由意志，或者是受主体本身的纯粹理性之外的其他外在于纯粹理性的原因而影响的任意的意志，因而决定了主体在使用其理性以实现其意志的时候，或者给出纯粹理性的自由意志的实践知识，或者给出受主体本身的纯粹理性之外的其他原因（包括主体本身的感性原因）的影响而并非纯粹理性（即一般理性）的任意意志的实践知识。这样，只有当主体使用本身的纯粹理性以实现其内在于纯粹理性的自由意志的先验对象——主体本身出于纯粹理性的自由意志的实践目的——才能够给出超出外在于主体本身的纯粹理性的经验影响，而内在于主体本身的纯粹理性的真理性、正当性实践知

---

① ［德］康德：《实践理性批判》，韩水法译，商务印书馆 1999 年版，第 14 页。
② 同上书，第 146 页。

识。相反，当主体本身使用受外在于主体本身的纯粹理性的其他原因而影响的一般理性，以实现其超出了主体本身的纯粹理性的经验对象的实践目的，就只能给出外在于主体本身的纯粹理性因而可能是非真理性、非正当性的经验性实践知识。

所以，在康德那里，知识真理性的内在性（正当性）和外在性（非正当性）的判断标准，在理论知识和实践知识中是截然相反的。在理论知识中，只有内在于经验的知识才具有正当性、真理性，而任何超出经验而仅仅内在于理性的知识只能是超验的幻象（不能被称为"知识"）。相反，在实践知识中，只有内在于纯粹理性的知识才具有正当性、真理性，而超出纯粹理性而内在于经验的知识却不一定具有正当性、真理性，尽管内在于经验但超出了纯粹理性的实践知识仍然可以称为——以实践意志为目的，以理论认识为方法的——实用性知识。这就是说，康德认为，人们可以同时从理论认识和实践意志两种不同目的的立场和方法的角度，来看待和对待同一项实用知识。一项实用知识，从理论认识的方法论角度看，是内在于经验的，因而是科学的真理性、正当性知识，但是从实践意志的目的论角度看，则是外在于纯粹理性的，因而不一定就必然地出于道德（但可以是或然地合于道德）的真理性、正当性知识，而仅仅属于一般理性所给出的实用性知识，这种具有实践的目的论同时具有理论的方法论的实用性知识，在具有科学的真理性的同时，却不一定就必然地具有出于道德的纯粹道德性（但可以或然地具有合于道德的道德性）。因为，在实用性知识中，从理论方法论的角度看，即便排除了研究对象的历时性、外在性条件的影响，但是从实践目的论的立场看，认识主体仍然可能承担历时性、外在性的问题意识。正是理论知识和实践知识的内在性和外在性在实用知识中的这种重叠性，即纯粹实践理性知识与理论理性知识，在一般实践理性（理论方法兼实践目的）的实用知识中的模糊性，让索绪尔的"内在性—外在性"命题，难以从理论和实践上回答"祛主体化"的言语研究何以仍然难免外在性的问题①。但是对此，似乎索绪尔还是有比较清

---

① "在这里，意识形态要素和认识论要素之间存在着不可避免的混淆与重合。对西方以外的众多社会科学家来说，政治要素、宗教要素与科学要素之间的区分似乎并不完全合理有效。"华勒斯坦等：《开放社会科学——重新建社会科学报告书》，李锋译，三联书店 1997 年版，第 94 页。

醒的认识，索绪尔界定的外在性、历时性"言语的语言学（语用学）"，就具有康德的实用性知识中理论理性和实践理性的双重性，所以，索绪尔一方面承认"言语"研究作为理论知识的合理性，同时又对"言语"研究作为实践知识是否具有合法性保持了警惕，于是索绪尔才转而主张"语言"研究的纯粹语言学。索绪尔的语言学思想，对后现代性学术思想的"文化（多样性）研究"具有警示作用。因为，任何内在于经验的理论知识，在被用作实用的实践知识的时候，已不再可能是内在于纯粹理性的道德知识，只有完全、彻底地超出经验范围而内在于纯粹理性的实践知识，才具有真正的道德真理性即实践正当性。正是以此，索绪尔才转向主张纯粹理性—自由意志的实践主体先验地、交互地对话，并任意地约定的内在性、共时性"语言"研究（尽管他并未否定一般理性的历时性、外在性"言语"实践研究），并且最终为开启认识纯粹理性—自由意志的实践主体通过先验地、交互地对话而达成的普遍价值的"语言"知识，提供了理论上的可能性。

当前中国的民间文学—民俗学正处在一个十字路口上。中国民间文学—民俗学的外在性、历时性"言语"研究范式（中国民间文学—民俗学几乎从未尝试过纯粹内在性、共时性的"语言"研究范式），也就是康德所谓理性的理论使用的学术范式，在一度经历了"祛主体化"纯粹形式化研究（故事类型学、形态学）的尝试之后，其主流范式再次回归于"再主体化"的"言语"研究（以"口头诗学""表演理论"为理论根据的"个体民俗学"或文化"传承人"研究为代表）。尽管在中国民间文学—民俗学者中间，区分理论理性和实践理性的范式意识至今都不明确，但无疑义的是，朝向"言语"研究的回归，并不可能完全回归于索绪尔眼中的理论理性的认识论、实证论、对象论的历时性、外在性范式轨道，而是自觉不自觉地被国际民间文学—民俗学的主流范式所裹挟，正在逐步踏上实践理性的存在论、实践论、对话论的范式轨道。但是，在当下中国民间文学—民俗学的多元范式中，笔者仍然识别出康德所批评的、建立在实证方法论基础上的实践目的论的实用性知识的学术范式。以此，在本绪论的最后部分，笔者将依据经受住康德命题转换、修正的索绪尔关于共时性、内在性语言研究，和历时性、外在性言语研究的命题，对中国民间文学—民俗学当下的主流范式，以及未来的范式趋向，做一简要的评述和展望。

依据索绪尔和康德的命题，我们可以把中国民间文学—民俗学的当下取向和未来趋向一分为三：现代性的理论民俗学（含"民间文学"，下同），反思现代性的后现代性实用民俗学，以及指向未来的纯粹实践民俗学。

所谓"现代性的理论民俗学"就是指，传统的、经典的以民俗—民间文学的历史文本（如原始文化）为经验对象的认识论、实证论、对象论的研究范式，对于索绪尔来说，就是外在性、历时性（即时空直观形式的历史"语境"条件下）的"历史语言学"的"言语"研究；而对于康德来说，则是以自然科学为典范的理论理性的人文学科兼社会科学。深受进化论理论的影响，现代性的民间文学—民俗学的理论范式（亦即研究者主体）的问题意识，主要是民俗—民间文学（原始文化）的起源方式和演变规律，通过理论地认识民俗—民间文学的起源及演变，民间文学—民俗学，也就认识了民俗—民间文学的研究对象——即作为实践主体的"民"——的性质（所谓"高尚的原始人"），进而通过其经验实证的理论认识，给予了"民"作为现代民族—民主国家的"国民"主体以道德上的正当性辩护。所以，尽管民间文学—民俗学的学术、学科性质属于康德式的理论理性，却仍然可以被视为发挥了实践理性的现实功能的实用性知识[1]，并导致了两种相反的实践效果，即：一方面助力于现代民族主义的民主国家（如芬兰）的诞生；另一方面也助长了现代种族主义的集权国家（如德国）的形成。民间文学—民俗学的现代性实践之所以导致了双重效果，其原因是：尽管民间文学—民俗学（"以俗论民"）的理性知识是通过理论认识的科学方法而给出的，但仅仅是理论的方法，并不可能甄别不同的实践目的对理论方法的制约。

如上所述，对民间文学—民俗学的理论范式（理论民俗学）的现代性反思的最初成果，是民间文学—民俗学的"祛主体化"（实即"去政治化"或"非意识形态化"）的研究倾向在学界的流行，民俗—民间文学历史文本（原始文化）的内容研究遭遇冷落，而单纯的形式化（如故事类型学、形态学）研究得以继承且发扬光大。但是，单纯的形式化研究所内涵的问题，也立即就暴露出来：纯学术、学院式的学问风格，被批评远

---

① 参见高丙中《日常生活的现代与后现代遭遇：中国民俗学发展的机遇与路向》，《民间文化论坛》2006 年第 3 期，收入高丙中《民间文化与公民社会——中国现代历程的文化研究》，北京大学出版社 2008 年版；高丙中《中国人的生活世界——民俗学的路径》，北京大学出版社 2010 年版；高丙中《日常生活的文化与政治——见证公民性的成长》，社会科学文献出版社 2012 年版。

离了社会生活和社会实践，在疏离于集权政治的同时，也疏远了民主政治（其实并非如此简单），于是，民俗学的"人类学化"及"社会科学化"的口号被提出来，作为纠正形式主义偏差的指南。以此，所谓"民俗学的人类学化、社会科学化"，并非彻底否定现代性的理论范式，而只是把现代性的理论范式进一步向前推进，即，民间文学—民俗学的人类学化、社会科学化只是把理论民俗学的研究对象，从历史经验（文本）拉回现实经验（语境），以关心人生，关心每一个人的人生命运，于是，马林诺夫斯基式的功能论人类学的文本—语境研究方法，以及马氏所秉持的传统、经典的语境直观的时空观念，被重新发现①；同时被发现的当然还有通过语境直观而"呈现社会事实"② 的过程中，被呈现的作为研究对象的经验个体（每一个人）③。

　　正是在反思现代性的民间文学—民俗学的理论范式的"语境"条件下，晚近国际民间文学—民俗学的——"口头诗学""表演理论"——等主流范式的学术流派，引起了中国同行的关注与热情的引进。尽管"口头诗学"和"表演理论"各有不同的学科渊源（前者源于古典学，后者源于语言学和人类学），但是都受到了后现代性学术思潮（如现象学、解释学）的深刻影响。例如"表演理论"，正是通过"反索绪尔"的语言人类学，即从索绪尔本人所忽略的"索绪尔命题"——外在性、历时性的言语研究——而发展起来的。于是，在索绪尔那里的外在性、历时性（空间与时间）的言语研究（在康德看来就内在于经验的理论研究），在经历了现象学理论方法论和实践目的论的洗礼之后，就通过悬置言语对象

---

　　① 中国民间文学—民俗学者是在重拾马林诺夫斯基语境观的条件下接受的晚近国际民间文学—民俗学界的后现代性语境观，以此，中国民间文学—民俗学者的语境观至今难以抹去古典物理学的时空观的浓厚色彩。参见刘晓春《从"民俗"到"语境中的民俗"——中国民俗学研究的范式转换》，《民俗研究》2009 年第 2 期；王杰文《"文本化"与"语境化"——〈荷马诸问题〉中的两个问题》，《民俗研究》2011 年第 3 期。

　　② 高丙中：《〈汉译人类学名著丛书〉总序》，载克利福德、马库斯编《写文化——民族志的诗学与政治学》，高丙中等译，商务印书馆 2006 年版。该文以《中国社会科学需要培育扎实的民族志基本功》为题收入高丙中《民间文化与公民社会——中国现代历程的文化研究》，北京大学出版社 2008 年版；高丙中《日常生活的文化与政治——见证公民性的成长》，社会科学文献出版社 2012 年版。

　　③ "民俗学对个人的关注是从民到公民这个理论命题的前奏以及具体实现的一种形式，也是民俗学的我与你关系由潜在转化为显在的一种途径。"户晓辉：《从民到公民：中国民俗学研究"对象"的结构转换》，《民俗研究》2013 年第 3 期。

的实质（实体）内容，而还原到言语现象的纯粹形式，进而还原到主体主观的实践意向（意识现象）。因此，与索绪尔不同，在索绪尔那里，虽然历时性、外在性的言语研究，大体上仍属于康德式的内在于经验的理论理性的认识论、实证论、对象论范式，而"口头诗学"与"表演理论"的历时性、外在性言语研究，已容纳了索绪尔的内在性、共时性的语言研究即康德的内在于理性的实践理性的存在论、实践论、对话论范式的性质和特征，于是，索绪尔关于语言系统的实践规则的"任意性""约定性"等概念和命题，都潜入到口头诗学、表演理论的逻辑体系当中。换句话说，"口头诗学"与"表演理论"的学术范式，不再是用理论的方法独断地达到认识的规定性目的，而是用对话的方式交互地达成的约定性目标。于是，实践主体之间通过理性对话而任意约定的主观—相对的"地方性知识""多样性文化"，在后现代性的"知识状况"或知识谱系中，被"承认"有正当性、真理性的知识地位。

我们于是认识到，当年索绪尔所划分的共时性、内在性的语言研究，和历时性、外在性的言语研究，在经历了现代性的反思而进入了后现代性的"知识状况"以后，呈现出相互接纳、相互融合的学术趋向。就民间文学—民俗学的人类学化、社会科学化倾向来说，是在呈现客观普遍的"社会事实"的理论方法中，加入了主观必然的"关心人生"的实践目的；而就"口头诗学"和"表演理论"而言，是在认识主观相对的地方性知识和多样性文化的理论方法中，加入了同时到场、交互对话的实践目的。而无论是民间文学—民俗学的人类学化、社会科学化，还是语用学化、政治学化，最终，都把"表述"并"保护"每一个普通人的日常生活和生活文化的正当性权利，作为民间文学—民俗学内在性（内在于纯粹实践理性）的学术任务、学科使命。①

---

①　即使不是如鲍曼所言"为了重申并复兴知识分子在启蒙时代的社会核心地位"，也应当是"重申并复兴知识分子在启蒙时代的与知识的生产和传播相关的总体性关怀"。鲍曼写道，"知识分子……通过影响国民思想、塑造政治领袖的行为来直接干预政治过程，并将此看作他们的道德责任和共同权利。……'知识者'传统，体现并实践着真理、道德价值和审美判断这三者的统一。"也就是说，"有用的"的知识意味着，"超越对自身所属专业或所属艺术门类的局部性关怀，参与到对真理、判断和时代之趣味等这样一些全球性问题的探讨中来。是否决定参与到这种特定的实践模式中，永远是判断'知识分子'与'非知识分子'的尺度。"［英］鲍曼：《立法者与阐释者——论现代性、后现代性与知识分子》，洪涛译，上海人民出版社2000年版，第1—2页。

当然，索绪尔在共时性、内在性的"语言的语言学"，与历时性、外在性的"言语的语用学"之间所划定的界限，在后现代性知识状况中的模糊甚至消失，并不就意味着，康德对理论知识和实践知识的划分，也同时失去了学术的意义和思想的价值；相反，正是因为受到康德关于理论和实践的理性知识之内在正当性之相互转换的命题，以及实用的理性知识之不彻底的内在正当性命题的启发，才让我们有机会认识到，索绪尔所描述的共时性、内在性语言的任意约定性和主观相对性的知识状况，并没有达到绝对客观的先验交互性的实践理想，并且，接受并融合了索绪尔"语言的语言学"的后现代性的"言语的语用学"研究范式，也就仍然未能突破康德所云理性知识的实用性框架。① 而这正是后现代性知识（无论就理论方法还是就实践目的来说）最致命的历时性、外在性（不彻底的共时性、内在性）"内伤"。康德说过：

> 一切关切［即目的］归根结底都是实践的，甚至思辨理性［即理论理性］的［实践］关切也仅仅是有条件的，只有在［纯粹理性的］实践的应用中才是完整的［关切即完整的目的］。②

对于康德来说，真正的纯粹理性的实践知识（对于民间文学—民俗学来说就是彻底的实践范式）的正当性、真理性判断尺度只有一个，即：纯粹理性的实践知识的目的和方法，是否完全外在（独立、超出、先行）于感性经验的界限，而完全内在于纯粹（先验）理性的界限？反过来说，如果实践"关切"建立在历时性、外在性经验目的，即实用条件（康德所谓"有条件"）的条件下，并且建立在同样是历时性、外在性经验方法的时、空条件的基础上，作为研究对象的实践主体就仍然只能是被认识的客体，而不是真正的实践主体——即出于纯粹理性的自由意志，并与认识主体平等地对话的先验性、交互性自由主体——因为，后现代性的"言语的语用学"尽管也接受了索绪尔的"语言的语言学"的"任意性"

---

① "文化批评可能永远被社会研究引以为自身存在的合理性证据。"［美］马尔库斯等：《作为文化批评的人类学——一个人文学科的实验时代》，王铭铭等译，三联书店1998年版，第161页。

② ［德］康德：《实践理性批判》，韩水法译，商务印书馆1999年版，第133页。

"约定性"概念，并将这些概念置于"有条件"的历时性、外在性"语境"框架中①，就只能给出受制并服从"准"或"类"自然法则的社会规律的实践主体（其实是"被实践"的客体），以及被实践的客体所服从的"主观—相对"（胡塞尔）的多样性文化的"地方性知识"（格尔兹语）②，而不是具有客观必然性意义和绝对普遍性价值的纯粹实践理性知识，而后者才是人作为自由主体而存在的无上条件，因而，如果我们的学术研究不能达成以此至高无上的实践知识境界，我们就不能说真正达成了"关心人生"的最高实践目的。

于是，在后现代性的语用学、实用性知识状况中，无论是民间文学—民俗学的人类学化、社会科学化，还是语用学化，都不能给予普通人的日常生活或人的日常的普通生活，以充分的正当性证明（感性的日常生活并不具有天然的正当性），因为，普通人的日常生活或者人的日常的普通生活的普遍正当性，最终只能建立在纯粹实践理性的自由个体，即先验的、交互的实践主体之共时性、内在性（内在于纯粹理性）自律规定的绝对客观的纯粹实践理性知识的基础上（索绪尔"语言的语言学"最终未曾臻于此实践知识的最高境界），而不可能建立在有限理性存在者的自然个体的历时性、外在性（外在于纯粹理性）任意约定的主观相对的实践理性意见（实质上是理论理性知识）的基础上。③

在康德看来，纯粹理性的实践知识是先验的、交互的自由主体，通过平等对话而给予的，在康德的时代，"对话"的概念或命题虽然还未提

---

① 索绪尔自己的共时性语言研究也未臻于真正内在性的知识境界，充满悖论的是，尽管索绪尔研究的是普通语言，但他毕竟又要借助于具体的法语、德语、英语、俄语……来研究普通语言的普遍语法，以此，索绪尔为语言制度贡献的"任意性"的实践原理，是基于历时性、外在性时、空条件而给予的，因而索绪尔的普通语言学没有达到实践主体出于纯粹理性的自由意志的先验的、交互的绝对客观的约定性，而只是达到了并不纯粹的先验的、交互的主观相对的约定性。

② 格尔兹自称是"阐释人类学"，即"实际解释的学科"或"实践的解释系统"，罗蒂称之为具有"社会意识"即"带有价值观"的社会科学研究，这种"解释学的社会科学"的出路即索绪尔所谓学术研究的"外在性"问题至今仍然需要讨论，参见罗蒂《方法、社会科学和社会希望》，收入塞德曼编《后现代转向——社会理论的新视角》，吴世雄等译，辽宁教育出版社2001年版，第61—86页。

③ "意志的一切可能的决定根据或者单纯是主观的，因而是经验的，或者是客观的和理性的；但两者既有内在的又有外在的。"［德］康德：《实践理性批判》，韩水法译，商务印书馆1999年版，第42页。

出，但康德已经深刻（尽管还不十分明确）地认识到，自由主体先验的、交互的"对话"是纯粹实践理性知识的客观、普遍和必然的实现条件。康德写道：

> 我们关于物先天地认识到的只是我们自己放进它里面的东西。①
>
> 在先天知识中能够赋予对象的无非是思维主体从自身取出来的东西。②
>
> 他必须凭借他自己根据概念先天地设想进去并（通过构造）加以体现的东西产生出这些属性，并且为了先天可靠地知道什么，他必须不把任何东西、只把从他自己按照自己的概念放进事物里去的东西所必然得出的结果加给事物。③
>
> 我们之所以能把它们作为清楚的概念从经验中抽出来，只是由于我们已将它们放到经验中去了。④
>
> 依照理性自己放进自然中去的东西，到自然中去找（而不是替自然虚构出）它单由自己本来会一无所知、而是必须从自然中学到的东西。⑤
>
> 理性只会看出它自己根据自己的策划所产生的东西，它必须带着自己按照不变的法则进行判断的原理走在前面，强迫自然回答它的问题，却决不只是仿佛让自然用襻带牵引而行；因为否则的话，那些偶然的、不根据任何先行拟定的计划而作出的观察就完全不会在一条必然法则中关联起来了，但这条法则却是理性所寻求且需要的。理性必须一手执着自己的原则（惟有按照这些原则，协调一致的现象才能被视为法则），另一手执着它按照这些原则设想出来的实验，而走向自然，虽然是为了受教于她，但不是以小学生的身份复述老师想要提供的一切教诲，而是以一个受任命的法官的身份迫使证人们回答他向他们提出的问题。⑥

---

① ［德］康德:《纯粹理性批判》，邓晓芒译，人民出版社2004年版，第16页。
② 同上书，第18页。
③ 同上书，第12—13页。
④ 同上书，第181页。
⑤ 同上书，第14页。
⑥ 同上书，第13页。

"自由""平等"……就是这样一些我们学者作为认识主体"加给""放进"作为实践主体的普通人、老百姓当中,并且从实践主体当中"看出""找出""取出""学到"并"受教"的民俗—民间文学的纯粹实践理性知识。"自由""平等"的理念,之所以是纯粹实践理性知识,乃是因为,这些理念都是出自(也只能出自)纯粹理性(而不可能出自任何感性经验)的实践概念,学者们之所以能够把这些理念"放进"普通人、老百姓,是因为学者们能够出于纯粹理性;而"自由""平等"的理念之所以又能够从老百姓、普通人当中"取出",同样是因为老百姓、普通人也同样地能够拥有纯粹理性。① 所以康德说,"理性在这里应当自己成为自己的学生"②,把"自由""平等"的理念"放进"并"取出",就是理性"受教"于自己,就是理性"自己成为自己的学生"。康德用他那个时代的"言语"——尽管康德的"言语"表面上看起来相互矛盾——预言了日后由哈贝马斯提出的"对话理性"的后现代性命题,正是根据"对话理性"之必然可能性的基本设定,康德才断言,理性的启蒙就是民众的自我启蒙,即在认识主体(学者也是民众)和实践主体(普通人、老百姓)之间平等对话中的相互启蒙。③ 以此,如若民间文学—民俗学希望自己能够给出真正"关心人生"的共时性、内在性纯粹实践理性知识,那么这种知识一定是通过主体之间的交互性、先验性,即共时性、内在性(内在于纯粹理性)的"语言"对话而给予的,而不能是在历时性、外在性时、空语境中仅仅通过"言语"对话而被给予的。由此,我们可以展望中国民间文学—民俗学的未来前景,即一种基于先验性、交互性的实践主体的自由关切(目的)和自律对话(方法)的纯粹实践的民间文学—民俗学,在理论和实践上的必然可能性。在这种朝向未来的、纯粹实践的民间文学—民俗学的学术实践中,研究者(认识主体)和被研究者者

---

① "'自由'这一概念不是一个得自观察的经验概念,而最多只是能由经验观察反证它存在的一个超验概念。"黄裕生:《有第三条道路吗?——对自由主义和整体主义国家学说的质疑与修正》,《江苏行政学院学报》2014 年第 1 期。如何反证每一个人都拥有自由的意识,参见本书第十章《"表演的责任"与民俗学的"实践研究"》。对"自由"概念的正面证明,参见陈连山《游戏》,中央民族大学出版社 2000 年版,第 11 页;西村真志叶《作为日常概念的体裁——体裁概念的共同理解及其运作》,《民俗研究》2006 年第 2 期。

② [德]康德:《纯粹理性批判》,邓晓芒译,人民出版社 2004 年版,第 14 页。

③ 参见陈连山《重新审视五四与中国现代民俗学的命运——以 20 世纪对于传统节日的批判为例》,《民俗研究》2012 年第 1 期。

（对象主体）作为在先验的场域中"共同""到场"的实践主体，双方原本作为认识论、实证论范式下的研究者主体身份和被研究者客体身份都发生了实质性的改变，研究者主体单方面地主导启蒙的"五四"式"我们"身份终于被搁置。"五四"以来，中国现代的民间文学—民俗学者在改变了民众的自我意识的同时，也相应地改变了学者对民众的认识以及对自己的认识，"知识分子在教育民众的同时自己也必须接受民众的再教育"这一中国现代性政治实践的悖论在康德所预言的后现代性知识状况下，才真正能够从理论的必然可能性成就为实践的普遍现实性。

第 一 章

现代性论争中的民间文学[*]

　　本土前现代的民间，无论被视为传统文化结构内部的对抗性力量，还是视其为依附性的亚结构或反文化，至少在 20 世纪初的学者们看来，尚未生成为与国家分离的、可自我定义的、自由自律的社会实体。民间之成为具有现代意义的、自由自律的社会表象，是"五四"以来中国学者在想象中不断加以转换的结果。在想象和转换过程中，中国学者不仅重新阐释了引进的民间文学学科理念，而且借助民间文学表象对现代性方案做出了本土性的思考，从而一方面获得了操作民间文学表象以改造传统并整合多元民族文化的话语权力；另一方面也用 20 世纪的中国经验为全世界贡献了一份独特类型的现代性设计，从而形成了一种本土的主体性新传统。笔者试图从主观的学科角度分析、理解这一主体性新传统，并希望能以此为学科发展的未来走向和学者身份的自我理解，提供一些学理和思想上的资源。

　　中国现代民间文学学科是"五四"新文学运动引进西方现代学科 folklore 的结果。在英语中，folklore 既用以指称学科门类和学科对象，同时也是学科的核心理念，通过赋予学科对象以抽象理念，folklore 即"民间文学"就成为现代学者想象民间社会、民间文本时，借以表达并整合多种现代性原则的表意对象。作为现代性问题的知识产品，现代学科的各个门类都在不同程度上回答了不同层面、不同侧面的现代性问题。现代学者将不同的现代性原则（如民族主义、社会主义和个人主义）投射于民间文学表象，于是就形成了多种民间文学理念之间相互竞争，以及在民间文学表象整合功能的作用下，以不同方式相互组合的深层关系。作为民间

---

[*] 本章发表于《文学评论》2000 年第 2 期，发表时删去了第四节，现予恢复，个别表述略有修订，一些注释也是发表后补充的。

生活的自在知识,民间文学能够生成为具有现代意蕴的学科表象当然是现代学者主观阐释、操作的结果,而诸多民间文学理念则是现代学者对不同现代性主张的学科式转述。中、西方现代民间文学家对不同学科理念的侧重与整合方式,主要反映了不同文化主体对特定现代性方案的独到选择,就此而言,对中国民间文学学科核心理念的分析,可在象征层面成为20世纪中国现代主体性之自我理解的有效途径。

一　"民间"理念的中、西差异:
边缘性与下层性

在现代英语中 folklore 已是一条十分歧义的复合词语。目前 folk 在汉译时,作为名词可从种族、民族、亲属、家属、人民、人们等多种语义予以理解;作为形容词 folk 有汉语"民间的"意思。lore 的本义是经验、知识或学问,引申为特殊科目的知识,据此语义 folklore 被译为"民俗"或"民俗学"。在传统的共同体中,民族的和民间的大部分知识往往要依赖口头形式代代相承,以书面形式相承的只是传统知识中的一部分(尽管是主导的部分),因此 lore 除了"知识(俗)"也有"口头传说"的意思。folklore 既可译作"民俗",亦可译作"民间传说",而民间文学又多以口头传说的形式存在,再加上自从民俗学诞生以来民间传说、民间文学始终是各国民俗学者最主要的研究对象,在有些民俗学者那里甚至是唯一的对象,因此 folklore 也可被视作"民间文学"的同义语。folklore 的歧义是人们(包括各派学者)在长期使用中不断阐释、不断赋予其新义从而累积下来的结果,folklore 的汉译同样可以作如是观。①

威廉・汤姆斯(Thoms)在 1846 年最早提议使用 folklore 一词以界定

① "英文里 folklore 一词是 folk 和 lore 两字拼起来的。folk 在普通的英华字典里是作'人民'讲,但是没把它的含义说清楚。我所了解的它不是一般的'人民',而是具有亲切乡土关系的人们。中文里,近于'老乡''乡下土里土气的人们',作为一个形容词近于'民间''土风'的意思。lore 字典上作'学问'讲,其实也不那么确切,我觉得这字近于'天方夜谭'中的'谭'字,夏天乘凉时孩子们喜听的'逸闻、传说'。所以如果直译,folklore 用'民间传说'四字比较接近。如果咬文嚼字地推考,译成'民俗'似乎广了一些,因为'俗'不限于'说说话话',而还包括行为、仪式等等在内。当然,我们不必跟西方传统走,我们不妨有一门研究'民间风俗之学',而称之为民俗学。"费孝通:《谈谈民俗学》,收入张紫晨编《民俗学讲演集》,书目文献出版社 1986 年版。

"民俗"与"民间文学"，欧洲学者"对民俗兴趣的日益增长，是与19世纪浪漫主义和民族主义的学术思潮紧密联系的"。^① 19世纪的欧洲学者发展了一种反启蒙主义的浪漫立场，为了对抗理性主义的世界性扩张，浪漫主义者诉诸地方性和民族性的感性主义传统，继而认为这种地方、民族传统（如神话）尽管正在消逝，但传统依然以蜕变形式保存于无文字群体的民众——准确地说是农民——的口头文本（如童话）之中。在浪漫主义者看来，农民的也就是地方的和民族的，而口头文本则是农民与民族之间联系的纽带。只有农民才是地方性和民族性的真正代表，这种浪漫主义思想渗透到19世纪的诸多学科门类中，甚至成为一些实证学科得以成立的价值预设，这也是特洛尔奇（Troeltsch）所谓"现代性原则的含混"^②的表征之一，民俗、民间文学学科是其典型。

　　就对启蒙主义的拒绝而言，勃兰兑斯（Brandes）指出：19世纪的浪漫主义"直接反对的是18世纪的某些思想特征，它那枯燥的理性主义，它对感情和幻想的种种禁忌，它对历史的错误理解，它对合法民族特色的忽视，它对大自然索然无味的看法和它对宗教的错误概念……"^③ 浪漫主义者反对以城市文明、工业文明为标志的现代理性及其世界扩张（世界主义是启蒙主义关于人之理性同质的逻辑延伸），他们把对民族感性传统的想象投射到乡村和农民身上，认为居住的偏远地方的农民未受或少受出自现代理性中心之文明教育的污染，因而最大限度地保持了民族共同体的传统感性生活方式。在浪漫主义者看来，民间文学不仅是民族性的建构基础，同时也是普遍性的解构资源，从而成为价值知识的真正言说。这种关于乡村和农民道德生活的浪漫观点，为19世纪以来西方多数民间文学家所秉承，无论他们对"民"的释义有多少分歧，民是乡俗即真正的价值知识的持有者是其共识，因而folk的准确释义只能是乡民或农民，而生活在城市和工业文明中的市民等其他公民或国民，都不能作为民族传统的充分代表。

---

　　① 参见［美］邓迪斯编《世界民俗学》，陈建宪等译，上海文艺出版社1990年版，第5页。

　　② 参见刘小枫《现代性社会理论绪论——现代性与现代中国》，上海三联书店1998年版，第185—191页。

　　③ 参见［丹麦］勃兰兑斯《十九世纪文学主流》，第一分册《流亡文学》，张道真译，人民文学出版社1980年版，第4页。

　　由于只有乡民和农民才是充分意义上拥有完整而未分化的民族传统的民①，因此在浪漫主义者界定"民"之性质的词汇表中，中心词只能是古代性和边缘性，即汤姆斯所云"消失的传说"和"地方传统"②，而不是下层性和现代性。农民当然也是现代下层的生活群体，但就浪漫主义思想的关注焦点而言，民的现代性和下层性不是本质性的问题。如果将 folk 译作"民间"，那么 19 世纪欧洲浪漫主义者的 folk 将不包括曾经高举启蒙义旗的市民，而只含有面向传统的乡民或农民的意思。罗素（Russell）说过："在浪漫主义者看来，穷人决不是都市里的，决不是工业界的。"③然而正是在此关节之处，folk 的"民间"汉译发生了明显的词义转换。与 folk 在西语中对立于市民不同，在汉语中"民间"一词的对应指涉多是官方，因此汉语的"民间（非官方）"概念是可以包括生活在城市中的平民或市民的，比如我们在"五四"民间"白话—通俗"文学的概念中，首先看到的就是宋元以来市民语言的身影。于是，在 folk 汉译以后，"民"的古代和边缘性质就不知不觉地转化为含有近代和下层意义的范畴，从而显示出不同的语义侧重。

　　当然，中国现代民间文学家的"民间"概念中所涵盖的"市民"（宋元以来的市井之民），并不等于现代西方学者用以定义市民社会（civil society）的市民。19 世纪初期欧洲主要国家（如英、法等国）的市民生活已经建筑于资本主义的基础之上，据此马克思称近代以来的欧洲市民社会为资产阶级市民社会。比较之下中国前近代以来的市民尚未获得充分的资本主义生活经验④，因此 20 世纪初期中国的市民和农民都还未最终突破传统"四民（士农工商）"的历史范畴，也就是说，前近代以来的中国市民仍可以生活于市井中的农民视之。就此而言，中国现代民间文学家与他们的西方同行一样，将学问对象定位于农民即 folk 和民间，并且在将农民生活、农民知识道德化、理想化这一点上，中、西方现代民间文学思想的主流都表现出浪漫主义的价值态度，不同的是，一个是民族

　　① 参见高丙中《民俗文化与民俗生活》，中国社会科学出版社 1994 年版，第 10—31 页。
　　② 参见［美］邓迪斯编《世界民俗学》，陈建宪等译，上海文艺出版社 1990 年版，第 7 页。
　　③ ［英］罗素：《西方哲学史》下卷，何兆武译，商务印书馆 1976 年版，第 214 页。
　　④ "前近代"，语出［日］沟口雄三《中国前近代思想之曲折与展开》，陈耀文译，上海人民出版社 1997 年版。

整体性的浪漫主义，一个却是社会分层性的浪漫主义。换句话说，同样是农民，现代欧洲农民所持有的道德知识是民族性的，在古代为贵族和平民共同拥有并以神圣的贵族精神为旗帜，只是近代以来才仅存于农民之中；而现代中国农民所持有的道德知识则始终是阶层或阶级性的，其在古代也只是表达了传统知识中反映世俗平民精神的那一部分内容，在"五四"学者看来，传统的分化已经如此久远似乎自古皆然。当19世纪欧洲的浪漫主义者诉诸中世纪或前中世纪的地方传统，以表达天才式的个人情感对于庸众式的世界理性之异化力量的反抗时，他们的浪漫主义毋宁说是一种贵族式的伤感①。反观"五四"民间文学家们借助传统民间或下层群体的感性力量，并将其发挥为现代话语权力以打倒正统体制的礼教束缚时，他们的浪漫主义已经转换为平民式的乐观。可见在不同的语境中，操作相同的能指符号甚至所指对象，却可指向相异甚至相反的（启蒙或反启蒙）目标。

　　与西语 folk 一样，汉语"民间"同样是一指涉含混的词汇，"民间"一词源于日常语言并且长期未获学术定义，于是人们在使用时一般只能从其否定的方面即"非官方"之义加以理解，也就是说凡官府、体制之外的领域均可以"民间"视之。甘阳指出："'民间社会'这一看上去相当简单的中文词中，实际隐含着一种极其根深蒂固的、中国人看待政治生活和政治社会的传统方式，这就是'民间对官府'这样一种二分式基本格局。""民间社会"概念的含混性与"动员民众对抗官府"的态度取向有关，于是人们使用"民间社会"时的"着眼点多不在'民间社会'自身内部的种种结构性差异，而是特别突出了'民间社会'在面对官府官方时的整体性、一致性、同质性，从而也就是'战斗性'"，"'民间社会'这个词绝不仅仅是一个抽象的概念，而毋宁是一个可以唤起一大堆非常感性的历史记忆的符号"，"中国'民间社会'的自我理解或自我想象实际上就是由中国代代相传的无数历史记忆

---

　　① "种族主义的梦想的根源事实上存在于（贵族）阶级的意识形态，而不是民族的意识形态之中：特别是统治者对神命与'蓝色'或'白色'血统的主张，以及贵族对'教养'的主张。"［美］安德森：《想象的共同体：民族主义的起源与散布》，吴睿人译，上海世纪出版集团2003年版，第177页。

和文学形象所构成的"。① "五四"学者用"民间"移译 folk，正是借助于对非正统文学中民间自我描述的发掘来启发下层民众的自我意识，从而达到针对正统文学制约下民间对官府依附性生存的启蒙效果。

　　"五四"学者用"民间"一词移译西语 folk，同时用"俚俗"移译 lore。在汉语中"俗"与"雅"相对而言，"五四"学者用来指涉所有非官方、体制外的下层知识。与"民间"一样，"俗"也需要从"雅"的否定方面来定义，郑振铎就是这样描述"俗"的内涵的："何谓'俗文学'？'俗文学'就是通俗的文学，就是民间的文学，也就是大众的文学。换一句话，所谓俗文学就是不登大雅之堂，不为学士大夫所重视，而流行于民间，成为大众所嗜好，所喜悦的东西。……凡不登大雅之堂，凡为学士大夫所鄙夷，所不屑注意的文体都是'俗文学'。"② 郑振铎的表述使用了"五四"学者在定义民间文学时的流行语式。在汉语中"俗"有约定俗成、通俗和庸俗等多重语义，"五四"学者摒弃了其中贬义的庸俗，仅在通俗之褒义和价值中立的约定俗成方面使用"俗"字。"五四"学者将"俗"的价值置于"雅"的知识地位之上，用胡适的话说，这正是"五四"学者希望提供给时代的"几个根本见解"③。"五四"学者公开声明自己的价值立场是站在平民之俗而不是贵族之雅一边的。在"五四"学者看来"俗"是与"雅"相对而言的道德化知识，在现代生活中"俗"与"民间"已经获得道德评价的正面语义，而"雅"则已失去道德依据，这显然与 19 世纪欧洲浪漫学者的民族—贵族性倾向绝然异趣，尽管两者同以农民的口传文本作为表意符号。

　　较早使用"民间文学"这一汉语概念的中国学者中有"研究过西洋文学史"的梅光迪。1916 年 3 月 19 日，他在给胡适的信中说："文学革

　　　① 甘阳：《"民间社会"概念批判》，收入张静主编《国家与社会》，浙江人民出版社 1998 年版。"'民间社会'在字面上只讲与官方的区别，没有明示这个社会的属性，难以清楚地表达对现代文明的期待（没有现代的时间意识，因为任何时候又官方就有'民间'），所以通常是在表示与政府分野、抗争的时候才采用。"高丙中：《"公民社会"概念与中国现实》，《思想战线》2012 年第 1 期，收入高丙中《日常生活的文化与政治——见证公民性的成长》，社会科学文献出版社 2012 年版。
　　　② 郑振铎：《中国俗文学史》，商务印书馆 1938 年初版，作家出版社 1954 年版，第 1—2 页。
　　　③ 参见胡适《中国新文学大系》第一集《建设理论集·导言》，良友图书印刷公司 1935 年版，收入姜义华主编《胡适学术文集·新文学运动》，中华书局 1993 年版。

命自当从'民间文学'（Folklore, Popular poetry, Spoken language）入
手，此无待言。"① 在同一封信中梅光迪还使用了"俚俗文学"一词以解
释、限定民间文学，据此推断，梅光迪所说的民间文学含有下层文学的意
思，这样就向上接通了自周秦以来中国汉语文化传统一以贯之的"雅、
俗"知识、道德与阶层分化的思想脉络。梅光迪也许是最早用"下层社
会—俚俗文学"理念替换"边缘民族—folklore"理念的中国学者。梅光
迪之后，胡愈之试图给予"folklore—民间文学"的概念以更清晰的定义，
他指出："民间文学的意义，与英文的'folklore'、德文的'Volkskunde'
大略相同，是指流行于民族中间的文学……民间文学的作品，有两个特
质：第一，创作的人乃是民族全体，不是个人。……所以民间文学和普通
文学的不同：一个是个人创作出来的，一个却是民族全体创作出来
的……"②胡愈之给予民间文学的定义（意义与特质）十分清晰，其表述
方式也相当学术化。与梅光迪误读的下层社会性理念不同，胡愈之的翻译
和阐释更忠实于 19 世纪欧洲浪漫主义的 folklore 边缘民族性理念，但却没
有得到"五四"学界的一致认同，甚至学界长期没有关于民间文学的统
一命名，或称之为"民众文学""大众文学""平民文学"，或与"通俗
文学"有梳理不清的瓜葛③。但是在相异之中也有相近之处，这就是自
"五四"新文学运动以来的几代学者中间，无论给予民间文学怎样的命
名，多数学者（如梅光迪、胡适、陈独秀、傅斯年、徐家瑞、董作宾、
顾颉刚、郑振铎、杨荫深④）始终将"民间文学"定性为共同体下层的知
识现象，也就是说民间文学是与官方的、上层的、贵族的、圣贤的、庙堂
的、正统的、经典的、书面的文学相对立的文学形态，而不是像胡愈之理
解的那样属于"民族全体"。

---

① 胡适：《逼上梁山——文学革命的开始》，《东方杂志》1934 年第三十一卷第一期。

② 愈之：《论民间文学》，《妇女杂志》第七卷第一号，上海商务印书馆 1921 年，收入王文
宝编《中国民俗学论文选》，中国民间文艺出版社 1986 年版。

③ "俗文学的名称歧异。一般的，多称民间文学、民众文学、平民文学、通俗文学、民俗
文学，而文学两字或称文艺。又有称为大众文学、农民文学、乡土文学、口耳文学、口碑文学，
或讲唱文学、或大众语文学。——但还没有叫风谣文学、谣俗文学的。虽然民国以来，有关风
谣、谣俗的调查和研究，其主要部分，都涉及俗文学的范畴。"娄子匡、朱介凡：《五十年来的
中国俗文学》，"导论"，正中书局 1963 年版，第 1 页。

④ 参见陈平原《中国现代学术之建立——以章太炎、胡适之为中心》，北京大学出版社
1998 年版，第 193—202 页。

　　显然，19 世纪欧洲浪漫主义民间文学思想中蕴含的反启蒙倾向，对于"五四"学者来说是难以理解和不可接受的，于是梅光迪等多数中国学者最终没有在"边缘—民族文学"而是在"下层—民间文学"的意义上翻译了 folklore。"五四"学者在接受和处理域外观念时经常显示相当的自信，而这一自信如上所述则源于他们先入为主的历史与日常之见，正是这种先入之见最终导致了"五四"学者无意识过程中"有意的误读"。如梅光迪在用俚俗文学限定民间文学一词时即曾绝然断定"此无待言"，也就是说"民间文学"的概念在梅光迪看来本是自明的和无须定义的。陈平原说："正因为'此无待言'，留学生们大都不在此做文章。"① 因此欲理解"五四"学者的民间文学观念亦即他们对于 folklore 的阐释，首先应理解他们通过"民间"理念所表达的"民反官"式的常识与成见，以及他们对于这种常识与成见的现代应用背景。

　　总之，"五四"学者对于 folklore 的歧义理解是多方面原因造成的，其中既有西方学术语汇本身固有的多重释义空间（边缘性和下层性是 folk 的双重内涵），也有中国学者自身的本土知识（甚至常识）背景所提供的前理解条件。而中国学者在"五四"之际多所接受 folklore 的"下层—民间性"文学理念而不是"边缘—民族性"文学理念，与"五四"学者当年集中关注的现实问题，即本土文化共同体上层与下层的关系有直接的关联。"五四"学者站在平民文学和民间文学的立场认为，传统文化的症结是"雅"对于"俗"即上层官方对于下层民间的文化压制，于是现代知识取代传统知识的救治之道或许能够实现于现代知识与传统下层知识——民间之俗相结合并取代传统上层知识——官方之雅的努力之中，而不能像 19 世纪欧洲浪漫主义学者那样，以边缘文化的地方性知识解构中心文化的世界性知识为目的。"五四"学者的确在本土传统的民间文学中发现了类似于 19 世纪欧洲浪漫思潮所高扬的非理性—感性诉求，中国现代民间文学家倾向于认为，传统绝非不可分割的整体，曾经生活于传统中的下层民众则分有了传统中最富有道德价值的那一部分内容，而这部分被压抑的传统（比如胡适所说的"白话传统"），其实正是传统中可转化或激活为现代性要素的内容，因此持有这部分传统的下层民众，也就自然成为

---

　　① 陈平原：《中国现代学术之建立——以章太炎、胡适之为中心》，北京大学出版社 1998 年版，第 200 页。

"五四"学者所瞩目的走向现代而不是回到古代的现实力量。于是一个19世纪的欧洲问题就转换为一个20世纪的中国问题：反启蒙的"folklore—民间文学"如何可能成为启蒙的现代性力量？为此，需要回到本土传统的文化秩序或价值结构中去寻找答案，笔者的确以为，像"民间""俚俗"这样的常识语汇，如果不首先考察其据以发生的本土传统文化秩序或价值结构，民间社会、民间文本在本土现代性过程中的地位，以及它们依其自性所能扮演的主体和知识角色就只能是一笔糊涂账。

二 "人"的现代主题之表达异式：民族与社会

近代以来，西方学者对民众问题的研究是与社会结构的转型，特别是与君主政制向民主政制的过渡相伴而生的。与社会结构和政治制度变迁相关的是人们社会、历史观念的改变，即信仰式的神圣—英雄历史观、社会观向理性化的世俗—民众历史观、社会观的位移。而从价值结构的角度看，则是圣（神）、俗（人）二分的彼岸—此岸性对立的文化秩序，被转换为世俗一元的纯粹此岸性文化秩序。于是产生了研究和说明社会、历史主体之民众的现实学术要求，并由此催生出以"人"或"民"为主题的一系列社会科学和人文学科。也就是说，诸多现代社会科学和人文学科产生于对特定社会、历史问题即现代性问题的特殊关注，而现代性问题的核心就是：替"上帝死后"被切断彼岸性价值来源的纯粹此岸性价值定位重新做出安排，并且确定价值认同的现代方式，就此而言，现代学术不过是现代认同的知识形态。

但是，18、19世纪欧洲文化秩序的世俗化、人本化过程又是通过建构现代民族国家这一政治平台而得以实现的，在启蒙理性的世界主义、普遍主义知识无法为现代民族国家提供更充分的合法性论证的情况下，各国的民间文学研究应运而生。就此而言，尽管民间文学思潮直接脱胎于民族主义，但其逻辑前提却应追溯到民本主义，正是这一历史逻辑，使得folklore一词就含有了边缘—民族性与下层—民主性的双重含义。日本民俗学家关敬吾就是这样理解现代西方民间文学核心理念之双重意蕴的，他指出："民族（Volk）在德语中可理解为两重意义。一方面，对于其他民族集团来说，是政治的、国家的、种族的统一体；另一方面，对于同一国民集团中在文化上、经济上占指导地位的少数上层部分来说，又是在社会上、经济上、精神上、文化上处于落后状态的广大阶层。……由于民族概念具有两重意阶，由于它的理解方法不同，民俗学的目的、课题、方法也就不同，其性质会产生很大差异。"① 于是这就涉及笔者希望接近的一个重要问题，即：现代民俗与民间文学研究的基本学科问题究竟是什么？主要是为了解决边缘民族性还是下层社会性问题？其中，哪个问题更具有实质性？固然，无论边缘民族问题还是下层社会问题其实都是近代以来人、神景观转换中"人"的代词或表达异式，但首先是从下层—社会性的途径还是首先从边缘—民族性的途径来表达"人"的现代主题在各国则依具体的否定性前提和阶段性进程之不同而呈现差异。所谓否定性前提如上所述即是指的价值结构或文化秩序的传统样式，只有在 20 世纪从传统向现代转型的中国语境中，"五四"学者最终采用了民间社会的常识理念，译解 folklore 并作为"人"的现代主题的表达语式，才是一个可理解并且有意义的问题，而"五四"民间文学运动也为重新理解和阐释 19 世纪欧洲浪漫主义民间文学思想，提供了一个新的经验视角。

　　本土传统的文化秩序或价值结构与西方的差异，可以借用杜维明的一句话加以描述，这就是：自从古希腊和古希伯来时代以来，西方的文化秩序—价值结构及其超越途径一般表现为"存在的非连续性"，即神圣世界与世俗世界的宗教性空间划分，此岸世界的终极价值由彼岸世界（上帝）提供；而古代中国的文化秩序—价值结构及其超越途径表现为"存在的连续"，即神圣世界与世俗世界被置于历史性的时间两端，现代世界的终极价值是由古代世界（大同时代的先公、先王）所提供的。② 终极性的价值本体存于历史长河之中，并由历史源头提供，即内在（于历史）的超越而不是外在（于此岸）的超越，祖先崇拜而不是上帝信仰构成了中国式准宗教的价值结构以及对于价值本体的"史学"式体认方式。③

---

① ［日］关敬吾：《民俗学》，王汝澜等译，中国民间文艺出版社 1986 年版，第 9—10 页。

② 参见杜维明《生存的连续性：中国人的自然观》，收入杜维明《儒家思想新论——创造性转换的自我》，江苏人民出版社 1996 年版。

③ 安德森认为，古代的文化秩序或价值结构都是连续性的，不存在文化间的差异，他说：在历史上，"统治者……既是通往存有之路，同时也内在于存有之中。……宇宙论与历史无法区分，而世界和人类的起源在本质上是相同的。"参见［美］安德森《想象的共同体：民族主义的起源与散布》，吴睿人译，上海世纪出版集团 2003 年版，第 36 页。

正是文化秩序或者价值结构方面的上述差异，决定性地影响了中、西方现代学者在表达"人"的主题时选择了不同的理念和语式。面对神、人二分的文化秩序，以及政、教分离的社会制度，西方学者为确立人的现代主体性，先之以普遍感性兼理性的自然—文化的人（文艺复兴），继之以普遍理性的社会的人（启蒙思潮），再继之以特殊感性的民族的人（浪漫思潮），于是西方的现代性过程既呈现为历时性的逻辑，同时也呈现为分化性的（人性、社会性、民族性）目标。但是，同样的现代性过程在中国则显现为共时性场域中的整合性目标，这当然与西方历时性知识的共时性示范效应相关，但更与本土现代性的否定前提直接关联。首先，连续存在的价值结构与官、民二分的社会结构之一体化、同构化，导致了社会结构与价值结构合而为一，于是在"天地君亲师"的价值图式中，君亲师作为天、人之际价值知识（祖训而非圣言）传达者的角色，几乎包揽了价值中介的全部功能，君"为民父母"，民亦"以吏为师"，皇帝是天子，清官是青天，天即代表了价值本体。于是在本土的文化秩序中，神、人之分就以政、教合一的官、民对立的现世形态呈现出来。正是由于中国近代以前官、神认同和民、人（在古代汉语中，民、人往往可以互训）认同的圣、俗价值结构，进入现代以来，民反官的造反模式才被一次又一次地认定为本土反正统的神圣信仰兼专制统治，以表达"人"之民本主题和民主抗议的切实途径。"民间"理念和语式也才被选择为用人性颠覆神性，同时也就是用民权颠覆皇权的本土独特的"毕其功于一役"式的现代性方案。"五四"学者之所以将现代性问题的解决，首先诉诸传统共同体中的下层性民间社会力量，是传统文化秩序与价值结构的历史积累先验地决定的。

但是"五四"以来，对于本土的民间社会是否有能力充分地表达"人"的现代主题是有过争论的，争论的起因在于中国民间社会性质的模糊性。在汉语的常识语汇中，"民间（非官方）"一词始终需要其否定的方面——官方来定义，这说明民间不是一个具有自身统一规定的实体，而是一个与官方保持既分既合关系的价值—社会连续体，因此民间才无法自我定义，也就是说民间始终没有生成为与国家真正分离的社会（称民间为社会只是临时性的，或者说，将民间认同于现代西方意义的社会只是"五四"以来的知识错觉）。现代性的实质在于人的本质是由人自身（自我）自由且自律地定义而不是由神（或官方）来他律地定义的。现代以来，中国民间的本质仍然需要官方从其否定方面加以定义，说明民间仍然或者只能作为传统文化秩序—价值结构中的反文化、反价值力量，而很难作为具有现代性质的新文化、新价值力量而存在。其次，由于"存在之连续"的文化秩序、价值结构，无论神圣的人（祖先）还是世俗的人（百姓）都以人为能指符号，这更造成了本土传统的人的含混性质，官方的人当然是具有宗教身份的人，而民间的人却未必就已是纯然的世俗的人。所谓世俗的人按照韦伯（Weber）的思想应指能够合理化地自我规定的现代的人，显然本土传统民间的人与此尚有距离。在传统官方与民间的结构关系式中，由于官方垄断了价值认同的基本源泉和渠道，因此民间价值规范（祖训）的原始文本只能由官方来提供。民间世界因其自我定义必须时时依赖官方世界从而显现出自身的传统依附性质，就此而言，民间只是传统的社会结构与价值结构整体中的一个亚结构或反结构（依附性地与主导、正统结构共生共存），"民反官"的理念及语式因而也就只能是一种传统结构的本文之外的异文。就本质言，民间异文是以官方所提供的本文为原型的，因而民间异文的变异范围也就难以超逾官方本文所规定的程度，民间造反语式也就无法根本否定传统共同体的共时性深层结构，而只能否定其历时性表层结构的偶在性生成形态。这就是说，尽管民间异文是以官方本文的反文本状态存在和传承，但民间异文的功能仅在于对官方本文的补充与调整，并可达成对于官方本文与民间异文共同拥有的深层结构的类型认知。本土传统民间的人的上述双重性质（对神圣的人的反抗与依附，以及既使用人的符号又不具备人之自由、自律性本质）于是引发了"五四"学者对国民性的争论，显然对国民性的争论，主要出自对本土传统民间的人作为现代性力量的期望与失望。①

与本土传统的民间社会相比，近代以来，西方的市民社会则已生成为能够自我定义的结构实体。市民社会从封建制度的缝隙中滋生出来，有自己统一的市场基础和独到的价值准则——自由且自律的"人"的现代主题，市民社会的世俗世界和民主生活于是构成对宗法社会的神圣世界及君

---

① 鲁迅最为典型地表达了对民间的"人"的矛盾态度：对民众麻木状态的理性认识以及对民间复仇精神的浪漫想象。后者参见鲁迅《铸剑》（收入《故事新编》，《鲁迅全集》第 2 卷，人民文学出版社 1956 年版）和《女吊》（收入《且介亭杂文末编》，《鲁迅全集》第 6 卷，人民文学出版社 1958 年版）。

主生活的真正否定。此处的问题是，既然与市民社会相比，民间社会尚不构成一种真正意义上的自由且自律的社会（自身没有自主、统一的生存空间），因而也就无法实质性地承载自由自律的"人"的现代主题，那么"五四"学者为何仍然给予民间社会以超前的厚望？合理的解释有两种：第一，在现代西方的知识示范面前，民间社会是中国现代知识精英可能动员的唯一真正具有现实力量的群体，尽管从民间社会中尚未生成一种类同近代西方市民社会的实体结构。第二，尽管民间社会仍从属于传统的社会与价值结构，但是由于本土价值结构的历史化张力样式，给予了民间生活以更多的自由自律的空间①，加上前近代以来民间社会的确已发生了一些引人注目的变化，于是"五四"学者在民间文学、民间文本中就发现了"借男女之真情，发名教之伪药"（冯梦龙《叙山歌》）等"人"的主题的"现代"表达（问题在于这种表达是否即是现代性的，如后期陈独秀就认为民主话语的超时代性，他认为，只要存在压迫话语也就一定存在反抗话语，因此民主并非一定是现代性的表达而是从属于任何文化结构的反文化亚结构②）。

这就是说，尽管民间之民尚未最终突破"四民"的传统范畴，但同时也必须承认，宋元以来随着国家、社会一体化程度的降低，官方—民间的二分连续模式正在发生一些静悄悄的法变，即随着民间领域与官方领域的进一步分离，民间开始向民间社会过渡，民间社会不再仅仅是官方以外互不统属的庞杂范畴的否定性集合，而是朝着具有一定自身基础及自由自律空间的肯定性方向演变。在民间社会中，一些类似近代以来西方自由自律的人的因素日渐显现（其中一些因素出现的时间甚至早于西方）。这些新的因素包括：经济领域随着土地所有权的私有化，相对于国家依附农民的社会独立农民的涌现，其制度性标志就是对于自营或经营农民的政策—法律承认（明代的一条鞭法和清代的地丁银制），私有土地和独立农民（包括自营或经营地主）已经构成中国前近代民间社会的重要基础；思想领域对于政治专制的批评、对于道德自由与自律的提倡，艺术领域比如民

---

① 参见刘小枫《现代性社会理论绪论——现代性与现代中国》，上海三联书店 1998 年版，第 185—191 页。

② 陈独秀 1940 年 9 月在给西流的信中说："民主是……每个时代被压迫的大众反抗少数特权阶层的旗帜，并非仅仅是某一特殊历史时代现象……"《陈独秀书信集》，新华出版社 1987 年版，第 503 页。

间文学对于自然自我的表达，总之，对于"私"（个体主体性欲求）之合理性的肯定①。问题在于，如何看待这些"新变"的现象，究竟是传统结构内部出现的（自由资本主义）崭新要素？还是传统结构（自由封建主义②）本身配置的必要条件？正是由于上述现象本身可作"传统—现代"两歧性解释的模糊性，"五四"以来，学者们对民间社会作为传统内部的对抗性力量，是否同时可以被提升为现代生活的建构性力量展开长期的争论。中国民间社会兼有传统性和现代性的身份紧张，使得其对现代性方案的表达必然是既有效（就对传统的破坏而言）同时也有限（就对现代的建设而言）。在理论争论中并在实践过程中，民间社会一方面被用为实现现代目标的符号与实体力量，另一方面又展开对民间社会从现代性角度予以批判性的阐释与转换（如对民间文学中封建性糟粕的扬弃和对民主性精华的继承，民间社会既被认作是启蒙的依靠力量同时也是启蒙的改造对象）。就此而言，"五四"并非"全面反传统"，认为"五四"学者对传统持有整体的否定态度是惑于"五四"学者的激烈言词，"五四"学者只是借助传统中的小传统打倒大传统。③由于相当多的"五四"学者坚持传统中的民间力量可以被激活并转换成为现代性要素，故"五四"学者才对进化论持特别欢迎的态度（比如，胡适即持进化的文学历史观，他认为，传统中由进化而生成的白话语体的民间话语实在是一种现代性力量）；但也正由于中国现代性方案中的民间内容，使得中国的现代性方案始终保持了与传统的深刻联系。

就此而言，中国的现代性进程的确呈现出"内在理路（inner logic）"④。尽管中国的现代性问题是在西方冲击下才由知识精英明确提出的，但现代性目标的实现只能诉诸本土现实的社会力量，而无论这种力

---

① 参见［日］沟口雄三《中国的思想》，赵士林译，中国社会科学出版社 1995 年版，第57 页。

② 参见秦晖、苏文《田园诗与狂想曲——关中模式与前近代社会的再认识》，中央编译出版社 1996 年版，第 162—166 页。

③ 雷德斐尔德（Redfield）在分析传统文化时使用了"大传统"和"小传统"的概念，所谓"大传统"主要与官方、上层、书面的传统相关，而"小传统"则主要与民间、下层、口头的传统相关。本书使用的"传统"一词包括雷氏的"大传统"和"小传统"，"正统"一词基本对应于雷氏的"大传统"，而"民间……"则基本对应于雷氏的"小传统"。参见［美］芮德菲尔德《农民社会与文化——人类学对文明的一种诠释》，王莹译，中国社会科学出版社 2013 年版。

④ 参见余英时《中国思想传统的现代诠释》，江苏人民出版社 1989 年版，第 209 页。

量是否已经成熟得足以承载起这一目标，况且本土现实的民间社会似乎已表达过朦胧的现代性要求，"五四"的功绩就在于将这种朦胧的表达发掘出来，并解释和转换或者说将其激活为真正现代性的力量（如胡适之于白话文学，周作人之于平民文学、民间文学，胡、周在发掘、解释白话文学、平民和民间文学时都诉诸本土传统）。站在内在理路的立场才可以认为，中国现代民间文学学科不是西方现代学术的整体移植，而只是借助了西方学术的表层语汇，其深层理念无疑已经本土化，将民族性目标的边缘性理念转化为民主性目标的下层性理念，显然与新文化、新文学运动的基本问题——借助本土传统的世俗民间世界否定神圣官方世界——内在地相关。

从边缘性的 folk 到下层性的"民间"，当然只是对西方学术话语加以本土转换的一个开端。民间社会并非承担现代问题的理想类型，民间社会带有明显的传统胎记，因为民间社会曾是传统这一整体的一个组成部分甚至构成条件。民间社会要能成为真正的现代性力量，就必须对民间社会予以结构重组。中国现代民间文学学科对其核心理念"民间"不断阐释的过程，即是这一实际的改造进程在象征层面的隐喻；或者反过来说，中国现代民间文学之核心理念"民间"的释义变化也为实践行动提供了相应的知识建议①。对下层性"民间"理念的进一步释义主要是由中国化的马克思主义——毛泽东思想的阶级论提供概念工具的，即用阶级论重新构造语义含混的民间论。如上所言，当中、西方发生面对面知识冲突的时候，本土传统的民间社会尚未成熟到拥有一个自由自律的、统一的基础空间，还是一个相当松散的、只能由其否定方面（官方）来定义的准实体结构，那么民间社会之现代转换的一个重要目标，就是如何使其获得自身的统一性和自由自律性基础，用阶级民间论释义等级或阶层民间论即在此意义上发生。

"五四"的"民间"理念是在与"官方"理念的对立中被设定和把握的，这时的"民间"与"大众""民众""人民""平民"、"小民"等语义含混的词汇混淆在一起，因此所谓民间在相当程度上还是官方以外各色人等的非同质集合，举例说来，民间的平民、小民包括"农夫、工匠、

---

① 李欧梵为洪长泰《到民间去：1918—1937 年的中国知识分子与民间文学运动》（哈佛大学出版社 1985 年版）一书写的序言，参见〔美〕洪长泰《到民间去：1918—1937 年的中国知识分子与民间文学运动》，董晓萍译，上海文艺出版社 1993 年版。

商贩、兵卒、妇女、游侠、优伶、娼妓、仆婢、堕民、罪犯、小孩……"等等①，但是很快，"无产阶级"的概念就舛入了"民间"，比如主张民间文学"是一般民众——不论其为智识阶级或无智识阶级"的"演述口传文学"的杨荫深在 1930 年写作《中国民间文学概说》时已开始认为民间文学是属于无智识阶级、无产阶级平民的文学，而与智识阶级、资产阶级贵族的文学相对立②。于是当杨荫深将"无产阶级—平民文学"纳入"民间文学"的释义范围时，"民间文学"与 folklore 的"乡民知识"本义的误差已失之千里。正如罗素所指出的："'无产阶级'……的概念，也许是同样浪漫化了的，却完全是另一种东西。"③ 但是，由于"五四"学者先已为民间做出了下层性的定位，这就为日后接纳同样来自底层社会的、无产阶级的口传文学举行了成功的奠基。

20 世纪 50 年代以后，中国现代民间文学家对"民间"的释义进入阶级论一统天下的时代，中国现代民间文学家们用"人民"和"劳动人民"来释义"民间"，而劳动人民又被进一步限定为从事体力劳动的生产者，主要是指工人和农民也包括士兵，因为士兵被认为是穿上军装的工农。比较"五四"学者和新中国学者对于"民间"的释义，民间的构成显然已发生了重大变化。如果说 20 年代学者在讨论"民间"理念时，他们的目光还面对着传统农业的乡土社会（如上引顾颉刚举例的小民都是具有传统身份的人），他们的"民间"理念还包含着传统共同体中的市民范畴；那么新中国学者在讨论"人民"理念的时候已把目光投向现代，在"劳动人民""体力劳动者"这些概念当中无疑已包含了现代产业工人，与此同时，传统市民及"资产阶级知识分子"却被排除在用"体力劳动""生产"限定的"人民"之外了。④ 因此同样是上层、下层的二分模式，贵族、平民之分与劳动生产者、非劳动生产者之分已不可同日而语，在生产者、劳动者背后，有马克思主义经济学范畴的知识援助，通过"被剥削

---

① 参见顾颉刚《〈民俗〉发刊辞》，《民俗》第 1 期，中山大学，1928 年 3 月 21 日，收入王文宝编《中国民俗学论文选》，中国民间文艺出版社 1986 年版。《〈民俗〉发刊辞》为顾颉刚所撰写，参见钟敬文《〈孟姜女故事论文集〉序》，载顾颉刚等《孟姜女故事论文集》，中国民间文艺出版社 1983 年版。

② 参见杨荫深《中国民间文学概说》，华通书局 1930 年版，第 1 页。

③ ［英］罗素:《西方哲学史》下卷，何兆武译，商务印书馆 1976 年版，第 214 页。

④ 参见高丙中《民俗文化与民俗生活》，中国社会科学出版社 1994 年版，第 10—31 页。

阶级"这一分析范畴,民间至少在象征层面获得了自身的统一性和自由自律性并被寄予了实现多种现代性原则(比如公有制基础和民主集中制、科学历史观等上层建筑原则)的期望。民间社会于是被象征性地转换为本土现代社会、现代国家的建构原理和建构力量,而民间文学也就成为以"现代人"为主题、以"阶级论"为语式的本土化现代性方案在象征层面的知识表达。

然而,经过现代阐释的民间是否就此真正拥有了表达现代性原则的能力(正如农民依附于土地,工人也只能存在于资本的结构之中,工人、农民都不是无所依凭的自由自律的群体)?20世纪中国提供的实践经验证明,当"五四"启蒙学者浪漫地将民间想象为推进现代性的现实力量时,无论民间还是人民都仍然面临着被符号化的危险。就20世纪的中国来说,造成这一危险的主要原因始终在于,被提升为现代国家建构原理并被赋予了建构任务的民间社会的传统性质,非自由自律的、难以自我定义的民间,只能模拟和再造一个与传统文化价值秩序雷同的现代官—民秩序,这样的"现代"秩序只能结构性地替代传统秩序,从而导致民间受制于新一代的知识精英。[①] 就此而言,经过阶级论阐释和转换过的"民间"理念如何被虚构为国家实体的建构符号,就不再是一个难以理解的现象,更准确地说:在本土传统中从来就不曾存在过与近代以来西方市民社会类似的、具有现代意义的民间社会。官方与民间文化价值关系的连续性和一体化,国家与社会之分化的不充分,都是"五四"民主社会原则最终被符号化的历史根源。"民间社会"的现代理念其实只是中国现代学者借以表达"人"的现代主题时,对初具现代倾向且或许可被激活为现代力量的传统要素的想象,而对于任何不具实体基础的实在的浪漫想象最终都难免被符号化的命运。

三 民间文学:政治民族主义的文化依据

19世纪的英语 folk 表达了以农民为主体的边缘性、民族性理念,移

---

① 参见汪晖《从文化论战到科玄论战——科学谱系的现代分化与东西文化问题》,《学人》第9辑,江苏人民出版社1996年版。

译为 20 世纪的汉语"民间"，则表达了同样以农民为主体但却是下层性、社会性的理念，"民间"理念的进一步阐释、转换则是援引阶级论介入民间论释义。在经过阶级论释义以后，"民间"在象征层面就不再是一个无法自我定义，即只能由其否定方面（官方）来定义的日常语汇，"民间"获得了自由自律的、统一的结构性基础——体力劳动者或生产者阶级。当以劳动人民为主体的"民间"理念上升为现代国家的建构原则时，"民间"也就共时性地重新获得了民族性意涵。当然，在思想史和学术史上并不存在一个"民间"理念丧失并重获民族性意涵的实在过程，在胡适和周作人的"民间"理念中，社会性和民族性本是融为一体的，无论胡适以国语文学作为民间文学—白话文学的终极目标，还是周作人希望从"全国近世歌谣"中产生"民族的诗"以表达"国民心声"①，都可以证明"五四"的"民间"社会分层性理念，从一开始就承载着民族全体性目标的论证负担，因而本章关于"民间"理念消解并重获民族性意涵的过程，毋宁说只是一个存在于笔者思想中的逻辑关系，正如马克思所说过的："从抽象上升到具体的方法，只是思维用来掌握具体并把它当做一个精神上的具体再现出来的方式。"② 但笔者仍然坚持，对于"民间"表象的上述理念分解与逻辑重建在认识上是必要的，非如此不足以理解用"劳动人民"规定的"民间"话语，如何参与设计了"人民民主"民族国家的现代性方案及其与西方"自由民主"民族国家现代性方案之间的重大区别。

"五四"以来在讨论民族主义问题时，汉语学者多将中国现代民族主义与古代民族主义相区别。不少学者坚持，中国古代原不存在现代意义的民族主义即政治民族主义，认为中国古代即使出现过民族主义，勉强定义至多只是文化民族主义。所谓政治民族主义及其实践成果——民族国家乃是一组现代的首先是西方的产物，最早出现于近代以来的欧洲历史当中，

---

① 参见《〈歌谣〉发刊词》，载《歌谣》第一号，北大歌谣研究会出版，1922 年 12 月 17 日；收入《歌谣》第 1 册，中国民间文艺出版社影印，1985 年版；收入《周作人民俗学论集》，上海文艺出版社 1999 年版。《〈歌谣〉发刊词》反映了周作人的民俗学思想。关于《〈歌谣〉发刊词》的作者，参见施爱东《〈歌谣〉周刊发刊词作者辨》，《民间文化论坛》2005 年第 2 期；施爱东《中国现代民俗学检讨》，"《歌谣》周刊发刊词'周作人说'的源流"，"对'周作人说'的怀疑"，社会科学文献出版社 2010 年版，第 118—131 页。

② 《马克思恩格斯选集》第 2 卷，人民出版社 1972 年版，第 103 页。

而在古代中国只有所谓"王朝国家"。华夏式文化民族主义理念的内涵是"文化"而不是"种族"，因而"夷夏之辨"不是种族间而是文化间的差异，由于没有政治民族主义的历史传统，政治民族主义之于现代中国人来说相当陌生。汉语学者通过将中国古代的文化民族主义与西方现代的政治民族主义加以对比，提出了中国现代民族主义的政治化应然模式。但是是否存在可与文化脱节的政治民族主义首先就是一个问题；况且认为，中国古代完全不存在政治民族主义的事实判断，也与一般的历史知识发生诸多悖离。

在此使用"主义"这个术语有失妥当，也许使用像政治性民族意识或文化性民族意识之类的概念更为准确，因此本章延用"古代……主义"的命题只是临时性的而不是实质性的。笔者以为，用文化民族主义指涉汉民族形成以前的中国历史尚可，用来指涉汉民族形成以后的中国历史则会造成实用主义的知识偏颇。就民族与国家的重叠关系而言，中国古代自秦汉帝国以后就形成了以汉族为主体的国家正统意识，在这种正统意识当中，汉民族的种族意识、政治意识和文化意识是融为一体的。正是以此，"五胡乱华"等历史约定的歧视性话语，才能被用来描述"非正常"的历史现象而被载入史册；而元、清两朝之被视为正统也只是汉族士大夫迫不得已的违心之论，反元与抗清志士始终可以诉诸种族、政治意识以发动民众，而无论元、清两朝统治者如何服膺汉文化即是有力的证明，这说明种族、政治与文化的统一始终是中国古代民族意识即所谓"正统"的理想类型。这种正统意识，是在汉族中央政权与少数民族地方政权的长期对峙中被培育起来的，因此政治性的民族意识在古代中国从来不是一种陌生的事物。就民族与国家的重叠关系而言，中国历史也早就提供了可据以分析的先例，那种认为民族与国家的直接相关仅与近代欧洲具有历史约定的观点，显然是西方中心论的产物。当然中国古代的民族国家绝非现代民族主义的实践成果，所以不是现代民族主义的国家建构，而仅与古代民族意识相关。因此对于现代中国来说，最重要的是要在古代民族意识的基础上建构现代民族主义的问题，而不是所谓从文化民族主义到政治民族主义的质变问题。其实任何政治民族主义的背后都隐含着文化的问题，文化始终是政治的实在背景和终极依据。以近代欧洲兴起的现代民族国家而论，其建构历程需同时反对两种中世纪传统，即统一的宗教文化和分裂的封建政权，欧洲现代民族国家的建立并不只是封建政治割据的结束，同时也是拉

丁文化统治的终结，因此在建立现代民族国家的过程中，中世纪和前中世
纪的、异于《圣经》的 ethnical（种族的、异教的）文学得到空前的重视
和发掘。ethnical 一词的本义是"种族的"，并有"少数民族的"意思，
ethnical 含有 pagan（异教）的词义并成为欧洲现代民族国家的建构理念
之一，说明民族国家的建构并不只是一个政治行动，同时也是一个人类学
ethnology 式的文化和文学行动，在这方面当年格林（J. Grimm 和
W. Grimm）兄弟和缪勒（Muller）等人的工作十分典型。①

　　源于民间的种族文学为建构现代民族的象征符号提供了重要文本，特
定群体因此能够据以自我想象为一独立、统一的文化共同体②。张瑜认
为："每一个民俗团体，都有它的特殊的民俗，这民俗就是人民的幻想，
也是人民的感情的表现。""民俗是一个民俗团体的幻想，有了这种幻想，
所以每一团体才有它的特殊传说的历史和文物。"③ 通过发掘蕴藏在民间
的文学传统，一个想象中的文化共同体就被虚构出来，至于这个现代共同
体在历史上是否以种族和国家的形态存在过并不是最重要的，而这正是现
代民族主义的实质问题。也就是说，现代国家赖以奠基的民族主义意识形
态的确是一个重新发掘、转换某种文化传统的建构结果。就此而言，欧洲
现代国家所信奉的民族主义，在终极意义上仍然是文化性的而非单纯的政
治性的，其实从来都不存在没有文化依据的政治民族主义，即使像历史短
暂的美国民族，民间文学也参与了其现代民族主义意识形态——美国之梦

---

　　① 当浪漫主义为反抗启蒙主义既诉诸中世纪宗教和民族传统又超越中世纪，而追溯前中世
纪的宗教和民族起源时，就进入了"雅利安—印欧"种族和异教的境界，如当年格林、缪勒所
做的那样。意大利学者科奇亚拉（Cocchiara）曾用 ethnic、ethnical——兼有"种族"和"异教"
的双重含义——一词描述浪漫主义者所依据的前中世纪种族和异教的力量，显然，对于世界性的
理性知识和同样是"世界主义"的基督教拉丁文化来说，异教的反抗力量十分有力。Cocchiara,
The History of Folklore in Europe, English Translation by McDaniel, Philadephia: Institute for the Study
of Human Issues, Inc., 1981, pp. 2 – 5. 另 Gomme 也指出，民俗是"在正教与正史上虽未见其位
置"的文化。参见杨成志《现代民俗学——历史与名词》，《民俗》第一卷第一期，中山大学，
1936 年 9 月 15 日，收入王文宝编《中国民俗学论文选》，中国民间文艺出版社 1986 年版。
　　② "想象的共同体"，即 Imagined Communities，语出 Benedict Anderson, Imagined Communi-
ties: Reflections on the Origin and Spread of Nationalism, First published by Verso, 1983.
　　③ 张瑜：《民俗学的性质、范围和方法》，《晨报》，北平，1934 年 6 月 6 日；收入王文宝
编《中国民俗学论文选》，中国民间文艺出版社 1986 年版。

的奠基，比如关于美国建国之父华盛顿的种种民间传说。①

在建构现代民族主义的过程中，现代民族主义显示出与古代民族意识的根本差异，即两者对民族共同体价值结构即文化秩序的设计决然不同。圣、俗二分的文化秩序对于任何古代民族共同体来说都是本质性的，也就是说，古代民族无不以某种神圣起源定义民族的本质，当某一民族建立了某种形式的国家政权以后，上述神圣起源也就转而构成该政权形式（如王朝国家）的法理基础，因而古代民族意识的内涵是由宗教神本知识规定的。近代以来，民族的历史起源逐渐隐去了自己的神圣身影，从此民族的本质只能依据其自身来加以说明，当民族通过自我想象、自我立法，将自身绝对化、本体化并作为国家的法理基础（意识形态化）以后，古代民族意识就转化为现代民族主义，现代民族主义的内涵是由世俗民本知识规定的。因此现代民族主义并非以政治排斥文化，而是以现代政治文化替代传统政治文化，即现代民族本身是否中断了与神圣起源的联系并将自身（民众）奉为绝对本体②，从民族意识到民族主义的政治、文化转型本是同步的，据此意义，欧洲现代民族国家才是现代民族主义的最早实践成果。

在古代民族意识和现代民族主义的所有构成变量之间，种族这一要素从来都是一项较弱的变量，而经济、政治、文化等变量的功能都要强于种族。就此而言，民族共同体自古至今始终处在不断想象、不断建构的过程中，现代民族的重新定义只是民族共同体自我想象的历史上最切近的一次有效实践。但是对于拥有单一古代民族、文化遗产的现代国家如欧洲来说，关于现代民族共同体的文化想象较为容易，而对拥有多元古代民族、文化遗产的国家如中国来说，从文化上想象现代民族共同体则较为困难。中国现代汉语学者在为政治民族主义提供文化依据（即从文化上想象现代民族共同体——中华民族）时颇为踌躇，因为即使正统的儒家文化没

---

① 参见［美］温德《关于华盛顿的神话》，收入［美］邓迪斯编《西方神话学读本》，朝戈金等译，广西师范大学出版社 2006 年版。

② 正如安德森所言："区别不同的共同体的基础，并非他们的虚假/真实性，而是他们被想象的方式。"安德森认为，古代宗教、王朝共同体的"合法性源于神授，而非民众"，尽管古代共同体也是由民众所组成，然古代的民众应当被理解为臣民（subjects），而不是公民（citizens）。但是正如笔者所论，浪漫主义者眼中的民众仍然不能以公民论处。参见［美］安德森《想象的共同体：民族主义的起源与散布》，吴睿人译，上海世纪出版集团 2003 年版，第 6、20—21 页。

有被现代学者所打倒，儒学文本的历史叙事也很难为多元民族的文化国家提供一个易被一致接纳的元叙事。正是在此困境之中，中国现代汉语学者就提出了民族主义政治、文化类型的命题，通过悬置文化问题以作策略性考虑。然而文化问题是难以回避的，政治需要有文化的依据并得到文化的支援，没有文化依据的政治是没有内在深度的政治，得不到文化支援或者只得到较弱文化支援的政治同样难以持久。然而文化又非一可即时创造之物，文化是历史的产物，是传统的延续，因此现代政治—文化民族主义总要回到传统中去寻根，传统文化始终是想象现代民族共同体最重要的源泉。据此可以理解 19 世纪欧洲浪漫主义者为何要到古代历史文化中去为现代民族国家发掘精神资源了，现代国家政治的民族性、文化性依据始终需要通过学术活动到传统中去发掘，如果文化大传统与现代性发生暂时抵牾，人们就会将目光转向小传统。安德森曾建议说："我们应当将民族主义和一些大的文化体系，而不是被有意识信奉的各种政治意识形态，联系在一起来加以理解，这些先于民族主义出现的文化体系，在日后既孕育了民族主义，同时也变成民族主义形成的背景。只有将民族主义和这些文化体系联系在一起，才能真正理解民族主义。"①

在世界范围内文化秩序从"神"的主题到"人"的主题的现代转换过程中，被重新阐释过的民族与社会成为"人"的现代主题的表达异式，这些表达异式都借助了特定的文学语式。特别是在 20 世纪的中国，现代国家的建构，着重借助了民间文学语式以期共时性地表达民主社会原则兼民族国家原则，中国现代民间文学的学科知识就在此语境中发生。问题在于，为表达和实现现代性诸原则，仅仅挪用传统（无论大传统还是小传统）的文化符号是不够的，而必须对传统文化符号加以现代的阐释与转换，使之能够承载民主社会和民族国家等多种现代主题。"五四"时期，从传统中发掘的"民间"表象首先被用来表达社会性和现代性理念，但与此同时"五四"学者也表示了将"民间"表象用于表达民族性理念的期望。特别是学者们和革命家很快就发现，"民间"表象和理念可以超越狭隘的历史民族观念，最早明确表达了民间性之超历史民族性的"五四"学者是董作宾，他在《为〈民间文艺〉敬告读者》一文中指出："我们所

---

① ［美］安德森：《想象的共同体：民族主义的起源与散布》，吴睿人译，上海世纪出版集团 2003 年版，第 13 页。

谓'民间'，不限于汉族，凡属于中国领域内的一切民族，如苗、瑶、畲、蜑、罗罗……皆是。"① 民间性之超越狭隘民族性对于现代多元民族的文化国家来说具有相当重要的意义，特别是在用阶级论进一步阐释了民间论之后，民间论由此获得的绝不仅仅是更为严格的理论形态。通过将各民族中的被剥削、被统治、被压迫阶级同质化，现代多元民族国家在象征层面就获得了空前的整合能力，于是"民间"一词也就整合了多元的而非单一的、包容的而非边缘的不同于近代西方folk 的民族性意涵，作为整合多元民族文化、象征现代国家力量的民间文学，由此也就获得了意识形态化的学科话语权力（请回忆 20 世纪 50—60 年代的"民间文学主流论"②）。

"民间"一词因其社会性、现代性以及它的整合民族性取向，逐渐成为本土化现代性诸方案中最有力量的话语形式。尽管"民间"是一本土传统的民俗语汇，但也正是在语言的历史约定中，中国的现代性方案才显现出与传统的联系以及本土的风格。从 folk 和"民间"话语中都曾直接生发出"人民"的现代理念，但由于边缘性和下层性等取向的不同，"人民"一词对于西方学者和中国学者也就呈现出不同的语义负载。对于西方民间文学家来说，"人民"首先意味着农民这一边缘群体，其次意味着民族全体；而对于中国民间文学家来说，"人民"首先意味着农民和市民这些下层阶级，其次则意味着经过阶级整合的多元民族。于是"民间—人民"理念就成为中国现代学者批评传统或正统体制，同时整合多元文化、建构民族国家的基本范畴。由于下层性的"民间—人民"范畴能够赢得各民族中多数群体的认同，因而可以达到整合多元民族文化、建构现代民族国家的目的。洪长泰认为，20 年代中期以后，"中国知识分子头脑中的'民众'概念逐渐与'民族'概念统一起来"③，这时的民间文学、民众文学或平民文学以民族精神之代表的身份出现，然而必须指出的是，这种以"民众""平民"为基础的民间文学观念，是以将民族全体中的一

---

① 董作宾：《为〈民间文艺〉敬告读者》，《民间文艺》第 1 期，中山大学，1927 年 11 月 1日；收入王文宝编《中国民俗学论文选》，中国民间文艺出版社 1986 年版。

② 参见"关于民间文学在文学史上的地位和作用问题"的讨论，《中国文学史讨论集》，中华书局 1959 年版，第 105—126 页。

③ 参见［美］洪长泰《到民间去：1918—1937 年的中国知识分子与民间文学运动》，董晓萍译，上海文艺出版社 1993 年版，第 30—31 页。

部分人（上层的统治阶级或掌握书面文本的知识阶级）作为民族国家的
敌对力量先验地加以排斥为代价的，这就是"人民国家"与"民族国家"
理念在内涵上的重要区别。民国时代的结束和人民共和国时代的开始，标
志着"人民国家"理念已经在革命实践中彻底战胜了"民族国家"理念，
从而完成了19世纪以来西方民族国家观念东渐后本土化的一次最重要的
创造性阐释与转换，文学概念之辨其实只是反映了不同现代性方案之间的
争执，也就是说，首先从民族性还是首先从社会性进入现代性这一世界性
论争之内在张力的外化。

　　"下层—民间"理念是中国现代学者从本土小传统中发掘出来并加以阐
释、转换的现代权力话语，从传统文人的"俚俗"，到"五四"学者的
"民间"，再到共产主义者的"人民"，正是一个本土的传统话语向着蕴涵民
族、民主观念的现代话语的生成过程，在此过程中"民间"理念曾发挥了
重要的传导作用。中国共产主义者在利用民间文学方面曾经相当成功，在
用"阶级""人民"重新定义"民间"之后，民间文学成为中国现代多元
民族共同体——中华民族文化同一性的象征符号，就此而言，汉语"人民"
是一个具有内在深度的政治—文化民族主义概念，其文化的本质属性得到
了各民族民间文学传统的有力支援。由于"民间—人民"理念从阶级性释
义最终进入了多元整合的民族性释义，因此当毛泽东说民族问题说到底是
一个阶级问题时，他的政治性话语背后的确隐藏着文化性的现代民族主义
理念。格林和毛泽东都曾诉诸"人民"一词，但毛泽东的"人民"与格林
的"人民"显然具有不同侧重的语义指涉。由于"民间—人民"理念能够
同时为现代中国提供民主集中制和民族同一性的想象或幻想的整合符号，
共和国以来民间文学几乎获得意识形态的地位就势在必然。当然，下层性
的"民间""人民"范畴并非绝对理想的文化同一性符号，尽管这一文化符
号曾一度整合了国内各民族的下层文化、原始文化并使之意识形态化，但
它毕竟是以传统文化整体性的丧失（如经典的地位失落）为代价的，其文
化行动的社会结果就是人为制造了共同体内部以阶级斗争为理由的对抗矛
盾。与能够得到共同体所有成员一致认同的文化符号相比，仅具下层性质
的"人民""民间"范畴都只能属于一种临时性、弱功能的表意工具。杜赞
奇说："阶级和民族常常被学者看成是对立的身份认同，二者为历史主体的
角色而进行竞争，……从历史角度看，我认为有必要把阶级视做建构一种
特别而强有力的民族的修辞手法——一种民族观……阿布杜拉·拉鲁依把

处于这个阶段的民族主义称做'阶级民族主义'……某个阶级的所谓的特征被延伸至整个民族，某一个人或群体是否属于民族共同体是以是否符合这个阶级的标准为转移的。""阶级民族主义，但其中仍保留了政治的和文化的民族主义的若干动机。""这种'民族观'与国民党人的准儒家式的民族表述相去甚远，就自不待言了。"①

　　总之，在现代中国，民间文学作为现代多元民族国家的文化建构力量，最终成为政治民族主义的文化依据或政治—文化民族主义的意识形态式权力话语。对民间文学核心理念中隐含的多重意向的分析，使我们在象征层面介入了现代性方案的本土化问题。"民间"一词可以说是一柄多刃剑，既可接纳现代社会性，又可整合多元民族性。就此而言，folk 汉译的误差只是以学术论争的形式表达了现代性方案的本土特色，或者说，以学术论争的形式反映了不同现代性设计之间的结构张力或冲突，无论西方的浪漫主义"民族—人民"理念，还是中国的启蒙主义兼浪漫主义"民间—人民"理念，都需要从现代性论争的立场予以理解。也就是说，在从传统向现代转型的过程中，无论边缘性问题还是下层性问题，都是"人"的主题对"神"的主题之历史性置换的表达异式。就与现代性诸问题的整体关联而言，可将"人民民主"的中国问题视为"民族民主"的西方问题在世界范围内的诠释和解构。比如马克思、恩格斯就曾揭露欧洲现代民族国家的虚伪性质及其阶级本质，上引毛泽东也断言民族问题的实质仍是阶级问题，尽管与本章的论述角度不同，但他们都指出了阶级性与民族性内在的主体论联系，也就是前述民族主义与民本、民主主义的逻辑关系，而这样一来我们也就通过对中国"民间"语式之现代性表述的解析，进入了对普遍的现代性问题之一的民族性的理解。民族国家和民主制度问题，或者说在国家这一现代性的建设平台上，民族自决与社会民主都是现代性的不同面相，两者之间本可互为建构原则。就欧洲的历史情境而言，民族国家是民主制度的实现形式，而民主制度则是民族国家的实质内容；就中国的现实情境而言，人民民主制度是多元民族国家的实现形式，而多元民族国家反倒成为实质内容。因此中国现代民间文学家对民间社会的浪漫想象，作为人民民主制度的理念资源之一，本蕴含着多元民族国家的命

---

　　① ［美］杜赞奇：《从民族国家拯救历史：民族主义话语与中国现代史研究》，王宪明等译，社会科学文献出版社 2003 年版，第 10—11 页。

题，两者之间可相互转换并相互说明的关系理应得到清理。①

四 现代性原则的整合：民间文学的表象功能

　　民间文学表象如何能够整合多种现代性原则？仍以 19 世纪欧洲浪漫主义思潮为例，浪漫学者借助民间文学表象至少已道出以下数种"主义"式话语：个人主义、情感主义、自然主义、地方/民族主义和古代情结等等。前引勃兰兑斯描述浪漫主义思潮"直接反对的是 18 世纪的某些思想特征"时，早就对浪漫主义的思想结构作了经典式的阐述。从浪漫主义者所追求的多种现代性原则看，现代性原则本身远非和谐一致；相反，不同现代性原则之间却构成了相互冲突、相互竞争的紧张关系（现代思想的主要特征，即是现代性原则之间以及现代性原则与反现代性原则的持续紧张）。但是这种紧张关系在浪漫主义者那里似乎被消解了，比如个体主义原则与集体主义原则经常是尖锐对立的，浪漫主义者却可以既主张个人主义同时也拥护民族主义，这说明浪漫主义者通过民间文学表象对现代性原则的整合，不是依据理念（以及方法）而是意向（态度、兴趣）的同一或统一。如前所述，现代学者对民间文学不同学科理念的各自侧重，反映了不同文化主体对现代性方案的独到选择，现在需要补充的是，不同文化主体对多种现代性原则的不同整合方式（folk 和"民间"都负载了复杂的语义结构，但结构样式不同），也许才是不同现代性方案之间呈现差异的根本所在。②

　　如果民间文学表象是多种现代性原则的整合结果，那么回到上文已经涉及的问题：现代民俗与民间文学研究的基本学科问题究竟是什么？

---

　　① 奈伦认为："就一个独特的现代意义而言，民族主义的到来与下层阶级受到政治的洗礼有密切的关系……尽管民族主义运动有时候对民主抱有敌意，但他们的主张一定都是民粹主义式的，并且始终设法将下层阶级引进到政治生活中。典型的民族运动的形态，是一个活跃的中产阶级和知识分子领导群，试图动员群众阶级并将其能量诱导向对新国家的支持上。"转引自［美］安德森《想象的共同体：民族主义的起源与散布》，吴睿人译，上海世纪出版集团 2003 年版，第58—59 页。

　　② 安德森也曾经注意到，民族主义"可以吸纳同样多形形色色的各种政治和意识形态组合，也可以被这些力量所吸收"。参见［美］安德森《想象的共同体：民族主义的起源与散布》，吴睿人译，上海世纪出版集团 2003 年版，第 4 页。

或者说以学科基本问题的形式所表达的现代性问题的核心是什么？是民族性还是社会性？是群体性还是个体性？其中哪个问题更具实质性？换个提法：直接导致各国民俗、民间文学学科发生的社会、民族问题诱因是否即构成了学科基本问题的实质性背景？因而像边缘性、下层性问题难道不可能是学科基本问题显现自身时偶然的历史性伪装？如果说"人"的现代主题在终极意义上应被理解为人自身的自由——正如梅因（Maine）所言，"所有进步社会的运动……是一个'从身份到契约'的运动"，即个体日益从集体中获得自由的运动①，尽管近代以来，个体主体性总是将实体性或实在性的群体设想成个体主体性的实现途径——那么以普遍思潮为动力背景的学科基本问题，就转换为具体学科在普遍思潮中的结构位置，即学科问题与个体主体性的终极性价值的关联方式。换句话说：当诉诸群体性的组织或象征力量以实现个体性的理想原则时，个体性目的是否始终作为群体性手段的绝对前提而存在，就成为现代学科的深层问题，在这方面，"五四"民间文学思潮与19世纪欧洲民间文学思潮面临着同样应被质疑的命运。

---

① 参见［英］梅因《古代法》，沈景一译，商务印书馆1959年版，第97页。黑尔德也认为，个体主体性是人类社会发展的一个历史性结果，他指出："人们可以说是本原地以忘却自身的方式生活在一个共同的自身之中，他们从这种共同性中脱身出来之后才作为他人或者甚至作为他物而相互相遇。这是海德格尔《存在与时间》一书的观点。"参见［德］黑尔德《生活世界现象学·导言》，载［德］胡塞尔《生活世界现象学》，［德］黑尔德编、倪梁康译，上海译文出版社2002年版。根据凯恩对胡塞尔的解释，主体性不仅意味着个体主体性同时也意味着集体或集团主体性，这样，在集体主体性内部，互视与共识先天地或先验地就存在着，即"自然社会"或"自然共同体"。凯恩写道："集团，即具有通常感觉和通常互相理解力的人的集团"，而"集团经验"就是以集体形式出现的主体性。由于，在天然或自然的共同体内部尚不存在个体主体性问题，因此在自然共同体内部也就尚未出现交互主体性问题。参见［瑞士］凯恩《论胡塞尔的"生活世界"》，《文化：中国与世界》第2辑，三联书店1987年版。倪梁康指出："胡塞尔也将这个自然称之为'交互主体的世界'或'交互主体的自然'。"参见倪梁康《现象学的意向分析与主体自识、互识和共识之可能》，《中国现象学与哲学评论》第1辑，上海译文出版社1995年版。汪晖认为，在表达个体主体性的现代性语境中，集体主体性仍然是一个问题，汪晖写道："哈贝马斯在《现代性：一个未完成的方案》这篇文章中，就把现代性定义为一个'方案'，这个方案是在18世纪才进入生活的中心的，它是一个启蒙的方案。……哈贝马斯本人则把'主体的自由'的实现看作是这个现代性方案的标志。这种'主体的自由'表现在社会生活的若干方面，……启蒙的方案基本上是在民族国家的范畴内获得表达的，因而在我看来，哈贝马斯所谓的'主体的自由'还表现为民族国家的主权形式的确立。"参见汪晖《现代性问题答问》，收入汪晖《死火重温》，人民文学出版社2000年版。

首先，在 19 世纪欧洲的浪漫主义者看来，法国革命以后的现代性问题已发生了深刻的转换：工具理性的片面发展（普遍化、客观化）正在吞噬价值情感，从而日益演变为抑制个体主体性之自由精神的异己力量，浪漫主义者希望通过主观情感的特殊方式重建人的个体主体性，尽管浪漫主义始终寄意于传统的表象。与此同时，19 世纪前期，欧洲的下层群体包括农民群体问题和民族国家问题也较大革命以前更为尖锐了：随着近代城市工业文明向乡村扩展，传统乡村的农业文化共同体日趋解体，农民被毫无"人性"地抛出原有的生活轨道，陷入物质的困乏与精神的苦闷；而这一时期反抗拿破仑帝国的军事征服，建立民族国家的声浪也日渐高涨。站在现代启蒙理性的世界主义立场看来，19 世纪欧洲的这些个人精神问题、农民文化问题和民族国家问题都具有（上文所言）边缘的性质。但正是在此边缘地带，各国浪漫主义民间文学家也发现了上述问题的整合之途与救治之道。浪漫主义民间文学家认为，民族国家是实现个人自由的必要前提，而以农民为传承主体的民间文学，则为民族国家提供了地方性的想象资源及象征符号。但民间文学的价值首先不在于此，民间文学首先以其特殊感性的想象抒情—叙事方式，成为主观个性反抗普遍理性之客观力量的有效武器，并且最终成为道德生活的真正体现。就此而言，浪漫主义主要是由理性的"暴政"所激起的反动，并因拿破仑帝国将法国革命的启蒙原则通过军事力量向全欧洲强制推行，而最终导致了诸如德国浪漫主义、英国自然主义的抗议，在此抗议声中，个体精神问题、农民文化问题和民族国家问题通过民间文学表象被加以整合。但经过整合的浪漫主义民间文学表象被后来的学者多从群体主体性方面予以阐释（如前引邓迪斯、关敬吾的理解），而其原初的个体主体性动议反倒湮没不彰了①。

个人自由是浪漫主义所表达的最根本的现代性原则，但浪漫主义对个体主体性的理解与启蒙主义不同，浪漫主义不是将个人自由的基础落实为理性，而是落实为审美感性的幻想、信仰与情感。正如勃兰兑斯所言，启

---

① "在社会科学中，普遍与特殊之间的张力向来都是一个争论得十分激烈的问题，因为它一直都被视为具有直接的政治含义……浪漫主义对启蒙概念的反拨和重新表述正是围绕着这个问题而展开的，这场争论与拿破仑时期的政治论战——这些论战乃是由法国大革命推动起来的某种进程发展到极致而产生的结果——不无关联。"华勒斯坦等：《开放社会科学——重新建社会科学报告书》，李锋译，三联书店 1997 年版，第 92 页。

蒙主义者和浪漫主义者"都想凭借内在的世界推翻整个外在世界",不同
之处在于前者的内在世界是理性,而后者的内在世界是心灵①。浪漫主义
者从幻想、信仰、情感和审美感性的立场进入个体主体性的现代性问题,
从而认为片面的工具理性甚至普遍的价值理性,不仅不能保证现代人个体
主体性的普遍实现,相反,启蒙主义所引发的理性暴政已经成为抑制特殊
性发挥的普遍性异己力量。因此尽管浪漫主义者诉诸审美表象以展开对启
蒙主义现代性原则的批判,但实质却是对启蒙主义个体主体性原则的继
承、深化或者别具生面的开拓。就浪漫主义"在批判现代性中延续或推
进了现代性原则"而言,浪漫主义堪称是对"现代性原则独特类型"的
极端表达,即"反(启蒙或理性)现代性的(浪漫或审美)现代性原
则"②。浪漫主义者认为,理性的本质就是普遍性③,因而就是对任何特殊
性的压抑;而情感的本质则是特殊性,因此只有个人化的情感才是个体主
体性真正的实现条件。由于理性的普遍主义本质,其现实取向必然表现为
世界主义④,在 19 世纪欧洲特定的历史遭遇中,世界主义不仅来自现代
启蒙理性,同时也还存在中世纪宗教拉丁文化的世界主义传统,于是为抵
制理性化、拉丁化的世界主义、普遍主义,浪漫主义者自然而然地诉诸地
方和异教的表象及表达方式(就浪漫主义者诉诸异教文化反抗拉丁文化

---

①　参见 [丹麦] 勃兰兑斯《十九世纪文学主流》,第二分册《德国的浪漫派》,刘半九译,
人民文学出版社 1981 年版,第 186 页。

②　参见刘小枫《现代性社会理论绪论——现代性与现代中国》,上海三联书店 1998 年版,
第 185—191 页。

③　18 世纪德国的莱辛评价同为 18 世纪的法国人伏尔泰写的《风俗论》时说:"看待人有
两种方法:或是把他视为特殊,或是把他看作一般。很难说第一种方法是人的最崇高的追求。把
人视为特殊会是什么情景呢?会把人看作傻瓜和恶棍。……把人视为一般,情况就大不相同了。
于是人就显示出伟大和神圣的起源。"参见 [德] 卡西勒《启蒙哲学》,顾伟铭等译,山东人民
出版社 1988 年版,第 210 页。

④　历史学家培尔认为,真正的历史学家"他必须只关注真理的利益,而不受其他任何东西
的影响。为了真理,他必须牺牲由不公正行为引起的怨恨,牺牲对恩惠的回忆,甚至牺牲对祖国
的爱。他必须忘掉他属于任何特殊国家,必须忘掉他是由任何特殊信仰教养大的,必须忘掉他欠
这个人或那个人的情分,必须忘掉这些或那些长辈和朋友。在这些方面,历史学家就像无父、无
母、无亲属关系的麦基洗德。如果有人问他,'你从何处来?'他必须回答:'我既非法国人或德
国人,也不是英国人或西班牙人。我是个世界公民。我既不为哪个皇帝效劳,也不为法兰西王效
劳,而只是为真理效劳。真理就是我的女王。我只是对她发誓服从。'卡西尔认为,"培尔的这
些情感和作为这些情感的基础的道德律令,使他成了启蒙运动的精神领袖。"参见 [德] 卡西勒
《启蒙哲学》,顾伟铭等译,山东人民出版社 1988 年版,第 202—203 页。

而言，浪漫主义也是反传统的）。20 世纪的历史发展证明，非理性的情感主义同样可以诉诸极端民族主义和国家主义从而成为抑制个人主义的温床，但在 19 世纪欧洲浪漫主义者看来，凡是情感的表达（罗素说，无论哪类炽情①）都是可取的。问题在于，最初在浪漫主义者那里，集体主义与个体主义情感如何可能相互融构？

　　罗素曾试图解释个人主义与民族主义的差异甚至对立如何被浪漫精神所整合，他指出：浪漫主义者"把民族设想成具有一个神秘的个性，而将其他浪漫主义者在英雄人物身上寻求的无政府式的伟大归给了民族"②，由于民族像个人一样被赋予了个性化特征，民族主义也就被浪漫主义者看成是和个人主义同样绝对的现代性情感原则。而卡尔霍恩（Calhoun）则在浪漫主义者自己的表述中发现了罗素式观点的源头，他引费希特（Fichte）"民族既是具有特殊秉赋的个体，同时又是提供表现这些秉赋的可能性之所在"指出："从文化上讲，在民族主义（或民族认同）背后最具有决定意义的观念是关于个人的现代概念。"在浪漫主义者看来，自我的实现必须通过自我的对象化，根据浪漫哲学的思想逻辑，自我的结构由超验自我（超我）和经验自我（自我）所组成，经验自我乃是超验自我的对象化结果，超验自我通过经验自我以返回自身即反思从而完成自我的发现、认识以及最终的实现。这就好比一个人面对着镜子对自己说："我就是我。"在 19 世纪欧洲浪漫主义者看来，民族正属于超验自我的范畴，而经验自我的个人则是超验自我在镜子（现实世界）中的影像，超验自我通过镜子中的影像即对象化的经验自我获得反思自身的效果。卡尔霍恩指出："在 19 世纪，一个民族在自己历史上出现的伟大的文化精神天才受到了广泛的赞誉；这些个人天才的激增，被认为是某一民族之伟大的证明。"这就是说，个人自我如精神天才、文化英雄，都是民族超我借以表达、实现自身的中介条件，就此而言，浪漫主义的精神实质或思想内核是贵族式的个人主义。浪漫主义者所说的超验自我当然是现实中的自我在精神（超验）层面的主观投射，然而一旦将民族超验化，民族就会成为绝对本体，经验自我对超验自我的认同也就成为内在自我反抗其他外在桎梏的有效手段。卡尔霍恩认为，在 19 世纪的欧洲，民族认同之所以能成为

---

① 参见［英］罗素《西方哲学史》下卷，何兆武译，商务印书馆 1976 年版，第 221 页。
② 同上书，第 223 页。

自我实现的有效形式，是由于民族认同直接"是对前现代时期的竞争性忠诚之重要意义的一种深刻的颠倒"①，也就是说，对于想象中的神秘超我——民族共同体的认同超越了对各种传统共同体如血缘、区域或阶级共同体的认同，从而使个人能够从上述传统共同体中解放出来。与特洛尔奇认为浪漫主义的反启蒙、反现代性倾向（反现代性的现代性）不同，卡尔霍恩更突出了浪漫主义个人主义与民族主义相整合的直接反传统倾向。

回到 20 世纪中国语境，民间文学作为表意对象同样整合了多种现代性原则，至少我们从已解读出民本主义和民族主义诉求。那么"五四"学者在将 folklore 译解为"民间文学"时，是否同时也转达了作为现代性问题核心的个人主义原则？进而在"五四"的民间文学表象中，个体性原则与集体性原则又是如何融构的？我们不能认定"五四"学者的民间文学表象中完全不含有个人主义的期待（尽管"五四"学者对民间文学特质的理解一般都是集体性的，比如上引胡愈之对民间文学集体性特质的强调），"五四"学者在民间歌谣中首先发现的就是对感性自我（如男女恋情）的表达，亦即对传统礼教—家族共同体的反抗。问题在于感性自我在传统文化中的表达也许只是一种依附性之下的反文化感性冲动，即使作为"感性自我一般"要生成为现代个人主义的观念基础，仍有赖于现代学者的阐释与转换，不经现代思想的阐释与转换，"感性自我一般"并不能自然而然地向现代性开放和生成。现代个人主义当然是"五四"启蒙主义的主要议题，"像周作人的《人的文学》一文仍然相当完备地表述了古典的'个人主义的人道主义'思想，在更早时期，严复在《论世变之亟》里已相当深刻地阐述了自由主义的精髓，而胡适的《易卜生主义》不啻是一篇个人主义的宣言。……'五四'人物关于'人的觉醒'的思考是相当广泛的。"② 在"五四"个人主义主题的整体制约下，"感性自我一般"才具有现代意义，同时也才可以提出如下问题：在"五四"民间文学的集体表象背后，究竟隐藏着何种类型的个人主义诉求？

前引胡愈之在《论民间文学》一文中说过，创作民间文学的人，是

---

① 参见卡尔霍恩《民族主义与市民社会：民主，多样性和自决》，收入邓正来等编《国家与市民社会：一种社会理论的研究路径》，黄平等译，中央编译出版社 1999 年版，第 347—349 页。

② 汪晖：《中国现代历史中的"五四"启蒙运动》，《文学评论》1989 年第 3、4 期，收入《汪晖自选集》，广西师范大学出版社 1997 年版。

民族全体,不是个人,"任凭你是个了不得的天才,个人的作品,断不能使无知识的社会永久传诵的。个人的作品,传到妇女儿童的口里,不免逐渐蜕变,到了最后,便会把作品中的作者个性完全消失,所表现的只是民族共通的思想和情感了。"但胡愈之同时又指出:"从心理上看来,民间文学是表现民族情感的东西,而且又是表现'人的'思想'人的'情感的最好的东西。因为个人的文学作品〔即作家文学,胡氏称之为'普通文学'——笔者补注〕,往往加入技巧的制作,和文学形式的拘束,所以不能把人的思想感情很确切很真率的表现出来。只有民间文学乃是人们思想感情的自然流露。而且流露出来的是民族共通的思想感情,不是个人的思想感情。"① 胡愈之对民间文学集体性特质的理解当然有 19 世纪欧洲浪漫主义的思想渊源,比如格林兄弟关于神秘的集体性和非个体性"人民精神"(超我)的主张,但"五四"学者倾向于将超验的神秘化本体(人民精神)作经验的现实化理解,这显然与"五四"思潮诉诸世俗化的民间社会以打倒神圣化的官方体制的启蒙主义人本目标有直接的关联。胡愈之在讨论民间文学中流露的自然的、共通的"人"的思想和情感时,引周作人论儿童文学的"人"的文学观以作支援,说明胡愈之尽管以介绍浪漫主义的民间文学思想为题旨,仍尽可能与"五四"启蒙主义关于古典的"人"的理想保持一致,同时却否弃了 19 世纪欧洲浪漫主义关于贵族式、天才式个人的思想,笔者以为这正是"五四"民间文学思想对 19 世纪欧洲浪漫主义思想最重要的修正。固然,胡愈之像 19 世纪欧洲浪漫主义者那样以"民族全体"释义"民间",更以"国民文学"为"民间文学"所应达致的目标,然而当胡愈之将天才、贵族式的情感的"人",转换为庸众、平民式的情欲的"人"时,实际上已经取消了浪漫主义诉诸孤独个体的初衷,而将目光投向"无知识社会"的大众整体。于是在胡愈之那里,不仅民族全体的构成原则落实为下层社会,"人"的个体原则最终也在下层社会的集体原则中湮没。此处的关键在于,在浪漫主义者看来,启蒙主义所主张的个人是以某种抽象的、普遍的理性范畴为

---

① 愈之:《论民间文学》,载《妇女杂志》第七卷第一号,上海商务印书馆 1921 年版,收入王文宝编《中国民俗学论文选》,中国民间文艺出版社 1986 年版。杨成志也说:"科学的民俗学,正如人类学一样,只注重某集团,少及某阶级,藉考察某社会而忽略某个人。"杨成志《现代民俗学——历史与名词》,《民俗》第一卷第一期,中山大学,1936 年 9 月 15 日,收入王文宝编《中国民俗学论文选》,中国民间文艺出版社 1986 年版。

先验本质的，因而不是真正的个人主义；而浪漫主义所主张的则是人的感性的具体性和特殊性存在，浪漫主义者认为，唯一的、不可替代的感性存在才是个人主义的真正基础（19 世纪欧洲浪漫主义的感性自我与本土传统民间的感性自我确有形似之处，但却建立在不同的否定前提和生活经验之上）。就此而言，"五四"民间文学家（如上引胡愈之）所表达的"人"的思想，更接近于周作人关于古典启蒙主义的"人"的理想，即一种关于人之情理和谐的普遍抽象，这种普遍抽象甚至与传统儒学关于"人"的理想亦有蛛丝马迹的联系（这需要专文讨论，请注意周作人正是为"五四"歌谣运动提供思想动力的发起人）。于是基于普遍抽象的古典启蒙主义思想方法，最为个体化的、贵族式的人的感性存在也就转换为一种集体式的、平民化的"通感"（共通的情感与感觉）。"通感"而不是普遍理性成为"五四"启蒙主义重要的类型标志之一，"五四"思潮正是诉诸"通感"才坚决拒绝了本土传统的信仰伦理。尽管就感觉性而言，"通感"与个体性相关；但就共通性而言，"通感"已是理性抽象的结果①。"通感"融构了古典启蒙主义和浪漫主义的方法论和价值论双重原则，"五四"学者从"通感"出发，并通过认同"通感"的社会基础，即虚幻的民间社会共同体以摆脱传统的礼教—家族共同体，并将民间社会上升为自由群体（现代民族国家）的建构原则和自由个体的实现形式，而这正是本土现代浪漫式启蒙主义最重要的问题性所在。②

　　"五四"的思想体系是驳杂的，或者说"五四"思潮本无同一性的思

①　汪晖指出："当'五四'思潮在'态度的同一性'的支配下形成一个历史运动时，它的情感性的思考较之理性分析更深刻地表明了这个思想运动的特点。……'五四'文化批判经常不是从某种理论逻辑出发，而是和个人的独特经验相关，对于对象的分析是在独特而深切的个人经验中形成的。正由于此，理智的分析恰恰是以个人的强烈的激情为基础的。……一种在理性旗帜覆盖下的感性的力量。……'五四'思想与个人经验的深切联系体现了一种激情的力量，而激情的'激烈性'又总是与它的短暂性与非理性相联系的。"汪晖：《中国现代历史中的"五四"启蒙运动》，《文学评论》1989 年第 3、4 期，收入《汪晖自选集》，广西师范大学出版社 1997 年版。

②　张灏指出："就思想而言，五四实在是一个矛盾的时代：表面上它是一个强调理想，推崇理性的时代，而实际上它却是一个热血沸腾，情绪激荡的时代；表面上'五四'是以西方启蒙运动重知主义为楷模，而骨子里它却带有强烈的浪漫主义色彩。"《张灏自选集》，上海教育出版社 2002 年版，第 232 页。

想体系，没有同一性的方法基础①，即使是其中的某一思想家，其思想也往往陷于深刻的自我矛盾。在"五四"的思想中，民族主义、民主主义、个人主义往往并存不悖，比如罗家伦就说过："民主主义同社会主义固然日益接近，就是社会主义同个人主义，也是相关的而不是反对的。"② "五四"的民间文学表象，正如上文对胡愈之思想所做的分析那样，同样整合了民族性、社会性和"人性一般"等多种现代性理念。但笔者以为，"五四"思潮的核心内容之一是对民众集体知识及道德能力之民粹式的浪漫想象，"五四"的民族主义和个人主义只有被置于与民粹主义的关系中才是可以被准确把握的，而民粹主义思想在中国特别与传统中尚未成熟为市民社会的民间社会，被认定为现代性力量的无奈选择有关。③ 就此而言，那种认为"五四"是所谓全面反传统的观点是对"五四"的严重误解，相对合理的判断似乎应是：反正统的"五四"。关于"五四"反正统而不是全面地反传统的判断，首先出于对"五四"所否定的本土传统之价值结构的理想型分析，"五四"的性质是与其否定对象的价值结构类型密切相关的。"五四"引进了域外的思想，但漂浮的域外思想必须诉诸本土的现实力量④，"五四"学者对于国民性的无情批判，正从反面证明了他们所认定的现实力量之所在。于是立足于反正统的立场，"五四"的核心理念如"民间"理念、"平民"理念就能突显出来，其实关于"五四"

① 参见汪晖《中国现代历史中的"五四"启蒙运动》，《文学评论》1989 年第 3、4 期，收入《汪晖自选集》，广西师范大学出版社 1997 年版，第 310 页。卡西尔却认为，在方法论方面，浪漫主义继承了启蒙主义的衣钵，卡西尔写道："通常认为，18 世纪是个'非历史的'世纪，从历史观点看问题，这一看法是没有根据的。毋宁说，这一看法是浪漫主义运动在历史领域中反对启蒙哲学时创造的一个战斗口号。……启蒙运动为浪漫主义运动锻造了武器。我们发现，浪漫主义运动就是在这一旗帜下驳斥上一世纪（18 世纪）的种种思想前提的，只是这些前提的效力的结果，亦即只是启蒙运动的观点和理想的结果。没有启蒙哲学的帮助，没有对启蒙思想的继承，浪漫主义运动既不可能取得也不可能维持它自己的地位。无论浪漫主义运动对历史内容的看法即它追求实利的'历史哲学'与启蒙运动相去多远，它在方法上仍依赖于启蒙运动。"［德］卡西勒：《启蒙哲学》，顾伟铭等译，山东人民出版社 1988 年版，第 192 页。

② 罗家伦：《今日之世界新潮》，《新潮》，第一卷第一号，北京大学，1919 年 1 月。

③ 安德森认为，19 世纪欧洲语言民族主义也具有热烈的民粹主义倾向。参见［美］安德森《想象的共同体：民族主义的起源与散布》，吴睿人译，上海世纪出版集团 2003 年版，第 134 页。

④ 参见汪晖《中国现代历史中的"五四"启蒙运动》，《文学评论》1989 年第 3、4 期，收入《汪晖自选集》，广西师范大学出版社 1997 年版。

思潮的平民主义性质，早已由《学衡》诸公明确指出①。诉诸平民主义的"通感"和民间文学的表象，"五四"民间文学运动最终朦胧地表达了这样的认识：不仅现代民族国家应以民间社会为建构原则，民间文本也可作为抽象、普遍的人道主义个人主义的表意形象，在将"五四"浪漫—启蒙主义的民间论转换为马克思主义的阶级论并将其上升为现代民族国家的建构原理之后，同样可以负担对于未来自由联合体的承诺。

就这样，"五四"的现代个体理念通过"人性一般"与传统集体表象—民间文本结成了反正统的共谋、共生关系。"五四"民间文学思潮与19世纪欧洲浪漫主义思潮都致力于诉诸某种集体表象，将个体从传统共同体中解放出来，问题在于他们的集体表象都与传统本身有着割舍不断的血缘关系。这说明任何与传统相系的集体表象，在未经充分的现代阐释并且被割断了与现代性终极立场的联系，而又上升为现代国家的绝对原理时，会怎样吞噬其曾被寄托的自由理念。集体表象吞噬自由理念的事件并非只是发生在20世纪中国，在德国同样发生过民族主义表象最终吞噬个人主义理念的现代事件，而中、德两国恰恰都没有经历充分的以个人（即使是抽象的和普遍的理性个人）为根本目的的启蒙运动，并且也没有发育成熟的以个人为绝对基础的市民社会（德国浪漫主义针对的是启蒙主义的世界性思想，并非完全反映的本土文化的现实）。可见在没有坚实的近、现代社会基础的知识语境中，任何简单地诉诸某种传统集体表象以表达现代个体理念的思想方法，最终都难免手段取消目的的危险，即使诉诸这一集体表象（无论民族还是阶级）的原初目的，都是为了使个人从某种传统共同体中解放出来。这里的所谓传统共同体当然就是前述靠某种神圣价值来定义的社会共同体，个体通过想象和认同现代世俗共同体以冲决传统神圣共同体的网罗就是现代认同的意义，而中、西方民间文学都曾经承担过现代认同的表象功能。

民间文学表象最终只能表达某种集体共通的思想感情，当然只是浪漫主义本土化以后呈现于表层语言的理论前设，在19世纪欧洲浪漫主义者看来，民族主义（民间文学是民族的象征符号之一）最初恰恰可以成为个人主义的表意对象，只是在浪漫哲学中这种表意关系正好是颠倒的。通

---

① 参见孙尚扬《在启蒙与学术之间：重估〈学衡〉》，载孙尚扬编《国故新知论——学衡派文化论著辑要》，中国广播电视出版社1995年版。

过将民族神圣化、本体化，并构设神圣本体（民族）与世俗对象（个人）
的张力关系，感性的特别是情感的经验个体就获得了自我呈现的超越性依
据。在"五四"民间文学语境中，个人与民间社会乃至民族国家的张力
关系具有完全不同的样式，尽管在将民间社会、民族国家神圣化方面，
中、西方浪漫主义显示了近似的形式特征，但在构设"小我"和"大我"
的关系时，我们在"五四"民间文学语境中，看不到"小我"作为"大
我"的对象化过程及其结果，相反"小我"作为"大我"的组成部分，
使"大我"对"小我"享有了近乎强制的代言权利，而这正是19世纪欧
洲启蒙主义者和浪漫主义者都着意拒绝的。特别是在浪漫主义者看来，人
民不是个人的、量的同一性集合，个人乃是人民的质的、特殊性显现，神
秘的民族精神需要通过天才个人的语言表述才能更加丰富和生动。而对
"五四"民间文学家来说，神圣的集体叙事本身已经洞悉和传达了世俗的
个体叙事中最有价值的内容（"'人的'思想、'人的'情感的最好的东
西"，即普遍、抽象的"人性一般"），于是个体叙事在复述集体叙事的时
候也就无须再建构真正属于个体的话语空间。由此看来，就民间文学表象
能否表达个体主体性这一现代性问题而言，民间文学表象的集体形式并非
决定性因素，决定性因素乃是集体表象与个体理念的关系模式。19世纪
欧洲浪漫主义者从抽象的集体走向具体的个人；而"五四"学者则从具
体的个人走向了抽象的集体。因此尽管中、西方现代民间文学家都认可民
间文学表意对象的集体形式，但由于在集体表象与个体理念之间构设了不
同的关系模式，在个体性的内在选择中，集体表象就成为表达个体理念的
反思性路径（尽管是以颠倒方式表达的）；而在集体性的外在强制下，操
作集体表象却很难被理解为讲述个人的故事。显然"五四"模式与本土
传统的非主体、无主名的个体对外在本体的依附性价值结构具有同构复制
的关系，而19世纪欧洲的浪漫主义模式，已经建立在启蒙主义之后个体
主体性的内在经验（这正是浪漫情感反抗理性异化的现代基础）之上了。

　　但是，作为表意对象的民间文学是否命定地就只能以集体性理念消解
个体性理念呢？尽管"五四"学者最终与民间文学表象所应蕴含的个体
性理念失之交臂，尽管19世纪德国浪漫主义思潮的个体性理念最终亦为
纳粹运动的集体性行为所践踏，但是浪漫主义在个体主体性这一现代性基
本问题上的坚定立场及其浪漫化的表达语式，仍然为后现代学者所继承。
在后现代的个体主体性语境中，一贯以表达集体性理念为己任的民间文学

学科能否继续有所作为就成为一个问题，而且如果不解决个体理念与集体表象的关系模式，简单地从下层社会性立场回到整体民族性立场，无疑将导致新一轮的意识形态认同，而忽视每一个体和弱势群体的话语权利，而这才是无论对于 19 世纪的欧洲、还是对于"五四"的民间文学理念批判的精髓之所在。因此，对于发生于 19 世纪欧洲浪漫主义文学思潮而东渐的民间文学学术来说，在将其抽离了具体的德国和中国的社会、历史及文化语境之后，其对普遍性、世界性的基本学科问题的思考方式仍是一个尚未穷尽的课题。

第 二 章

民间文学—民俗学研究中的
"性质世界"与"意义世界"

——重新解读《歌谣》周刊的"两个目的"*

一 自由的缺失:现代学科的知识危机

从认识论、知识论（理论理性）进而从实践论、存在论（实践理性）的角度，反思现代学科、当代学术的所谓"学科危机""学术危机"，学科或学术危机绝不是民间文学—民俗学一门学科的事情，而是社会科学—人文学术的整体性问题，民间文学—民俗学的危机只是其中之一。进一步说，所谓的"学科危机""学术危机"不是由于学科之外的超学术的意识形态的外在力量的胁迫所致，而就是源于学科自身的、学术内在的表述危机。对学科自身、学术内在的表述危机的表述，揭示了现代学科、当代学

---

* 本章是笔者向 2006 年中国民俗学会第六届代表大会暨"新世纪的中国民俗学:机遇与挑战"学术研讨会提交的论文，在《民间文学论坛》2006 年第 3 期上发表时的题目是《民间文学—民俗学研究中的"性质世界""意义世界"与"生活世界"——重新解读〈歌谣〉周刊的"两个目的"》，其内容提要云:"当代学科(包括民间文学、民俗学)危机的要害在于学术研究所提供的本质主义和普遍主义真理的危机，由于学术研究只能提供关于'物(存在者)'在形而上学逻辑体系中的'性质'真理，而不能提供关于'物'作为存在者个体和主体的自在、自由存在的'意义'真理，所以遭到后现代思想的攻击。与学术研究的形而上学—逻辑方法不同，文学的'方法'则直接指向了存在者个体和主体的存在意义，因此，学术的文学化正在成为学科反思的重要方向。而在中国民间文学—民俗学的草创时代，周作人等先驱人物已超前地提出了民俗、民间文学研究的学术和文学的'两个目的'的思想，这是中国民间文学—民俗学的伟大开端。"

术在后现代语境中，对自身知识作为普遍性和本质性真理这一自我预设或自我预期的危机感，即：如果一门学科或学术所能够提供的知识本身不再可靠，不再具有揭示事物本质的普遍真理性，那么，该学科或学术的危机才是本质的、普遍的危机，即真正事关认识合理性或知识合法性的危机。20 世纪以来，社会科学和人文学术的自我反思、自我反省多集中于对自我预设或预期的这一普遍性和本质论的知识观和真理观上，因而是深刻的和"无情"的。

人能够给出普遍性知识和本质论真理的信念，源自古希腊人对人自身的理性使用能力——包括理论认识能力和意志实践能力——的自信心及乐观精神[1]。但是近代以来，人的理论理性的认识能力获得了片面的长足发展，以至于人的实践理性被纳入到理论理性的系统性、整体性规划与规定（如胡塞尔所言，人们的日常生活披上了一件理论即"无限的观念"[2] 的外衣），于是，近代以来的实践理性（比如现代民族国家建构）的"成功"，都被归功于古希腊人的理论理性—科学知识的体系化规定性在近、现代的伟大实现。所谓理论理性—科学知识的体系化规定性，就是把自然、社会的万物（人也是一"物"）安排进一个严密的、完善的理论理性的逻辑体系，在这个宇宙—世界的逻辑体系中，每一自然物、社会物（包括人）都以其本质属性和本体（普遍）根据，而在理论理性—科学知识的逻辑体系中占有一合适、恰当的真理性知识位置，而处在这个宇宙—世界体系的逻辑顶端的则是作为绝对根据并拥有整全、完满属性的"存在"本身（在基督教信仰中被替换为创造万物的上帝）。

例如：苏格拉底的本质属性是"人"，而"人"既是苏格拉底的本质属性，同时"人"也是苏格拉底的本体（普遍）根据，于是，苏格拉底依其本质属性和普遍（本体）根据，而在社会体系中占有了一个真理性知识的适当位置，而"人"又依其"是'动物'"的本质属性和普遍根据，占有宇宙—世界体系中更高一级别或层次的位置……这样一直上升到宇宙—世界体系的完满、整全的"存在"本身。于是，科学知识就为万

---

① 参见［法］罗斑《希腊思想和科学精神的起源》，陈修斋译，广西师范大学出版社 2003 年版。

② 参见［德］黑尔德《〈生活世界现象学〉导言》，载［德］胡塞尔《生活世界现象学》，［德］黑尔德编，倪梁康、张廷国译，上海译文出版社 2002 年版。

物中的每一个别之物在理论上规定了其理性的本质属性和普遍根据，由此，理论理性的科学知识充满自信地认为，自己是能够给予万物以本质规定性和普遍规定性的真理性知识。

近、现代的民族国家也是科学知识的体系规定在理论上的理性实现。每一社会中人都依其本质属性和普遍根据——"国民"而从属于国家，而每一国家又依其本质属性和普遍根据——（单一的或多元的）"民族"而从属于现代民族—国家的世界秩序体系。而世界秩序体系的全球化，则是理论理性的科学知识的体系规定（或理想规划）在人类社会文化领域的集大成或大结局，在这个意义上，全球化意味着理论理性的科学知识对人类社会的理想规划与现实安排的"历史的终结"。

当然，即便从理论理性的角度看，人的本质、物的本质也不是单一的，所谓"普遍本质"往往是从特定学科的理论角度对人或物的理性规定，从生物学的角度和从社会学的角度规定人，人的普遍本质就不同。举例说，两足动物是生物（形态）学关于人的普遍本质的规定性，而理性动物则是社会学关于人的普遍本质的规定性，于是才有了苏格拉底是理性动物还是两足动物的两歧之"争"。所以，马克思意识到，就理论理性而言，"人的本质并不是单个人所固有的抽象物，在其现实性上，它是一切社会关系的总和"①。

由于认识到物的普遍本质、人的普遍本质，从理论理性的角度说，总是一个对各种片面规定性给予先天综合（康德）的判断结果，所以在现代学术的学科体制中，允许各个学科从不同的角度对人、对物进行观察与实验。每门学科对本学科的研究对象的普遍本质在理论上都给予了独到的理性规定，比如马克思的政治经济学用"劳动"规定人的普遍本质，而民间文学—民俗学则用"俗"规定民的普遍本质②。但是，无论各个学科如何根据其号称是"普遍本质"的特殊规定性规定其研究对象的普遍本质，各个学科所依据的方法论却也都是统一的理论理性的科学知识的逻辑规定—经验实证的认识论原则。

---

① 马克思：《关于费尔巴哈的提纲》，《马克思恩格斯选集》第 1 卷，人民出版社 1972 年版。

② "社会成员在表现'俗'的时候才是'民'，'民'是就'俗'而言的。"高丙中：《民俗文化与民俗生活》，中国社会科学出版社 1994 年版，第 45 页。

　　具体地说，学科对象的本质属性和普遍根据，不是依据被认识的对象作为"物自体"或"人自身"而自在、自由的存在意义，而是依据的理论理性的科学知识的逻辑体系内部自上而下的普遍规定性和本质规定性安排。比如，尽管学科的角度不同，但人/民的规定性或者是来自于"国家"观念，并且从"国家"观念中分有的"国民"观念（国民是民族国家的一员），或者是从属于"文化"观念，并且从"文化"观念中分有的"习俗"观念（习俗是文化的一部分）。在政治学家和民间文学—民俗学家看来，人/民或者是"国民"，或者是"俗民"，但无论如何，人的性质、民的属性都是从特定学科理论的理性概念（如"国家"或"文化"）出发，而被给予的普遍性知识和本质论真理。

　　科学知识原本是出自人的理性的最伟大的自由创造，科学知识是人类理性对万物（也包括人）的理论规定；但是，正如我们所看到的，出自人的自由理性的科学知识却最终把人置于被理论地规定、决定、给定（即"被给予"）的不自由的境地。换句话说，现代学科、现代学术视人为理论理性的科学知识的逻辑体系的第一推动者——即康德所云哥白尼式的逻辑主体——但也恰恰是科学知识，把人置于被理论理性所规定即被给予的不自由的"身份"之中。在理论理性的科学知识的逻辑体系内部，没有实践主体——小写的人的具体的自由；而先于科学知识的逻辑体系的人的自由，只是逻辑主体——大写的人的抽象的自由[1]，具体的个人作为理论理性的科学知识的逻辑体系中的认识对象（被规定者的客体）没有自由（被剥夺了自由意志）。

　　就此而言，科学知识为现、当代集权政治的实践理性奠定了理论理性的知识论和方法论基础，各种现、当代政治集权主义无不奠基于科学知识的理论知识和理论方法的理性基础上。以此，20世纪以来的各种集权政治的理性实践所酿造的人类灾难，迫使各科学者深刻地自我反思或自我反省，力图从根本上斩断现、当代的集权政治反人类罪的科学知识论和方法论的理论理性根源。所谓"奥斯维辛以后'诗'已不复存在"就是这种

---

　　[1]　"根据索绪尔的看法，语言规则作为一种社会制度归根结底是主体的创造，但创造语言的主体只是一个在逻辑上存在的抽象主体，就好像上帝一旦完成了创世工作就从此进入休眠状态一样，主体在创造了语言规则以后，语言规则也就从此脱离主体，而主体不再干涉其独立的生存。"参见本书"绪论"《"内在的"和"外在的"民间文学》。

沉痛反思或反省的理性实践亦即实践理性的学术或学科命题①，如今，"奥斯维辛"已成为学科反思、学术反省的代名词，"奥斯维辛"已经成为各门学科及学者为自我反思、自我反省所设定的自我检验的实践理性的先验标准，每门学科、每位学人都必须接受"奥斯维辛"的拷问，也就是说，接受"个人自由是否存在"的理性拷问：现代学科、当代学术，是否应对个体作为自在、自由的主体，亦即个人作为"人自身"而自在、自由地存在负起实践理性的伦理责任？

　　这就是说，现代学科、当代学术对自身知识的真理性表述危机的表述，从理论根源上说，是一个康德式的问题，即：如果人只拥有一种理性，但理性却可以自由——理论或实践——地使用；那么人的理性存在和自由存在的普遍本质，在理性的理论认识的使用方式中，就是一个"成问题（理性与自身相矛盾的表述危机）"的命题（从不同学科的理论角度看，人的自由和理性存在的普遍本质是一个谬论；进而在理论学科中，逻辑主体的先验自由并不保证主体的实践自由）；但是，在理性的理论使用中"成问题"的问题，在理性的实践使用中，人的存在的普遍本质——即人的理性存在和自由存在的统一性——则是必须设定而且也必然能够设定的，否则，人的存在就（如同在理论理性中那样）是分裂的和荒谬的。于是，这就引申出或者说回到了康德的问题：如果在理论理性的自由使用中，只有主体在逻辑上的自由而没有主体在实践中的自由；那么在理性的实践使用中，主体能否成就其存在的普遍本质——人的自由与理性存在的统一性——就成为了现代学科、当代学术，必须反省地、反思地回答的问题。

　　走在学科反省、学术反思前沿的包括一些反本质主义、反普遍主义的后现代学者，从实践理性的角度看，反本质主义、反普遍主义诉求，就是

---

①　"从近代到现代，人类思想醉心于人之存在的自然性延长：制造技术及其组织、扩大语言覆盖面，并试图从中找到或确立人的终极在性。人是劳动的生物、人是语言的生物、人是社会存在的生物。结果怎样呢？在 20 世纪，人类面对种种杀人机器，技术化的杀人机器和意识形态话语的杀人机器，哑然失语，束手失措。奥斯维辛的罪恶就是在技术化和一种特定的话语系统中发生的。由技术组织和特定的话语系统制造的罪恶，在奥斯维辛之前，就已问世，在奥斯维辛之后，亦有更新。奥斯维辛不过是 20 世纪无数诸般罪恶的一般性标志。"刘小枫：《苦难记忆——为奥斯维辛集中营解放四十五周年而作》，收入刘小枫《这一代人的怕和爱》，三联书店 1996 年版。

一反科学知识的理论理性所给予人的不自由的本质决定论和普遍决定论，把为理论理性所固定在客体（认识对象）位置上的个体，重新安放在被实践理性所可能敞开的自由主体的自在位置上。换句话说，就是让逻辑上自由的人成为在实践上同样自由的人，让客体的个体成为主体的个体，让每一个人（理性存在者）都拥有自由地存在的权利和自在地生活的尊严（这是人的存在的普遍本质），在这个意义上，后现代知识最终将重新指向以个人的自在生活与自由存在为诉求的实践理性的新理想主义。而对于民间文学—民俗学来说，民间文学—民俗学学者所应思考的问题是：如何让我们的研究对象——俗中之民不再仅仅是自上而下地被理论理性所规定、决定、给定的俗民，而是能够成为自在地生活—自由地存在即作为理性存在者自我给予的个人。

二 "事实性质世界"与"生活意义世界"

以上所述就是笔者所理解的现代学科、当代学术的普遍危机、本质危机，以及站在从认识论、知识论（理论理性）转换的实践论、存在论（实践理性）立场上，针对这场危机的省思。要之，传统的、经典的理论理性的知识论方法论所给出的，只是在物（包括个人）在科学知识的逻辑体系中的适当位置（比如"人类在自然界的位置"），而物以及人的这一适当位置，就是人在科学知识的逻辑体系中，被给予的存在者的存在属性或性质，而不是存在者在自己自在（即先验自我）的位置上自由、自主、自为的自我选择、自我筹划的实践理性的存在意义①。也正是以此，学科反思、学术反省的目标才把为个人的自由存在与自在的生活，在超越理论理性的知识论方法论的基础上，重新举行的实践理性的本体论、存在论奠基，视为不可推诿的道德责任。就此而言，学科反思、学术反省的理论和实践价值，就是在科学知识的逻辑体系所构造的事实性质的世界之"下"（或之"先"、之"前"），重建作为事实性质的世界的基础的个人自由地存在与自在地生活的意义世界。尽管对于人来说，被理论理性

---

① 存在者主体在自己的、自在的、自由的位置上。参见黄裕生《真理与自由——康德哲学的存在论阐释》，"亚里士多德的本体学说及其真理观"，江苏人民出版社 2002 年版，第 30 页。

"他为"地给予的有关事实性质的世界、实然的世界、现实的世界,与实践理性"自为"地给予的有关生活意义的世界、应然的世界、可能的世界都是必须的:固然,没有事实性质的世界,人不能生存;但是,没有生活意义的世界,人无法作为自由理性的人而存在。①

有关事实性质的世界是一个"有"的世界,而不是"无"的世界,人只有在"有"的世界中才能生存,"有"的世界是人的单向度生存的世界;而有关生活意义的世界却是人的双重存在的世界,意义世界既可以是"有"的世界,也可以是"无"的世界,即有意义的世界和无意义的世界,无意义的世界也是一个"世界"。人可以在有意义的世界中"生活",也可以在无意义的世界中"活着",但仅仅是"活着"。② 如果说,科学知识对于事实性质世界的构造是西方文化的理性天命,那么,这更是人类理性的理论天命。两千年来,人类始终在(被理论理性所规定的)"有"的事实性质世界中"生存",并且长时间在无意义的生活世界中"活着",而就人对于有意义的生活世界的觉醒来说,人之自由地存在、自在地生活的有意义的理性实践的历史才刚刚开始。

从学理方面说,人对自身的自在生活与自由存在的实践觉醒发端于西方学者,中国学者只是承接了其学理的余绪,但这并不是说,人对自身的理性存在与自由存在的生活意义世界的实践觉醒不是中国人自己的事情,不是本土的内在性问题;恰恰相反,人作为人自身(先验自我)的个体主体性存在(主体本体论)存在的自在、自由的生活意义,对于中国人、对于中国文化的本土性来说,恰恰是一个更严重的事情或问题。按照康德的划分,人之自在的生活与自由的存在之实践理性的意义世界,原本就不是理论理性的经验(科学)知识应该独占(且能够认识)的领地,而是

---

① "人无'它'不可生存,但仅靠'它'则生存者不复为人。"[德]马丁·布伯:《我与你》,陈维刚译,三联书店1986年版,第51页。

② "活着"的"活"字作为单音节词在当代汉语中的词义仅如其字面所示,就是"活着",仅仅是"活着"。《现代汉语词典》云:"活①生存;有生命。②在活的状态下。③维持生命;救活。"《现代汉语词典》,商务印书馆2002年修订第3版(增补本),第571页。但余华赋予了"活着"以强烈个人色彩的阐释:"作为一个词语,'活着'在我们中国的语言里充满了力量,它的力量不是来自于喊叫,也不是来自于进攻,而是忍受,去忍受生命赋予我们的责任,去忍受现实给予我们的幸福和苦难、无聊和平庸。"余华:《〈活着〉韩文版自序》,收入余华《活着》,南海出版公司1998年版。

应该由实践理性的先验知识所主导的场所①。但是，"五四"以来的中国，理论理性却严重地僭越了康德为理论理性（经验的科学知识）所划定的疆界，而侵占了实践理性（先验的道德知识）的地盘，强行将个人的、自为的存在意义，规定为集体的、他为的存在者性质，于是，自由的严重缺位就成为了中国现代性进程中最核心的问题。

在此，笔者并不否认理论理性的科学知识在现代中国的理性实践中的政治功用，也许，为建设多元一体的民族国家，用"新民"（梁启超）和"人民"（毛泽东）规定个人的存在者性质（个人作为新民而成为人民的一员）亦是我们的理论宿命。但是，在规定了人的生存性质的同时，人不能遗忘自身的存在意义，既然事实性质的世界和生活意义的世界，是人之生存和存在于其中的双重世界，那么，事实性质世界和生活意义世界的关系，即：究竟是生活意义世界奠基于事实性质世界之上（造成理性与自身的冲突），还是相反，事实性质世界奠基于生活意义世界之上（保持理性自身的统一性），对于人的生存和存在来说，就始终是性命攸关的大问题。

在人类历史上，生存所必需的事实性质世界，始终是人（包括集体和个人）的自在的关切，我们（特别在中国）作为个人向来都从属于某种集体，被规定为某种被给予的集体性质，因此，事实性质的世界对于每一个人来说，早已就是一个具有历史性和现实性的熟悉的文化世界。② 然而，这并不意味着，相对于事实性质的世界，生活意义的世界对于每一个人来说就无须自为的关心，因而可有可无。

的确，在历史中，在社会中，个人要生存必得结合成特定的共同体，人的生存性质就是被共同体自上而下地规定的，以服务于共同体的集体生存以及个人的生存，而共同体集体生存的性质又是被特定的历史和现实的

---

① "〔人〕不是任何别的东西，只是人格而已，亦即超脱了整个自然的机械作用的自由和独立性，而这种自由与独立性同时还被看作是存在者委身于特殊的、即由他自己的理性所给予的纯粹实践法则的能力，于是，属于感觉世界的个人在同时属于理智世界的情况下，委质于他自己的人格。这样，人，由于属于两重世界，在与他自己第二重世界的和至上的天职相关联时，必定只以尊敬来注视自己的存在，必定以至上的敬重来注视这种天职的法则。"〔德〕康德：《实践理性批判》，韩水法译，商务印书馆1999年版，第94页。

② 源于古代希腊哲学的理论理性的科学体系所规定的事实性质世界是在时间（历史）和空间（社会）条件中的知识安排。参见黄裕生《真理与自由——康德哲学的存在论阐释》，"亚里士多德的本体学说及其真理观"，江苏人民出版社2002年版，第26页。

文化传统与文化情境所规定、给定和决定的，因而似乎是被给予的即个人无法自我选择和自主筹划的。与个人赖以生存的事实性质世界不同，人自身自在地存在、自由地实践的生活世界之所以是一个意义的世界，就在于意义是由人自身（先验自我）在超越生存事实的属性规定的条件下，自我筹划的、自我选择的自由实践的自我给予物，而不是自然的被给予物（后者因而只有自然的属性而没有自由的意义），以此，任何共同体都不可能在被规定的事实性质世界中，对人的生活意义有所规定（在事实的世界中，共同体只能规定存在者的生存性质）。就生活意义的世界有赖于人自身——先验自我——的实践筹划和存在选择，而不是被历史和现实的自然条件规定了性质的事实世界而言，生活的意义世界必然是超越历史和现实的文化限制，而奠基于先验自我的超时、空条件的存在与实践的个人世界。

就生活意义世界是超越文化的历史与现实条件，而无条件存在或实践的个人世界而言，生活意义世界是一个充满无限可能性的永恒世界，因而对于每一个人来说，意义世界必然地是一个陌生地存在的世界。由于人的陌生地存在的生活意义世界，具有超越文化的历史与现实的必然可能性和永恒性，因此相对于人们现实地实存的、熟悉的偶然性和暂时性，人的生活世界、意义世界，恰恰为事实世界、性质世界奠定了作为人而存在的必然性基础，尽管在人类历史上，生活意义世界长时间内都没有自觉地被置于人的生存与存在的双重世界的基础位置上。就生活意义世界的永恒性、必然可能性，和事实性质世界的暂时性、现实偶然性关系来说，不是自觉的生活意义世界从自在的事实性质世界中产生出来，恰恰相反，自在的事实性质世界要奠基于自觉的生活意义世界之上，以此，世界才是人的世界。事实性质世界之奠基于生活意义世界之上，并不因为生活意义世界在人类历史上的显现要晚于事实性质世界的出现，即生活意义世界并不因为在时间中显现的早或晚，而有损于其对于人作为人而存在之必然可能的奠基性质[①]。

但是，既然人的生存的事实性质世界奠基于人的存在的生活意义世界

---

① 在宗教世界中，人的主观性、相对性的存在意义，是在个人与客观性、绝对性的存在者——比如上帝——的关系中被界定的，这说明了宗教对于个人存在意义的超越文化的历史与现实的理解；换句话说，人的主观、相对的存在意义，始终奠基于绝对、客观的存在意义之源的先验自我，只是先验自我在人类历史上曾经被托付于上帝、圣贤等外在的信仰对象，对于先验自我之内在性的领悟或觉醒是人类精神的伟大事件。

之上，那么，我们关于事实性质世界的经验性理论知识，就必须回溯到关于生活意义世界的先验的实践知识的基础上，并接受其真理性的检验。比如，我们关于"民族国家—国民"的经验性知识，就必须回溯于人作为理性存在者和自由存在者的先验知识并接受其检验，前者必须通过后者得到合理与合法（正当）性的说明。而且，随着现代民族国家的成功建设，给定个人以"国民"或"俗民"的存在者性质的理论理性的科学知识的历史任务已经完成，进而，随着对"人自身"存在的必然可能性的自由意义的领悟与觉醒，相对于对人的生存的现实偶然性的自在性质的认识，对"人自身"的自由存在的生活意义世界的追问，已被提上学术思想的议事日程。换句话说，对"人自身"存在意义的追问，已上升为后现代学术—思想转型的根本方向。在这方面，学术思想对于"人自身"之存在意义的追问，对于整个社会的自由实践具有先行的典范作用，自由的学术实践本身就是人的自由存在的显现方式，就是先于社会实践的自由的学术实践。

三　《歌谣》周刊的"两个目的"

当我们指出，对自由意义的领悟与觉醒，中国学者只是承接了西方学术思想的实践理性的"余绪"，只是在如下的意义上能够成立，即：当下中国学者关于自由意义的先验知识，尚未接续本土现代学术思想的实践理性在其发生时所开创的伟大传统。在本土学术的当下与学科创建的当初之间有一个断裂，以此本土学者对于自由意义的重新发现，也就是在发掘本土传统的学理基础上的学统重建，而这种学统重建的动力不仅来自于西方学术思想的实践激励，更来源于对本土现实问题的理性反应，从而将我们目前的工作与学科传统加以衔接。在回应外来的后现代学术与发掘内在的传统学理的基础上，中国民间文学—民俗学将能够适时地站在本学科的先验论实践知识的立场上，对人之存在的必然可能的生活意义世界有所阐明，而不是仍然局限于对学科对象这一被规定的存在者的现实偶然的事实性质世界的经验性理论知识的学术研究。

当我们说，本土民间文学—民俗学学科具有伟大的学术传统，是说中国民间文学—民俗学在其开创时代所具有的博大精神。开端至为伟大！是因为中国民间文学—民俗学在其开端处就显示了无限的可能性与包容性。在西方世界，从古代希腊开始，哲学家就认为，哲学起源于对存在者竟然存在的震惊；其实，诸多现代学科在其草创之初，也都是起源于对作为研究对象的存在者竟然存在的震惊，即对存在者的"存在"本身的震惊，而对存在者的"存在"本身的震惊，也就是对存在者的存在意义的震惊。正是对存在者的存在意义的震惊，即肯定存在者生活于其中的意义世界的存在，才奠定了对存在者存在的事实世界的多重性质，给予理论认识的理性必要性。以此，说明存在者存在的多重性质，必然是奠基于阐明存在者的存在意义的基础上，但是如今，我们已经遗忘了我们的学科在其起源处的伟大开端，即对存在者的存在意义——"人自身"（作为自由主体应该存在且）竟然存在——的理性的震惊之情。

几千年来，"人"——即只有在个人身上才能够显现的、作为自由主体的"人自身"——就一直存在着，但是直到"五四"这一天，中国民间文学—民俗学的先驱们突然发现："人"竟然存在着，竟然有"人"应该且能够作为"人自身"而存在，而在此之前，我们竟然忽略了"'人'作为'人自身'竟然存在"这件事情本身。于是才有了中国民间文学—民俗学的诞生，有了中国民间文学—民俗学的百年历程。

当我们说，中国民间文学—民俗学是一门伟大的学科时，就是指的中国民间文学—民俗学在其起源处、开端处对"人"的自由存在的生活实践的意义世界的震惊与发现。于是，重新发掘中国民间文学—民俗学在其起源处、开端处的伟大学术思想，使我们的学科能够接续这一伟大传统，是我们今天从事民间文学—民俗研究的中国学者肩负的学术与学科使命。以下，笔者将尝试通过对《〈歌谣〉发刊词》的解读来进一步说明中国民间文学—民俗学在起源处、开端处对"人"的自由存在的生活实践的意义世界的曾经的指明。《〈歌谣〉发刊词》写道：

> 本会搜集歌谣的目的共有两种，一是学术的，一是文艺的。我们相信民俗学的研究在现今的中国确是很重要的一件事业……歌谣是民俗学上的一种重要的资料，我们把它辑录起来，以备专

门的研究：这是第一个目的……从这学术的资料之中，再由文艺批评的眼光加以选择，编成一部国民心声的选集。意大利的卫太尔曾说："根据在这些歌谣之上，根据在人民的真感情之上，一种新的'民族的诗'也许能产生出来。"所以这种工作不仅是在表彰现在隐藏着的光辉，还在引起当来的民族的诗的发展：这是第二个目的。①

这是一段百年以来中国民间文学—民俗学学者耳熟能详的宣言，但是今天，当我们站在人的自由存在与实践的生活意义世界的立场上，才意识到我们曾经怎样地遮蔽了、遗忘了这宣言的本源的内涵。这就是说，在中国民间文学—民俗学的草创时代，我们的学术先驱或学科的先驱者们就已经认识到，一门学科的价值并不仅仅在于给出被研究对象的存在者性质，更要给出对象的存在意义。尽管"学术"作为科学知识从来只能给出存在者在理论理性的逻辑关系中的位置和性质，而无关乎人之超越理论知识之规定作用的存在意义；但是"文艺"——即使按照最经典、最传统的定义："人学"——也始终直面着人之自由存在与实践的生活意义世界，"文艺"永远肩负着追问"人自身"的存在意义即人生价值的实践理性的道德责任。② 正是基于这一理解，中国民间文学—民俗学在其起源处就已经为自己设定了双重的使命，即对存在者存在性质的学术化的理论认识，以及对存在者存在意义的文艺式的实践省思，这不能不说是本土学术思想的伟大之处，中国民间文学—民俗学的确有着伟

---

① 《〈歌谣〉发刊词》，载《歌谣》第一号，北大歌谣研究会出版，1922 年 12 月 17 日，收入《歌谣》，第 1 册，中国民间文艺出版社影印，1985 年版。亦收入《周作人民俗学论集》，上海文艺出版社 1999 年版。《〈歌谣〉发刊词》即便不是出自周作人的亲笔，也忠实地反映了周作人的思想。参见施爱东《中国现代民俗学检讨》，社会科学文献出版社 2010 年版，第 119 页。

② "我以为歌谣的收集与保存，最大的目的是要替中国文学扩大范围，增添范本。我当然不看轻歌谣在民俗学和方言研究上的重要，但我总觉得这个文学的用途是最大的，最根本的。"胡适：《〈歌谣〉复刊词》，载《歌谣》第二卷第一期，1936 年 4 月 4 日，收入《歌谣》第 3 册，中国民间文艺出版社影印，1985 年版。与周作人更看重歌谣的民俗学价值不同，胡适更看重歌谣的"文学的用途"，参见谭璐《民间文学方法论的形态学提炼：从外部视角到四种研究方式》，收入《首届民族文学研究博士后论坛"当代社会口头传统的再认识"会议论文集》，北京，2014 年 9 月。

大的开端。①

近些年来，世界人类学、民俗学呈现出越来越强烈地走近人文化、"文学化"的倾向，解释人类学、实践民俗学的兴起说明，学术思想正在从事实性质世界的证明者朝向生活意义世界的阐明者的"兴趣"转换，于是民族志、民俗志文学文本的实验性写作正方兴未艾②，即经过现象学悬搁而暂时搁置了事实性质世界，且还原到作为"现象学之剩余"的生活意义世界这一"事情本身"的文学人类学、民俗学文本写作不再处于学术附庸的地位，在可预见的将来也许会成为主流化的写作范式，当年林耀华《金翼》式的文本试验或将成为民族志、民俗志的写作范本。这就是说，对存在者存在意义的省思将重新为存在者存在性质的研究奠定基础，不是人生的存在意义产生于人生被抛入、被给予的生存性质，而是人生自我给予的存在意义先于人生被规定的生存性质，构成了人之存在的普遍本质。以此，关心人的存在意义的"文艺"思想——正如《〈歌谣〉发刊词》所言——相对于关注人的存在者性质的"学术"（或"历史"③）知识来说，甚至是基础和前提。

　　　　文学是人类的，也是个人的；却不是种族的、国家的、乡土

---

①　中国民间文学—民俗学正是基于其开端的伟大学科思想，才一直在现代学科体制中犹疑、徘徊，中国民间文学—民俗学对自身的学科定位始终不甚明确，恰恰证明了学科的集体无意识。当晚年的钟敬文先生力主在现代国家的学科体制中恢复民俗学以后，仍然为民俗学设在社会学系（民俗学含民间文学）还是设在中文系（民间文学含民俗学）的问题犹豫不决。钟敬文先生始终难以忘怀他的文学之梦，而文学永远是对人之存在的自由意义的梦想与揭示。就此而言，民间文学—民俗学的学科定位不是简单的体制和人事安排，而是我们这个学科的自我理解和自我期待，我们从自身的暧昧与彷徨等等颇具象征意味的学术事件中，能够发掘出我们这个学科最值得珍视的内心。

②　"人是悬挂在由他们自己编织的意义之网上的动物，我把文化看作这些网，因而认为文化的分析不是一种探索规律的实验科学，而是一种探索意义的阐释性科学。"［美］格尔兹：《深描：迈向文化的阐释理论》，收入［美］格尔兹《文化的解释》，纳日碧力戈等译，上海人民出版社 1999 年版。

③　"民歌是原始社会的诗，但我们的研究却有两个方面，一是文艺的，一是历史的。从文艺的方面我们可以供诗的变迁的研究，或做新诗创作的参考……历史的研究一方面，大抵是属于民俗学的，便是从民歌里去考见国民的思想、风俗与迷信等，言语学上也可以得到多少参考的材料。"周作人：《歌谣》，载周作人《自己的园地》，晨报社出版部，1923 年 9 月，收入《周作人民俗学论集》，上海文艺出版社 1999 年版。

及家族的。①

这可视为周作人对歌谣、对民间文学何以能够成为"民族的诗"的理解和解释，要之，"民族的诗"是对人（个人作为"人自身"）的存在意义的"文艺"阐明，而不是对人（个人仅仅作为个人）的存在者性质的"历史"（或"学术"）证明，而这，就是"五四"时代中国民间文学—民俗学的先驱者们对作为中国现代新文学、新文化之一翼的民间文学—民俗学所提出的学科任务或学术理想，而今天的后来者，竟该如何践行先驱者提出的这一任务和理想呢？

四　"看"的认识论与"听"的实践论

对人的存在意义的关心构成了晚近民间文学—民俗学发展的最新动向，近年，中国民间文学—民俗学界对于文本语境的关注，对故事家、歌手"在表演中编创"的个人关切，总之，关心"以表演为中心"的民俗生活整体的学术思想取向，都可视为对广义的个体民俗学的实践延伸。这或许意味着，关怀个人的人生命运并以此回溯到人的超越历史和现实文化之存在者性质的永恒（即当下）的存在意义②，正在或者将会成为后现代学术思想的中心课题。

与学科的思想转变相应的是学术方法的改变。如果"逻辑—实证"的科学方法只能用于研究者主体对被研究者主体（被视为客体）的存在者性质的经验证明，而无助于揭示存在者的存在意义，即无力于朝向人的存在意义的先验阐明，那么，从研究者主体的单方面出发规定被研究者主体（被视为客体）的存在者存在性质的科学方法，也就有了改换的必要性甚至充分必要性。因为存在者自我给予的存在意义，总是先

---

① 周作人：《新文学的要求》，载《晨报》，1920年1月8日，收入《周作人民俗学论集》，上海文艺出版社1999年版。

② "尽管每种语言各自构成封闭的系统，却都体现一定的永恒的原则，我们可以在不同的语言中找到，因为我们是处在同一个秩序之中。"［瑞士］索绪尔：《普通语言学教程》，高名凯译，岑麒祥等校，商务印书馆1980年版，第142页。

于存在者被他者规定的存在者性质的自主筹划、自为选择,因此存在者作为自由主体自我给予的超时、空存在意义,不可能起源于存在者主体之外的另一存在者主体所做出的任何理论的理性规定,即便这一理性的理论规定(科学知识)是如何地合乎历史、现实的文化逻辑。因此,作为人自身而存在的此一自由主体对另一自由主体作为人自身而存在的意义阐明,只能通过为主体之间创造自由的即无条件的存在条件,让诸自由主体在超越时、空条件的自在、自由的存在状态下的自我揭示,即作为诸先验自我的交互性主体性宣称。由此,对存在者存在意义的阐明,就只能通过在超越理论视野的实践视阈中自由相遇的主体之间诚恳、真诚的交互性倾听和对话,在诚恳的倾听和真诚对话的过程中,交互主体先于经验的存在性质的先验的即自由的存在与实践的生活意义才得以彰显。

在主体存在与实践的意义世界中,主体之间的自由相遇、平等对话,以及让先验的交互性(或交互的先验性)自由主体自我给予其存在的意义,是后现代实践民俗学的基本工作原则,在这方面西方学者已经发明了激进的"方法",如海德格尔的"诗思",而周作人所云民间文学—民俗学的"文艺"目的与之接近。如果说海德格尔的做法过于激进,那么胡塞尔则企图走一条兼容理论认识与"实践认识"(康德)的中间路线①。胡塞尔的现象学口号是:"回到事情本身!"为此,胡塞尔提倡"本质直观""观念直观"和"现象学悬搁""现象学还原"的现象学方法。胡塞尔所谓的"本质观念"以及现象学悬搁与还原的剩余之物——"事情本身",虽然并不完全就是纯粹实践理性意义上存在者的存在意义,但其"悬置"对存在者存在的事实性质的"自然观点"的经验性成见之"中止判断"的祛理论前提的现象学方法,为阐明、揭示存在者的存在意义的普遍本质的先验观念,进而为后现代的各种反本质主义和反普遍主义的主观性思潮,奠定了现象学的方法论基础。

当然,胡塞尔的现象学方法论是否完全解决了主体之间自由相遇、平等对话的纯粹理性的实践论或存在论问题,至今是一个颇有争议的问题,

---

① 参见［德］黑尔德《〈生活世界现象学〉导言》,载［德］胡塞尔《生活世界现象学》,［德］黑尔德编,倪梁康、张廷国译,上海译文出版社 2002 年版。

只要胡塞尔仍然强调直观、强调"看"的关键作用，就始终难以摆脱从"孤独的鲁滨逊"的主体自我出发，把其他主体规定为客体的理论命运，因而"自我"能否顺利地让"他我"向"自我"敞开其存在与实践的生活意义世界，以达成主体间先验的、交互的"同情理解"，就始终是一个难题。有鉴于此，海德格尔更强调"听"，倾听对话过程中对方的声音。的确，如果存在者的存在意义是一个自我给予的先验事件，那么作为能够先验地、交互地同情理解的存在意义的阐明者，除了倾听、除了尊重，我们还能做什么呢？我们只能"无为而为"，而"无为而为"恰恰是一种极其难得的"无为无不为"的"为"的能力，这就是"让……他者作为自在、自由的主体自主、自为地自我给予其存在意义"的能力，即让"他者"向"自我"充满信任地倾诉自己内心世界的能力。由此，我们可以重新认识由马林诺夫斯基所开创的人类学、民俗学田野作业的现象学、存在（实践）论的方法论价值。

　　民间文学—民俗学学者到田野中、"到民间去"，并不是去劫取被研究的客体（对象、现象）的什么事实性质的第一手经验材料，也并非要验证理论理性的什么假设性命题，而就是去听取每一个人作为"人自身（先验自我）"而发出的声音，听他们的自我陈述，听他们对自己先于作为存在者的经验性事实性质的先验的存在与实践的生活意义的自由表达。极端地说，民间文学—民俗学学者的学术任务，只是把每一个人关于自身的自由的存在意义的自我陈述和自在表达记录下来，并把这些陈述和表达传递给全世界，让他们自在、自由的声音在全世界传播，在传递和传播中，让全世界都知道他们，并承认他们的愿望、欲求的正当性，让他们能够作为在生活的意义世界中存在的自由主体而存在。正是基于对学者作为意义传递者、转达者身份转换的理解，格尔兹特别强调对异文化（存在者）存在意义的"深描"，而胡塞尔也始终坚持对存在者的存在意义的本质直观、观念直观的"描述性心理学"的现象学方法论①。

---

　　① 参见叶秀山《心理（精神）世界的探索——胡塞尔的现象学》，收入叶秀山《思·史·诗——现象学和存在哲学研究》，人民出版社 1988 年版。

五　"从头开始"的学科生命史

当我们说，我们要接续本土学术思想的伟大传统，是说我们要回到学科的起始或开端，回到学科的创世纪，而回到学科的创世纪就是：回到先于事实性质的经验世界的生活意义的先验世界这个前理论规定的"生活世界"这件事情本身。任何学科（无论实践科学还是理论科学）都起源于生活世界这件事情本身（正如本文伊始所言，"科学知识原本是出自人的自由理性的最伟大的创造"），而生活世界作为事情本身也就是我们每一个人超越理论规定性的当下、直接的自在、自由的此在，因此，每一个人的当下、直接的此在也就是任一现代学科的起源之处。在事情本身的意义上，学科的起源并不在世界上的某一地和历史上的某一天，而就在学科中人超越时、空的内心，既在学科先驱者的内心，也在学科后来人的内心，由此，我们才能谈到学科的薪火相传即心心相印。

就学科起源于生活世界的事情本身，学术从来都是从头开始，恰如每一个个体生命都在重复整个种族的生命历史，每一高等动物的身上都保留着进化阶梯中从低等动物向高等动物发展的各个阶段的印记。这就是说，个体生命从来就是从头开始，你是你父母所生，但你自身才是你从头开始的先天条件，正如你的父母只是为你自身的从头开始提供了后天的条件。

学术也是同样，每位学者都在自己的学术生涯中演历着学术史的整体性，并且站在学术发展的至高点上回溯学术的起源。比如，我们在逻辑—实证的经验研究中，必须对作为认识前提的经验性概念予以省思，这就是在有意识或无意识地对概念起源甚至学科起源做有限度的回溯。而一旦你决定在清理了固有概念的基地上进行观念创新，那么在一定程度上，你就是从头开始即开启"科学革命"（库恩），革命就是从头开始，而这个"头"就是生活这件事情本身，所以顾颉刚在《〈民俗〉发刊辞》中说："我们自己就是民众，应该各各体验自己的生活！"[①] 在顾颉刚看来，"我

---

① 顾颉刚：《〈民俗〉发刊辞》，载《民俗周刊》第一期，中山大学，1928 年 3 月 21 日，收入王文宝编《中国民俗学论文选》，中国民间文艺出版社 1986 年版。

们自己的生活"就是民间文学—民俗学的起点。

在"从头开始"的意义上，我们可以给予民间文学—民俗学的田野作业甚至田野本身，以一种不同于以往的重新理解和解释。随着田野方法的普遍化，时常有人怀疑：民俗学、人类学、民族学、考古学、社会学，甚至历史学都要田野作业，那么，民间文学—民俗学的田野作业作为方法，如何与其他学科的田野作业相区别呢？如果民间文学—民俗学学者坚持认为，田野和田野作业是民间文学—民俗学作为独立学科的安身立命之本，那就必须给出民间文学—民俗学的田野和田野作业，与其他学科的田野和田野作业的不同之处。但是，如果田野是诸多学科共同面对的普遍对象，田野的地盘已被各个学科瓜分完毕，那么田野如何还有可能表达民间文学—民俗学的独特身份呢？从田野和田野作业的角度看，民间文学—民俗学的学科独特性与独立性又该如何体现呢？

但是，把田野和田野作业视为民间文学—民俗学的安身立命之本本身就意味着，首先，田野绝不是方法；其次，田野作业绝不是理论的方法。对于其他学科来说，田野可能是对象，田野作业或许是理论的方法，但田野和田野作业都不是前提，不是起点；而如果民间文学—民俗学视田野为本学科的起源（安身立命之本）即生活本身，视田野作业为还原其学科起源即生活本身的实践方法，那么，田野和田野作业对于民间文学—民俗学来说就是任谁也夺不去的。当然，对于从事民间文学—民俗学研究的学者来说，田野可以是对象，田野作业也可以是理论方法，只要你从事的是民间文学—民俗学的概念认识、经验实证的理论研究，你就可以将田野视为对象、视田野作业为理论方法[①]；但是，如果你试图追溯学科的起源，那么，就一定不能把田野视为对象，把田野作业视为理论的方法，而是视之为学科所赖以开启的基地。

回到生活世界本身、回到事情本身，即回到自身的存在本身，绝非易事。"风声、雨声、读书声，声声入耳；家事、国事、天下事，事事关心"——但是，我们所听到的从来都是在时、空关系中的特定声音，我们所看到的也从来都是特殊的事情，我们难道能够听到不在具体的时间中流逝、不在具体的空间中传播的风声、雨声、读书声的纯粹声音

---

① 参见施爱东、刘宗迪、吕微《两种文化：田野是"实验场"还是"我们的生活本身"》，《民间文化论坛》2005 年第 6 期、2006 年第 1 期。

吗？我们能够看到不在具体的时、空关系中的家事、国事、天下事的事情本身吗？人能够听到、能够看到超越时间、空间关系的纯粹的声音和事情本身，需要现象学的"中止一切判断"从而回到事情本身的专门的方法论训练（类似格式塔式的视觉转换和听觉转换）。先于一切经验的声音本身、事情本身即生活本身的存在意义究竟是什么？理论理性的概念认识—经验实证的科学知识不可能告诉我们，对于事情本身即生活本身的存在意义的实践知识，只有靠我们每一个人去"各各体验"，用胡塞尔的话说就是对作为事情本身、生活本身的存在论、实践论意义的本质直观和先验还原。

今人作为被科学知识规定了存在性质的现代性动物，其实已很难彻底摆脱理论理性的概念思维的历史宿命，而直抵事情本身或生活本身。我们已很难不使用"风""雨""读书"等条件性概念来聆听纯粹的声音本身，我们已很难不使用"家""国""天下"的关系性概念来观看纯粹的事情本身。正如我们进入农村，把每一个见到的人都视为农民，而且我们在进入田野之前就已经把我们即将进入的地方称为"农村"。我们已不再把地方称之为"地方"本身比如称之为"土地"，称之为"大地"，正如我们已不再把在土地、大地上生活的人，称之为作为自身而此在的"人"而称之为"农民"。在我们和土地、大地及人之间，早已隔了一层"农村""农民"的理论性概念，在我们和生活、事情本身之间，也早已隔了一层"风""雨""家""国"的认识论范畴。

这就是说，对于声音、土地、生活、事情本身，即对于人自身的存在意义来说，任何理论概念都只能导致片面的理解和解释（对此，反本质主义者、反普遍主义者有充分的反对理由），即使你尽了最大的了解之同情的努力，也无法避免有朝一日你的理论概念被修正甚至被抛弃的命运。因为以理论概念为理性工具的逻辑—实证的经验知识（科学知识）的命运，就是一个被不断证伪的过程，而凡是不能被证伪的命题都不是科学的命题，而任何科学命题都是偶然性的命题或者说是具有时、空限制的条件性命题。因为科学的命题不是建立在直接性即无条件存在即存在本身的基地之上，而是通过主体设定的理论概念的工具性棱镜，所呈现的事情本身的现象表象的间接性，而这个现象表象的间接性是漂浮在生活世界和事情本身的直接性之上的，间接性随时会因时、空条件的改变，被其他的间接性所排挤、所替代即被证伪。

这就如同阶级论的民间文学—民俗学命题，被"多元一体的民族国家论"的民间文学—民俗学命题所证伪一样，因为阶级论的民间文学—民俗学命题不具备直接性的生活基地的坚实支撑，当然"多元一体的民族国家论"也是一样，随着理论表述的语境条件的历史演变、社会变革和文化变迁，不具有直接性的条件性命题就失去了应用的价值。而直接性也就是当下性，就是无条件的永恒性，间接性则是以直接性即当下性、永恒性、无条件性为前提并建立在后者的基础之上。在存在者存在的理想世界即生活的意义世界的基础上，理论理性给予存在者存在于其中的现实世界即事实性质的世界的概念认识才具有条件性的正当性，而且，即便拥有了如此的正当性，单方面、单向度的理论理性的科学知识，仍然会导致对存在者存在意义的遮蔽、遗忘乃至彻底的丧失。

六　客观的"生活世界"与主观的"生活视界"

现代以来，中国民间文学—民俗学学者的观念发明和知识生产，已创造了诸多建立在理论理性的科学知识基础上的学术概念和思想命题，中国民间文学—民俗学学者就是借助于这些合乎逻辑，且能够被经验所证实的科学知识的理论性概念、命题——比如"民间""劳动人民""民俗""民间文学"，以及"封建迷信"等等——参与到中国现代性的社会、历史的文化实践当中，也介入到每一个中国人当下直接的即前理论理性的、实践理性的生活世界当中，将每个中国人的生活世界这件事情本身加以切割，或改造，或弘扬而分而治之（因为如上所论，理论概念只能给予事实性质以片面的规定性）。

与中国民间文学—民俗学的诸多科学的理论概念、命题不同，"生活世界"的理念超越了上述理论理性的学科概念和学术命题，换句话说，"生活世界"是一个超越了理论理性的概念或命题①，使用"生活世界"

---

① 关于存在者存在性质的定义式概念——属名之名，与关于存在者存在意义的描述性概念——命名之名的区别，参见黄裕生《真理与自由——康德哲学的存在论阐释》，"亚里士多德的本体学说及其真理观"，江苏人民出版社 2002 年版，第 29 页。

的概念或命题，其目的在于还原到实践理性的生活本身、事情本身，让前理论地实践的事情本身、生活本身如其（实践的）本然（而不是"如其［在理论中］所'是'"）地得以呈现，力图使实践的事情本身即生活本身免于被理论理性的概念、命题所分割的命运，从而"抢救"和"保护"每一个人在前理论的实践生活的意义世界中，作为人自身的自在、自由的存在。[1]

作为哲学概念的"生活世界"（德文 Lebenswelt、英文 life—world）最早由胡塞尔提出，以后，许多学者和思想家都参与了对"生活世界"这一非理论理性的实践理性的概念或命题的讨论，由于立论的（理论理性的或实践理性的、经验的或纯粹先验的）出发点多不相同，学者和思想家们对"生活世界"的理解和解释往往差之毫厘失之千里。而且，在胡塞尔本人那里，"生活世界"也有多种含义，其中最主要的含义是：生活世界是前理论理性（科学知识）并作为事实—性质世界的条件且容纳"再生活化"的理论理性于自身的、主观—相对的日常意见的实践理性的生活—意义"视界"。[2]

但就本章构建生活意义世界对事实性质世界之奠基关系的立义初衷来说，笔者关于"生活世界"的理念，更接近胡塞尔关于由先验自我的纯粹意识所构造，而较之日常生活世界更具基础性的、作为纯粹意识和绝对

---

① 胡塞尔"生活世界"的概念最早由高丙中引进中国民俗学界，参见高丙中《民俗文化与民俗生活》，"胡塞尔论'生活世界'"，中国社会科学出版社 1994 年版，第 128 页。遗憾的是十余年来，"生活世界"的概念始终没有在中国民间文学—民俗学界得到充分的讨论。在 2006 年中国民俗学会第六届代表大会暨"新世纪的中国民俗学：机遇与挑战"学术研讨会上，高丙中又提出了"日常生活"的概念以作为"生活世界"的本土化替代性概念，参见高丙中向大会提交的论文《日常生活的现代与后现代遭遇：中国民俗学发展的机遇与路向》，《民间文化论坛》2006 年第 3 期，收入高丙中《民间文化与公民社会——中国现代历程的文化研究》，北京大学出版社 2008 年版；高丙中《中国人的生活世界——民俗学的路径》，北京大学出版社 2010 年版；高丙中《日常生活的文化与政治——见证公民性的成长》，社会科学文献出版社 2012 年版。

② 胡塞尔"生活世界"理论主要见于胡塞尔《欧洲科学的危机与先验现象学》《经验与判断》等著作，参见倪梁康《现象学及其效应——胡塞尔与当代德国哲学》，"胡塞尔的'生活世界'概念""哈贝马斯所理解的'生活世界'"，三联书店 1994 年版，第 129、348 页。关于胡塞尔"生活世界"概念的多种含义，参见倪梁康《胡塞尔现象学概念通释》，三联书店 1999 年版，第 271 页。"一切科学认识根本说来都是以人自身的感性活动为基础的，而感性活动本身绝不仅仅是一种静观的认识，而是对价值、意义和整个人的世界的自由创造，是人的存在或'在世'。"杨祖陶、邓晓芒：《康德〈纯粹理性批判〉指要》，人民出版社 2001 年版，第 184 页。

（自由）意义的世界（即尚未被理论理性的科学知识的"回流""沉淀"所"污染"）的原始生活世界的理想。① 在胡塞尔看来，世界也就是视界，而原始生活世界，就是先验自我的纯粹意识所构造的实践理性的绝对意义的世界视阈②。以此，原始生活世界就是个体作为主体彻底地回溯到自由主体，或先验自我的人自身的纯粹意识，而构造的客观—绝对的实践视阈的意义世界，而日常生活世界则是在原始生活世界的基础上，由先验自我的纯粹意识在受理论知识影响的条件下，所构造的主观—相对的实践视域的意见世界。

　　"［日常］生活世界"随个体自我主观视阈的运动而发生变化。这似乎是一个必然的事实：每个人的"生活世界"是各不相同的，因而"生活世界"的真理是相对于每个个体而言的真理。③

　　即使［日常］生活世界也不是什么简单地被预先给予的东西；即使它［日常生活世界］也是一个可以被询问其建构性地形成起来的方式的构成物。④

　　由于日常生活世界的主观—相对性视域，是建立在原始生活世界的客观—绝对性视域的实践基础上的，因此，原始生活世界就是个体作为自由

---

　　① 张廷国从胡塞尔的"生活世界"的概念中再区分出"日常生活世界"和"原始生活世界"两个概念，前者就是我们一般说的"生活世界"，后者才是"生活世界"的最原始的"基底世界"。参见张廷国《重建经验世界——胡塞尔晚期思想研究》，"危机与拯救——胡塞尔的生活世界理论"，华中科技大学出版社 2003 年版，第 111 页。关于科学理论重新向生活世界"回流""沉淀"的问题，参见［德］黑尔德《〈生活世界现象学〉导言》，载［德］胡塞尔《生活世界现象学》，［德］黑尔德编，倪梁康、张廷国译，上海译文出版社 2002 年版。

　　② "向先验自我的还原就是要还原到自我的'原始生活世界'。""胡塞尔一直强调，对'原始生活世界'的回溯在本源上就是对先验主体的回溯。"张廷国：《重建经验世界——胡塞尔晚期思想研究》，"危机与拯救——胡塞尔的生活世界理论"，华中科技大学出版社 2003 年版，第 133—134 页。

　　③ 倪梁康：《现象学及其效应——胡塞尔与当代德国哲学》，三联书店 1994 年版，第 132 页。

　　④ ［德］胡塞尔：《经验与判断》，邓晓芒等译，三联书店 1999 年版，第 68 页。

主体的先验自我之纯粹意识所构造的意义视界,就是回溯到先验自我的纯粹意识的个体主体性的自由实践的"意向相关项"①。因此,从人的自由存在的生活意义世界的立场看,原始生活世界的理念才最终表达了人对自身的自由存在的自我期望之超历史(时间)、超现实(空间)及超文化(经验)的普遍本质的先验理想。②

原始生活世界作为主观相对性的实践意见的日常生活世界建立其上,而由先验自我之纯粹意识的绝对客观性所保证的实践意义的存在之域,最终成为了主体之间自由相遇和平等对话的先验—交互性的奠基性基地。这就是说,唯当还原到原始生活的意义世界,即还原到先验自我的绝对客观的纯粹意识的共同性,才能够承受住主观相对的自我意识的差异性,以此,只有客观上绝对的意义单子,才是主观上相对的意见单子之间相互认同的无条件条件③,因为,只有客观上绝对的即彻底摆脱了经验性条件限制的意义单子,才有可能完全打开(未彻底摆脱事实性质世界的经验性条件限制的)意见单子之间自由交往的意向窗口,以此,在客观上绝对的诸意义单子之间,也才有可能在被理论理性所规定的、相互熟悉的事实性质世界之上,搭建起一个由意见单子之间各自的陌生性所构建的主观—相对的生活意见世界,并最终搭建其一个由意义单子之间共

---

① "意向相关项"即"意向性对象",胡塞尔之所以用"相关项"的概念替代"对象"的概念自有考虑。"对象"有外在的、客观的即对立于主体的客体的意思,因此,对于现象学思想来说,"对象"不是一个令人满意的术语。思想的对象就是内在于思想的思想过程,甚至思想的对象就是思想本身,因此,思想的对象、客体只是思想内在地指向(意向、意指)的思想的相关项、相关物。

② 参见叶秀山《心理(精神)世界的探索——胡塞尔的现象学》,收入叶秀山《思·史·诗——现象学和存在哲学研究》,人民出版社1988年版。

③ 所谓"先验自我",首先是具有先验的特征。先验自我是绝对的被给予,是源始的奠基性领域,自我不是世界的一部分,而高于世界。不仅这个世界的自然存在,而且整个客观世界的意义,都是因为有了自我才有效。自我是一切意义的赋予者,世界从而成为我的世界。"这个客观的世界……是从我自身中,从作为先验自我、作为只有借助先验现象学的悬搁才会呈现出来的自我的这个我中,获得它每次对我所具有的全部意义及其存在效果的。"[德]胡塞尔:《笛卡尔式的沉思》,张廷国译,中国城市出版社2002年版,第35页。参见张廷国《重建经验世界——胡塞尔晚期思想研究》,华中科技大学出版社2003年版,第75页。

同的陌生性所建构的客观—绝对的生活意义世界。①

从存在者存在事实的性质世界和存在者的存在本身的生活意义世界（包括日常生活的意见世界和原始生活的意义世界）的双重立场，看待民俗和民间文学，作为人类创造的历史与现实的文化，民俗、民间文学既表达了存在者（被理论理性所规定的）存在性质的经验内容，也传达了存在者（为实践理性所敞开的）存在意义的先验形式。从事实性质世界的经验角度看，民俗、民间文学的后天内容，规定了人（俗中之"民"）"是什么"的存在者性质；从生活意义世界（即从事实性质世界的经验条件中脱身出来）的先验角度看，民俗、民间文学的先验形式，则敞开了人（前俗之"人"）的自在的存在，即作为先验—交互性的自在存在者之"为何在""如何在"的自由相遇、平等对话的实践交往的存在意义。②

从事实性质世界和生活意义世界的双重立场看民俗、民间文学，民俗、民间文学不仅是被理论理性的经验知识所规定的实践客体内容，同时也是为实践理性的先验知识所敞开的主体实践形式。在实践理性最终敞开的（而不是理论理性最先规定的）生活意义世界（特别是原始生活的意

---

①　如在条件性的"差序格局"中，"每一个网络有个'己'作为中心，各个网络的中心都不同。"即便如此，对条件性的"差序格局"这一事实的性质，人与人之间也能够达成共同的认识，以此费孝通认为，"乡土"是一个人与人之间相互熟悉的社会。参见费孝通《乡土中国》，"差序格局"，三联书店1985年版，第24页。"康德认为，笛卡儿并没有分清两种不同的'我思'，即'先验的我思'和'经验的我思'，因此把认识论上的先验自我意识混同于心理学上的经验性的自我意识了。康德则指出，先验自我意识是最本源的自发性，它本身不能作为经验对象来考察，但却在认识过程中始终伴随着一切表象并成为它们的统一性根源。因此，先验自我意识一方面只能存在于一切经验意识之中，只能作为使经验成为可能的先天形式而起作用，因而不能脱离经验和经验自我意识，但另一方面，先验自我意识不是认识的一种主观心理结构或要素，而是逻辑地先于任何确定的思维，它作为经验（包括心理经验，如经验性的自我意识）发生的全过程的基础，在所有的直观、想象和概念的综合活动中始终保持同一。先验自我意识的这种逻辑的先验性使它超越于各个不同的人的特殊的、经验性的自我意识，而成为一切有思想、有理性的人都同样具有的、最高普遍性的'共通机能'。""因而，经验性自我可以看做先验自我的现象，先验自我则可以看做作为经验性自我（现象）之基础的智性的我（我自体）。"杨祖陶、邓晓芒：《康德〈纯粹理性批判〉指要》，人民出版社2001年版，第141、161页。进一步我们可以说，与人与人之间对经验性客体的认识之熟悉的共同性不同，主观相对的历史的先验性主体意识（意见）是人与人之间各自的陌生性，而绝对客观的纯粹的先验性主体意识（意义）是人与人之间共同的陌生性，参见本书第四章《从"我们和他们"到"我与你"》。

②　哈贝马斯把主体之间的"自由相遇"视为"普遍的、没有压制的共识"的形成条件，参见本书第三章《民间文学—民俗学的"真理宣称""规范宣称"与"真诚宣称"》。

义世界）中，作为纯粹理性的实践主体不是单一的先验自我，而是同时也包括了先验的"他我"的交互主体，即从理论理性所规定的事实性质世界的经验客体中脱身出来的先验的、交互的主体，这就是民俗、民间文学的生活世界所敞开的民（人）的存在意义。

七 从"是"的民间文学到"在"的民俗学

通过民俗—民间文学两重性世界中事实性质世界的经验性客体，回溯、还原到生活意义世界的先验性、交互性主体，就是服从主体间之先验的、交互的"解放的兴趣"①。日常生活的意见世界就已经是主体之间先验性、交互性的兴趣、态度、目的和意向之主观相对的建构成就，这就是说，即便日常生活的意见世界，也已经不再是被理论地视为客体的主体之存在其中的周围世界、经验世界，即被理论理性客观地规定其性质的、有限的事实世界，而就是被实践地视为主体之主观的、无限的原始生活—意义视界的主观相对的构建成果。

现象学对原始生活的意义世界的发现，为日常生活的意见世界（作为人生存于其中的事实性质世界的直接的实践基础），恢复了在后现代的正当性地位。古希腊人认为，日常的生活世界中普通人的实践意见是不可靠的②，只有非日常的理念世界中专门家的理论知识才可信赖；但是，胡塞尔却坚持生活世界的存在意义，通过其实践意见对于科学世界（事实世界的生存性质）的理论知识的奠基作用。

汪晖在《中国现代历史中的"五四"启蒙主义》一文中认为，"五四"之所以失败，是因为"五四"仅仅建立在实践主体的"态度同一性"的基础上，在"五四"的实践主体之间没有形成理论方法的同一性，因此，随着实践态度（解构的意见）的同一性分化为实践态度（建构的意

---

① "解放的兴趣就是人类对自由、独立和主体性的兴趣，其目的就是把'主体从依附于对象化的力量中解放出来。'"［德］哈贝马斯：《认识与兴趣》，"译者前言"，郭官义等译，学林出版社 1999 年版，第 13 页。

② "真正第一位的东西是对前科学的世界生活的'单纯主观的—相对的'直观。的确，在我们看来，这个'单纯'作为古老的遗产具有主观意见的轻蔑的色彩。"［德］胡塞尔：《欧洲科学的危机与超越论的现象学》，王炳文译，商务印书馆 2001 年版，第 151 页。

见）的多样性，"五四"的"态度—意见"的实践共同体也就解体了①。但是，从实践理性所给予的生活意义对于生活意见（态度），进而对于理论理性所给予的事实性质（方法）的奠基关系的角度看，"五四"的瓦解恰恰不是因为缺乏理论理性的方法同一性（其实"五四"学者在科学方法上拥有相当统一的自觉意识），而是因为没有建立起纯粹实践理性的生活意义（共同的陌生性根据），对于一般实践理性的生活意见（各自的陌生性态度）的综合统一性，于是才导致了"五四"的最终瓦解。

　　这就是说，"五四"对人自身存在的震惊，流于主观相对的（历史的先验性、交互性）意见（态度）之间外在约定的统一性，而没有立于客观绝对的（纯粹先验性、交互性）意义（根据），对于意见（态度）之内在规定的必然性，这最终导致了解构性意见的统一性向建构性意见的多样性的实践态度的分化。当然，这并不意味着，"五四"没有对于人自身的存在意义的发现，而是说，这种对人自身的存在意义的震惊与发现，被解构性意见的态度统一性所掩盖了。没有纯粹实践理性对于人自身的存在意义的震惊与发现，当然不会有一般实践理性的解构性意见和建构性意见的态度统一性，但是，即便有了对于人自身的存在意义的震惊与发现，也并不一定就能够保证解构性意见和建构性意见的态度统一性。于是，人们开始寻找理论理性的方法同一性，以克服实践理性的态度分化；但事与愿违，理论理性的方法同一性并未有效（也不可能）阻遏实践意见的态度分化。而且，一旦理论理性的科学方法僭越地替代了实践理性的态度、意见，也就进一步导致了对"五四"的实践理性所发现的人自身的存在意义的遗忘②，因为理论理性的科学方法在证明了生活世界的事实性质的同时，也关闭了通过日常生活的实践意见回溯、还原到非日常生活的实践意义的通道，亦即，实践理性的生活意义只能通过日常生活的实践意见而回溯，却不可能通过理论理性的科学方法而还原出来。这就是说，对于民间

　　① 参见汪晖《中国现代历史中的"五四"启蒙运动》，《文学评论》1989 年第 3、4 期，收入《汪晖自选集》，广西师范大学出版社 1997 年版。
　　② 1925 年，顾颉刚在《孟姜女故事研究的第二次开头》中写道："这半年中，又有人问我：'你做的这种研究［指孟姜女故事研究］到底有什么用处？'我对于这个问句只有一句话回答：'没有什么用处，只是我的高兴！'"该文载北京大学研究所《国学门周刊》第一期，收入顾颉刚等《孟姜女故事论文集》，中国民间文艺出版社 1983 年版；顾颉刚编著《孟姜女故事研究集》，上海古籍出版社 1984 年版。

文学—民俗学研究来说，日常生活的意见世界，尽管并不是人自身的存在意义的最终起源地，但却是通向这一起源地的通道，以此，任何从理论上对日常生活的批判性、革命性"铲除"，在实践上都是成问题的。

这样，每当我们尝试着回溯到中国民间文学—民俗学的学科开端，我们就会发现，日后所有在实践上的意见分化，都是以当初尚未分化的态度统一性为前提，而我们也就可以循此意见—态度的统一性，继续还原出"五四"对人自身的存在意义的震惊与发现。"五四"民间文学—民俗学学者之所以能够给予传统或正统文化以否定性的价值判断或意义重估，只是因为，他们能够从传统或正统文化的知识体系之合理化、合法化的逻辑安排中反思地或反省地抽身出来，以"民间"或异域的名义，超脱被给予的生活世界在特定语境下的事实性质而回溯到原始生活的意义世界，从中发现了可据以反传统、反正统的人自身的自由存在——先验的、交互的主体性——的意义根据。主体存在的自由根据并不在事实的性质世界当中，我们已经指出，在事实性质的世界中，没有先验的、交互的主体性（人自身自在地存在的自由意义）的位置，只有原始生活的意义世界，才是先验的、交互的主体性存在的自由意义的最终策源地。但是如今，我们对于生活世界中实践着的自由主体的存在根据已如此陌生，以至于我们竟然认为，在充满意见的日常生活中根本就没有通向主体自由地存在与实践的意义世界的通道，反而被认知为反理性实践（例如所谓"封建迷信"）的藏污纳垢之地，且应该被认知为统一的科学方法的排斥对象。

回顾民间文学—民俗学的学科历史，以往的民间文学—民俗学，在科学方法统一性的一统天下之中，从来只是探求人的存在者性质"是什么"的学科，而不是追问人的存在意义"为何在""如何在"的学问，民间文学—民俗学多半只是回答了作为客体的人"是什么"（人是"劳动人民"、是"俗民"）的事实性质问题，还没有正面回答作为主体的个人"为何在""怎样在"的生活意义问题①。从"是……"的民间文学—民俗学向"……在"的民间文学—民俗学的转换，应是本学科在后现代的努力方

---

① "胡塞尔还认为，由于自然主义所确定的只是'何物存在'的问题，而不可能回答'应当如何'的问题，或者用《危机》的概括来说，它能够回答的只是'关于事实的问题'，而不是'关于理性的问题'，所以，自然主义不可能为人们提供哲学的'人生存在形式'，即不可能根据纯粹的理性自由地塑造人类的生活。"张廷国：《重建经验世界——胡塞尔晚期思想研究》，华中科技大学出版社 2003 年版，第 11 页。

向，而建立在"……在"的民间文学—民俗学基础上的后现代学科（包括了"是……"的学术于自身的"……在"的学问）将不仅能够有助于人类及其文化的历史性和现实性，即存在者之经验性存在的自然性质的客体化认识，而且能够直面人的永恒性、当下性，亦即先于存在者之经验性存在的先验性存在的自由意义的主体性实践，笔者不揣冒昧，以为这正是民间文学—民俗学的生命力所在。①

---

① 十余年前，高丙中在向中国民俗学界引进 19 世纪美国民俗学家萨姆纳的民俗学理论时曾经指出："民俗学研究普遍的东西，流行的东西，通常是注重森林，不注重树木，在重视集体共同性的时候，忽视了个体差异。如果我们循着他［萨姆纳］的启示，以个人为起点去讨论集体，民俗学有可能发展到既注重集体的共性，也留意个人的个性因素，既注重从众倾向，也留意个人的选择和个人的主体性。这样发展对研究现代民俗尤其有益，因为在现代生活中，个人的主体性已经发展得比较充分了，随着这一因素发挥的作用不断增强，民俗研究越来越有必要在着眼于群体，着眼于群体的一致性的同时，也顾及个体，顾及个体的选择机制。"高丙中：《民俗文化与民俗生活》，中国社会科学出版社 1994 年版，第 100 页。

第 三 章

民间文学—民俗学的"真理宣称" "规范宣称"与"真诚宣称"

——反思的民间文学—民俗学的学术伦理(一) *

一 案例:第二届"民间文化青年论坛"

近年来,在学科反思的过程中,民间文学、民俗学日益呈现开放的状态,特别是从相邻学科比如人类学、社会学那里学得了不少东西,但与此同时我们也注意从本学科自身的学术传统中努力发掘自我发展的潜力。换句话说,民俗学、民间文学学科原本有自己的基本问题和问题意识,有自己的终极关怀,有自己的哲学立场,有自己的理论、方法,一句话,有本学科的研究范式。在学科反思、学科开放的今天,这些学科遗产或学科传统仍然值得我们继续深入地挖掘;但遗憾的是,今天从事

---

* 本章是笔者为《民间叙事的多样性》(第二届"民间文化青年论坛"论文集,吕微、安德明编,学苑出版社 2006 年版)撰写的"代前言",亦发表于《民间文化论坛》2004 年第 5 期,标题为《反思民俗学、民间文学的学术伦理》,其摘要云:"民间文学和民俗学们已经发现,当深入到田野研究的具体语境时,他们所面对的不仅仅是已经呈现为创造结果的文本,还有仍在不断地被创造中的文本,而文本的创造却是被研究者主体与研究者主体互动的结果。于是民间文学家和民俗学家们不再可能仅仅考虑使用某种实证的方法去把握被研究者主体的文本客体,还要考虑把研究过程中交互主体的伦理关系也纳入到反思的范围之内,即从伦理学的角度重新思考研究者主体和被研究者主体之间的知识关系。这也许预示了中国民俗学、民间文学从单纯的奠基于认识论方法论的学术范式朝向以伦理学的知识论为主导的学术范式的转换。"收入本书时略有补充。

民俗、民间文学研究的学者往往遗忘了或者有意无意地忽略了这些方方面面在学科起源时的曾经显现，一句话，缺乏在自我批判的过程中对本学科的深刻的自我理解和自我解释，因而难以实现学科范式的转换和更新。

就个人的本意来说，我极不愿意在相关学科之间"划清界线"，民间文学、民俗学、人类学、民族学都是孪生的姐妹兄弟，至今共享着某些学术经典，"孔子殁后，儒分为八"是后事。自己从事民间文学研究，却始终不认为民间文学学科就比相邻学科有什么特别高明之处。但我又始终坚持认为，针对民俗、民间文学现象的"特化"了的视角和专门研究，蕴涵着一些与其他学科不同的思考方式或思想方法。民俗、民间文学研究的合法性并不只是为其他学科提供了现象描述的资料结集，这个学科完全能够通过其蕴涵的以及能够贡献的问题意识和研究范式，为其他学科提供启发，为社会问题的诊断和治理提供建议，为克服人类精神的普遍困境、推动人类文化的和谐发展提供本学科的解决方案。我之所以对民间文学和民俗学的未来充满信心，是因为我越来越发现，这是一门"有用"的学问，通过这门学问，我们能够开发出一些相关学科尚未开发的、激动人心的命题。还是那句老话：回到学科的内心深处，学科的内心比我们头顶的星空更广大、更深邃。

当然从表面看，目前民间文学、民俗学学科仍然显得理论贫乏、方法陈旧、问题意识和哲学基础薄弱，甚至缺少终极关怀，这些都是事实。但也有迹象表明，民间文学、民俗学内部正在酝酿着新的学科问题意识和理论、观念，只是这些晚近的学术细流目前尚隐藏在诸多学者对于具体现象的具体研究当中，还没有形成学者共同体的集体性纲领。进而言之，当今时代学科范式的创新、转换往往不是由哪个学者个人所能完成的，而是由各个学科的学者共同体通过集体努力换来的结果，因此对于民间文学、民俗学的新的集体纲领的形成，我们尚需假以时日。但即便如此，我仍想通过对一例"个案"的解读来说明我以上的观点，即指明目前民俗、民间文学研究的群体作业所蕴含的新的问题意识，以及理论创新、观念更新的可能性，这个案例就是第二届"民间文化青年论坛"。

第二届"民间文化青年论坛"（会议主题："民间叙事的多样性"）于 2004 年 8 月 4 日、5 日两天在北京召开，与会青年学者向这届论坛共提交了 39 篇论文。会议就民间文学、民俗研究的文本和语境、叙事与仪式,以及民间文学、民俗学学科知识的生产等问题展开讨论。青年论坛是一个缩影,这个缩影反映了目前中国民间文学、民俗学研究的前沿状况:新的学科问题意识和理论、观念的创新正处于蓄势待发的状态,但其破土萌芽尚需本学科同人在朝向相关学科开放的同时不断进行自我反省,从而开发出自我发展的潜力和能力。

如果拿这届论坛与 2003 年的民间文化青年论坛第一次网络会议相比,两次会议可以说各有千秋。第一次会议提出了不少前沿性的问题,与会者大多是从各自的问题意识介入讨论的,那一次会议提出的问题我们至今记忆犹新:民俗、民间文学研究,应当告别田野、回到文本还是应当文本和田野并重或更注重田野?民间文学传统的本真性是被发现的还是被发明的?引进的西方民间文学和民俗学是我们认识客观世界的普遍方法,还是我们建构意识形态的特殊资源?我们如何通过对钟老先生的评价把握中国民间文学、民俗学未来发展的契机?①

这届民间文学青年论坛上,有多篇论文在各自的专题论述中延续了或隐含了上届论坛的诸多命题,比如文本和语境(田野)的关系,以及本真和结构的关系……但在这届论坛上,与会者则不再是简单地高声疾呼告别田野、回归文本,而是通过自己切实的学术实践强调我们究竟需要什么样的田野研究和文本研究。而那些原本就坚持田野研究、语境研究的学者,也往往不再把田野、语境看做是纯粹属于被研究对象的客体性范畴,而是突出地把研究者本人的因素加入到田野、语境当中,用民族文学研究所巴莫的话说就是研究者在研究事件中的"在场"。② 北京师范大学杨利慧也认为,口头文本是进入同一语境的讲述者和聆听者(包括研究者)共同创造的结果;中山大学施爱东在其民俗传承实验中特意安排了邀请被试者对实验进行反馈批评的环节;北京师范大学周春发现了故事村被建构的事实;文学研究所户晓辉进一步追溯了格林兄弟本人的童话"创作";而北京大学彭牧则毫不讳言地申明自己对民间图

① 参见陈泳超主编《中国民间文化的学术史观照》,黑龙江人民出版社 2004 年版。
② 参见巴莫曲布嫫《史诗传统的田野研究:以诺苏彝族史诗〈勒俄〉为个案》,博士学位论文,北京师范大学,2003 年,第 208 页。

案的意义解读具有鲜明的主体性质。① 以上这些反思性的研究立场正与上届论坛的问题意识和反思精神一脉相承，即：我们不再坚持一种纯粹的客观主义研究态度，而是已经把我们研究者自己的主观立场摆进了情景语境，从中我们正可以体味到世界学术对中国学界的时代影响，我们并没有置身于世界和时代语境之外自说自话而不自觉。

　　但是，问题还不仅仅如此，一旦我们把自己——研究者主体摆进了"研究事件"（这就是"田野"），我们发现，我们研究者主体和被研究者主体的意见并不总是一致的。蒙古族说书艺人齐宝德坚持说，他是严格按照本子说唱的，但北京大学陈岗龙认为，他在说唱的过程中加入了许多本子之外的东西；北京妙峰山进香的香会人士坚持说，曾经有过书面的香会会规——话条子，但河南大学吴效群认为，这种说法本身就是一种对于会规合法性的想象；但巴莫却承认了诺苏彝族史诗分黑白、分公母的地方性知识，应当享受被局外人接受、认可的权利。② 在具体的情景语境中，不同的人持有不同的意见本不足怪，问题是：产生分歧的原因究竟是什么？这些分歧是同一知识背景下，人们偶然的不同意见还是具有不同背景知识的人们必然的不同意见？而在不同知识背景下的不同主体之间的不同意见，又有哪些是最终能够相互接受的？又有哪些是双方始终都不会相互接纳的？

二　哈贝马斯的三种"有效宣称"

　　对于以上问题，援引哈贝马斯的分析性概念也许不无启发。哈贝马斯认为，人们生活于其间的世界可以被进一步析分为三个世界，即：客观世

---

　　① 杨利慧：《民间叙事的传承与表演——以兄妹婚神话为例，兼谈中国民间叙事的综合研究法》；施爱东：《故事传播与记忆的实验报告及实验分析》；周春：《故事村：一个复杂的社会现象——以 W 故事村为个案》；户晓辉：《童话的生产：对格林兄弟的一个知识社会学研究》；彭牧：《作为表演的视觉艺术：中国民间美术中的吉祥图案》。以上均为第二届民间文化青年论坛（http：//www. chinese. pku. edu. cn/teacher/chenyc）论文，收入吕微、安德明编《民间叙事的多样性》，学苑出版社 2006 年版。

　　② 陈岗龙：《口头传统与书面传统的互动和表演文本的形成过程：以蟒古斯故事说唱艺人的田野研究为个案》；吴效群：《妙峰山：民间社会紫禁城的建立》；巴莫曲布嫫：《叙事界域与传统法则：以诺苏彝族史诗〈勒俄〉为例》。以上均为第二届民间文化青年论坛论文，收入吕微、安德明编《民间叙事的多样性》，学苑出版社 2006 年版。

界、社会世界和主观世界。与此相应，人们则以三种不同的语言行为指涉这三个世界，这三种不同的语言行为更是根据三种不同的语言应用（语用学）原则，即三种有效宣称：指涉客观世界的真理宣称（truth validity claim）；指涉社会世界的正当（规范）宣称（rightness validity claim）；指涉主观世界的真诚宣称（sincerity validity claim）。借助哈贝马斯的分析，可以认为，启蒙主义以来的时代错误就在于，用指涉客观世界的真理宣称完全取代了指涉社会世界的正当（规范）宣称和指涉主观世界的真诚宣称。指涉客观世界的真理宣称是一种工具理性的语言行为，由于完整的生活世界还包括社会世界和主观世界，因此仅仅是真理宣称必然导致工具理性无节制的泛滥。而完整的生活世界只能用更高层次的沟通理性才能够加以协调，沟通理性把工具理性的真理宣称包括在内，同时更突出了规范（正当）宣称和真诚宣称在沟通理性中的主导地位。

由于人们生活于其中的世界是一个复合的世界，因此当人们立足于生活世界的不同空间时，自然就会产生不同的意见。这届论坛的论文发言中所呈现的研究者与被研究者的不同意见，就往往是因为研究者针对客观世界的真理宣称与被研究者出于社会世界的正当（规范）宣称，以及出于主观世界的真诚宣称的分歧所致。在田野（甚至在文本）中，被研究者不仅仅是被研究的客体，同时也是主体，作为主体的人自然也生活在他自己的主观世界以及和他人共在的社会世界当中，正如研究者首先生活在他自己的主观世界以及和他人共在的社会世界当中一样。由于研究者主观世界的真诚宣称（我们暂且假定出乎主观世界的宣称都是真诚的）以及社会世界的正当（规范）宣称，都会影响其针对客观世界的真理宣称，所以研究者对于客观世界的真理宣称并非绝对是客观的，而是也应当获得被研究者的反观。

于是，问题变得如此复杂。过去我们曾经乐观地认为，我们能够通过使用工具理性的合适方法切入客观世界、客体对象；现在，一旦我们"如其所是"地恢复了客体对象的主体地位，我们能否继续使用传统的、经典的客观论、实证论等真理宣称的"正确"方法"规定"对象就成了一个问题。现在，不仅被解释的对象意义不再是纯粹地内在于对象的，就连对象作为事实的形成或现象的显现也含有研究者主体介入的成分。进而，如果被研究者对象的事实生成、意义生成与研究者的主体性介入有关，那么，研究者主体对被研究者对象的事实认定和意义赋予的效应，就应成为研究者必须谨慎考虑的事情。

与工具理性的真理观不同，根据沟通理性的整体真理观，真理不是简单地被从客观世界中发现的（由于他人作为主体也生活在他自己的社会世界和主观世界当中，因此并不能仅仅被当作"我"的客观世界），而是客观世界、社会世界和主观世界相互协调的结果，就此而言，真理最终要落实为主体之间达成的共识。哈贝马斯的三个有效宣称之"有效"的意思正是充分考虑了语言行为的共识效果，因此有效宣称含有宣称者面对被宣称者的"关怀"，含有宣称者对宣称行为结果的关注，含有宣称者应当对被宣称者的责任。就此而言，沟通理性体现了一种顾及沟通效果的关怀伦理、责任伦理①，即不再是单向度的真理宣称的客体化行为，而是既包括真理宣称，同时也包括规范宣称、真诚宣称等希望导致双向互动的主体间行为。

在客观论、反映论、实证论、认识论占据统治地位的方法论时代，我们没有也无须考虑我们的研究结论对被研究对象可能造成的影响。因为，既然我们关于对象的表述是客观真理，而客观真理的根据内在于对象本身，那么，研究者主体也就不必因为自己的非主观（客观）性表述而对对象承担起任何表述责任（责任总是涉及主体间的关系而不是主体与客体的关系）。但是如今，一旦我们认识到对象生成为事实也事关研究者的主体性介入，特别是当我们已经把客体对象作为对象主体看待的情况下，学术成果的观念效应就应当成为我们认真思考的时代问题。换句话说，如今作为研究者主体的我们，必须为自己的学科表述承担起应负的知识伦理责任或知识责任伦理②。而反观已逝的上一个学术时代，正是由于我们坚

---

① 参见阮新邦等《解读〈沟通行动论〉》，上海人民出版社2003年版，第52页。

② 胡塞尔认为，主、客体分离的科学主义研究是"非人性"的，"这种研究成为一种自由漂浮的、摆脱了责任的行为"，"胡塞尔在他后期著作标题中所说的'欧洲科学的危机'就是一种意义的丧失，这种意义丧失之所以产生，乃是因为一个决然的、与主体无关的世界——如果它真的存在的话——将会放弃人的责任"。参见［德］黑尔德《〈生活世界现象学〉导言》，载［德］胡塞尔《生活世界现象学》，［德］黑尔德编，倪梁康、张廷国译，上海译文出版社2002年版。"随着我们越来越认识到我们的认识形式具有约定性和人为性的地位，我们逐步把自己置于一个立场上，这个立场承认要对我们的认识内容负责的是我们自己，而不是客观实在。"参见［英］夏平、沙弗尔《列维坦和空气泵》，普林斯顿大学，1985年，第344页，转引自赵建国《科学的社会建构——科学知识社会学的理论与实践》，天津人民出版社2001年版，第189页。塞德曼写道："罗蒂并没有放弃知识的道德性。恰恰相反，他敦促人们在研究知识时要兼顾到知识的现实意义。他认为，作为文化批评家和故事叙述者的社会分析家的价值就在于其对一个民主的公众领域所承担的义务。"布朗也指出："我们在面临随之而来的元理论地重新定义何为理论和研究时，采取修辞学的立场。由此，事情就变为是定义一个更智性地思考的且具有政治责任的社会学实践。"参见塞德曼《〈后现代转向——社会理论的新视角〉引言》、布朗《修辞性、文本性与社会理论的后现代转向》，载塞德曼编《后现代转向——社会理论的新视角》，吴世雄等译，辽宁教育出版社2001年版。

持学术观念的纯粹客观性来源而不曾予以反思,所以才造就了一代知识的暴政和话语的霸权。① 在研究对象被视为客体的时代,客体只能接受研究者主体的言说而绝无拒绝接纳此言说的权利,因为主体的言说被认为纯粹是客体内在本质的客观反映。于是在单方面主体性的知识暴政和话语霸权的时代,凡与"现代性"知识系统不相合拍的异己性知识系统,在被"现代性"所研究和说明的同时,也就被置于"现代性"所宰制却不容其申诉的地位。"'客体'或对象是通过'方法'定义的,只有符合方法条件的才能成为对象,这种客体的方法研究的目标本质上是为了解除对象的对抗性并达到对自然过程的统治。"② 如何避免这种科学主义、方法主义霸权和暴政在人文学科领域的重演,应当是后现代人文学术必须解决的当务之急,即:清理现代性学术与政治意识形态所共享的哲学基础。由此言之,近三十年来中国学术为阻止政治意识形态对学术的"干扰""破坏",只是后现代学术反思的最初成果,而学术反思的脚步却并不能因此而停止,反思必然从权力话语的层面进入到哲学基础的层面。

在后现代学术反思的进程中,民间文学、民俗学首当其冲,因为民间文学、民俗学的经典研究对象,正是那些被"现代性"知识系统(包括民间文学、民俗学学科知识)异己化、他者化的客体对象。如何恢复这些已经被异己化、他者化的客体对象本应享受的主体地位,这既是民间文学、民俗学在今天面临的最严峻的挑战,同时也是这个学科对人文学科整体有可能做出的最有价值的贡献。为此,民间文学和民俗学学者必须谨慎从事,防止我们那些"自以为是"的陈述(即使真的是真理宣称)对被研究者的对象可能造成的伤害。"人类学者的道德故事不能给那些在支配性的文化体系中受到压制的人们带去伤害(没有伤害原则),它们刻画的人物应受到保护。"③ 今天是我们超越传统的、经典的基于主、客体之间的方法论,而将目光集中于主体之间的伦理学的时候了。

---

① "我们的主要任务是突破那种用于描述被当作'他者'的个人和群体的封闭语言。在社会科学分析中,这些个人和群体仅仅扮演了客体的角色,与之相对的是一些作为主体的个人和群体,他(它)们享有充分的权利和合法性,分析者一般都把自己归到这个行列中去。"华勒斯坦等:《开放社会科学——重建社会科学报告书》,李锋等译,三联书店1997年版,第94页。

② [德]伽达默尔:《赞美理论》,夏镇平译,上海三联书店1988年版,第155页。

③ [美]邓金:《解释性交往行动主义——个人经历的叙事、倾听与理解》,周勇译,重庆大学出版社2004年版,第15页。

据此，后现代学术的核心问题是：研究者主体应当根据哪些责任伦理的知识原则与被研究者主体进行有效的对话。所谓有效对话的意思是说，对话是富有成果的，而富有成果的对话，将有助于被研究者主体（无论承载何种知识类型）都能够在后现代知识体系的整体格局中，享有与承载其他不同类型知识的主体平等或者接近平等的身份、地位。在传统的、经典的方法论视野中，我们的出发点只能是主、客体的关系；而在后现代的伦理学视野中，我们才能够立足于主体间的基础之上。于是，认识论的方法论转变为本体论的伦理学，而这正是民间文学、民俗学学科转向的哲学方向。在这届论坛上，高丙中在他的论文结尾处这样写道：

> 民俗学在今天要关心自己的专业队伍与研究对象的互动，使学科具有自我反思的能力；要使自己的专业活动避免原有的单纯利用调查地点的民众，而让作为对象的"民间"有机会在一定的意义上成为追求自己的目的的主体，从而奠定本学科适应新的时代的学术伦理基础，我们就有必要尝试把民俗学者的工作过程也纳入观察的范围、对象。作者相信这一立意是符合民俗学进一步发展的时宜的。①

户晓辉在他的论文中也指出：

> 作为经常通过田野甚至文本形式与他者（不仅是作为他者的所谓民众，也包括作为他者的所谓民间文化、口头传统等等）交往并且必然涉及理解问题的学科，现代民间文学或民俗学研究是延续格林兄弟为我们开创的路线继续前行，还是摆脱多年的惯性重新思考我们的起点并另辟蹊径？是继续遮蔽学者自身和所谓民众的主体性在学科知识生产中的作用，还是承认、认识、解放并正确地使用他们各自的主体性？是继续寻找"科学的"方法去发现"客观的"对象，还是

① 高丙中：《知识分子、民间与一个寺庙博物馆的诞生——对民俗学的学术实践的新探索》，第二届民间文化青年论坛论文，《民间文化论坛》2004 年第 3 期，收入吕微、安德明编《民间叙事的多样性》，学苑出版社 2006 年版；高丙中《中国人的生活世界——民俗学的路径》，北京大学出版社 2010 年版。"社会科学的对象领域有其自身的特点：不仅研究对象包括了研究者本人，而且被研究的人还能够与研究者展开各种各样的对话和辩论。"华勒斯坦等：《开放社会科学——重建社会科学报告书》，李锋等译，三联书店 1997 年版，第 54 页。

从存在论上和哲学诠释学的层面上重新建构我们的学术伦理和知识理想？①

这也是我所理解的这届论坛所隐含的、但我认为应当明确加以表达的最重要的理论问题，这个问题的重要性是不言而喻的，因此，即使是仅仅提出或隐约地提出了这个问题，却也可以说就是这届论坛最成功的地方。

三　先验的主体间性：现代知识伦理学的哲学基础

学术伦理也是晚近哲学、人类学等诸多学科所共同关注的重要问题，但这届论坛所提出的学术伦理，并非指的源于处理日常生活中人际交往关系的社会伦理、生活伦理，而是特指从认识论方法论转换而来的知识论伦理学，特别是指经现象学方法论的"格式塔"目光转换而生成的解释学伦理学②，因此是与认识论方法论有着"血缘关系"的伦理学。认识论方法论是主体用来切入客体的工具性原则，而从认识论方法论转换而来的知识论伦理学，则是研究者主体借以与被研究者主体进行有效对话的规范性的认识—实践原则。我们都有切身的经验体会：即使是在具体的情景语境中，主体之间的意见也经常难以达成一致，但这并不妨碍主体之间已先验地就对话的规范性原则达成共识，从而为不断地趋向于由对话双方都认可或认同的真理，奠定坚实的对话伦理基础。

①　户晓辉：《童话的生产：对格林兄弟的一个知识社会学研究》，第二届民间文化青年论坛论文，收入吕微、安德明编《民间叙事的多样性》，学苑出版社 2006 年版。

②　这是对西方现、当代学术思潮发展脉络之一支的简要描述，其相应的思想家之间的具体师承关系是：胡塞尔认识论现象学→海德格尔存在论现象学→伽达默尔存在论解释学。至于中国现、当代学术思潮的发展尽管也有其内在的学理逻辑和师承关系，但更主要的表现为社会实践对于学术观念的迫切需求，从而导致的学术回应以及对西方学术的实用主义理论借鉴。近年来，中国学界盛行学术史研究在一定程度上清理了本土学术思潮的学理脉络，对中国现代民间文学、民俗学学术思潮的学术史反思，参见［美］洪长泰《到民间去：1918—1937 年的中国知识分子与民间文学运动》，董晓萍译，上海文艺出版社 1993 年版；高丙中《民俗文化与民俗生活》，中国社会科学出版社 1994 年版；户晓辉《现代性与民间文学》，社会科学文献出版社 2004 年版；户晓辉《返回爱与自由的生活世界：纯粹民间文学关键词的哲学阐释》，江苏人民出版社 2010 年版；以及本书第一章《现代性论争中的民间文学》。

如果说，中国民间文学和民俗学家们目前对认识论方法论的反思，尚未在整体上上升到知识论伦理学的高度，那么，当代哲学家和人类学家显然已着先鞭，当代哲学基本问题从主体性到语言性的转向正包含着晚近世界学术的伦理关怀。把语言作为第一性而不是把主体作为第一性的哲学问题本身，就意味着"主体间性"，因为从逻辑上说，凡语言都必须以两个以上的主体为存在前提。语言的共时性语法本身，就意味着语言交往的规范、原则，主体生活在语言、语法当中，就意味着个别主体（个体）已经先验地承认了主体间的语言共同体的交往理性或交往伦理。"我们的第一个句子，已经清楚地表达了我们的意向，就是追求普遍和不受制约的共识。"①

在现代性的知识主体看来，异己或他者的知识主体（其实是视之为客体）往往具有非理性（如信仰知识）的性质，然而一旦认识到不同知识系统下的主体同样生活在语言、语法当中，通过对语言的共时性语法本质的领悟，哲学家们看到了人类理性交往的未来普遍前景。传统的、经典的民间文学、民俗学的研究对象，主要是口头的和书面的文本，晚近的研究趋势更是从文本的文学层面深入到文本的语言层面②，就此而言，民间文学、民俗学正可以通过在语言层面关注不同知识主体之间的语言、语法关系，从而在后现代学术语境中发挥本学科的学术专长。

语言性、"主体间性"，或者说主体之间交互为主体的语言关系，的确是晚近世界学术大潮所集中关注的中心问题。主体，可以指个体，也可以指民族主体、国家主体、社会主体、文化主体，如此等等。启蒙主义、浪漫主义企图通过普遍主体和特殊的民族国家主体的途径，解决主体与客体以及个体与集体的问题，但由于没有注意到"主体间性"，从而造成了单向度的主体性和集体性独白与独断，近代以来的自由主义和社会主义实践都因此而身陷其中，当代哲学正是从这一"现代性的灾难"中提炼出了"主体间性"的问题意识。

当然，中国民俗学和民间文学研究并非仅仅跟在西方学术的身后，像

---

① 哈贝马斯《沟通行动论》语，转引自阮新邦等《解读〈沟通行动论〉》，上海人民出版社 2003 年版，第 40 页。

② 参见朝戈金《口传史诗诗学——冉皮勒〈江格尔〉程式句法研究》，广西人民出版社 2000 年版，第 242 页。

个嗷嗷待哺的婴儿，"主体间性"也是中国民俗学、民间文学学科本身的和内在的问题，只不过我们暂时移译了西方世界的理论范畴对我们自己所遭遇的、所领会的问题加以反思、加以界定，在我们还没有发明出更为"上手"、好使的概念工具之前。但，问题首先是我们自己的，即我们这个学科的——即使我们自己的问题并不可能脱离全球性语境而封闭地自我限定——我们所有的反思和痛定思痛，都是为了赎我们曾经的启蒙主义和浪漫主义现代性"原罪"。

而且，中国民俗学、民间文学学科所面临的"主体间性"问题，在我看来要比西方世界（如果有一个统一的西方）更为复杂和难以处理。我们的"主体间性"概念要用来解决国际、国内的不同层次、不同类型，特别是不同的知识共同体之间的问题。过去，我们把民俗学、民间文学的研究目的、对象、范围定位于认识与现代知识体系相对立的传统知识体系，或者与上层知识体系相对立的下层知识体系；但是如今，在"主体间性"的伦理要求下，显然，中国民俗学、民间文学学者已经开始倾向于将民间知识系统视为后现代知识体系整体中的一个组成部分，或者说，民间文化的知识传统应当在后现代知识体系的整体中占有其合理合法的位置。这是中国民间文学、民俗学在当前希望表达的学术伦理理想，同时也符合中国民间文学、民俗学学科创建之初的民主宏愿，尽管我们知道这一论证过程将是长期的和艰难的。① 传统在现代中延续，而现代则是延续的传统。曾几何时，一部分现代知识（比如"中心话语"）把另一部分现代知识（比如"地方话语"）视为传统，把原本在不同空间中分布的现代知识置于时间序列当中，于是不同的现代知识就被表述为现代知识和传统知识的对立，遮蔽了被视为传统的那部分知识的现代性质，而这部分所谓的传统知识其实原本就是现代知识体系中的"有机构成"，即现代性知识的

---

① 论证过程之所以艰难是因为在现阶段中国社会，哈贝马斯所说的没有内在和外在压力制约的"理想沟通情境"还是一个有待实现的理想。但是，理想沟通情境既是有效对话得以实现的条件，同时也是有效对话所要实现的目标。哈贝马斯认为，理想沟通情境只有在一个自由和开放的社会里才能够实现；但是，如果没有理想沟通行为自身的努力也就谈不上理想沟通情境本身的实现，而学术研究所实践的理想沟通行为且试图营造的理想沟通情境，恰恰应当也可以成为社会实践的先行试验。理想沟通情境和理想沟通行为，两者之间具有一种互为因果的关系。参见阮新邦等《解读〈沟通行动论〉》，上海人民出版社 2003 年版，第 28、77 页。

地方性知识，或者说是"现代性的民间表述"。①

四　民间文学—民俗学的观念生产与学术实践

中国民间文学和民俗学应当以自己的学术思考，更广泛地参与社会性的学术实践，学术实践有各种层次，包括理论的层次和应用的层次，而理论其实也就是应用，因为理论建设就是通过观念的生产参与到社会实践当中。当然，民间文学、民俗学的理论建设、观念生产不是只能使用哲学的语言，民俗学、民间文学研究有自己经典的学术语言，有自己传统的学术问题，比如当民间文学、民俗学家用"主体"一词来重新界定"民间"的时候，民间文学家、民俗学家也就丰富了书斋中或摇椅上的哲学家们，对于抽象概念的"主体"的感觉（这届论坛上，北京师范大学岳永逸就对作为被调查对象的主体"范庄人"的同一性提出了质疑②）。当然，具体到每一位民间文学家、民俗学家，作为学者个体并非一定要时时事事都对学科理论的基本问题有所言说；但是作为学者群体，我们不能不对学科的基本问题、终极关怀、哲学基础等理论问题有所自觉，我们更不能不对世界学术的基本走向心中有数，并随学术前进的时代脚步而不断自省，以期在向其他学科开放的同时不断地加深学科自身的自我体验。这样，民俗学、民间文学学科一定会通过自己独到的学术语言，并在使用自己的学术

---

①　参见刘晓春《现代性的民间表述——当下民间造神运动的一种阐释》，《思想》第 7 辑，中国社会科学出版社 2001 年版；刘晓春《仪式与象征的秩序》，商务印书馆 2003 年版，第 237 页。"社会达尔文主义话语将任何与'适者生存'的进化论过程中的败者相关联的概念归入非理性和/或不现实之列。这种直截了当的谴责，经常把矛头对准那些不具备强有力的社会身份的群体所持有的一切价值观。""那种把个体主要安置在国家的界域之内的概念框架倾向于将不适合于这一框架的行动者当做前现代时期的残余物来对待，认为他们终将随着进步的不断推展而被彻底根除。不计其数的概念、价值、信念、规范和制度被归入这一不受欢迎的范畴之内。倘若有人严肃地看待它们，那将被认为是不科学的。在许多情况下，这些可供选择的世界观及其倡导者都遭到了遗忘和压抑，被从现代社会的集体记忆中抹去了。"这就是说，"对进步以及社会变革的各种组织策略的刻意强调，使社会存在的时间维度变得异常重要，而空间维度则被弃置一旁，任其含糊不清。"参见华勒斯坦等《开放社会科学——重建社会科学报告书》，李锋等译，三联书店 1997 年版，第 93、27 页。

②　岳永逸：《乡村庙会的多重叙事：河北范庄龙牌会中的龙神与人》，第二届民间文化青年论坛论文，收入吕微、安德明编《民间叙事的多样性》，学苑出版社 2006 年版。

语言表述自己的学术问题时，对社会也对其他学科贡献出自己的影响力。一门学科的理论所关注的基本问题（终极关怀），并不是在其起源处就一劳永逸地被固锁住的，学科理论的基本问题需要该学科的学者不断地追问，就此而言，学科问题是学科的先驱者和后来人不断对话并通过对话得以中介的结果。这届青年论坛的论文发言，能否开发出对于理解和解释本学科基本理论问题的更多的有益成果，还望与会学者和学界同人进一步参与讨论。

第 四 章

从"我们和他们"到"我与你"

——反思的民间文学—民俗学的学术伦理(二)[*]

一 "根本见解"与学科的梦想

"中国现代学术史上的民间文化"是"民间文学青年论坛"第一届（网络）会议的议题①。在我国目前的学科体制中，有"民间文学"学科，有"民俗学"学科，这是两个自诞生之日起就彼此相邻且彼此相融的学科。会议的目的既是为了吸引从事民俗和民间文学研究的青年学人都踊跃报名，于是当初就取了个似乎能涵盖这两个学科的题目，尽管在我们目前的国家体制中并没有"民间文化"这门学问的正式位置。

"文化"已经是个极其含混的概念，"民间"又何尝不是如此。《墨子·非命上》云："执有命者以杂于民间者众。"《韩非子·外储说右下》云："齐桓公微服以巡民间。"大概是较早出现在汉语文献中的"民间"说法。"民"在先秦汉语中与"盲""氓"音义相近，意思是说群盲或愚氓之众。

可是到了"五四"，社会上的"愚民"观念开始有了一次大的转变，

---

* 本章是笔者为陈泳超主编《中国民间文化的学术史观照》(第一届"民间文化青年论坛"论文集,黑龙江人民出版社 2004 年版)撰写的"前言",亦发表于《民间文化论坛》2004 年第 4 期,其摘要云:"当前学术转型的重要内容之一是经典的主、客体研究理念正面临主体间或交互主体的研究理念的质疑,即在'我们与他们'的研究范式和'我与你'的研究范式之间进行选择。而构成'我与你'的交互主体经验研究的先验前提,则是主体之间的'共同的过去'和'活的当下'所共现的无内容的纯粹形式。"

① "民间文化青年论坛",网址: http://www.chinese.pku.edu.cn/teacher/chenyc。

用胡适的话说，这是因为"五四"学者从学术和思想上为那个时代提供了"几个根本见解"①，其中之一就是关于"民"要成为社会主体的思想。在一定意义上讲，现代中国就是建立在这样的几个根本的见解、根本的理念之上的。现代中国学术史上的一代民俗和民间文学研究大师，用他们深邃的思想和敏锐的学术目光照亮了那个时代的发展方向，为古老中国的现代转型贡献了自己的学术和思想专长，这是现代中国的幸事，也是中国现代民间文学和民俗学的学术骄傲，直到今天，那"几个根本见解"仍或隐或显地影响着我们当下的行为。

当然，学术与社会并不总是处在正相关的关系当中，学术对于社会的负面影响却也同样令人痛心。当一种思想甚至学术理念终于成为学界中和社会上的共识，也就有可能上升为话语的暴政，在这方面，我们并非没有过切肤之痛。但如今，这些昔日的辉煌连同所有的伤痛都已倏忽消散，藏匿于中国现代史和当代史的记忆之中，我们似乎已经遗忘了中国民俗学和民间文学研究的起源，换句话说，遗忘了这门学科最初的关怀和基本的问题。

就如同个体生命的成长史一定要再现人类整体生命的进化史，学术也是一个积累的成就。学术就像安徒生笔下的睡帽，谁戴上这顶睡帽，谁的学术梦想中就会再现他的前辈的所有眼泪和欢笑，前辈的成就将融入你的血液，你也将接过他提出过的所有问题，他的困惑你将再次体验，他的答案你将重新检验。对此，今天的年轻一代学人是否已经做好了充分的准备，准备担当起自己应负的责任？

但是，"中国现代学术史上的民间文化"这个题目似乎使人看到了一种勇气和担当的精神：让所有学术的往日都在我们的梦想中重新过滤，过滤过的往日将成为引导我们前行的路标。

二 民间文学—民俗学的运思传统

也许，这就是这个学科的宿命，它的基本问题还没有过时，这个问题

---

① "根本见解"，或者"新的看法""新的眼镜"，参见胡适《中国新文学大系》第一集《建设理论集·导言》，良友图书公司1935年，收入姜义华主编《胡适学术文集·新文学运动》，中华书局1993年版。

就是：什么是民？什么是民间？这个问题已经在人类历史上潜伏了上千年，自从有了"民"这个字，自从有了 folk 这个词，以及其他语言共同体所创造的意义相关的字词，这个问题就已经存在了。当然，问题以最明确的形式被提出来还是最近几百年的事情，特别是当不同的语言共同体将他们各自的"民"或 folk 等相互移译、相互认同的时候，人们发现，这是一个需要全世界、全人类共同面对的普适的问题。当然，在不同的语言共同体之间，通过使用不同的语汇（即使是相互认同的语汇）给予了这个问题的解答以不同的时、空侧重，于是各国的学者开始了长时间的争论，而且至今也没有给出绝对一致的答案的可能。也许这是一个无解之题，也许这个无解之题的解决不是存在于最终的答案之中，而是存在于解题的过程本身。一些学者已经准备放弃争论，有些学者认为像"民"或 folk 这样的词汇本身就是旧社会的遗留物，我们只有拒绝使用这些词汇，我们的民俗学和民间文学学科，才有可能获得新的观察社会的视角（其实拒绝和放弃也还是一种对争论的介入）。而在学者们喋喋不休的同时——他们争论的许多具体问题已远离了学科基本问题的中心——窗外已发生了沧海桑田的变化。

　　这变化与学者们的争论有关系吗？这变化与"纯学术"的争论没有关系吗？正如有的学者所指出的，没有一门学科的学者像研究民间文学与民俗的学者那样，始终把"民"作为这门学问的基本问题了①。的确，离开了对象化之物，主体性似乎就是一个空无，我们只有通过主体特定的客体化活动及其对象之物来理解主体性，但这同时也反衬出主体性始终都将构成客体化的前提。没有一门学科像民俗学和民间文学这样直逼学科的主体性问题本身了，尽管我们是从"俗"和"文学"的角度逼向主体性的问题②。这是民间文学和民俗学的运思传统，对于这个思想和知识传统，我们不敢轻言放弃，我们将殚精竭虑地去领会先行者的大智慧。我们相信，随着不断地以更直接的方式逼向主体性的提问方式，我们将对"何

---

　　① "没有一个学科在确立它的学科地位的时候先探讨它的研究人群……似乎只有民俗学一直把'我们研究的是什么人的民俗'作为自己的一个重要的话题。"王娟：《民俗学概论》，北京大学出版社 2002 年版，第 10 页。

　　② 站在民俗学的立场，我们可以说，"社会成员在表现'俗'的时候才是'民'，'民'是就'俗'而言的。所以，要回答关于'民'的问题，我们就必须同时解决关于'俗'的问题。"高丙中：《民俗文化与民俗生活》，中国社会科学出版社 1994 年版，第 45 页。

为民""何为民间"的问题有更深刻的理解，并将最终有助于各种具体的
社会问题的诊断和治理，因为这门学问尽管其表述的方法有时不免细碎，
但始终以为社会提供"根本见解"为自己的神圣使命。

三　从"我们和他们"到"我与你"

但是，这样的"根本见解"出自何处？尽管当年的胡适不断声称要
泯灭"我们"与"他们"之间的界限；然而，他的"根本见解"最终却
沦为"我们"的主体性独白。而这正是问题的所在，民间文学与民俗学
学科的所有成败，都与这个作为客体化对象之前提的"我们"的主体性
息息相关。如果"我们"始终把"他们"作为"我们"的主体性的客体
化对象，尽管"我们"始终怀着"他—我"合一或"我—他"同一的良
好愿望，那么，成也萧何败也萧何，我们的所有成就都始于斯，也终于
斯。因此，对于这个"我们和他们"的出发点，我们需要重新奠基，这
个需要重新奠基的、可供选择的出发点就是：一个独断的主体性，还是一
个交互的主体性？

胡适的本意并非是要建构一个独断的立场，将"我们"与"他们"
最终统统归结为"我们"，"非要我们就是他们，他们就是我们不可！"[1]
说明胡适当初的良好愿望并且一度取得了成功。但是，"我们"与"他
们"的命题，已经注定了"我们"最终将拥有的居高临下地审视"他们"

---

[1]　胡适一生坚持"我们"要与"他们"合为一体，如《答朱经农》（1918年）："若那雅
俗两字作人类的阶级解，说'我们'是雅，'他们'小百姓是俗，那么说来，只有白话的文学是
'雅俗共赏'的。"《五十年来中国之文学》（1922年）："他们的最大缺点是把社会分作两部分：
一边是'他们'，一边是'我们'。一边是应该用白话的'他们'，一边是应该做古文古诗的
'我们'。……这种态度是不行的。"《〈中国新文学大系〉第一集导言》（1935年）："把社会分
作两个阶级，一边是'我们'士大夫，一边是'他们'齐氓细民。"《新文学·新诗·新文字》
（1956年）："我们是我们，他们是他们，那种态度是不行的，非我们就是他们，他们就是我们不
可！"参见姜义华主编《胡适学术文集·新文学运动》，中华书局1993年版。走向民间，"到民
间去"是"五四"时代知识分子的普遍愿望，"我们秉着时代的使命，高声喊几句口号：我们要
站在民众的立场上来认识民众！我们要探险各种民众的生活，民众的欲求，来认识整个的社会！
我们自己就是民众，应该各各体验自己的生活！"顾颉刚：《〈民俗〉发刊辞》，《民俗》周刊第
一期，中山大学，1928年3月21日，收入王文宝编《中国民俗学论文选》，中国民间文艺出版
社1986年。

的权力（即独断的主体性前提），于是在"我们"和"他们"的关系模式中，"他们"还是沉默了，"他们"最终没能成为"我们"发言者中的一员。这就是说，在"我—他"的关系模式中，异己的"他者"只能作为"自我"的对象之物存在，而对象最终只是"自我"的投射。因此，所谓"他我"，所谓"自我"对于"他者"的"了解之同情"，也就只能是一种没有存在前提的学术和思想的乌托邦。

但是，在"我—你"关系中的"你"或"你们"就不一样了。"我"永远不可能对"他"说："你和我，都是我们。"因为，凡是在指称"他"的时候，"我"不是面对着"他"，而是面对着"你"，"我"永远都是在面对着"你"的时候才能够说："你和我，我们才是一伙儿！""我们"的潜台词永远是：相对于"我"和"你"，"他"永远是"他"。人之常情已经预设了对于"他者"、对于"异文化"的学术研究，注定无法建构起主—客体之间实质性的、普遍性的"同情之了解"的交互关系——如果"我"对此没有清醒的意识——因为任何声称对异文化的研究，都事先就已经安排好了"他"在"我"和"你"之外被言说的位置，尽管这时的"你"并没有出场，但"我"是对不在场的"你"说而不是对在场的"他"说。在对异文化"他者"的研究中，"他"没有被设定为"我"的听者，或者"我"没有被设定为"他"的听者，尽管"我"在强迫"他"说（回答我的问题）。

但即使是在"我—你"的关系模式中，"我"和"你"就一定能够相互理解而不会产生隔阂吗？因为即使处在具体、同一的情况或语境中，由于站位的不同，"我"和"你"之间也会产生分歧，况且，并不是"我"和"你"永远都处于同一的、具体的情况语境。这就是说，在经验的层面，具体同一的情况语境也不可能绝对地保证"我"和"你"必定就天然是绝对的"我们"，现代学术企图从经验的层面开发出"自我"理解"他人"的通道，最后总是以失败告终。

四 "各自的陌生性"与"共同的陌生性"

那么，保证"我"和"你"作为"我们"的根本的基础或前提是什么呢？那一定是一个"我们"之间的共同之物（对象）。在"我"和

"他"之间没有这个共同之物,但在"我"和"你"之间却有一个共同之物。胡塞尔认为,这个共同之物就是一个对"我"和"你"来说共同的"陌生之物","我们"通过这个共同的"陌生之物"相互认同。胡塞尔的这个说法极富深意。

黑尔德说:"人们可以说是本原地以忘却自身的方式生活在一个共同的自身之中,他们从这种共同性中脱身出来之后才作为他人[但不是'你'——笔者补注]或者甚至作为他物而相互相遇。"① 许多学者或思想家比如我们最熟悉的马克思也说过类似的话,越往历史上溯,个体越被束缚于一个更大的共同体(共同的自身)之中。② 个体从共同体脱身出来朝向个体主体性的自觉生成完全是一个回忆起曾经被"忘却""自身"的现代性事件。但是,那个已经消逝的、过去的"共同的自身"经验——"和谐的经验连续体"③ 并未失去其存在的意义,过去的共同的经验此刻已内化为每个个体主体的经验自我之中的先验自我,正是这个先验自我保证了经验自我之间的"我—你"关系。就此而言,为经验自我的"我—你"关系奠基的是一个先天之物而不是后天之物,正如马丁·布伯所说,作为先天之物的"我—你"关系是一个"原初词"④

---

① [德]黑尔德:《〈生活世界现象学〉导言》,载[德]胡塞尔《生活世界现象学》,[德]黑尔德编,倪梁康、张廷国译,上海译文出版社2002年版。

② 根据凯恩对胡塞尔的解释,主体性不仅意味着个体主体性,同时也意味着集体或集团主体性,这样,在集体或集团主体性内部,互视与共识先天地或先验地就存在着,即"自然社会"或"自然共同体"。倪梁康指出:"胡塞尔也将这个自然存在物称之为'交互主体的世界'或'交互主体的自然'。"凯恩写道:"集团,即具有通常感觉和通常互相理解力的人的集团",而"集团经验"就是以集体形式出现的主体性。由于在天然或自然的共同体内部尚不存在个体主体性问题,因此,在自然共同体内部也就尚未出现交互主体性问题。参见[瑞士]凯恩《论胡塞尔的"生活世界"》,《文化:中国与世界》第2辑,三联书店1987年版;倪梁康《现象学的意向分析与主体自识、互识和共识之可能》,《中国现象学与哲学评论》第1辑,上海译文出版社1995年版。

③ [奥]舒茨:《现象学与社会科学》,霍桂恒译,收入倪梁康主编《面对实事本身——现象学经典文选》,东方出版社2000年版。

④ 但马丁·布伯认为,原初词并非只有"我—你",马丁·布伯写道:"人执双重的态度,因之世界于他呈现为双重世界。人言说双重的原初词,因之他必须持双重态度。原初词是双字而非单字。其一是'我—你',其二是'我—它'。"[德]马丁·布伯:《我与你》,陈维纲译,三联书店1986年版,第17页。本文描述"我—你"、"我—他"关系的用语即借自马丁·布伯撰写的宗教哲学名著《我与你》。《我与你》1923年成书,比起胡适1918年提出"我们"和"他们"的命题仅晚数年,但却是在六十年后才有了汉译本。

个体意识，即每个感性的自我与其他的感性自我之间具有陌生性，因为每个个体意识的内容都不同，此外每个个体意识本身还包含着某种陌生之物——无内容［的纯粹形式——笔者补注，下同］的先验意识和先验自我。我们现在可以看到这两种陌生性之间的奇特关系……这个人的意识和那个人的意识的区别在于不同的内容……由于体验内容的不同，任何个体的感性自我都无法被其他感性自我所理解，它们之间相互陌生。但我们发现，个体意识之间是沟通的，它们并不完全陌生，否则社会就不会可能……这是因为，对于所有个体意识来说都感到陌生的东西，即它们的过去，却是它们所共同具有的［对象化的过去］。正是这种共同的东西构成了一条个体意识通向其他个体意识的桥梁。"就此看来，我们是通过我们共同具有的陌生性来克服我们各自具有的陌生性。"这种共同具有的陌生性便是［被"忘却"的"共同的自身"即纯粹形式的］先验的［自我］意识。这样，所有的个体感性自我都在完全的相同和完全的相异陌生之间摆动：它们各自内容的完全不同决定了它们彼此之间永远有陌生感，保证了它们永远不会变成同一个意识；它们共同具有的先验自我和共同的过去则保证了它们之间的交往、理解，使它们永远不可能感到彼此之间完全的陌生。①

在现代学术最初发生的时刻，民俗学家与人类学家之间有一种约定俗成的自然分工，人类学研究"他者"的异文化，而民俗学研究"异己"的"小传统"，由于这两门学问最初都将自己定位于经验研究的层次，因此，无论两者如何在其表述中将本己的"自我"与异己的"他我"相互并置，其建构共同的"我们"的愿望就永远是徒劳的。因为，没有"先验的自我"（即被"忘却"的"共同的自身"或"共同的陌生性"）作保证，"我"和"他"，甚至"我"和"你"的"共同性"都不可能建立在本原的、明证的基础之上。于是，从事经验研究者的最终结果只能是沦为一个现代的"孤独的鲁滨逊"，这个鲁滨逊的"我"

---

① 倪梁康：《胡塞尔：通向先验本质现象学之路——论现象学的方法》，《文化：中国与世界》第 2 辑，三联书店 1987 年版。

在接触到"他"以前甚至"从未听说过其他主体和其他主体对世界的看法"。①

　　然而，一旦我们理解了先验自我是经验自我之间相互理解的前提，或者说，经验研究的终极目的是通过朝向先验自我的回溯，而使得经验的"我"与"他"（"完全的相异"）转化为先验的"我"与"你"（"完全的相同"），即真正成为"我们"，亦即成就"共同的陌生性"或"共同的自身"，民间文学和民俗学研究似乎就处在了一个十分有利的位置。因为民间文学和民俗学学科在其诞生之日，就已经先在地预设了"我"和"你"之间共同的、先验的对象之物，这就是：共同的语言和共同的历史，以及共同的欢乐，甚至共同的悲伤。也正是由于预设了那个先验的对象之物，胡适才敢于在老祖宗给"他们"和"我们"留下的共同遗产即白话的基础上，树立起一面"我们"的大旗。②"我们"是民间文学和民俗学的终极理想，是这个学科或学问的基本问题之终极指向，而这个基本问题的终极指向，只有当我们回溯到它的先验来源之处才能够被给予、被显现③。从先验的立场看，任何经验的层面即在具体情况的经验语境中所确认的学科基本问题，都会随着经验条件的变化而成为假问题④；而只有在被"我"与"你"在先验的层面共同认可、确认的问题，才可能保证每个经验自我共同的陌生之物，即保证这个复数的主体性的先验之域，这是民间文学、民俗学研究光明未来的哲学保证。

---

　　①　参见［德］黑尔德《〈生活世界现象学〉导言》，载［德］胡塞尔《生活世界现象学》，［德］黑尔德编，倪梁康、张廷国译，上海译文出版社2002年版。

　　②　胡适逝世（1962年）的前一年（1961年）还强调"白话""最后受到全国［'我们'和'他们'］的承认与接受"。参见胡适《四十年来的文学革命》，收入姜义华主编《胡适学术文集·新文学运动》，中华书局1993年版。

　　③　正如马克思所说："人类始终只提出自己能够解决的任务，因为只要仔细考察就可以发现，任务本身，只有在解决它的物质条件已经存在或者至少是在形成过程中的时候，才会产生。"《马克思恩格斯选集》第2卷，人民出版社1972年版，第83页。我们也可以说，只有当问题被回溯到它的先验前提时才可以提出解决的方案。

　　④　民间文学、民俗学学科自诞生以来就一直在不停地修改关于"民"的定义，因为这些定义都是基于经验之域的定义，随着经验条件的变化，对学科基本问题如关于"民"是"民族""劳动人民""全民"的界定就需要不断地重新表述。参见高丙中《民俗文化与民俗生活》，中国社会科学出版社1994年版，第45页。

五　"我们"就在"活的当下"

但是，当我们说到"共同的陌生性"或者"共同的自身"作为先验的对象之物的时候，我们充分意识到，先验之物一定是被抽掉了、剔除了具体内容的东西，如果仍然含有具体的内容，那么就仍然与经验之物保持着割舍不断的联系。就此而言，具体的语言和历史也终究还属于经验的范畴，尽管由于时间的淘洗，其内容已经模糊不清（例如"白话文学史"）而需要"我们"的主体性的客体化重建甚至"发明"。胡塞尔曾通过分析时间意识，描述了主体的当下经验如何在时间的流逝过程中，逐渐丢失了内容而变成"在内容上完全空洞"的纯粹形式①，从而生成为绝对的先验之物。绝对的先验之物就是绝对的无内容的纯形式之物。在那些纯粹、绝对无内容的主体意识形式背后，现代思想的先驱者们发现了人类共同拥有的、作为先验自我的认识能力以及与他者对话的实践能力，这种先验自我的认识能力和实践能力，作为主体间"共同的陌生性"或者"共同的自身"（人的认识与实践的自由能力，无论对于我、你、他来说，都是令人震惊甚至令人感到陌生的），超越了时空的限制，奠定了人类的个体与共同体之间相互理解的绝对前提。

回到民间文学和民俗学的问题，如果民俗学家、民间文学家仍然试图在经验内容的层面找到解决学科问题的基本前提，那么民俗学和民间文学就始终不可能是"我"与"你"的对话，而只能是"我"一个人的独白。因为经验（包括历史、语言②）的内容，只能通过处在具体情况语境条件下的主体能力而后天地显现，而后天的显现之物必然是主观相对的。于是，对于民俗学和民间文学研究的先验之物——"共同的过去"，需要我们不断努力，去接近它、打开它。从无内容的纯形式的先验立场看待"共同的过去"，"共同的过去"当然不应该仅仅被局限为主体经验的历史

---

① 张庆熊：《胡塞尔论内在时间意识》，《中国现象学与哲学评论》第1辑，上海译文出版社1995年版。

② 索绪尔就注意到语言在历史中的意识形态作用。参见［日］柄谷行人《民族主义与书写语言》，陈燕谷译，《学人》第9辑，江苏人民出版社1996年版；本书"绪论"《"内在的"和"外在的"民间文学》。

内容，因为如果我们局限于经验内容之域而不是回溯到先验形式之域，那么我们就会发现，不同的经验自我的历史记忆仍然是见仁见智的"各自的陌生性"，而不是"共同的陌生性"即"共同的自身"。

这就是说，从先验的立场看待"共同的过去"，首先，我们的着眼点应当是"我们"的"共同的陌生性"或"共同的自身"的先验形式，而不是其经验内容。当年的胡适高举白话"形式"的义旗一呼百应风起云涌，刹那间山河变色，正是由于在一定意义上（仅仅"在一定意义上"），用作构成新文学、新文化的基础的白话，是"我们"和"他们"之间共同拥有的先验形式。[①] 对于各门经验学科来说，是否存在各自不同的先验前提？换句话说，不同的、具体的经验研究的各自不同的先验前提究竟是什么？需要各门学科的学者对各自学科的经验对象予以先验的还原[②]。

对于民俗学和民间文学研究来说，"我们"或"我与你"共同拥有的先验的、陌生的民俗形式和民间文学形式究竟是什么？有人说是"具有普遍模式的文化生活"，有人说是非专业、类型化的语言艺术[③]，但其实都还是未能褪尽历史、文化内容的经验实践形式，而不是真正的"共同的陌生性"或"共同的自身"。因而仅仅通过这些经验的实践形式，仍然无法让"他们"转变为"你们"，进而最终成就"我与你"的"我们"，以避免"我"甚至"我们"的主体性独断与独白。"我与你"之间"我们"的真正的"共同的陌生性"或"共同的自身"，需要"我们"作为"我与你"（交互主体）共同努力在历史甚至语言（"共同的过去"）背后去挖掘。

---

　　① 胡适的"文学形式革命"的"白话"命题日后被批判以"形式主义"，并不完全是无的放矢；但是，即便作为文学革命的语言形式，白话仍然是现代汉语的构成材料（内容），而现代汉语无疑只是现代性主体性建构的经验之物的实践形式，还不是纯粹先验的实践形式。

　　② 这里，我们必须区分真正的、纯粹的先验性，和"准"先验性，康德写道："很有些出自经验来源的知识，我们也习惯于说我们能够先天地产生它或享有它，因为我们不是直接从经验中、而是从某个普遍规则中引出这些知识来的，但这个规则本身又仍然还是借自经验的。所以我们会说一个在挖自己房子基础的人：他本可以先天地知道房子要倒，即他不必等到这房子真的倒下来的经验。但他毕竟还不能完全先天地知道这件事。因为他事先总归要通过经验才得知，物体是有重量的，因而若抽掉它们的支撑物它们就会倒下来。"［德］康德：《纯粹理性批判》，邓晓芒译，人民出版社2004年版，第2页。

　　③ 高丙中：《民俗文化与民俗生活》，中国社会科学出版社1994年版，第142页；吕微：《〈中华民间文学史〉导言》，载祁连休、程蔷主编《中华民间文学史》，河北教育出版社1999年版。

但是，如果作为"我与你"的"我们"，其真正的先验的"共同的陌生性"或"共同的自身"，并非历史的内容构成而是历史的形式前提，那么，"我们"也就并不一定非要到"共同的过去"当中才能找到"共同的陌生性"，而是也可以在人的当下存在中发现。因为决定经验、决定历史的先验性即"我们"的"共同的陌生性"亦即"共同的自身"，"既是无处不在，又是无处在的"。① 先验自我"在它最深维度中是一个活的存在，在这个存在中，'持久'与'流动'合为一体"，这个维度就是"活的当下"②。就"我"与"你"之间共同拥有的、先验的对象之物——"共同的陌生性"或"共同的自身"是一个"活的当下"而言，研究他者异文化的人类学已经先行了一步。因为不同文化主体的经验对象的显著内容差异，所以更注重去发掘主体之间共同的先验对象（先验自我）的普遍形式（先验自我以自身形式为对象），以为主体之间自由、平等的对话确立共识的基础或前提。③ 以此，一贯强调研究者和被研究者拥有"共同的过去"的经验内容而自得的民俗学家和民间文学家们可以引为借鉴。

民俗学和民间文学研究能否再铸昔日的光荣与梦想，为社会发展和人类精神的不断进取继续做出贡献，除了经验的实证研究和应用研究，先验的实践研究的理论建设同样重要，而这两方面都需要实实在在的苦干。从先验的层面构建学科基本问题的理论前提从而葆有学科的终极关怀，无疑是学科青春的保证。也许，我们应当再次回到学科的基本问题和基本关怀上来，这就是：什么是"民"？什么是"民间"？"民间"如何不再只是"他们"？"民"如何能够成为"我"和"你"？对于"何谓'民'""何谓'民间'"的追问如何可能通过"我"与"你"之间真诚、平等的对话最终成为"我们"和"你们"的共同发言？

---

① ［德］黑尔德：《〈生活世界现象学〉导言》，载［德］胡塞尔《生活世界现象学》，［德］黑尔德编，倪梁康、张廷国译，上海译文出版社2002年版。

② 或译"活生生的现在"，"胡塞尔使用这个概念是为了强调'现在'不是死的，而是活的、动态的。"参见张庆熊《胡塞尔论内在时间意识》，《中国现象学与哲学评论》第1辑，上海译文出版社1995年版。

③ 叶舒宪已经提出了"先验性的认知人类学意义上的普遍主义"的命题。参见叶舒宪《跨文化阐释的有效性》，收入叶舒宪《原型与跨文化阐释》，暨南大学出版社2002年版。但是，晚近西方反思人类学仍然强调"作为文化批评的人类学"，如果异文化研究只是用作批评本文化的工具，那就仍然是背对着"他"说而不是面对着"你"说。参见［美］马尔库斯等《作为文化批评的人类学：一个人文学科的实验时代》，王铭铭等译，三联书店1998年版。

第 五 章

阿卡琉斯的愤怒与孤独

——祁连休《中国古代民间故事类型研究》读后*

女神啊，请歌唱佩琉斯之子阿卡琉斯的愤怒……

——［古希腊］荷马《伊利亚特》第一卷

一 "纯粹"的学术与学者的"愤怒"

祁连休先生著《中国古代民间故事类型研究》一书由河北教育出版社出版了，全书98万字，分上、中、下三卷（册）①。我查阅了《后记》的写作时间，是2004年5月18日，大概这就是先生给出版社交稿的时间吧！从那一天起到现在，整整三年过去了，三年，河北教育出版社用了整整三年时间反复校对书稿，终于在2007年5月用典雅素朴的装帧、无可挑剔的印刷、适中的价格，向学界和读者平静地但是郑重地推出了这部纯粹的学术专著。

什么是"纯粹的"学术专著？难道学术著作还有纯粹的和不纯粹的之分么？我翻检了全书三册的前后书舌，除了在书舌的一角用小号字体悄然印上了责任编辑邓子平先生和郝建国先生的名字，没有时下流行

---

* 本章发表于《民俗研究》2007年第3期；亦刊载于《文景》总36期，上海世纪出版集团2007年7月。

① 祁连休《中国古代民间故事类型研究》，河北教育出版社2007年版。以下凡引此著仅注页码。

的、张扬的作者照片和华丽的介绍文字。我想，当读者端详这本书的外观时，除了知道有个名叫祁连休的人不惮千辛万苦写了一部三册名为《中国古代民间故事类型研究》的书，不可能再知道得更多了。但是，正因为没有找到我所期望的介绍作者的文字，似乎，我反而听到了先生在我耳边的督促："不要问我是谁！就开卷读书吧！我的一生都在这本书里了。"

　　先生生于 1937 年，四川崇庆人，1959 年 22 岁时毕业于四川大学中文系，旋以优异成绩被分配到中国社会科学院文学研究所民间文学研究室工作，是文学所"何其芳时代"的年轻人①，直到退休，没有离开文学所。先生从民间室退休前的几年，我有幸与先生在民间室共事，对先生有所了解。先生中年丧妻，现在的夫人是冯志华先生，膝下有一儿二女，都已成年。先生前妻的老母尚健，住在四川老家，先生几乎每年都要回老家一趟，为的就是看望年过九旬的岳母。先生退休前一直任文学所民间室的主任，长达十余年，却没有机会聘为博士生导师。出自祁门的学生不多，只有三名硕士：高丙中、崔燕、武红玉。除了高丙中现为北京大学教授、博士生导师；其他二人，一在香港，一在德国，近况不详。

　　先生言辞不多，但爱开玩笑；容易激动，不乏偏执；即使与熟人交谈，也总显得有些坐立不安，希望尽快结束话题。背地里，我们这些室里的年轻人（其实都已是中年人）戏称先生为"愤青"。先生看不惯的事情很多，凡世界上所有的不公不义都在先生的斥责声中。与先生共事的几年里我发现，每到上班时间，其他研究室的几位先生最忠实的追随者总要先到民间室问一声："老祁来了没有？"如果先生已经进门，他们就会坐下来和先生说上几句话，有时也没话，就是坐上一会儿，然后起身告辞，先生也就点点头，并不挽留。终于有一天，我猛然醒悟，原来先生的追随者们即使不全是"老弱病残"，也都属于文学所的"弱势群体"。我想，他们之所以跟随先生，一定有我不知道的原因，也就是说，在我进所之前，一定发生过什么事情，正是这些事情让这些弱者开始追随在先生的左右。

　　但是，需要发生什么事情么？也许根本就不需要什么事情发生！如果非要说发生过什么事情，那么这件事情只是发生在人的内心，因为，在文

---

　　①　参见吕微《何其芳的传说》，《读书》2007 年第 5 期。

学所这个单位里（文学所当然也是一个单位），每当不公不义的事情即将发生但还未发生的那一刻，先生就已经愤怒了。先生愤怒时就像一头雄狮，而当雄狮还在准备咆哮而尚未咆哮时，不公不义已开始伺机退却，因为有永远准备咆哮的雄狮在，不公不义始终没有成为事实。显然，这鼓舞了先生周围的弱者，他们开始聚集在先生的身边，有先生在，他们会感到安全，即使雄狮并没有咆哮。我于是想起鲁迅先生那首写猛虎的《答客诮》：

> 无情未必真豪杰，怜子如何不丈夫？知否兴风狂啸者，回眸时看小於菟。"於菟"，先秦楚语，《左传》宣公四年："楚人……谓虎'於菟'。""小於菟"即"幼虎"。

我不知道在文学所，有多少人曾受惠于先生的愤怒，但我可以断言，先生是文学研究所这个也是社会性的单位里名副其实的民间英雄。但就是这样一位民间英雄和愤怒的雄狮，却用世界上最平静的语调、最干净的文字，以一人之力、倾毕生心血写下了这样一部近百万字的学术巨著——《中国古代民间故事类型研究》。

二　"时人无能增损一字"

在简短的《后记》中，先生这样写道："笔者即将奉献给学界同人和读者朋友的这部有关中国古代民间故事类型研究的专著，写作时间长达五年光景，且不说还有一个相当长的前期准备阶段。"先生没有解释"相当长的前期准备阶段"究竟有多长，但是，如果让我说"一辈子"，那绝不为过。

先生于20世纪50年代末到文学所民间室工作以后，就开始致力于民间故事的研究，在各种类型的民间故事中，又特别于机智人物故事用力最勤、最多，以至先生的挚友、蒙古史诗专家人称"老蒙古"的仁钦·道尔吉先生竟敢说：研究机智人物故事，祁连休是"世界第一人"。但不幸的是，研究机智人物故事，先生也是"天下唯一者"。先生出版过多部研究机智人物故事的专著，但在学界始终影响不大，因为在学界，除了先生，再没有第二个人像先生那样倾毕生精力却只为研究这一个课题，数十年来先生没有对话者，先生太孤独了。我不知道究竟是孤独、偏激的性格促使先生从一开始就选择了冷僻的课题，还是冷僻的研究课题造就了先生一直孤独且偏激至今的性格？

> 落日楼头，断鸿声里，江南游子，把吴钩看了，栏杆拍遍，无人会，登临意……（辛弃疾《水龙吟》）

先生的著作也不为一般读者广泛接受，原因之一是先生的文笔太干净了，干净得近乎枯涩，先生惜墨如金，以至于竟不肯多用一个形容词。先前我总以为，由于民间故事本身阅读起来就让人兴味盎然，因此像先生的《中外机智人物故事大鉴》这样的专家之学也能够雅俗共赏；但是，由于先生为了节约篇幅把所有的文言、方言故事和外国故事，通通用现代汉语的普通话重写一遍一律变成了"故事梗概"，剔净了皮肉只悬挂出骨骼，结果：这部著作既不为学界所重，在读书界也没能"热"起来。想当初，《吕氏春秋》成书，秦相国吕不韦使人"暴之咸阳市门，悬千金其上，有能增损一字者与千金，时人无能增损者"，高诱以为"时人非不能也，盖惮相国畏其势耳"。[1] 但是，若用"时人无能增损一字"来形容先生的笔墨却是实情。

想起来，先生从研究机智人物类型故事始，扩展到所有民间故事的类型研究，走过了四十多年的路程，用先生的夫人冯志华先生的话说就是："你祁老师摸了一辈子的故事。"先生对"五四"以来搜集、整理的各种类型的故事文本了如指掌，说起哪本书、哪本杂志甚至哪本内部资料集里有哪篇故事的异文简直是如数家珍。正是由于在民间文学的故事海中摸爬滚打了几十年，才为先生在退休以后立志完成"中国古代民间故事类型研究"的课题打下了坚实的基础，在这个意义上，说《中国古代民间故事类型研究》是先生一辈子学术的集大成之作，凝结了先生毕生的心血，是毫不为过的。

---

① 高诱《〈吕氏春秋〉序》。

三　怎样辨别民间故事的"类型"？

现在，让我来简要解释一下什么是民间故事的"类型"。

这是我们每个人都具有的常识：故事是由不同的情节成分即一个个"故事单元"相互接续而成的。当我们在一个故事中发现了几个特定的情节单元固定的组合方式，我们就可以称这种组合方式为一种"类型"，同时也称这个故事为一种类型化了的故事；进而言之，一个特定故事的情节单元的固定组合方式，一定不同于其他故事的情节单元的固定组合方式。由于不同的故事是由不同的情节单元以不同的固定方式组合而成，所以我们能够在聆听和阅读故事的时候，辨认出它们所分属的不同类型①。

问题在于，你凭什么说某个情节单元就是一个固定的故事成分，说一个情节成分是一种故事单元，不能根据我们对一则故事的内容所做的划分，我们就是把这个故事的内容分解到最后，我们也不敢说在其中划分出、辨认出故事的单元成分。对故事单元成分的划分和辨认，必须仰仗对其他故事的广泛阅读和聆听，也就是说，唯当我们在不同的故事中发现了相同的叙事成分以后，我们才能够断言，故事中的重复部分，亦即人们在讲述各种故事的时候所反复使用的叙事成分，就是构成故事的情节单元。

这就是说，我们对于故事情节这一故事的单元成分的辨认，实际上取决于我们对相同故事以及不同故事的广泛阅读与聆听；进而，我们对于不同故事类型的辨认，同样依赖于我们对于相同故事甚至不同故事的广泛接触。只有在广泛接触的经验基础上，我们才能辨认并确认一个被讲述、被记录的故事是否是一个已被类型化了的故事。于是，当我们说一个故事是一个类型化了的故事的时候，或者，当我们说到一种故事类型的时候，我们一定已经用经验的事实证明了，这是一个被重复讲述的具有相同或不相同的情节组合的故事。是否被重复讲述，是否能够用特定情节单元的固定组合方式反复地讲述，是我们据以判断一则文本是否属于类型化故事或故事类型的理论和经验基础，而一旦确定了这样的理论基础和经验事实，我

---

① "'故事类型核'通常由一个或多个母题（情节单元）组成。故事类型核是我们鉴别各种民间故事是否属于某一故事类型最主要的，甚至可以说是唯一的准绳。"（第3页）

们就能够重新考虑整个叙事文学的基本属性。

换句话说，只要我们在某个叙事作品中，发现了被反复使用的特定单元成分和固定组合方式，我们就可以据此经验事实证明：这绝不是一个纯粹的个人创作，而是有着深厚的民间传承、传播基础甚至就是民间叙事本身。这样，我们就能站在一个新的方法论的基点上重新估价整个叙事文学，即把整个叙事文学建立在民间传统的基础之上，从民间文学而不仅仅是从作家文学的角度给予价值重估。于是，当年胡适关于"一切新文学都起源于民间"的宣言，就从直观的判断转变为理论的假设，并且这个理论假设能够用科学方法发现的经验事实所证明。显然，这是一项宏伟的抱负，而先生竟以一人之身、独自之力完成了这项重新奠基的伟大工程的重要一环。①

这里有一个问题，如果有一个故事以异文的形式在古代文献中反复出现，我们固然可以断言这是一个已经类型化了的故事；但是，如果一个故事在古代文献中仅仅被记录过一次，并没有其他相关的异文重复出现，那么，先生凭什么也断言这同样是一则类型化了的民间故事？显然，先生的经验判断所依据的并不仅仅是古代文本。我已经说了，先生一辈子都在民间的故事海中游泳，对于口传故事及其记录文本烂熟于心，正是这"一辈子"的阅读经验给了先生以足够的信心，使得先生能在只有一个故事文本被古代文献所记录的情况下，也敢于断言该故事的民间属性。因为，尽管只有一个文本被古代文献所记录，但该故事的其他异文却反复出现在当代民众的口头讲述中，正是当代民众口头讲述的该故事的众多现代异文，让先生能够确认②那则"偶然"被记录的古代文本也是一则民间故事。③

---

① "对于从事民间故事研究的学人而言，从卷帙浩繁的中国典籍文献里面搜寻、鉴别出民间故事，将其作为本学科的研究对象进行全方位、多角度的探究和论析，建立起中国古代民间故事研究的学科体系，仍然是今后一个十分艰巨的重大使命。"（第9页）

② 祁连休先生称之为"印证"。（第7页）

③ 某些故事类型"在古代仅仅有个别作品存在，如若不将流布的时间加以延伸，把它与现当代涌现的诸多异文一并审视，就不容易认清其故事类型的特征"（第5页）。"对于世界性的民间故事类型来讲，尽管我们在中国古籍文献中只发现一篇作品，我们也能毫不犹豫地认定其民间故事类型的特征……而无须参照现当代口头流传的诸多异文。但是对于相当一批在中国古籍中仅有一篇作品的非世界性民间故事类型来讲，参照现当代采录的各种口传异文，方能作出准确的鉴别和认定。设若避开现当代口传故事资料，就难以判定古籍文献记载的一批故事是不是古代民间故事类型的早期形态，就不可能认定一批古代民间故事类型。"第12页。

　　现在，读者可以理解为什么我始终在强调，先生几十年如一日地跟踪现代民众口传故事的阅读经验①，如何为眼前这本《中国古代民间故事类型研究》打下了坚实的基础，进而，说《中国古代民间故事类型研究》是先生毕生学术的集成，是先生毕生心血的凝结，绝非虚言妄语。我相信，在当代中国民间文学界，没有几人能够完成这样伟大的工作和浩瀚的工程，而先生就是其中之一。

　　这是怎样的一个阅读量啊！且不要说书后列出的近500种古籍，那些没有列入"主要引用书目"的"五四"以来成百上千的正式出版物、非正式出版物我们还不知道有多少，先生还"格外关注"（第18页）《中国民间故事集成》。20世纪80—90年代，中国民间文学界在钟敬文先生的领导下，启动并实施了民间文学（歌谣、谚语、故事）普查的国家学术工程。今天，中国的民间文学工作者已经编印了2000多部民间故事的县卷本，还完成了大部分省卷本的出版工作（先生的夫人冯志华先生就在"中国民间故事集成办公室"工作，在钟敬文先生的领导下，冯志华先生为"集成"省卷本的出版做出了默默无闻的重要贡献）。对于"故事集成"的成就，先生给予了充分的肯定，尽管先生在私下里也曾对我指出"集成"的不足之处。我相信，没有"集成"2000部县卷本和几十部省卷本的阅读作基础，先生的《中国古代民间故事类型研究》不可能达到如今的学术水准。请看书中的如下断语：

　　　　古今发展一直健旺的民间故事类型……数量将近一百一十个，占中国古代民间故事类型的五分之一强。其中，时间较早的，即出现于先秦至于宋元时期的故事类型五十余个，将近半数。（第20—21页）

　　　　古代发展健旺、现当代稍有流传的民间故事类型……此种故事类型，共有九十余个，占中国古代民间故事类型的五分之一弱。（第23—24页）

　　　　古代发展健旺、现当代已基本上不再流传的民间故事类型……此种故事类型，共四十余个。（第26页）

　　　　…………

---

①　即对"现当代口传资料的占有"。（第7页）

同样肯定性、统计式的断语在书中所在多有，而且我发现，先生特别喜好做出这样肯定性、统计式的断言。我相信，没有累月经年的阅读调查，没有竭泽而渔、地毯轰炸式的材料梳理，没人敢于斗胆发布这样的宣言。而当先生以如此坚决、坚定的语气，发布这样肯定性、统计式的宣言时，先生的心中一定充满了无比的自信和自豪。先生是在用这一组组的统计数字告诉我们，只有在经历了一个又一个孤独的日日夜夜之后，我们才能真正领悟：究竟什么是学术？以及什么才是学者的生活？学者的生活就是学会把愤怒转化为孤独；而学术就是学会忍受孤独的人生。

四　通过社会结构认识历史起源

先生敢于在古代文献中只有一则记录的情况下，就宣布该文本记录的是某种类型的民间故事，源于先生所依仗的卡西尔所谓的启蒙哲学方法论。尽管先生在书中对这种方法论并没有自觉的表述，但先生运用起来从来都是得心应手，因为这些理论方法早已浸润在先生的血液中。所谓启蒙哲学的方法论，对先生来说就是用逻辑来把握历史的方法，在这方面，我认为，没有人比马克思的阐述更为明白而深刻。

与一般进化论的方法论直接用简单社会的结构分析来理解复杂社会不同（19世纪的名言"理解了起源也就把握了本质"，此之谓也），马克思却是首先对复杂社会进行结构分析，在把复杂社会还原为简单结构的基础上，再把复杂社会的经过了还原的简单结构视为理解简单社会的入室门径。马克思曾用一句生动的比喻，说明了他的逻辑分析和历史建构的方法论原则：唯当在高等动物那里实现了器官特化，低等动物尚未发展的相应器官在发生学上的意义才能够被充分地理解。

马克思举例，当原始共同体的社会生产还局限于某种特殊劳动比如狩猎、畜牧或农耕劳动时，人们不可能认识生产的社会本质——"劳动一般"。一般意义上的劳动，只有在共同体的各种劳动形式都得到了充分发展，乃至各种劳动形式之间能够相互交换进而形成社会化大生产的时候，人们才有可能认识社会生产的普遍本质——"劳动一般"。这样，马克思通过对现代社会、复杂社会进行结构分析，一方面把握了现代社会、复杂社会的本质属性，同时也追溯了现代社会、复杂社会的历史起源。

马克思认为，不仅现代社会、复杂社会起源于"劳动一般"，社会性的人类自身也是劳动本身所创造的。这就是说，人类社会以及人类自身的历史起源并不能在历史时间中追溯，而只能在人类当下的社会空间中发现，正是通过对当下社会进行结构分析，马克思才发现了人类社会以及人类自身发生学的逻辑起点，而这个逻辑的发生起点就是人类和社会真正的历史起源。真正的历史起源并不自明地在历史时间的尽头自我显现，而就隐藏在社会空间的当下和内部，我们只有发掘出当下社会空间内在的普遍结构和普遍本质，其所揭示的人类社会及人类自身的发生学逻辑起点，才能在历史时间的源头显现其自身。

先生的故事类型研究方法和马克思的启蒙哲学理论方法是一致的。先生对类型化故事的辨认也依赖于故事的充分发展，以此，先生才能够辨认出历史上或现实中的某一个别的故事文本，是否具有"类型一般"的性质。对于先生来说，故事类型的历史起源并不在时间之初而就在现实的空间当中，在一个故事得以充分发展的社会与时代。

不独先生，现代以来，世界各国研究民间故事的学者，所运用的也都是启蒙哲学所提供的理论和方法。不同的是，在不同的国度，学者们研究故事类型的语境化目的不尽相同，在19世纪的欧洲学者那里，研究民间故事是因为学者们"愤怒"于民族没有历史的根基，而在20世纪的中国学者这里，研究民间故事是因为学者们"愤怒"于民众没有社会的地位。正是以此，胡适才"愤"而提出了"一切新文学都起源于民间"的"文学改良"宣言，而先生毕生的工作正是这一"愤怒"的思想宣言的"孤独"的学术实践。

五 回到实践的"事情本身"

当然，从今天的学术进展来看，启蒙哲学的理论方法已显现出自身的局限，在民间故事类型研究领域，这样的局限也十分明显。然而，先生的民间故事类型学研究在众多同类研究成果中独树一帜，进而在有些地方甚至超越了启蒙哲学所规定的学术范式，这不能不说是先生高明于同时代学者的地方，而这一点经常令后辈学者的我们倍感惊异。

从一定意义上说，《中国古代民间故事类型研究》可以作为一部中国古代民间故事类型索引的工具书使用。编制民间故事类型索引的工作始于现代芬兰的民间文学学者，编制故事类型索引最初的目的，就是上文所说的为了追溯本民族乃至世界各民族民间故事的历史起源。世界民间故事类型索引的浩大工程最终由芬兰学者阿尔奈（Aarne）和美国学者汤普森（Thompson）完成（The Types of the Folktale），在他们编制的"索引"中所使用的故事分类法就被称为 A－T（即 Aarne-Thompson）分类法。A－T分类法由于使用方便，如今已得到世界上研究民间故事的学者们的普遍认同，学者们沿用 A－T 法分别编制了本国、本民族的民间故事"索引"。

由于 A－T 民间故事类型索引囊括了世界各国的民间故事，唯独把中国等少数国家和地区排除在外（非不为也是不能也），曾引起中国学者长时间的"愤怒"，数十年来，按照 A－T 分类法编制一部中国民间故事类型索引的工具书成为中国学者的一块心病。当然，不是没有学者做过这方面的努力，德裔美籍学者艾伯华、美籍华人学者丁乃通都曾以一人之力编纂过中国民间故事类型索引的工具书，只是规模都有局限。特别是在 20 世纪 80 年代以后，随着"中国民间故事集成"陆续成书，编制一部能够囊括全部"集成"故事的类型索引已提上议事日程，而在为数不多的有识者和呼吁者当中，先生就是一位。

但是，由于此项工程极其浩大，非学者群体的团队合作不能成功，因此，尽管有个别学者一直着手于局部的前期准备，编制全国范围的类型索引的国家工程始终没能起步。正是在几度呼吁不成的情况下，先生才最终愤而起，起而行，行而果，最终以一人之力完成了这部《中国古代民间故事类型研究》的学术专著，为来日编制贯通古今包括各个民族民间故事类型的大型检索工具书，奠定了一个方面的坚实基础。

工作伊始，先生遭遇的第一个问题就是是否沿用 A－T 分类体系作为中国民间故事类型的判断标准。实际上，当 A－T 法被推广到全世界的几十年间早已暴露出一些问题，其中最大的问题就是，当我们将某一个民族性、文化性的民间故事类型模式——情节单元的组合方式——上升为世界性的范畴时，民族性、文化性的类型模式就会从经验的概括转化为"先验"的规定。而一旦我们把这种"先验"的规定视为世界性的范畴，那么，为了让民族性、文化性的自主产品进入世界性的体系，民族性、文化性就必然遭受自我摧残，这样的事情在编制民间故事类型索引的工作中会经常遭遇。

　　先生举例说：操作 A - T 类型分类法研究中国民间故事，会出现将中国故事削足适履以适应 A - T 法的尴尬：或者 A - T 法的类型规定过于宽泛；或者按照 A - T 法的类型标准，会将一个完整的中国故事分割、归属于几个 A - T 故事类型。前者如丁乃通《中国民间故事类型索引》的400A［仙侣失踪］型故事就包罗了中国本土的董永行孝型和羽衣仙女型故事，888C *［贞妻为丈夫报仇］型故事则包罗了本土的孟姜女型、连理枝型故事，而1341C1［胆小的主人和贼］型故事包罗了请贼关门型、藏贼衣型等本土故事。后者如中国本土的仨马虎型故事由《中国民间故事类型索引》中的1288［笨人寻腿］与1293［笨人溺毙］这两个类型的故事所组成。正是看到了 A - T 法在具体使用中的这些尴尬，先生写道：

> 本书梳理和论析中国古代民间故事类型时，没有采用"A - T 类型分类法"，从故事类型的确定、命名、排列到论析，均基本上不涉及"A - T 类型分类法"。本书所论列的五百余个故事类型，完全是立足本国，从大量的古籍文献中梳理、概括出来的。每一个故事类型的确定，都是以中国古代民间故事类型自身的特点为依据的，其命名也是按照中国人的思维方式并且适当参照中国学者过去的一些做法来确定的。这样运作，不但可以关注"A - T 类型分类法"不涉及的传说类型，而且可以充分关注中国特有的故事类型，以期更好地展示中国古代民间故事类型的全貌。（第 17 页）

　　无论"中国人的思维方式"还是"中国学者过去的做法"，这些想法能否实现或是否合适，先生的理想只是"述而不作"，即回到中国人、中国学者对自己的"讲故事"这一日常生活的存在方式加以命名的"事情本身"，用现象学的说法就是：回到可能性存在的事情本身。其次，在传说和虚构（狭义）故事之间不做区分的做法，也同样体现了先生的忠实于前概念的事情本身，而不让经验的理论概念作茧自缚的实践精神（第13—16页）。这样，先生就在坚持传统的、经典的经验、实证研究的同时，因忠实于自己内心的声音并响应内心的召唤，而最终超越了自己所熟悉的学术规范，从而指向了新的学术范式的可能性。而这也就是我在本章开始所说的"'纯粹的'学术著作"的意思，"纯粹的"既是"本己的"

"内在的"同时又是"超越的"①。如果说，在一个人的一生中，能有一两项发明，就已经该知足了，那么，先生所提供的创造，远远超出了此"一二"的大限，先生可以感谢上苍的赐予了！

六　响应人格与理想的内心召唤

如果我们进一步追问：究竟什么是先生内心的声音和内在的召唤呢？我想，这就是我在上文已反复提及的先生心中的"阿卡琉斯的愤怒"，而"阿卡琉斯的愤怒"正源于先生"我们必须保卫民间社会"②的永不妥协的立场，以及先生对拥有神圣智慧的民间（也许这就是先生心目中的"机智"之所在吧！）的无比的惊异、崇敬与爱。

"阿卡琉斯的愤怒"加上"阿卡琉斯的孤独"是先生那一代人理想中的学者人格：动如雄狮、如猛虎；静若处子、若上善之水。"铁肩担道义，妙手著文章"，先生当之可以无愧。顺便说一句，先生是书法家，文学研究所的走廊里曾悬挂过一幅介绍本所历史的文字，就出自先生之手，字迹清秀，一尘不染，如今不知被谁摘走了。

《中国古代民间故事类型研究》一书的责任编辑之一邓子平先生与先生是多年的老朋友，他当普通编辑时就认识先生了，先生的几本著作邓先生都是责任编辑，如今，邓先生已从编辑室主任又提升到河北教育出版社总编辑、社长的职位。《中国古代民间故事类型研究》是邓先生向先生约的稿，我想一定是因为当社长、总编要处理的事情太多，就把这本书的具体编务交由现任编辑室主任郝建国先生处理了。

邓先生长得就像一位老农民，满脸是劳动者朴实的皱纹。那几年，因为先生和程蔷先生合作主编《中华民间文学史》的出版事宜，我与邓先生几次在先生拥挤的家中见面。邓先生和先生一样，话不多，但我看得出来，邓先生对先生极其尊敬，就像一位不识字的老农民（请邓先生原谅

---

① 如何理解先生学问的超越部分及超越性质，参见户晓辉《类型：民间故事的存在方式——评祁连休〈中国古代民间故事类型研究〉》，《民俗研究》2007 年第 3 期；以及西村真志叶《日常叙事的体裁研究》，博士学位论文，北京师范大学，2007 年。

② 语出福柯。参见［法］福柯《必须保卫社会》，钱翰译，上海人民出版社 1999 年版。

我这样的形容）尊敬私塾先生一样，不是因为先生正在教子弟们读书识字，而是因为先生教的都是"圣人之学"。我想，当邓先生捧过先生著作的手稿（先生不用电脑），读着那些肯定性和统计式的断语，一定也流下了像我今天一样的眼泪：

"升仙"奥秘型故事，历代共有十则异文……

辨毒平冤型故事，历代共有十六则异文……

"活佛"骗局型故事，历代共有九则异文……

寡妇讼子型故事，历代共有十二则异文……

真老乌龟型故事，历代共有六则异文……

一女三配型故事，清代以来共有异文七则……

观仙对弈型故事，历代共有异文十九则……

抄斩淫僧型故事，历代共有异文十一则……

虎口救亲型故事，历代共有异文十一则……

龙子祭母型故事共有异文二十七则，其中民间故事十五则，民间传说十二则……

驱走缢鬼型故事共有异文二十九则，其中民间故事十九则，民间传说十则……

聚宝盆型故事共有异文八则，其中民间故事三则，民间传说五则……

拾金不昧型故事共有异文十三则，其中民间故事五则，民间传说八则……

个个草包型故事共有异文八则，其中民间故事三则，民间传说五则……

…………

…………

…………

2007 年 6 月 5 日晨，其时，东方已流出血红的黎明

第 六 章

中国民间文学的西西弗斯
——刘锡诚《20 世纪中国民间文学学术史》读后 *

　　刘锡诚先生著《20 世纪中国民间文学学术史》于 2006 年 10 月由河南大学出版社出版了，这是中国民间文学界的一件大事。尽管中国"有"民间文学这门学问已经百年，但至今还没有一部翔实的学术史著作对这段短暂而漫长的故事加以整理，加以综合，并将故事从头道来。因此，先生的这部近百万字（准确地说是 98 万字）的、内容难以想象地充盈的厚重之书，及时地填补了一项学术上的空白。书还没有出版，仍在开设民间文学课程的高校就有人来竞相打听了：确切的出版日期？以及，什么时候书店能够上架？

　　我说"仍在开设"民间文学课程是有所指的，而先生的书也正是为这些"仍在开设"和学习民间文学课程的高校教师和学生们写的。

　　　几年前，国务院学位委员会决定将民间文学降为三级学科，导致许多高校文学系的民间文学课程［从必修课］变为选修课或干脆取消了，一百年来几代人文学者努力争取到的东西，由于这个行政决定的影响，不仅倒退到了 1942 年延安文艺座谈会之前，甚至倒退到了"五四"新文化运动之前［那种贬低民间文化的普遍社会心态］。许多老师和研究生都纷纷抛弃民间文学而转向民俗学或其他学科。①

---

* 本章发表于《民俗研究》2008 年第 4 期。

　① 刘锡诚：《20 世纪中国民间文学学术史》，"绪论"，河南大学出版社 2006 年版，第 14 页。以下凡引此著仅注页码。

现在，我们能够想来，那些"仍在开设"和学习民间文学课程，那些仍在守护着民间文学这块教学和学术园地的师生们，将是如何的盼望着先生的这部具有拓荒性质的鸿篇巨制，因为先生的这部著作不仅是他们研习的教材，更是支撑他们人生选择的"圣典"。

而先生能以一人之力完成这样一部长篇力作，其实是在情理之中。

一　西西弗斯是幸福的

应该认为，西西弗是幸福的。……他也认为自己是幸福的。

尽管我历尽艰难困苦，但我年逾不惑，我的灵魂深邃伟大，因而我认为我是幸福的。

——加缪《西西弗的神话》①

先生和先生的夫人马昌仪先生同为北京大学俄罗斯语言文学系的毕业生。因为学的是俄语，先生与俄语民间文艺学结下了不解之缘。从 20 世纪 50 年代到 80 年代的 40 年间，先生和马先生有多部俄语民间文艺学译著出版：《马克思恩格斯收集的民歌》②《民间文学工作者必读》③《苏联民间文学论文集》④《苏联民间文艺学 40 年》⑤《高尔基与民间文学》⑥《俄国作家论民间文学》⑦……为中国民间文学界引进俄语世界的马克思主义民间文艺学，先生和马先生曾做出的贡献至今难有人超越。

当然，也许，应该反过来说，先生之所以与俄语世界的民间文艺学结

---

① ［法］加缪：《西西弗的神话》，杜小真译，三联书店 1998 年第 2 版。"西西弗"，是杜小真的译法；在本章中，笔者以语感之故，译作"西西弗斯"。

② 参见《马克思恩格斯收集的民歌》，刘锡诚与人合译，人民文学出版社 1958 年版，见《刘锡诚文章著作要目》2014 年 2 月，下同。

③ 参见《民间文学工作者必读》，马昌仪译，作家出版社 1958 年版。

④ 参见《苏联民间文学论文集》，刘锡诚选编、翻译，作家出版社 1958 年版。

⑤ 参见《苏联民间文艺学 40 年》，刘锡诚与马昌仪合译，科学出版社 1959 年版。

⑥ 参见《高尔基与民间文学》，刘锡诚与林陵、水夫合译，中国民间文艺出版社 1981 年版。

⑦ 参见《俄国作家论民间文学》，刘锡诚选编翻译，中国民间文艺出版社 1986 年版。

缘，首先还是因为先生的民间文学情结。先生的祖籍山东昌乐，1935 年 2
月（春天）生人。1957 年，从北京大学俄语系毕业进入民间文学界，到
1997 年正式退休以前凡 40 年，因为"工作需要"，先生曾"先后在中国
民间文艺研究会、新华通讯社、中国作家协会、中国文学艺术界联合会任
职"①。但是，由于 20 世纪 50、60 年代和 80 年代先生两度在民研会任
职，当代中国民间文学界的许多重大学术事件先生都是亲历者，所以，尽
管先生也是当代作家文学的著名评论家，但民间文学始终是先生一生中最
拿得起却总也放不下的一份牵挂。

　　先生有记工作日记的习惯，当代中国民间文学事业的许多重大事件都
保存在先生的日记里，甚至只保存在先生的记忆中，先生本人就是半部活
的当代中国民间文学学术史。"从年轻时就曾投身于民间文学队伍的行
列，从 80 年代中期起又重回此行里一连工作了八年，前后五十年来陆续
积累了不少史料和做了一些笔记，没有这些积累，要做这样的课题是想都
不敢想的。"（"绪论"，第 16 页）或许，其他人也能写出一部与先生的著
作同样题目的书，但是，像先生这样亲历者的著作不是任谁都能写出
来的。

　　当然，即使曾经亲历，一个人的见闻也是有限的，中国当代民间文学
学术史是一部大书，更多的材料还是要多方搜求，于是，写信、打电话、
查阅报刊，凡此种种繁重的劳作最后都落到一位 70 多岁的人身上。"由
于我的研究和写作，始终为个人独立完成，没有助手，借阅资料也颇困
难，虽尽力而为……加上三年来夜以继日地工作，到最后已感筋疲力尽，
体力难支。"（"跋"，第 856 页）这些都应该是真实的写照。

　　但是，如果我们追问：早已过了不惑之岁，"在步入古稀之年"以
后，先生何以"决心写作这部规模如此之大的、带有拓荒性质的学术著
作"？

　　　[本来这] 实在是件自不量力的事情。所以下决心要写这本书，
　　一是考虑到曾在民间文学工作岗位上前后工作了四十年之久，需要为
　　这门学科做一点事情，至少是表达一下自己的学术观点，也算了结多
　　年的心愿；二是这门学科虽然走过了一个世纪的漫长途程，却至今没

① 参见《刘锡诚简历》，电子本。

有一部类似的书来梳理一下其发展的历史，总结一下它的成就和不足。……于是，我便不顾浅薄和年迈，在 2003 年春天下了这个决心。（"跋"，第 854 页）

言语当中，隐含着对仍处在学术前沿的中青年学者如吾辈的不满，因为这件事情本应该是我们这辈学者正在做或已经做的。因此，我几次对朋友们说起：面对着先生的这本厚重之书，至少是我自己感到由衷的惭愧。如果这件事情我们已经做了或正在做着，那么，本来是无须"七十从心所欲"[①] 的先生身心劳顿的。

然而也未必。即使吾辈写出了一本同样题目的书，恐怕先生还是按捺不住自己动笔的冲动，因为，先生写作的根本目的实在是要"表达一下自己的学术观点"。那么在这本"重视对民间文艺学思潮和对有代表性的学者的学术思想的评论""力求把每个有代表性的学者放到一定的时段（历史背景上）和学术思潮中间，对他们的学术思想或著作的创见做出简明扼要的历史评价。把百年来多种学者的学术思想或著作的创见做出简明扼要的历史评价。把百年多种学者的学术思想排列与组合起来"（"跋"，第 856 页），即这部先生用客观材料加以主观重构的学术发展史著作中，什么才是真正属于先生自己的根本的观点和立场呢？

二　作为方法和学科的民间文学

当对大地的想象过于着重于回忆，当对幸福的憧憬过于急切，那痛苦就在人的心灵深处升起：这就是巨石的胜利，这就是巨石本身。

——加缪《西西弗的神话》

《20 世纪中国民间文学学术史》全书包括"绪论"共 7 章 62 节，所涉及的人物有两百多，如何把这么多的人物、刊物、团体用一条线索串联起来，或曾让先生为之踌躇。我仔细品味先生的用心，先生把人物、刊物、

---

① 《论语·为政》。

团体以不同"学派"的名义加以区分和联系的目的何在？"学派"，是先生对百年中国民间文学学术史进行梳理时的——用先生自己的话说——"一个重要的、甚至是基本的视角"，当然也是先生在回顾已经逝去的学术历史之百年途程的时候，遭遇的"第一个问题"（"绪论"，第7页）。

先生认为，一部百年中国民间文学学术史，

> 并非由一种流派或一种思潮一以贯之，而是存在过若干的流派，这些不同的流派之间也互有消长。大略说来，前五十年，除了断断续续几十年之久的"民俗学派"而外，至少还出现过以乡土研究为特点的歌谣研究会；以沈雁冰、鲁迅、周作人为代表的"文学人类学派"；以顾颉刚、杨宽、童书业为代表的"古史辨"派神话学；以凌纯声、芮逸夫、吴泽霖等为代表的"社会－民族学派"；以郑振铎、赵景深为代表的"俗文学派"；以何其芳、周文、吕骥、柯仲平为代表的"延安学派"等流派。（"绪论"，第7—8页）

学派划分的原则，大致是根据学者之间自然形成的或紧或松的学术共同体，以及各自或异或同的研究对象和研究方法。

如果说，先生对于20世纪中国民间文学学术史上各种学派的划分，不具有十分严格的命名逻辑，那么，先生对于学术思潮的认识则抵消了学派划分上命名的"语境性"。先生认为，尽管在百年中国的民间文学学术史上出现过这么多的流派，但实际上，

> 在学科内部，大体上有两种思潮：一种是以文以载道的中国传统文学价值观为引导和宗旨的文学研究和价值评判体系；一种是以西方人类学派的价值观和学术理念为引导和评价体系的民俗研究。这两种思潮几乎是并行地或错落地发展，既有对抗，又有吸收。（"绪论"，第7页）

从而形成了多种学派共存的格局。先生认为，百年中国民间文学学术史上形成的诸多流派，归根结底是由上述两种学术思潮的相互作用所主导的。

尽管先生在学术史的论述中持论公允，但这并不是说先生没有自己的

学术倾向，先生个人的学术倾向是鲜明的，先生是地地道道的民间文学研究的"文学学派"。先生对民间文学研究的"民俗学派"始终保持"警惕"。先生认为，如果中国的民间文学研究一旦为"民俗学派"所主导甚至被民俗学的"中国学派"所取代，那么就会最终取消民间文学学科本身。而这绝非危言耸听，就是当下的现实。先生认为，在国家学科体制中，民间文学从二级学科下调为三级学科，正是民俗学派抑制了文学学派，进而把民间文（艺）学"含"在已改宗到社会学门下的民俗学的结果。

根据先生的一贯看法，民间文学和民俗学应该是两门相互联系但却相互独立的学科。在民间文学研究中可以有民俗学的视角，正如民间文学研究从来都有历史学、社会学、人类学（民族学）、心理学和语言学甚至哲学的视角。但是，这些其他学科所提供的视角仅仅是视角，其他任何学科包括民俗学，都不应也不能代替"从文学的立场研究民间文学"的本体做法。如果越俎代庖，那就叫学科之间的"僭越"，而学科"僭越"的结果足以毁掉任何一门备受瞩目甚至地位崇高的学科，即使这门学科的历史源远流长，即使这门学科的根基曾经牢固。①

纵览百年来的中国民间文学学术史，确有一个"民俗学派"，而钟敬文本人，早年基本上可算是一个从文学的立场研究民间文学的学人，甚至有些乡土研究派的色彩，但到了晚年，却放弃了他的民间文艺学理念和对民间文学的研究，而全力倡导民俗学。（"绪论"，第8页，注释①）

在客观的现象描述背后，多少透露出先生对晚年钟老个人学术选择的遗憾。

---

① "我们是把民间文学当作一种特殊的文学现象或文化史现象来对待的。我们为了研究民间文学的规律，也去探讨民间文学与民俗、与社会、与民族特性、与文化发展乃至作家文学、地理自然条件等诸方面的关系，并从而形成研究民间文学的学科。当然，我们不应排斥从民俗学、历史学、语言学、哲学、医学等方面去研究民间文学，但这些研究都不能等同或取代民间文艺学的研究。……这样做的结果，会导致从根本上取消民间文艺学这门学科独立存在与发展的可能性。"刘锡诚：《民间文学理论的建设问题》（在中国民间文艺研究会"民间文学理论著作选题座谈会"上的发言，1984年5月22日），收入刘锡诚《民间文学：理论与方法》，中国文联出版社2007年版。

　　先生对民俗学与民间文学相互区分的立场是值得同情的。下文，我将通过阐明自己的看法给予先生的立场以支持。在此，需要强调的是，民间文学与民俗学之所以需要特别加以区分，恰恰又是因为民间文学与民俗学，较之其他学科，的确有着更接近的亲缘关系。不仅引进的 folklore 这一学科概念，既可翻译为民间文（艺）学也可翻译为民俗（学），在中国民间文学—民俗学诞生之初，早期的歌谣运动就已经确定了文艺和学术（民俗学）研究的"两个目的"。①而且至今，在西方的一些民俗学学术大国，民俗学的研究对象仍然或主要是神话、传说、故事、史诗、歌谣、谚语等属于民间文学体裁的口头传统②。民间文（艺）学和民俗学之间的分分合合、恩恩怨怨，远非其他学科可以望其项背。

三　一个人的民间文学学术史

　　　　诸神处罚西西弗不停地把一块巨石推上山顶，而石头由于自身的重量又滚下山去，诸神认为再也没有比进行这种无效无望的劳动更为严厉的惩罚了。

　　　　　　　　　　　　　　　　　——加缪《西西弗的神话》

　　在我的记忆中，先生对已经到文学研究所民间文学研究室工作的我曾寄予了莫大的期望。当我一踏入研究所的大门，当我竟然也担任了研究室的负责人，先生给予我的唯一的一次嘱托就是："无论别人怎么做，你一定要坚持民间文学的研究方向！"十多年了，我在文学所和民间室的岗位上已经工作了十多年，对于先生的嘱托，我一天不敢忘记。我总是在想，如果我不能完成先生的嘱托，那么，等到我退休的时候，我还能不能让先生承认我是他的学生？但是，我的所作所为，先生显然是不满意的。中国

---

　　①　《〈歌谣〉发刊词》，载《歌谣》第一号，北大歌谣研究会出版，1922 年 12 月 17 日，收入《歌谣》第 1 册，中国民间文艺出版社影印，1985 年版；亦收入《周作人民俗学论集》，上海文艺出版社 1999 年版。参见本书第二章《民间文学—民俗学研究中的"性质世界"与"意义世界"》。

　　②　参见［美］邓迪斯编《世界民俗学》，陈建宪等译，上海文艺出版社 1990 年版，第 13 页。

民间文艺家协会是指望不上了，北京师范大学中文系也改宗民俗学了，文学所民间室这个曾经的民间文学研究的全国重镇在我工作期间又如何呢！

之所以提起这段往事，只是想说明，先生为什么要以 70 岁的高龄，以一人之躯勉力为之，试图去成就一个似乎难以逾越的学术屏障——"中国现代民间文学学术史"，先生是在对我们这些年轻一代学人倍感失望的情况下，怀着对民间文学学科的满腔悲剧意识，投入到《20 世纪中国民间文学学术史》的写作中的。先生是在用学术史的方式重构一个学科曾经的辉煌存在，从而为这个学科在未来的国家学术体制中争取到"或许还有可能"的位置，尽管先生清醒地知道，自己努力的效果极其微茫。为了自己从青年时代就投身其中的民间文学事业，上了年纪的先生竭尽自己日益衰减的影响力，不断地向有关部门呼吁。先生连续写了《向国家学位委员会进一言》①《保持"一国两制"好——再为民间文学学科一呼》② 等一篇又一篇呼吁文章。

当然，尽管先生对我们这些年轻人感到失望，但是，先生在写作《中国现代民间文学学术史》的时候，仍然怀抱着对青年人的感情，因为，在先生看来，民间文学本身就是一门青年的事业。这不仅是说，在 20 世纪中国民间文学学术史上，凡杰出的成就，都是一些青年人在他们最年轻的时候所做出的贡献，因而青年永远意味着民间文学事业的未来，于是在先生对青年人的感情当中，总包含着对学科未来的期望；同时更是因为，民间文学永远意味着先生和马先生共同度过的青春岁月，因而是先生一生的情之所钟。

　　拙文发表后，有几位同好在报刊上撰文予以支持，发表了同样的见解，表达了同样的隐忧之情。［但是，民间文学学科的各个分支学科，除了神话研究、史诗研究以外，］大致处在涣散无闻，萧条寂寞的景况之中。也正是这一点，促使笔者从 2002—2003 年间思考并下定决心……不顾年迈体衰，不自量力地毅然向国家社会科学规划办公

---

① 参见刘锡诚《向国家学位委员会进一言》，《文艺报》2001 年 12 月 8 日，收入刘锡诚《民间文学：理论与方法》，中国文联出版社 2007 年版。

② 参见刘锡诚《保持"一国两制"好——再为民间文学学科一呼》，《社会科学报》2004 年 8 月 12 日，收入刘锡诚《民间文学：理论与方法》，中国文联出版社 2007 年版。

室申报了"20世纪中国民间文学学术史"这个研究项目，单枪匹马地去啃这块被搁置久矣而至今无人问津的"硬骨头"，以期能梳理一下百年来民间文学运动和学术研究，从起伏兴衰中寻找历史的足迹和经验，对学科的建设有所助益。（"绪论"，第16页）

显然，《20世纪中国民间文学学术史》是先生在他的多次吁请之后所发起的一次"最后的斗争"，但，这是一场"一个人的战争"，前方没有敌人，身后几乎不见友军，战场上只有先生自己——

　　寂寞新文苑，平安旧战场。两间余一卒，荷戟独彷徨。①

先生环顾四周，学科的青年人都在哪里？② 由此，我想到了加缪笔下的那位孤独的希腊神话英雄——西西弗斯。

四　民间文学的社会科学化，先生也是推动者

在西西弗身上，我们只能看到这样一幅图画：一个紧张的身体千百次地重复一个动作：搬动巨石，滚动它并把它推至山顶；我们看到的是一张痛苦扭曲的脸，看到的是紧贴在巨石上的面颊，那落满泥土、抖动的肩膀，沾满泥土的双脚，完全僵直的胳膊，以及那坚实的满是泥土的人的双手。经过被渺渺空间和永恒的时间限制着的努力之后，目的就达到了。西西弗于是看到巨石在几秒钟内又向着下面的世界滚下，而他则必须把这巨石重新推向山顶。他于是又向山下走去。

——加缪《西西弗的神话》

---

　　① 鲁迅：《题〈彷徨〉》，载鲁迅《集外集》，收入《鲁迅全集》第7卷，人民文学出版社1958年版。

　　② 这方面青年人的专题成果已有：陈泳超《中国民间文学研究的现代轨辙》，北京大学出版社2005年版；毛巧晖《涵化与归化——论延安时期解放区的"民间文学"》，上海辞书出版社2006年版；黎敏《建国后前十年民俗文献史》，中国文史出版社2008年版。

现在想来，在中国民间文学学科内部，那股数十年来始终不离左右的民俗学"分离主义"倾向究竟意味着什么？如果把民间文学与民俗学之争置于一个"共时性"的学术思想和学术方法的平台上看，也许我们更应该这样看待两者之间的争辩：不是民间文学与民俗学学科对象、研究范围之间的相互蕴涵从而导致的边界不够清晰，而是两者之间，究竟应该继续走在人文学术（精神科学）的道路上，还是应该转而走向社会科学的前途问题？因此，民间文学的民俗学化实际上更深层次地反映了民间文学研究乃至民俗学研究的社会科学化倾向①，而这一倾向反过来又伴随着学科对象、研究范围从文化（文学、文本）层面扩大到生活（田野、语境）层面而更加复杂化了②。

其实，在早期的民间文学—民俗学家那里，民俗学与民间文学一样属于精神科学的人文学术，至今，英国民俗学家博尔尼女士的教导言犹在耳：

> 简言之，民俗包括作为民众精神禀赋的组成部分的一切事物，而有别于他们的工艺技术，引起民俗学家注意的，不是耕犁的形状，而是耕田者推犁入土时所举行的仪式；不是渔网和渔叉的构造，而是渔夫入海时所遵守的禁忌；不是桥梁或房屋的建筑术，而是施工时的祭祀以及建筑物使用者的社会生活。民俗实际上是古人的心理表现，不管是在哲学、宗教、科学和医药等领域，在社会的组织或礼仪方面，还是在历史、诗歌和其他文学部门等更严格意义上的知识领域方面。③

今天的民俗学家，除了"民俗是古人的心理表现"这一条，可能仍然不会对博尔尼女士所云民俗学的研究对象，是民众文化与生活表面背后的精神禀赋（亦即心理表现）的论断有所怀疑。④ 但是，与"更严格意义

---

① 参见郭于华《试论民俗学的社会科学化》，《民间文化论坛》2004 年第 4 期。

② 参见高丙中《民俗文化与民俗生活》，中国社会科学出版社 1994 年版，第 139 页。

③ ［英］博尔尼：《民俗学手册》，程德祺等译，上海文艺出版社 1995 年版，第 2 页。

④ "我以为精神民俗才是民俗学的核心，物质民俗和社会民俗本身无关紧要，只有从中闪现的民众的精神世界，才是民俗学的关注焦点。"陈泳超：《我对于民俗学的学科理解》，《民间文化论坛》2004 年第 6 期。

上的认识领域"（如"诗歌"等可以形成口头或书面文本）的民间文学不同，更多的民俗是以特定的组织和制度为背景的主体（人）非语言活动或行为，民俗学对民俗现象的研究越来越倾向于人类学式的参与观察或深度描述，于是，随着研究对象的范围日益扩展，民间文学的语言文本研究与民俗非语言活动、行为研究的"兄弟分家"迟早会成定局。

尽管兄弟之间迟早要分家，但是，在研究方法上，兄弟之间却始终没有异议，哥哥和弟弟始终都把经验、实证的方法，一句话，科学的方法置之学科的第一把交椅。换句话说，无论你面对是无主体的民间文学文本，还是主体性的民俗行为、民俗活动，都要运用经验研究、实证研究的科学方法去认识，而认识的前提则首先是把民俗、民间文学现象作为客观对象的"事实"呈现出来。[①] 这就是说，不仅对民俗行为、民俗活动的观察要依赖于呈现和认识的直接性原则，对民间文学文本的记录同样被强调了呈现和认识的忠实性（科学采录）原则（先生认为，田野采录就是民间文学的经验、实证研究之一种）。

因此，无论研究民俗还是研究民间文学，建立在直观、明证基础上的科学方法始终是两派学者共同的学术语言。因此，当我们强调民间文学—民俗学研究需要一场社会科学转向的时候，我们一定要顾及：经验研究、实证研究的科学方法曾经且始终是民间文学—民俗学学者的一贯主张。但是，如果我们不希望"社会科学化"的命题所针对的"经典民间文学—民俗学的非科学性"沦为无的放矢之举，那么，我们就需要考虑：民间文学—民俗学社会科学化提议的合理契机究竟是什么呢？进一步说，民间文学—民俗学之社会科学化提议的实际效果又是怎样？

从晚近民俗学者对民俗文化与民俗生活的划分[②]可以看出，民间文学—民俗学的社会科学化提议，起源于一代学者（包括晚年钟敬文）对民间文学文本研究之"去主体化"的反思。当他们认识到，对所谓体现了（劳动人民）主体精神的纯粹文本的研究结果，却是将文本抽离了它

---

① 参见高丙中《〈汉译人类学名著丛书〉总序》，载克利福德、马库斯编《写文化——民族志的诗学与政治学》，高丙中等译，商务印书馆2006年版；该文以《中国社会科学需要培育扎实的民族志基本功》为题收入高丙中《民间文化与公民社会——中国现代历程的文化研究》，北京大学出版社2008年版；高丙中《日常生活的文化与政治——见证公民性的成长》，社会科学文献出版社2012年版。

② 参见高丙中《民俗文化与民俗生活》，中国社会科学出版社1994年版。

赖以发生的个人语境，使文本最终脱离了作为精神创造者的文本主体，上升为民族国家的象征符号，从而漂浮在个体主体之上，并且反过来制约了个体主体的创造性自由的时候，关于民俗语境的更加彻底化的经验性、实证性以及对象化的生活研究也就呼之欲出了。

显然，那时学界的普遍看法，不是认为经验、实证研究本身有什么不足，而是认为经验、实证研究的范围过于狭窄。在这样的认识条件下，当年的纯粹文本（文化）研究取向朝着生活研究取向的转移，民间文学研究的民俗学化，乃至民俗学研究进一步朝向更具经验、实证色彩的社会科学研究的转化，就是再自然不过的事情了。因为，对于诸如制度、组织、行为、活动等社会生活的对象"事实"，即民间文学的诸多个人语境的非语言要素，一直被单纯的即使是忠实记录的文本研究所遮蔽了，而民间文学研究的民俗学化进而社会科学化也许正可以纠正这种偏差？

在这方面，我想说的是，先生自己也曾积极地参与、推动了这一学术转向的进程。

先生一贯重视民间文学学科的理论建设，20 世纪 70 年代末二度主政中国民间文艺研究会期间，先生对学会甚至对整个学界最重要的贡献，就是把理论研究提升为学会以及学界的主要工作，那是共和国成立以来"民研会"最辉煌的时期。其间，当时站在学术前沿的学者如王松（1984年）、柯扬（1984 年）等我们上一代的学者，都提出了多学科、多角度、整体性、综合性地研究民间文学的议题，其中最具代表性的是段宝林对民间文学的"立体描写"研究（1982—1986 年），以及青年学者兰克对民间文学背景系统的立体"体察"研究（1985 年）。①

先生自己也在 1988 年发表了关于民间文学研究方法论的重要学术论文《整体研究要义》②。先生在《整体研究要义》中提出了通过"田野考察和参与观察"打破民间文学搜集和研究相互分离的状况，进而提出了整体研究的基本目标——还原到民间文学"原初的生存环境"——的理论命题。但也正是当时学界普遍主张的这种建立在对

---

① 以上内容均见刘锡诚《20 世纪中国民间文学学术史》第五章"新时期的民间文学理论建设"第六节"民间文艺学的学科建设"，第 738—758 页。

② 参见刘锡诚《整体研究要义》，《民间文学论坛》1988 年第 1 期，收入刘锡诚《非物质文化遗产：理论与实践》，学苑出版社 2009 年版。

"他者"进行更全面、更整体的实证、经验的研究基础上的认识论的彻底化、对象化，导致了民间文学研究的民俗学转向以及后续的社会科学转向。

在某种意义上说，走出单纯从文学的角度，甚至是单纯的社会政治的角度和方法，转而采用多学科、跨学科的方法进行民间文学研究，乃是新时期民间文学研究的一个飞跃。[对于民间文学的多学科研究来说，]并不是一开始就取得了共同的认识并得到广泛采用的，而是经历了漫长的时间，到了改革开放的新时期才被多数研究者认同的。1978 年 11 月 1 日……钟敬文等七位教授提出的建立民俗学及研究机构的倡议书，是民间文学的多学科研究被多数人接受并得以发展和光大的重要契机。（第 758—759 页）

于是，伴随着民间文学纯文本研究向民俗学文化、生活研究的认识论整体性和彻底对象化转向，以及民间文学—民俗学学科的社会科学化转向，民间文学自然被"含"进民俗学乃至社会学。与此同时，民间文学研究的经验论、实证论倾向也被进一步加强，从而遮蔽了其本然的、可以还原为纯粹描述的人文学术，即作为交互主体（集体）的精神（意义）现象学的民间文学，而不是仅仅作为呈现文化与生活的对象"事实"的实证性、经验性的社会科学的可能性。

五　民间文学:生活世界的实践形式

如果说，这个神话是悲剧的，那是因为它的主人公是有意识的。若他行的每一步都依靠成功的希望所支持，那他的痛苦实际上又在那里呢？……西西弗，这诸神中的无产者，这进行无效劳役而又进行反叛的无产者，他完全清楚自己所处的悲惨境地：在他下山时，他想到的正是这悲惨的境地。造成西西弗痛苦的清醒意识同时也就造就了他的胜利。

——加缪《西西弗的神话》

　　但是，正如我们已经看到的，当民间文学一旦被"含"入民俗学，进而受到社会科学化提议的感召，民间文学反而会因为受到语境的束缚和规定，而震惊地意识到自身自由的存在（自在），从而实现了从被规定了"事实性质"的"存在者"，朝向"事情本身"的"存在意义"，即民间文学朝向感受自身意义的现象学还原的"存在的一跃"。①　于是，当民间文学不再仅仅作为文本对象（文化成果）被对待，而是被作为"含"语境的"生活实践"这件"事情本身"（比如表演、讲述以及对表演、讲述的观察、体验）加以反省和体验的时候，在民间文学的实践者和"观察"者眼里，民间文学同时都褪尽了其语境化的"下层阶级"甚至"民族全体"的可经验、可证实的对象属性（在特定历史和社会的文化语境中，民间文学必然被规定为具有特定条件性质的文化甚至生活的对象"事实"），而突出了其作为"生活世界"的"生活形式"的自在、自足的"现象"本质。在"生活形式"的名义下，民间文学的语境不再是外在于民间文学研究者自我甚至实践者他者的背景或环境的可实证的经验对象，而就是被包含在自观和他观的交互作用中的民间文学—生活形式的自由实践本身。②

---

　　①　参见陈嘉映《海德格尔哲学概论》，第 2 章 "通向存在之路"，三联书店 1995 年版，第 7 页。

　　②　高丙中写道："我在 1990 年写作博士论文的时候，我的一个主要的意图就是批判民俗学的遗留物研究。但是，后续的历史却证明，这个时期让文化遗留物在知识上重新成为可见的（visible），对于中国社会在后来的变化中重新建立与自己的传统的连续性具有关键的作用。当时对'遗留物'作为文化现象的发掘，对'遗留物'的言说作为合法话语的呈现，实际上奠定了中国社会后续发展的文化基础，凝聚了中华民族的文化认同的集体意识或集体无意识。当代中国有一种奇妙的机制，个别或少数现象要较快地成为常见的社会现象，必须把它说出来（不管是从正面说还是从反面说），成为众所周知的事情。不管民俗学者（当然不限于民俗学界）在那个时代对作为遗留物的中国民俗说了什么或者怎么说过，我们今天感到欣慰的是，他们的述说本身开启了遗留物重新成为日常生活的有机组成部分的可能性。他们的论说曾经被中国社会科学的兄弟学科所忽略、轻视，事实是他们的学术活动参与改变了中国社会的文化现实，最起码是呼应、催生了一个新的文化中国的问世。"高丙中：《日常生活的现代与后现代遭遇：中国民俗学发展的机遇与路向》，《民间文化论坛》2006 年第 3 期，收入高丙中《民间文化与公民社会——中国现代历程的文化研究》，北京大学出版社 2008 年版；高丙中：《中国人的生活世界——民俗学的路径》，北京大学出版社 2010 年版；高丙中《日常生活的文化与政治——见证公民性的成长》，社会科学文献出版社 2012 年版。这就是说，民俗学者对于民间文学文本的研究并非非实践性的纯粹文化研究，民间文学的文本传承也是一样，不是抽象的、纯粹精神性的文化。合功能性、合目的性的民间文学的传承演述与民间文学的学术研究用维特根斯坦的话说，都是正在实践着的生活世界中各种"家族相似"的"生活形式"。

作为"生活世界的实践形式"即生活形式，民间文学由此超越了特定且被不断扩大的历史和社会文化、生活语境，而获得了其自在、自足即当下且永恒的存在意义。于是，民间文学研究不再需要还原到民间文学"原初的生存环境"中，民间文学的文本研究也就由此获得了真正属于其自身或本体的学术合理性与合法性。因为，在民间文学背后，不再树立着一面基础性的文化"墙壁"（背景、语境），以及文化墙壁背后的更具基础性的生活墙壁，甚至墙壁背后的墙壁的墙壁……民间文学自己就是墙壁本身，就是生活世界的实践形式自身。在作为生活形式的民间文学这块墙壁面前，我们不必再追问：墙壁背后以及墙壁背后的背后……还有什么文化？那是什么生活？现在，学术的铁锹已经碰上了坚硬如岩石般的墙壁，我们的学术铁锹已经卷刃了①，我们由此知道，我们重又抵达了一个学科赖以独立生存的、可以直观的真正的科学基地。

现在，我们不再把民间文学说成"是"墙壁背景或墙壁语境中，即某种条件下作为对象的"某物"，而是在民间文学自己的（自在的）无条件位置上，自我言说的民间文学的墙壁自身。只有在脱语境、无条件的情况下，民间文学才能显现出作为墙壁自身的意义，而不是被定义为："是"墙壁语境或墙壁背景中的具有某种特殊的对象性质的"某物"，比如具有"下层阶级"或"民族全体"属性的"民间文学"，而民间文学作为生活世界的实践形式，就是交互主体自在、自由的各种"家族相似"的"语言游戏"（比如民间文学作品的各种"体裁"）本身。

特定的历史背景和社会语境，或许能够规定民间文学作品的具体（题材）内容的性质，却无法决定民间文学作品的抽象（体裁）形式的意义。民众和学者（学者也是民众）作为交互主体，通过自由地安排不同的体裁形式（比如童话和传说），以表达出面对不同的历史文化和社会生活的境域时，或（在传说中表达的）怀疑的或（在童话中表达的）信任

---

① "生活形式"是维特根斯坦使用的一个奠基性概念，简单地说，"生活形式"就是："我们学会在其中工作的参照框架。""生活形式"是共同体的先天共识，是我们的日常生活的不可置疑的基础，当我们为思考和交谈中所使用的概念寻找更深层或更基本的合理根据时，维特根斯坦总是求助于这个概念，"如果我对正当性的证明已经走到尽头，那么我就会碰到坚硬的岩石墙壁，我的铁锹就挖不动了"（维特根斯坦：《哲学研究》，第217条）。参见 Grayling《维特根斯坦与哲学》，张金言译，译林出版社2008年版，第95—96页。

的态度等形式意义或"形式意志"①，从而站在逻辑上先于文本和语境的自由的"极点"上，构造出并参与到各种自由形式（"体裁"）的生活实践当中。于是，奠基于交互主体的、自由的生活形式的基础上，民间文学为自身提供了可以独立研究的、无求于外的意义直观的学科领域。

因此，无论从纯粹的精神现象学的角度，还是从存在的生活形式论的角度，我们都撞到了民间文学自身的墙壁或岩石上，于是，作为探求生活世界的实践形式之形式意志或形式意义的学问和方法，民间文学由此获得了与社会科学不同的精神科学（或人文学术）的本质特征。这是不同于有关对象化的事实性质的经验—实证的认识论研究，而直抵生活本质的观念直观和意义直观的纯粹实践经验研究。②

现在，我们不再企图在现象的背后或现象的现象的……背后，去"假设—验证"什么最终端的墙壁或岩石的"事实性质"；而只是回溯（还原）到民间文学文本作为现象本身的墙壁或岩石表面的"生活意义"。由此，民间文学的现象学"意义—价值描述"与对民间文学的经验性、实证性、知识性"对象—事实呈现"就得到了清晰的区分。这是一种"生活的文学"，"与文人（作家）文学不同，民间文学不是作者自觉地对现实生活的反映，而是一定的种群的人们以不自觉的方式通过耳口相传，在流传中不断增减其情节和内容，世世代代积淀而成的；它与一定的种群的生产方式、生活方式、风俗习惯、礼仪信仰紧密地糅和在一起。"（第758页）于是，民间文学研究就获得了真正属于她自己的、独立的学科"对象"、研究范围以及方法论的前提。

_____

① "形式意志"是瑞士童话学家吕蒂所使用的概念，他认为，民间文学的各种体裁背后，都有一种"形式意志"在推动体裁的运作，比如同样作为体裁实践，传说表达了人们对世界的不信任的怀疑态度，而童话则表达了人们对世界的不怀疑的信任态度。因此，我们也许可以把"形式意志"理解为民间文学的体裁实践者运用体裁这种"形式"所表达的对世界的态度，是为"形式意志"。

② 纯粹经验，或直接经验、本源经验，参见户晓辉《返回爱与自由的生活世界——纯粹民间文学关键词的哲学阐释》，江苏人民出版社2010年版，第48页。在我看来，纯粹经验、直接经验和本源经验，接近康德意义上的躬行事情价值、意义的（道德）实践经验，因而不同于认识事实性质的实证经验和利用事实原理的实用经验。参见本书第二章《民间文学—民俗学的"性质世界"与"意义世界"》。

六　石头的故事还是推动石头的故事?

> 西西弗无声的全部快乐就在于此。他的命运是属于他的。他的岩石是他的"事情"。……他爬上山顶所要进行的斗争本身就足以使一个人心里感到充实。……他是自己生活的主人。……如果西西弗下山推石在某些天里是痛苦地进行着的,那么这个工作也可以在欢乐中进行。这并不是言过其实。我还想象西西弗又回头走向他的巨石,痛苦又重新开始。……西西弗永远行进,而巨石仍在滚动着。

——加缪《西西弗的神话》

　　我已多次提到了作为"墙壁"和"岩石"的民间文学,民间文学作为"生活意义"的墙壁或岩石自身,意味着民间文学作为独立学科,而不是依傍于其他学科的精神学科或人文学术的合理性与合法性。当然,这并非传统意义上学科划分。这里,学科的划分并不具有对象决定论的(题材)实质意义,而只具有主体约定论的(体裁)形式意义,这就像索绪尔所说的语言符号的能指与所指之间的约定性关系。① 换句话说,我们并不是在客观存在("实际"②)的"事实性质"的实质对象(比如民间文学题材内容的质料)的立场上,讨论民间文学的学科性独立存在,而是在与其他学科相互约定的关于"生活形式"和"生活意义"(比如民间文学作品体裁的"形式意志")的不同问学方式中谈论:与其他学科的问学方式相比,我们在"民间文学"的名义下,能够再做些什么不同的事情?而先生的厚重之书,正为我们能够做这些"不同的事情"创造着各

---

　　① 参见〔瑞士〕索绪尔《普通语言学教程》,高名凯译,岑麒祥等校,商务印书馆1980年版,第158—159页。参见吕微《从翻译看学术研究中的主体间关系》,《民间文化论坛》2006年第4期。

　　② 先生说过:"我们应当从〔民间文学作品〕这个实际出发,从这些极其丰富的民间文学资料中概括和总结出理论和规律来。"刘锡诚:《民间文学理论的建设问题》(在中国民间文艺研究会"民间文学理论著作选题座谈会"上的发言,1984年5月22日),收入刘锡诚《民间文学:理论与方法》,中国文联出版社2007年版。

种可能性机遇,这,应该就是先生寄希望于后学,也造就着后学的最重要的学术贡献吧!

因此,我在这里并不是要反对民间文学乃至民俗学的社会科学化,而是要执意追问:相对于社会科学对作为"事实"的民间文学的对象化、知识性呈现,作为精神科学(人文学术)的民间文(艺)学,能否对民间文学作为交互主体的、实践着的生活形式("体裁"实践)的"生活意义"或"形式意志"有所描述、有所揭示?我想,也许,这就是民间文学作为独立学科的存在价值。从纯粹的主体约定性诸生活形式(体裁),而不是所谓研究对象或研究范围的实质性生活内容(题材)来说,民间文学学科的存在价值与西西弗斯把巨石推向山顶的"事情"十分相似。对于西西弗斯来说,作为"事实"对象的巨石究竟"是什么"的逻辑——实证的、条件性、经验性结论并不重要,重要的是西西弗斯把巨石推向山顶这件"事情"本身所昭示的"生活形式"的意义之所在。

> 有的时候,有的人以为"哲学是否存在"就是哲学唯一要承担责任的问题;有的人以为他再不关心"哲学是什么"、"哲学是否存在"等问题,这就等于抛弃哲学,把哲学让给逻辑、科学、诗、政治、宗教。……提问哲学本身的存在问题就是哲学唯一的兴趣所在。[1]

对于先生来说,"民间文学是否存在"本身已经成为一个切身的责任伦理问题,这是先生的宿命,也是先生命中注定所要承担起的"生活意义"或"形式意志"。这是一个关于民间文学究竟是"石头"还是"推动石头"的故事。也许,讲述民间文学的"推动石头的故事",就是上帝对先生此生运命的安排,而这,正是"惩罚"一词的真正含义——接受上帝本真、至善的美意。先生与马先生曾合著《石与石神》[2] 一书,现在想来,此事颇有象征意味。

但是,更重要的,这是先生自己出自自身的自由选择所心甘情愿地承

---

[1] [日] 饭田隆:《现代思想的冒险者——言语的限界》,讲谈社 1997 年版,第 319—320 页。

[2] 参见马昌仪、刘锡诚《石与石神》,学苑出版社 1994 年版。

担的伦理责任，而自由地承担起责任并因此而获得伦理的幸福，正是人类必须且只能接受的上帝的"惩罚（安排）"——被抛入自由和责任。先生一次又一次地写作，一次又一次地呼吁，一次又一次把民间文学的学科巨石推向山顶，而这块巨石则一次又一次地重新滚落到山脚或谷底，这究竟是识时务者的俊杰之所为，还是明知不可为而为之者的无谓（无意义）之举？

不！我已经说了，巨石的意义并不像当初先生所设想的那样，实质性地在石头背后的什么地方"实际"地藏匿着，只待我们把它发掘出来①。这，也就是说，民间文学的学科价值并不在于民间文学的实质性的"事实"对象（如材料、资料，或即古希腊人说的"质料"），民间文学的学科价值仅仅在于它的形式化的主体观念或实践的"相关项"——"生活意义"当中，即：西西弗斯式的把巨石不断推向山顶这件"事情"本身。

而先生已经用自己的行为或行动的"事情本身"，向所有热爱并从事民间文学事业的青年学人，昭示了民间文学这门学科自身的伟大，以及这门伟大学科自身（独立）的存在意义和存在价值，这就是：人（无论民间文学的编创者、传承者还是研究者）在自己作为墙壁或岩石本身的位置上的自由的存在。先生用自己真诚的自由实践的学术生活，诠释了民间文学作为形式化、类型化——我们的专业术语称之为"体裁性"，对于先生来说就是"学术史"体裁——的"生活形式"的意义实践或价值实践的主体自由的生活真谛。

---

① 参见吕微《民间文学—民俗学的意向方式》，《中国社会科学院院报》2006 年 11 月 9 日。

第 七 章

我们的学术观念是如何转变的？

——刘锡诚：从一位民间文学—民俗学学者
看学科的范式转换*

这是一个关于"责任"的故事。

一　问题、假设与方法

安德明这样评价先生，先生也这样评价自己：农民刘锡诚①。农民刘锡诚在民间文学—民俗学的丰产园地里，耕耘了半个多世纪，身为朴实的农民，先生不保守，却很固执。

先生之不保守，从先生几十年的工作履历和学术经历，可见一斑：先生当过记者，当过编辑；先生既是学者，亦曾担任过主管学术的党政职务；作为学者，先生首先以当代文学评论家名世，其次才是民间文学家；在先生原初信仰和最终选择——民间文学—民俗学——的学术经历中，先生涉及的研究方向包括俄罗斯和苏联民间文艺学、中国民间文学学术史、原始艺术、民间文学与非物质文化遗产保护的理论、方法与实践……截至目前，先生共出版了学术专著和学术论文集 8 部，文学评论集 4 部，散文

＊　本章是笔者根据 2014 年 3 月 8 日在"刘锡诚先生从事民间文艺研究 60 周年研讨会"上的发言重写而成。本章原题《那一代人的观念是怎样转变的？刘锡诚：从一位民俗学学者看民俗学学科——献给先生八十岁寿辰的礼物》，遵高丙中、户晓辉的建议改用现题，以便强调，学术观念、学科理念的转变方式，是我们每一位从业者都应该自我反省而不能仅仅对别人评头品足的事情。

①　安德明：《"农民"刘锡诚》，《中国艺术报》2014 年 3 月 19 日。

随笔集 3 部，编选编译论文集、作品集 8 部，主编丛书 15 部，其中多部著作获国家级奖励，至于单篇论文，则无以计数，有《刘锡诚文章著作要目》为证①。总之，先生是位勤劳的农民，因此祁连休老师称赞先生是中国民间文学—民俗学界的"巨人"，如果"巨人"指多产的作家，那这样的称赞绝非虚言；当然，"巨人"的美誉之于先生，还有其他深义。

但在这里，我更想强调先生性格的另一方面：固执。而先生之不保守，特别是先生能够"与时俱进"地不断转变观念、更新理念，拓宽其学术研究和学术实践的领域、范围，亦源于先生的固执，何以言之？

先生的学术经历（如果从先生"大学毕业参加工作"算起，1957年—　），可以说，接近一部共和国的民间文学—民俗学学术史，学术史上的诸多人与事，都定格在先生无形的记忆和有形的日记本（先生有常年记日记的习惯）中。在共和国的民间文学—民俗学界，没有人像先生那样，经受了不同时期不同倾向的"主体价值观"的辗转周折（"前后只有几十年的时间，而我们在主体价值观上却发生了如此大的变化！"②），给先生造成的身心重压。

先生自称"边缘人"，但其实，先生从未边缘。1989 年以后，先生虽然被迫从学术、学科的权力中心隐身而退，却始终把学术、学科的事情放在心上。特别是非物质文化遗产保护的国家行动开展以来，先生再次出山，担任了国家非物质文化遗产保护工作专家委员会委员、中国民族民间文化抢救工程专家委员会委员这样的咨询性职务。与"边缘人"的先生相比，有些人身在学术、学科权力的中心，对学术、学科其实并不上心，这些人是在其位却不谋其政（心不在中心），而先生是即便不在其位也谋其政（心不在边缘）。对先生来说，学术、学科不是手中"'把玩'的玩意儿"（第 50 页，第 172 页）、"古董"③；而对学科、学术而言——用歌手杨坤的话说——先生是一位真正"走心"的人。

2007 年 6 月 12 日，先生在上海民博会主题论坛上发表了题为《转变理念正当时》的讲演，先生讲到：

---

① 参见《刘锡诚文章著作要目》，2014 年 2 月。

② 刘锡诚：《非物质文化遗产：理论与实践》，学苑出版社 2009 年版，第 106 页。以下凡引此著仅注页码。

③ 参见刘锡诚《民间文学学科向何处去？》，《社会科学报》2007 年 5 月 24 日。

　　　　我们国家进行非物质文化遗产保护是政府先接受了联合国教科文组织的理念，然后学者们才跟进的。……第一次在我国政府的文件中采用"非物质文化遗产"这一新的术语，用以取代过去惯用的"民族民间文化"；于是，一个新的术语和新的理念——非物质文化遗产——开始进入了我们的政治生活和寻常百姓中。从"民族民间文化"到"非物质文化遗产"，无论对各级政府主管机关及其工作人员，还是对学者和寻常百姓来说，都面临着一个转变文化理念的问题。（第 152 页）

　　对先生这样一位始终与学术、学科的发展相同步而"走心"的学者，我总在心里问一个问题：先生的学术理念、学科观念，经历了怎样的转变之痛？又是怎样在痛中转变的？

　　按照先生的老家山东农村的算法，今年（2014 年）适值先生虚岁八十寿辰，我想，到了该我回答这个问题的时候了，作为学生，我有这个义务，用我的笔，阐明我所理解的先生的思想和情感历程，以昭示学界、学人。以下，我将使用民间文学—民俗学的方法，考察先生数十年来在学术理念、学科观念上的"传承"与"变异"，我将使用先生教给我的工具，来认识先生本人（我想先生不会介意当学生的这样做）。

　　当然，我这样做的同时，还将使用康德的理性批判的方法，对民间文学—民俗学的单纯理论理性的认识论范式加以限制。这就是说，我对先生的认识，将一方面被严格限制在经验材料的直观范围内；另一方面，对于超出经验的部分，我会特别说明：这不是根据理论理性对经验材料予以概念规定的证明方法，而是借助实践理性对经验现象的先验条件予以"理念还原"（康德）的阐明方法，而给予的。

　　而这也就意味着，在我的基于实践理性的"实践认识"的方法论视线中，先生是以一位"以言行事"（do things with words）（奥斯汀）的民俗、民间文学"'书写型'传承人"[1] 的自由"演述者"（performer），或者负责任的"表演者"[2] 的身份被呈现的。而我这样做的条件是：一

　　　　① "'书写型'传承人"，参见高荷红《满族说部传承研究》，中国社会科学出版社 2011 年版，第 94 页。对于民俗、民间文学来说，传承就是阐释，而阐释也是传承，参见吕微《神话何为——神圣叙事的传承与阐释》，社会科学文献出版社 2001 年版，第 217 页。

　　　　② 参见［美］鲍曼《作为表演的口头艺术》，杨利慧、安德明译，广西师范大学出版社 2008 年版，第 12 页。

来，先生漫长的学术经历为我认识先生的学术理念、学科观念的传承与变异，奠定了一个可据以考察的"长时段"的必要性；二来，则因为先生的"走心"，也因为先生的勤奋，满足了我的问题意识被"应许"的文字材料和访谈资料的充分性——以此，先生本人就成了我这一次田野研究的个案对象。

而我的这次田野调查要验证的假设是：民间文学—民俗学学科的理论范式和实践范式，作为人类理性的理论使用和实践的使用在学术、学科中的体现①，往往会在学者的学术生涯中造成其学术思想乃至理智与情感的自相矛盾与自我冲突，进而如果一个人把理性的两种使用都加以充分的发挥，那么，这个人内心的痛苦，将与理性的两种使用因"走心"而被发挥的程度成正比。②

有鉴于此，我的本次深入田野，关注的主要问题将是先生的学术理论与实践，重点并不在先生的情感与心理。因为先生情感上的痛苦和心理上的矛盾，在我假设中，都被预想为起源于先生对学术理性的两种使用（学科范式的个人风格）而导致的结果。以此，"农村的生活和农民的口传文学与民间文化的耳濡目染，融入血液，深入骨髓，时时撞击着我的心胸，使我无法忘情"③；以及，共和国"不同时期不同倾向的'主体价值观'的辗转周折给先生造成的身心重压"等情感、心理事件，在我使用的主观性还原（观念直观）的现象学方法中，其可能用以理解和解释先生的学术思想及其理论与实践的有效性，都暂时被搁置了。④

----

①　"这里所谓'学科范式'，我是援引康德划分理性的理论运用和理性的实践应用作为标准，将学科范式大致区别为经验实证—理论认识的学科范式，以及先验论证—'实践研究'的学科范式。"参见本书第九章《民俗复兴与公民社会相联结的可能性》。

②　本章所论与本书第九章《民俗复兴与公民社会相联结的可能性》直接相关，即通过对先生作为民间文学—民俗学学者的个案研究，验证我在该文中提出的中国民间文学—民俗学之理论范式和实践范式的自我矛盾与自我转换的命题，而先生在其学术生涯中所遭遇的种种困境，实际上就是学科范式的自相冲突，在一个人身上的体现。理性的理论使用和实践使用的"康德问题"，在学术史上被反复讨论，可参见［德］韦伯《学术与政治》，冯克利译，三联书店1998年版；陈平原《中国现代学术之建立——以章太炎、胡适之为中心》，北京大学出版社1998年版。

③　刘锡诚：《在民间文学的园地里——我的学术自述》，收入刘锡诚《民间文学：理论与方法》，中国文联出版社2007年版，2010年第2次印刷。

④　"悬置""悬搁""搁置"，即"不设定"实体对象的存在，换句话说，既不肯定实体对象的存在，也未否定其存在，只是对其存在暂不表态，不让实体对象参与到观念直观当中，以便让意向对象显现出来，是胡塞尔现象学的独特方法。

相反，先生的情感和心理，倒是需要用先生的学术思想所体现的学科的理论范式和实践范式的相互关系来理解和解释，唯其如此，我们才有可能通过先生的个案，认识先生投身于其中的民间文学—民俗学的学科范式。当然，先生的情感和心理对先生本人的学术实践会产生反作用，即因"走心"而把理性的两种使用都充分地发挥，正是以此，在我的田野视域中，先生才充分地展示了其个人的魅力，并且"典型"地回应了我的问题意识。

二　民间文学："纯艺术化处理"的
　　现代性普遍模式

先生 1957 年毕业于北京大学俄罗斯语言文学系，师从我国著名的俄语文学翻译家、作家曹靖华，加上农民的出身、对乡土的怀恋、对下层文化的熟悉与热爱，似乎从一开始就注定了先生与俄苏民间文艺学之间毕生相系的命运。今天的年轻人已经无法想象，像《苏联民间文学论文集》（先生是译者之一，作家出版社 1958 年出版）、《苏联民间文艺学四十年》（先生与先生的夫人马昌仪先生合作翻译，科学出版社 1959 年出版）等论著所体现的苏联民间文艺学学术思想及学科理论，在当年的中国民间文学界"灯塔"般的地位。[①] 正如朝戈金在"刘锡诚先生从事民间文艺研究60 周年研讨会"上的发言所指出的，自从先生的学术步伐一踏入民间文

---

① 　钟敬文在为连树声译《苏联口头文学概论》撰写的"序言"中描述："苏联学术界是今天世界学术界的一座灯塔。它用炫目的强光照射着前进的学者们的航路。"参见 ［苏］克拉耶夫斯基《苏联口头文学概论》，连树声译，东方书店 1954 年初版，第 5 页。"建国以后，在这方面，我们也介绍了苏联学界的著作，一直到苏联片面毁约之前，他们这方面的言论对我们的理论工作无疑产生了一定的影响。而影响较大的，还是那些被介绍过来的一般的文学原理、文艺学导论的著作。因为我们学界专门搞民间文艺学的人比较少，更多的是一般爱好文艺、从事这样那样文艺工作的同志。而那些外来的文艺学导论一类的书，以及深受这类著作影响的中国著作，是流通很广的。"钟敬文：《谈框子》，收入钟敬文《民间文艺谈薮》，湖南人民出版社 1981 年版。"钟敬文的《口头文学：一宗重大的民俗文化遗产》是一篇有时世针对性、有相当深度的文章，在苏联口头文学理论的影响下，第一次提出了'人民口头文学'、'人民口头创作'的概念（术语）……由他首倡的这种学术理念，几乎流行了整个 20 世纪五六十年代。"刘锡诚：《20 世纪中国民间文学学术史》，河南大学出版社 2006 年版，第 590 页。

学—民俗学界，就站在了一个理论的制高点上。也就是说，先生的学术生涯，不仅仅始于对民间文学传承的直接感受，同时也源于对民间文学阐释的知性思考①，这一点至关重要。

今人在总结学术史的时候，一谈到 20 世纪 50 年代意识形态化的中国民间文学研究，对曾经主导了中国民间文学界的苏联民间文艺学，总是斥之以"苏联模式"，恨不得将这段不光彩的经历，彻底清除出中国民间文学—民俗学学术史的历史记忆；但是，又有谁曾认真地研究过，所谓的"苏联模式"究竟包括了哪些内容？又给我们留下了什么值得继承和必须反省的东西？所以，如果前些年有谁问我："什么是苏联模式的民间文艺学？"至少对我来说，还真是一头雾水，直到最近这些年，才有先生（2006 年）、黎敏（2008 年）、毛巧晖（2010 年）等人，在钟敬文老先生（20 世纪 80 年代）初步反省的基础上，心平气和地再陈述了那段历史。

　　新中国成立后，我国模仿苏联的研究模式，将民众的文艺与作家文艺归在一个系统，完全割裂了它与民俗学的联系，仅当作一般文学来看待，曾经一度将民间文学［folklore］称为"人民口头创作"、"人民口头文学"等。②

我想，这是对何谓"民间文艺学的苏联模式"的一个有事实依据的

---

①　关于知识"始于……"和"源于……"的区分，康德写道："尽管我们的一切知识都是从经验开始的，它们却并不因此就都是从经验发源的。"［德］康德：《纯粹理性批判》，邓晓芒译，人民出版社 2004 年版，第 1 页。

②　毛巧晖：《马克思主义民间文艺学的中国化进程》（未刊）。"依照苏联学界的意见，把民间文学，只作为纯粹的文艺创作看待，即除了文艺学的角度外，一般不从其他人文科学的角度去进行考察、探索。"钟敬文：《钟敬文民间文学论集》，"自序"，上海文艺出版社 1985 年版，第 8 页，转引自黎敏《建国初十年民俗文献史》，中国文史出版社 2008 年版，第 92 页。"把作家文学的批评标准——以形象的塑造、内容的是否深刻作为判断作品的标准，亦即把作品的社会政治历史作用放在首位——移用于民间文学，把民间作品等同于一般作家文学。"不仅如此，中国民间文艺研究会的"本应属于国学研究或人文科学研究的民间文学研究工作，却纳入了文艺工作体制"，"由于中国文联所属各协会的任务是组织创作，而只有民研会的职责是搜集与研究，故而常常发生工作对象和工作方式的矛盾和争论。本来应是科学研究的团队，却误入了文艺团体的胡同里。"参见刘锡诚《20 世纪中国民间文学学术史》，河南大学出版社 2006 年版，第 590、583、589 页。

简明判断①，以至于三十年多后的 1986 年，"中芬三江联合考察"时，芬兰民俗学家仍然"清晰地认识到"，在中国学界，"民间文学"的概念是"足够响亮"的：

> 中国民俗学的概念与西方民俗学的概念之间存在着差别，这不仅体现在对"民俗"的定义上，也体现在田野材料搜集当中：中国的口头传统有时会在传统笔记中受到关注，民间诗歌的作者也并不总是匿名的，而是被大家所记忆与尊敬的。在这样一种氛围中，"民间文学"的概念已经足够响亮：它是真正的"中间的文学"，处于民俗与文学之间，跨越了口头与书面的边界，成为两者中间的一个常态，构成了精英文化与民间文化之间的一座桥梁。民间文学对民族文化的建构的作用被认为是重要的，在中国 55 个少数民族的多民族背景中，人们会谈到多元的"文学"与"文化"，而不只是从民俗学的观点来看。②

当然，从世界的"视界"看民间文学—民俗学学科，"对于'folklore'的研究，在实际应用方面，［也多］是专指'民间文学'"③，以至于美国学者厄特利在对 folklore 这一术语的使用情况做了一番考察之后断言："'民俗学'［folklore］这个词的使用，主要指非书面的文学。［而］宗教与工艺，则被归入范围更广泛的民族学范围，这是大多数美国人类学

---

① "1949 年—1957 年，［中国］民间文艺学领域总共出现了五部民间文学概论著作：钟敬文《民间文艺新论集》（北京中外出版社 1950 年版），赵景深《民间文艺概论》（上海北新书局 1950 年版），［苏］克拉耶夫斯基著、连树生译《苏联口头文学概论》（上海东方书店 1954 年版），［苏］A. M. 阿丝塔霍娃等合编、连树生译《苏联人民创作引论》（上海东方书店 1954 年版），匡扶《民间文学概论》（甘肃人民出版社 1957 年版）……五本概论共同包含的内容有：民间文艺学的性质与意义、民间文艺与文人、民间文艺的语言、民间文艺的搜集与整理。这几方面是按照同一时期文艺学研究［规范］而列出，其目的是要阐述民间文学作为一种文学的研究，实现了民间文学研究的文艺学转向，建立了民间文艺学研究的基本框架，完全摒弃了民俗学的研究视野。"毛巧晖：《20 世纪下半叶中国民间文艺学思想史论》，上海文化出版社 2010 年版，第 26、28 页。

② 王杰文：《北欧民间文化研究（1972—2010）》，学苑出版社 2012 年版，第 138 页。

③ 毛巧晖：《马克思主义民间文艺学的中国化进程》，未刊。

家所提倡的"①，并且形成了传统，至今不衰②。

鲍曼自己曾指出，在民俗学与人类学界，"表演"（performance）一词至少有三种有所重合，又各有侧重的意义：第一，表演作为实践（performance as practice），也即表演作为处于特定情境的日常实践。这是从马克思主义的实践（praxis）概念来的观点。第二，表演作为文化表演（cultural performance），或用亚伯拉罕的命名——"扮演"（enactment）。这与象征人类学，如格尔兹、维克多·特纳等的理论密切相关。第三，表演作为口头诗学（poetics of oral performance），作为处于特定情境中口头互动交流的艺术实践。而鲍曼本人，以及大部分运用表演理论的民俗学家都主要持第三种观点。国内主要介绍的表演理论，如杨利慧的《表演理论与民间叙事研究》，安德明和杨利慧翻译的鲍曼的《作为表演的口头艺术》（Verbal Art as Performance）等表演理论著作，也都主要是这第三种意义上的表演。③

我国各民族各地区的非物质文化遗产，在联合国教科文组织的《保护非物质文化遗产公约》中规定的"非遗"五个门类中，除了第五类传统手工艺外，第一类"口头传统"、第二类"表演艺术"、第三类"仪式、节庆"、第四类"有关自然界和宇宙的知识和实践"，几乎都涉及到原始宗教或民间信仰、灵魂观念、巫术现象、蒙昧思维，以及科学未知的其他领域等。这些非物质文化遗产类别和项目，在意识形态领域中具有敏感性。我们在非物质文化遗产保护工作中，对这些敏感问题和敏感项目，一般都采取了回避态度，俗话说属于"可做而不可说"者，即民众尽管

① ［美］厄特利：《民间文学：一个实用的定义》，收入［美］邓迪斯编《世界民俗学》，陈建宪、彭海斌译，上海文艺出版社1990年版。
② 户晓辉批注："我们都知道，美国学者朱姆沃尔特曾指出，美国民俗学有人类学和文学两个方向，参见 Rosemary Lévy Zumwalt, American Folklore Scholarship: A Dialogue of Dissent, Indian University Press, 1988。"见 http：//www.chinesefolklore.org.cn/forum/redirect。
③ 彭牧：《实践、文化政治学与美国民俗学的表演理论》，《民间文化论坛》2005年第1期。

信、尽管传、尽管做，但文化主管部门则睁一只眼闭一只眼，不报、不评、不选、不保，任其自生自灭，而把注意力更多地放在了戏曲、曲艺、音乐、舞蹈、工艺美术等艺术表现形式方面，而且一般都把上述类别和项目中的杂糅的民间信仰等敏感因素，按自己头脑中的"主体价值观"和政治标准，做"净化"处理，使其"纯艺术化"了。（第 113 页）①

---

① 先生关于中国民间文学—民俗学学科的单纯文学方向的相关表述如下："长期以来我们所遵循的文化理念是非常狭窄的，甚至多少陷入了误区。国家文化行政主管机关的任务，实际上主要是专业艺术的管理，以创新为基本的出发点，而传统文化、特别是下层民间文化的收集、继承基本上没有进入政府工作的视野。"（第 152 页）"我们比较地重视非物质文化遗产中的'表演艺术形式'部分，而对像第三项（如属于民俗的礼仪和节庆活动）、第四项（如图腾信仰、民间信仰）以及文化空间（如庙会祭典中俗神崇拜）等涉及意识形态的领域，则更多地持否定性态度，这不仅与联合国教科文组织的《公约》的理念不符，而且仍然在坚持一种非唯物史观的文化观。"（第 153 页）"重视表演艺术形式而忽视或轻视民俗生活和礼仪、忽视或轻视有关自然和宇宙的知识等领域的非物质文化遗产，是我们长期以来固守的文化理念，这种狭窄的、多少有些误谬的文化理念，还多多少少残存在许多主持其事的文化工作领导干部的头脑之中。"（第 153—154 页）"在我们的'四级'非物质文化遗产名录的申报和评审中，对风水这种关于自然和宇宙的民间知识，却不置可否，以致迄无进展，无疑是不正确的文化理念作祟。"（第 156 页）"以往我们对文化的理解，太狭窄了。从政府的层面上看，大体只把表演艺术形式看作是文化或文化的主流。"（第 157 页）"从文化的视角来看。联合国教科文组织《公约》中规定的'非物质文化遗产'的类别中，还有一些门类或项目，是我们过去多数人所理解的'文化'概念中未包括进来的，如第三项'社会实践、礼仪、节庆活动'；第四项'有关自然界和宇宙的知识和实践'；第五项'传统手工艺'。对我国基层的文化工作者来说，这些项目和类别都是陌生的领域。其实，这些领域，包括本来就是文化的题中应有之义，是一个民族文化的重要组成部分，不过因为我们过去所理解的'文化'过于狭窄了，把许多本属于文化范围的内容给忽略掉了或排挤掉了。长期以来，我们一是强调文化的意识形态性，二是强调文化的艺术性、审美性和娱乐性，以此，把文化理解得太过于狭窄了，把由'社会获得的和社会遗传的行为模式'构成的文化给阉割了，剩下来的，就只有音乐、舞蹈、戏剧、美术、曲艺这些艺术表现形式才是文化了。实践证明，只承认'表演艺术'才是文化或非物质文化遗产，而排斥掉社会实践、礼仪、节庆活动，民众关于自然界和宇宙的知识和实践，传统手工艺，无疑是一种狭隘的、经不起检验的错误的文化观。"（第 163 页）"联合国教科文组织《公约》中规定的第四项有关自然界和宇宙的知识和实践，第五项传统手工艺，对文化工作者来说，就是全新的、陌生的领域。其实，这些领域本来就是文化的题中应有之义，不过因为我们理解的狭窄，把许多本属于文化范围的内容给忽略掉了或排挤掉了。现在，我们必须重新学习和树立正确的文化观。……长期以来，我们一是强调文化的意识形态性，二是强调文化的艺术性、审美性和娱乐性，把文化理解得太过去狭窄了，把文化阉割了，认为只有音乐、舞蹈、戏剧、美术、曲艺这些艺术才是文化。"（第 192 页）

有学者指出，在 UNESCO［联合国教科文组织］和 WIPO［世界知识产权组织］的工作讨论中，folklore 这一术语主要被"艺术地"用于涵盖口头传统与表演（oral traditions and performances）。[1] 普罗特也指出："对人类学家来说，'民俗'是艺术的一个技术性词汇，即使他们也不能对'民俗'给出一个精确的定义。"[2]

历史上、特别是人类社会早期阶段形成并延续下来的鬼神崇拜、巫术迷信等蒙昧思想和行为，并没有明确写在公约规定的受保护的"非物质文化遗产"项目之列。至少可以看出，各国专家们在起草并一致通过这个文件时，是把口头文学（口述传说、神话——有关自然界和宇宙知识等）及语言、民间艺术（表演艺术和工艺技能）、社会风俗、礼仪、节庆等，与上面提到的那些蒙昧信仰加以区别的。（第 47 页）[3]

这就是说，不仅是苏联和中国，即便在美国乃至今天在联合国，一谈到 folklore，做"纯艺术化""处理"（第 113 页），"使民间创作变成至纯

---

① 巴莫曲布嫫：《非物质文化遗产：从概念到实践》，《民族艺术》2008 年第 1 期。

② 巴莫曲布嫫：《非物质文化遗产的概念化过程》，《中国社会科学院院报》2007 年 6 月 12 日。

③ "在'非物质文化遗产'这一概念下面，无论是联合国教科文组织的文件，还是我国国务院及其文化主管部门的文件中，'民间文学'（联合国文件里用的是 oral traditions）都被列为第一项，在世界各国的非物质文化遗产中也都是最基本的一项。"（第 212 页）"也有人指出，《公约》中的'd'项即'有关自然界和宇宙的知识和实践'，就包括了鬼神信仰、巫术等这一类神秘的精神文化。总之可以看出，各国专家们在起草并一致通过这个文件时，从世界范围来说，要保护的非物质文化遗产是：口头文学（口述传说、神话——有关自然界和宇宙的知识等）及语言、民间艺术（表演艺术和工艺技能）、社会风俗、礼仪、节庆等，而对那些鬼神信仰、巫术等蒙昧精神文化部分，是并没有明确列入保护名单之中的。没有明文列入公约的保护对象，并不说明鬼神信仰（包括祖先崇拜等）、巫术迷信等神秘文化不属于非物质文化遗产或民间文化。"（第 56 页）"又如第 4 款'有关自然界和宇宙的知识和实践'，提法也显得过分笼统，在我们的文化传统中有'民间信仰''民间知识''巫术''风水'等，以及相当普遍地存在于和弥漫于一切民间文化形态中的形形色色的神秘思维，理所当然地属于'有关自然界和宇宙的知识'这一类，但在文本中却没有明确指出，而这些又是在对非物质文化遗产进行保护时无法回避和绕过的。"（第 90—91 页）

至美的文艺作品"（第 57 页），都是相当普遍的做法①。以此，民间文学作为历史地形成的民间文学—民俗学学科曾经的最主要也最重要的研究方向（但先生认为，民间文学和民俗学应该分属两个学科，详见下文），就不仅仅属于苏联模式，而是属于民间文学—民俗学的普遍性范式、世界性范式，就其纯文学、纯艺术的学科方向和认识论的学术方法（而毋论其实践的目的、功能）来说，我们可以暂时称之为"现代性的理论范式"②，而民间文艺学的苏联模式只是通过意识形态的强制手段，用这一现代性的普遍范式、世界范式规定了国家学术。

于是，我们甚至可以说，民间文学—民俗学内部的文学（文史）方向和民俗（文化）方向之间的自我矛盾或自相冲突，对于民间文学—民俗学这项学问、这门学科来说，可能是与生俱来的——并且与康德所云人类理性的理论使用和实践地使用这两种使用方式有深刻的关联——以此才有了先生出于思想上的敏感和学术上的敏锐，对 20 世纪中国民间文学学术史上，文学流派与民俗学流派之基本分野的学术史认识。③

---

① 当然，关于《公约》本身是否存在对"非物质文化遗产"做"纯艺术化"处理的倾向，有不同的理解和解释，如先生也说到"许多过去不属于文化范畴的领域，现在进入了非物质文化遗产"（第 191 页）。"向云驹利用参加联合国教科文组织文件起草工作的芬兰民俗学大家航柯的资料，细数了从民间文学、民间创作、民间文化到非物质文化遗产的多次改进，认为内中贯穿着以民间文学为主要保护对象的思想。"高丙中：《非物质文化遗产：作为整合性的学术概念的成形》，《河南社会科学》2007 年第 2 期，收入高丙中《民间文化与公民社会——中国现代历程的文化研究》，北京大学出版社 2008 年版；高丙中《日常生活的文化与政治——见证公民性的成长》，社会科学文献出版社 2012 年版。

② 学科方向当然并非学术范式，但学科方向可以反映学术范式。"与理论的知识对立，又与思辨的知识对立的，叫作实践的知识。……包含命令的知识是实践的，并且是在与理论的知识相对立的意义上称为实践的。因为理论的知识不陈述应当是什么，而陈述是什么；不以行为，而以存在为其对象。反之，如果我们使实践的知识同思辨的知识相对立，那么实践的知识也可以是理论的知识，只要从那里引出来的是命令。从这一观点来看，实践知识是从内涵上看的，或者说，是客观上实践的。我们所理解的思辨知识，是那些不能由以引导出行为规则或不包含可能命令之根据的知识。例如，神学中就含有大量单纯思辨的命题。此类思辨的知识永远是理论的，但不能反过来说每一理论的知识都是思辨的。从其他观点看，理论的知识也可以同时是实践的。"〔德〕康德：《逻辑学讲义》，许景行译，商务印书馆 2010 年版，第 85—86 页。

③ 参见刘锡诚《20 世纪中国民间文学学术史》，河南大学出版社 2006 年版，第 7 页；刘锡诚《论中国民间文艺学史上的流派问题》，收入刘锡诚《民间文学：理论与方法》，中国文联出版社 2007 年版。

至于民间文学—民俗学的不同问学方式（不同的方向和方法）之间，何以民间文学的学术取向在长时间内抑制了民俗学的研究倾向？这里无法详论，仅仅提示一点：在近代以来的中国，民间文学—民俗学只取其纯文学——被认为包含了"'民主'成分"①的政治因素——的学术倾向而压倒了民俗（被认为包含了诸多封建迷信的宗教要素②）的研究取向，其"纯艺术化""处理"的目的或动机，以及功能和效果，无不指向了改造"俗民"为"国民"的现代性"新民"的实践进程③；以及近代以来国际—世界范围内的文学创作、文学评论与研究，及文学史写作，与"文学公共领域"的实践建构（包括"民间文学对民族文化的建

---

① 列宁语。（第 34 页，第 84 页）

② "20 世纪的 100 年……对非物质文化遗产的摧残是前所未有的，指民间文化为封建迷信和污秽糟粕，为中国落后的根源，以割断和消灭这种扎根于民间社会的文化传统为能事。"（第 166 页）"在我国非物质文化遗产保护工作中，特别是申报和评审国家级、省（市）级、地（市）级、县（区）级'四级'名录的工作中，出现了一种怪现象，即工作者们极力回避项目中涉及民间信仰的问题……这种暗中回避民间信仰的图谋，其根源在于现实生活中民间信仰的不合法性。"（第 173 页）"有人过去认为、有的至今还认为民间文化是落后的思想形态的产物，是渗透了封建迷信思想、小农思想等的文化，不仅不能引导人们前进，反而会毒害人们的思想。"（第 83 页）"普通所谓民俗学，却大抵是以私的迷信为限。"周作人：《乡村与道教思想》，收入《周作人民俗学论集》，上海文艺出版社 1999 年版。黎敏引多尔逊（Dorson, Folktales of China, Forword, Edited by Wolfram Eberhard, Chicago University Press, 1965, pp. Xii—Xiii）认为，新中国成立后，"民俗学"这个术语因被看作资本主义的术语而遭到摒弃。参见黎敏《建国初十年民俗文献史》，中国文史出版社 2008 年版，第 89 页。"他们还直接对民俗学研究采取了极端的排斥态度，如爱伯哈德博士所回忆的：'这些资产阶级民族主义者把民俗学当成了危险领域，说民间文学家们在搞复活迷信意识的活动。'"［美］洪长泰：《到民间去：1918—1937 年的中国知识分子与民间文学运动》，董晓萍译，上海文艺出版社 1993 年版，第 266 页。

③ "大多数国家的学者是把民间文学看作是民俗的一部分或与民俗有密切联系的精神现象。我国则把民俗学批评为资产阶级的科学，把民俗学的学者斥为资产阶级学者，在研究民间文学作品时完全不顾其与民俗的关系，更无视人类思维、语言、巫术等对民间文学的影响，而把它作为一种纯粹的文学现象来对待，显然是进入了误区。这种倾向的造成，固然是与片面地学习毛泽东的《讲话》和苏联经验有关，而在'左'的思想下，把民间文学等同于一般文学创作，把它当成'为政治服务'的工具的思想泛滥，也是一个重要原因。"刘锡诚：《20 世纪中国民间文学学术史》，河南大学出版社 2006 年版，第 621 页。

构的作用"①）这个韦伯式的问题之间的密切关系②……就足够了。就此而言，民间文学—民俗学的纯文学方向，就其实践的目的（动机）、功能（效果）来说，又不能简单地将其归纳为"现代性的理论范式"——也许名之为"现代性实践的理论范式"更为恰当——尽管其使用的方法是单纯理论（认识论）的，就像卡西尔《启蒙哲学》评论浪漫主义与启蒙主义的实践理性，使用的是完全一样的理论理性的认识方法。③

　　文学作品的主题内容作为愿望的表达从来为执政者、研究者所重视，一般常识也认为，与作家作品不同，来自民间的口头文学往往传达了民众的群体声音，因此从周代以来，天子就有"采诗"之举以"观风知政"，于是有了乐府（宋·郭茂倩《乐府诗集》）；也记录俚语小说，于是有了"稗官"（《汉书·艺文志》）。晚明的文人和"五四"学者都在时调俗曲中发现了足以"发名教之伪药"的"男女之真情"（明·冯梦龙《叙山歌》）；而共产主义者则在民间文学中确认了现代中国革命的民众思想基础——反抗斗争精神。为了论证劳动人民是阶级斗争的主导方面，因而也是决定历史发展的主体力量，从[20世纪]50年代后期到60年代前期，民间文学的流传史险些被当作中国文学史的主流来书写。这样，从晚明开始的这股"价值重估"的细流终于汇成大潮，导致民间文学在共和国时期最终获得了可以傲视所有文人文学的崇高地位，数百年间"价值重估"的思想运动于

---

①　参见王杰文《北欧民间文化研究（1972—2010）》，学苑出版社 2012 年版，第 138 页。

②　哈贝马斯《公共领域的结构转型》着重讨论了"文学公共领域"的问题。"《公共领域的结构转型》一书是一部马克斯·韦伯式的社会史著作。"参见［德］哈贝马斯《公共领域的结构转型》，"1990 年版序言"，曹卫东等译，学林出版社 1999 年版，第 19 页。关于近代以来中国的"文学公共领域"的建构，已有大量的研究成果，如郭剑鸣《文学公共领域：中国近世市民社会的一种雏形》，《江西师范大学学报》2004 年第 5 期；仲红卫、张进《论清末民初文学公共领域的形成及特征》，《兰州大学学报》2004 年第 6 期；郭剑鸣《关于中国近世文学公共领域的思考》，《学术研究》2004 年第 12 期；李群《近代中国"公共领域"中的"文学公共空间"》，《学习与探索》2011 年第 1 期；杨永明《中国现代文学公共领域的发端及其影响》，《云南师范大学学报》（哲学社会科学版）2013 年第 3 期。余不赘述。

③　户晓辉批注："细究起来，文学艺术方向也不全是理论研究，而是也有实践研究，只是因为缺乏康德式的划分，所以混在一起，不自觉而已。"

是成为可理解的逻辑历程。①

晚清时期,无论是改良派还是革命派学者们,虽然他们不是专门从事民俗学或民间文艺的研究者,但他们关于民俗学和民间文艺的理论和实践,都是为他们张扬的资产阶级民主主义理想服务的,无疑也催生了或奠定了一门新的人文学科——现代民间文艺学及神话学的基础。"五四"新文化运动的历史意义在于,它是一次思想革命、语言革命和人性解放的革命。晚清近 20 年间在外来文化的影响下萌生和成长起来的中国现代民间文艺学,虽然在学理上还显得幼稚,却因其以蕴藏在普通老百姓中间、对民族团结和社会整合起着重要作用的民俗事象,特别是以民间文艺为对象,而对抨击和对抗封建思想、拯救人的灵魂起着更为深入的作用,所以在"五四"新文化运动前后,受到了许多进步知识分子的重视,并纳入新文学运动的洪流之中,成为新文学运动的一翼,得到了迅猛的发展。这也就决定了中国现代民间文艺学从这时起,暂时放弃了从西方移植来的文化人类学的学理方面的探讨,而转向了主要以文化对抗和心灵教化为指归的民间文艺的搜集研究为方向的发展道路。②

解放以后,代表劳动人民大众执政的中国共产党就肯定了民间文学学科,而把民俗学定性为"资产阶级学术"加以批判。原来,我认为民间文学和民俗学都是周作人、胡适这些人开创的,本质一致,为什么肯定一个,批判一个?现在,我明白了,原因在于民间文学研究大体是在进行文学分析,没有使用过多的"科学至上主义"的审查,因而对于民间文学的价值多数是肯定的;而民俗学研究更多使用了"科学至上主义"的审查,多数民俗被归入迷信,因而民众的"革命性"被消解,引起新政府的不满。在此,我无意为新政府对民俗学进行政治干预做辩护,我只是提醒大家这种干预是有其逻辑的,

---

① 吕微:《民间文学:现代中国民众的"道德—政治"反抗——欧大伟〈中国民众思想史论〉对〈定县秧歌选〉的研究之研究》,《民俗研究》2001 年第 2 期。
② 刘锡诚:《20 世纪中国民间文学学术史》,河南大学出版社 2006 年版,第 6 页。

并非来源于个别领导人的主观意志。①

正是与建构中国现代民族国家和民主社会的"代表型文学公共领域"②的"本土理路"相结合③,民间文艺学的苏联模式才对共和国初期的民间文学研究产生了"灯塔"般的影响,这导致了纯文学方向的"现代性实践的理论范式",在 20 世纪 50—60 年代的中国民间文学—民俗学的学术研究中占据了"领袖"的地位,并最终在学科体制中体现出来(民俗学被排除出正规学科的国家体制,而民间文学被规定为国家体制中的正规学科)④;进而,从 20 世纪 80 年代迄今的中国民间文学—民俗学的"后现代"实践范式转向,其修正纯文学方向的"话语"流弊(文学公共领域中的集体认同抑制了社会公共领域的形成,乃至完全遮蔽了奠基于社会公共领域的个体权利)的实践目的论、功能论的逻辑进程,也才

---

① 陈连山:《重新审视五四与中国现代民俗学的命运——以 20 世纪对于传统节日的批判为例》,《民俗研究》2012 年第 1 期。

② "民众被代表型统治排挤在外,因此,民众属于建构这一代表型公共领域的前提条件之一。"[德]哈贝马斯:《公共领域的结构转型》,"1990 年版序言",曹卫东等译,学林出版社 1999 年版,第 6 页。从哈贝马斯的"公共领域"的命题,特别是其中的"代表型公共领域"的命题,可以引申出一系列对中国问题的思考。

③ 刘锡诚《20 世纪中国民间文学学术史》"绪论"概述了从"五四"歌谣运动到"40 年代从内地迁徙到大西南的社会学—民族学者们所做的民间文学调查与研究"和"同样 40 年代延安的学者和文艺工作者们在解放区所做的民歌与民间艺术收集工作",直到 50 年代的中国民间文艺学,作为实践的人文学科"到民间去"的"本土理路"。"从延安来的文艺干部,多数原本都是轻视民间文艺学的,受毛泽东的延安文艺座谈会讲话的感染和教育,转而开始重视民间文艺了。但他们大致上是把民间文学和作家文学等同对待,用思想内容的进步与落后、是否能为政治服务、艺术上是否典型、情节结构是否合理、语言是否精练等等,来作为衡量民间文学的标准,没有看到更不可能强调民间文学的特殊性。从国统区来的学者教授们,则比较熟悉西方民俗学的理论和方法,他们把民间文艺当作民俗学的分支之一,通常是从社会、思维、宗教、民俗等角度来看待民间文艺,却常被当作资产阶级的学术来对待。同样都重视搜集和阐述民间文艺,但这两种不同的学术立场观点,却显出很大的差距。"刘锡诚:《20 世纪中国民间文学学术史》,河南大学出版社 2006 年版,第 11、618 页。

④ "1955 年,根据苏联专家的意见,北师大调整了各系教学组织,将原来的教研室改为教研组,'人民口头创作'隶属于中文系的中国文学教研组,课程也从原来的四年级开设调整为一年级开设,开设时间为一学年,每周 2 课时。这种变动意味着对民间文艺学这门课程理解的变化,即逐渐更倾向于对它作文艺学的理解,这一点与苏联民间文艺学的学科特点是一致的。"黎敏:《建国初十年民俗文献史》,中国文史出版社 2008 年版,第 125 页。

是可以理解的①，如高丙中就曾用个人的感受，描述了经典的纯文学方向的民间文学—民俗学堕入单纯的理论范式后的流弊，以及包括了学术方向、学科性质的调整在内的学科范式转变的必要性和必然性。

> 这种学术诉求的转变是时代在我身上的投影。我在 1980 年代初从一般的语言文学训练转向民俗学［即"民间文学—民俗学"——笔者补注］，这着实是对神魔故事、奇风异俗的追本溯源大感兴趣，诸如情节雷同故事的发源地和迁徙路线、发须爪作为魔胜所代表的原始心理、龙凤的原型、端午节的真实来历，这些都是非常具有吸引力的题目。这种研究的［民间文学—］民俗学显然是一种文史研究，仍然是一种好古、发思古之幽情的文人雅士学问。这种学问最能彰显作者个人的博学与才情，所以特别吸引青年学生。但是，当我真正被吸引进去，开始探求它的学问之道后，却逐渐发现它在学术上已经不属于我们这个时代了。②

> 民俗学可以奠定理解民众文化生活的学科目标以纠正形式主义的偏向。当代人类学重视文化理解和意义阐释，这对我们颇有启发。历来对于民俗的形式研究往往有证据不足的问题，一些孤立的资料常常是被大胆的想象和推测联系到一起的。大量的此类研究与其说是在证明什么事实，不如说是一种智力游戏。民俗的形式主义研究着眼于"俗"却把"民"悬置起来，离开事件谈事象，违背"人本"说文本，无视内容（意义）论形式。不谈意义的文化研究没有什么意义。要理解民众的生活，通过实地调查记录他们生活的民俗过程是第一个步骤，然后必须把民俗事象置于事件之中来理解。把文本与活动主体联系起来理解；意义产生在事件之中，是主体对活动价值的体验，撇开事件的主体，也就无所谓意义。……我们希望民俗学从发挥高度想象力的

---

① 参见本书第八章《民俗学的笛卡尔沉思》。
② 高丙中：《日常生活的文化与政治——见证公民社性的成长》，"序言"，社会科学文献出版社 2012 年版，第 2 页。"传统的文学研究流派的学者及其研究方法，在'新时期'以来受到某些质疑后，也多彷徨于道，处于踯躅不前的状况。"刘锡诚：《20 世纪中国民间文学学术史》，河南大学出版社 2006 年版，第 12 页。

智力游戏转向严肃的入世的学术，关心人，关心人生，关心生活。①

我在《中国民间文学的西西弗斯》一文中也指出，

现在想来，在中国民间文学学科内部，那股数十年来始终不离左右的民俗学"分离主义"倾向究竟意味着什么？如果把民间文学与民俗学之争置于一个"共时性"的学术思想和学术方法的平台上看，也许我们更应该这样看待两者之间的争辩：不是民间文学与民俗学学科对象、研究范围之间的相互蕴含从而导致的边界不够清晰，而是两者之间，究竟应该继续走在人文学术（精神科学）的道路上，还是应该转而走向社会科学的前途问题？因此，民间文学的民俗学化实际上更深层次地反映了民间文学研究乃至民俗学研究的社会科学化倾向。而这一倾向反过来又伴随着学科对象、研究范围从文化（文学、文本）层面扩大到生活（田野、语境）层面而更加复杂化了。
…………

在这方面，我想说的是，先生自己也曾积极地参与、推动了这一学术转向的进程。

---

① 高丙中：《中国民俗学的人类学倾向》，《民俗研究》1996 年第 2 期，收入高丙中《民间文化与公民社会——中国现代历程的文化研究》，北京大学出版社 2008 年版；高丙中《日常生活的文化与政治——见证公民性的成长》，社会科学文献出版社 2012 年版。后来，高丙中对自己曾经的关于民间文学—民俗学的形式主义、智力游戏的理论范式的观点有所修正，认为，民间文学—民俗学的文学方向，既可以从理论范式也可以从实践范式的不同角度予以理解和规定："笔者在 1990 年写作博士论文的时候，笔者的一个主要的意图就是批判民俗学的遗留物研究。但是，后续的历史却证明，这个时期让文化遗留物在知识上重新成为可见的，对于中国社会在后来的变化中重新建立与自己的传统的连续性具有关键的作用。当时对'遗留物'作为文化现象的发掘，对'遗留物'的言说作为合法话语的呈现，实际上奠定了中国社会后续发展的文化基础，凝聚了中华民族的文化认同的集体意识或集体无意识。……不管民俗学者在那个时代对作为遗留物的中国民俗说了什么或者怎么说过，我们今天感到欣慰的是，他们的述说本身开启了遗留物重新成为日常生活的有机组成部分的可能性。他们的论说曾经被中国社会科学的兄弟学科所忽略、轻视，事实是他们的学术活动参与改变了中国社会的文化现实，最起码是呼应、催生了一个新的文化中国的问世。"高丙中：《日常生活的现代与后现代遭遇：中国民俗学发展的机遇与路向》，《民间文化论坛》2006 年第 3 期，收入高丙中《民间文化与公民社会——中国现代历程的文化研究》，北京大学出版社 2008 年版；高丙中《中国人的生活世界——民俗学的路径》，北京大学出版社 2010 年版；高丙中《日常生活的文化与政治——见证公民性的成长》，社会科学文献出版社 2012 年版。

先生一贯重视民间文学学科的理论建设，20 世纪 70 年代末二度主政中国民间文艺研究会期间，先生对学会甚至对整个学界最重要的贡献就是把理论研究提升为学会以及学界的主要工作，那是共和国成立以来"民研会"最辉煌的时期。期间，当时站在学术前沿的学者如王松（1984 年）、柯扬（1984 年）等我们上一代的学者，都提出了多学科、多角度、整体性、综合性地研究民间文学的议题，其中最具代表性的是段宝林对民间文学的"立体描写"研究（1982—1986 年），以及青年学者兰克对民间文学背景系统的立体"体察"研究（1985 年）。

先生自己也在 1988 年发表了关于民间文学研究方法论的重要学术论文《整体研究要义》。先生在《整体研究要义》中提出了通过"田野考察和参与观察"打破民间文学搜集和研究相互分离的状况，进而提出了整体研究的基本目标——还原到民间文学"原初的生存环境"——的理论命题。但也正是当时学界普遍主张的这种建立在对"他者"进行更全面、更整体的实证、经验的研究基础上的认识论的彻底化、对象化，导致了民间文学研究的民俗学转向以及后续的社会科学转向。

于是，伴随着民间文学纯文本研究向民俗学文化、生活研究的认识论整体性和彻底对象化转向，以及民间文学—民俗学学科的社会科学化转向，民间文学自然被"含"进民俗学乃至社会学。与此同时，民间文学研究的经验论、实证论倾向也被进一步加强，从而遮蔽了其本然的、可以还原为纯粹描述的人文学术，即作为交互主体（集体）的精神（意义）现象学的民间文学，而不是仅仅作为呈现文化与生活的对象"事实"的实证性、经验性的社会科学的可能性。①

---

①　本书第六章《中国民间文学的西西弗斯》。民俗学的人类学化、社会科学化问题，参见高丙中《中国民俗学的人类学倾向》，《民俗研究》1996 年第 2 期；郭于华《试论民俗学的社会科学化》，《民间文化论坛》2004 年第 4 期。"中国民俗学在二十年前基本上是文史之学，在最近二十年里，它增加了社会科学的内容，把实地调查作为知识生产的基础，从面向历史转而面对当下。"高丙中：《日常生活的文化与政治——见证公民性的成长》，"序言"，社会科学文献出版社 2012 年版，第 1—2 页。"1986 年前后，我甚至是较早强调'跨学科研究'的一人，并就整体研究的方法写过一篇长文。吕微先生写了一篇长文《中国民间文学的西西弗斯》（分别发表在《中国社会科学院报》2008 年 7 月 31 日和《民俗研究》2008 年第 4 期上），比较客观地、有分析地论列了我的这一基本立场和基本观点。"刘锡诚：《在民间文学的园地里——我的学术自述》，收入刘锡诚《民间文学：理论与方法》，中国文联出版社 2007 年版，2010 年第 2 次印刷。

　　民间文学—民俗学的民俗学方向与人类学倾向，以及社会科学属性的合理性与合法性被重新确认，导致了 20 世纪 80 年代，民俗学在中国国家的学科体制中正式地位的重新恢复。但是，民俗学的地位在体制内的恢复，如上所述，并不仅仅是引发了学术（文学、民俗学）方向的调整，以及学科（人文学科、社会科学）属性的改变，而是进一步预示了日后整个学术或学科范式的根本转换，因此是中国民间文学—民俗学学术史上一次重大事件的预演。因为，对于中国民间文学—民俗学来说，最重要的不是学术方向，也不是学科建制和学科属性，而是如何能够通过文学公共领域和社会公共领域的建构性实践，促进每一个人的个体权利（民间文学—民俗学的基本问题）的学科（理论、实践）范式的转型问题①。

　　不幸的是，随着民俗学取向的日渐强化和文学倾向的日趋萎缩，在民间文学—民俗学学科内部，作为学科方向之一的民间文学的学科地位却随之一天天下降（就逻辑而言，民间文学方向本身并不一定要依赖于民俗学方向和社会科学属性，才能实现学科范式的实践转型），"中国民间文艺学的学科建设再次进入了一个低谷时代"②，以至于先生一次又一次地奔走呼吁，恢复民间文学的二级学科的正式地位，尽管这些"旷野里的呼声"（第 27 页）最终都是无果之行，但先生以其执着的努力，在中国学界树立起了一面"中国民间文学的西西弗斯"的悲剧性旗帜③。

　　有时我想，先生如此地坚持其农民式的固执，究竟是因为什么？毫无疑问，先生（因出身贫苦而）热爱民间文学这门以认识下层阶级为己任的学问、学科，但是除此之外，难道在先生的血液中，就不曾依然沉淀着民间文艺学的苏联模式（纯文学方向）的色素？重读先生和马昌仪先生五十多年前翻译的《苏维埃民间创作的历史材料》（刘锡诚、马昌仪译）、《论俄罗斯民间文艺学史的研究》（刘锡诚译）、《苏联民间文艺学四十年》（刘锡诚、马昌仪译），以及杰出的克鲁宾斯卡娅等编写的《民间文学工作者手册》（马昌仪译），总让人感慨万千。毕竟，那时的先生正值二十四五岁的风华年纪，而人年轻时接受的世界观和方法论的训练，总会

①　参见本书第八章《民俗学的笛卡尔沉思》。
②　刘锡诚：《20 世纪中国民间文学学术史》，河南大学出版社 2006 年版，第 13 页。
③　参见本书第六章《中国民间文学的西西弗斯》。

潜移默化地规定着我们每个人一生的活动、行为（在经验直观中，这似乎是一个难以证实也无法证伪的事情，除非诉诸于胡塞尔式的"观念直观"方法），尽管，也许，我们始终都不自知。但是这次，面对学生的提问，先生明确地回答说："你说我受俄罗斯、苏联时代民间文艺学的影响，是对的，尤其是三大批评家［别林斯基、车尔尼雪夫斯基、杜勃留波夫］和果戈里的民间文学思想对我影响。"①

先生的内心充满了纠结，说这纠结起源于先生与民间文艺学的苏联模式的"前世姻缘"，也不为过。因为，我根本没有办法，在经验直观中把先生对于苏联的民间文艺学模式，在理智上的认同和拒绝②，与在情感上的不离不弃——两者都是先生所主张、所表达的——截然地割裂开。就像我们很难把民间文学—民俗学学科的文学（文史）方向与民俗学（文化）方向，与学科的人文属性和社会科学属性，以及学科的理论范式与实践范式，做截然的划分一样。③尽管我曾在《中国民间文学中的西西弗斯》一文中，根据康德关于理性的实践使用的基本原理，替先生为民间文学"进一言"的努力④，提供了一种关于学科的单纯文学方向—人文属性之

---

①　在阅读了本章内容之后，先生于 4 月 17 日给笔者的来信，见本章附录。另参见刘锡诚《十九世纪俄国古典作家的民间文学观概述》，《文史哲》1964 年第 3 期，收入刘锡诚《原始艺术与民间文化》，中国民间文艺出版社 1988 年版。

②　"我们的学界过去的主流意识是，主张文化是有阶级性的，从'五四'起就几乎持这样的观点，一直都没有太大的变化。到 20 世纪 50 年代，受苏联的影响，这种观点更强化了。一度把民间文化（主要是民间文学）称为'人民创作'或'劳动人民的口头创作。'"（第 157—158 页）

③　民间文学—民俗学学科的文学倾向与民俗学取向的不同研究方向、作为人文科学与社会科学的不同学科性质，以及学科理性的理论使用与实践使用的不同学术范式，三者之间的关系，就不同的对象、方法、目的、功能来说，是相互交错的。民间文学—民俗学的文学方向和民俗学方向，既可能属于人文科学也可能属于社会科学，既可能属于理论范式也可能属于实践范式。把学科划分为理论理性（认识）和实践理性的学术范式，是根据康德对理性的不同使用方式的区分，而非现代性体制下对学科属性或学科方向的划分。例如，就目的和功能来说，民间文学—民俗学的单纯文学方向，也会导致在"文学公共领域"中的实践效果，因而并不能完全用纯粹"学院式"的脱离公共领域的"理论范式"来界定；用脱离公共领域的"学院派""理论范式"界定民间文学—民俗学的文学方向，是仅就其认识论的方法论而不是实践论的目的论和功能论而言。

④　参见刘锡诚《向国家学位委员进一言》，《文艺报》2001 年 12 月 8 日，收入刘锡诚《民间文学：理论与方法》，中国文联出版社 2007 年版。

实践范式的可能性论证①，但这也不能稍稍解开先生的心结，因为与我所主张的民间文学—民俗学的两个（文学和民俗学）方向不同，先生主张，"民间文学与民俗学是两个有紧密联系而又是分立的学科"②。

> 百年来的民间文学运动和民间文艺学的思潮，从来没有离开过中国的具体国情而自我完善、自我发展，而是与中国国情、百年来发生的重大历史实践相联系，并成为中国民间文学学术研究的一个重要特点。……把民间文学（民俗也一样）变成手中把玩的古董，离开中国国情和时代发展而孤芳自赏的纯学术，大概是不会有出路的。
>
> 20世纪的百年间，尽管中国的民间文学学科一直处在西方人类学派民俗学和神话学的影响之下，但由于中国的文化传统的悠长和坚固，中国始终与西方国家不同，民间文学与民俗学从来是分立的两个学科。……有些学者热衷于根据西方民俗学的模式"依样画葫芦"，使民间文学和民俗学长期处于分分合合、合合分分的争论中……民间文学和民俗学两个学科，最终都因没有建立起自己的学科理论体系和独立的方法论，而未能摆脱依附［于文学或社会学等其他学科——笔者补注］的地位。
>
> 自90年代起，民俗学得以复兴，故而有学者便再次拣起前50年的老话题，倡导以西方为模式改造民间文学学科，将其纳入到民俗学学科的部属之下，脱离文学学科而改属于法学学科之下，成了三级学科。如此一来，不仅未能保住民俗学本身的学科地位，反而多少导致了民间文学学科的衰落、甚至倒退。
>
> 展望前景，在中国的国情和文化传统下，民间文学和民俗学仍然宜作为两个各自独立的学科存在和发展，才可能免得重蹈50年走过

---

① 民间文学作为"纯粹文学方向—人文性质的实践范式"，也是先生自己的认识，"我们把民间文艺学看作是人文科学的一个分支学科"，"中国民间文学的百年学术史，其学科内部，大体上是两种思潮：一种是以文载道的中国传统文学价值观为引导和宗旨的文学研究和价值评判体系，一种是……""从其诞生之日起，中国现代民间文艺学就显示出'反传统'的思想锋芒和'到民间去'的平民意识，百年的发展历程中时刻与国家民族的命运休戚相关。换言之，中国现代民间文艺学绝非几个人想象出来、不食人间烟火的'纯'科学，而是具有鲜明的时代性和强烈的社会功能性的一个人文学科。"参见刘锡诚《20世纪中国民间文学学术史》，河南大学出版社2006年版，第7、9、855页。

② 刘锡诚于4月17日给笔者的来信，见本章附录。

的但没有结果的覆辙。把民间文学隶属于文学学科，借重文学和美学的武器进行研究［而不是隶属于单纯理论理性的"学科至上主义"的民俗学和文化人类学学科——笔者补注］，更符合中国的国情和文化传统，但并不意味着把民间文学与作家文学等同视之；还要、甚至更多地要借助于民俗学和文化人类学的一些行之有效的研究方法。①

那么，先生根据什么理由，就认为民间文学与民俗学是"两个学科"呢②？先生给出的理由是："民俗是民族或群体的'生活方式'"③，而民间文学只是反映生活的"意识形态"。换句话说，如果民俗作为"生活方式"是"生活本身"，那么民间文学作为"意识形态"就是对"生活本身"的"艺术反映"。④应该说，先生分别给予民间文学与民俗学的学科定位，理由相当充分，逻辑上也没有纰漏⑤，而先生的立场和观点，据先生自己说，深受"19世纪俄国古典作家的民间文学观"的影响⑥，而不仅仅是苏联的民间文艺学。

> 民间文学是广大的底层民众的精神产品，是意识形态。……在中国，民间文学与民俗学从来是有联系而又有区别的，实际是各自分立的两个学科，把民间文学看做是文学的一部分，是符合中国国情和中国文化史实际的［也是与苏联学术界所主张的民间文艺学模式相一

---

① 刘锡诚：《民间文学学科向何处去？》，《社会科学报》2007年5月24日。

② 户晓辉批注："有意思的是，那一代学者还有叶春生先生也持类似的观点，'它们不是种属关系，而是交叉的两个学科'。参见叶春生《简明民间文艺学教程》，湖南文艺出版社1987年版，第26—27页。"

③ 参见刘锡诚《国情与民俗备忘录》，《报告文学》2002年第4期，收入周星主编《国家与民俗》，中国社会科学出版社2011年版。

④ 参见刘锡诚《二论21世纪民间文学研究的当代使命——关于中国特色的民间文艺学》，《民族艺术》2013年第4期。

⑤ 户晓辉批注："大作涉及的问题，还有继续讨论和研究的空间。中国学者接受和理解的东西，虽然对他们自己的认识来说可能不算复杂，但咱们细究起来还真是不简单，因为这些东西原来并不简单。……如果民间文学是意识形态，那么它与政治意识形态有什么关系？作为意识形态的民间文学如何避免政治意识形态的干扰和侵犯而保持独立性？这是锡诚老师留给我们的问题。"

⑥ 参见刘锡诚《十九世纪俄国古典作家的民间文学观概述》，《文史哲》1964年第3期，收入刘锡诚《原始艺术与民间文化》，中国民间文艺出版社1988年版。

致的——笔者补注]。民间文学与民俗有密切联系，又交织难分，但民间文学与民俗在本质上又是有区别的。从其本质上看，民间文学属于意识形态，是生活的反映，而不是生活本身。把民间文学看作是民俗的一个部分、看作生活本身，从而改变民间文学作为社会生活的艺术反映的性质，也就是说抹杀了民间文学的意识形态性。鲁迅说的民间文学的目的在"表达意见"，"表达意见"当然就是表达老百姓的观点，不是依附于统治阶级的士大夫阶层的观点，更不是统治集团的观点，其意识形态性昭然可见。所以，我觉得，［像苏联模式那样——笔者补注］在与作家文学对举中，阐释民间文学是一种特殊的文学，论述它的特点和优长，分析它的意识形态性，是无可非议的。……但现在，有些学者又走向了另一个极端，将其说成是社会民俗、甚至是生活的一部分，从而完全否定了民间文学的意识形态性。①

20 世纪 20 年代就介绍到了中国的西方民俗学，把民间文学（口头文学）看作是民俗的一部分或衍生物。这种见解，在前六七十年间的中国学界虽有所传播，但却从未被中国学界接受为主流学说。到了 21 世纪，随着美国文化的大量涌入，西方民俗学说在中国学界获得了适宜的发展土壤。但笔者并不认为现代西方民俗学在民间文学（口头文学）的定位上的观点，适合于中国的文化土壤和现代学科发展。西方民俗学的要害，是抹杀民间文学的文学特质：其一，抹杀创作者和传播者所创作和传承的民间作品的"发表意见"（鲁迅语）的意向，即文学所固有的再现现实生活特性和表达意见的意识形态性，以及透过民众世界观的棱镜反映出来的、以形象化的形式描写现实的态度。在这个问题上，有一种观点，把民间文学和民众的日常生活等同起来，认为民间文学就是生活本身，不存在前者是后者的反映或再现的关系。……80 年代中后期以来，随着西方强势文化的登陆中国，在其影响下，国家学位委员会有违中国文坛和学坛的传统，在缺乏深入调查研究和多方协商的情况下，抹杀民间文学作为文学之反映社会

---

① 刘锡诚：《二论 21 世纪民间文学研究的当代使命——关于中国特色的民间文艺学》，《民族艺术》2013 年第 4 期。

生活的特性，即用形象反映民众的现实生活、民众"发表意见"的意识形态性，以及民众审美理想和审美趣味的功能，把民间文学及其研究归到民俗学之下。这种将具有意识形态特性的民间文学等同于民俗，至少在中国，是一种学术的倒退。①

没有疑义，视民间文学为"反映"或"再现"生活的"意识形态"，进而把民间文学"与作家文学并行""与作家文学对举"或"将民众的文艺与作家文艺归在一个系统"（前引毛巧晖），这样一种对民间文学的学科定位，与苏联的民间文艺学模式，是相互吻合的；当然，先生以及先生的前辈钟敬文老先生都认为，苏联的民间文艺学模式并不仅仅把民间文学（苏联人称之为"人民口头创作"）与作家文学并行地对举。②

只是这里要强调的，是先生对中国现代民间文学的学科定位，并非仅仅把目光盯在 20 世纪 50 年代的苏联模式，而是上溯到延安传统，更向上追溯到了"五四"传统甚至中国文化的历史传统③；其中，先生特别强调中国民间文学学科的"五四""文艺"的实践传统，先生称之为"早已形

---

　　① 刘锡诚：《21 世纪：民间文学研究的当代使命——关于中国特色的民间文艺学》，《民间文化论坛》2013 年第 1 期。

　　② "过去我们在对待学术问题上，片面地理解和因袭了苏联（包括俄国）的学科结构，而忽视了世界大多数国家的情况和本国这方面学术的历史传统。其实，苏联虽然把'民俗学'（folklore）这个世界性术语，在使用上，一般限于'人民创作'或'人民创作学'的范围中，但是，他们学界并不是没有关于民俗现象的搜集、探究活动，不过大都把它归属到'民族志学'（或译'民族学'）的范围里去罢了……解放后，我们既把'民间创作'代替了全面的民俗现象，又没有更好地发展'民族志学'这类学问，结果就当然把应该发展的民俗学科学抹杀了。"钟敬文：《〈民俗学译文集〉序》，《民俗研究》1985 年试刊号。《民俗译文集》即王汝澜等编译《域外民俗学鉴要》，宁夏人民出版社 2005 年版。"在一般从事民间文学研究的人的心目中，苏联的理论就是这样的，其实苏联民间文学界和民俗学界是有不同流派存在的，在主流之外，就还存在着和发展着被西方学界称为'形式主义'的流派，而我们却对此一无所知。而更重要的是，对西方的民间文学和民俗学理论成果，亦步亦趋地跟在苏联人后面，对其采取排斥和批判的态度，不能不使我们自己长期处于半封闭的状态中。"刘锡诚：《20 世纪中国民间文学学术史》，河南大学出版社 2006 年版，第 619 页。"俄罗斯的民间文学研究中的诗学传统很丰富、很有生命活力，即使不是超越西方民俗学，也是独树一帜的，但其主要著作（如维塞洛夫斯基、梅列金斯基等）我们并没有翻译介绍过来，魏庆征介绍了几本，也没有人注意。50、60 年代我们介绍过来的，虽然也有当时的大家，但应该说，只是人家的皮毛。"刘锡诚 4 月 17 日给笔者的来信，见本章附录。

　　③ 参见刘大先《现代中国与少数民族文学》，中国社会科学出版社 2013 年版，第 127 页。

成为坚固的传统的诗学的研究"①，尽管先生同样并不认为，"五四"以来的纯文学的"诗学"传统（在先生看来，所谓"诗学"传统就是《歌谣》周刊"发刊词"所云"民族的诗"的"文艺的"传统）中，没有掺杂进丝毫民俗学的形式主义研究成分②。让我们再来回忆一下，《歌谣》周刊"发刊词"是怎么说的：

> 本会搜集歌谣的目的共有两种，一是学术的，一是文艺的。我们相信民俗学的研究在现今的中国确是很重要的一件事业……歌谣是民俗学上的一种重要的资料，我们把它辑录起来，以备专门的研究：这是第一个目的。……从这学术的资料之中，再由文艺批评的眼光加以选择，编成一部国民心声的选集。意大利的卫太尔曾说："根据在这些歌谣之上，根据在人民的真感情之上，一种新的'民族的诗'也许能产生出来。"所以这种工作不仅是在表彰现在隐藏着的光辉，还在引起当来的民族的诗的发展：这是第二个目的。③

在建国"十七年"时代，以中国民间文艺研究会为代表的民间文学的收集、整理、研究，以及以高校与研究机构为代表的民间文学教育和研究，大体上可以说是延续了、继承了北大《歌谣》周刊"发刊词"中所说的"文艺的"传统，以及 40 年代在延安鲁艺文学系、音乐系和文艺运动资料室得到发扬的传统，把民间文学作为文

---

① 参见刘锡诚《21 世纪：民间文学研究的当代使命——关于中国特色的民间文艺学》，《民间文化论坛》2013 年第 1 期。

② "主要由于意识形态的原因，'十七年'时期，'延安学派'所倡导的民间文学的文学研究，得到了很大发展，换言之，在学术界占了绝对优势"，但是，"在百年民间文学学术发展史上，理论、观念、方法，甚至流派（学派），是多元而不是一元的，而且从来也没有统一过，即使是共和国 50 年的时代。""1962 年……这一年的这些机遇和措施，接续'五四'以来的民间文学研究，而且对长期冷落了的民俗学也敞开了一条门缝，显然促进了一种正常的学术研究气氛的养成。"参见刘锡诚《20 世纪中国民间文学学术史》，河南大学出版社 2006 年版，第 8—9、594 页。

③ 《〈歌谣〉发刊词》，《歌谣》第一号，北大歌谣研究会出版，1922 年 12 月 17 日，收入《歌谣》第 1 册，中国民间文艺出版社影印，1985 年版；亦收入《周作人民俗学论集》，上海文艺出版社 1999 年版。

学，成为新中国文艺中与作家文学并行的一脉。①

与先生所强调的"五四"以来中国现代民间文学学科的纯文学的诗学传统不同，先生认为，西方现代民俗学模式，存在着严重地脱离实践（单纯理论理性）的"形式主义的研究倾向"（"在国际上已经盛行多年、被认为是形式主义的研究倾向"②）。

> 但现在，有些学者又走向了另一个极端，将其［民间文学］说成是社会民俗、甚至是生活的一部分，从而完全否定了民间文学的意识形态性，或热衷于民间文学的形态学范畴的模式化、类型化……承认民间文学属于意识形态，承认民间文学具有强烈的意识形态性，就不能避开它的作者们的社会地位。民间文学是自原始社会以后的任何一个社会形态中的广大劳动者的文学创作，我想，这应该是没有疑问的。过去，在有关文献中，还往往在"劳动者"之前加上"被压迫的"几个字。到了非物质文化遗产保护时代，2003 年联合国教科文组织通过的《保护非物质文化遗产公约》中，对于包括"民间文学"类在内的非物质文化遗产的作者的社会身份忽略不计，只承认其特点是口传心授、世代相传、在一定社区里被创造和再创造，并被在社区所认同和持续发展。这一定义，基本上等同于"创作的人乃是民族全体"，也可以说，回到了或同意了西方人类学派 19 世纪末 20 世纪初所提出的观点，显然与我们建国以来民间文学领域里的传统的观点大异其趣。我们的传统观点认为，民间文学是下层劳动者的创作，包括农民、手工业者，而联合国教科文组织的这个定义恰恰是我国学界五六十年代批判的资产阶级的理论。由于《公约》只关注"非遗"在一定的社区里被创造和被认同，而对其创造者、持有者、传承者的社会地位，亦即是否劳动者采取忽略不计的立场，所以，在我国的非物质文化遗产保护（项目申报、认定、保护）上，大量宫廷的、宗

① 刘锡诚：《二论 21 世纪民间文学研究的当代使命——关于中国特色的民间文艺学》，《民族艺术》2013 年第 4 期。

② 参见刘锡诚《21 世纪：民间文学研究的当代使命——关于中国特色的民间文艺学》，《民间文化论坛》2013 年第 1 期。

教的文化遗产,如天坛祭天、地坛祭地、宗教音乐、宫廷音乐等,给予了足够的注意,而对由普通劳动者创造的而又没有利益可图的民间文学类则相对关注不够。①

有些年青一代的学者,力图撇开所谓(社会)"分层"这类传统的理论、立场和概念,他们"更多地从民间文学发生与传承的方式入手来理解民间文学的基本属性"[吕微《中华民间文学史·导言》,1999 年——笔者补注],于是提出了诸如"类型""模式""体裁"等作为理解和研究民间文学的"核心"……在 2003 年联合国教科文组织通过的《保护非物质文化遗产公约》中,对于包括"民间文学"类在内的非物质文化遗产的作者的社会身份忽略不计,只承认其特点是口传心授、世代相传、在一定社区里被创造和再创造,并被认同和持续发展。这一理念已被我国政府所接受。但要指出的是,从学理上考察,联合国教科文的这一理念,是与我国近代以来大多数学者的"下层民众"的理念不相符合的,而与我国某些学者的拒绝"分层"论有相合之处。②

这就是说,先生之所以认为苏联的民间文艺学模式适合中国国情,而西方的民俗学模式不适合中国的国情,关键在于,是否承认民间文学是反映、再现民众生活(民俗)即下层民众据以"发表意见"(鲁迅)或"表彰""国民心声"的"民族的诗"(《歌谣》周刊"发刊词")的意识形态性质,因而在先生看来,民间文学是实践的"诗学",而民俗学则是周作人所说的纯粹"学术的"、脱离实践的形式主义(即康德所云单纯理论理性)的"专门的研究"。

我们注意到,先生在批评受西方民俗学模式影响的中国民俗学时,使用了"形式主义"这一概念,而"形式主义"恰恰也是中国民间文学—民俗学的新一代学者(如高丙中)在批评先生那一代学者的民间文学研

---

① 刘锡诚:《二论 21 世纪民间文学研究的当代使命——关于中国特色的民间文艺学》,《民族艺术》2013 年第 4 期。

② 刘锡诚:《21 世纪:民间文学研究的当代使命——关于中国特色的民间文艺学》,《民间文化论坛》2013 年第 1 期。

究模式的时候，所使用的术语或词汇。先生批评民间文学的民俗学转向是认同了"在国际上已经盛行多年、被认为是形式主义的研究倾向"，因而确信"把民间文学（民俗也一样）变成手中把玩的古董，离开中国国情和时代发展而孤芳自赏的纯学术，大概是不会有出路的"①；而高丙中则认为，实现了人类学转向的"民俗学可以奠定理解民众文化生活的学科目标以纠正形式主义的偏向……我们希望民俗学从发挥高度想象力的智力游戏转向严肃的入世的学术"②。两代人的学术诉求其实是一致的（即汪晖所云"态度的同一性"），却都误解对方为脱离实践的形式主义的纯学术，而同时又一致主张"入世"的"诗学"，且反对形式主义"纯学术"的"专门研究"。

当然，同样主张民间文学—民俗学的实践品格，先生那一代学者和新一代学者对主体的理解，仍然有较大的差距。也就是说，在先生看来，"主体"就是说的集体性的下层民众；而在先生的后人看来，主体则首先体现为个体性的一个个具体的人（并且最终要通过自由的"人"的理念体现出来）。前者，作为时代的"意见"，只要我们进入民间文学的文本，就能够"表达"；而后者，作为事件的"意义"，却只有当我们进入民俗的语境，才能够"理解和阐释"。

于是，先生与比自己年轻的一代学者在学术思想上的异同，就如同一桩扑朔迷离的学术公案，被收藏于现代中国民间文学—民俗学学术史上，而我之所以用"扑朔迷离"来描述这一场学术公案，是因为，对于这场学案，无论我们使用学科方向或者学科门类（民间文学、民俗学），还是学科属性（人文学科、社会科学）的概念形式，都无以正确、准确地把握其实质性的所指；仅仅使用学科方向、学科门类和学科属性的概念，我们就会像先生和高丙中那样，相互"指责"对方是"智力游戏"或"把玩古董"的"形式主义"③，尽管他们表达了同样的实践诉求，当然，也正是因为他们同样的实践诉求，才彰显了中国现代民间文学—民俗学（通过一代又一代学者而自我表述）的实践本质，

---

① 参见刘锡诚《民间文学学科向何处去？》，《社会科学报》2007 年 5 月 24 日。

② 参见高丙中《中国民俗学的人类学倾向》，《民俗研究》1996 年第 2 期，收入高丙中《民间文化与公民社会——中国现代历程的文化研究》，北京大学出版社 2008 年版；高丙中《日常生活的文化与政治——见证公民性的成长》，社会科学文献出版社 2012 年版。

③ 户晓辉批注："他们可曾真的相互责难对方？"

而这也就意味着，我们必须像康德那样，从理论理性和实践理性的相互区分的角度，来把握中国现代民间文学—民俗学学科和学术史，否则，我们就无法理解和解释中国民间文学—民俗学的实践转向的实质性进程。

而我们一旦使用康德关于理性的两种使用的"二分法"，来看待中国现代民间文学—民俗学的范式转向，我们就不能把"'五四'—延安—苏联"的民间文艺学模式，和西方的民俗学模式，简单地各自归纳为纯文学方向（或学科）的人文科学，和民俗学方向（或学科）的社会科学，甚至不能简单地分别归纳为纯粹的实践范式和理论范式。① 对于"'五四'—延安—苏联"模式来说，我们也许可以称之为"纯文学方向的人文科学实践的理论范式"，而对于西方模式来说，我们或许可以称之为"民俗学方向的社会科学的单纯理论范式"。对于前者，今天的先生仍然认同其（"诗学"的）实践形式，也仍然认同其（民众下层论的）实践内容；而对于后者，先生则始终赞同其（文化进化论、功能论的）理论内容（详见下文），却始终不赞同其非实践的（"专门研究"的）单纯认识形式。

于是我们可以发现，先生内心的彷徨与苦闷，从根本上说，并非仅仅起源于民间文学—民俗学的学术方向、学科属性的分分合合，以及对民俗学的西方模式的拒绝，并且对民间文艺学的苏联模式的眷恋；而是起源于民间文学—民俗学的更为内在、深层的学科基本问题暨学术理性的理论使用（理论范式）与实践使用（实践范式）——表现为学术方向与学科属性之争——的自我矛盾与自相冲突。即，先生最大的心结起源于先生的内心对学科"实践性"的关切与关怀，而先生的大部分学术生涯都因"走心"而被卷入（尽管是心甘情愿地被卷入）到这些矛盾、冲突的学科问题当中。但是，先生与马昌仪先生，几十年来，日复一日，坐在安静的书斋里，用辛勤的笔耕（也许这就是中国古人所谓的"耦耕"），把我们这个小学科的大问题——民间文学—民俗学的实践性——承担了起来，这是

---

① 高丙中批注："人文学科和社会科学的划分有分类的意义、学科史分期的意义，但是对于一个包含多学科从业者的知识圈来说，可能不是一个非此即彼的选择。民俗学的定位应该是包容的。如果说单论民俗学，可能这种包容不是平衡的，但是加入'民间文学'，成为民间文学—民俗学，反而是无可争辩的平衡性包容更合理，也更合乎历史与现实，乃至多国经验的解释。"

怎样的一件在生活中再平凡不过，但在平静的生活表象之下——即在精神上——却波涛汹涌的事情啊！

三　民间信仰：民间文学与民俗学 理论范式的共同难题

　　如果说，先生为恢复民间文学的学科地位而奔走呼吁，是一位已经流落到学术的权力中心以外的"边缘人"的无奈之举，其间，先生对以苏联民间文艺学为代表的纯文学的学科方向，在情感上的认同要大于在理智上的反省；那么，当先生重返学术管理的咨询机构，被卷入了非物质文化遗产保护的国家行动，当该行动的确需要像先生这样的专家提供理论支持的时候，我们通过先生贡献的《非物质文化遗产保护：理论与实践》这部非"学院式"的学术著作，再一次感受到学科问题给先生的身心造成的沉重压迫，并且最终，让我们领略了先生与自己从青年时代起就倾慕的俄罗斯与苏联民间文艺学之间，在思想上、学术上或隐蔽或公开的关联，因为这种思想—学术上的关联，现在以一种民俗学的学科方向对民间文学的学科方向公然"对抗"的形式表现出来了。在这种公然的"对抗"中，先生主张，民间文学—民俗学的民俗学（文化）方向，要通过打破文化（民俗学）研究自身单纯"形式主义的研究倾向"，回归民间文学实践的"诗学"传统。

　　或许，也可以这样说，参与"非遗"保护的学术实践，真正把先生内心的纠结完全释放了出来。如果说《20世纪中国民间文学学术史》（2006年10月）表达了先生的单纯文学方向（通过学术史重构学科）的理论理性诉求，体现出先生"'坐而论道'的学院式风格"（第3页）的自谦或自嘲；那么《非物质文化遗产保护：理论与实践》（2009年5月）则表达了先生的纯粹文化方向（通过"非遗"守护文脉①）的实践理性精神。先生"走出书斋"，"自觉地打破了惯常的生活"以及纯文学方向的学术研究"向来龟缩在'象牙塔'里"的"孤芳自赏"（亦属先生的

---

　　①　参见刘锡诚《非物质文化遗产保护：理论与实践》收入的如《留住我们的文化根脉》《保持中华文化的生命活力》、《守护精神家园　传承民族文脉》等文。

自谦与自嘲），体现了先生的学术实践的价值关切与人文关怀，尽管先生
采用的仍然是理论理性的学术方法。以此，先生的这两部几乎同时（相
距两年零七个月）出版的著作，就产生了一种在学科方向上的"激烈"
对抗感，以及在学科范式上的"强烈"统一性。也许，正是由于这两部
著作所表达的基于对立感的统一性，先生才能够些许平伏一下自己内心的
纠结。

因为参与"非遗"保护，逼得先生必须回答"非遗"实践中遭遇的
种种现实问题，而这些现实问题除了从实践理性的范式立场上给予先验的
阐明，直观经验无法提供任何理论理性的解决方案（因为问题本身属于
实践理性的先验价值论、权利论）。但是，这种实质性地解决现实问题的
实践理论的纯粹性和彻底性，却只能依赖于中国民间文学—民俗学学者自
己（无法依靠任何外人，无论是学科外的本国学者还是国外的本学科学
者）来提供（这是对中国民间文学—民俗学学者的学术能力的空前检
验），这样，"非遗"实践就把中国民间文学—民俗学学者——实际上是
把民间文学—民俗学学科本身——在实践上逼入了理论的绝境，亦即，中
国民间文学—民俗学，无论是学者还是学科，都遭遇了一场高难度的实
践—理论的挑战。

说得具体一点，中国民间文学—民俗学在理论上陷入的空前绝境，或
遭遇的高难度挑战或检验，究竟是什么呢？根据先生的切身体会，就是在
"非遗"实践中，我们的学科始终无法回避而先生称之为"在我们的国情
下，无疑也是最尖端、最敏感的意识形态问题之一"（第 58 页）的民俗
现象中的民间信仰①（"尽管马克思主义主张历史唯物主义，但这个问题
在我国意识形态下却是一个很难解决的理论问题"②）。"民间信仰"之所

---

① 相关的表述如："非物质文化遗产中的意识形态问题"；"非物质文化遗产与纯文艺的异
同问题"；"非物质文化遗产与民间信仰问题"。（第 283—284 页）

② 刘锡诚：《二论 21 世纪民间文学研究的当代使命——关于中国特色的民间文艺学》，《民
族艺术》2013 年第 4 期。"在［非物质文化遗产］代表作的推荐和遴选过程中遭遇的最大困扰是
与民间信仰相关的门类，学者们［刘锡诚《非物质文化遗产的文化性质问题》，《西北民族研究》
2005 年第 1 期］从历史唯物论的角度通过把它们界定为民族文化之根来进行辩护。"高丙中：
《非物质文化遗产：作为整合性的学术概念的成形》，《河南社会科学》2007 年第 2 期，收入高丙
中《民间文化与公民社会——中国现代历程的文化研究》，北京大学出版社 2008 年版；高丙中
《日常生活的文化与政治——见证公民性的成长》，社会科学文献出版社 2012 年版。

以成为摆在民间文学—民俗学学科和学者面前的一道学术难题①，除了"表现信仰的仪式活动却因为与无神论的国家意识形态和科学相矛盾而不能被国家认为是正确的或正当的"②，正如我在上文已经说明的，还因为在民间文学—民俗学学科内部，始终没有从纯粹实践理性而只有从理论理性的范式立场而从事的学术研究③，中、外（包括马克思主义经典作家）皆然④；而且从理论理性的范式立场上研究民间信仰，在国际上也因对民间信仰的"纯艺术化""处理"而未形成主流，在 20 世纪 50—60 年代的中国学界，甚至被禁止从民俗学的方向和民俗学学科的角度，对民间信仰进行任何理论理性的学术研究，尽管这不是说，中、外学者从来都没有从理论理性的民俗学方向（如顾颉刚民俗学）和民俗学学科（如北欧民俗学）的角度，研究过民间信仰。

　　就中国的国情来说，民俗现象中的民间信仰，因为被认为包含了诸多封建性因素，在现代性实践（"代表型文学公共领域"）中被"禁毁"，因而对民俗、民间信仰出于认识论（更遑论实践论）的民俗学研究，就被排除出了国家学科的正式体制。就西方的国情而言，民俗中信仰现象的正当性（价值和权利）问题，已经由其他学科（哲学、法学、政治学）从实践理论上，并且通过切实的社会实践解决了，即得到了法律上的保

---

　　①　"当代还遍布城乡、为民众广泛承继的一些大型的'文化空间'，如有祭祀仪式和民间信仰内容的世俗节庆、以展示民族起源或民族图腾为宗旨的民族节庆，'庙会''歌圩（会）'等，之所以很难迈过省级或国家级非物质文化遗产名录的门槛，其中一个重要的原因，就是因为它涉及了民间信仰和神秘思维这个禁区。"（第 156 页）

　　②　参见高丙中《日常生活的现代与后现代遭遇：中国民俗学发展的机遇与路向》，《民间文化论坛》2006 年第 3 期，收入高丙中《民间文化与公民社会——中国现代历程的文化研究》，北京大学出版社 2008 年版；高丙中《中国人的生活世界——民俗学的路径》，北京大学出版社 2010 年版；高丙中《日常生活的文化与政治——见证公民性的成长》，社会科学文献出版社 2012 年版。

　　③　"怎样看我们今天仍然在传述传唱的民间文学中存在有民间信仰的内容和观念这样的文化现象呢？这是以往的民间文艺学建设中未能解决、未来的民间文艺学建设中无法绕过的问题。"刘锡诚：《二论 21 世纪民间文学研究的当代使命——关于中国特色的民间文艺学》，《民族艺术》2013 年第 4 期。

　　④　"民间信仰问题之所以在我们国家里成为一个敏感的问题，盖来源于我们的意识形态使然，在经典的马克思主义著作中，我们都没有读到对民众中的民间信仰甚至关于灵魂观念的批判和干涉，我们看到的只是用唯物史观对这样的历史文化现象的［理论］解剖和辨析。"刘锡诚：《二论 21 世纪民间文学研究的当代使命——关于中国特色的民间文艺学》，《民族艺术》2013 年第 4 期。

障，所以在西方，民间文学—民俗学学科同样不曾（也不必）承担起从
实践理性的立场，研究信仰价值与权利的学术任务①。以此，在非制度性
宗教（即中国人所谓的民间信仰）② 的正当性（价值论、权利论）阐明
方面，国际民间文学—民俗学学科在整体上至今处于无语状态，尽管无语
的语境原因，中、西方各不相同。

　　这样，我们就可以理解，为什么先生逢人便说，中国的"非遗"是
在没有理论支持的盲目条件下仓促上阵的，因为，现实的情况就摆在眼
前，苏联民间文艺学纯艺术方向、纯文学学科的理论范式，没有提供一种
民俗学方向和社会科学属性的实践范式的文化价值和权利理论，来满足
"非遗"保护的"文化（多样）性"实践对理论的要求；而引进的无论
是英国（伯明翰）式的"文化研究"③，还是美国式的"口头诗学""表
演理论"，都只能用作"呈现社会事实"——民俗（包括民间信仰）现
象——的理论理性的方法论，同样无法为民俗包括民间信仰现象的价值评
估和权利认定，提供据以判断的实践理性的先验原则，但后者恰恰是
"非遗"保护的实践经验最期待解决的理论问题。④

　　但是，实践理性之先验原则的理论问题一天不解决，政府官员们还会
因为"心有'预'悸"（第46页）而沿袭以往的做法，"按自己头脑中
的'主体价值观'和政治标准，［对民俗特别是其中的民间信仰］做'净
化'处理，使其'纯艺术化'"（第113页）；而非政府的学者，也同样会

---

　　① 根据王杰文对北欧民俗学的研究，北欧民俗学也研究民间信仰，但不是从实践认识的范
式立场，而是从理论认识的范式立场，研究民间信仰，因此，尽管北欧民俗学家也认识到"超自
然是日常生活的完整的一部分"，但只是给出了事实描述，而没有给予价值论判断和权利论阐明。
也许在北欧国家，民间信仰的价值与权利问题，的确是不成其为问题，就像在其他西方国家一
样，天主教、基督教等制度性宗教，在人们的日常生活中占居了主体、主流和主导性地位，而民
间信仰（例如萨满教）只是细枝末节，不像在中国，民间信仰甚至构成了人们的日常生活的本
质规定性。参见王杰文《北欧民间文化研究》，学苑出版社2012年版，第84—85、201、223页。
或者，中国学者对欧美民俗学者已经给予民间信仰的价值论与权利论研究，视而未见？对此，还
需要做进一步的广泛调查。
　　② "非制度性宗教"即"分散性宗教"的命题，参见杨庆堃《中国社会中的宗教——宗教
的现代社会功能及其历史因素之研究》，范丽珠等译，上海人民出版社2007年版，第269页。
　　③ "在近年来相当'火爆'的'文化研究'们的著述中，也压根找不到关于这些既有实
际意义又有理论意义的问题的只言片语。"（第54页）
　　④ "这些著作固然可能给我们以方法的启迪或借鉴，但它们无法解决中国的文化问题。"
（第157页）

无所适从，进而陷入"民俗主义"① 的理论理性的无益论争（对于实践民俗学来说，民俗之"本真"与否的理论认识，是一个伪命题②；唯独在审美感性即同样不是在单纯理论理性的意义上，民俗之"本真"与否才是一个真命题），在缺乏实践理性参与而仅仅由理论理性主导的"知识"混战中，留下"我觉得……"的单纯理论"意见"的一片狼藉。

这让先生感到了从来没有过的压力，这种感觉在为民间文学"进一言"的时候也不曾有过，于是，先生再一次投身到一场为期十年（2002 年、2003 年—　）始于理论理性而终于实践理性的艰苦卓绝的理论建设当中（上一场理论理性的理论建设结束于 2006 年出版的《20世纪中国民间文学学术史》），并且贡献出《非物质文化遗产：理论与实践》（2009 年）这样一部呕心沥血（岂止是"走心"）的学术著作。当我一句一句沿着先生的思路，悉心地体会着先生那真切且深切的实践关怀，我相信，这是一部可与《20 世纪中国民间文学学术史》相媲美（因为两者具有统一性或同一性的关切与关怀），更因其突破了理论理性的实践力量而载入中国民间文学—民俗学史册（自己"呕心"也令读者"动心"）的杰作。

先生等不及了，而且，先生也不想止步于单纯理论认识的"静观"（马克思），就好像自己是个外人一样，远远地看着老百姓（用"双名制"等不是办法的办法）自己为自己争取信仰的权利③。先生要用自己的思考，不是"着力把原则之本质的和不可调和的差别化为措辞之争"④，而是为中国的老百姓（也为世界上的每一个普通人），通过民间文学—民俗学作为实践科学的理论建构（这是国际民间文学—民俗学界未曾做好甚至未曾做过的事情），直接争取"为人的共同的权利"⑤。

---

①　参见王杰文《"民俗主义"及其差异化的实践》，《民俗研究》2014 年第 2 期。

②　参见王杰文《文化政治学：民俗学的新走向？》，《西北民族研究》2005 年第 4 期。

③　参见高丙中《一座博物馆—庙宇建筑的民族志——论成为政治艺术的双名制》，《社会学研究》2006 年第 1 期，收入高丙中《民间文化与公民社会——中国现代历程的文化研究》，北京大学出版社 2008 年版。

④　参见 ［德］康德《实践理性批判》，韩水法译，商务印书馆 1999 年版，第 123 页。

⑤　参见 ［德］康德《反思录》，转引自斯密《康德〈纯粹理性批判〉解义》，卓然（韦卓民）译，商务印书馆 1961 年版，第 39 页。

四　民俗学：并不成功的文化理论"祛政治化"实践

以下，就让我们直面先生的问题，并且沿着先生的思路，走近"非遗"保护的理论与实践，走进先生为我们铺展的这场精神的盛宴。

从 2003 年起，我就在一些能够参加的会议上和公开发表的文章中，一再斗胆地重复这样一个观点：我国的文化研究和"非遗"保护是在理论准备严重不足的情况下上马的，质疑长期以来把文化等同于政治的倾向，建议把我们的"非遗"保护工作置于马克思主义唯物史观的文化论的指导之下。（第 2 页）

从全国来看，这项涉及全民族民间文化的保护行动，其理论准备是严重不足的。所谓理论准备不足，主要表现在：长期以来把文化等同于政治，基本上没有建立起独立的［即单纯理论理性的——笔者补注］文化研究和文化学理论体系，改革开放以来，文化研究开始起步，但主要是介绍了一些外国的文化人类学著作和理论，既没有全面研究和继承马克思主义的社会发展观和历史唯物论原则指导下的文化理论遗产，有分析地吸收种种现代学派的文化学说的有益成果，也没有对中国文化（包括民族民间文化）现状做科学调查，从而建立起我们自己的基本观念和理论体系。（第 91—92 页，第 108 页）

我们对非物质文化遗产（民族民间文化）的保护，是在文化理论研究滞后的情况下起步的，而滞后的理论，往往给我们的实际工作带来某些盲目性，这是不言而喻的。对非物质文化遗产、特别是意识形态特点明显突出的口述作品和表现形式中所包含的某些"蒙昧意识"的认识，长期以来就存在着糊涂的看法和做法，缺乏在唯物史观指导下的理论阐述。（第 53 页）

文化理论的滞后，已严重地制约着民间文化保护工程的科学性和工作的顺利开展。如果这样的问题，不能在历史唯物主义的原则下加以解决，而一任背离历史主义的主观意志论和"左"的文化教条主义继续横行，在未行保护之前就对民间文化进行了主观的［政治］甄别或删改，把一部分划进了或推到了封建迷信或文化垃圾之列，那么，我们的非物质文化遗产保护和抢救工程就可能面临走样，甚至导致对非物质文化遗产的严重破坏。（第 54 页）

　　在保护非物质文化遗产成为国策的今天，现实向我们提出了新的问题：文化研究要迎头赶上，要在开展实地调查的基础上发展和深化文化研究，建立有中国特色的文化理论体系。中国是文化大国，是古老文明之国，我们理应有自己的成熟的文化理论体系。这种理论体系，既不是继续崇尚把阶级斗争年代建立起来的将文化与政治等同起来、继续坚持"非好即坏"的二元对立的理念，也不能盲目地把外国的［单纯理论理性的］文化理论及其框架原封不动地搬进来，并奉为经典，而不解决中国文化［的实践］问题。这两种倾向都应当屏弃。（第 93—94 页）

　　先生认为，"文化理论研究滞后"①，其原因主要是用政治意识形态替代了文化研究，而我还要补充的是（即上文已经讨论过的问题）：国际民间文学—民俗学界在纯文学（民间文学）方向的现代性实践范式，以及文化（民俗学）方向、学科的现代性理论范式下，对民俗特别是其中的信仰部分，从来没有从民俗学方向及学科的实践范式的立场上，给予价值论、权利论（先生谓之民间文化、民间信仰的"身份定位和性质"，第 46 页，第 53 页，第 57 页，第 60 页，第 90 页，第 92 页）以正面的阐明（在现代中国甚至一度禁止从民俗学方向及学科的理论范式的角度，给予民间信仰以认识论的事实呈现）。②

　　正是由于民间文学—民俗学学科的纯文学方向的实践范式，以及文化方向及学科的理论范式，对民俗（包括民间信仰）现象的祛信仰化、纯

---

　　①　"文化理论研究滞后"（第 53、54、55 页），相关表述还有："文化理论相对滞后"（第 278 页），"理论准备严重不足"（第 2、91、274 页），"理论准备严重滞后"（第 152 页），"理论（的）滞后"（第 46、153 页）。

　　②　所以先生认为，"我国没有自己的文化理论"（第 278 页）而只有"中国传统的民间文学理论特别是新中国成立以来的［民间文学］理论"（第 277 页）。

艺术化处理的普遍做法，才导致了非物质文化遗产保护在倏忽之间形成运动时，民间文学—民俗学学者大有措手不及之感。尽管此前（20 世纪 80 年代以来）的中国民间文学—民俗学学科，已经在理念上、观念上完成了从单纯的文学（文史）方向向文化（民俗）方向的转换，并一直在努力追求从人文科学向兼有社会科学"属性"的现代转型；但是，像"民间信仰的正当性"这样的价值论、权利论议题，还没有来得及从文化（民俗学）研究的实践范式立场上给予充分的论证。

　　提出"非物质文化遗产"的概念，就其实践的意义来说，原本就是要在国家间通过开展一场针对民族民间多元文化的保护运动并形成制度，以保障每一个共同体都能够平等地行使其文化选择的自主权利，进而保障每一个人的文化认同的"人权"。① 参与制定"非遗"公约的专家们多是国际知名的民间文学—民俗学家（以此可以说"非遗"保护是民间文学—民俗学学者的实践创举，以及民间文学—民俗学学科的理论骄傲），由于"首义者"多是民间文学家、民俗学家，所以"非遗"保护最初使用的概念是"民间创作"②，其所指的内容（对象、范围），也多是民俗或民间文化（包括民间文学、民间信仰）的传承。从"民间创作"到"非

---

　　① "非物质文化遗产日渐式微""非物质文化遗产的传承和延续出现了衰微的趋势，有的甚至是濒危的严重局面。这也就成为联合国教科文组织、我国政府所以提出保护非物质文化遗产的现实根据。"（第 174 页）"保护非物质文化遗产，其目的就在于留住传统，留住民族文化的根，从而保持文化的多样性和可持续发展。"（第 175 页）但"现实根据"或现实的"目的"不是"非遗"保护的根本目的，参见户晓辉《〈保护非物质文化遗产公约〉能给中国带来什么新东西——兼谈非物质文化遗产区域性整体保护的理念》，《文化遗产》2014 年第 1 期。

　　② 联合国教科文组织 1989 年 11 月 15 日通过的《保护传统文化和民俗倡议书》即 Recommendation on the Safeguarding of Traditional Culture and Folklore，通常被译为《保护民间创作建议案》，不准确。"值得注意的是，在 UNESCO《建议案》英文版的标题和具体内容中，保护对象一律被表述为 folklore，这个概念在中文中对应的翻译，就是众所周知的'民俗'或'民间文学'。而无论是英文的 folklore 还是中文的民俗或民间文学，都早已是构成民俗学（folkloristics）这门学科的基础术语。然而，《建议案》的中文版本却没有采用汉语中早已为人们所熟知的术语，而是发明了'民间创作'来指代民俗传统文化。这样的翻译，也许是为了突出《建议案》所包含的与版权相关的意义，但它却极大地遮蔽了早已成为汉语中一个常见词的'民俗'或'民间文学'所具有的丰富含义，特别是其中所包含的'集体的''传承的'以及'匿名的'等意义，根本是'民间创作'这个似是而非的词语无法体现的。这个新创造的名词，甚至还容易让人理解为'非专业人士即时创作的作品'，从而对推广和普及《建议案》的倡议造成更多的障碍。此外，这种译法，也有意无意地忽略了中国民俗学（包括民间文学研究）领域的工作者近一个世纪以来的努力——当然，在一定程度上，这或许也体现了中国民俗学学科建设的薄弱。总之，这样的翻译，实际上对中文社会正确理解教科文组织在相关问题上的本意，带来了不必要的困难"安德明：《非物质文化遗产保护：民俗学的两难选择》，《河南社会科学》2008 年第 1 期。

物质文化遗产"，"非遗"保护经历了一个核心概念被不断修正和重新命名的正向过程①，以及中国政府与之接轨在前、学界跟进在后（第 152、157 页）的反向过程②。

---

　　① "从'民间创作'到'非物质文化遗产'，终于在这个术语的含义和使用上达成一致，也就是说，'非物质文化遗产'这个术语的形成，有一个相当漫长的过程"（第 160 页）。巴莫曲布嫫指出："非物质文化遗产"的概念"与我们现在看到的《建议案》标题有关：Recommendation on the Safeguarding of Traditional Culture and Folklore. 虽然在保护对象上这里用了两个关键词，一个是传统文化，一个是民俗，但文件的实质性内容与工作框架的主要环节都落实到了'民俗'这个术语上。""《建议案》的英文原题是 Recommendation on the Safeguarding of Traditional Culture and Folklore，直译应为'保护传统文化和民俗建议案'，文件第一段为定义阐述：'Folklore（or traditional and popular culture）is……'中文翻译为'"民间创作（或传统的民间文化）是指来自某一文化社区的全部创作，这些创作以传统为依据、由某一群体或一些个体所表达并被认为是符合社区期望的作为其文化和社会特性的表达形式、准则和价值通过模仿或其他方式口头相传。它的形式包括：语言、文学、音乐、舞蹈、游戏、神话、礼仪、习惯、手工艺、建筑术及其他艺术'。""《示范条款》和《建议案》的发布时间相差 7 年，但在关键概念和措辞上基本保持一致：一则在条款或文件标题上都继续沿用了'folklore'这个至今也剪不断理还乱的术语；一则在正文的定义中都以'民间文学的表达形式'或'表达形式'潜在地替代了争议不断的 folklore，而有关该术语的阐释、辩论和抽绎正是后来'非物质文化遗产'这一概念来源的学理依据。""一些团体对'民间文学艺术'［英文为 folklore］一词的负面含义还是表示了保留意见。""即使是在《非遗公约》通过后，这一以 folklore 为关键词的重要文件也未完全退出'人类遗产'的舞台，在 2005 年各会员国申报第三批'代表作'的工作指南中，《建议案》作为'附件 3'依然是整个操作框架的重要参照，甚至在《公约》的条款中也能看到《建议案》的宗旨和精神依在，改变的只是技术上的用词和术语。因此可以认为，'folklore'一词从《公约》文本中悄然'消隐'，主要是为了绕开该词引发的种种争议。这是由于通过长期的辩论，人们大多厘清了'民俗'一词所附带的负面含义，因而将之视为一个棘手的术语，并达成共识：一则留待将来任何新的法律文件从定义上进行必要的修正，二则在尚未形成共识之前，如果没有可替换的适当术语，就只能在学术概念上继续沿用。"参见巴莫曲布嫫《非物质文化遗产：从概念到实践》，《民族艺术》2008 年第 1 期；另参见安德明《非物质文化遗产保护：民俗学的两难选择》，《河南社会科学》2008 年第 1 期。

　　② "如同联合国教科文组织的文件中把'民间创作'易名为'非物质文化遗产'一样，为便于国际交流和对话，我国政府文件中也不再使用'民间文化'这个妇孺皆知、耳熟能详的本土习惯用语，而接受了国际文件中使用的'非物质文化遗产'这个新的术语及其所包含的理念。理念变迁的影响是深远的，意义是重大的。"（第 1 页）"我国政府第一次以国家文件的形式采用了'非物质文化遗产'这一术语，同时放弃了以往惯用的'民间文化'（民族民间文化）……关于'非物质文化遗产'的这一国家表述，基本上是移植了和认同了联合国教科文组织《公约》的定义。"（第 161 页）"在 2005 年 3 月 26 日发布的《国务院办公厅关于加强我国非物质文化遗产保护工作的意见》中，第一次在政府文件中采用了联合国教科文组织于 2003 年 10 月 17 日通过的《保护非物质文化遗产公约》中的'非物质文化遗产'这一新的术语。"（第 89 页）"2005 年 3 月 26 日国务院又为此发了通知，把原称的'民族民间文化'易名为'非物质文化遗产'。"（第 86 页）

　　这里笔者引述一下联合国教科文组织专家们 1989 年商定的一个定义：“民间创作（或传统的民间文化）是指来自某一文化社区的全部创作，这些创作以传统为依据、由某一群体或一些个体所表达并被认为是符合社区期望的作为其文化和社会特性的表达形式、准则和价值通过模仿或其他方式口头相传。它的形式包括：语言、文学、音乐、舞蹈、游戏、神话、礼仪、习惯、手工艺、建筑术及其他艺术。”需要辩证的是，在这个定义中，联合国教科文的专家们回避采用“民族”或“少数民族”这个概念，而用了“文化社区”这个词儿。我国的行政系列中，没有“社区”这个词汇和区域，只是文化学者们从国外借用来的一个学术术语。在此特定的语境中，“文化社区”指的就是“民族”或“准民族”。其中使用的“民间创作”与“传统民间文化”是同义的。需要补充的是，就其根本性的特征来讲，民间文化是原始文化的遗存，虽然经历过漫长的发展，带上了文明社会、主要是农耕文明的内容，但其核心部分中，还遗留着许多原始先民的思维观念的依稀可辨的影子。这一点，仅用“以传统为基础”来表达是远远不够的。（第 18—19 页）

　　我们熟悉的“民族民间文化”这个专有名词，是我们国内学界约定俗成的一个称谓，意谓由民众以口传心授的方式集体创作出来、传承下去，又为民众所享受的传统文化。……过去，联合国教科文组织也采用“民间创作”等与我们所称的“民间文化”差不多同义的术语。……启用了“非物质文化遗产”这一新的术语。之后……为与国际文件接轨，在我国的法定文件中，开始采用“非物质文化遗产”来代替“民间文化”一词。其实“民族民间文化”与“非物质文化遗产”是两个基本同义的词汇。在《普查手册》里，这两个名词在不同的场合里交替出现……从学术的层面上细究起来，甚至从操作的层面上研究，这两个专有名词的内涵也并不完全一样，存在着一些差异。……民俗学所指称的“民间文化”，主要是指那些为不识字的下层民众以口传心授的方式所集体创作、世代相传和集体享用的文化，是与上层文化相对立的。而“非物质文化遗产”这个概念，则不重视它的创作者和传承者是否为下层民众，而只注重"世代传承"的创作和传承方式，以及在社区和群体中被创造、再创造和认同感。根据我个人的理解，"非物质文化遗产"概念下所包括的内容范围，要比"民间文化"宽和大。……可见"世代相传"——传承——是理解"非物质文化遗产"和"民间文化"的共同性的一个关键。（第191—192页）①

　　"非物质文化遗产"，用以代替了我们国内学界沿用已久的"民间文化"一词。但在政府文件和官方阐述中，都没有见到关于这两个词汇的详细解释，只是说，为了与国际接轨，才把"民族民间文化"改称"非物质文化遗产"。其实，从学理上细究起来，"非物质文化遗产"与"民间文化"并不是两个同义的词汇，起码在中国学界的传统阐释上是有相当差异的。差异是什么呢？在中国传统的民间文学理论特别是新中国成立以来的理论阐述中，"民间文化"是指下层民众制作并享用的文化，而"非物质文化遗产"

---

　　① "《公约》里'非物质文化遗产'这个专名所指称的，大体相当于我国通常所说的'传统民间文化'或'民间创作'。"（第47页）"'非物质文化遗产'这个术语……就《公约》的定义和列举看，它的含义，实在是与我们惯称的'民间文化'相近。在笔者看来，我们惯称的'民间文化'，既包括《公约》中所指称的'非物质'这层含义，又强调其'民间'的性质，亦即在民众中以口传心授的方式世代相传、历史上通常不被官方或上层文化所承认或重视的文化。"（第90页）"'非物质文化遗产'是近十年来才出现的一个新的概念，与我们以往所使用的'民间文化'这个概念相近，但不完全相同。……民俗学所指称的'民间文化'，主要是指那些为不识字的下层民众以口传心授的方式所集体创作、世代传承和集体享用的文化，是与上层文化相对立的。而'非物质文化遗产'这个概念，则不重视它的创作者和传承者是否为下层民众，而只注重'世代相传'的创作和传承方式，以及在社区和群体中被创造、再创造和认同感。根据我个人的理解，'非物质文化遗产'概念下所包含的内容范围，要比'民间文化'宽泛些。……可见'世代相传'，即传承，是理解'非物质文化遗产'和'民间文化'的共同性的一个关键。"（第126页）"从'民间文化'与'非物质文化遗产'异同的视角看。以往我们的学术界和国家文件中所指称的'民间文化'，主要是指那些为不识字的下层民众以口传心授的方式所集体创作、世代传承和集体享用的文化，是与贵族文化、上层文化、精英文化等这类概念相对立的。而'非物质文化遗产'这个新的概念，则不重视其创作者和传承者是否下层民众，而只注重'世代相传'的创作和传承方式，以及在社区和群体中被创造、再创造和认同感。根据我个人的理解，'非物质文化遗产'概念下所包括的内容范围，要比'民间文化'宽和大。……'世代相传'——传承——是理解'非物质文化遗产'和'民间文化'的共同性的一个关键。"（第162—163页）

则并非指下层民众的文化，而是指在一定社区世代相传的文化。……突出了非物质文化遗产是在社区和群体中"世代相传"的和"被不断创造"这两个特点，压根儿就没有提出是属于什么社会阶层的人群创造的和"世代相传"的，而作为下层民众而非上层社会的文化（"五四"时代称"圣贤文化"）这一点，则是我国民间文化理论中的根本性的要点。差异就在这里。在这样的学术理念下，许多原来属于上层文化的文化现象……很轻易地便被接纳为非物质文化遗产，并进入了国家名录。相反，一些民间的文化现象却因其或多或少地粘连着一些民间的信仰成分……而被轻易地排除在名录之外。（第 277—278 页）

在先生看来，《公约》的"非物质文化遗产"概念，与以往中国学界使用以及为政府、民众所熟悉的"民族民间文化"的概念相比，尽管内涵"大体相当"（第 47 页）、"相近"（第 90 页，第 126 页），"但不完全相同"（第 126 页）（"这两个术语及其含义之间，大致相同，但不能画等号，二者之间是有差异的"，第 162 页），其所指的内容范围更"宽和大"（第 162 页）、更"宽泛"（第 126 页），"显得过分笼统"（第 90 页），不"明确"（第 47 页，第 91 页）。先生之所以会认为"非物质文化遗产"的概念较之"民族民间文化"的概念，扩大了其所指，乃是因为中国学者一向坚持（并且被民众普遍接受并在语言使用中体现出来的）"民间"的"下层"性质；而国际民间文学—民俗学界早已放弃了对"民（间）"的"下层"性规定，转而把对"民（间）"的理解和解释，扩大为任何一种"社会群体"（folk groups）[1]。《公约》（通过使用"社区"的概念而表达的）对"民（间）"的认识，显然反映了晚近国际民间文学—民俗学界的普遍共识；比较而言，自从 20 世纪 50 年代以来，中国学者和中国政府的"文化理念是极其狭窄的，大量本来应该属于文化的东西［因"祛信仰化"、"纯艺术化""处理"而］被丢掉、

---

① 参见王娟《民俗学概论》，北京大学出版社 2002 年版，第 8 页。

被弃置了"（第 152 页）①，还不仅仅是用"下层性"来规定"民间"② 的
缘故。

以此，在另一种意义上，"非遗"概念之外延的"宽大""宽泛"
"笼统"，不"明确"，又显得"非遗"的概念所指，其内涵较之"民族
民间文化"，反而是缩小了（让我们回忆一下 20 世纪 50 年代，民俗学的
文化研究之所以被剔出国家体制，正是因为民族民间文化即民俗中包含了
封建迷信的成分，可以反证"非遗"的概念，在使用中其内涵较"民族
民间文学"为狭窄），即由于在使用"非遗"概念时的祛信仰化、纯艺术
化"处理"（第 113 页）方式，使得"非遗"概念在本土的使用中，不能
够明确地把"民族民间文化"（"非遗"的本土对应概念。"口头和非物
质［文化］遗产……即我们通俗说的'民间文化遗产'"，第 41 页）所包
含的信仰现象也包括进来，这就给非物质文化遗产项目的申报、认定，在
实践上造成了诸多困难。也许，这样的困难在中国以外的地方，或者因为
没有意识形态的强制规定而不成其为问题；但是在中国，却的确是个问题
（其实在中国以外的地方也是问题，《公约》对"非遗"概念在信仰问题
上的模糊"处理"方式，就是力争让《公约》具有更普遍的适用性，本
身就说明了问题）。

------

① "在非物质文化遗产保护工作中，如何从过去我们约定俗成的'民族民间文化'理念，
转换到'非物质文化遗产'这个新的理念。前面说过，我国的情况是政府与《公约》接轨在先，
学者随后跟进。引进'非物质文化遗产'这个专名之初，我们还来不及做细致的研究工作，故
有些学者说，'民族民间文化'与'非物质文化遗产'是两个同义的词汇。仔细研究后，我们发
现，这是两个不同含义的词汇，体现着两种不同的理念。以往我们学术界关于民间文化的界定，
大致是指下层民众以口传心授的方式世代相传的文化。我们的学界过去的主流意识是，主张文化
是有阶级性的，从'五四'起几乎就持这样的观点，一直都没有太大的变化。到 20 世纪 50 年
代，受苏联的影响，这种观点更加强化了。一度把民间文化（主要是民间文学）称为'人民创
作'或'劳动人民的口头创作'。郑振铎的'俗文学'观，把城市的市井文化也归到民间文学中
来，因而受到批判，说他是资产阶级的学术权威。联合国教科文组织的定义一出，完全颠覆了我
们关于'民间文化'的传统观念和定义。联合国教科文组织《公约》关于非物质文化遗产的定
义，根本不重视'非遗'作者和享有者的社会地位，而只强调口传心授世代相传，以及在社区
和群体中被创造、再创造并可持续发展这两个特点。……这两大特点（标准），跟我们过去对文
化的理解很不一样，基本推翻了我们过去的民间文化理念。因此，在这次非物质文化遗产保护工
作中，流落到或下降到民间的一些帝王文化、宫廷文化和宗教文化，几乎没有障碍地进入了国家
非物质文化遗产名录……这些项目，在过去我们进行的'民间文化'调查和研究中，是不包括
在内的。这在文化理念上是一个很大的变化。"（第 157—158 页）

② 参见本书第一章《现代性论争中的民间文学》。

而在中国造成这样的问题，苏联和中国执政党及政府的意识形态当然要负责任，世界或国际范围内民间文学—民俗学学科的理论理性的普遍范式也要负责任。否则，民间文化的祛信仰化、纯艺术化处理，最终的结果只能是——如先生所警告的——"非物质文化遗产保护和抢救工程就可能面临走样，甚至导致对非物质文化遗产的严重破坏"（第54页）。因为，信仰是任何民族民间文化的存在条件即普遍规定性甚至本质规定性（"除非改变民间文化的内容和性质，别无他法"，第57页），用先生的话说就是，信仰是"民间创作的思想灵魂"（第57页，第97页）、"血液"（第55页）、"基因库"（第168页）、"基调和驱动力"（第94页）。以此，如果我们真的想要保护非物质文化遗产，我们就不能"悬置"信仰问题，或者，我们即便悬置了信仰的不同内容，也不能悬置信仰的共同形式，即如费孝通所主张的"和而不同"。先生同样坚持认为，民间文化中的信仰问题，是我们"在对非物质文化遗产进行保护时无法回避和绕过的"（第91页）①。

> 口头文学……与人类生存的其他生活形态粘连或融合在一起。（第197页）非物质文化遗产与民间信仰多有粘连，甚至是一个浑融体。民间信仰是非物质文化遗产的重要组成部分。（第172页）从发生学上看，非物质文化遗产（基本上，不是全部）要么受到人类自身生命的要求和民间信仰力量的驱动，要么是与民间信仰相粘合……与民众生活不可分割地黏合杂糅在一起，有时甚至呈现浑溶性，是非物质文化遗产的一个重要特点。（第113页）原本与民众生活粘连、杂糅在一起呈现浑溶性特点的非物质文化遗产……（第113页）民间信仰的弥漫性特点，注定了民间信仰与民间文化永远处于难解难分

---

①　"随着中国民族民间文化保护工程和中国民间文化抢救工程的普及和深入，非物质文化遗产，即我们习惯说的'民间文化'的文化性质问题，日渐成为参加民间文化遗产保护工作的人员、特别是领导者组织者普遍关心的问题。"（第53页）"非物质文化遗产保护工作的提出，使我们不能再沉湎在过去的错误理论阴影下了，改变文化理论的滞后状况，加强社会主义文化理论的研究，已变得十分紧迫了。"（第55页）"如今要讨论对非物质文化遗产的保护，要留住非物质文化遗产这笔人类精神财富，这个问题也就变得无法再回避不谈了。"（第56页）"于是，如何看待鬼神信仰、巫术迷信，特别是巫术，在非物质文化遗产亦即民间文化保护工程进入启动和实施阶段时，便成了一个众所关心的理论问题和实践问题，需要理论工作者作出回答。"（第56页）

的胶合状态，而这种状况的普遍存在，是大多数非物质文化遗产即民间文化发展的历史合理性和历史必然性之所在，没有民间信仰的参与或影响，反倒是不可理解的了。而在某种情况下，民间信仰甚至是作为民间文化发展的内驱力而存在，这也是人力所无法更易的、"不可抗拒"（恩格斯语）的规律。所谓"不可抗拒"者，既显示其发展流变的合理性，当然也包括着历史的局限性。（第96页，第193页）

非物质文化遗产是与民众日常生活紧密相联系、粘连在一起的，有许多事象甚至还是精神生活的综合体，不能用"纯"艺术或"纯"审美的观点看待和处理非物质文化遗产的普查和保护。……民俗活动、礼仪、节庆，有关自然界、宇宙和社会民间传统知识和实践，手工艺，这些领域，都不是或基本不是艺术的领域。即使一些传统的艺术表现形式，也多是与民间信仰相粘连着的，甚至民间信仰的许多表征本身就是非物质文化遗产。（第193页）

大量的非物质文化遗产，往往因为与民间信仰相粘连（如原始性舞蹈、哭丧歌舞、祭祀仪式、节庆活动、庙会等）、与原始蒙昧思想相粘连（如关于人类起源的神话、民族起源的叙事诗，如与巫和巫术有关的诸多民俗事象），等等，就被轻率地判为封建性的"糟粕"，成为被批判、被扬弃的对象。（第107页）

非物质文化遗产主要是游牧—农耕文明时代的精神创造物，其渊源可上溯到原始社会的神话、歌谣和原始艺术，即使在其后的农耕社会和宗法家族社会的漫长发展史中，也仍然残留着大量原始思维的特点。非物质文化遗产不仅与民众的日常生活和诸多的民间文化形态粘连在一起，也常常与民间信仰粘连在一起，或者是民间信仰的一种表现形式，或者是民间信仰仪式的组成部分。如果剥离了民间信仰，被"提纯"了，某些非物质文化遗产也就不存在了。……随着科学的发达（科学是不能占领人类生活的所有领域和空间的）、社会的昌明、国家的富强、文明的进步，民间信仰对非物质文化遗产的影响力会逐渐减弱，但永远不会退出民众的生活。因此，任何"提纯"非物质文化遗产的思想和做法，都是反唯物史观的。（第172—173页）

　　这类神秘文化因素也渗透进了或杂糅进了口述文学、神话、表演艺术和手工艺中，与其内容融为一体，甚至成为了民间创作的思想灵魂。这大概是毋庸讳言的常识。要想把鬼神观念、灵魂观念、巫术观念等从民间创作中剔除出去，使民间创作变成至纯至美的文艺作品，那不过是一种无法实现的妄想，除非改变民间文化的内容和性质，别无他法。(第57页)

　　蒙昧或神秘思维及其表现形式，是非物质文化遗产(民族民间文化)中的一种固有的、特殊的文化因素；因为蒙昧思维像血液之于人体一样，流注在一切非物质文化遗产中。由于蒙昧思维、神秘思维在"非遗"中的普遍性，所以才产生了人们在认识上、价值判断上和对策上的种种分歧。(第55—56页)

　　这就是说，"下层性"加上"历史性"，是先生用以规定"非遗"现象的两个最主要也最重要的概念，由于民间文学的下层属性与历史属性(蒙昧思维、神秘思维在"文化遗产"中的"残留")决定了民间文化"与民间信仰相粘连"(第107页)、"与民间信仰不可剥离"(第93页)的"杂糅""弥漫""浑融(溶)""胶合"的特点或状态。① 但是，在我国的现代性实践中，民间文化是民间文学—民俗学学科无权在学术上研究(即便仅仅是理论理性的事实呈现)，而意识形态则有权在政治上弹压的对象，以此，先生有理由认为，我们以往用以否定民间信仰的判断标准，无不源于意识形态，因而是起源于"阶级斗争理论观念"(第54页)的政治标准，不是起源于文化研究的学术标准(其实，不是政治实践遮蔽了文化理论，而是意识形态的实践理性误用了理论理性②)。因为，民间

---

　　①　"民间文学(口头文学)与作家文学不同，是民众以口传心授的方式世代相传的群体创作，与人民生活有着不可分割的关系。即：一方面以民众自己的立场认识生活描写生活；另一方面与民众生活形态(物质的和精神的)不可分割，有时甚至就是生活形态本身，如粘连着或某些民间信仰或干脆就是民间信仰的说明或民间信仰的一部分。这就决定了，即使运用文学的研究方法去研究民间文学，也与作家文学有所不同。民间文学的研究，不论采用何种具体的方法，都必须遵循唯物史观。"刘锡诚：《在民间文学的园地里——我的学术自述》，收入刘锡诚《民间文学：理论与方法》，中国文联出版社2007年版，2010年第2次印刷。

　　②　"如果人们想要把这种单纯理论的一般学说，当作一种实用技艺，即工具历来使用，那么，它将变成辨证论。"[德]康德：《逻辑学讲义》，许景行译，商务印书馆2010年版，第14—15页。

文学—民俗学学科从来没有被允许独立地把民间信仰作为纯粹学术（理论理性）的研究对象，从而中国的民间文学—民俗学"基本上没有建立起独立的［即便是理论理性的］文化研究和文化学理论体系"（第91页），于是，对于民间文化（更遑论民间信仰）的"性质"（价值与权利），"我们的研究者几乎都未置可否"（第58页）。

但是，揆之国际民间文学—民俗学界，即便没有意识形态的压力，即便已经"建立起独立的［理论理性的］文化研究和文化学理论体系"，国际民间文学—民俗学界于民众信仰之价值与权利的正当性，同样也是"未置可否"——先生称之为理论上的"空白"（第58页）——其间的问题恐怕是，如果我们仍然自我局限于学科的理论范式，而没有自觉于学科的实践范式，那么，即便我们已经调整了学科的民俗学方向，且重新规定了（理论范式下）学科的社会学性质，如若不是进一步规定学科的实践论范式，那么，非物质文化遗产保护和抢救工程之"走样"（第54页），之被"严重破坏"（第54页），就仍然是可能甚至是必然的，亦即，在没有给予民间信仰的正当性以正面论证的基础上或前提下，政府和学界仍然会下意识甚至有意识地给予非物质文化遗产（民间文化）以祛信仰化、纯艺术化的处理，因为这是现代性实践的理论理性学术范式所必然要求的，不独中国为然。

但先生却坚持认为，只是由于民间文学—民俗学至今没能提供一种以认识民间信仰的"性质"——即民间信仰的价值与权利——为鹄的的、清晰的非政治、纯文化的文化理论，由政治化（不说是意识形态）的实践理性所主导的"当代主体价值观"，才不断（不仅是过去）对民间文化、民间信仰亮出红牌。

> 把包含着某些"蒙昧意识"的民间文化看作［是］当前大力提倡的"先进文化"的对立物的思想，在我国文化界和地方政府的官员中是渊源有自、根深蒂固的，追根溯源，这种思想源自阶级斗争［的意识形态化政治］理论观念和长期造成的影响。（第53—54页）

> 一向困扰着我们的文化工作和人文学术研究的"精华与糟粕"论，原来是一个处理意识形态问题的政治概念或政策，而非文化概念或文化理念！也不是研究传统文化的方法论！（第107页）

在文化问题上，我们长期以来以"精华"与"糟粕"的二元对立的方法论和当代价值观作为判断和评价文化的标准。历史证明，这种二元对立的方法论和以当代价值观判断传统文化或非物质文化遗产，是并不适当的，常常会阻碍我们对传统文化或非物质文化遗产的正确评价。（第 155 页）

"取其精华，去其糟粕"是一项［政治性的］文化政策而不是文化理念。政策不是永恒不变的，而是要根据时势的变化和发展而不断修改的。在文化等同于政治的语境下，"精华与糟粕"这个政策口号，带有很大的主观性。特别是判断是"精华"还是"糟粕"，常常会受一个时期的政治形势、政治任务和社会思潮的影响，缺乏科学的评断标准。恶之，就可以说是糟粕；爱之，就可能说是精华。（第 108 页）

以所谓"当代的主体价值观"来作为非物质文化遗产的"精华与糟粕"的判断标准，以今人的价值观来要求古人，来要求传统文化，显然不符合马克思主义的唯物史观……一种文化现象的发生，是一定的社会发展和人类自身发展的需要的产物，是与当时当地的社会情况与人类自身的需要相适应的，因而具有其天然的合理性，是符合社会进步的。……但随着社会向前发展了，进步了，文明程度提升了，原来与社会发展和人类自身发展相适应的那些文化现象过时了，变得不为民众所需要了，那么，这些文化现象便会自然地退出历史，退出人民群众的生活。因此，不能说那些适应彼时社会发展状况、适应彼时民众生活需要并与之相适应的文化现象，传承到了我们今天的社会，与我们当今的"主体价值观"不相适应了，就成了"糟粕"和"毒草"……用进步或落后、香花与毒草、精华与糟粕这样的词语来定性非物质文化遗产，这种理念和方法，如果不是对文化的属性了无知识，那显然就是堕入了主观唯心主义或"超"革命的观点的泥潭，而绝对与唯物史观无缘。（第 109 页）

在这种文化政治背景下，由于长期受着政治意识形态的影响，在知识界和政府官员中，对人类历史上创造的任何文化现象，不是科学地探索其合理性和规律性，而只习惯于简单地以精华或糟粕、进步或落后、香花或毒草、有益或有害、好或坏等政治概念和二元对立的方法论给予判决。于是，在这种非此即彼的方法论指导下，就把民间文化、特别是其中属于民间信仰范围的种种文化事象统统看作是封建迷信，甚至视之为人类理性思维和当前意识形态，以及正在提倡和培育的先进文化的对立物，成为谁也不敢碰的禁区。这样一来，如何正确认识民间文化的性质，特别是如何正确认识民间文化中的神秘思维现象，就显得十分必要了。（第 92 页）

这里值得注意的是，无论当初的意识形态在政治（实践）上否定民间文化（民俗）负面的社会价值，还是先生现在根据文化自身的发展规律，在学术（理论）上肯定民间信仰正面的历史意义，其理论上的根据同样是建立在理论理性对"进化论—遗留物"的事实判断上的唯物主义历史观的基础上。我在《民俗复兴与公民社会相联结的可能性》一文中曾经指出：

　　近代以来，无论是学者还是政治家，共享着一套由学者提供的、完整的世界（社会—历史）观，即进化论的发展观。……在民间文学—民俗学的理论理性的经验范式中，没有人的自由存在的地位，人的存在价值只能用理论理性的时间（历史）和空间（社会）条件下的文化标尺给予感知、评价和判断（这种基于理论理性的评价、判断本应是价值中立而无涉于道德的，但却往往僭越地使用了实践理性的道德评价、价值判断的范畴和标准），因此，在时间的感知形式和评价、判断体系中，凡是过去的存在就被视为"落后"（即所谓"时间中的他者"①）；而在空间的感知形式下，凡是域外的存在就被视为"异己"。②

这就是说，意识形态（"唯物主义历史观"）对民间信仰的否定，不

---

　　①　参见户晓辉《现代性与民间文学》，第三章"时间、现代性与'民'的语境分析"，社会科学文献出版社 2004 年版，第 59—84 页。
　　②　本书第九章《民俗复兴与公民社会相联结的可能性》。

是因为其排斥了理论理性的文化研究，而恰恰是因为其仅仅依赖于理论理性的文化研究（建立在进化论基础上的"历史唯物论"）。这里，我区分了"历史唯物主义"与"历史唯物论"，"主义"话语属于意识形态，而"论"属于文化理论。但是，除了"主义"与"论"的区别，更重要的是，政治家和学者们，尽管共享着同一的理论理性的文化理论，但在使用中，却赋予了同一的文化理论以不同的"用法"。① 即，政治家们主张从政治上考量传统的民俗，特别是其中的超自然信仰对科学观念（现代化的条件之一）的阻碍作用，即"迷信"在现实中的非正当性；而（以先生为代表的）学者则主张根据文化自身的发展规律，单单从文化上考虑传统的民间文化，也包括其中的民间信仰，在历史上的合理性与合法性，同时并不轻易认定民间文化、民间信仰，作为文化遗产（残留物）在当下的非正当性。②

　　这就是说，意识形态的主张表达了政治与文化合一的实践要求，即用政治强制规定文化；而先生则主张，政治不应该强制地规定文化，从而主

---

　　① 户晓辉批注："其实可能是一样的，即都不是你所谓实践的。""如何处理锡诚先生自己把民间文学看作意识形态的观点与政治家们从政治上看待民间文学或民俗的观点（也视为一种意识形态？）之间的关系？或者锡诚先生自己的观点（前后或者同时）矛盾？既然民间文学是意识形态，又如何'单单从文化上考虑'？""在锡诚先生看来，意识形态与政治是什么关系？是下文所谓'多元意识形态'？可能他与政治家们一样都把意识形态看作了理论理性的产物，只是立足点不一样。"但据我的理解，先生和政治家们，都把意识形态理解为实践的，或者是文化实践，或者是政治实践——而不是单纯理论的——重要的是，实践本身有纯粹的和经验的之分。

　　② 先生反对"遗留物""活化石"说，赞同"进化论的功能论"："非物质文化遗产（按：民间文学是其中首要的一个类别）是不同时代里以滚雪球的方式不断积累叠加起来的一种文化，在雪球滚动的过程中，应着发展中的时代的需要，不断地淘汰一些为时代不容的东西，又不断地叠加或粘连上一些为时代所需要的东西，故而非物质文化遗产（民间文学）是跨越人类不同社会阶段而代代传习下来的，且永远处于发展变化中的文化。就其形态、品类、特点、时代而言，非物质文化遗产（民间文学）可能是各种各样的，但其所包含的宇宙观和价值观，对于不同世纪的人类社会来说，是具有普适性。如若要问非物质文化遗产（民间文学）是什么性质的文化或什么时代的文化，我的回答是：凡是传承至今的非物质文化遗产（民间文学），凡是我国当前社会阶段为大多数民众所传习和接受、并仍然在民众生活中发挥着文化功能、富有生命活力的非物质文化遗产（民间文学），都理应是我国当前社会文化的重要组成部分，而不是某些人所指称的'活化石'。换言之，就其性质而言，如今还呈现为'活态'的非物质文化遗产（民间文学），理应是我国当今社会主义初级阶段的文化的重要组成部分。""从而，凡是当下还在民间流传、被民众接受的民间文学（口头文学），理应是当代文艺的一部分。"刘锡诚：《正确认识"非遗"的文化属性》，《学习时报》2011 年 10 月 14 日；刘锡诚：《21 世纪：民间文学研究的当代使命——关于中国特色的民间文艺学》，《民间文化论坛》2013 年第 1 期。

张了一种文化与政治相分离的实践诉求。先生指出："过去的沉痛教训是把文学与政治捆绑得太紧了，二者固然无法截然分开，但文学毕竟是文学，我们不必再人为地用政治社会历史的发展阶段来亦步亦趋地套文学的发展历史"（第 1 页）。正是以此，先生强烈地希望，"能够继续开创一个'文化就是文化'、'文化不等于政治'的学术［实践］和文化［实践］氛围"（第 108 页），亦即先生尝试用基于单纯的文化理论（理论理性）的文化实践（实践理性），来克服同样基于文化理论（理论理性）的政治实践（实践理性），即主张一种非政治的文化实践。

> 我很希望处身于政府体制外的民间文艺理论家们，带头冲破多年来形成的把文化等同于政治的意识形态的坚冰。这个坚冰不破，"非遗"的保护工作就难于在真正科学的意义和真正文化的意义上扎扎实实地向前推进，就难于做好这项关乎中华传统文化千秋万代地传承下去并发扬光大的民族伟业。（第 2 页）

> 由于我们的文化学研究刚刚起步，还没有在马克思主义的社会发展观和历史唯物主义的指导下广泛吸收其后出现的其他种种文化学说的有益成果，以形成自己的基本观念和理论体系，而在我国知识界和政府官员中又有不少人深受政治意识形态的影响，对人类历史上创造的任何文化现象，不是科学地探究其合理性和规律性，而只习惯于简单地以进步或落后、有益或有害、好或坏等政治概念和二元对立的方法论给予判决，于是，就把民间文化，特别是其中属于民间信仰（如神鬼信仰、巫术迷信等蒙昧意识）范围的种种文化事象的消极影响看得很重，看作是人类理性思维和当前意识形态的对立物，是正在提倡和培育的"先进文化"的对立物，因而在抢救和保护民间文化遗产时不免"心有'预'悸"，如履薄冰，怕犯错误。这样一来，对口头和非物质文化遗产的身份定位和性质确认，就显得十分必要和迫切了。……理论的滞后，严重地制约着民间文化保护工程的科学性和工作的开展。（第 46 页，第 108 页）

于是，在文化实践中，先生所依据的文化理论，我们可以称之为单纯理论理性的"历史主义的文化理论"，以区别于意识形态所依赖的

"现实主义的政治—文化理论"（其实是同一理论）。以此，先生强调的
是民间文化在历史上的正能量（维持传统的社会秩序），而意识形态强
调的是民间文化在现实中的负能量（"破坏正常的社会秩序"，第51
页），即民间文化（包括信仰）在历史上和现实中的不同功能。但是，
先生在理论主张上既是一位以进化论的理论知识为依据的历史主义者
（这是先生也承认的），更是一位同样基于进化论的历史唯物主义者
（这是先生反复地声明的），于是，先生对民间文化、民间信仰（包括
迷信）的价值（性质）判断，就产生了理论上的自我矛盾甚至自相冲
突（二律背反）。

　　对待非物质文化遗产，如同历史上的精英文化一样，我们唯一的
选择是唯物史观，即将其放到当时的社会文化历史条件下去评价其意
义和价值。……在具体的历史环境下判断其历史的意义和作用，这才
是运用唯物史观认识历史的典范。（第114页）[以进化论知识为依
据的单纯历史主义的判断——笔者补注]

　　社会虽然发展了进步了，但人们的心理并不会很快随着政权、法
律等上层建筑的转换而戛然而止，相信现在也还并没有发生根本的改
变。（第171页）一方面看文化遗产"在当时历史条件下的意义和作
用"；另一方面又要看它们"在今天的条件下的意义和作用"。（第
104页）与把宗教看作是人类精神的鸦片一样，把巫术看作是精神领
域里的封建毒素，同样是机械唯物论，而非历史唯物论，进而企图以
非文化的方法和手段消灭巫术，不仅是违反文化发展规律的，也是徒
劳的。当然，我们这样说，是从宗教和巫术的性质上说的，但我们也
要指出，宗教和巫术是对现实的虚幻的、唯心的认识，而不是真实
的、科学的唯物史观的认识。（第60页）[同样基于进化论的历史唯
物主义的判断——笔者补注]

以此，先生不得不承认，

　　尽管从文化学的层面看，巫术等迷信活动的复兴自有其社会的和
经济的背景，但它们的泛滥毕竟也给我们今天的理性思维（科学思

维）、特别是"科学发展观"的建立提出了挑战，如任其泛滥，必然
会给我们建设小康社会的事业造成一定危害。特别是一些不法之徒盗
用民间文化的名义，装神弄鬼、打卦算命、图财害命，这种种行径，
则与我们所要保护的民间文化完全是风马牛不相及的两回事。如学者
指出的：这些迷信活动腐蚀着人们的心灵，妨碍着人们思想的健康成
长，阻滞人们积极参与和正确进行经济、政治、社会和文化活动，毒
化那里的社会风气，干扰以至破坏正常的社会秩序。（第51页）这
类活动显然是应该依法予以取缔的。（第101页）从民族民间文化的
保护来说，危害人类和危害社会的黑巫术和妖术，则不应当让其继续
传承和发展下去。（第100页）

但是这样一来，就使得先生给予民间文化、民间信仰（包括迷信）
的正当性辩护，颇显乏力。由于民间文化"既显示其发展流变的合理性，
当然也包括着历史的局限性"（第96页，第193页），"既是历史发展的
必然，又是历史发展的局限"（第96页），先生不得不又回到意识形态政
治话语所使用的"精华"—"糟粕"（先生代之以"好的"和"不好
的"，第111页；或"好的"、"优良的民俗"和"恶俗"①）的两分法。

　　要承认，原始艺术，以及产生于农耕文明社会的民间艺术，是人
类在不同社会阶段上的精神创造，既包含着"有道德的原始人"的
合理想象和朴素而积极的思想，甚至包含着原始先民的生活经验和精
神文化的结晶，但也不可避免地受到包括在今人看来不合理的原逻辑
思维、原始巫术、后起的封建思想或迷信思想、甚至小农思想的渗
透，这是不言而喻的。（第34页）

　　民族民间文化中有优秀的精华，也掺杂着大量的糟粕，这是毋庸
讳言的。文化发展有其本身的规律，会不断地发扬其优秀的部分，也
会不断地扬弃一些不合理的因素和落后的不适用的成分。但我们今天
来做保护工作的时候，既不能坚持"凡是存在的都是合理的"，也不

---

　　①　参见刘锡诚《民俗与国情备忘录》，《报告文学》2002年第4期，收入周星主编《民俗
与国家》，中国社会科学出版社2011年版。

能回到极左的"越是精华越要批判"的思路上去,要坚持历史唯物主义的观点。(第 24 页)

这样,一旦我们不能调和、而只能悬搁单纯理论理性的文化理论关于民间文化、民间信仰的历史主义和现实主义之"精华"论与"糟粕"论的二律背反,那么,民间文化、民间信仰就只剩下认识论的"重要的科学的价值、历史的价值、人文的价值和艺术的价值"(第 168 页),以供我们"选择",而这也许恰恰就是我在本章伊始所言,对民间信仰(包括迷信)做"祛信仰化""纯艺术化"处理在理性上的根源(理性为克服自我矛盾、自相冲突的无奈之举)。

> 我们不能按照我们今天的价值观和审美观标准要求古人、判断历史上的民间文学作品。历史上的民间文学所反映的思想和内容,对于我们认识和研究过去的社会和思想发展,认识古代社会和文化形态,是非常珍贵的资料。(第 196 页)

这样,先生在不知不觉之中,又回到了民间文化、民间信仰的"类"(或"准")"纯艺术化"处理方式,现在,我们可以称之为"纯历史化""纯文化化"的处理方式,这种处理方式很难给予民间文化、民间信仰,以现实存在的正当性证明。当然,先生并不认为,由于民间文化、民间信仰具有历史的"认识价值"(第 100 页)[1],我们就有理由"延缓"传统文化朝向现代文化的"可持续发展",先生只是反对使用超社会、超文化的国家暴力的人为干预的强制进化论,即,先生主张一种顺从文化自身发展规律的自然进化论。

> 文化的发展和进步自有其合理性和消长规律,好的会继续发展和提高,不好的会在发展中逐渐被淘汰和退出。适者生存——这便是文

---

[1] "在以往出版的一些民间文学概论和民间文学理论著作中,讲到民间文学的价值时,说民间文学具有科学价值、实用价值、教育价值等。而讲科学价值时不过是说民间文学能为科学研究提供资料。这样阐释民间文学的价值,显然是不科学的,甚至降低了民间文学的价值,降低了民间文学在人类文化史上的地位。"刘锡诚:《二论 21 世纪民间文学研究的当代使命——关于中国特色的民间文艺学》,《民族艺术》2013 年第 4 期。

化发展的规律……任何违反文化自身发展规律的人为干预，常常是要付出代价的。（第 111 页）

但是，保护"非遗"，以"延缓"传统文化的自然消亡，是否也是一种"人为干预"？根据自然进化论，对于那些"会在发展中逐渐被淘汰和退出"的传统文化，"非遗"不是更应该以"适者生存"的理由，拒绝加以保护？而为了"［不］违反文化自身发展规律"，"非遗"不是更应该保护那些"好的会继续发展和提高"的传统文化，以促进社会的可持续发展？这就是说，在先生的"唯物史观的文化论"的"消极"立场，与"非遗"保护的"积极"措施之间，存在着某种不平衡。

然而，如果我们从自然进化论的"积极"方面，来理解先生的"唯物史观的文化论"，那么，先生强调的就是，如果"把文化等同于政治，或用政治改变文化，可能取得一时的或某些效果，但最终文化还会回到自己的道路和位置上去"（第 93 页），因此"要认识和尊重民间艺术自然嬗变的规律"（第 37 页）。先生认为，20 世纪 80 年代以来在中国大陆上演的"民间文化活动的复苏"（第 93 页）的文化剧或历史剧，就是文化"自然嬗变"规律的最好证明。于是，在先生所依据的单纯理论理性的文化理论中，就隐含了一种颇具后现代色彩、以尊重"弱势文化"（第 168 页）的他者的自由选择为"原点"（第 35 页）[1]的自然权利论，尽管先生始终把自己坚持的文化价值和意义理论，称之为"唯物史观的文化论"（第 153 页）[2]。

在判断非物质文化遗产的价值时，采取什么样的价值观是至关重要的，而采取什么样的价值观，又最终取决于用什么样的历史观作指导。在这个极其重要的问题上，我国文化界，包括在评审"非物质文化遗产"项目中，始终或隐或现地存在着深刻的分歧，对许许多

---

[1]　"尊重民族信仰"（第 34 页），"充分尊重民众的创造性"（第 197 页），"尊重和保持我国少数民族民间艺术的多样性和多样化，应是我们 21 世纪抢救和保护工程的原点"（第 35 页）。

[2]　即"马克思主义唯物史观的文化论"（第 2 页），类似的表述还有："马克思主义的社会发展观和历史唯物论原则指导下的文化理论"（第 92 页，第 108 页），"在科学发展观和唯物史观指导下的马克思主义文化理论"（第 274 页），"唯物史观指导下的理论"（第 53 页），"马克思主义文化学"（第 270 页），"社会主义文化理论"（第 55 页）。

多在价值判断上存有争议的项目,至今得不到在国家层面上的保护,这种情况如今似已形成了一种不可不注意和不可不警惕的倾向。(第103页)

如果说,先生的"唯物史观的文化论"颇具自然权利论的后现代色彩,那么,给予了先生的文化多样性—自主选择权的后现代思想以学理支持的,就不光是进化论,也包括了马林诺夫斯基的功能论。

> 生活在社会和群体中的人,往往一方面是现实主义者,另一方面又是民间信仰的笃信者。人们在无助的时候,多半会相信有灵魂和神灵的存在,甚至会崇拜神灵、祈求神灵的帮助,会在特定的时间和特定的场合参与某些仪式。……故民众的民间文化即非物质文化遗产中也就羼杂了许许多多的民间信仰的因素,有时甚至是民间信仰成为非物质文化遗产事象的基调和驱动力。(第94页)

> 细察起来,今日之中国的普通老百姓,大体无不生活在两重世界中:一方面,他们处身在共产党和人民政府领导的政治生活中和日益走向现代化的途程中,在党和政府的帮助下一心一意奔小康;另一方面,他们又生活在传统民间文化、包含一整套的思想观念和仪式行为的包围和制约中,传统的民间文化仍然主要是老百姓的日常生活中所崇拜和遵循的理念和准则。……在遇到困难甚至劫难而又无助时,他们又不能不默默地求助于天地、神灵、祖先,祈求他们的保佑,甚至求助于巫术,使自己的心愿和灵魂达到满足。(第51、64—65页)

这是典型的马林诺夫斯基功能论的观点①,对于马林诺夫斯基的功能

---

① "无论怎样原始的民族,都有宗教与巫术,科学态度与科学。通常虽都相信原始民族缺乏科学态度与科学,然而一切原始社会,凡经可靠而胜任的观察者所研究过的,都很显然地具有两种领域:一种是神圣的领域或巫术与宗教的领域,一种是世俗的领域或科学的领域。"〔英〕马林诺夫斯基:《巫术科学宗教与神话》,李安宅译,中国民间文艺出版社1986年版,第3页。

论,尽管间或有些许微词①,先生还是照单全收了②。

> 马林诺夫斯基的文化论可能存在这样那样的缺陷,但他于20
> 世纪20年代发表的有关巫术的这个论断,却是正确的、科学的,
> 甚至也应是符合唯物史观的。……这种双重的世界观和价值观,仍
> 然存在于我们当代人中间。(第59页)[马林诺夫斯基的]文化论
> 可能存在着这样那样的缺陷,但他[关于人存在于双重世界]的这
> 个论断,却无疑是正确的、科学的,甚至是符合唯物史观的。(第
> 98—99页)

但是在这里,我更关心的,不是先生的"唯物史观的文化论"兼
收并蓄地吸纳了学术史上理论理性的不同学派(如进化论、功能论)
的相互对立的立场、观点,且这些相互对立的立场和观点,在先生的
单纯理论理性的文化理论系统中能够相互支撑,而是先生的文化理论
之基于"历史观"而最终达成的"价值观"的内容及其形成的形式
条件,亦即回到本文伊始的话题:先生的学术观念、学科理念究竟是
如何转变的?

先生的文化理论,就结构言,尽管复杂却不庞杂,但先生的文化理论
的多元出处,竟导致了先生本人关于文化的历时性进化论与共时性功能论
相结合的历史—情境决定论(事实判断)③,最终走向先生称之为"意识
形态……多元化"(第3页)的文化多样性的相对主义价值观(价值判
断),这究竟是如何可能的?

> 笔者曾经说过这样的意见:宇宙、自然、人事,都是无限的,是
> 人的认识、理性和科学无法究其究竟的。……在社会方面,当科学和

---

① "[马林诺夫斯基]对巫术及其功能的解说,特别是对它的社会整合的积极作用的评估,
也许与经历了漫长的封建宗法社会的我国农村中的巫师及其巫术活动并不完全吻合,但其思路还
是可以参考的,而他对其在民众精神方面的危害则缺乏足够的估量。"(第48页)

② 《非物质文化遗产:理论与实践》全书10次引用马氏的论述,居全书引述频次之首,可
见先生对马氏理论的重视与认同。

③ 康德认为,人的空间感知形式,最终是通过时间的感知形式,而发挥功能的,据此,我
们就不能说功能论与进化论截然对立,两者可以相互支持。

法制还不能作为整合社会的全职力量时，它［巫术］无疑是一种组织的力量，可望在一定程度上有利于把社会生活引入规律与秩序。故而大可不必在触及到神秘文化问题时谈虎色变。（第99页）

灵魂问题是神秘思维、蒙昧思维的根源之所在。有没有灵魂，既是自然科学，也是人文社会科学的一个未解的问题，而对灵魂问题的研究，在我国马克思主义理论中，又一向是很薄弱的……［马克思、恩格斯］所论述的人类野蛮、蒙昧阶段上产生的灵魂观念问题以及学界提出的万物有灵观学说，我们的研究者几乎都未置可否。在灵魂和万物有灵观的问题上的空白，为理论上的教条主义和政治上的"左"的观念大行其道开了绿灯。……我们有什么理由可以轻率地认定，一谈到灵魂问题就是封建迷信呢？（第57—58页）

用唯物史观的立场看来，科学的发展不可能解决宇宙间所有未知的领域和问题，包括信仰和观念，未知的领域总是要比已知的领域大得多。须知，有无灵魂的问题，在世界范围内，至今也还是一个科学上没有终极答案的问题。①

这就是说，在先生的单纯理论理性的"唯物史观的文化论"的文化理论系统中，包含着一种对理性自身局限性的警惕，甚至葆有着一种对理性至上（"理性主义"）的怀疑（先生认为，自然科学、人文社会科学"未解的问题"，恰恰是唯物史观应该承认的事实），也许正是以此，先生无论站在进化论历史主义的历时性时间立场上，还是站在功能论情境（现实）主义的共时性空间立场上，才对含有野蛮、蒙昧要素（进化论的观点）和非理性、神秘因素（功能论的观点）的民间文化、民间信仰，给予了同情的理解和由衷的尊重。

先生的这种怀疑论思想，或者起源于先生对非理性的民间信仰和神秘的民间文化的童年感受（"农民的出身、对乡土的怀恋、对下层文化的熟悉与热爱"，"农村的生活和农民的口传文学与民间文化的耳濡目染，融

---

① 刘锡诚：《二论21世纪民间文学研究的当代使命——关于中国特色的民间文艺学》，《民族艺术》2013年第4期。

入血液，深入骨髓，时时撞击着我的心胸，使我无法忘情"），或者起源于从青年时代至今，先生对实践理性的"主体价值观"之风云变幻的感同身受（"不同时期不同倾向的'主体价值观'的辗转周折给先生造成的身心重压"），也未可知。

但是，正如我在本文伊始就已经强调的，先生的情感和心理历程，不是我在本章中关注的主要问题，恰恰相反，却是我使用的现象学悬搁的方法，要特别加以限制的议题；在本章中，我尝试仅仅通过分析先生的单纯理论理性的"唯物史观的文化论"的"历史观"，从中寻找先生的纯粹实践理性的"价值观"的起源或出处的理性答案（先生曾经指出，不仅他本人的价值观建立在历史观上，所有正确的价值观都应该建立在正确的历史观上），以此，我们才有可能通过对先生的个案，进一步考察我们的学科范式，因为唯独一个人所采纳、所实践的理论和方法，而不是一个人的情感和心理，才是学科范式在这个人的思想、意识中的投影。

现在，一旦我借助现象学的方法，一方面悬置了先生的情感与心理，另一方面把关注的视线，聚焦于先生的"唯物史观的文化论"本身的理论结构（主观性还原），我就能够清晰地指明，先生的价值多元论的确切出处，这就是，唯物史观对文化多样性的事实判断。这就是说，无论进化论的历史主义给予民间文化的历史正当性的价值判断，还是功能论的情境主义给予民间信仰的现实正当性的价值判断，都建立在时空条件下所呈现的不同现象的经验性与偶然性的基础上，从而通过理论理性的不同事实判断而给出的实践理性的不同价值判断，就只能具有相对主义的性质。于是，我们也就可以理解和解释，先生何以能够在自己的"唯物史观的文化论"的事实判断中，自然而然地引申出颇具后现代色彩的、承认文化多样性的相对主义价值观。[1]

这样，我们也就可以进一步设想，在现代性的历史唯物主义和后现代性的文化相对主义之间，可能存在着一条快捷的通道，这条快捷通道的存

---

[1]　"在笔者看来，联合国教科文组织的《保护非物质文化遗产公约》和我国国务院《关于加强我国非物质文化遗产保护工作的意见》中保护非物质文化遗产这一命题的提出，对于我国来说，并不仅仅是文化理念上的一个革新，而是一次现代化和后现代化条件下的'文化复兴'或'文艺复兴'。"（第276页）

在，使得中国人在接受了数十年历史唯物主义教育的基础上（历史唯物主义已深入人心、深入"骨髓"），可以很轻易地敞开胸怀接纳任何经验主义、相对主义的价值诉求（这样我们就摆脱了仅仅用意识形态在数十年间给中国人造成的精神压抑来解释中国人热烈欢迎后现代性思想解放的心理学解释，而回到了关于思维方式的纯粹理性的解释之道），反而难以接纳先验论、普遍论的价值观的理性根源。也正是以此，在先生对"唯物史观的文化论"的诸多表述中，我们才随处可见颇具后现代色彩的、对多样性文化的实践客体在内容（对象）上的同情理解，以及对多样性文化的主体实践之"自愿选择"（第 128 页）的自主权利，在形式（条件）上的尊重（"应承认民众的选择，但同时进行科学探讨和阐明"，第156 页）。

> 非物质文化遗产的生存特点是什么呢？答曰：是传承。非物质文化遗产的发展规律是什么呢？答曰：是进化。靠传承而进化，在传承中进化。……进化是非物质文化遗产发展演变的基本规律。非物质文化是流动的，活态的，像流水一样滚滚向前，川流不息，不会永远停留在一个点上不变。而非物质文化遗产的"变"是进化，而不是后退。谈论文化时，常用"嬗变"二字来标明其发展进步。……在非物质文化遗产的发展进化中，自然淘汰可能并不是无足轻重、微不足道的，而反倒是十分重要的手段。对于民众来说，非物质文化的发展嬗变不可能听任一种权威力量的指挥，而靠的是自然淘汰，即民众的自愿选择，故自然淘汰也可以成为文化选择。（第 127—128 页）

> 在民间文学的发展演变过程中，老百姓有文化选择的自由，选择哪些作品、选择什么观念和选择什么样的信仰，不是也不能由知识分子或者领导者代替老百姓做出选择的。[①]

> 原始艺术往往与原始信仰结合在一起，二者是很难剥离开的。对

---

① 刘锡诚：《二论 21 世纪民间文学研究的当代使命——关于中国特色的民间文艺学》，《民族艺术》2013 年第 4 期。

这些民族或族群的民间艺术的抢救和保护，首先要在尊重民族信仰的前提下，对其原始艺术进行妥善的收集记录、保存保护。① （第33—34页）

民间文化往往是与民间信仰不可分离的，而这种状况又是由生活本身所决定的，人们在生产力和心智都很低下、活动范围极其狭小的环境下，把生命和生活的希望与人生的理想，寄托在对一些触手可及的俗神的信仰和崇拜上，自是顺理成章的；反过来，在这种普泛性的民间信仰中，既有迷信的成分，也有理信的成分②，对之要做细致的理性的分析，既不可苛求——苛求民众完全放弃民间信仰不是历史主义者和现实主义者，也不可简单地责之为"封建迷信"而把民间信仰视之为一枚烫手的山药。理信是任何一个公民（不论知识水平高低、拥有的财富多寡）都可以拥有的精神的、哲学的、生活的崇高信念，您可以崇尚善行，我可以信仰天国，总之，不论它是唯心的还是唯物的，进步的还是落后的，正确的还是错误的，这是人之为人的权利和信念。而迷信，无非是烧香、磕头、许愿、祈祷而已，如同基督徒的祈祷画十字、佛教徒的数念珠一样，只要这种行为没有危害他人、危及国家民族利益，那就应该永远属于个人的心理行为。……充

----

①　这就可以解释，何以先生要孜孜不倦地研究《原始艺术和民间文化》（中国民间文艺出版社1988年版）、《中国原始艺术》（上海文艺出版社1998年版），以及《象征——对一种民间文化模式的考察》（学苑出版社2002年版），先生不光是出于理论的兴趣，更是出于对文化他者的同情理解的实践关怀。"我是文学研究者，作为当代文学的一个批评家，我的民间文学观，理所当然地是以文学的观点研究和处理民间文学，这是我的基本立场。持文学的（包括比较文学的）立场和观点，重视作品与社会生活关系的研究，重视民间美学的研究，重视民间作品的题材、风格、形象、艺术、技法、语言的研究，等等，不等于无视民间作品与民俗生活的紧密联系、甚至有某种浑融性这一事实，也不等于排斥以开放的态度吸收民俗学的、原始艺术学的、宗教学的、社会学的等理论和方法来研究和阐释民间文学现象。""为了扩大视野，吸收不同的知识、理论和方法，以及更深入地了解和研究民间文学与原始文化、原始思维的难解难分的联系，从1992年秋天起，花费了差不多六年的时间，系统阅读考古发掘的报告和考古学的著作，并完成了一个国家社会科学基金项目《中国原始艺术》（上海文艺出版社1998年）。不研究原始艺术及原始先民的原逻辑思维方式，就难于知道和破译民间文学的所来之径和所包含的内容之神秘、斑驳和多样。原始艺术的研究使我受益匪浅，对我的文学批评和民间文学研究有不小的影响和帮助。"刘锡诚：《在民间文学的园地里——我的学术自述》，收入刘锡诚《民间文学：理论与方法》，中国文联出版社2007年版，2010年第2次印刷。

②　"民众的民间信仰中既包含着理信，也夹杂着迷信。"（第96页）

分尊重每一个民族选择自己的信仰、包括图腾信仰的权利和自由。不仅是宪法赋予公民的权利和义务，而且也是保持我国各民族和世界文化多样性的需要。（第95—96页）

　　联合国教科文组织的《保护非物质文化遗产公约》中没有关于鬼神崇拜、巫术迷信等项目的规定，我想是为了顾及世界各国在意识形态、人权等方面的不同情况。《公约》中的"在本公约中，只考虑符合现有国际人权文件，各群体、团体和个人之间相互尊重的需要和顺应可持续发展的非物质文化遗产"——这是一句属于附带性的、解释性的语句，其意思是表明公约中明文规定的这些文化遗产项目，是世界各缔约国都一致同意的，即符合"现有国际人权文件"，又符合"各群体、团体和个人之见相互尊重的需要和顺应可持续发展"。（第56页）

这就是说，如果我们认为，先生的"唯物史观的文化论"的历史观和价值观，仅仅主张了文化多样性和价值相对论的正当性，那又会极大地误解先生。因为，任何相对主义的价值观，如果不让自身陷入悖论，都一定以普遍性的权利论为前提（正如维特根斯坦所言，任何怀疑都以不怀疑为条件）——没有对信仰权利的普遍性形式的"理性的信仰"，断不会有对信仰对象的相对性内容的理性的宽容——而不是以经验主义的事实性为基础。因为，任何以事实的经验性、多元性和偶然性为条件的价值判断，在理论上只能是自我矛盾和自相冲突的，正如先生的"唯物史观的文化论"所陷入的二律背反（民间文化、民间信仰在历史上合理但在现实中不合法）一样。

这就是说，如果我们承认了实践的相对性内容（"个人的心理行为"，第95页）的多元正当性，那是因为在这之前，我们已经设定了实践的普遍性形式（"任何一个公民［不论知识水平高低、拥有财富多寡］都可以拥有的精神的、哲学的、生活的崇高信念"，第95页）的"一元"正当性。正是以此，我们才可以设想，先生如何从建立在理论理性的经验论基础上的"唯物史观的文化论"的历史主义事实判断以及相对主义价值判断的实践内容正当性，看似突兀地一跃而走向了主张"理信"（第96页，第 271 页）（即康德之"理性的信仰"①）、"人权"理念等建立在纯粹实践理性的先验论前提下的普遍性价值判断的实践形式正当性的"文化政治学"②，而不再自我局限于单纯理论理性的文化理论。

以上，就是在学生眼中，先生转变思想观念、学术理念的艰苦、艰难历程③。通过对先生的学术—思想案例的主观性还原的现象学方法的"观念直观"的"逻辑研究"（胡塞尔）（与此相应的是对先生的情感、心理历程的现象学悬搁），我们可以认识到，在历史唯物主义与文化相对主义之间，并没有一道无法逾越的鸿沟；相反，倒是有一条隐秘的津梁（快捷的通道），将两者连接起来。通过先生的个案，我们发现了这条隐秘的津梁，这就是我已多次说明的：人的理性的理论使用在学术实践中的反映，即理论理性的学科范式。我的理由是，在时间（进化论所强调的）、空间（功能论所强调的）等直观条件下所呈现的经验现象的事实基础上，理论理性不可能提供任何先验、客观、必然的"严格的普遍性"的实践价值，但可以引申出经验的、主观的、偶然的"比较的普遍性（相对主义）"的实践价值④。正是以此，片面地坚持以认识社会—文化发展规律

---

① 康德已经区分了"理性的信仰"和"迷信"（汉文"迷信"一词，是德文 Aberglaube 和英文 superstition 的意译），在《纯粹理性批判》和《实践理性批判》中，康德前后三次以严厉的口吻批评了"迷信"。1916 年，留学德国的蔡元培，或许受康德的影响，也区分了"理信"和"迷信"。"我国著名的民主革命家、教育家、科学家蔡元培（1868—1940）先生，1916 年 5 月在法国华工学校师资班上课所用讲义于当年 6 月在《旅欧杂志》上以《华工学校讲义》为题连载，共分40 题。其第 16 题是专讲迷信研究的'理信与迷信'，文不甚长，全文录之于下：人之行为，循一定之标准，而不至彼此互相冲突，前后判若两人者，恃乎其有所信。顾信亦有别，曰理信，曰迷信。差以毫厘，失之千里，不可不察也。种瓜得瓜，种豆得豆，有是因而后有是果，尽人所能信也。昧理之人，于事理之较为复杂者，辄不能了。于其因果之相关，则妄归其因于不可知之神，而一切倚赖之。其属于幸福者，曰是神之喜而佑我也；其属于不幸福者，曰是神之怒而祸我也。……"王文宝：《珍贵的中国第一批民俗学课试卷》，《东南文化》2003 年 10 期。

② 参见王杰文《文化政治学：民俗学的新走向？》，《西北民族研究》2005 年第 4 期。"冷静下来想想，除了重新发现曾经大声疾呼不要把文学捆绑在政治的战车上，可是到头来，却仍然没有跳出把文学与政治捆绑得太紧的理念之外。"刘锡诚：《在民间文学的园地里——我的学术自述》，收入刘锡诚《民间文学：理论与方法》，中国文联出版社 2007 年版，2010 年第 2 次印刷。

③ 先生对自己所主张的非物质文化遗产保护理论"唯物史观的文化论"最全面、最简明的阐述，是先生 2005 年 9 月 14 日在国务院召开的"文化遗产日"座谈会上的发言《留住我们的文化根脉》。（第 269—271 页）

④ "依赖于某一认识对象的偶然规律，同对象本身一样多种多样。"［德］康德：《逻辑学讲义》，许景行译，商务印书馆 2010 年版，第 10 页。

的经验事实为己任的理论理性的历史唯物论的中国马克思主义者，才可以轻松地转身，认同"所有的价值都是相对的"（第106页）的相对主义价值观，而成为一名后现代主义者。①

　　我们的价值判断标准也不是一成不变、从一而终的、甚至不是统一的，而是发生着深刻的变化。（第106页）前后只有几十年的时间，而我们在主体价值观上却发生了如此大的变化！……不同的人群的价值观不会是一样的，价值观日益显现出多元性和相对性的特点，怎么可能用"一个"统一的、像宪法一样的、"当今文明时代的主体价值观"来评判我们国家多民族多地区的非物质文化遗产呢？（第106—107页）在西方社会也不可能有一种统一的时代的主体价值观。（第106页）

　　于是，我们可以想见，何以西方的相对主义价值观的后现代思想能够在中国广泛流行，而西方的普世价值观的古典理想却难以被中国人普遍接受。中国人对先验价值论—普世价值观的古典理想的拒绝，除了狭隘民族主义作祟，通过先生的案例，我们倒是可以设想，理论理性的经验主义历史—语境论对文化多样性的事实判断，如何有效地抵制了纯粹实践理性的理想主义的先验普遍性的价值判断，并且从前者当中，自然而然地生发出一般实践（实用）理性的相对主义价值观。

　　但是，先生之让我感动，却在于，先生从最初无奈于"政府与《公约》接轨在先，学者随后跟进"（第157页），到最终超越了自己为自己设定的单纯理论理性的文化理论界限——"唯物史观的文化论"（并非"唯物史观是我们的唯一选择"，第111页，第114页），以及建立在"唯物史观的文化论"基础上的具有后现代性色彩的相对主义价值观，即最终完成了从理论理性的经验论学术范式，向纯粹实践理性的先验论学术范式的超越性的一跃。这就是说，不是民间文化、民间信仰的价值实践内容

---

①　户晓辉批注："窃以为，中国的历史唯物主义和马克思主义都是已经被'中国特色的'和实用主义化的，不是真实的历史唯物主义和马克思的原意。马克思的实践哲学根本不是中国主流意识形态理解、接受和宣称的那一套。所以马克思才可能说自己绝非马克思主义者。"这就是说，历史唯物论在马克思那里原本是纯粹实践理性，而中国化了以后，被误用作经验的实践理性。

的"比较的普遍性"（相对主义）的正当性（这是先生试图阐明的），而是民间信仰、民间文化的实践权利形式——"理信""人权"的"严格的普遍性"的正当性（这是先生努力追问的），在先生的非物质文化遗产保护理论中，占据了最后一席位置！这是我万万没有想到的结局！

先生为证明民间文化、民间信仰的价值（内容）正当性，援引了那么多的理论资源（进化论、功能论、历史唯物论），唯独没有援引曾给予了"理信""人权"思想以最充分的普遍性形式论证的德国古典哲学（这是不能强求于先生的[①]）；但是，先生却最终在学术上、思想上（先生自己当然并没有意识到）认同了纯粹实践理性的古典理想。当我读到先生写下的这段话："充分尊重每一个民族选择自己的信仰、包括图腾信仰的权利和自由。不仅是宪法赋予公民的权利和义务，而且也是保持我国各民族和世界文化多样性的需要"（第95页），由不得在我耳边又响起了康德的教诲：

> 但就连在我们自身中，以及在人的本性中，我们都不能证明自由是某种现实的东西。我们只知道，如果我们要把一个存在者设想为理性的，并且赋有自己在行动上的原因性意识的，即赋有一个意志的，我们就必须预设自由。[②]

先生何以预设了每一个人都应该享有自由的权利[③]，这是我的田野作业主观性还原的现象学方法所无法回答的问题，即，我无法在先生的单纯理论理性的文化理论（进化论、功能论、历史唯物论）系统内部，理性地或理论地甚至逻辑地推论出先生所给出的人的自由。因为，在我的田野考察中，我能够通过主观性还原的现象学方法而直观到的先生（主要是通过先生的文字表述而达成的对先生的"观念直观"），始终遵循着理论

---

① 按照恩格斯的说法，德国古典哲学终结于费尔巴哈，因而实际上终结于马克思，所以马克思主义是批判地继承了德国古典哲学的实践精神。正是以此，"唯物史观的文化论"也才会着眼于人的实践，只不过是实践的历史性，而不是实践的先验性。户晓辉批注："此话适用于中国意识形态所接受和过滤的马克思主义，但对于马克思来说，不。马克思的实践形式里实际上蕴含了所谓的'先验性'，只是不同于康德时空概念意义上的先验性吧。"

② ［德］康德：《道德形而上学奠基》，杨云飞译，人民出版社2013年版，第93页。

③ 先生设定的人的自由甚至不是"自在的自由"而是"自律的自由"："一种风俗或礼俗一旦形成之后，逐渐成为一种大家都要遵守的'自正自制'的社会制度，就会在群体与民众中具有相当强大的规范力与约束力。所谓'自正自制'，就是自我遵守和自我约束。"（第130页）

理性的学术范式的经验论路径一贯的规范性要求，没有越雷池一步（以此，无论根据哪种文化理论，民众都无以凭借其文化构成物的历史价值以及在现实中的文化遗留物的非价值甚至反价值，而在当下享有自由的权利）。

以此，我也就不能据此推论出——不能通过理论理性的"文化自身的发展规律"而给予的——人的自由，在先生心中的位置。于是，当先生之最终超越了进化论、功能论和历史唯物论，而走近甚至走进纯粹理性的实践论（根据先生的理论理性的规范性理路，这是无法理解也无法解释的），那么——借助超越主观性还原的客观性还原的现象学方法①——我只能说，先生对民间文化的同情，以及先生对下层民众的爱，是先生响应、听从了自己内心良知（理性的信仰）的实践召唤！

> 这样，我们固然不理解道德命令的实践的无条件的必然性，但我们毕竟理解这命令的不可理解性，这就是对一门力求在原则中达到人类理性的边界的哲学所能公正的要求的一切。②

而这也就是我的本次田野工作的经验边界。

五　承担起民间文学—民俗学纯粹的"实践性"

但是，我仍然要固执地回到本章最初的问题。

早年的先生追随曹靖华师，经俄罗斯—苏联民间文艺学，进入民间文学的学术领域；五十年后，俄罗斯—苏联民间文艺学的正面旧影，依然保留在先生的著述中。通读完先生《非物质文化遗产：理论与实践》全书，

---

① 所谓现象学的"主观性还原"方法，是还原出仅仅对某个人有效的特殊性实践规则；而现象学的"客观性还原"方法，是还原出对每个人都有效的普遍性实践原则。"如果主体以为这种条件只对他的意志有效，那么这些原理就是主观的，或者是准则；但是，如果主体认识到这种条件是客观的，亦即对每一个理性存在者的意志都有效，那么这些原理就是客观的，或者就是实践法则。"［德］康德：《实践理性批判》，韩水法译，商务印书馆1999年版，第17页。

② ［德］康德：《道德形而上学奠基》，杨云飞译，人民出版社2013年版，第115页。

我更加坚信这一点。先生在书中频繁地援引马克思主义经典作家的论述①，应该是先生对民间文艺学的苏联模式的有意识"传承"，毕竟，对于马克思主义文艺学思想即苏联民间文艺学的理论基础，先生曾倾注过年轻的心血。

当然，仅仅援引经典作家的论述，并不一定就能说明，先生在思想方法乃至学术范式方面，对苏联民间文艺学的传承，而思想方法、学术范式的传承，才是更深层次的继承。以此，我执拗地在先生的著作中悉心地寻找所谓的"民间文艺学的苏联模式"的蛛丝马迹，希望在先生提出的、用以保护"非遗"的"唯物史观的文化论"的民俗学实践，与先生在青年时代就倾心的苏联民间文艺学的纯文学实践之间，建立起某种方法与范式的隐秘关联，尽管先生在21世纪初"非遗"保护的学术实践中，表面上并没有承接而是直接批评了苏联模式的纯文学方向的意识形态—政治化学术实践所导致的（即便是理论理性的）文化理论的滞后状况。

我所供职的中国社会科学院文学研究所，在20世纪50年代后期，开启了中国多民族文学史的写作进程，这个进程的开启尽管曾接受了苏联民间文艺学的影响②，今天的学界却已经把"多民族文学"的概念与"文化

---

① 统计《非物质文化遗产：理论与实践》全书的注释，先生引用马克思4次，恩格斯4次，列宁5次，普列汉诺夫6次，高尔基2次；比较而言，引用最多的是马林诺夫斯基，10次；其他国外学者：格罗塞3次，克鲁克洪2次，博厄斯2次，布留尔2次，卡西尔2次，柳田国男2次，果戈里1次，摩尔根1次，泰勒1次，涂尔干1次，本尼迪克特1次，埃利亚德1次，托马斯1次，谢苗诺夫1次，爱尔乌德1次，葛兰言1次，邓迪斯1次，卡冈1次，穆达克1次。可见先生在学术上的文化学倾向。

② "多元一体的民族国家文学史在社会主义国家苏联和中国都是一门倍受官方学术机构重视的学科。在苏联，1934年全苏第一次作家代表大会之后，文学界就提出了编写供中学使用的'苏联各民族文学史'教科书的任务，阿·托尔斯泰曾领导了这项工作，但为二次大战所中断。战后，苏联的不少加盟共和国编写了主体民族的文学史和文学概况著作，于是苏联文学界重新提出了编写多民族统一的'苏联文学史'的任务，文学、学术界围绕这一议题不断有论文发表，如1960年12月22日《苏联文学报》发表的 H. 盖伊和 B. 皮斯库诺夫的文章指出：'社会主义民族的共同性为各民族文化的进一步合流提供了现实的前提。苏联文学在思想、美学方面的一致性说明了苏联文学历史的统一的发展过程，这一过程正是研究的对象，也是全书的重点。'民族文学史的编写与现代民族国家的建构（其内容之一即是在社会主义制度下的民族融合）之间的互喻关系是显而易见的。50年代后期和60年代初期，中国政党和政府也开始组织编写中国各个少数民族的文学史，但与苏联不同的是，尽管中国人在这方面或曾受到苏联人的启发和影响（如1961年召开的少数民族文学史讨论会上就曾印发《苏联学者关于编写民间文学史的意见》的综述材料），但中国人的工作并未停留在口头上，而是立即将设想付诸实施，并取得了苏联人不曾取得的成绩。"吕微：《中国少数民族文学史研究：国家学术与现代民族国家方案》，《民族文学研究》2000年第4期。关于中国少数民族文学研究与中国文学公共领域的关系，可参见欧阳可惺《公共性：作为社会公共领域的少数民族文学学科》，《民族文学研究》2009年第3期；匡宇《论多民族文学研究的公共性及其边界与可能》，《中外文化与文论》2013年第2期。另参见刘大先《现代中国与少数民族文学》，"少数民族文学史的确立与族别文学史书写"，中国社会科学出版社2013年版，第58—73页。

多样性"的概念任意地勾连了①。尽管我们不能否认两者之间可能相近甚至相同的实践效果，而且用"文化多样性"解释"多民族文学"也具有充分的实践合理性与合法性，但我必须指出的是，"多民族文学"（起源于"少数民族文艺""兄弟民族文学""少数民族文学"等概念②）与"文化多样性"这两个概念，有着完全不同的理论起源：后者起源于后现代性的文化相对主义的解构思潮，而前者却起源于现代性的普遍主义意识形态建构。

这就是说，"多民族文学"的概念与现代性的其他"普遍主义"概念——如"国家"的独立与统一、"民族"的自决与团结——一样，都是以占国家和民族人口绝大多数的下层劳动阶级的普遍解放为条件的。即，唯当实现了阶级乃至全人类的解放，才有可能实现各个国家与民族之间真正的自由与平等（"多民族文学"的普遍性以阶级的普遍性为条件，因为"少数民族作为'人民'的一员、'阶级'的一分子，自然有进入历史的权利，问题只是在于前提是他们必须成为统一的共和国公民"③），以此，也属于现代性"普遍主义"的"阶级"概念，就"好像"——仅仅是"好像"——拥有了世界主义、国际主义的普遍形式，进而，建立在"阶级"概念基础上的"多民族文学"概念，也就"好像"是起源于普遍主义而不是相对主义的事实性的价值观。

翻开先生和马昌仪先生50多年前合译的苏联索柯洛娃等著《苏联民间文艺学四十年》的第一页，赫然入目的竟是如下这句话："苏联民间文艺学的最重要的特点就是：没有民族的关门主义和局限性，研究苏联一切民族的诗歌创作。"④ 我如梦方醒。这，也许就是民间文艺学的苏联模式，在先生的血液中沉积的色素吧！历经岁月的淘洗，当年的现代性"普遍主义"依据"普遍"事实而主张的阶级论意识形态下的政

① 参见杨义《重绘中国文学地图》，中国社会科学出版社2003年版；杨义《重绘中国文学地图通释》，当代中国出版社2007年版；叶舒宪《中国文化的构成与"少数民族文学"——人类学视角的后现代关照》，收入刘大先主编《本体的张力——比较视野下的民族文化研究》，中国社会科学出版社2013年版。

② 参见刘大先《现代中国与少数民族文学》，"少数民族文学史的确立与族别文学史书写"，中国社会科学出版社2013年版，第16、58页。

③ 刘大先：《现代中国与少数民族文学》，中国社会科学出版社2013年版，第59页。

④ ［苏］索柯洛娃等：《苏联民间文艺学四十年》，刘锡诚、马昌仪译，科学出版社1959年版，第1页。

治性价值内容，已经被放弃了；但是，世界主义、国际主义作为被抽空了具体的事实内容而"好像"的现代性普遍主义价值形式，却被保留了下来，并且通过这种空洞的、"好像"的普遍性价值形式，在今天接纳了后现代性相对主义所主张的文化多样性的具体事实与相应的价值内容。

　　而先生之所以能够抛弃历史主义（相对主义之一种）的政治（政策）"时势"性价值内容，转而接纳相对主义（历史主义之一种）的文化多样性的价值内容，其前提可能仍然是苏联民间文艺学以"普遍性"的事实内容（"阶级性"的变形"阶层性"比如"下层民众"）为依据而主张的"好像"的普遍性价值形式。以先生的个案作类比，中国政府乃至中国人如此"轻易地"（第277页）就接受了"文化多样性"和"非物质文化遗产"的概念，不能说与长期以来的意识形态主导下，以"普遍性"事实内容为基础而追求国际主义、世界主义之"好像"的普遍性价值形式的思想方法，没有丝毫的关联，而仅仅起源于在国际上反全球化话语霸权的民族主义文化自觉的反抗情绪。

　　但是，无论是"好像"的普遍性价值形式，或者是事实性、相对化的价值内容，亦即，无论"多民族文学"，还是"多样性文化"，以及"阶级""国家"，其实，一律都是人类普遍性的价值实践形式所给出的特殊性事实和价值内容，即普遍性价值实践形式的具体实践对象或结果，用胡塞尔的话说，就是实践的"构成物"。作为实践的构成物（事实和价值内容），阶级、国家、民族甚至文化，都不是人类（或人本身）实践的普遍性价值形式本身。① 然而，在特定的历史时间和社会空间的直观条件下，人的基于普遍性价值实践形式的具体实践内容（事实对象和价值结果）②，在经验中或显现为比较的普遍性，因而有可能被误认为"好像"

---

　　① 户晓辉批注："这只是你站在康德立场上的观点。实际上，从胡塞尔的立场来看，'国家'（尽管他可能很少论及）、'文化'和'生活世界'作为构成物恰恰可以还原出绝对主观的形式，而这种形式不仅是主观相对的或者相当于主观的，或者说，恰恰因为它们是相对于主观的，所以才是具有普遍性的形式，而不仅仅是内容。"

　　② 马克思明确说过，在历史上，阶级、民族、国家都不是从来就有的，而是特定历史阶段的产物。文化，则与之不尽相同，就文化形式而言，有人类就有了文化，因而文化是"人的较高的特性"（第47、56页）；但就文化的"多样性"内容来说，文化也有其发生、发展、演化、消亡的"铁律"（第26页），因而与阶级、民族、国家一样，是特定历史阶段的产物，以此，非物质文化才被理解为"传承"的"遗产"，也才需要保护。

是人类普遍的价值实践形式本身，例如 20 世纪的"阶级斗争"，以及当下的"文化自觉"①，从而培育出一种基于"好像"的普遍性价值实践形式的思想方法。

于是，人们可借重于这种"好像"的普遍性价值实践形式，接纳实践的任何特殊性内容（事实和价值），其实是把曾经的、特殊的实践内容（政治化的"纯文学""纯艺术"的事实与价值），替换为当下实践的特殊性内容（非政治"纯文化"的事实与价值），而在未考虑当下特殊性的实践内容，是否建立在真正的普遍性价值实践形式的基础上，就径直把特殊的实践内容当做了"普遍性"的实践形式（替换了政治化的"纯文学""纯艺术"的特殊实践内容的非政治"纯文化"的特殊实践内容，仍然不是普遍性的实践形式）本身，从而陷入了"好像"的普遍性价值实践形式与相对的实践内容（事实与价值）之间相互"平衡"的幻觉。

人（类）普遍性的价值实践形式，是唯有对具体、特殊的实践构成物（阶级、国家、民族、文化等事实与价值）给予现象学的悬搁与先验还原——而不是通过对不同的实践构成物予以经验的归纳、分析、抽象——之后，才可能显现的最终剩余物，唯独这最终的现象学剩余物或先验剩余物（而不是由实践构成物转化而成的东西），才构成了人类实践的所有经验构成物的先验条件，这一由经验构成物经现象学悬搁而被先验地还原出来的、具有严格的普遍性的价值实践形式，就是"理性信仰"的

---

① 以下这段话体现了先生的"比较的普遍性"的论述方式："在我国非物质文化遗产保护工作中，特别是申报和评审国家级、省（市）级、地（市）级、县（区）级'四级'名录的工作中，出现了一种怪现象，即工作者们极力回避项目涉及民间信仰的问题……这种暗中回避民间信仰的图谋，其根源在于现实生活中民间信仰的不合法性。要想通过某种手段，消灭民众的民间信仰，使我们这个社会成为一个纯而又纯的无民间信仰的社会，那不是乌托邦吗？同样，要想从我们的非物质文化遗产中或删去民间信仰的踪影，或抹杀民间信仰的踪迹，或不承认非物质文化遗产的民间信仰特性，那不也是异想天开吗？民间信仰是人类社会的必然，只要有人类生活，就必然有自然信仰即民间信仰的存在，任何社会都不可能没有民间信仰，至少自原始社会至今的一切社会阶段上都是这样。民间信仰能给处于困境或迷茫中的民众以生的力量，能够在一定程度上给群体或社区增加和谐因素和凝聚力，尽管民间信仰对社会和自然的认识不是科学的而是虚幻的，但它的理想成分对人的追求和社会的稳定是有益的。"（第 173—174 页）

"自由""平等"的"人权"理念①。作为"人权"理念的"自由"与
"平等"，都是绝对抽象的观念形式，不以任何实践构成物的内容（经验
事实和相对性价值）为基础、前提和条件（普遍性价值不以任何经验性
事实为依据），并且本身也不附带任何具体、特殊的实践内容（当然，在
进入历史之后会携带上具体、特殊的历史内容例如民主制度），但也唯有
这样被抽象掉任何具体、特殊和相对的实践（历史）内容的普遍性价值
实践形式，才能够作为任何经验条件下的实践构成物的先验条件。

但是，人们却往往把在经验条件下显现的比较的普遍性，误认为
"好像"是先验的、严格的普遍性，以为从经验事实中可以抽象出普遍价
值。"代表型"现代性所主张的"普遍主义"价值实践内容和形式如"阶
级斗争"，就是如此；而后现代性所主张的相对主义价值实践内容和形式
如"多样性文化"，同样如此（事实转换为价值、内容转化为形式，或如
李泽厚之所言，"内容积淀为形式"），即便是脱政治的文化。后现代性只
是用一种经验的、比较的普遍性（如"蒙昧思维、神秘思维在'非遗'
中的普遍性"，第56页）的事实和价值，替换了现代性的另一种经验的、
比较的普遍性（如马克思已阐明的"阶级和阶级斗争"在迄今的人类历
史中存在的"好像"的普遍性）事实和价值。就此而言，后现代性有充
分的理由批评现代性"好像"的普遍主义是伪普遍主义，因而后现代性
的确要比现代性更少虚伪，也更坦诚，即公开承认自己所表达的并非先验
的、严格的普遍性事实和价值，至多只是经验的、比较的普遍性事实和价
值，进而不承认任何先验的、严格的普遍性价值的可能存在。

但是，如果后现代性的相对主义完全不承认任何真正严格的、先验的
普遍性价值的客观存在，后现代性的相对主义就会在理论上甚至在逻辑
上，陷入理性的自我矛盾和自相冲突。这就好比，你不能说"不存在任
何真理"，因为，一旦你说"不存在任何真理"，你自己就陷入了理性的
自相矛盾和自我冲突，以此别人就会反问："你说的'不存在任何真理'

---

① 户晓辉："此处似有跳跃，还原的最终剩余物应该是胡塞尔所谓绝对的主观性，或者还
包括先验的形式，其次才是绝对主观性构造的自由和平等。""此段以及下段仍然把内容与形式
理解为了装载物与容器的关系，当然你在本文中的论述言之成理（因为中国就是这样理解内容与
形式的关系的）。"在我的理解中，"自由""平等"的理念本身就是绝对主观性的先验形式，如
果把"自由""平等"的理念视作价值实践的普遍性内容，反倒是把"内容与形式理解为了装载
物与容器的关系"。

是不是真理呢？"如果你说的"不存在任何真理"是真理，那么，当你说"不存在任何真理"的时候，你说的就不是真理；但是同时，当你说的"不存在任何真理"不是真理的时候，反而又提示了真理存在的可能性，尽管这个真理一定不是你说的"不存在任何真理"。①

据此，后现代性所主张的相对主义事实，尽管在经验的条件下，可能具有比较的普遍性价值，但是，后现代性的相对主义事实和价值，尽管可以替换现代性"好像"的伪普遍主义（其实还是相对主义）的事实与价值，却无法动摇真正的普遍主义，即人类（准确地说是"人自身"）严格的、先验的普遍性价值实践形式，人（类）的理性所给予的先验的、严格的普遍性价值实践形式——理性的自由意志、平等意识——是人的经验的、比较的普遍性事实和价值实践形式及内容的无条件条件。

这样，如果我们用从经验的、比较的普遍性（其实是相对性）价值实践内容和形式转化而来的、"好像"的普遍性价值实践形式和内容，代替甚至完全遮蔽先验的、严格的普遍性价值实践形式，就会在现实中造成严重的危害，20 世纪的"阶级论"是如此，当下的"文化论"也可能是如此。对此，主张后现代性相对主义的经验论者倒是有清醒的意识，因为，如果他们忠实于现象学的主观性还原的方法，那么，他们在作为实践构成物的多样性文化的价值性事实中，就只能或然地直观到服从社会发展规律（"类"或"准"自然法则）的"权力意志"（价值实践形式）的权力运作（实践内容的事实）。而作为实践构成物的文化权力，绝对不能用作价值实践的普遍形式，因为，一旦实践构成物被误用作价值实践的普遍形式，与"阶级斗争"一样，定会造成以"文化多样性"的价值实践形式的"普遍性"名义，而导致的话语霸权或者文化暴力②，我们在"非

---

① 户晓辉提醒我"胡塞尔早就做出的批判"："所有的怀疑论和所有的非理性主义都是自己否定自己，休谟就是贫乏的实证主义之父，他们躲避哲学的深渊，将它们草草地掩盖起来，实际上是自慰。"胡塞尔的这段话王炳文译作："休谟成了现在仍然有影响的贫乏的实证主义之父。这种实证主义躲避哲学上的深渊，将它们草率地掩盖起来，以实证科学的成功及其心理学主义的解释自慰。"［德］胡塞尔：《欧洲科学的危机与超越论的现象学》，王炳文译，商务印书馆 2001 年版，第 110 页。

② "启蒙主义探求的理念，不是意指着人性，或人的行动后果的可能性，而是人的活动先验存在的依据和根基。理性普遍性准则给现代民族主体提示了行动的根基，主体的实践和思想活动都因此统一在共同的社会理想和目标上：自由、平等以及普遍的正义。这种普遍性话语在规划现代性大计的时候，如同福柯等人所揭示出来的，会形成种种压抑性结构。"刘大先：《现代中国与少数民族文学》，中国社会科学出版社 2013 年版，第 120 页。

遗"保护中，已经直观到太多的"政府主导、专家参与"（第 280 页）的"权力意志"甚至民间社会内部本己的"话语权力的角逐过程"① 等诸多的现象学事实。

这样说来，我们今天用"文化"理念替代"政治"（"阶级"或"阶级斗争"政策）的理念，用"文化多样性"的观念替换"多民族文学"的观念，只是用一种由经验的、比较的普遍性的价值实践内容转换而来的"好像"的普遍性价值实践形式，替换了苏联模式乃至延安传统遗留给我们的经验的、比较的普遍性的价值实践内容。② 而这也就意味着，前者作为后者的被替代物，后者作为前者的替换物，是以"唯物史观的文化论"的理论理性的学术范式，为过渡的津

---

① "毫无疑问，在话语权力的角逐过程中，各层级的力量和效果是不均等的，每次交锋碰撞的胜负关系也是不确定的，本书将描述很多田野中实际观察到的交流个案，其中所体现的演述者的动机意志、各种力量的分合组成、交流的多变情景以及演述者随机应变的话语机巧等等，般般构成学者接近传说实际存在状态的无限迷人的动态图景。但在这些生动个案的背后，站在地方传说的整体平台上观察，我们仍可以分辨出其中的主导因素，即所谓的'话语霸权'。但'霸权'一词同样过于政治化，置入民间传说的话语评价体系中显得颇为突兀，笔者一向愿意用'民俗精英'一词来指称那些占据着民间知识的话语权，并且实际引领着民俗的整合与变异走向之人，也就是可以产生话语霸权效应的人群组合。那么，哪些人可以成为'民俗精英'？他们必须具备何等的素质或资本？他们的组合是实体化的吗？能经受多大程度、多长时间的考验？他们通过什么途径主导了传说的主流面向？这些主导者既让地方民众分散的话语可以转化为统一的行动因而有效维系了地方人群的身份一致感，又不可避免地遮蔽了该民俗内其他主体的多样性存在，这些都是如何实现的？果真实现了吗？这些问题都是笔者在田野调查中形成并持续考察的，本书中将会给出一些自认为合适的解答。"陈泳超：《背过身去的大娘娘：传说生息的动力机制——关于山西省洪洞县"接姑姑迎娘娘"活动的传说学研究》，未刊稿打印本，第 11 页。

② 户晓辉批注："这主要是你的理论思维呈现出来的问题，很深刻。但其实，包括政治家和学者在内的中国式的思维方式强调和追求的往往不是普遍性（无论是否'好像'），而是中国的所谓特殊性价值，因此，无论是中国的意识形态话语还是学术话语，都充斥着不讲逻辑的和矛盾的言论，正如他们潜意识中强调先做（特殊的）'中国人'而一般不问也不考虑这样的'普遍'问题：'中国人'（首先）是不是'人'？下层的民众或阶级（首先）是不是'人'？因此，普遍性的问题往往已经'自然而然'地被我们自己的接受屏幕过滤掉了。这里你又出现了'跳跃'，即：不讨论我们对普遍性的回避和遮蔽，而直接讨论用'好像'的普遍性相互替代或者代替了真正的普遍性。但更要命的问题可能首先恰恰是我们缺乏甚至'害怕'真正的普遍性和普世价值，因而我们的文化才缺乏一个大国文化应该具有的力度、气度和勇气，多半只剩下装大和假模假式。"

梁，尽管"非遗"保护和延安传统、苏联模式，都具有学术的实践性。这样，受到以理论理性的事实判断为基础的思想方法乃至学术范式的制约，尽管我们抛弃了苏联模式的具体的价值实践内容，却仍然继承了苏联模式的"比较的普遍性"的价值实践形式，尽管这样的说法似乎有些让人难以置信，却是难以置疑且并非故意的耸人听闻。

以此，我们才可以解释，中国政府何以能够以"破天荒"（第281页）的高速度把"民族民间文化"的概念更换为"非物质文化遗产"的概念，因为，这一"转变文化理念"（第151、152、154、157、159页）的过程，无论就比较的普遍性的价值实践形式，还是就实践构成物的具体内容的"手递手"交接来说，都不是难以想象的，尽管后者（从"阶级"到"文化"）作为实践构成物的转换结果，看起来似乎有霄壤之感。

进而，我们也就能够理解，从"多民族文学"到"多样性文化"，其间的替换逻辑，是足够顺畅的（尽管没有依据先验的、严格的普遍性形式）；并且，也就能够理解，先生的"唯物史观的文化论"的祛政治化主张，作为以理论理性为依据的实践范式的启发意义。我们可以说，先生的"唯物史观的文化论"，在把苏联民间文艺学的政治化—阶级论的伪普遍主义价值实践形式（其实是实践构成物的具体内容），替换为民俗学的纯学术文化论的具体的价值实践内容和形式的同时，如果仅仅着眼于学术方向的转变以及学科属性的改变，即如果不是进一步着眼于"唯物史观的文化论"的自我突破，对于民间文学—民俗学的范式转型的启示意义，那么，先生的这次努力，就将是一次（与意识形态的理性误用一样）并不成功的尝试。

这就是说，如果先生试图在历史—语境主义的经验条件下，用建立在民俗学的学术方向以及社会科学的学科属性的基础上的、理论理性的"唯物史观的文化论"，证明民间文化、民间信仰的正当性，先生自己必然要陷入理性的自我矛盾与自相冲突，在民间文化、民间信仰的历史合理性与现实合法性之间左右为难（"一方面看文化遗产'在当时历史条件下的意义和作用'；另一方面又要看它们'在今天的条件下的意义和作用'"，第104页）。① 先生试图用民间文化、民间信仰在经验中比较的普遍性价值实践内容（历史主义、情境主义的普遍正当性），证成民间文化、民间信仰在经验中严格的普遍性价值实践形式，在"非遗"保护的学术实践中，也许会达成临时的效果（甚至不错的效果），但不具备在理论上的彻底性，即无法在理性（至少在逻辑）上的自洽，因为"在经验中严格的普遍性"，本身就是一个悖论。

但是——我已经说了——让人难以置信的是，先生最终并没有满足于用一种相对主义的价值实践内容（文化），替换另一种相对主义的价值实践内容（政治），也没有满足于用相对主义的价值实践内容（民间信仰）替换掉伪普遍主义的实践形式（阶级斗争），而是"固执"地追问真正严格意义上的人的先验的、普遍的价值实践形式，以之作为民间文化、民间信仰的实践价值的最终条件，这是纯粹实践理性的真正、彻底的客观性还原的现象学方法论，即不断地悬置人的价值实践的具体内容和相对形式，不断地追问并且还原出人的严格普遍性的价值实践的绝对形式这个现象学还原的先验（最终）剩余物——"自由""平等"的纯粹理念。②

于是，先生终于"固执"地超越了自己在青年时代就心仪的民间文艺学的苏联模式（仅仅提供了价值实践的特殊内容暨"好像"的普遍形式），也超越了学科的文史方向与民俗方向，以及在文学—文化公共领域中人文科学与社会科学的属性对立，走向了作为人文—社会科学的文史—

---

① "文化的价值判断，唯一的标准，是该文化的产生、发展、兴盛、衰微，是否与彼时彼地的社会的需要和人类自身的需要相适应。凡是适应的，就是具有生命力的，也就是进步的；凡是不适应的，就会逐渐衰亡。企图用今天的价值观判断非物质文化遗产，不是唯物史观。就其文化性质而言，现在我们所说的非物质文化遗产，主要是农耕文明和漫长的宗法社会制度下的精神文化（当然也有小部分是史前社会或游牧社会的遗留）……但随着时代的发展，特别是今天全球化、现代化、城镇化、信息化的飞速发展带来的社会转型，使原本适应于农耕社会条件的非物质文化遗产，逐渐地、部分地失去了生存和发展的条件，变得脆弱了，衰微了，有的消亡了，有的变异了。我们对非物质文化遗产实施保护，其目的是要用可能的方式和方法，留住我们民族的'根'，尽可能地保持住文化的多样性，使文化得以持续发展。文化多样性和可持续发展，是'非遗'保护的出发点和目的。这个理念是在全世界范围内所认同的。"（第158页）

② 户晓辉批注："其实，正如先生自己承认的那样，他们这一代学者受苏联文学以及别、车、杜的影响可能更大，他们当时对苏联民间文艺学的具体情况（参见 Dana Prescott Howell, *The Development of Soviet Folkloristics*, Garland Publishing, Inc., 1992）了解得虽然比西方多，但仍然不够详细。""也许恰恰是因为这些经典作家的论述中包含着自由的理念给锡诚先生以潜移默化！"

民俗方向的民间文学—民俗学的纯粹实践理性范式，而这，就是我们通过先生提出的"理信"（"理性的信仰"）、"人权"，这些先于经验而必然"应该"（而不是偶然的"事实"）的实践概念，而领悟到并且不得不如此设想的事情。这样，一旦先生把"理信"和"人权"这些纯粹实践理性的理念，用作保护非物质文化遗产的先验条件，先生所建构的"唯物史观的文化论"的宏大体系，就迎来了真正的理论光辉；进而，先生也就为彻底地解决"在我们的国情下，无疑也是最尖端、最敏感的意识形态问题之一"（第58页）——民间信仰——之"应该"（而不是"事实"）的正当性，开辟了实践民俗学在未来的理论可能性。

最后，让我们再回忆一下，我在本次进入田野的"实地工作"（field work，马林诺夫斯基语，李安宅译）之初就提出的假设："民间文学—民俗学学科的理论范式和实践范式，作为人类理性的理论使用和实践的使用在学术、学科中的体现，往往会在学者的学术生涯中造成其学术思想乃至理智与情感的自相矛盾与自我冲突，进而如果一个人把理性的两种使用都加以充分的发挥，那么，这个人内心的痛苦，将与理性的两种使用因'走心'而被发挥的程度成正比。"现在，先生用理性的两种使用而导致的理智与情感的矛盾，即长期困扰自己的内心痛苦，承担起了我们这个学科所陷入的所有困境，当然，在这痛苦与困境中，先生也为我们这个学科坚持了"实践性"的传统与愿景。

如果把学科"巨人"的美誉理解为承担起、经受住学科，而不仅仅是勤奋与博学，那么，先生无疑是中国民间文学—民俗学的巨人。当我们作为学科中人，尚且把自己的鼠目寸光，局限在眼前的"一亩三分地"的时候，先生已经用自己的一己之躯，把我们这个小学科的大问题，把我们这个学科的困惑与迷茫，都承担了起来（用鲍曼的话说就是承担起了"表演的责任"①），从而免去了我们每个人本应担负的责任甚至罪责。没有先生这样的学者，我们何以能够心安理得地照顾好我们个人的"认识与兴趣"（哈贝马斯）甚至"禀好"（康德）的私心。

先生以他内心的重重矛盾，承担起了我们的学科生命无法承受之重，我们之所以感受不到这些沉重的负担，是因为先生替我们承担了。所以，

---

①　先生的案例，证明了鲍曼的观点：能否承担起责任，标定了表演的本质。参见本书第十章《"表演的责任"与民俗学的"实践研究"》。

先生不光是西西弗斯一人的无畏与无奈，就先生以一人之身，承担起了中国民间文学—民俗学的所有彷徨与苦闷、光荣与耻辱而言，先生就像是为我们的学科背负起沉重的十字架的那个人。

附录　刘锡诚、吕微往来通信

吕微：

您的长文，我读过一遍，因为准备郑一民的长篇小说《神医扁鹊》讨论会，和艺术研究院一位韩国博士的论文评审，没有能抽出时间来系统思考和给您回信。谢谢您又花这么多时间和精力来写我的民间文学思想，那么仔细读我的书和文章，找出我的学术渊源、思想脉络和矛盾痛苦。同时我也有几点小的意见要向您说。

一是我主张民间文学与民俗学是两个有紧密联系而又是分立的学科。我也时不时地写点民俗学的文章，最有代表性的是《民俗与国情备忘录》，不是发表在民间文学刊物上，而是发表在《报告文学》上的，周星注意到了，选进他主编的《国家与民俗》（商务印书馆 2011 年）里了。我认为，民间文学是下层老百姓表达对社会和人生的意见的产物，属于意识形态，而民俗不属于意识形态，而是漂浮在经济基础和上层建筑（包括意识形态）之上相对独立的、稳定的、带有普适性的"人类精神的历史"（伏尔泰《风俗论》）。

二是俄罗斯的民间文学研究中的诗学传统很丰富、很有生命活力，即使不是超越西方民俗学，也是独树一帜的，但其主要著作（如维塞洛夫斯基、梅列金斯基等）我们并没有翻译介绍过来，魏庆征介绍了几本，也没有人注意。50、60 年代我们介绍过来的，虽然也有当时的大家，但应该说，只是人家的皮毛。您说我受俄罗斯、苏联时代民间文艺学的影响，是对的，尤其是三大批评家和果戈理的民间文学思想对我影响，但我做的、写的都很肤浅，很皮毛。

今天再读您的长文第 4 稿。发给您我即由台湾秀威资讯公司出版的《民间文学的整体研究》的原稿和一校样，后面一部分谈建设中国特色民间文艺学的两篇，可浏览一下。

刘锡诚 4—17 晨

刘先生、马先生好!

　　根据先生的意见,我对拙稿又做了修改,主要有两点。

　　第一,先生主张,民间文学和民俗学"宜作为"两个学科。而我认为,民间文学与民俗学可以是同一学科的两个方向,进而错误地认为,这也是先生的观点。现根据先生的意见,突出了先生本人的立场,尽管我自己根据《歌谣》周刊上周作人的"发刊词",仍然认为民间文学和民俗学也可以是同一学科的两个方向("两个目的"),但无论是学科方向还是学科本身,都可以既是理论理性(范式)也是实践理性(范式)的。

　　第二,我发现,学术的"实践性"是先生的一贯主张,贯穿于先生的民间文学研究和民俗学研究这两个学科或学科方向之中。在规定学术的实践属性方面,先生对民间文艺学的苏联模式的认同是自觉的,并将其与"五四"传统和延安传统联系起来,而我在原稿中还在讨论先生的学术思想与苏联模式的隐秘联系,就完全不必要了。正是因为先生强调学术的实践性,所以当先生一旦参与非遗保护,就发现我们以往的文学理论和国外的文化理论都不能解决中国实践的现实问题,因为文学理论尽管包含着实践的价值判断,但无关乎信仰实践的价值判断;而文化理论作为单纯理论的事实判断,更无关乎实践的价值。进而,当先生援引单纯理论的文化理论评价民间文化、民间信仰的时候,先生就会陷入理性判断的二律背反。当然,先生最终超越了单纯理论的文化理论,而走向了实践的价值理论,学生认为,这是先生此生最重要的心灵事件(至少是之一)。

　　不妥之处,敬请刘先生、马先生批评!篇幅太长,请先生仅浏览其大意。

　　还有一个问题,请教先生。先生说到别林斯基等俄罗斯三大批评家和果戈理的民间文学思想对您的影响,我想具体问一句:他们的思想对您关于"民间文化是下层文化、民间文学是意识形态而不是生活本身"的系列论断,有无直接的关联?

学生吕微　4 月 23 日

吕微:

　　您的长篇论文第 5 稿,我还没有来得及看。您的观点和论析,有价值。只是我越来越认为民间文学是意识形态,而民俗不是意识形态。而您和高丙中等朋友把民间文学与民俗在性质上等同起来，看做是生活本身。在这一点上，我们之间存在着分歧。中国古代所以有采风制度，汉代所以有乐府，都是为了从歌谣里看老百姓对社会问题的反映，以便改进其施政。我编有《俄国作家论民间文学》，可以看出他们［19世纪俄国古典作家——笔者补注，下同］是把民间文学看做民族性的反映或表征。车尔尼雪夫斯基写过《论争的美》，果戈理的《论小俄罗斯歌谣》最有特色，除了把歌谣看做是民族情绪的反映外，特别强调小俄罗斯歌谣的"忧郁"情调。恩格斯在《爱尔兰歌谣集序言札记》里也持这样的观点。这一点，提供您参阅和思考。

　　谢谢您费这么大的精力写我的东西。

　　昌仪嘱笔致意。

刘锡诚　4—23

第 八 章

民俗学的笛卡尔沉思

——高丙中《民俗文化与民俗生活》申论*

　　笛卡尔以及任何一个立志于成为严肃认真的哲学家的人，都不可避免地会以一种彻底怀疑的终止判断为开端。这也就是说，对迄今为止的一切信念提出疑问，不对它们作出判断，不对它们的有效性或无效性表态。一个哲学家在其一生中必须有这样一番经历，如果他没有采取这样的程序，即使他已经有了"他的哲学"，他还必须这样做一次。

——胡塞尔《欧洲科学危机和超验现象学》①

---

　　* 本章发表于《民俗研究》2010 年第 1 期；全文发表于《中国民俗学》2012 年第 1 辑，广西师范大学出版社 2012 年版。发表时的内容提要云："本文肯定高丙中《民俗文化与民俗生活》对于民俗学从文化形式研究的取向转向生活整体研究的取向，以及民俗学的社会科学化转型所做出的奠基性理论贡献；并从学科基本问题意识、'从抽象（文化）上升到具体（生活）'的经验—实证的社会科学方法论等方面具体论述了《民俗文化与民俗生活》通过对民俗生活的经验直观以重新发现'个体主体性'为民俗学转变为真正意义上的现代学科所阐明的学术方向。本文认为，尽管民俗学的社会科学化在重新发现了'个体主体性'的同时却无法思想人的自由存在的生活意义，但通过引进胡塞尔'生活世界'的概念，《民俗文化与民俗生活》为民俗学将自身开启为为人的自由进行存在论辩护进而'拯救生活世界''保卫日常生活''建构公民社会'的人文学术赢得了理论可能性。"

　　① ［德］胡塞尔：《欧洲科学危机和超验现象学》，张庆熊译，上海译文出版社 2005 年版，第 101 页。

本章的写作初衷是想给研究生提供一篇我个人的"阅读心得"，以此作为与同学们交换看法、相互问难的底本，所以，写作之初就假定本章的读者都已经认真阅读了《民俗文化与民俗生活》，对其中所使用的概念，提出的命题，以及所要解决的问题和解决问题的思路——理论和方法——有了自己"亲证"的把握，于是，我的任务就只剩下直抵问题本身，引发讨论。

《民俗文化与民俗生活》是高丙中的博士学位论文，1991 年夏天通过答辩①，由中国社会科学出版社纳入"中国社会科学博士文库"于 1994 年出版，那年高丙中 32 岁；如果再向前倒推到他写作博士论文的 1990 年，高丙中是 28 岁——以此，我为"少年中国"骄傲！为中国民俗学骄傲！为汉语学术骄傲！

有人说过，经历了汉魏至唐五代近千年的佛经大翻译和宋元以来各语种、语族间的语言大融合，汉语已被锻炼得具备了创造高度抽象的哲学概念，并进行特别艰深的哲学思辨的能力。于是，当 19 世纪西方学术尾随着欧美的坚船利炮轰开了旧中国的大门，其时旧中国已为接纳西方学术做好了语言上的准备。用具有象形、形声、指事、会意功能的单音节汉字组织形而上学概念词汇的潜力甚至是无限的，因此，谁能够否认源于西方的学术（包括哲学）有朝一日不会用汉语作为表达其自身的第一语言，而汉语不仅仅是被用作翻译？

> 为了研究民俗事象的历史发展，我们需要设立一套关于民俗模式的历史范畴。这样一组概念可以是雏型、完型、原型、残型和首式、原式、仿式、变式、异式。（第 149 页）

> 为了从功能方面研究民俗模式，我们提出下列范畴：流行式、遗式、废式、选择式和单行式。（第 150 页）

也许，为民俗研究所设立的上述概念的抽象程度还无法与高度思辨的哲学范畴相媲美，但已初步显示了汉语民俗学在概念创造方面的魅力。

---

①　高丙中的博士论文于 1991 年 6 月 14 日通过答辩，事见高丙中《民俗文化与民俗生活》，"自序"，中国社会科学出版社 1994 年版，第 8 页。以下凡引此著仅注页码。

　　《民俗文化与民俗生活》出版 15 年了，15 年来，它已成为民俗学研究生的专业必读书，尽管没有人这样硬性地规定过。15 年来，中国民俗学经历了从传统的文本研究、文化研究、事象研究，向当下的语境研究、生活研究、整体（事件）研究的学术转型，在这样一个学术范式的大转型过程中，《民俗文化与民俗生活》发挥了关键性的引领作用。至少我可以这样说，如果学术的转型仅仅停留在口号和号召的水平上①，而没有经过充分的理论论证，那么学术转型的必然性绝不会在短短十年的时间里，就赢得多数学者的首肯并取得实质性的突破。《民俗文化与民俗生活》就是这样一部论证严密的理论民俗学学术著作，即使在当今欧美学界，我们的国外同行们所贡献的富于哲学思考的、水平和功力都与之相当的理论著作也还不多见，以此，《民俗文化与民俗生活》让中国民俗学于理论思辨方面至今保持了在国际学界的领先地位②。

　　但是，这样一部不仅对中国民俗学界就是对于世界民俗学界来说，均属难得的"笛卡尔沉思"，出版以来却一直没有被学界充分地讨论和研究。当然，也有一些公开的和私下的评论，但都没能真正从理论上与之展开富有成效的对话。因此，"沉思"的理论价值也就一直没有得到透彻的阐释，其所蕴涵的可进一步开掘的学术可能性也就不可能得到进一步的彰显。有鉴于此，在《民俗文化与民俗生活》出版 15 周年之际，笔者不揣浅陋，将自己多年阅读该书时与作者的精神心意会，奉献于读者的面前并就教于学界同人和作者本人，以期对民俗学的理论进展进而学科的发展有所助益。

---

　　① "我们对于民俗学理论体系的建设一直只有一些倡议和设想，并没有什么切实的、可观的建树。这就是我们大家心目中的民俗学史。"（第 76 页。）

　　② 在纯粹的理论民俗学方面，中国学者的贡献还有户晓辉《现代性与民间文学》，社会科学文献出版社 2004 年版；户晓辉《返回爱与自由的生活世界：纯粹民间文学关键词的哲学阐释》，江苏人民出版社 2010 年版；户晓辉《民间文学的自由叙事》，社会科学文献出版社 2014 年版。

一　从 folklore 到 survivals 再到 folkways
——民俗学基本问题的当代呈现

在纯粹思辨理性与纯粹实践理性联结成一个认识时，假定这种联结不是偶然的和任意的，而是先天地以理性自身为基础的，从而是必然的，实践理性就占据了优先地位……将前者纳入自己的领域……因为一切关切归根结底都是实践的，甚至思辨理性的关切也仅仅是有条件的，只有在实践的应用中才是完整的。

——康德《实践理性批判》①

《民俗文化与民俗生活》全书包括"引论""综论"共八章，各章的题目依次是：

引论　正视关于民俗学对象的理论难题
民俗之"民"：学科史上的民俗学对象（上）
民俗之"俗"：学科史上的民俗学对象（下）
注重生活和整体：萨姆纳关于民俗的理论
文化事象和生活整体：民俗研究的两种学术取向
生活世界：民俗学的领域和学科位置
民俗生活
综论　完整的研究对象和全面的学术取向

通过对各章标题的直观把握，可以认为，《民俗文化与民俗生活》所要解决的问题主要有两个：第一，民俗学学科的研究领域和研究对象（研究什么）；第二，民俗学研究的学术取向（怎样研究）。在解决这两个问题的过程中，论证民俗学的学科位置或地位，也就是学科

---

① ［德］康德：《实践理性批判》，韩水法译，商务印书馆1999年版，第133页。

的价值和意义。一部《民俗文化与民俗生活》，可以说通篇就是在理论上"为民俗学辩护"（第9页）即为民俗学的学术合理性（研究领域、对象和学术取向）以及学科合法性（学科地位和位置）所作的辩护词。

> 有两个条件可以保证一种学术的学科地位：其一，具有完备的知识体系［关于研究领域、对象和学术取向的概念系统和理论体系］；其二，具有社会所认可的重要意义［在学科体制中与其他学科的关系］。（第9页）

通过建立完备的概念系统和理论体系为民俗学确认研究领域和"独立、完整的研究对象"（第9页）以及相应的学术取向固然是为民俗学辩护的直接途径，也是学科面临的最"火烧眉毛的事情"（第9页），因为民俗学的研究对象——传统民俗正在日渐消亡，"正是这一原因最有力地动摇了民俗学的学科地位"（第127页），但是，学科的存在价值和意义才是为民俗学辩护最实质的症结。

> 什么是民俗，什么是民俗的文化意义、社会意义和人生意义，这些才是最根本的民俗学理论问题。这些问题对民俗学的学科位置至关重要。（第9页）

这就是说，民俗对象的意义就是民俗学学科的意义，因为，学者在研究对象——民俗中发现的，只是通过民俗学学科的问题意识所开显出来的人自身的存在价值，而"开显人自身的存在价值"也正是民俗学学科的存在意义。在这个意义上，为民俗（对象）辩护也就是为民俗学（学科）辩护，而为民俗学辩护也就是为民俗辩护。如果民俗以及以民俗为研究对象的民俗学学科，与人自身的存在根本就是无关痛痒的学问和学问对象，那么所有为民俗和民俗学的辩护都将不再有意义和价值，即使你通过确定民俗学独立、完整（统一）的研究对象而最终拯救了民俗学。

初看起来，保证民俗学的研究对象固然是为民俗学辩护最直接、最有效的办法，因为研究对象直接关乎学科的存在理由，《民俗文化与民俗生活》在这方面也下了最大的功夫。但实际上，这一切都起源于为民俗学辩护所依据的事关人自身存在的意义关切和价值关怀。正因为民俗学是一门事关人自身存在的有意义、有价值的学问，民俗学才值得我们去拯救它，并为之进行辩护。

当然，反过来说，为拯救民俗学而为民俗学所做的辩护，却不是简单的价值阐发和意义申诉就能奏效，这又需要我们首先为民俗学学科建立完备的知识即概念系统和理论体系。唯当我们使用了系统性、体系化的概念而理论地说明了民俗学的研究领域、研究对象和研究取向，民俗学的学科意义和价值即学科地位和位置，才能够获得最有效的辩护并最终拯救民俗学。

就民俗学是一门通过研究民俗而反思人自身的存在价值和存在意义的学问而言，为民俗学辩护也就是为人自身的存在价值和存在意义进行辩护。但是，作为一门学科，民俗学必然是从学科知识而不是生活常识或其他学科的角度出发，为人自身的存在价值和存在意义进行辩护，这就需要民俗学学科知识的概念设定和理论建设。因此，从学科的立场看，没有民俗学的概念和理论，对人自身存在的辩护就是空的；而没有对人自身存在的关心与关爱，为民俗学的辩护则是盲的。

关于民俗学的研究领域、研究对象和研究取向的辩护只是外在的辩护，而对民俗学与人的存在价值和存在意义之间的相关性的辩护，才是内在的辩护。而民俗学的内在性辩护，其实也就是对民俗学要解决的基本问题——维护人自身的存在价值和存在意义——所体现的学科合法性与学术合理性的辩护。于是我们看到，为人自身的存在价值和存在意义所进行的内在性辩护，这一民俗学学科的基本问题意识贯穿于《民俗文化与民俗生活》全书的始终，并形成一种内在性的理论冲动，推动着民俗学的外在性辩护，并通过所设定的民俗学的学科概念和概念化的理论演绎的逻辑行程，最终彰显了民俗学的基本问题——人自身的主体性存在意义和价值。

任何学科（甚至包括自然科学）对于自身研究领域、研究对象和研究取向的自我辩护，从来都起源于学科中人对人自身的某一存在领域的意义关切和价值关怀的问题意识，从而发端为学科的起源，因此，任何学科的起源就其逻辑而言，并不在历史上的某一时刻，而就在从业者的内心当中。① 但是，从时间的角度看，学科的起源又的确开始于历史上的某一时刻，也就是学科第一次因其对基本问题的意识或觉醒（觉识），而为自己设定研究领域、研究对象和研究取向的那一刻。

民俗学起源于世界性的现代化进程横扫欧洲的 19 世纪，是 19 世纪的民族主义、浪漫主义思潮催生了民俗学的诞生（第 118 页）。当老汤姆斯用一个古老的撒克逊语合成词 folk-lore 代替 popular antiquities（大众古俗）描述民俗学的研究对象和民俗学本身② 的时候，他绝没有想到过，folklore 所蕴涵的、可供开发的巨大潜能。那么，floklore 究竟意指什么？

老汤姆斯说 folklore（民俗）就是 the lore of the people（民众的知识），"汉语译文的'俗'和'知识'在英文里都是'lore'这个词，可见，汤姆斯并没有给'folklore'下定义"（第 59 页）。

似乎汤姆斯用"民众的知识"给"民俗"下了一个粗略的定义，其实，汤姆斯的原文根本不具备一点定义的样式，只是简单的同语反复："folk - lore = the lore of the people"。（第 59 页）这个概念至今没有得到一个合理而可行的解释。（第 76 页）汤姆斯实际上认为他的"民俗"（folklore）与"大众古俗"（popular antiquities）的内容是一样的，只不过后者在概念形式上不如前者，所以他提出一个单数形式的总术语来代替这个既是复数、又带形容词的旧术语。（第 48 页）

然而尽管如此，

汤姆斯提出"folklore"，对民俗学有首创之功。他的"folklore"虽然在范围上没有超出原来的"大众古俗"，但是，它却是一个在学术意义上与"大众古俗"迥然不同的概念。"folklore"是一个集合概念，他是从整体上去把握民俗事象的，因而"folklore"是对民俗事

① "学科的起源并不在历史上的某一天，而是就在学科中人超越时、空的内心，既在学科先驱者的内心，也在学科后来人的内心，由此，我们才能谈到学科的'薪火相传'即'心心相印'."本书第二章《民间文学—民俗学的"性质世界"与"意义世界"》。
② "'folklore'既用来指学科的研究对象，也用来指学科本身。"（第 61 页）

象的整体性把握。而原来的"大众古俗"是一个非集合概念，使用它的学者们是从个别上去把握民俗事实的，因而它所表达的是一件一件的民俗事象；事象是复数的，所以他们把"antiquity"写成复数的"antiquities"。在形式上，这两个概念的区别就像森林与树木、人类与人们的区别一样。汤姆斯的概念首次把研究的对象认知为一个独立的和统一的整体，在理论上为民俗学的建设确定了完备的对象，所以，"folklore"才有望在以后的岁月里发展成为一门科学。如果人们对研究对象的认知形式都呈现为支离破碎的，那么，他们是不可能建立一门统一的学科的。（第 60 页）

folklore 真是一个奇妙的词汇，也许对自己的建议本身，老汤姆斯并没有什么深思熟虑，但 folklore 却真的为日后民俗学百多年的发展提供了多种可能性，而这是老汤姆斯本人始料未及的。folklore 的奇妙之处就在于这个撒克逊语合成词中包含了"主体"（folk——民众或人民）和"对象"（lore——知识或文化）两个部分的规定，这就为后来的民俗学者不断解释这个学科关键词提供了各种契机：或者用片面的、分析的"对象"取代了整体的、综合的"主体 + 对象"，或者用新的"主体 + 对象"赋予旧的"主体 + 对象"以更有新义的综合。人类学派民俗学家的做法属于前者。

"遗留物"概念则为他们指明了现实的研究资料。他［泰勒］的"遗留物"［survivals］能取代其他同义词［比如 remains，relics］，就在于它属于一种体系性的理论，是一个学术名词。（第 49—50 页）人类学派民俗学家首次在民俗学的意义上全面研究民俗。他们把民俗之"俗"定义为古代文化的"遗留物"，并规定它的范围……无论是从实际业绩说，还是从理论形态来说，人类学派对民俗学的贡献都是卓越的。人类学派民俗学家有两个关键词："folklore"和"survivals"。"folklore"既用来指学科的研究对象，也用来指学科本身。"survivals"用来给作为研究对象的"folklore"下定义，并被用在指称"folklore"的具体语境中："folklore"是集合名词，是总术语；"survivals"是可数名词，当它被用于给"民俗"下定义时，它说明了民俗的［传统性存在］性质和［事象性］存在状态，当它被用来代替"folklore"时，它能够便利、准确地指称具体的民俗事象。同时，他们明确了与自己的"民俗"定义一致的"民俗"范围。因此可以说，人类学派民俗学家对民俗学对象的认识反映在理论形态上是比较完备的，是相当明了的。他们发展了汤姆斯的"民俗"概念；并且，他们利用这些概念建立了自己的学说，使民俗研究初具理论形态，成为一门学术，而不再是几个人的癖好。（第60—61页）①

　　这就是说，当人类学派民俗学家用复数的 survivals 定义单数的 folklore 时，后者就退居为民俗学的研究领域，而前者则取代后者直接指涉了现实的、具体的研究对象。作为复数的研究对象，survivals 对 folklore 的定义，一方面是具体而微的，另一方面则是片面的，也就是说，survivals 是对 folklore 进行分析（或分解）的结果。于是，当 folklore 被 survivals 定义之后，尽管 folklore 不像在老汤姆斯手里时那样只能是同义反复的自我规定，现在 folklore 有了复数即具体、现实的规定性，但是，民俗学的研究对象——lore 或 survivals 虽然被突显出来了，而民俗对象的主体——folk 却消失了。也许，的确，汤姆斯的那封简短的书信"为后学提供了多种给'民俗'下定义的启示和根据，世界民俗学史上主要的'民间文化'说、'民间文学'说以及列举式定义法都源出于这位祖师爷"（第49页）；但更准确地说，应该源于人类学派民俗学家"遗留物"理论所首创的"民俗"定义的单纯"无主体文化论"。

　　当然，这不是说，人类学派民俗学家用 survivals 遮蔽了 folklore 中的 folk，就不再讨论主体的"民"，恰恰相反，尽管老汤姆斯建议使用 folklore，但他本人"甚至没有明确讨论过'民'"，倒是"人类学派民俗学家才开始慎重地讨论'民'，把它定义为乡民和野蛮人，因为他们集中地保存着大量'遗留物'"（第29页）。于是，从人类学派开始，民俗学家"有一个共同点：都根据'俗'来确定'民'。也就是说，他们都先确定了什么是'俗'，然后再根据他们各自认定的'俗'的出现范围来确定什么是'民'"（第28页）。这就是说，通过"以'俗'定'民'，以'俗'论'民'"（第29页）的言说方式，"民"才正式作为民俗学学科的一个基本问题代代相承，被学者们反复地讨论，甚至成为一个民俗学者

────────────

① "在这门学术的历史上，有许多满腔热情的学者倡导建立民俗学的理论体系，并且，也确实有一些朴素的理论卓有成效地指导了民俗研究，例如，人类学派民俗学家以'遗留物'为理论基石的学说，但是，它们远远称不上理论体系。"（第76页）

在观念上正式进入该学术共同体的必修功课。①

但是，在人类学派民俗学家用 survivals 解构 folklore 的同时或稍后，却有一位美国民俗学家萨姆纳坚持 folklore 的"主体＋对象"的民俗指涉方式。

> 与 folklore 最接近的汉语术语是"民间文化"，而不是"民俗"。在英语里，与"民俗"对应的是由萨姆纳引入民俗研究的"folkways"。其中的"folk"意为一个社会或社区的人们，是一个集合名词，视为复数。其中的"ways"本意为"路、途径"，引申为"方法、程序"，又引申为"风俗、风范、个人的癖性"，而"s"表示复数。我们因而把萨姆纳的 folkways 译为"民俗"。（第 77 页）②

与单纯文化规定性的 survivals 不同，folkways 是内在地包含着主体"民"的；与单数的 folklore 不同，folkways 是复数的。这意味着，对于萨姆纳来说，"民俗"就是作为主体的每一个体或集体的人以具体的"行为方式"（第 77 页）所表现的民俗活动。与人类学派民俗学家一味强调集体认同的传统文化不同，萨姆纳更注重个人实践和社会实践的现实生活，folkways 一词充分体现出萨姆纳民俗学思想的精髓。"他研究民俗的着眼点是社会生活，而不是像当时在欧洲流行的民俗学那样，把着眼点放在文化上"③

---

① "没有一门学科像民俗学和民间文学这样直逼学科的主体性问题本身了……这是民间文学和民俗学的运思传统。对于这个思想和知识传统，我们不敢轻言放弃，我们将殚精竭虑地去领会先行者的大智慧。"本书第四章《从"我们和他们"到"我与你"》。

② "奠定他（萨姆纳）在社会学上的地位的是两部书：在他生前问世的《民俗》，在他死后出版的《关于社会的科学》。"（第 77 页）《民俗》即 *Folkways*。W. G. Sumner, Folkways, A New York Times Company, 1979。

③ "生活"的确是萨姆纳《民俗》一书中的"关键词"之一，尽管萨姆纳直接提及"社会生活"（第 187、191 页）或"社会的全部生活"（第 189 页）的地方并不多，其则如：生活（第 173、176、183、189、192、198、204 页）、人的生活（第 191 页）、生活方式（第 205 页）、生活策略（第 176、186、204 页）、生活（的）过程（第 186、191 页）、生活经验（第 186 页）、生活环境（第 179 页）、生活条件（第 187、189、191、195、204、205 页）、现实生活处境（第 184 页）、生活的准则（第 186 页）……因此萨姆纳也称"生活"为"行为的世界"（第 193 页）或"行动世界"（第 197 页）。但是严格地说，萨姆纳关于"生活"的民俗学思想并不是特别的明确，说萨姆纳"研究民俗的着眼点是社会生活"在一定程度上应该归功于高丙中对萨姆纳民俗学思想的着力阐发，萨姆纳民俗学思想的着重点仍然在民俗的"文化"性，民俗的"生活"性只是附着在民俗的文化性之下而尚未上升为第一关注，是高丙中让萨姆纳变成了一位坚定的以"生活"为第一关注的"民俗生活"论者。

（第 77 页），萨姆纳"从抽象世界回到了行动世界"（第 197 页）。

以"社会生活"作为民俗学的"着眼点"，包含两层意思：第一，民俗不仅仅是传统的生活文化而且也是现实的文化生活，即一个"事件和行为的世界"（第 193 页）。萨姆纳写道：

> 民俗是为一时一地的所有生活需求而设。（第 174 页）
> 民俗时时都在产生。在驿站马车的时代有适应那种旅行的方式，现在的市区公共汽车产生了适应城市运输的民俗。（第 180 页）
> 民俗……既是传统的，也是实际存在着的。整个生活中它们无所不在。（第 183 页）

第二，民俗不仅仅是集体的行为模式，首先是个人的活动方式。

> 我们可以研究它［民俗］的最初形态，它的发展过程及其法则；也可以研究它对个体的影响和个体对它的反作用。后者正是我们现在的兴趣之所在。（第 174 页）

正是以此，百年之后，萨姆纳被 个中国青年民俗学家从尘封的故纸中重新发现了，高丙中甚至"十分惊喜地看到"，萨姆纳的民俗理论甚至"是迄今最富于理论性的体系，更是近百年来理论民俗学方面唯一的尝试"（第 77 页）。

> 萨姆纳认为民俗生成的起点是个人的习惯，也就是在民俗之民中引入了个人。民俗学研究普遍的东西，流行的东西，通常是注重森林，不注重树木，在重视集体共同性的时候，忽视了个体差异，如果我们循着他的启示，以个人为起点去讨论集体，民俗学有可能发展到既注重集体的共性，也留意个人的个性因素，既注重从众倾向，也留意个人的选择和个人的主体性。这样发展对研究现代民俗尤其有益，因为在现代生活中，个人的主体性已经发展得比较充分了，随着这一因素发挥的作用不断增强，民俗研究越来越有必要在着眼于群体，着眼于群体的一致性的同时，也顾及个体，顾及个体的选择机制。（第 99—100 页）

这就是说，萨姆纳之所以能够被再次发现，是因为发现者与被发现者一样，对于民俗学的基本问题亦即学科的价值和意义有着近似甚至相同的理解：民俗学并非仅仅是着眼于传统文化和集体认同的学问，民俗学也能够关注现实的社会甚至个体的生活，或者个人的人生即人自身的主体性存在价值和意义。也许，萨姆纳并不像高丙中那样对于民俗学因其学科的基本问题意识而能够成就的社会和人生功用有着如此热切的期待，但萨姆纳对民俗学理论的系统性、体系化阐述，的确让高丙中从理论上坚定了如下信念：民俗学是一门以其学科的基本问题意识而于社会、于人生都大有益的学问，而且能够以其理论的完备性和彻底性承担起对于社会与人生应负的学科责任，因而

> 当代中国民俗学家可以通过研究民俗生活进而关心国人的人生，关心在传统向现代的大转换过程中显得异常艰难、异常困苦的人生。（第146页）我们对主体的关心要从对人生的关心切入。民俗学研究民俗模式和民俗生活，联系人生来说，也就是研究人生过程中呈现的群体模式以及人们对它们的表演。（第163页）只有如此，民俗学家才可能面对生活，解答生活的问题，而不辱关心生活的现代使命。（第100页）

一个以讲述人自身的主体性、当下性存在即"个人的现实存在"（第145页）的"个人的故事"① 为基本问题或问题意识的现代民俗学，而不是如经典的民俗学家们所一贯给定的那样，只能讲述集体性和传统性故事的民俗学，就这样被相隔百年的两位民俗学家共同发现了。不，不是相隔百年，只是因为萨姆纳的"有些思想是超前的，所以不能为当时人所接受……［而且］即使是在当代，［他的］这种［关注生活、关心个人的］观点也只有宽容的或具有新思想的民俗学家才能理解或接受"（第102页），因此，萨姆纳和高丙中其实是两个同时代的人②，即如胡塞尔所说的"跨时间地共同协作的哲学家"③。

---

① 参见高丙中《民间文化的复兴：个人的故事》，收入高丙中《居住在文化空间里》，中山大学出版社1999年版；高丙中《民间文化与公民社会——中国现代历程的文化研究》，北京大学出版社2008年版。

② 20世纪70年代在美国兴起的、以鲍曼为代表的"表演理论"可以说是对萨姆纳理论的反响，"鲍曼等学者认为，民俗研究不能总是泛泛地谈某个群体的民俗，而要结合具体的有自己的动机的人来看活动中的民俗。"（第113页）

③ 参见［德］胡塞尔《欧洲科学的危机与超越论的现象学》，王炳文译，商务印书馆2001年版，第89页。

　　但是，这样说来，难道只有以关注现实生活、关心个人人生为基本问题或问题意识的民俗学才是有意义、有价值的学问吗？当然也不尽然。人类学派民俗学家用遗留物理论规定民俗学对象也曾经是"合时宜"（第 61 页）的，因为那时，尽管现代性进程不可阻挡，但传统的民俗和民俗传承人就如马林诺夫斯基所言，仍然时时处处尽在"肘腋之下"①；即便是民主主义和启蒙主义兼浪漫主义所催生的中国民俗学起步的"五四"时代，传统民俗也仍然是那个时代普遍的"生活事实"（第 119 页）。但是，随着现代性的全球化结果，连这样的文化遗留物及其传承人（落后阶级、原始民族）也急速消亡，于是民俗学才第一次感到了危机，即因为学科对象的急速消亡而发生的学科危机，如果一门学问连自己的研究对象都丧失了，那么这门学问是否还能成为一门于国于民于社会于人生都有用的学问也就成了问题。

　　民俗学曾经是有用的学问，民俗学以为安身立命之本的传统民俗的事象研究，也曾经是极有用的学问，即作为"进行民族认同的依据"（第 119 页）、"提供民族认同的对象"（第 140 页）的有用资源。当然，民俗文化一方面可以作为文化认同的浪漫资源，另一方面也是现代启蒙的批判对象。② 但是即使不考虑后者，作为事象研究之学术对象的文化资源，在今天难道真的已不值得再去追求了吗？在关注社会、关怀人生的民俗学家

---

　　① 参见〔英〕马林诺夫斯基《巫术科学宗教与神话》，李安宅译，中国民间文艺出版社 1986 年版，第 85 页。

　　② "现代民间文学或民俗学话语是现代性的宏大叙事的一部分，它是启蒙理性的产物，同时又是反启蒙的，或者说是具有浪漫主义倾向的。民间文学或民俗学所要研究和处理的对象是现代性既恨又爱的对象，而民间文学或民俗学研究在抽象的意义上就是要用理性来研究、理解或驯服被界定为'非理性'的传统。""现代性与过去（传统）构成了一种悖论关系。一方面，现代性必须努力挣脱过去、传统或非现代性的东西才能不断地求新求变，达到现代；另一方面，它又需要把过去、传统或非现代性的东西确立为自己的来源和出处，并且在这个'他者'的镜像中来比较和认识自身。现代民俗学和民间文学研究正是作为现代性的'他者话语'而产生的。"户晓辉：《现代性与民间文学》，社会科学文献出版社 2004 年版，第 64、181 页。"民间文学—民俗学是因应现代民族国家的建立和现代民主社会的建设这些现代性问题而产生的学问，也就是说，这门学问要为民族国家和民主社会的主体——现代的'新民'提供文化身份（认同）的合性法证明，于是，民众所一贯生活于其中的传统文化的一部分——民俗和民间文学就被发掘出来加以表述。但这里也就出现了一个问题：民族国家的建立主要是为了区别空间的内与外，为了表示与外人的不同，全面肯定自我就是顺理成章的事情，所以站在民族国家的立场，民俗学者往往对能够证明自我的传统文化持全面肯定的态度（比如在民俗学的故乡德国）；而民主社会的建设却是要区分时间的过去和现在，把旧民改造成新民，于是，站在民主社会的立场看，民俗学者就对曾经模塑了传统之民的那一部分文化持否定态度，斥之为'封建糟粕'。"吕微：《民间文学—民俗学的意向方式》，《中国社会科学院院报》2006 年 11 月 9 日。

看来，民俗的事象研究的确与生活、与人生正渐行渐远，而这样的学科基本问题意识的转变又是如何发生的呢？

正如我在上文已经指出的，尽管 19 世纪的现代性进程横扫欧洲，在欧洲，文化的遗留物和传统的传承人（农民、乡民）仍然大量存在，而且是以民俗事件的整体形态而现实地存在的。面对现实存在的大量民俗事件的"生活事实"，当时的民俗学家不是不能整体地进行研究，非不能也，是不为也。因为有"民间的才是真正民族的"（第 122 页、第 123 页）观念在，所以通过民间的传统文化而成就民族国家和民主社会的集体认同，正是那个时代的需求并造成了民俗学学科在那个时代所能开发的基本问题意识。于是，以发掘集体认同的、观念（符号）形态的"民族性的文化现象"（第 140 页）即民间传统文化为学科基本问题的民俗事象研究也就应运而生，而个体实践的、生活形态的民俗事件研究的问题意识，也就不会被及时地提上学科的议事日程。

按照《民俗文化与民俗生活》的说法，民俗总是以两种形态存在，一种是文化的形态，一种是生活的形态。前者体现为文化的产出结果，后者体现为生活的投入过程。相应地，民俗研究也有两种研究取态（取态或取向即学科基本问题意识的体现），一种是对民俗文化的要素（事象）内容的研究，一种是对民俗生活的整体（事件）形式的研究。前者体现为对集体认同的传统观念的关注与关切，后者体现为对个体实践的当下活动的关心与关怀。[1]

---

① 关于民俗学的两种"研究方法和思维取向"，参见《民俗文化与民俗生活》第四章"文化事象和生活整体：民俗研究的两种学术取向"，在该章的第三节"两种学术取向的互补"中，高丙中列有一对照表，尽可能详尽地对照了两种学术取向各自的偏重（第 114—115 页）：

民俗事象研究	民俗整体研究
文化	生活
历史传统	社会现实
事象	事件
因素	整体
文本	表演
结果	过程
历时	共时
抽出个人因素	从个人因素出发
统计的群体	直观的群体
文献搜集	田野作业
共同知识	个人经验
传承性	当代性

　　就民俗学的研究对象总可以是生活整体而言，民俗学的研究对象永远不会消失，因为人的生活整体就是人的存在本身①，而人的存在本身不可能是非存在。以此，民俗学的学科危机绝不是什么研究对象的消失之虞，而就是人的存在本身是否与学科的基本问题意识相关联②。至于民俗事象研究的出路，即使传统民俗完全退出了现实生活，民俗学也仍然可以对民俗传统进行历史的研究，只要这种研究仍然被认为是有益于文化认同，那么对传统民俗的事象研究也就仍然值得提倡。多年以后，回忆当初写作博士论文时的动机，高丙中写道：

　　　　我现在无意隐瞒我当时对民俗学研究取向的失望。我在 1990 年写作博士论文的时候，我的一个主要意图就是批判民俗学的遗留物研究。但是，后续的历史却证明，这个时期让文化遗留物在知识上重新成为可见的（visible），对于中国社会在后来的变化中重新建立与自己的传统的连续性具有关键的作用。当时对"遗留物"作为文化现象的发掘，对"遗留物"的言说作为合法话语的呈现，实际上奠定了中国社会后续发展的文化基础，凝聚了中华民族的文化认同的集体意识或集体无意识。③

---

　　①　"关心自己存在的民族和社会都会关心自己的民俗，关心人类的存在的知识分子都会关心人类的民俗，因为人的存在关联着民俗。"（第 1 页）
　　②　"既然学科的对象存在与否以及如何存在以学科意识的存在为存在根据，那么，我们用怎样的意向方式看待对象，就决定了对象的命运甚至学科的命运，这就是说，学科的命运掌握在我们自己的意向方式的手里。从纯粹描述的立场看，经典的民间文学－民俗学的意向方式主要有两种：一是向身后看的方式，一是朝当下看的方式。向后看的人满眼都是即将消失的传统，因此向后看的人往往是一些悲观主义者、保守主义者（在此，悲观、保守都不是贬义词），于是，他们的主要工作目标就是保护、抢救那些即将消逝的文化遗产。而在一些盯住眼下的人看来，尽管传统的价值形式可能消失，但传统的意义内容却可以保持不变，所以，眼睛始终盯着当前的人往往是乐观主义者或与时俱进主义者，他们不但坚持说民间文学－民俗学不会自动消亡，而且会与人类社会的文化生活同在。"吕微：《民间文学—民俗学的意向方式》，载《中国社会科学院院报》2006 年 11 月 9 日。
　　③　高丙中：《日常生活的现代与后现代遭遇：中国民俗学发展的机遇与路向》，《民间文化论坛》2006 年第 3 期，收入高丙中《民间文化与公民社会——中国现代历程的文化研究》，北京大学出版社 2008 年版；高丙中《中国人的生活世界——民俗学的路径》，北京大学出版社 2010 年版；高丙中《日常生活的文化与政治——见证公民性的成长》，社会科学文献出版社 2012 年版。

正如我已经指出的，不是研究对象的消失之虞，而是学科基本问题意识的转移造成民俗学的危机。因此，对于民俗事件的整体研究来说，即使现实生活中充斥了大量的民俗事件，只要民俗学学科的基本问题意识没有改变，仍然坚持对民俗事件进行文化抽象，总是"面向抽象的文化，背对人的现实活动"（第115页），那么民俗事件的整体过程也就始终无法进入民俗学者的问题视野。这就是说，当民俗事件不能进入民俗学家的问题视野，"民俗学在回避生活，生活也在淡忘民俗学"（第116页），这才是民俗学学科危机的根本所在。因此，并不是民俗事象研究的学术取向造成了民俗学的学科危机，学术的研究取向倒是由学科的问题意识所规定的。

也许是因为时代的需要改变了，曾经最有价值的民族认同在一些有"社会的良知"（第1页）的民俗学者看来，不再是社会生活的紧迫问题，现在，时代的迫切需求是要解决作为个体的每一个人的人生问题，"从文化的角度研究民俗与过去的联系以及民俗的历史形态固然重要，而从生活的角度研究民俗与人生的关系尤为重要"（第110页），于是，对于从来都以集体性、传统性、文化性研究为基本诉求的民俗学来说，就陷入了自诞生以来最大的困境。

但是，也许，这并不是时代给民俗学出了一道难题，而就是学科自身的问题，因为关注生活整体从来就是民俗学责无旁贷的学科责任，只是民俗学一直没有承担起这项责任。所以，并不是因为传统民俗的研究对象的丧失"有力地动摇了民俗学的学科地位"（第127页），使得民俗学"作为一门学科的地位就大受怀疑"（第126页），而是说，民俗学的对象原本就应该是作为个体的每一个人以及个人之间因合作而投入其间的整体的民俗活动、民俗生活，但民俗学从来都没有直面过自身的基本问题。

然而今天，民俗学的这一基本问题已经由萨姆纳通过对民俗生活的现实直观的"回到事情本身"即回到生活现象本身的身体力行而向所有的民俗学家揭示出来。于是我们得以知道，19世纪进化论人类学派民俗学家只是因应现代性的历史要求，在解答历时性的现代问题的时候，才暂时遮蔽了民俗学自身内在的共时性基本问题。其实，民族认同、文化身份又何尝不是民俗学基本问题的共时性实质内容的一种历时性的表现形式呢？

卡尔霍恩认为，在19世纪的欧洲，民族、文化的身份认同之所以能够成为自我实现的有效形式，正是由于民族、文化的身份认同直接"是对前现代时期的竞争性忠诚之重要意义的一种深刻的颠倒"①。这就是说，对于想象中的现代民主社会和民族国家文化共同体的身份认同，一旦超越了对各种建立在血缘、区域或阶级等传统文化共同体的身份认同，就使得个人能够从上述传统文化共同体中解放出来，而实现真正的个体主体性的存在。②

　　这就是说，尽管民俗学基本问题的共时性内容，有时会以历时性的现代性形式表达自身，但民俗学的共时性基本问题，总是在民俗学的不同研究取向中发挥着基层的作用，而民俗学的共时性基本问题——人的个体主体性的存在，则是通过对人的生活现象的经验直观而被直接揭示出来的，这是民俗学的整体研究对学科基本问题的自我还原、自我认识在当代的伟大贡献。③

　　　　既然民俗整体研究以生活过程为取向，它就必须把在理论上被事象研究所遗留的民俗发生情境找回来，把曾经倍受冷落的活动主体邀请回来。那么，民俗学在这里不再只是看到静态的民俗，而且把握了民俗与民俗主体和发生情境所构成的活动整体。（第110页）

　　　　整体研究特别关注民俗主体的问题。主体是生活整体的一部分，同时又是一个很特别的部分。是主体在操作民俗，是主体的生命活动提供了［民俗活动］过程展开的动力。因此，这种研究有机会探讨主体性在［民俗生活］整体中的发挥。（第111页）

---

　　①　参见卡尔霍恩《民族主义与市民社会：民主、多样性和自决》，黄平等译，收入邓正来等编《国家与市民社会：一种社会理论的研究路径》，中央编译出版社1999年版。

　　②　20世纪的中国提供了一个与19世纪的欧洲不同的由民俗学促成的自我认同的实践例证："'一部分人先……'表达了中国自近代以来的多种社会变化的模式。我们熟悉'一部分人先富起来'，告别贫穷。我们在历史上也看到，一部分人先信仰无神论，告别迷信；一部分人先摩登起来，告别旧俗。民俗学者并不一定有意造成民俗的消亡，但是民俗学把民俗从现实的日常生活中界定出来，实际上发挥了一种为社会成员提供告别对象的作用。"高丙中：《日常生活的现代与后现代遭遇：中国民俗学发展的机遇与路向》，《民间文化论坛》2006年第3期，收入高丙中《民间文化与公民社会——中国现代历程的文化研究》，北京大学出版社2008年版；高丙中《中国人的生活世界——民俗学的路径》，北京大学出版社2010年版；高丙中《日常生活的文化与政治——见证公民性的成长》，社会科学文献出版社2012年版。

　　③　我们可以把晚近中国民俗学关于故事家、民歌手、史诗歌手个人，甚至故事村、民歌村的语境化研究视为民俗学"关注个人"的学科基本问题意识的特定表达。

民俗生活作为人的活动，是指主体在民俗模式中的存在，也就是主体把自己投入到民俗模式中而构成的活动。人是立足点，是出发点，是动因。人是主体，是支配者。所以，我们不仅对主体有浓厚兴趣，而且把主体作为民俗生活的焦点。（第 165 页）

正是出于对民俗学学科自身共时性的基本问题——关注人的个体主体性存在——的理论思考，奠定了《民俗文化与民俗生活》出版十五年以来高丙中的学术理想。2008 年，在为自己新版的学术文集《民间文化与公民社会》撰写的序言和第一编中，高丙中写道：

我在文集中把民间文化的复兴［的主题］排在首位，并从"个人的故事"讲起。……这个故事从个人的角度来说，是要支持另一个立论："民间"是主体、行动者组成的。"民间"在政治上和学术上都通常指匿名的群众，是 mass，指没有个人身影的群体、沉默的大多数、乌合之众。我们的故事呈现出，民间是可以清晰表述出来的个人，活生生的人，他们是主动者，有思想也有行动，会抗争也会合作，他们的日常生活同时容纳着琐事和超过个人直接功利的价值和表现形式（文化）。我们做"民间"的学问，在心中要有"民"，有积极行动的个人。当我们在泛指的意义上使用"民间"的时候，清楚地意识到民间是主体的集合；当我们在谈论特定文化的渊源而使用"folk"的时候，认真地把他们当作具有政治、社会、文化的公民身份的成员来看待，这是今天在"民间"做关于文化的调查研究要具备的学术伦理。……让被批判者［民］能够进行有效的反思，就必须保证他是思想和行动的主体（而近代以来的日常生活批判恰恰是破坏了他成为主体的条件）。民俗学者要积极参与使"民"成为社会行动的主体的思想过程和社会过程。这是本文的起点。①

---

① 高丙中：《民间文化与公民社会——中国现代历程的文化研究》，北京大学出版社 2008 年版，第 4、37 页。"民俗学在今天要关心自己的专业队伍与研究对象的互动，使学科具有自我反思的能力；要使自己的专业活动避免原有的单纯利用调查地点的民众，而让作为对象的'民间'有机会在一定的意义上成为追求自己目的的主体，从而奠定本学科适应新的时代的学术伦理基础。"高丙中：《知识分子、民间与一个寺庙博物馆的诞生——对民俗学的学术实践的新探索》，《民间文化论坛》2004 年第 3 期，收入吕微、安德明主编《民间叙事的多样性》，学苑出版社 2006 年版；高丙中：《中国人的生活世界——民俗学的路径》，北京大学出版社 2010 年版。

二　从具体上升到抽象和从抽象上升到具体
——民俗生活整体研究的方法论

　　从实在和具体开始，从现实的前提开始，因而，例如在经济学上从作为全部社会生产行为的基础和主体的人口开始，似乎是正确的。但是，更仔细地考察起来，这是错误的。……因此，如果我从人口着手，那么这就是一个浑沌的关于整体的表象，经过更切近的规定之后，我就会在分析中达到越来越简单的概念；从表象中的具体达到越来越稀薄的抽象，直到我达到一些最简单的规定。于是行程又得从那里回过头来，直到我最后又回到人口，但是这回人口已不是一个浑沌的关于整体的表象，而是一个具有许多规定和关系的丰富的总体了。

　　具体之所以具体，因为它是许多规定的综合，因而是多样性的统一。因此它在思维中表现为综合的过程，表现为结果，而不是表现为起点，虽然它是现实中的起点，因而也是直观和表象的起点。在第一条道路上，完整的表象蒸发为抽象的规定；在第二条道路上，抽象的规定在思维行程中导致具体的再现。

　　[抽象的范畴] 只能作为一个既与的、具体的、生动的整体的抽象片面的关系而存在。……具体总体作为思维总体、作为思维具体，事实上是思维的、理解的产物；但是，决不是处于直观和表象之外或驾于其上而思维着的、自我产生着的概念的产物，而是把直观和表象加工成概念这一过程的产物。整体，当它在头脑中作为被思维的整体而出现时，是思维着的头脑的产物，这个头脑用它所专有的方式掌握世界。

——马克思《〈政治经济学批判〉导言》①

---

① 马克思：《〈政治经济学批判〉导言》，载《马克思恩格斯选集》第 2 卷，人民出版社1972 年版。

从经验上给予的东西出发不断地上升，越来越接近于几何学的理性形态，而几何学的理性形态起着进行引导的极标的作用。

——胡塞尔《欧洲科学的危机与超越论的现象学》①

萨姆纳的民俗学问题意识所指涉的研究领域和研究对象，是特定时、空条件下具有客观实在性的日常生活，包括日常生活中的个人或由个人集合的群体（民），以一定的行为方式（俗）所从事的文化活动。但是，个人的具体而整体的民俗生活尽管——经萨姆纳的揭示已为民俗学家们所认识到——是民俗学感性经验的"现实中的起点，因而也是［民俗学］直观和表象的起点"；但却不是民俗学理论阐述的起点，因为理论阐述的起点不可能是对民俗生活的具体整体的直观，而只能是从民俗生活的具体整体而上升所至的民俗文化的抽象片面的概念规定（正如我们在写作学术论文时，必须首先阐明的该论文立论的理论起点或逻辑起点）。

理论的阐述必须从概念开始而不是从直观开始，否则，理论阐述就是盲目的。当然，反过来说，如果抽象的概念不上升到具体的现实，即不是用概念综合地对具体现实给予整体把握，理论的阐述就是空洞的。民俗学学术史上人类学派的"遗留物说"，就是因其停留于单纯的理论阐述，而将理论阐述的观念对象抽离于现实直观的感性经验，从而埋下了民俗学在向社会科学即经验—实证学科的转型过程中，理论阐述与现实直观相互脱离的危机病根，高丙中后来将早期民俗学的这种"脱离实际"的学术研究，称之为民俗学的"智力游戏"式的形式主义研究偏向：

　　民俗的形式主义研究着眼于"俗"，却把"民"悬置起来，离开事件谈事象，违背"人本"说文本，无视内容（意义）论形式。不谈意义的文化（涵义）研究没有什么意义。要理解民众生活，通过实地调查记录他们生活的民俗过程是第一步骤，然后必须把民俗事象置于事件之中来理解，把文本与活动主体联系起来理解；意义

① ［德］胡塞尔：《欧洲科学的危机与超越论的现象学》，王炳文译，商务印书馆2002年版，第41页。

产生于事件之中，是主体对活动的价值的体验，撇开事件和主体，也就无所谓意义。①

　　鉴于进化论人类学派民俗学家的问题意识及其相应的学术取向，即使是传统的民俗事件在现实生活中广泛"遗留"的 19 世纪，民俗学家也不曾去关注民俗生活这个现实对象。按照上文的说法，这是由于当时的学者的历时性的问题意识所致；但是，从学科意识的角度看，则是因为早期的进化论人类学派民俗学家，尚未有清晰的关于民俗学是一门社会科学还是一门人文学术的自我认识的学科立场。据此，民俗学研究因丧失感性直观的经验对象而导致的学科危机感，其实是在自身以人文学术起家但却萌生了社会科学化的学科意识，并产生了对经验对象的感性直观诉求之后，才被明确地认识到并提出来的。②

　　由此可知，民俗学的危机也是因学科意识的转变而促成的（当然学科的自身意识与学科的问题意识有着内在的关联），因此，民俗学的学科危机也是一场起因于对学科性质的重新定位（从人文学术向社会科学转移）所导致的危机，于是才有了学科的观念对象向现实对象切换的问题。当然，学者的问题意识和学术取向的转变、学科性质的转型，都与一个更为根本的问题相关：人对自身的存在形式即存在本质的理解。在不断地追问人自身本质性的存在形式的过程中，人对自身存在的本质形式的理解也在不断地发生变化：人是观念的对象性存在（"在文化现象中的人"），还是经验的对象性存在（"在生活现象之中的人"），抑或我在下文将要指出的，还是超越的主体性存在（"在生活现象之上或之外的人"）？

---

　　① 高丙中：《中国民俗学的人类学倾向》，《民俗研究》1996 年第 2 期，收入高丙中《民间文化与公民社会——中国现代历程的文化研究》，北京大学出版社 2008 年版；高丙中《日常生活的文化与政治——见证公民性的成长》，社会科学文献出版社 2012 年版。

　　② "影响中国民俗学的西学大致可以分为人文学科的传统和早期人类学的民俗研究传统……民俗学的危机在根本上是由于原有的哲学社会科学背景改变了。"高丙中：《中国民俗学的人类学倾向》，《民俗研究》1996 年第 2 期，收入高丙中《民间文化与公民社会——中国现代历程的文化研究》，北京大学出版社 2008 年版；高丙中《日常生活的文化与政治——见证公民性的成长》，社会科学文献出版社 2012 年版。另参见郭于华《试论民俗学的社会科学化》，《民间文化论坛》第 2004 年第 4 期。

　　回到民俗学的经验—实证论的学科理论与方法转换的问题，尽管萨姆纳明确揭示了作为经验—实证学科的民俗学的研究对象——民俗生活的感性直观的性质；但是，要理论地阐明这个现实对象，上文已经指出，萨姆纳却不能直接从感性直观出发，而必须从知性概念出发。于是，以往学术史上民俗学者对具体的民俗生活所进行的理论化抽象即片面性规定所发明的概念成果就成为了萨姆纳民俗学的逻辑出发点，在接受、转换并从这些概念和理论（尽管是些"朴素的理论"）（第76页）出发，民俗学的经验—实证研究才能够把握其完整的研究领域并认识其统一的研究对象。

　　　　［萨姆纳的］理论从生活的具体上升到模式和观念的抽象，再上升到模式和观念统一的抽象的具体。这种思想方法不仅具有理论价值，而且具有现实意义。它力图完整地把握生活。（第100页）

　　不同于19世纪那更多人文主义倾向的欧洲民俗学，对于具有更鲜明的社会科学取向的萨姆纳民俗学来说，从具体上升到抽象的方法（即马克思所说的理论行程的"第一条道路"），就是从对具体、整体的民俗生活这一民俗研究的经验对象的感性直观出发，"把活动的主体或主体的活动从民俗事件中抽象掉，排除开或者说悬置起来"（第144页），还原到抽象、片面的"民俗文化"的知性概念，而这也就意味着还原到学科历史的概念起点，于是，学科历史的概念起点也就成为了对整体的、具体的现实对象进行理论阐述的逻辑前提。

　　　　从具体上升到抽象，这只是第一步，还要从具体的抽象上升到抽象的具体。（第144—145页）

　　而从抽象上升到具体的方法（即马克思所说的理论行程的"第二条道路"）则意味着，以学科历史上的各种片面、抽象的概念规定为逻辑前提，完整地把握具体、整体的现实对象——民俗生活。于是我们可以看到，民俗学的理论史，即民俗学概念"自我"演变的逻辑历史与民俗学之于现实对象的整体把握——从"俗"的"文化"上升到"民"的"生活"——的过程恰恰是一致的。①

这就是说,民俗学学术史上所发明的种种概念,特别是其中的本原性、本体性概念,对于把握经验—实证研究的现实对象来说,至今没有失去其理论意义,尽管这些概念一直服从于观念对象的构造;相反,这些概念也从各种抽象、片面的角度,构成并丰富了我们对民俗生活这个具体、整体的现实对象的理解。甚至可以这样断言,没有学术历史上的概念发明和知识生产,在一个学科传统中,我们甚至无法做到把现实对象把握为"具有许多规定和关系的丰富的总体",因此学术史上为把握观念对象而发明的知性概念,都是我们今天直观现实对象的诸"成见"的来源。②

在这个意义上,《民俗文化与民俗生活》第一、第二章对"学科史上的民俗学对象"的相关理论和概念的回顾性描述,就不是简单意义上的文献学阅读,而是让我们能够带着问题"重新回到学科的历史中去寻求答案或答案的线索与思路"(第9页)的学术史重构,也就是说,通过学术史重构以再现从具体的现实上升(还原)到抽象的概念,然后再从抽

---

① "黑格尔陷入幻觉,把实在理解为〔概念〕自我综合、自我深化和自我运动的思维的结果,其实,从抽象上升到具体的方法,只是思维用来掌握具体并把它当作一个精神上的具体再现出来的方式。但决不是具体本身的产生过程。"马克思:《〈政治经济学批判〉导言》,载《马克思恩格斯选集》第2卷,人民出版社1972年版。

② "人体解剖对于猴体解剖是一把钥匙。低等动物身上表露的高等动物的征兆,反而只有在高等动物本身已被认识之后才能理解。"马克思:《〈政治经济学批判〉导言》,载《马克思恩格斯选集》第2卷,人民出版社1972年版。"对开端的了解只有从以现今的形态给定的科学出发,从对它的发展的回溯中,才能获得。但是如果不了解开端,这种发展作为意义的发展就无从了解。因此我们别无选择,只能沿'之'字形道路前进和回溯。在这种交替变化中,对开端的理解与对发展的理解相互促进。"〔德〕胡塞尔:《欧洲科学的危机与超越论的现象学》,王炳文译,商务印书馆2002年版,第74—75页。"就学科起源于'生活世界'的'事情'本身,学术从来都是'从头开始',恰如每一个体生命都在重复种族的生命历史,每一高等动物的身上都保留着进化阶梯上从低等动物向高等动物发展的各个阶段的印记。这就是说,个体生命从来就是'从头开始'。你是你父母所生,但你'自身'是'从头开始',你的父母只是为你'自身'的'从头开始'提供了后天的条件。学术也是同样,每一个体学者在自己的学术生涯中也演历着整个学术史,并且站在学术发展的'至高点'上回溯学术的起源。比如,我们在逻辑-实证的经验研究中必须对作为认识前提(先天条件)的概念进行反省,这就是在有意识或无意识地对学科起源、概念起源做有限度的回溯。而一旦你决定在清理了固有概念的基地上进行观念创新,那么你就是'从头开始'或'科学革命','革命'就是'从头开始'。而这个'头'就是'生活'这件'事情'本身。"本书第二章《民间文学—民俗学研究中的"性质世界"与"意义世界"》。

象的概念出发，上升到具体的对象以便"思维用来掌握具体并把它当作一个精神上的具体再现出来的方式"。

因之，对民俗学概念在时间上历史地（也是逻辑地）演变的历时性描述，也就是对民俗学对象在空间中理论地（亦即逻辑地）呈现的共时性把握，在此，历史描述与理论阐述表现出高度的逻辑一致性。就实质言，一部《民俗文化与民俗生活》，全书的整体结构就是对于从抽象的"俗"的"文化"概念（观念），上升到具体的"民"的"生活"对象（现实）的社会科学化的民俗学方法，以及民俗学从人文学术向社会科学的转型过程的全面而深刻的案例化的理论性展示。

《民俗文化与民俗生活》第一章、第二章首先列举了西方学者对民俗之"民"的界定。

> 历来的英美民俗学家在讨论民俗的定义时，大多对于作为民俗主体的"民"的具体所指不是避而不谈，就是含糊其词。例如，《民俗、神话和传说标准词典》收录了21个关于民俗的定义，令人遗憾的是他们在讨论"俗"的同时，没有一个明确地讨论过"民"。（第10页）

即使在明确给出了什么是"民"的定义时，西方学者也有一个共同点，他们都

> 根据"俗"来确定"民"。也就是说，他们都先确定了什么是"俗"，然后再根据他们各自认定的"俗"的出现范围来确定什么是"民"。（第28页）

现在我们知道，"以俗定民"或"以俗论民"（第29页）的思路，是与早期民俗学家所秉承的时代需求，以及所产生的相应的问题意识（文化身份的情感认同和理性批判）有关的，而与社会科学化的民俗学方法论无关。

> 英美民俗学史上讨论民俗之"民"的篇章并不多见，而讨论民俗之"俗"的篇幅却相当可观，大多数学人的著述都是为"俗"而

作，讨论"民"总显得是一件附带的工作，因为他们往往不是要通过研究"俗"而认识那些有"俗"之"民"，而是要把"俗"作为可以脱离"民"而独立存在的文化现象来研究，也就是说，他们的研究目标通常是文化性的"俗"，而不是现实性的"民"。他们自然就大谈特谈民俗之"俗"。（第46页）

　　西方民俗学家并不以"民"为思考的归宿，而是在建立关于"俗"的知识。在他们的工作中，只有在"民"是用得着的手段时，"民"才会出现在他们的研究中。很多时候，"民"都是可以略而不论的。（第140页）

　　这就是说，"以俗定民"或"以俗论民"，并不属于西方民俗学者自觉的社会科学研究方法，当西方学者说到"民"的时候，只是顺便说明了某种"俗"是由何种"民"所承载，并不是为了专门说明"民"的性质、状态和存在意义，"民"的性质、状态和存在意义，倒显得是为了说明"俗"的状态、性质和文化意义，所以西方学者讨论"民"才"总显得是一件附带的工作"。

　　因此，"以俗定（论）民"的理论方法，与其说是起源于西方民俗学者，倒不如说是从《民俗文化与民俗生活》才开始具有的因理论化的自觉而导致的方法论意识。对于早期西方民俗学家们来说，"以俗定（论）民"只是一种有待开发的方法论可能性，是《民俗文化与民俗生活》才第一次自觉地将folklore分解为folk和lore，即分析为"民"和"俗"，然后再从抽象、片面的"俗"的"文化"规定性，上升到具体、整体的"民"以及"民"的整体性"生活"，从而把"以俗定（论）民"的思路发展为一种自觉的民俗学方法论。

　　这就是说，截至《民俗文化与民俗生活》之前，除了萨姆纳这颗偶然划过夜空的灿烂流星，即便有学者间或分解过folk-lore或者采用过"以俗定（论）民"的思路，大部分西方民俗学家并没有自觉的社会科学的方法论意识。因此，与其说"以俗定（论）民"是西方民俗学家首创的做法，毋宁说是《民俗文化与民俗生活》才真正开启了用抽象的"俗"的"文化"，规定具体的"民"及其"生活"的社会科学研究范式。因此，当我们说，西方学者采用了"以俗定（论）民"的研究路径时，倒不如说这是《民俗文化与民俗生活》对西方民俗学学术史的逻辑重构，或者说站在社会科学化的立场上看，西方民俗学学术史的整体进程才呈现出从抽象上升到具体，亦即"以俗定（论）民"的整体走向和景观。

　　与西方学者"以俗定（论）民"的思路不同，"五四"时代的中国"学者们不是在［根据'俗'来确定的］'民'的范围内认识［人与人之间的文化］差异，而是首先在人的意义上认识［人与人之间的阶级］差异"（第43页），然后将一部分人（统治阶级）排除在"民"的范围之外。①

　　中国学者的这种并非"以俗定（论）民"的思路不是"五四"一代学者的专利，联系1932年江绍原《现代英吉利谣俗及谣俗学》也多次提到了"民的生活""'民'阶级之生活状况"等概念和命题，并建议改folklore的旧译"民俗学"为"民学"（第68页，第74页），在其新译法中文化之"俗"竟然消失了，我们就不能断然地说，中国学术欠缺经验—实证研究的传统，而且现代以来少经社会科学方法的浸润，或许这是一种民族—文化性的人文主义学理进路？

　　　　"民"的具体所指随着时代的变化而变化，"民"是一个活性概念，它在历史中不是一成不变的。（第44页）……我们看到［在中国学者这里］，"国民"说是对"民族全体"说的发展；"平民"说和"劳动人民"说是对"民族全体"说的否定，其中，"劳动人民"说是"平民"说的极端。最后，以钟敬文教授为代表的中国民俗学会的一些人士提倡把"全民族"都可以看作"民"。"全民族"说是一次否定之否定：它是对"平民"说的否定，是对"民族全体"说的回归，不过，是更高层次上的回归，是对一种旧说的丰富和发展。这里的"民族"不再是一个内涵贫乏的概念，而已经有了丰富的内在规定：这一派所认为的"民"既涉及古代的人，更倾向于当代的人；在一国之内是多民族的，在一个民族之内是多社区的；并且是有阶级差异的。可见，"全民族"说吸收了以前几种观点的合理内核，即使是对"平民"说，它在否定的同时，却融汇了"平民"说对阶

──────────

　　①　"在'五四'学者看来，传统的分化已经如此久远似乎自古皆然。"本书第一章《现代性论争中的民间文学》。

级差异的认识。（第 45 页）

这又是一个从具体（"民族全体"说）上升到抽象（"劳动人民"说），再从抽象（"劳动人民"说）上升到具体、回复到具体（"全民族"说）的典型案例。但是，中国学者的这种否定之否定始终是在"主体"观念的对象范围之内所进行的理论和逻辑演绎，并没有借助"文化"等片面的、抽象的概念，以规定主体和主体活动、主体生活的整全的、具体的性质。

这就是说，与西方民俗学家更注重对"俗"的类型认定相比，中国民俗学者更注重对"民"本身的身份划分，撇开不同的学术、思想、知识和文化传统在古代和近代的差异，诉诸民俗学起源的不同国家的具体语境，也许更能直接说明和解释这个问题。正如《民俗文化与民俗生活》第五章所重点论述的，19 世纪欧洲民俗学要解决的问题主要是民族国家的文化认同，而 20 世纪中国民俗学所面临的问题主要是民主社会的集体身份，也许正是这些不同的侧重，才导致了现代民俗学在不同民族、国家语境中所采取的不同的概念（"俗"或者"民"的）起点和理论进路。

以此之故，我们更确信了"以俗定（论）民"，并不是民俗学自身从娘胎里带出来的一个自觉的理路和方法，毋宁说，"以俗定（论）民"倒是《民俗文化与民俗生活》为了更自觉地从社会科学化的方法论考虑，重新理解、把握民俗学的学科对象，进而对民俗学学术史所进行的逻辑重构。我们看到，无论是从"俗"的角度进入民俗学（如西方学者）对"民"的理解，还是从"人"的角度进入民俗学（如中国学者）对"民"及其"俗"的理解，其中都隐约地透露出从具体上升到抽象，然后从抽象上升到具体的尽管不自觉，但却是共同拥有的社会科学化的方法论倾向，只是这种倾向作为一种方法论的可能性，有待于知识考古学的理论性阐释以及实证民俗学的经验性应用，才能够被转变为自觉的学术现实。

如果说"以俗定（论）民"只是从抽象的文化上升到具体的生活的社会科学方法论的一种民俗学的特殊表述形式，那么正是借助于这个特殊表述形式，《民俗文化与民俗生活》才能够将中、西方民俗学的学术史，都把握为一个从人文学术朝向社会科学转型的历时性进程，同时也将民俗学的研究对象——民俗生活——把握为一个社会科学化的民俗学研究对象的共时性存在物。以此，"以俗定（论）民"就成为了《民俗文化与民俗生活》所创造的一个运用社会科学的"从抽象到具体"即"从文化到生活"的理论和方法，以研究生活文化之"俗"与"民"的文化生活的具体方案。于是，当中国民俗学家们并未采用"以俗定（论）民"的思路的时候，高丙中就可以据此将一个原本是人文学术的中国民俗学问题，责成一个普遍的社会科学问题。

> 我们在前面曾问西方民俗学家：既然任何人都可以是"民"，那么，人在什么意义上是"民"？我们在这里也要问我国学者：既然民俗学以全民族为对象，并且，民俗学只能从一种本学科的角度研究全民族，不能全方位地研究全民族，那么全民族在什么意义上才是"民"呢？社会成员在表现"俗"的时候才是"民"，"民"是就"俗"而言的。所以，要回答关于"民"的问题，我们必须同时解决关于"俗"的问题。（第 45 页）

特别是当"把'民'扩大为'任何群体'时，他们（民俗学者）必须论证任何群体都是民俗之'民'"（第 127 页），于是，"以俗定（论）民"作为"从抽象上升到具体"的社会科学方法论在民俗学中的具体体现，就成为了高丙中据以判断和批判中、西方民俗学者的提问方式。高丙中对中国学者提出的问题是：如果不是"以俗定（论）民"，我们如何可能理论地把握"民"的具体整体的"生活"？而他对中国和西方学者同时提出的问题是：如果"以传统之俗定（论）民"，我们如何可能理论地把握"民"的具体而整体的"现实生活"？

既然"民"的存在状态、性质和存在意义是由"俗"来规定的，那么，"俗"是什么？就成了被责成为社会科学的民俗学所要回答的第一个问题。也正是立足于社会科学研究范式的引导，"俗"作为具有"普遍模式的生活文化"（第 141 页，第 144 页）——而不是特殊的"传统民俗"甚至不是萨姆纳所说的"现代民俗"（第 189 页）——即作为从具体上升到抽象的思维过程中的那个在理论上所必然要求的"最简单的规定"，才成为作为社会学科的民俗学的"第一沉思"的最抽象的、纯形式的概念起点。

> 我们确实感到很奇怪，为什么一定要把民俗限定在传统的民俗体

裁和种类之内呢？为什么只有在人们表现了传统的民俗体裁和种类之后，我们才把他们作为"民"来考虑呢？（第31页）

　　为什么民俗学家们总不能勇敢地面对民俗构成了人的基本生活这一事实呢？人类群体约定俗成的东西那么普遍、那么广泛，为什么人们却只承认那些具有古老形式的东西才是民俗呢？（第65页）

只有那些具有普遍形式而不是拘囿于具体内容甚至具体形式的"俗"，才能够规定"民"的共时性生活而不仅仅是某种历时性的传统生活。高丙中认为，经典民俗学家所规定的"传统之俗"，并未达到高度抽象的普遍程度，我们只有对"传统之俗"做进一步的抽象和还原，甚至从"现代民俗"的具体化、个别化的 survivals，还原到并非由"大众古俗"（popular antiquities）所规定的最抽象、最普遍的 folklore 即绝对抽象而普遍的"民"之"俗"（这就是经过重新阐释的 folklore 作为民俗学的共时性概念的先验意义），我们才能最终臻于超越任何历时性的具体之"俗"，也唯有从这个最抽象、最普遍的"民俗"的单纯形式出发，我们也才能够共时性地把握任何时代、地域的具体的"民俗"的复数内容，让"民"当中的每一个人——不仅仅是古代的人也是现代的人、当代的人，不仅仅是本土的人也是域外的人——都能借助民俗文化的"普遍模式"，并通过"以俗行事"的文化性生活，不断地、反复地开显其自身的存在意义和存在价值。

　　总之，从具体上升到抽象再从抽象上升到具体，不仅是我们把握民俗学的学科历史的理论方法，同时也是我们把握民俗学的研究对象——民俗文化与民俗生活——本身的理论和方法。

　　民俗学应该从民俗［文化］模式研究上升到民俗生活研究。（第161页）民俗活动本身无法跨越时空界限走进未来。民俗要走进未来，必须首先经过抽象，变成抽取出了作为条件的时空、作为具体存在的主体而得到的民俗模式，然后通过主体在新的现实里把民俗模式表演为民俗过程。……民俗从具体升发为抽象，是为了被用来应对从抽象升发为具体的机会。所以，民俗上升为抽象模式之后，模式就处于等待时机的状态：模式对新的时间、新的空间、新的主体虚位以

待。……从具体到抽象再到具体，从暂时到恒常再到暂时，从一次性
到持续性再到一次性，如此构成民俗的反复重演。（第155—156页）

而这同时也就意味着，"从抽象上升到具体"即"从文化上升到生
活"的社会科学方法论，终于放弃了经典民俗学视自己的研究对象——
"民俗"——为现代性所表述的"文化他性"或"文化他者"等无论是
正面的还是负面的价值判断的学术立场，换句话说，民俗学的社会科学化
改变了把"民俗"作为"时间政治"的意识形态下的"他者话语"的一
贯做法，将"民俗"从时间上的"过去"即"传统"的"遗留物"的位
置上召回，重新置于当下时间中的主体生活的语境条件下，恢复了其可被
直接地直观到的、感性—经验的存在者性质的"社会事实"①的本来面
貌，"为把民俗学或民间文学从现代性话语的阴影中解救出来做出了重要
的贡献"②。

　　于是，1990年，当一位28岁的青年民俗学家对"从抽象到具体"即
从文化上升到生活，进而"以俗［文化模式］定（论）民［生活主体］"
的社会科学化的民俗学方法论给予了清晰地阐述，当他宣称"除此，我
们别无选择"（第9页）的时候，面对这样的选择，即使我们不考虑这一
学术理路和方法所蕴涵的内在良知，对人作为自由主体的存在本身的意义
关切和价值关怀，而仅仅观赏其系统性、体系化的"理论的魅力"（第99
页）和"逻辑力量"（第102页），就已经让我们有足够的理由击节赞叹
了！"多么值得赞赏的一种理论形态！"（第102页）这是《民俗文化与民
俗生活》的作者献给萨姆纳的赞词，在此，我们将其转送给作者本人，
以表示我们这些年来作为同行者的由衷的谢意！

---

　　①　参见高丙中《〈汉译人类学名著丛书〉总序》，载克利福德、马库斯编《写文化——民
族志的诗学与政治学》，高丙中等译，商务印书馆2006年版。该文以《中国社会科学需要培育扎
实的民族志基本功》为题收入高丙中《民间文化与公民社会——中国现代历程的文化研究》，北
京大学出版社2008年版；高丙中《日常生活的文化与政治——见证公民性的成长》，社会科学文
献出版社2012年版。

　　②　参见户晓辉《现代性与民间文学》，社会科学文献出版社2004年版，第64—66、84页。

三 在时间中发现主体与自由在时间中的缺席
——萨姆纳民俗学的理论难题

在理性的辩证论里面彰显出来的纯粹理性的二律背反,事实上乃是人类向来所能陷入的最富裨益的困境;因为它最终驱使我们去寻求走出这个迷宫的线索,而这个线索一经发现,还会揭示出我们并不寻求却仍然需要的东西,也就是对于事物的一种更高而不变化的秩序的展望;我们现在已经处于这个秩序之中,而且我们从现在起能够受确定的规矩之命依照至上的理性决定在这个秩序之中继续我们的此在。

——康德《实践理性批判》①

1. 民俗如何可能是人的自由的生活?

现在,我们终于抵达了萨姆纳本人所直观到的每一个人,以及每一个人所从属的共同体的"具体总体"(马克思语)的"民俗生活"的表象。萨姆纳的"显得杂乱、零碎以至矛盾"的"随笔式文体"(第102页),经过高丙中之手,已经"从他的论述中整理出一套民俗学的理论体系"(第77页)。在萨姆纳的概念系统中,我们可以看到一个从个体"通常"的"行为方式",直到集体"必须"(第80页)遵从的"德范"这一"最高层次"的"活动模式"(第78页)的"民俗"(folkways)等级秩序:

个体的行为方式或活动[行动]方式→个体的习惯(habits)→群体的风俗(customs)→集体的仪式(ritual)→②集体的德范(mores)[包括否定性的德范——禁忌(taboos)]③→群体性格(ethos)(第

---

① [德]康德:《实践理性批判》,韩水法译,商务印书馆1999年版,第118—119页。

② 萨姆纳也称"集体仪式"为"社会仪式"(第206、208页)。"仪式"是否为民俗体系的一个层次在萨姆纳的论述中并不明确,毋宁说,民俗无论个人的习惯还是集体的风俗乃至德范,作为模式化的文化性行为都是仪式性的,所以萨姆纳才用仪式来说明民俗:"德范是我们都不知不觉地参与其中的社会仪式。"(第197页)

③ "拉丁语的mores(德范)用来指自身带有关于福利的标准和真理的含义的民俗。"(第190页)

77—82 页)①

在萨姆纳看来，从个体的"行为方式"到"群体性格"，是一个在历史（时间）中的"发展"过程："个人对同一行为方式的反复形成习惯，而群体对同一行为方式的反复形成风俗。"（第78页）"直接的动因是利益。利益使个体产生习惯，并使群体产生风俗"（第174页）②，因而"发展"是人们出于对个体和群体的"有用"性"利益"——个体的"便利"和社会的"福利"（第174—175页，第186页）——的考虑，而在"试错机制"（第176页）下"反复""重复"的实验、实践过程中根据民俗活动的经验效果，对各种行为方式进行"优化"（第176页）、"优选"（第177页）、"择优汰劣"（第173页），以达到"满足需要和愿望""目标"的"合宜"（第173—175页，第178页）结果（第77—82页）。

　　萨姆纳的"民俗"不是一个单纯的概念，而是一个多层复合的概念。民俗的范围那么广泛，民俗的品类那么繁多，怎样在理论上赋予它们以秩序和归宿，这确实是一个难题。萨姆纳根据它们在现实中的使用所具有的性质对它们进行分层：从习惯到风俗直至德范。从理论上对它们进行整体把握或把握它们的整体。杂多的民俗在生活中是浑然一体的，他用以概括民俗的杂多术语在他的理论中也是浑然一体的。这就是理论的魅力。（第99页）

萨姆纳的分层次的系统化、体系化的"民俗"概念，总让人联想起康德《实践理性批判》中"有关善恶概念的自由范畴表"所列出的实践行为的等级秩序。康德说过，"自由范畴表"中所列出的表象各种实践行为的范畴"仅仅涉及一般实践理性，因而依其秩序从在道德上尚未决定即以感性为条件的东西，向不以感性为条件而单单受道德法则决定的东西进展"③，从而涵盖了从一般实践理性到纯粹实践理性的各种实践行为的全部类型。其次，萨姆纳的"民俗"概念系统所构成的理论体系，也让

---

① 萨姆纳也称"群体性格"为"民族精神"或"时代精神"（第180、189—190、197、201—202页）。

② 个人的行为方式、习惯，在萨姆纳看来，是群体风俗产生的基础，却不是风俗。

③ 参见［德］康德《实践理性批判》，韩水法译，商务印书馆1999年版，第71页。

人联想到康德《道德形而上学的奠基》中所给出的人对自己和他人所应负的不完全道德责任和完全道德责任，这种道德责任依其对自己和他人以及从不完全到完全的"发展"，也显示出实践行为的等级秩序。

我注意到，康德在列出实践行为的秩序层次的时候，也使用了像"von…zu…"（相当于英文的 from…to…）这样的句式①，但康德不是从非道德的行为向道德行为，在时间中"发展"的意义上使用"von…zu…"这样的句式的，尽管康德在该句式中也使用了像"fortgehen"这样的词汇。fortgehen，英、汉译者译为"proceed"（Gregor 译本）、"进展"（韩水法译本）、"进向"（邓晓芒译本）或"前进"（李秋零译本）②，但是，通观康德的实践理论，道德行为完全不能从各种实践行为的经验效果中"发展"或"进化"而来③，也就是说，道德行为产生于对任何种类的实践行为（道德行为和非道德行为包括不道德的行为）的经验效果，在先验的实践意向中的绝对摒弃和悬置。④

---

① "Nur muß man wohl bemerken, daß diese Kategorien nur die praktische Vernunft überhaupt angehen, und so in ihrer Ordnung von den moralisch noch unbestimmten und sinnlich‑bedingten zu denen, die, sinnlich‑unbedingt, bloß durchs moralische Gesetz bestimmt sind, fortgehen ." Immanuel Kant, *Kritik der praktischen Vernunft*, 德国科学院本，第 66 页。"But one must note well that these categories concern only practical reason in general and so proceed in their order from those which are yet morally undetermined and sensibly conditioned to those which, being sensibly unconditioned, are determined only by the moral law." Immanuel Kant, *Critique of Practical Reason*, Translated and Edited by Mary Gregor, Cambridge University Press, 1997, p. 57. 另参见《实践理性批判》韩水法译本，商务印书馆 1999 年版，第 71 页；《实践理性批判》邓晓芒译本，人民出版社 2003 年版，第 90 页；《实践理性批判》李秋零译本，载《康德著作全集》第 5 卷，李秋零译，人民大学出版社 2007 年版，第 71 页。

② 感谢户晓辉帮助我核对了康德《实践理性批判》的德文原文，并纠正了我对康德《实践理性批判》的理解误差。

③ 实践的"原则完全不是从永远以感性为条件的自然概念中借来的，因而是基于超感性的东西之上，后者是只有自由概念借助于形式规律才使之成为可知的，所以它们是道德上实践的。就是说，不只是在这种或那种［感性］意图中的规范和规则，而是不与任何［感性］目的和意图发生先行关系的规律。"［德］康德：《判断力批判》，邓晓芒译，人民出版社 2002 年版，第 7—8 页。

④ "［道德的定言］命令或者单单就一个结果和足以达到结果的充分性而言，［意志的］决定作为现实化原因的理性存在者的因果性条件，或者它只是决定意志，而不论它是否足以达到这个结果。""［道德］法则必须充分决定作为意志的意志，而不待我问：我是否有为达到所欲求的结果而必需的能力，或者为了产生这个结果，我应该做什么。""实践法则单单关涉意志，而并不顾及通过意志的因果性成就了什么，并且人们可以不顾后者（因为属于感性世界）而保存法则的纯粹。"［德］康德：《实践理性批判》，韩水法译，商务印书馆 1999 年版，第 18—19 页。

在此，将萨姆纳与康德类比，我的意思只是，尽管萨姆纳所描述的各种民俗行为都具有可重复、可反复即能够模式化的同一性形式①，但各种民俗即各种行为方式"在现实中的使用所具有的性质"（第99页）往往具有实质性的差异。有些行为方式服务于个人的"便利"目的，比如个体的习惯甚至某些集体的风俗；而有些行为方式则服务于社会整体的"福利"目的，比如集体的德范。前者一般不具有道德准则的意义，而后者则甚至具有了道德法则的价值。

　　［萨姆纳说，］"传承下来的那些约定俗成的东西是关于一些方式方法的试验和经验的产物。人们可以利用这些方式方法使生活的细节得以顺利、安稳地进行。它们是不可缺少的。"（第201页）"如果在我们可以动手之前我们必须对所有的局面都做出判断，并不得不总是三思而行，那么，这种沉重的负担是难以忍受的，正是习俗惯制使我们幸免于此。"（第94页，第197页）

　　如果没有风俗，人与人就难以相处。如果没有习惯，人必须筹划自己的每一个行动，必须从头到尾考虑每一个行动细节。当你早晨醒来，你得考虑先穿上衣还是裤子；当你走进卫生间，你得考虑先洗脸还是先刷牙……当真如此，人何以堪？不过，事实上总有风俗和习惯使我们幸免于此。（第6页）

这种个人的习惯和集体的风俗尽管是人们"通常所做的"（第80页），但因其不具有道德的强制性，因而不是人们"必须所做的"（第80页），而"德范"则是指：

　　"这样一些流行的惯例和传统，它们包含一个它们有益于社会福利的价值判断，并迫使个人遵从它们，尽管并没有什么权威在执掌它们……德范是包含了关于社会福利的普遍的哲学和伦理内容的民俗，

---

① "民俗之'俗'的外延'已经扩展到全部的社会生活、文化领域了'，但是，它并非全部的社会生活、文化领域，其中，只有那些在内涵上具有'集体的、类型的、继承的和传布的'等性质的现象才是'俗'。"（第75页）

其哲学和伦理思想本来就蕴藏在其中，民俗的发展使它们从暗示变为明确。"（第79页）

萨姆纳将两种在性质上完全不可同日而语的民俗模式之间的关系，视为一种模式从另一种模式的试验效果当中发展出来，即后一种民俗模式以前一种民俗模式的（经验）结果为（同样是经验性的）原因，而产生的"进化"关系，说明萨姆纳仍然是一名进化论者，尽管他同时也是一名功能论者。换句话说，萨姆纳不像后来的马林诺夫斯基一样，是一名仅仅着眼于静态社会结构的功能论者，而是着眼于动态社会功能的进化论者。对于进化论者来说，社会功能之发展、进化的原因虽然来自于人的实践经验，但这实践经验所反映的仍然是本质性的、原理性的，而不是非本质性的、非原理性的偶然性原因。当然，这也是19世纪的进化论者所普遍坚持的观点：起源即本质。换句话说，原因即本质、原因即原理。

对于19世纪的"起源研究"，人们往往误解为是对历史起源之偶然性原因的经验论追溯，其实不然，对于19世纪的进化论者来说，起源或者说最初的原因就意味着本质、意味着原理，所以身处19世纪的萨姆纳也才认为，"原理是原因性的"的说法是一个"现代信念"（第191页）。近代以来，承接古希腊人的思考方式——正如康德所言——人们对原因有两种思考方式：其一，从时间的角度考虑原因；其二，从本质（存在原理）的角度考虑原因。

> 所谓（最初的）起源，是指一个结果从其最初的原因产生，这样一个原因不再是另一个同类的原因的结果。它可以要么作为理性上的起源，要么作为时间上的起源而被考察。在第一种意义上，所考察的只不过是结果的存在；在第二种意义上，所考察的是结果的发生，从而也就把它当做事件与其在时间中的原因联系起来。①

以此，进化论者的问题，不在于他们对康德所言作为人的"存在结果"之"理性［本质的存在原理］起源"的追问，是一个不可能达成的

---

① ［德］康德：《纯然理性界限内的宗教》，载《康德著作全集》第6卷，李秋零译，中国人民大学出版社2007年版，第39页。

目标（如晚近的批评所误解的那样），而在于他们混淆了对起源的两种思考方式，试图将人的"存在结果"的"理性起源"，纳入一个由"发展""进化"等时间性观念所规定的、能够被经验地发现且理论地说明的自然因果性过程的普遍必然性模式；而没有考虑到：在人类实践的历史中，主体在时间中给出的自由因果性的、非连续性的即不断重新（超验地）创造的"诸事件间"关系，能否被还原为一个类似自然因果性的过程？

　　　民俗建构的起点是人从他们的动物祖先那里继承下来的一些身心素质、本能和技艺，至少也是这些方面的一些倾向。人类这种高级动物并不是从零开始的，而是从已很高级的动物祖先所具有的本领开始的，"动物祖先的行为方式塑造了形成人类习惯与好恶的渠道，通过这些渠道，诸事右手当先的习惯以及其他身心活动才得以发展起来。"（第 83 页）

　　这里，我们要反问的是：人的道德规范——德范等伦理化的行为方式，能否从这些从动物祖先那里继承下来的身心素质、本能和技艺的"起源"中"发展""进化"出来？人能够从动物祖先那里继承的东西，可以是"便利"的东西，甚至可能是基于经验效果的考虑，而给出的事关人类集体福祉和利益的"福利"的东西；但是，站在康德的纯粹实践理性的立场看，人是没有可能从动物祖先那里继承任何真正的、纯粹的道德的东西的，即使在取得了个体乃至集体"福利"（幸福）的经验效果的情况下也是如此。事关人的道德的行为规范——德范，只能是人在超越动物本能的活动方式而真正成为人的时候，完全出自自身的纯粹理性才能给出的实践原理。
　　人能够超越动物的本性而理性地、先天地、客观地（即主观间客观的）给予——用胡塞尔的话说，"在主观的东西中寻找其最后根据"[1]——而不是根据纯粹主观的、感性的、经验的感官感觉，而给出真正属于人格的道德自我规定比如"人是理性的动物（animal rationale）"[2]这样的规定，而这样的规定，显然只能是在人的先于主观感性经验的客观

----

[1]　参见［德］胡塞尔《欧洲科学的危机与超越论的现象学》，王炳文译，商务印书馆 2002 年版，第 102 页。
[2]　同上书，第 26 页。

理性的纯粹先天意志中，才有其最后的决定根据。① 由于人所拥有的这种先天理性亦即纯粹意志的自由决定能力，在起源上是我们人自身的理性所无法理解的②，因此这种理性意志的决定能力（包括理性意志的决定根据和决定形式）才是胡塞尔说的一个"世界之谜"，是"一切谜中之谜""一切谜之中最大的谜"，即"主观性之谜"③

---

① "人是什么？亚里士多德说，人是理性的动物。但是，'人是理性动物'这个结论我们能够根据对经验的概括而给出吗？比如我们抓住大街上随便见到的每一个人分析他们的行为方式就一定能够给出'人是理性动物'的结论吗？显然不能。因为这不是一个能够根据经验的感性直观就给出的先天知识。我们在给出这个先天知识的同时，我们已经先于现实且偶然、感性而直观的经验先天地知道，并不是所有的人都是理性的动物。希特勒就不是，希特勒是个反理性的疯子，不具有属人的理性。但是即便如此，我们仍然坚持'人是理性动物'这个命题之必然如此的先天有效性，为什么？因为这个命题是人自己为自己做出的先天的规定，无论感性直观的经验知识为我们提供了多少例'某人（比如希特勒）不是理性动物'的反证，'人是理性动物'这个先天命题仍然是普遍有效和必然有效的。"吕微：《民间文学实践形式研究的"强论证"》，未刊。

② "至于道德法则的这个意识，或者与之二而一的自由意识，是如何可能的，无法有其进一步的解释，然而，它们的可容许性在理论批判里面已经得到了相当充分的辩护。……一旦我们达到基本的力量或者基本的能力，人类的一切洞见就到了尽头；因为它的可能性是无法把握的，但也同样是不能随意揑造或认定的。"［德］康德：《实践理性批判》，韩水法译，商务印书馆1999年版，第49—50页。

③ 胡塞尔《欧洲科学的危机与超越论的现象学》多次讲到"谜中之谜""世界之谜"："所有这些谜恰恰都归结为主观性之谜，因此与心理学的论题和方法之谜有不可分割的联系。"第15页；"这个在意识中显露出来的有关理性与一般存在者之间最深刻的本质联系的世界问题，这个一切谜中之谜，一定会变成真正的主题。"第24页；"数百年之间，几乎没有一个人，对从自我和它的思想生活出发推论到'外界'的可能性之'不言而喻性'提出异议，而且实际上没有向自己提出这样的问题：对于这样一种自我学的存在领域来说，'外界'究竟是否有意义。——这种情况当然就使得这个自我变成悖理的东西，变成一切谜之中最大的谜。"第101页；"有关世界的全部认识，前科学的认识和科学的认识，是一个巨大的谜。"第111页；"但是如何能够理解这种将世界本身主观化的最彻底的主观主义呢？这是最深刻的并且是最终意义上的世界之谜。这是有关其存在是由主观成就产生的存在的世界之谜，它是具有这样一种自明性的世界之谜，即另外一种世界是完全不可想象的。"第120页；"'客观上真的世界'与'生活世界'的这种悖理的关联，使这二者的存在方式变得令人难以理解。因此，在任何一种意义上的真的世界，其中包括我们自己的存在，就这种存在意义而言，就变成了谜。"第159页；"从一开始现象学家就生活在这样一种悖论之中，即他必须将不言而喻的东西看作是可疑的，难以理解的，而且从此以后除去下面这个科学主题也不可能有别的主题，即将世界存在这种普遍的不言而喻性——对于他来说，这是一切谜之中最大的谜——转变成一种可理解性。"第218页。另参见［德］胡塞尔《欧洲科学的危机与超越论的现象学》，王炳文译，商务印书馆2002年版，第25、86、116、141—142页。

　　作为一名在时间上早于马林诺夫斯基而已经具有功能论思想的进化论民俗学学者，萨姆纳的民俗学理论应该属于以英国经验主义哲学为基础的功利主义思想。所以萨姆纳才认为，凡民俗行为都基于人们的利益需求，民俗都是为满足个人和社会的利益需求而发生的。因之，凡民俗都起源于功利性的经验考虑，首先基于个人的功利性考虑，其次且最终基于社会整体的功利性考虑，即使民俗的最高伦理形式——德范亦是如此。

　　所谓"基于功利性的考虑"是说，某项民俗能否为个人或集体带来利益，或者是便利，或者是福利，能够为人们带来利益①，从而满足了人们特定的利益需要的民俗就是"合宜的行为方式"（第 173 页）、"公认的好方式"（第 177 页）或生活的"'正确'模式"（第 183 页）。一种行为方式之"合宜"、之"正确"并为人们普遍接受为个体和集体的"生活策略"（第 172 页，第 176—177 页，第 184 页，第 186—187 页，第 192 页，第 196 页，第 198 页，第 204 页）或"生活的准则"（第 186 页）、"义务的准则"（第 186 页），其根据就是功利性的"愉快和痛苦的经验反映"（第 84 页）。导致令人愉快的经验即如萨姆纳所言能够为人们"谋求幸福生活"（第 176 页）结果的行为方式则纳之，而令人痛苦的活动模式则弃之。"［民俗］通过经验发展起来，最后达到了与某种利益高度谐调的形式"（第 175 页），尽管在人们的主观上，民俗总是"不被认为非接受经验的证实不可"（第 183 页）。

　　　　需求是［民俗的］内驱力。［而结果的］一极是愉快，另一极是痛苦。（第 173 页）活动方式的每一次重复都包含无意识的尝试，正是从这种无意识的尝试中生发出愉快或痛苦。（第 174 页）［民俗］造成了或多或少的愉快或痛苦。它们的优劣通常系于它们各自对目的的适应程度。如果它们与目的相左，并归于失败，它们就会造成痛

---

　　① 萨姆纳认为，满足人们的需要、需求，谋求生活的便利、利欲、利益、福利，是民俗的本质。"生活就是由满足利益要求的活动所组成……人们的初衷总是追求福利和便利。"（第 179 页）"直接的动因是利益，利益使个体产生习惯，并使群体产生风俗。……利益在极大程度上是推动性的和始发性的。"（第 174 页）

苦。(第 176 页)与民俗和目的的适当与否相应,民俗伴随着愉快或痛苦。痛苦促成对行动与福利的某种关系的反应和认识。(第 187 页)痛苦的事……后来被发现是合宜的。或许这些事比那些赏心乐事更能培养人的社会福利意识。前者要求能对经验作理智的反应。当这种关于福利的信念被加诸民俗时,民俗就转化成德范了,并且,借助加诸其中的哲理及道德因素,民俗取得了实用性和重要性,变成了知识源泉和生活艺术。(第 175 页)

而"无痛苦地满足需要"(第 187 页)总是"人们必须努力企及的目标"(第 173 页),亦即人们对民俗所提出的"至善"(既拥有道德动机又得到幸福结果①)的诉求。萨姆纳认为,"区别愉快与痛苦的能力是我们假定[人类所拥有]的唯一的心理力量"(第 84 页,第 173 页),至于康德所言之完全摒弃感觉和情感的纯粹理性的"心理力量"——萨姆纳认为——在民俗的"本能"(第 175 页,第 178 页,第 192—193 页,第 204 页)性、"无意识"(第 174 页)、"不自觉"(第 175 页,第 199 页,第 203 页)、"非理智"(第 175 页,第 182 页)、"不带理智或目的"(第 175 页)、"不受理智的检讨"(第 204 页)的"习惯性共识"或"习惯性理解"(第 199—201 页)中,实在没有什么先验的地位,因为德范是"对经验作理智的反应"的结果,这就是说,是经验优先而不是理智优先成为德范的起源条件。

与萨姆纳不同,"区别愉快与痛苦的能力"在康德那里,首先被规定为人类所拥有的对外在和内在的感觉对象的感性接受能力。如果感性的接受能力也属于人类的心理能力,那么人类所拥有的心理能力绝不止于一种,也就是说还有理性自发的思维能力。但是,如果人类所拥有的心理能力、心理力量只有唯一的感性接受能力,那么像德范这样即便在萨姆纳看来也需要诉诸人类理性的最高等级的民俗就不会产生。作为最高等级民俗的德范具有理性的素质,这是萨姆纳也承认的,萨姆纳区分了不含有道德因素而仅仅为了生活之"便利"而施行的民俗,与含有道德成分而为了

---

① "德行和幸福一起构成了一个人对至善的拥有。"[德]康德:《实践理性批判》,韩水法译,商务印书馆 1999 年版,第 122 页。

社会集体之生活"福利"而实行的民俗即德范①，并且认为，后者包含了理智的决定因素，所以萨姆纳所谓"区别愉快与痛苦的能力"显然包括了理智或理性的成分。

　　尽管萨姆纳区别了一般非道德化的民俗与德范的民俗，而且德范的发生必须诉诸人类的理性，但是在萨姆纳那里，导致德范的理性仍然要建立在对人的愉快或痛苦的感性经验的基础上。"道德绝不可能来自直觉。它们来自历史，来自制度，来自经验。世界观、生活策略、是非、权利和道德都是民俗的产物。它们是快乐和痛苦的经验……的反映和归纳"（第184页），"只有当痛苦的经历使人们不得不动脑子的时候，人们才会不惮其烦地推动思维的过程"（第184页），而德范的"福利观念是那些神秘和实用的抽象思维带来的推论和结果"（第185页）。

　　而站在康德的立场看，德范必须且只能诉诸人的纯粹实践理性能力，而不能诉诸人对愉快或痛苦的感性接受能力。这就是说，德范的起源不仅与人的"愉快的经验反映"无关，甚至也与人的"痛苦的经验反映"无缘，人们并不是基于对痛苦和愉快的"经验反映"的理性思考，才建立起道德规范（德范）；但是，德范（按照康德的说法）却一定会造成人的痛苦的情感和感觉经验，尽管德范不会造成人的愉快的情感和感觉经验（康德认为德范能够造成人对法则的敬重情感，但敬重这

────────────────

　　①　萨姆纳写道："一些习惯只包含轻微的是非和道德因素。也许可以这么说。是非与义务的观念和社会福利的观念与鬼神崇拜和对另一世界的信仰联系在一起，最先发展起来；因而，也是在这几个方面，民俗首先被提升到德范的高度。"（第183页）"当关于真实与是非的初步观念发展成关于福利的教义时，民俗就被提高到另一个层次上来了，它们就能够产生推理……这时，我们就称它们为德范了。德范是包含了关于社会福利的普遍的哲学和伦理内容的民俗，其哲学和伦理思想本来就蕴藏其中，民俗的发展使它们从暗示到明确。"（第185页）"起主导作用的世界观对此作出同合宜的判断纠结在一起的解释和推论。然而，民俗呈现为正确生活的哲理和谋求福利的生活策略。然后，它们变成了德范。"（第187页）"德范用来指自身带有关于福利的标准和真理的含义的民俗。"（第190页）"我们可以辨析一下惯例和德范。惯例是不包含福利原则但在大家都知道如何按要求去做时能带来便利的民俗。……风俗，只是因为加入了某种关于福利的哲学思想，它们才发展成了德范。"（第194页）"涉及社会公德的民俗属于德范。"（第195页）"我们必须把德范拟想成一个巨大的由习惯组成的体系，涵盖了全部生活，并服务于所有生活利益。……后来通过理性的反思，发展出它们自己的哲学和伦理的抽象思想，最后又被提炼成关于真理和是非的'原理'。……在德范中思想已经发生了，并且思想就体现在德范中。"（203—204页）

种情感绝非愉快①）。

　　一切通过德性法则的意志决定的本质性东西就是：它作为自由意志，因而不但无需感觉冲动的协作，甚至拒绝所有这种冲动，并且瓦解那能够与上述法则相抵触的一切禀好。因此，在这样一个范围之内，作为动力的道德法则的作用仅仅是否定的，并且这个动力本身是能够被先天地认识的。因为一切禀好和每一种感觉冲动都建立在情感之上的，所以（通过禀好所遭遇的瓦解）施于情感的否定作用本身是情感，从而我们能够先天地洞见到：作为意志决定根据的道德法则，由于抑制了我们的一切禀好，必定导致一种情感，这种情感可以名之为痛苦。②

　　但是，如果关于德范的理性思考不是建立在痛苦的或愉快的"经验反映"的基础上，按照萨姆纳的理论，德范就不会被人们普遍地接受为德范，即德范就不会产生。而面对已经产生且为人们所普遍接受的德范，萨姆纳与康德对于德范或者道德法则之起源条件的解说大相径庭。基于康德的立场，并不是所有的民俗行为都产生于人类的"区别愉快与痛苦的能力"，人们即便在没有任何痛苦甚至愉快的"经验反映"的情况下，也能够出于纯粹理性的实践目的，而先天地给出道德化的行为规范——德范。③

　　显然，就人的活动方式或行为模式的经验效果能否作为德范的起源条件，萨姆纳给出了与康德完全不同的、出于功利主义的"合理"说明。萨姆纳可以说，尽管德范为个人所带来的不是"愉快的经验反映"，但是由于德范最终能够使社会整体受益，社会整体最终能够获得"愉快的经

---

　　① 人在道德上感到"慰藉"、感到"内心的宁静""是对某种全然有别于生命的东西的敬重的结果，经与后一种东西的比较和对照，生命及其一切愉快反而是全无价值的"。参见［德］康德《实践理性批判》，韩水法译，商务印书馆1999年版，第95—96页。

　　② ［德］康德：《实践理性批判》，韩水法译，商务印书馆1999年版，第79页。

　　③ 对于以康德为代表的先验伦理学，萨姆纳不以为然，他写道："我们生活在两种对抗的伦理哲学观——书本与学校的伦理策略和成功的策略——的战争之中。同样一个人，这次不计后果地按照书本伦理行事，下次却按照成功的策略行事——这是后果指定采取什么行动；或者，人们谈的是前者，实际据以做的是后者。"（第187页）

验反映"。在社会整体获益的同时，尽管个体的"愉快的经验反映"曾一度受挫，但是最终，在社会整体受益并普遍得到"愉快的经验反映"的情况下，个体最终也能够成为"愉快的经验反映"的受益者。只有在个体也能够最终获益的情况下，我们才能够说，"高于个人利益"（第197页）的整体性利益是德范的正当性基础，尽管德范既造成了同时也起源于每一个人的"痛苦的经验反映"。

> 民俗是一种保障群体利益的社会力量。民俗提供了活动的渠道，这既是一种便利，也是一种限制。人们在活动中不自觉地形成的民俗最后成了人们要自觉维护的范式，"所有的成员都被迫遵从"，因为"民俗是一种社会力量"。这种社会力量主宰了社会生活，"人类的全部生活，包括所有时代的和文化的各个阶段，主要受大量民俗的主宰"。（第95—96页）

尽管在德范或道德法则起源于感性经验加理性判断还是纯粹实践理性判断的问题上，萨姆纳与康德的看法并不一致，但是在所有社会成员都"必须遵从"（萨姆纳所说的）德范，并以（康德所说的）道德法则作为人的各种行为方式的最高"限制"条件这一点上，萨姆纳和康德的看法还是一致的。但是接下来，他们的看法仍然存在重大的分歧。在康德看来，尽管对于"有限理性存在者"来说，道德法则就是每一个人都必须服从的"定言命令"，但是，由于道德法则是人自己自由地给出即"普遍立法"，并且自己自觉地遵守的自律原则，因而即便在道德法则定言命令的强制性"限制"下，个人也仍然是自由的。

但是，对于站在功利主义、经验主义立场上的萨姆纳来说，由于德范是集体基于对整体福利的功利考虑，而迫使个体以让渡个人自由为代价所换来的，所以，在"民俗的主宰"下，个人也就失去了自由。萨姆纳引《大不列颠人类学研究所杂志》第20期的一篇文章所云"风俗规定了一个人的活动的全部。从摇篮到坟墓，他都是先世惯例的奴隶。在他的生活中，无所谓自由，无所谓首创，无所谓自出心裁……"（第96页）后补充说："所有的人的行为都是如此，他们［指文明人——笔者补注］自动变通的余地并不比野蛮人大多少。"（第176页）

民俗总是靠那种强迫性的和制约性的力量支配着社会成员。在群体、亲族、家庭、邻里或阶级的成员身份都是地位的例子。男男女女的权利和义务是由地位限定的，没有谁能够在是否置身于特定地位这个问题上有所选择。例如，青春年少，每个人都要结婚。结婚意谓着什么？怎样才算是一个丈夫或妻子（各人的权利和义务是什么）？这些都由地位所决定。没有人能够改变习惯成自然的关系。区别于制度与契约的地位是德范的一个直接产物。每种地位都是起指导作用的利益的一个核心，都有一系列民俗围绕着它。地位是由出身决定的。所以，它是一种帮助，又是一种障碍，但不是自由。在现代社会，地位已经变得不那么重要，我们的德范已经发展到自由选择的契约形式。地位观念已被现代文明国家的群众所漠视。然而，我们毕竟生活在由法律和制度确认和保证的地位中，如果能够认识历史地决定了现行制度并仍然受到德范的作用的地位因素，那将会对我们大有裨益。婚姻是一种地位。它确实受德范的制约。法律确定它并给予承认，但法律总是表现德范。一男一女立约进入这种状况，进入状况的模式（婚礼）是由风俗固定了的，法律只是批准而已。（第 198 页）

一句话，在产生于经验条件的民俗文化的主宰下，人没有自由；尽管在民俗生活中，人可以作为民俗活动、民俗行为的现象主体。[①] 但是，人如若期待自由，那么，规定了人的存在者传统"身份""地位"关系的民俗文化，就必须用人与人之间通过纯粹理性所建立起来的契约制度来代替，或者说用理性"知识独自限制它们［民俗］的作用范围"（第 179 页）。这是经验论、功利论的民俗学理论所必然给出的答案，因为从经验的、功利的角度看，民俗包括其中的最高等级的德范都不是纯粹理性的自由实践的产物。也许，上述论断是作为民俗学家的萨姆纳，所不情愿、不喜欢的，然而却是拥有学术伦理的真诚性并且坚持学术理论的彻底性的萨姆纳，所不得不面对的结果。

---

① 就如康德所言，此时（时间）此地（空间），尽管人的赋义行为看起来是自我决定的，但是，如果这种决定是主体依据在时间上在先的某个原因所做出的决定，那么尽管这种决定是主体自己的自由决定，那么这种自由也仍然是一种"比较的自由"或"心理学的自由"，因而拥有这样的自由决定权的主体只能是一架"精神的自动机"。参见［德］康德《实践理性批判》，韩水法译，商务印书馆 1999 年版，第 104—106 页。

当然，萨姆纳对自己的结论或答案也有所保留，即他对人出于纯粹理性所给出的契约制度，能否最终完全取代人的具有感性基础的民俗关系也表示过怀疑，他甚至认为：即使"契约或计谋会在许多方面取代风俗；但是，如果事情触及群众的活动方式或利益，[那么，非理性的现代新]民俗将发展出来"（第188—189页）。萨姆纳在民俗起源和消亡问题上的矛盾看法，反映了这位站在19世纪的进化论和超前的功能论立场上的民俗学家，所无法克服的一个理论难题，这个难题就是：曾经将人从生活重负下解放出来以获得自由的民俗，为什么最后又把人重新抛入了不自由的境地？萨姆纳无法想象，非自由的民俗生活如何可能也是人的自由的生活，从而能够与人的纯粹理性的契约关系和谐共存？在萨姆纳看来，如果民俗是人的不自由的生活，那么随着人的自由意识的发展，民俗最终将会退出历史舞台；但是，既然民俗是因应人的便利甚至福利的生活需要而生，民俗就不会消亡，尽管民俗是人的不自由的生活。

直到时间进到了20世纪末和21世纪初，随着把民俗生活现象直接等同为民俗生活本身（本体）的经验实证研究，在理论上所遭遇的康德所谓"二律背反"式的"先验幻象"（民俗既是自由的同时又是不自由的）[1]，于是在胡塞尔提出的"生活世界"的概念启发下，"民俗是否具有自由的实践本质"这个问题，才最终引起了中国民俗学者的警醒与思考。

2. 可直观的生活整体，抑或可思想的生活本身？

我在上文已经指出，萨姆纳的经验主义、功利主义民俗学理论建立在对"后于风俗［起源］的［民俗］活动的过程"的感性直观的基础上[2]，而感性经验的直观形式只有空间和时间。当主体及其民俗行为、民俗活动被置于空间和时间的经验形式下被感性地直观时，民俗就被视为由类似自然法则那样的社会规律所支配的文化现象。"［民俗］似乎经历了发生、

---

① 参见［德］康德《纯粹理性批判》，邓晓芒译，人民出版社2004年版，第258页。

② 萨姆纳关于民俗起源的功利主义解释却不是源于直观而是一种单纯的理论假说，萨姆纳承认他本人关于民俗起源于人的行为方式或活动方式的"［反复］实验与合宜性的简单陈述并非直接来自实际事例，而是一种分析与推论的产物"，萨姆纳写道，"我们最急切的希望应该是探讨风俗是怎样源于最初的活动的，但是，由于这是不可能的，所以，后于风俗的活动的过程成了我们的研究对象。原始风俗的起源通常失落在神话里。"（第178页）

成长、损坏、衰落和灭亡，就像有机体一样……就像受制于一种遗传的必然性，又似乎独立于人的理智和意志的影响之外"（第203页），就此而言，民俗自有其死亡的一天，就像它曾有其诞生的一天一样。

　　在萨姆纳民俗学理论的术语表中，有一项表述为高丙中所特别强调，即民俗现象的不断"重复"（第174页，第191页①）、"反复"（第175页，第186—188页②）和"重现"（第188页③）的属性。民俗最本质的属性特征就在于民俗活动、民俗行为是以模式化的传统性形式"重复"呈现于时空之中，因而作为经验现象可以在时空中被"反复"地观察到。只要经验条件具备，民俗就会"重复"地在时空中出现，"反复"地在时空中被感性地直观，而这正是一切经验现象的本质属性，所以萨姆纳说"民俗是为一时一地［在时间和空间中］的所有生活需求而设"（第83页，第92页）。

　　　　［民俗］活动是实际发生的历史事实，即有时空限定的具体存在，它们的存在与它们的实际过程共始终，它们自身不能超越时空，超越历史，也就是说，活动的历史性（一次性、暂时性）是对活动得以成为民俗的反复性［即模式性、传统性］的反动。（第155页）

　　　　我们对民俗的认知是与我们对民俗模式的把握密不可分的。当我们观察个体的活动以及群体在特定情境中的活动的时候，我们并不能直接就把它们当作民俗，因为它们呈现给我们时，它们只是个别的、一次性的。只有当我们观察到它们的重复呈现之后，我们才能确认它们为民俗。也就是说，只有当我们确认它们体现了某种模式之后，我们才能确认它们为民俗。（第148页）

---

　　① "repetition"、"repeated"，W. G. Sumner，*Folkways: A Study of the Sociological Importance of Usages，Manners，Customs，Mores，and Morals*，A New York Times Company，New York，1979，pp. 3，38.

　　② "recurrent"、"reiteration"、"repetition"、"repeated"，W. G. Sumner，*Folkways: A Study of the Sociological Importance of Usages，Manners，Customs Mores，and Morals*，pp. 3，32，34 - 35.

　　③ "recurring"，W. G. Sumner，*Folkways: A Study of the Sociological Importance of Usages，Manners，Customs Mores，and Morals*，p. 35.

生活文化林林总总，其中只有那些体现着普遍模式的事象才是民俗。第一，这些事象是模式化的，也就是说，它们的形成、它们的结构作为一个相对稳定的统一体被人们完整地在生活中重复。第二，它们在社区生活中，在特定的群体中是普遍的，也就是说，它们在群体中是共知共识，共同遵循的。模式的必然不是个别的，自然是一定范围内共同的。于是，在时空上通常显示为固定的，因为只有在时空上是确定的东西才可能让多位个体参与。（第 144 页）

民俗活动、民俗行为因在时间中、在经验中被"重复"和"反复"，从而经过抽象且被视为"传统"、被用为认识的"模式"，即上文所言"从具体［的民俗现象］上升到抽象［的民俗概念］"，以此"模式"与"传统"是近义词。而民俗活动、民俗行为之所以能够被认知为概念性的"传统"和"模式"，从一方面看是因为民俗活动、民俗行为在时间和空间中的重复、反复这一经验的事实可以被模式化、被传统化即被概念化；从另一方面看则是因为，"模式"及"传统"等概念，如康德所言的范畴，先于理论的经验就已经在实践的观念上先天地被给予了，从而使得民俗模式、民俗传统具有了"先天所与"[①] 的纯粹观念的实践对象的"本体属性"、"根本属性"的"质的规定"性（第 143—144 页），于是，据此"先天所与"的传统模式，民俗作为民俗实践的纯粹观念的先验对象，才能够在时空中被反复地实践、重复地实现，并且被经验地、理论地认识。

在此，我们需要区分：经验实在性的民俗活动、民俗行为，即在时间中的"民俗生活"与先验观念性的民俗模式、民俗传统，即超越时间（或者说在时间之前或之外的）的"民俗文化"。具有先验的观念性的民俗传统、民俗模式，既是民俗实践的先验的观念对象，同时也是理论地认识民俗实践的先验的概念条件。

有两种意义上的民俗模式和模素的认知。一种是实际的、生活世界中的［民众在实践中对］民俗模式和模素的认知。另一种是民俗学家们为了研究上的需要而对民俗模式和模素的分析。上一种认知是［民众］为了掌握，为了利用，这一种认知是［民俗学家们］为了认

---

① 参见［德］康德《实践理性批判》，韩水法译，商务印书馆 1999 年版，第 2 页。

识，为了理解。（第 149 页）

"民俗学家们"通过对时空条件下的"民俗生活"（而不是整体的"民俗生活"本身）的经验抽象，而获得了"民俗文化"的概念，"民俗文化"的概念因此具有了在理论认识上的先验性①。唯当在理论认识上获得了"民俗文化"这一先验的概念，民俗的研究主体（民俗学家们）——才能够如上文所言——根据"从抽象上升到具体"的社会科学化的民俗学方法论经验地认识民俗的实践主体（民众）在时空条件下，所实践或实现的具体民俗活动、民俗行为，即"民俗生活"现象。

其次，从民俗的实践设定（"实践认知"）的角度看，由于"对民俗模式的认知是主体开创民俗生活的文化起点"（第 161 页），所以，"民俗生活需要预先建构"（第 164 页）。

> 民俗活动本身无法跨越时空界限走进未来，民俗要走进未来，必须首先经过抽象，变成抽取出了作为条件的时空，作为具体存在的主体而得到民俗模式，然后通过主体在新的现实里把民俗模式表演为民俗过程。（第 155—156 页）

这就是说，民俗活动、民俗行为，在时间中、在经验中的重复、反复发生，一定以民俗之先于时间、先于经验的模式性和传统性，即可重复性、可反复性为前提。民俗活动、民俗行为的重复发生和反复发生，就是

---

① "通常人们习惯于说的'先天的'，其实只有相对的意义。例如一个人挖墙脚，我们不待他挖穿就预先知道这所房子一定会倒塌。这种知识是我们在不依靠经验的情况下先于经验而得到的，即先天地知道房子一定会倒塌。康德认为，这里的先天或先于经验只是相对地独立于经验。为什么我们知道房子一定要倒塌，是因为我们从过去的经验中获得过类似的知识，并经多次重复而总结出了这样的一般性认识。所以这种'先天'不是真正的先天，实际上还是来自经验，只不过不是来自当下直接的经验，而是来自过去的或间接的经验而已。"邓晓芒：《康德〈纯粹理性批判〉指要》，人民出版社 2001 年版，第 50 页。"房子可能倒塌"这个例子原是康德首先举的："很有些出自经验来源的知识，我们也习惯于说我们能够先天地产生它或享有它，因为我们不是直接从经验中、而是从某个普遍规则中引出这些知识来的，但这个规则本身又仍然还是借自经验的。所以我们会说一个在挖自己房子基础的人：他本可以先天地知道房子要倒，即他不必等到这房子真的倒下来的经验。但他毕竟还不能完全先天地知道这件事。因为他事先总归要通过经验才得知，物体是有重量的，因而若抽掉它们的支撑物它们就会倒下来。"［德］康德：《纯粹理性批判》，邓晓芒译，人民出版社 2004 年版，第 2 页。

先于时间、先于经验的民俗模式、民俗传统的可重复性、可反复性，在时间中的因果性、经验性显现。以此观之，凡民俗（活动、行为）首先都是民俗模式、民俗传统，没有先验的传统模式，就没有在时间中可以被感性直观到的民俗活动、民俗行为的经验现象①。而民俗的传统模式之所以具有先验的可重复性、可反复性，并且能够被实现为时空条件下民俗的重复性活动或反复性行为——按照康德的说法——只是由于作为先验自我的民俗主体，所拥有的"对意识本身的意识"条件（用康德的话说就是意识的"先验统觉"或"先验综合统一能力"）②，没有民俗主体作为先验自我"对意识本身的意识"，即对先验对象的表象意识作为先天条件，民俗主体就无法将具有先验观念性的民俗事象的传统模式（本体），反复地、重复地在时空中实践或实现为具有经验实在性的民俗活动、民俗行为（现象）。

以先验自我的民俗主体的先验的统觉意识，即先验的综合统一能力为先天根据或先天条件，民俗的传统模式（先验事象）才能够被实践（实现）为现实的民俗活动、民俗行为（经验事件）。反过来说，民俗事象之所以能够被实践为民俗事件，正在于作为先验自我的民俗主体所给予的先验对象——民俗事象的传统模式（质的规定性）及其先验的量的规定

---

① 在此需要注意区分：对在时间之中的"民俗文化"和"民俗生活"的经验认知，与对先于时间的"民俗生活"整体本身的存在条件的先验认知。对经验的"民俗文化""民俗生活"的认知，与对先验的"民俗生活"整体本身的存在条件（如萨姆纳所言对民俗特别是其中像"德范"这样的最高等级的民俗的起源条件）的认知，是完全不同的两件事情。如果说对时间之中的"民俗文化""民俗生活"的认知，必须以人的经验的感性直观能力和先验的理性（知性）思维能力为基础，那么对先于时间的"民俗生活"整体本身及其实践法则——"德范"的存在（起源）条件的认知（按照康德的观点），则必须排除一切感性经验的直观条件而仅仅诉诸人的先验理性的思维能力。

② 参见［德］康德《纯粹理性批判》，邓晓芒译，人民出版社2004年版，第119—121页；杨祖陶、邓晓芒《康德〈纯粹理性批判〉指要》，"先验统觉"，人民出版社2001年版，第139—142页。"歌谣、故事、童话、传说、神话等各种民间文学体裁以及各种民俗事象可能随具体经验环境的不同而表现出千姿百态的差异，但由于它们都是出于人的创造，都与人的自由意志有关，它们才不是杂乱无章、荒诞不经或者无法理喻的现象。相反，经验性的差异不能遮蔽各种民间文学或民俗事象的统一性，这种统一性不仅表现在不同文化、不同民族的同一种民间文学体裁或同类民俗事象之间的类似性，更体现为创造它们的人的自由意志的统一性。没有人的自由意志的先验的统一性，也就不可能有各种民间文学体裁或民俗事象在经验层面的相似性和可比性。"户晓辉：《返回爱与自由的生活世界：纯粹民间文学关键词的哲学阐释》，江苏人民出版社2010年版，第36—37页。

性——可重复性或可反复性。可重复性和可反复性是传统的民俗模式在量上的先验规定性，即不是以反复、重复的现实民俗活动、民俗行为，作为其直观基础的、单纯的可重复性、可反复性。正是这种纯粹的量的先验的规定性（单纯的可重复性、可反复性），才决定了时空条件下的民俗现象在量上能够不断重复、不断反复地发生的经验规定性，于是，也才有了民俗现象在经验中重复、反复的量的差距。① 这就是说，民俗在本体论中先验的可重复性和可反复性，不仅在其质的规定性的基础上，从绝对（纯粹）的量的方面规定了民俗先验地之为民俗，同时也从相对的量的方面规定了各种民俗现象（传统民俗和现代民俗）之间，在经验的量上的重复、反复频率的不同。

这就是说，凡我们在时间中经验到的民俗现象——无论是传统民俗现象还是现代民俗现象——之所以能够被我们视为民俗现象，首先，是因其先验的质的规定性而被决定的，没有先验的民俗模式或民俗传统的质的规定性，民俗就不可能成其为民俗；其次，民俗现象能够在时空中为我们在量的方面经验其反复和重复，同样也是由其先验的量的规定性——即可重复性和可反复性这一绝对的、纯粹的量——所决定的，没有民俗在量的方面的先验规定性（可重复性和可反复性），也就没有民俗在量的方面的经验规定性（重复和反复）。

就民俗现象在量的方面的先验和经验的规定性而言，传统民俗和现代民俗之间没有先验的量（都拥有绝对的量）的差异，而只有经验的量的差别，即在经验中民俗现象重复或反复地发生并持续的时间之长短不同而已，现代民俗包括时尚也都必然因其先验的量的规定性，而具有在时间中重复、反复发生的量的经验方式。尽管时尚的重复和反复的经验频率还十分有限，因此只能以"新传统"或"新民俗"视之，但是，就现代民俗

---

① "比如说，在纯粹理智直观中，竹竿有绝对的量的规定，但它没有长短——它不长，也不短，它只是它自己那样子。事物的一切长短、高矮、大小都只是经验关联里的量的规定，而不是绝对的量的规定。"黄裕生：《真理与自由——康德哲学的存在论阐释》，江苏人民出版社2002年版，第38页。邓晓芒则用"号数"一词来说明纯粹的、先验的量的规定性，参见［德］康德《纯粹理性批判》，邓晓芒译，人民出版社2004年版，第119—120页。比如我们说，现代制鞋业的标准化的"号数"规定性，是先有了"号"这个先验的、纯粹的——但此时还没有具体的、经验的"数"的大、小的——量的先验规定性，我们才能进而制定各种具体的、经验的大、小"号数"的制鞋标准。

也具有可重复、可反复这一先验的量的规定性而言，时间经验中的现代民俗与传统民俗之间并无本质的区别，即它们都拥有先于时间、先于经验而被认知为"传统"（即使是"新传统"）的可重复性、可反复性的先验模式即先验规定性，由此我们想起邓迪斯对民俗"传统"的定义。

> ［邓迪斯］谈传统与多尔逊不同。多尔逊侧重于传统的历时的一面，强调个人与历史的联系。邓迪斯侧重于传统的共时的一面，强调个人与集体的联系，明白指出传统是群体现在共同分享的。民俗学家观察、记录民俗必须从个体着手，在这时，民俗学家是参照传统民俗，还是参照个体所属的集体和集体中的他人来判定这一个体的表现是不是民俗，这是两条根本不同的思路。前者只能发现旧民俗的重复和变化，后者才能发现新民俗。（第57—58页）

也就是说，邓迪斯更强调民俗在社会空间中的"共同分享"，而不是在历史时间中，可重复及可反复的感性直观条件和理性认知（实践）条件。但是，按照康德的说法，即使民俗在外感知的空间形式中并存（共同分享），人们也还必须在内感知的时间形式中以先后的顺序感性地接受，使民俗在空间中的并存转换为在时间中的持存，所以康德说：

> 空间是一切外部直观的纯形式，它作为先天条件只是限制在外部现象。相反，一切表象，不管它们是否有外物作为对象，毕竟本身是内心的规定，属于内部状态，而这个内部状态却隶属在内直观的形式条件之下，因而隶属在时间的条件之下，因此时间是所有一般现象的先天条件，也就是说，是内部现象的直接条件，正因此也间接地是外部现象的条件。①

民俗活动、民俗行为在时间和空间的感性直观的经验条件下，总是作为现象——这里就是社会现象、生活现象——而存在的，而现象只是在时空条件下所呈现出来的作为生活整体的本体世界的某个侧面，而绝不是生活世界的整体或本体的全部。就民俗活动、民俗行为只是现象而言，民俗

---

① ［德］康德：《纯粹理性批判》，邓晓芒译，人民出版社2004年版，第37页。

现象总是从在时间中先前发生的另一民俗现象"发展"而来的，德范是从仪式发展而来的，仪式是从风俗发展而来的，而风俗是从习惯发展而来的……直至最基础的个人的行为，个人以及个人的具体行为、具体活动是民俗生活的直观表象的起点，尽管不是民俗学理论研究抽象的"文化起点"或民俗学概念的逻辑出发点。

对于生活世界的整体或本体来说，任何一种文化现象的经验规定性总是一种片面的规定性。在民俗学的经验视野中，由于"俗"的活动只是现象，所以承载"俗"的活动的"民"也只能是"单面的人"。以此，"民俗之'民'并不等于生活中的人"（第28页），只有在本原、本体即整体的生活世界中，人才是完整的人，即具有先验统觉意识和先验的综合统一能力的先验自我主体。

> 只有当生活中的人表现出民俗之"俗"时，民俗学家才在这一意义上把他看作"民"。生活中的人是完整的、完全的，民俗之"民"是生活中的人的局部或片面；生活中的人终日终年终生意义上的，民俗之"民"是某时某刻意义上的即时间片断意义上的。（第28—29页）①

但是，如果对于生活整体或生活的本体、本原来说，民俗学的文化（俗）抽象只是各种学科（理论）性抽象的（概念）规定性之一种，那么民俗学所得到的，也就只能是对于作为"生活主体"的人来说的一种特定的片面的（逻辑）规定性，即在民俗现象中的活动主体、行为主体，亦即民俗主体而不是在生活整体、生活本体或生活本原中的主体——人本身。于是，在民俗学的文化（俗）概念的知性（理性）抽象形式及感性直观（时空经验）形式的质的规定性条件下，作为民俗活动、民俗行为的主体（而不是在人的本原性、本体性、整体性生活中的"生活主体"），"民"所拥有的"俗"，才有了一个在经验的量上是否充分、是否全面的问题。

> 关键在于"俗"的范围是否全面。如果我们界定的"俗"〔在量

---

① 在康德的意义上，时间作为感性直观形式，其"终日终年终生"应当是作为现象的"民"的存在条件，而不是作为本体的生活世界中的整全的"人"的存在条件。

上］是全面的，那么，我们所讨论的"民"才是完全意义上的；如果我们所界定的"俗"［在量上］是大量的，那么，我们所讨论的"民"就是充分意义上的；如果我们所确立的"俗"［在量上］是零碎的，那么，我们所讨论的"民"就只是部分意义上的。再根据我们的这种理解来看汤姆斯以来的民俗之"民"的定义，我们认识到，各种定义的差别是很有限的。（第 29 页）

汤姆斯以来，西方民俗学家总是根据一种在经验的量上并不充分、并不全面（某时某刻意义上）的"传统（即古代）民俗"（民俗的"古代"不是指的民俗之超越时间的模式化的传统性），而不是根据在经验的量上充分、全面（终日终年终生意义上）的"普遍模式的生活文化"（第 144 页）来定义"民"，于是，汤姆斯以来所有关于"俗"的经典性定义，也就"顺理成章"（第 29 页）地不仅把"俗"做成对生活整体的片面抽象，而且做成对同质的"俗"本身在经验的量上的片断抽取。现在，《民俗文化与民俗生活》需要的是一种在经验的量上被充分、全面规定的"俗"，一种始终与时间同在的"终日终年终生"而不是"某时某刻"意义上的"俗"，即不是汤姆斯以来、邓迪斯之前所有有关"俗"的定义中，被"时间片断"（古代）所规定的"传统民俗"。

在此需要注意的是，《民俗文化与民俗生活》区分了在质的规定性方面片面意义的"民俗中的人"，和在质的规定性方面整体意义的"生活中的人"，以及基于质的片面规定性基础上，从而可以在量上经验地规定的部分意义、充分意义甚至完全意义上的"民"。用在经验的量上充分或不充分的"俗"所规定的部分意义上的、"充分意义上的，甚至是完全意义上的"（第 30 页）"民俗之'民'"，与在质的方面片面规定的"民俗之'民'"是相关的概念。正如上文所言，在质的片面规定性即经验规定性的基础上，才可能有经验的量的规定性问题发生；但是，即使"民俗之'民'"在经验的量的规定性方面是充分的和完全的，对于作为本体的生活整体本身来说，"民俗之'民'"仍然是片面的质的规定性存在，这就是说，"民俗之'民'"与作为本体的生活整体中的"人"在质的规定性方面具有完全不同的存在原理。

"民俗之'民'"不等于是"生活中的人"，"生活中的人是完整的、完全的"（第 28—29 页）"人"，而"民俗之'民'"只是"生活中的人的局部或片面"（第28—29页），尽管在拥有"俗"的经验的量的方面（现象中的"量"总是一个经验的规定性），"民俗之'民'"可以达到非常充分甚至非常全面的地步。但是，如果不以"俗"的经验的拥有量来说，而是从"民俗之'民'"的经验的质的规定性乃至其先验的完整生活根源或整体生活条件来看，"民俗之'民'"总是以片面的、局部的"生活中的人"的面目出现的。"民俗之'民'"能否被还原为生活中的充分、完全意义上的整全的人，仅仅凭借经验科学的努力，总是一件值得怀疑的事情，因为我们总是将"生活"作为经验现象（即便是经验现象的整体）来对待，而不是将其思想为本体或本原。在经验论的民俗学中，民俗之俗以及民俗之民都是作为可经验的现象而呈现的，因此，无论俗还是民都是"他律"的被规定物或被规定者，而不可能是"自律"的自我规定者本身。

在此，《民俗文化与民俗生活》的作者，实际上已经对从抽象的文化规定性上升到具体的生活整体性的经验科学方法论，表示了谨慎的怀疑，这种怀疑就是：经验科学能否通过从抽象上升到具体的方法，给出充分甚至完全意义上的生活中的整全的人，即自由、自律的而不是被"他律"地规定的人，即不仅仅是作为经验学科的民俗学视野下的局部和片面的"民俗之'民'"，尽管经验中、时间中的"民俗之'民'"完全能够拥有充分甚至全面的俗的量的规定性。

这里的关键问题在于：我们如何理解"生活"？是把"生活"理解为可以直观地操作（观察、记录）研究、认识的"民俗生活"或"文化生活"即"生活现象"？还是把"生活"理解为尽管我们不可以直观但仍然能够加以思想（思辨、思考）的"生活"本身，即本体、本原的"生活世界"？

> 民俗学探讨的是生活世界的问题，但是它实际上并不能研究整体的生活世界或把生活世界作为整体来研究。……我们并不能看见整个生活世界。因此，我们可以想象它，思考它，谈论它，但是，我们并不能研究它。生活文化和文化生活是可以观察的，但是，它们也并非我们现在的知识水平就能够完整地把握的。……只要我们进行研究，而不是进行思辨，我们的理论运筹都必须有可以操作的对象。研究对象的可操作性，首先表现为对象是可以观察，可以记录的，也就是说

对象作为现实存在，是可以由研究者直观地把握的；其次表现为它们是可以重复观察、重复记录的，也就是说研究对象应该在重复中给研究者把握它们的规律和验证这些规律的机会。基于这一认识，笔者把民俗学的直接对象定为民俗和民俗生活，而把生活世界和生活文化作为民俗学的领域。（第 145—146 页）

　　之所以将"民俗文化"和"民俗生活"即生活现象作为民俗学的研究对象，而把"生活世界"即生活本身或生活本体、本原作为民俗学所能够思想的"领域"，是因为，如果没有生活世界作为基础性的存在领域，生活的现象就会成为无本之木、无源之水。生活本身是民俗现象自由发生的原因，而民俗现象是生活的本体或本原在"自然世界"中的自由的发生结果，因而对于民俗世界来说，生活世界不啻一个"原型世界"，而民俗世界则是生活世界的"复本"或"摹本世界"。生活世界提供了一个限制民俗世界"应该如何"，以及"如何可能"的、自由的"整体形式"①，尽管生活世界是一个我们的经验研究、实证研究所无法直观到的整体世界，但却是民俗学的思想所必须也必然能够抵达（思考）的世界，"我们的思考有必要在'民俗'与'日常生活'之间来回游走，而不应该在日常生活中发现民俗之后就置日常生活于不顾了"②。

　　由此，我们也就可以初步领会《民俗文化与民俗生活》在引入经验科学的萨姆纳民俗学之后，为何还要坚持引入先验哲学的胡塞尔现象学。也许，只有在胡塞尔"生活世界"的理论观照下，《民俗文化与民俗生活》才能超越民俗学自身"以俗定（论）民"的经验—实证方法③，给出与生活整体、生活本身（本体）相同一（而不是片面规定）的、完全

---

　　①　"原型世界"和"复本"世界、"摹本世界"以及前者作为后者基础、原因和"整体形式"，参见［德］康德《实践理性批判》，韩水法译，商务印书馆1999年版，第45—46页。

　　②　参见高丙中《日常生活的现代与后现代遭遇：中国民俗学发展的机遇与路向》，《民间文化论坛》2006年第3期，收入高丙中《民间文化与公民社会——中国现代历程的文化研究》，北京大学出版社2008年版；高丙中《中国人的生活世界——民俗学的路径》，北京大学出版社2010年版；高丙中《日常生活的文化与政治——见证公民性的成长》，社会科学文献出版社2012年版。

　　③　"以往沿袭百余年的以俗界定民的做法恰恰是客观科学世界观的产物，它把人创造的东西物化为与人的主观无关却又反过来制约人、牵制人的客观之物。"户晓辉：《返回爱与自由的生活世界：纯粹民间文学关键词的哲学阐释》，江苏人民出版社2010年版，第368页。

意义上的主体——自由存在的人，而不仅仅是在"民俗"概念的规定下通过直观而显现的不自由的个体。而这也就是意味着，一个更艰难的问题实际上被提出来了：民俗学能否超越社会科学化"从抽象上升到具体"的方法论，而"全方位"地思想到人本身以及人本身的"全方位"的自由生活？

　　*　　　　　*　　　　　*　　　　　*　　　　　*　　　　　*

　　有时我甚至想，究竟是怎样的理论上的敏感让高丙中在一本民俗学著作中执意引进胡塞尔现象学"生活世界"的概念，仅仅是为了进一步稳固民俗学研究领域的经验整体性和民俗学研究对象的经验统一性吗？仅仅是为了证成民俗学得以安身立命的实证学科位置或地位吗？就像倪梁康所说的，仅仅为了"解释实证科学之可能性"，而不是将其"作为通向'先验现象学'的通道"，即作为理解生活本身和人自身的通道？①

　　民俗文化作为非官方（非专家）的现象（第 127 页），民俗生活作为前理论理性（前"社会诸意识形态"）的世界，多尔逊（第 64 页）和萨姆纳（第 86 页）的论述已经提供了比较充分的资源，特别是萨姆纳民俗学经验论的生活视野，已足够让高丙中力主"呈现'社会事实'"②的学术主张，甚至部分"知行合一"的学术理想在其中游刃有余。因此，我想，除了"自由"这一人的存在的根本意义，再没有什么理由能够解释"生活世界"之于《民俗文化与民俗生活》的、"通向'先验现象学'的通道"意义了！现在，让我们重温前文已经引述的高丙中的一段话，也

---

　　①　"时至今日，在胡塞尔对'生活世界'所做的这些规定中，'生活世界'与'客观—科学世界'的关系问题是主要引起人们注意的方面。相反，'生活世界'所具有的另一方面功能，即作为通向'先验现象学'的通道，作为'先验现象学'的反思对象，却往往成为人们批判的话题。我们也可以这样说，对'生活世界'的探讨在今天主要是出于各自实践的目的，包括解释实证科学之可能性的目的。理论的意向却已经不再引起人们的兴趣。"倪梁康：《现象学及其效应——胡塞尔与当代德国哲学》，三联书店 1994 年版，第 138 页。

　　②　参见高丙中《〈汉译人类学名著丛书〉总序》，载克利福德、马库斯编《写文化——民族志的诗学与政治学》，高丙中等译，商务印书馆 2006 年版。该文以《中国社会科学需要培育扎实的民族志基本功》为题，收入高丙中《民间文化与公民社会——中国现代历程的文化研究》，北京大学出版社 2008 年版；高丙中《日常生活的文化与政治——见证公民性的成长》，社会科学文献出版社 2012 年版。

许我们对这段话所蕴涵的深意能有更深一层的领会。

> 我们的故事呈现出，民间是可以清晰表述出来的个人，活生生的
> 人，他们是主动者，有思想也有行动，会抗争也会合作，他们的日常
> 生活同时容纳着琐事和超过个人直接功利的价值和表现形式。①

现在我们知道，在专家现象之外或之前的"生活世界"中（第127
页），作为先于现象性、经验性存在的本体论自我的自由存在者，作为能
够给出"超过个人直接功利的价值和表现形式"的自由的人，或许才是
《民俗文化与民俗生活》全书的衷情之所至。而现在的问题是：当我们把
"民"在概念上规定为、并在时间和空间中直观为个体的主体性存在者的
时候，我们能否换一种"实践认识"②的理论视野，以便把作为主体存在
者的"民"，也同时思想为在时间和空间之外作为自由存在者的"人"本
身？而这，正是隐藏在生活世界中的一个秘密，一个胡塞尔所说的"世
界之谜""一切谜中之谜""一切谜中最大的谜"，这个谜关系到民俗学者
从学科诞生之日起就为"拯救生活世界""保卫日常生活""建构公民社
会"③——这些通过民俗学者的学术实践，而在具有内在性目的论的民俗
学学术史上日渐明晰的学科理想——而付出的不懈努力的充分理由。

---

① 高丙中：《民间文化与公民社会——中国现代历程的文化研究》，"序言"，北京大学出
版社2008年版，第4页。

② "实践认识"或"实践研究"——即：从本体论的角度对实践进行的理论认识——的说
法，参见［德］康德《实践理性批判》，韩水法译，商务印书馆1999年版，第26、61、113页。

③ "拯救生活世界"，语出高丙中《日常生活的现代与后现代遭遇：中国民俗学发展的机
遇与路向》，《民间文化论坛》2006年第3期，收入高丙中《民间文化与公民社会——中国现代
历程的文化研究》，北京大学出版社2008年版；高丙中《中国人的生活世界——民俗学的路
径》，北京大学出版社2010年版；高丙中《日常生活的文化与政治——见证公民性的成长》，社
会科学文献出版社2012年版。"保卫日常生活"的命题可参见高丙中的如下论述："普通人的日
常生活在近代以来不再具有不受干预的正当性，这在过去是民俗研究参与制造的后果，这在现在
也是民俗研究要参与解决的问题"，"让普通中国人的日常生活重新保有生活世界的理所当然"。
同上文。"建构公民社会"是《民俗文化与民俗生活》之后高丙中"知行合一"的学术实践目标
或理想，参见高丙中《民间文化与公民社会——中国现代历程的文化研究》，北京大学出版社
2008年版；高丙中《日常生活的文化与政治——见证公民性的成长》，社会科学文献出版社2012
年版；高丙中、袁瑞军主编《中国公民社会发展蓝皮书》，北京大学出版社2008年版。

我们所需要的是理解哲学的,特别是近代哲学的历史发展中的目的论,同时使我们明确意识到,我们自己是这种目的论的承担者,我们通过我们个人的意图参与实现这种目的论。我们试图认出并理解支配着一切历史上的目标设定,和这些目标设定的相互对立而又彼此配合的种种变化的统一性。①

---

① [德]胡塞尔:《欧洲科学的危机与超越论的现象学》,王炳文译,商务印书馆 2002 年版,第 88—89 页。"只有通过这种阐明和分析,我们才能认识将整个近代哲学史的发展统一起来的那种最深刻的含义:即认识使几代哲学家联结起来的他们的意志的统一,并在这种意志的统一中认识一切个别主体的和学派的努力方向。"同上书,第 88 页。

第 九 章

民俗复兴与公民社会相联结的可能性

——古典理想与后现代思想的对话*

一　经验学科是否需要先验的奠基?

多年以来，我一直在学术上受教、受益于同人和朋友们的善意批评，我非常看重这些批评，因为正是这些批评不断促使我思考我不曾想到的问

* 本章是笔者 2013 年 1 月 22 日在中国社会科学院文学研究所民间文学研究室召开的"民间文学本体论研究学术讨论会"上的发言稿的修订本,发言稿的对话对象主要是刘宗迪;修订本的对话对象主要是高丙中"把民俗学的可能性与一个民主的共同体的可能性结合成一体"(高丙中:《中国人的生活世界——民俗学的路径》,"后记",北京大学出版社 2010 年版,第 251 页)的系列学术论文及其相应的社会实践。修订本将不同的对话对象和对话内容熔于一炉而枝蔓庞杂,权且如此,希望得到同行与朋友的批评。修订本发表于《民俗研究》2013 年第 3 期,其内容提要云:"从上个世纪 80 年代开始,在中国并行地发生了两场后来彼此相遇的'后现代事件',其一是发生于民间社会(生活世界)的'民俗复兴',其二是发生在民间文学—民俗学界(向生活世界敞开的科学世界)的'范式转换',当二者终于因民间文学—民俗学的'田野研究'而直接照面,它们各自最初并不明确的实践意义就通过双方的对话而逐渐显现出来,即:'民俗复兴'是世界范围内的后现代语境中,普通民众借助政治意识形态对文化差异性的承认(与保护文化多样性的国家间努力相呼应)而不自觉地表达的争取自由、平等权利的普遍性要求;而民间文学—民俗学学科的'范式转换'则并非仅仅是后现代知识氛围中马林诺夫斯基式的从文本(文化)研究到语境(生活)研究的经验论即认识方法论转型,同时也是从对'个体的人'的遮蔽到对'人的自由'之祛蔽的必然性论证,因而是自觉地践行的先验论即实践目的论转向。由此'民俗复兴'与民间文学—民俗学'范式转换'之间共同的实践目的(意义),就合逻辑地推导出'公民社会'的'古典理想'这一'未完成的现代性方案'(哈贝马斯),而康德启蒙哲学的'自律'理念这一'理性的事实'(作为判断力范型),则为'民俗复兴'在实践上的合法性,以及'民俗复兴'(作为经验事实)与'公民社会'(作为先验理想)之间的先天综合在理论上的合理性,提供了辩护的可能。"

题。有些批评，当面会一时接受不了，甚至有激烈的反驳，但事后一想，这些批评是有道理的，于是坦然接受。也有些批评，我至今没有接受，而是仍然坚持自己的看法；但是，我之所以能够坚持我的看法，却仍然要归功于同人和朋友们的批评；因为，唯有经受了批评的进一步思考，才更加完善了我的看法，因而坚定了我对自己的看法的信心。在座的同人和朋友们在学术上或多或少对我有过曾经的批评和质疑，有时无意间提出的一个小问题，甚至可以成为我数年思考的契机。所以，在经历了这些年的学术对话之后，现在我最想对同人和朋友们说的，正是这一点言轻意重的感谢的意思！

　　回顾自己的学术生涯，我自己总结，基本上只做了两件事：2000 年以前的神话研究，和 2000 年以后的民间文学—民俗学基本理论研究。对于我的神话研究，肯定的意见和否定的大体参半，否定的意见甚至占优；对于我的基本理论研究，大部分人持怀疑甚至否定的态度。对我的神话研究，最富实质性的批评，是杨利慧、陈泳超提出的，他们二人关于我对洪水神话的生育象征的结构解读①，是一种缺乏证据支持的"臆想"的意见，我基本上是接受的。对我的基本理论研究的批评，怀疑论的代表是我的老同学、老朋友周星，他认为，我做纯粹的理论研究，脱离了经验研究的实证性，流风所及，于学科的发展不利，因而学科的前景堪忧。其实，周星的担心完全没有必要，学界自有其自身的免疫力，大多数人不会受我的"玄学"学风的影响。

　　相对于怀疑论的批评，刘宗迪的否定性批评更合乎"学术规范"。刘宗迪根据他对民间文学—民俗学学术史的考察，认为，民间文学—民俗学从一开始就是一门经验学科，本学科的问学路径早已由学科的先贤所确立，于是，根本不需要再给予形而上学的先验奠基。刘宗迪的否定性批评紧扣住我做基本理论研究的本意（我的本意正是要为学科的经验研究做先验的形而上学奠基，而不是建立在实证基础上的经验性理论总结），而且他的否定方式，又建立在考察学科历史的客观知识而不是主观意见的基础上，因而值得认真回应。

　　除此以外，也有来自民俗学学术圈以外的朋友的否定性批评：为学科

---

　　① 参见吕微《神话何为——神圣叙事的传承与阐释》，"假说：洪水创世故事的深层象征结构"，社会科学文献出版社 2001 年版，第 21—43 页。

做形而上学的先验奠基是 18—19 世纪的学术范式，现在是 21 世纪，仍然要为学科做先验证明的形而上学奠基，实在是无异于堂吉诃德式的与风车作战。我当然理解我的朋友所持的后现代批评立场，如果后现代学术范式更强调在具体的交往情境中随机的理智对话，那么，康德式的先于经验而给予的形而上学的理念前提就被悬置了。与刘宗迪的批评建立在关于学科历史的客观知识的基础上一样，这位朋友的批评是建立在关于学术现状的客观知识的基础上，因而同样值得认真回答。

但是这样一来，我所面对的批评就不仅来自古典的经验论，同时也出自后现代的经验论，但是对这两种经验论的学术路径，我至今都没有完全认同（相对于我思考和希望解决的问题而言）。固然，我们学科的历史是一部以经验研究为主导的学术历史；固然，我们学科的现况依旧是以经验研究为主流的学术现况，但这并不意味着我们的学科就只能有一种经验的取向，前辈的作为、同辈的做法都不是限制每一个独立学者，如何选择自己的研究范式的理由。重要的是，既然选择了你认定是恰当的学术范式，你就必须认真对待来自不同方面的批评，以检验自己所选择的学术范式的有效性，并对其有限性有清醒的认识。

民间文学—民俗学学科是否需要一次形而上学的先验奠基？古典的经验论者并非持绝对的拒斥态度，甚至并不忽视对学科基本概念的检讨；倒是后现代的经验论者对学科理念的先验设定持现象学的搁置立场。但是，无论古典的经验论也好，后现代的经验论也好，都不能独断地决定我们学科的范式取向，学科的范式取向是由学科所处理的问题所决定的。如果我们的前辈所处理的问题仅仅需要经验的维度，那么我们的学科走上一条经验之路就可以满足其需要了；但是，如果我们的学科在今天要处理的问题需要一个先验的维度，那么，除非我们开启这样一个先于经验的思考空间，我们就不能很好地处理我们的学科在当下所面临的问题，或者说担当起我们的学科指向未来的问题意识。

关于我们的学科在当下所面临并亟须解决的问题究竟是什么，下面我将给出我的解释，但是现在，暂且将此问题放下。我首先要说明的是，在很大程度上，我并非想为学科奠基，而只是想给自己奠基。所谓奠基，通俗地说，就是"给出理由"，我要给我自己一个理由，给我的学术研究一个工作理由，一个正当性的工作理由，一旦给出这个理由，我自己的学术研究才具有合理性进而合法性，从事这项工作，我才心安理得。这就是奠基的初衷。于是，诸位可以想见，我之所以需要一个奠基的理由，是因为在我自己的学术生涯中出现了一次精神危机，我开始怀疑自己所做的工作值不值得？我必须给自己一个充分的理由来说服我自己，肯定我自己所从事的学术研究是有价值的，即使"朝闻道，夕死可矣"！

有两本书对我的震动很大，一本是董晓萍先生翻译的洪长泰的《到民间去》①，一本是高丙中的博士论文《民俗文化与民俗生活》②。这两本书的作者对"民"或"民间"的思考让我注意到我以前不曾想过的问题（前者让我知道了我们的前辈曾经想过哪些问题，后者让我了解了我的同行正在想哪些问题），受这两本书的影响，于是有了拙作《现代性论争中的民间文学》③，开始了我对民间文学—民俗学学科"原罪"问题的思考④。而讨论学科的"原罪"问题，其实只是间接证明了，我所从事的学科反思工作原本起源于我自己的学科危机意识，即通过对"原罪"问题的思考，最终弄清楚：民间文学—民俗学是不是一门值得我为之献身的事业？

民间文学—民俗学的"原罪说"，就字面意思，是想回答以下几个问题：第一，民间文学—民俗学有无学科的"原罪"？第二，如果有，"原罪"是如何产生的？第三，学科的"原罪"是否可以克服？只有回答了以上三个问题，我才能决定我是否应该继续从事民间文学—民俗学研究。但是，圆满地回答以上三个问题，并非易事，而是经过了长期的思考和被质疑的过程。如陈泳超就质疑我的学科"原罪说"，他认为，民间文学—民俗学学科本身作为一门客观"求真"即价值中立、道德无涉的学问，本身并无过错，有过错是因为学科的成果被政治绑架了，如在德国、在中国，被用作了政治意识形态的应用资源，即如利奥塔所云"为极权主义

———————

① 参见［美］洪长泰《到民间去：1918—1937年的中国知识分子与民间文学运动》，董晓萍译，上海文艺出版社1993年版。
② 参见高丙中《民俗文化与民俗生活》，中国社会科学出版社1994年版。
③ 参见本书第一章《现代性论争中的民间文学》。
④ 对社会科学、人文学科现代性"原罪"的批判性考察，20世纪60年代开始的后现代思潮已启其端绪，但后现代性对现代性的批判是以现代性已提供的先验历史条件为前提的，正所谓"没有现代何来后现代"，尽管现代性始终是一个未完成的方案（哈贝马斯），也正是以此，以利奥塔为代表的后现代思想，最终走向了康德的批判哲学。中国民间文学—民俗学学者对学科"原罪"问题的思考，以及对学科基本问题的设定，与利奥塔个人化的思想进程有接近之处，本章实际上涉及自20世纪90年代迄今中国民间文学—民俗学学者的这一思想进程的内在逻辑：始于后现代的反思性解构而终于康德式的批判性建构。

恐怖行径提供了合法性"①。我承认，陈泳超的说法有道理，而按照陈泳超的说法，我当然也就可以安慰自己，让自己安然度过这场精神危机了，因为过错并不能归因于学问本身和学者本人。但问题似乎并不这样简单，俗话说，"苍蝇不叮无缝的蛋"，我接着又问自己，我们这门学问自己究竟出了什么问题，能够被人绑架呢？如果人文学术、社会科学，能够像自然科学那样，具备价值中立、道德无涉的纯粹性质，那么我们被别人绑架也就无话可说；但是，是否存在这样纯粹的价值中立、道德无涉的人文学术或社会科学呢？

　　事过多年，我现在当然已可以回答陈泳超当年的质疑，我可以有把握地继续坚持自己的民间文学—民俗学学科"原罪说"了。但我现在重申的学科"原罪说"，却不再执着于学术与政治之间外在的彼此牵连，比如学术对意识形态的附和，或者意识形态对学术的强制，而是强调我们的学科范式本身的问题。这里所谓"学科范式"，我是援引康德划分理性的理论运用和理性的实践应用作为标准②，将学科范式大致区别为经验实证—理论认识的学科范式，以及先验论证—"实践研究"的学科范式。于是，在这样两种不同范式的学术视野中，人的存在就呈现出不同的面貌，简单地说，在理论认识范式中，人的存在被视为在历史时间和社会空间的直观条件下，服从类似于自然法则那样的文化法则的实践行为；而在"实践研究"范式中，人的存在被视为可能超出历史时间和社会空间的直观条件，而自己服从自己给出的自由法则、道德法则的实践活动。

　　但是，如果我们不像康德那样区分理性的理论运用（经验研究）和实践应用（先验认识），甚至用前者遮蔽后者，将自己给出并自己服从自己给出（自律）的自由法则的自由主体（本体），视为仅仅服从自然法则

---

① 参见［美］凯尔纳、贝斯特《后现代理论——批判的性质疑》，张志斌译，中央编译出版社 2004 年版，第 224 页。

② "如果我所要求的对纯粹实践理性的批判性考察得以完成，那么依据一个共同原则，实践理性与思辨理性的一致就显而易见了，因为归根结底，［人］只能够有一个并且是同一个理性，只不过在［理论和实践的］应用中必须有所区分。"［德］康德：《道德形而上学基础》，孙少伟译，九州出版社 2007 年版，第 13 页。"我们通常说理性分'思辨（理论）理性'和'实践理性'，这并非说，有两种相互独立的理性，理性只有一个。理性之分实践理性和思辨理性，只是就同一个理性的关联领域不同所作的区分。"黄裕生：《真理与自由——康德哲学的存在论阐释》，江苏人民出版社 2002 年版，第 257 页。

的自然客体(现象),进而我们坚持从理论理性的立场出发,给予被视为自然客体的现象表象以经验实证的事实描述,那就是误用了我们学术理性,我们学科的原罪盖源于此。换句话说,近代以来,无论是学者还是政治家,共享着一套由学者提供的、完整的世界(社会—历史)观,即进化论的发展观。在这样一种基于理论理性的历史进化论、社会发展观和文化演变说当中,没有人的自由的地位,普通人的普通事都是被动地服从类似自然法则的社会、历史、文化法则所支配的客体现象。正如美国民俗学家萨姆纳在引"风俗规定了一个人的活动的全部……从摇篮到坟墓,他都是先世惯例的奴隶。在他的生活中,无所谓自由,无所谓首创,无所谓自出心裁……"这段论述后所指出的:"所有的人的行为都是如此,他们[文明人]自动变通的余地并不比野蛮人大多少。"① 而那些主动地把握了自然法则的精英(无论"优等种族"还是"先进政党")当然就拥有了支配普通人、普通事的权力②。这就是现代人误用理性的恶果,而误用理性的人当中并不仅仅是政治家也有学者,政治家和学者通过对理性、科学

---

① William Graham Sumner, *Folkways: A Study of the Sociological Importance of Usages, Manners, Customs, Mores, and Morals*, A New York Times Company, 1979, p. 4. 汉语译文引自高丙中《民俗文化与民俗生活》,中国社会科学出版社 1994 年版,第 175—176 页。

② "民俗研究的知识生产与其他因素一起造成了一个社会后果:日常生活的社会分野和价值分档。在同一个社会和同一个时代,一些人有意识地在日常生活上把自己与其他人区隔开,并由此形成先进甚至高人一等的自我感觉……现代的民俗知识的社会后果是在时局中产生的,是思想和政治的精英为了寻求解决中国的现代困境而采取的策略的一个环节……在民俗学的定义和分类的知识与中国的现实建立深入的关联的过程中,知识生产和时间政治使社会主流或社会主体习得了对现代性的想象和对中国民俗的不认同。"高丙中:《日常生活的现代与后现代遭遇:中国民俗学发展的机遇与路向》,《民间文化论坛》2006 年第 3 期,收入高丙中《民间文化与公民社会——中国现代历程的文化研究》,北京大学出版社 2008 年版;高丙中《中国人的生活世界——民俗学的路径》,北京大学出版社 2010 年版;高丙中《日常生活的文化与政治——见证公民性的成长》,社会科学文献出版社 2012 年版。"在时间话语里这部分人创造了历史并且是未来的希望,以此他们构成了'革命阶级'(以无产阶级为主)。"高丙中:《"公民社会"概念与中国现实》,《思想战线》2012 年第 1 期,收入高丙中《日常生活的文化与政治——见证公民性的成长》,社会科学文献出版社 2012 年版。"现代精英群体却建立了一种否定普通人的日常生活的文化价值的思想体系和意识形态,造成民众是被教育、被改造的对象的国家体制。"高丙中:《日常生活的文化与政治——见证公民性的成长》,"后记",社会科学文献出版社 2012 年版,第 349 页。"中国的现代化不同于欧美的自发现代化,而是一种后发的、追赶式的现代化,一种规划的现代化。它没有时间等待大众都接受了特定的规划才从容地展开实践,他需要利用意识形态不断造就先进分子队伍领导大众前进。这就形成了国民之间的政治身份、社会地位的差距,一类人总是比另一类人更正确、更可信赖,这另一类人的权利、尊严可以视形势的需要随时被剥夺。在这种设计里,落伍 (转下页)

的共同的误用，而达成了在学术—政治上隐蔽的共谋，而对此共谋的深层条件——理性误用——我们一直没有自觉而深刻的认识。①

当然，近代（在中国，近代的所指可以上溯到宋、明两代）以来，在东西方学术界、思想界，另有一系传统，即对于理性的实践应用的认识传统，他们不断追问人的实践的先验条件（而不是经验性条件），因而把人的纯粹理性的自由意志提升到了极高的地位，进而首先在西方为民主社会的存在条件——人的自由理性，奠定了坚实的哲学基础。康德《实践理性批判》发表于 1788 年，即法国大革命（1789 年）的前一年，胡塞尔《欧洲科学的危机与超越论现象学》发表于第二次世界大战前夕。康德试图联结启蒙理性和基督教信仰，康德的名言是："悬置［理论］知识，以便给信仰［实践］腾出位置"②，而胡塞尔则指明了科学世界对生活世界的遮蔽可能造成的危机，于是《危机》一书简直就成了第二次世界大战的谶语。当然，康德和胡塞尔也都开出了疗治危机、摆脱危机的药方，对于康德来说，就是祛除理论理性对于实践理性的僭越与遮蔽，还实践理性以其优先的地位。

（接上页）者、落后分子应该被历史唾弃。"高丙中、袁瑞军：《中国公民社会发展蓝皮书》，"导论：迈进公民社会"，北京大学出版社 2008 年版，第 8 页；高丙中、袁瑞军：《中国的公民社会发展状态——基于"公民性"的评价》，《探索与争鸣》2008 年第 2 期，收入高丙中《民间文化与公民社会——中国现代历程的文化研究》，北京大学出版社 2008 年版。最后一句"应该被历史唾弃"，或作"会（应该）被历史唾弃"。"五四新文化运动在中国社会掀起了一场持久的文化革命。尽管前后主政的国民党和共产党以不同的意识形态为指导追求中国的现代性，但是两党的哲学都是进化论或其变种，都以'先进与落后'的二分思维对待新与旧、现代文化与传统文化。这种现代话语相信时间是单线进化的，任何事物都处在这种时间线的不同点上，都可以客观地判断它们相对先进或落后的位置，特定的位置就决定了它们先进或落后的性质。按照这种思维方式，虽说文化的先进与落后是客观存在的事实，但是，只有知识精英和政治精英才有能力正确地指出，是不由文化的实践者或拥有者自作主张的。"高丙中：《中国的非物质文化遗产保护与文化革命的终结》，《开放时代》2013 年第 5 期。

①　现代集权统治建立在理论理性的误用基础上，这与传统的极权专制建立在实践理性的误用基础上是不一样的，这是需要另文讨论的问题。

②　参见［德］康德《纯粹理性批判》，"第二版序"，邓晓芒译，人民出版社 2004 年版，第 22 页。

找出了学科的病根，也就救了我自己一命，因为学科是有救的，我自己也就为自己从事这门学问找到了一个可靠的理由或根据。这就是说，这么些年，我所做的可被称之为学科反思的工作，从"利己"的角度说，首先不是为学科奠基，而只是为我自己奠基，是"为己之学"。当然，除了救我自己，如果能救学科，当然是好事，但我不敢肯定学界同人会认同我的看法；或者，救学科，大家另有办法，并不一定采取我所坚持的办法；或者，当我们懵懵懂懂地进入到"后现代知识氛围"[①] 以后，学科危机似乎成了杞人所忧之天或者痴人所说之梦，不再有"救，还是不救"的哈姆雷特式问题。

二　自然的客观必性与自由的主观必性

那么，什么是"实践理性"，也就是说，什么是"理性的实践应用"或"实践地使用理性"呢？按照康德的划分，"实践理性"就是人使用其理性以实践（实现）对象（主观的行为目的）的意志能力，而不同于人使用其理性以认识对象（客观事物包括人的客观行为）的理论能力。[②] 让我举例说明（晚近的人类学、民俗学的田野研究对人的实践理性的先验条件的关注已取得了一些实绩[③]，但我现在还是援引我自己的一点切身经历）。1969 年，即 44 年前的今天，我到陕北农村插队，在陕北农村，我第一次懂得了"要饭的逻辑"。在我没到陕北之前，我心目中的"要饭的

---

① 参见高丙中《日常生活的现代与后现代遭遇：中国民俗学发展的机遇与路向》，《民间文化论坛》2006 年第 3 期，收入高丙中《民间文化与公民社会——中国现代历程的文化研究》，北京大学出版社 2008 年版；高丙中《中国人的生活世界——民俗学的路径》，北京大学出版社 2010 年版；高丙中《日常生活的文化与政治——见证公民性的成长》，社会科学文献出版社 2012 年版。

② "只要承认在这些科学中有理性，那么在其中就必须有某种东西先天地被认识，理性知识也就能以两种方式与其对象发生关系，即要么是仅仅规定这个对象及其概念（这对象必须从别的地方［通过直观］被给予），要么还要现实地把对象做出来。前者是理性的理论知识，后者是理性的实践知识。"［德］康德：《纯粹理性批判》，"第二版序"，邓晓芒译，人民出版社 2004 年版，第 11 页。

③ 参见陈连山《游戏》，中央民族大学出版社 2000 年版；西村真志叶《作为日常概念的体裁——体裁概念的共同理解及其运作》，《民俗研究》2006 年第 2 期。

逻辑"就是"好吃懒做"，而"好吃懒做"完全取决于人的不道德的主观任意性，因而是个伦理学问题；相应地，反对"要饭的逻辑"的伦理学逻辑当然就是"不劳动不得食"。但是到了陕北以后，我知道了，要饭，并不是一件不道德的事情，而是每一个人在自然法则下生存的客观必然性，也就是说，要饭，是客观的自然（生存）必然性（这一"自然必然性"当然不仅包括天灾也还包括人祸），而不是主观的自由（道德）的必然性。

在陕北，每一个人都有可能在荒年里出门讨饭，这里暂不说讨饭的艰辛，绝非"好吃懒做"的人所愿为且能为，出门讨饭，为的只是给"窑"（家）里减少一张吃饭的嘴。然而，尽管要饭的事是自然的客观必然性，但是，善待要饭的人，却是人因自由而可能的主观必然性。换句话说，在陕北，要饭是一种自然行为，服从自然法则；但是对待"要饭"这件事的态度，却是一种自由行为：或者服从或者不服从道德法则。换句话说，给要饭的人一杯水、一碗饭，是每一个有"善良意志"即拥有"自然健全的知性"或"健康的理性"① 的人，应尽（应该承担）的道德责任和义务，即便我们认为，这种善行只是出于功利的考虑——"将心比心"，有一天我们自己也可能会因荒年而出门讨饭——也仍然不失其道德性。

当然，不是说在现实中每一个陕北人都一定会善意地对待要饭的人，而是说善待要饭的人，在陕北，是每一个人应该而且只要愿意就一定能够承担起的责任和义务，而对于这责任和义务，又是每一个陕北人都先天地就拥有的实践理性的（用康德的话说）"清楚的思考"② 。这就是当年到陕北插队"接受贫下中农的再教育"的北京知青上的第一堂课，而我的这一堂课当然是我的房东教给我的。多年之后，当我从康德的著作中读到这样的话：每一个普通人的庸常理性都先天地懂得如何使用自己的理性进

---

① 参见［德］康德《道德形而上学基础》，孙少伟译，九州出版社 2007 年版，第 11 页，第 31 页。

② 参见［德］康德《纯粹理性批判》，邓晓芒译，人民出版社 2004 年版，第 613 页。

行道德判断，知道什么是对的，什么是错的①，我感到震撼，康德让我回到了插队的岁月②。

在解释了何谓"实践理性"之后，现在我可以谈谈康德划分"本体"

----

① "在道德事件中，人的理性，即使在最普通的意识中，也很容易达到高度的正确性和完善性。""这样，我们就在普通人的理性所具有的道德知识中，获得了这种道德知识的原则。普通人的理性不以这种普遍的形式去抽象地思考这一原则，虽然这点确信无疑，但是人们一直把它牢记在心中，并总是把它用作判断的标准。这里就很容易表明，有了这一指针，普通人的理性会如何清楚地辨明，什么是善，什么是恶，哪些符合责任，哪些不符合责任。我们丝毫也不需要教给普通理性任何新的东西……既不需要科学，也不需要哲学，他们就懂得如何做才能成为诚实的和善的，甚而成为有智慧的和有德行的。我们事先就可能推想到：关于每一个人必须做的，因而也是必须要知道的知识，是每一个人，甚至连最普通的人，都力所能及的。在这里与理论的判断能力相比，我们会禁不住对实践的判断能力在普通的人类知性中所具有的巨大优越性表示羡慕。……在普通理性的实践关切中，最值得注意的事情是，它很可能和一个哲学家一样有希望达到目标。事实上，它几乎比哲学家更有把握做到这一点，因为，哲学家所拥有的原则，普通知性也同样拥有。"［德］康德：《道德形而上学基础》，孙少伟译，九州出版社 2007 年版，第 13、27、29 页。

② "不久，另一个庄里插队的同学来串门，说起他们那儿遭了雹灾。麦子全打烂在山里，老乡们拿着笤帚、簸箕上山去，把混了麦粒的黄土撮起来，一点一点地簸。娃娃们在黄土里一颗一颗地捡。不少婆姨簸着簸着哭倒在山坡上。我们听得肃然又悚然。'国家会给救济粮吧？''给哩。给不闹（陕北方言：给不多）。''能给多少？''球不顶。'老乡说：'要饭去呀！''要饭去？''不了咋介？饿死去？'这言论可算反动。不过那是北京的习惯，在我们那儿行不通。我们那儿的规矩是，出去赚钱［公安局］要绑一绳，出去要饭可以随便……要饭多在冬天，一来闲下无事，二来窑里剩的几斗粮要留到春天吃，否则农忙时靠什么来转换成牛一样的力气呢？有时是一个人，拖一根木棍，提一个布袋，木棍随时指向身后称职的狗。有时是一家人，男人喊一声：'打发上个儿！'婆姨牵定娃娃站在男人身后。挨家挨户地要，只要给，无论多少都满意，给的人体会要的人难，要的人看出给的人距自己也只差一步。刚到清平湾时，我们还信奉着'在我们国家，要饭者必为好吃懒做之徒'的理论。茫茫大雪中，走来一个拖着木棍的人。村里的狗叫起来。那人走到我们灶房前，喊：'打发上个儿！'那人长得挺魁伟。'你干嘛不好好劳动？'徐悦悦先去质问那人。'什嘛介？'那人没听懂，声音很和气，以为是在和他商量一件什么事。'不劳动者不得食！'沈梦苹说。那人愈茫然，怔怔地站着，才发现这群人的语言和穿戴都奇异。'你身体这么好还要饭哪？''你是什么农？''打发上个儿！'那人低声说，他既不懂我们的话，又不知道再该说什么。明娃妈走到那人跟前，给了他一块干粮，说：'这些才从北京来，解不开咱这搭儿的事。'那人拖着木棍走了，不时惶惶地回头来望。冬天，我们熟悉的人中也有出去要饭的了。我们知道那些人实在都是干活不惜力的好受苦人。清平湾虽没遭雹子打，但公粮收得太多，年昔欠下的公购粮又要补上。年昔我们庄也是因为遭了灾，公购粮卖得不够指标。指标年年长，因为年年都有'一派大好形势'。要饭都是跑几百里地去要，怕在熟人跟前脸面上不光彩，又以为越远的地方生活会越好些。翻山越岭，过雪地，顶寒风，住冷窑，那绝不是好吃懒做的人能受的。"史铁生：《插队的故事》，收入史铁生《礼拜日》，华夏出版社 1988 年版，第 133—135 页。

和 "现象"，对于我们这个学科的形而上学的先验奠基的学术意义或价值了。我今天的发言于 "本体" 一词的用法，基本上（我不敢说 "严格的"）依据康德的用法。康德的本体论，当然是在西方哲学自柏拉图以降的传统中的延续，关于西方哲学的本体论，有学者做过系统的考察，我没有系统考察，所以，我只是在我的阅读范围之内，即康德的本体论范围之内，使用 "本体"（德文 Noumena；英文 noumenon，复数 noumena）这个词。在此要强调的是，康德意义上的 "本体" 不是认识的对象，也就是说，康德所说的本体无法作为经验对象给予理论的认识。但是，尽管本体不能被认识而只能被思想、被设想，但本体却是可经验的现象（作为对象）的前提、基础或条件，而且是无条件的条件，就此而言，对本体的思考是为我们认识作为经验现象的对象所进行的奠基工作，特别是当我们所研究的对象是实践现象的时候，所以，当我说到民间文学—民俗学的形而上学—先验奠基，就是指的民间文学—民俗学的 "实践认识" 的学术范式的本体论研究。

在康德《纯粹理性批判》中，有一章专门讨论 "本体" 的问题，题目是 "把所有对象区分为现象和本体的理由"，"所有的对象"，当然包括科学理论的认识对象，和道德实践的意志对象。在《纯粹理性批判》中，康德较少谈及道德实践的意志对象，而重点谈的是科学理论的认识对象。康德说，当我们理论地使用自己的理性以认识作为经验现象的对象时，我们受自身感性接受能力（时间和空间的先天感性直观形式）的条件限制，只能感知事物自身在时空条件中呈现给我们的现象，而事物自身即本体（物自体），并不能直接通过我们的感官而被呈现出来，囿于我们人自身的感性接受能力的条件限制，我们所能够将概念运用其上以认识的对象只能是可经验的现象。但是，本体尽管不能为我们人类的理性所认识，但我们却能够通过对我们自身的感性接受能力之有限性的认识，而消极地思想到本体，"消极" 的意思是说，理性的理论运用的经验研究，没有可能也没有必要认识本体，对于以认识现象为己任的经验研究来说，设定本体只是为了引导、调节经验研究不断扩展、深入，而本体自身并不直接参与对作为经验对象的现象的认识。在本体并不直接参与对现象的认识的意义上，刘宗迪所言经验学科无须先验奠基的说法相对有效。

但接下来的问题是，当我们实践地使用自己的理性以规定自己的意志对象（实践目的，即康德所云"指向对主体及其意志的规定"①）的时候，我们是否也可以将意志的对象区分为现象（目的）和本体（目的）呢？康德的回答是肯定的。但是，康德以为，与理性的理论运用不同，在理性的实践应用中，我们不是通过自身的感性直观能力的有限接受性的认识，而消极地肯定了本体的存在，而是通过自身的纯粹理性的意志能力的自发超越性的认识，而积极地肯定了本体（目的）的存在，即人自身作为本体（目的）的存在。因为所谓意志，在康德看来，就是实践理性实现对象（实践目的）的自发能力（与理论理性认识对象的自发能力相对照）②。而且，除非人同时存在于纯粹理性的本体世界和感性的现象世界，人根据自己的理性，并通过自己的意志以规定其在感性的现象世界中的存在方式的实践目的，就无所谓意志不意志。反过来说，人具有意志能力，也就证明了人的纯粹理性的和感性的双重存在③，这就是说，将意志对象（不是认识对象）划分为本体（纯粹理性的目的）和现象（感性目的）

---

① 参见［德］康德《纯粹理性批判》，邓晓芒译，人民出版社 2004 年版，第 110 页注释①。

② 人通过纯粹理性的自由意志实现（实践）对象的能力，颇类似于康德所言"神的知性"："一种知性，假如在其中通过自我意识同时就被给予了一切杂多，那么这种知性就会是在直观了。""神的知性，它不想象各种被给予的对象，而是通过它的表象同时就给出或产生出这些对象本身。"［德］康德：《纯粹理性批判》，邓晓芒译，人民出版社 2004 年版，第 91、97 页。"只有某种'直观知性'的自我意识才能完全分析地构成对象，而不需要任何综合，如上帝一旦意识到某物，某物就会现实地、直观地存在。"杨祖陶、邓晓芒：《康德〈纯粹理性批判〉指要》，人民出版社 2001 年版，第 154 页。

③ "理性存在者认为自己，作为理智，是属于知性世界的一员，而且仅仅在作为一个动因属于这个知性世界的时候，他才把他的因果性称为意志。然而，另一方面，他又意识到自己是感性世界的一部分，在这里，他的行为只是作为因果性的现象而被展现。但是，我们并不清楚，这些以我们所不知道的因果性为基础的行为是如何可能的；相反，这些行为必定被认为是由其他属于感性世界的现象，例如，欲望和偏好所决定的。仅仅作为知性世界的一员，我的所有行为与纯粹意志的自律性原则完全一致，而仅仅作为感性世界的一员，我所有的行为则必须被认为是与欲望和偏好的自然规律，因而是与自然的他律性完全相合（前者的行为以最高的道德原则为依据，后者的行为以幸福的原则为依据）。但是，由于知性世界包含着感性世界的根据，从而也是感性世界规律的根据，所以知性世界就（必须被认为）对完全属于知性世界的我的意志，有直接的立法作用。因此，我认为我自己作为理智，是服从于知性世界规律的，也是服从于意志自律性的。也就是说，我认为我自己要服从于在自由观念里包含有知性世界的规律的理性的规律，而同时也必须承认我是属于感性世界的存在者。由此，我就必须把知性世界的规律看作是对我的律令，而把根据这个原则的行为看作是责任。"［德］康德：道德形而上学基础》，孙少伟译，九州出版社 2007 年版，第 141、143 页。

是我们人类在理性的实践应用中，理性意志的自发能力的贡献；而不像理性的理论运用中，是感性直观的接受能力对本体对象和现象对象的划分做出了贡献。换句话说，当我们的纯粹理性的意志以自身为对象（目的），即意志作为独立于感性存在的纯粹理性的意志目的的时候，理性就思想到并肯定了自身作为本体（自由主体）的积极存在。与理论认识中的本体仅仅具有消极的意义不同，在实践意志中，本体（人的纯粹理性存在）具有积极的意义，因为在实践（而不是在认识）中，本体之于现象（行为）不是仅仅起引导、调节的作用，而是直接通过纯粹理性的自由意志所给予的绝对"善"的道德目的（实践对象）的先验理念而规定了道德行为，即"表象借助于意志产生的因果性"。[1] 所以在理性的实践应用中，本体（自由主体）具有积极的意义。借用一句胡塞尔的话说，在实践中，人的纯粹理性的自由意志，作为以自身为对象而导致的道德行为的无条件条件，意志对于行为具有直接的奠基作用。

正是以此，在《实践理性批判》中，康德将实践的"本体"或者表述为"自由的主体"（subject of freedom），或者表述为"存在者本身"（a being in itself）即"人自身"。康德写道：当人"把自己看作自由的主体"就"使自己成为本体"（make oneself as subject of freedom a noumenon）[2]。因此，当康德说到实践中的"本体的原因"（causa noumenon）[3] 或"本体的因果性"（causality as noumenon）[4] 时，他指的就是"存在者本身"（"人自身"）作为"自由主体"能够自己成为自己的自由原因（自因）

---

① 参见［德］康德《纯粹理性批判》，邓晓芒译，人民出版社 2004 年版，第 84 页。"这种知性的纯粹统觉在'我在'这一表象中还根本没有给出任何杂多的东西。那样一种凭借其自我意识同时就给出直观杂多来、凭借其表象同时就使该表象的客体实存起来的知性，也许为了意识的统一并不需要杂多综合的一个特殊行动，这种综合是只能思维不能直观的人类知识所需要的。"［德］康德：《纯粹理性批判》，邓晓芒译，人民出版社 2004 年版，第 93 页。

② 参见［德］康德《实践理性批判》，韩水法译，商务印书馆 1999 年版，第 5 页；Immanuel Kant，*Critique of Practical Reason*，Translated and Edited by Mary Gregor，Cambridge University Press，1997，p. 6. 康德也用"本体"（noumenon）概念表示'物自身'"（thing as they are in themselves）。Simon Blackburn《牛津哲学词典》，上海外语教育出版社 2000 年版，第 265 页。

③ 参见［德］康德《实践理性批判》，韩水法中文译本，第 52、60 页；Gregor 英文译本，第 43、48 页。

④ 参见［德］康德《实践理性批判》，韩水法中文译本，第 53、107 页；Gregor 英文译本，第 44、82 页。

（"自己决定自己的因果性"或"自由行为的原因"①），即在时间中开启一个因果性现象系列（"由自己肇始这个系列"②）的最终的、绝对的主体根据或自由条件，所以康德才说，"现在具有自由意志的存在者的概念是个本体原因的概念"③。据此，康德将实践的"本体"即"自由主体"定义为"不受时间决定的此在之中的纯粹理智存在者"④或"一个能够在事物的理智秩序中被决定的此在"⑤。

明白了人的自然存在（现象）是理论理性的认识对象，而人的自由存在（本体）是实践理性的意志对象，我们就可以明白，理论理性的学术范式如何可能遮蔽人的自由存在了。因为对于事物作为本体的自由存在，理论理性并不能够给予任何认识，理论理性能够认识的对象，只是可经验的现象，以及现象的原因和结果，而无论现象的原因还是现象的结果，都仍然是现象。换句话说，理论理性研究事物存在的因果性链条，理论理性只要发现事物最近的原因或直接的结果，就可以作出阐释和预见，并不需要也不可能用经验证明事物存在的第一因即自由因即其本体原因。以此，我们可以知道，如果我们用理论理性僭越实践理性，会得到怎样的结果了，也就是说，在民间文学—民俗学的理论理性的经验范式中，没有人的自由存在的地位，人的存在价值只能用理论理性的时间（历史）和空间（社会）条件下的文化标尺给予感知、评价和判断（这种基于理论理性的评价、判断本应是价值中立而无涉于道德的，但却往往僭越地使用了实践理性的道德评价、价值判断的范畴和标准），因此，在时间的感知形式和评价、判断体系中，凡是过去的存在就被视

---

① 参见［德］康德《实践理性批判》，韩水法中文译本，第 51 页。

② 同上书，第 103 页。

③ 参见［德］康德《实践理性批判》，韩水法中文译本，第 59 页；Now the concept of a being that has free will is the concept of a causa noumenon, Gregor 英文译本，第 48 页。

④ 参见［德］康德《实践理性批判》，韩水法中文译本，第 126 页；as pure intelligence, in his existence that cannot be temporally determined, Gregor 英文译本，第 96 页。对于康德来说，"纯粹理智存在者"就是"自由存在者"，亦即"知性世界中的本体"，［德］康德《实践理性批判》，韩水法中文译本，第 126 页；a noumenon in a world of the understanding, Gregor 英文译本，第 96 页。

⑤ ［德］康德：《实践理性批判》，韩水法中文译本，第 44 页；its existence as determinable in an intelligible order of things, Gregor 英文译本，第 37 页。

为"落后"（即所谓"时间中的他者"①）；而在空间的感知形式下，凡
是域外的存在就被视为"异己"。

但是，理论理性所不能证明也无须证明的人的自由存在、本体存在，
实践理性却能够提供其"客观实在性"的直接证明。康德指出，实践理
性对人的自由存在、本体存在的证明条件（用康德的话说就是"认识理
由"②）就是普通理性、日常理性的善良意志以及对于道德责任的先天意
识。为什么说，人的责任意识和善良意志就证明了人的自由呢？上面已引
康德的思想指出，人以两种存在方式存在，感性的方式和纯粹理性的方
式，人的纯粹理性的道德性存在方式就是人摆脱了本能、欲望的感性制
约，而将自身提升到自己服从自己给出的道德法则的人的纯粹理性的自由
意志的道德性存在。所以康德说，人的道德责任以及根据责任意识的善良
意志，直接证明了人自身同时存在于两个世界（理性世界和感性世界）
的客观实在性。也就是说，我们通过对道德行为的条件还原，直接就能够
还原到人的纯粹理性的自由意志，而无须像理论理性的认识方法那样，尽
管以无限后退的方式，方能思想到事物存在的因果性链条最终端的自由
因，然而却永远是无法积极地认识而只能消极地思想的第一因。但是，理
论理性做不到的事情，实践理性却可以做到，实践理性直接证明了人的自
由存在和本体存在。

康德说过，对于一个道德行为的发生条件，如果除了人的纯粹理
性的自由意志，我们不能设想其他任何感性的、自然的原因，那么我
们实际上就证明了，纯粹理性的自由意志是道德法则的存在理由。以
此可见，康德的条件还原的"实践认识"的研究方法超出了经验的范

---

①　参见户晓辉《现代性与民间文学》，第三章"时间、现代性与'民'的语境分析"，社
会科学文献出版社 2004 年版，第 59—84 页。

②　"［自由］是我们所知道的道德法则的条件……当我现在把自由称为道德法则的条件，
而在随后的著作里面又声称道德法则是我们能够最初意识到自由所凭借的条件时，为了使人们不
误以为在这里遇到了前后不一贯，我只想提醒一点：自由诚然是道德法则的存在理由（ratio es-
sendi），道德法则却是自由的认识理由（ratio cognoscendi）。因为如果道德法则不是预先在我们的
理性中被明白地思想到，那么我们就决不会认为我们有正当的理由去认定某种像自由一样的东西
（尽管这并不矛盾）。但是，假使没有自由，那么道德法则就不会在我们内心找到。"［德］康德：
《实践理性批判》，韩水法译，商务印书馆 1999 年版，第 2 页注释①。

围，而抵达了人的先验的存在领域，为人的现象的存在方式还原出一个本体的无条件条件。康德研究专家贝克指出，康德的实践哲学的出发点始终是人在日常生活中的普通理性①。这是一个非常重要的总结，也是康德自己所承认的。康德在《答复这个问题：什么是启蒙运动？》一文中指出，民众能够自我启蒙。康德的理由是，在实践理性方面，学者并不比民众更高明，这与人的理性的理论运用形成鲜明的对比。就理论理性而言，科学家的成就是普通人无法企及的，但是在实践理性的领域，科学家并非就比普通人或老百姓有更高的道德水准和纯粹理性的意志能力。

> 我认为实际上是有纯粹道德律的，这些道德律完全先天地（不考虑经验性的动机，即幸福）规定了所为所不为，即规定一般有理性的存在者的自由的运用，而且我认为这些规律绝对地（而不只是在其他经验性目的之前提下假言式地）发出命令，因而在任何方面都是必然的。我可以有权假定这一命题，这不是因为我援引了那些最明察秋毫的道德学家的证据，而且是因为我依据的是每一个人的道德判断，如果他愿意清楚地思考这样一条规律的话。②

这就是实践理性与理论理性不同的出发点，理论理性的逻辑出发点是理论的知性概念形式，而实践理性的逻辑出发点是实践的理性意志形式，而这种纯粹理性的自由实践的意志形式是主体先天地拥有的。相应地，对于以认识人的实践为己任的民间文学—民俗学来说（如果我们的确以此为己任），其学科表象的起点就只能是实践主体（本体）对道德法则的自由意识这一"纯粹理性的事实"，而不是被视为（社会、历史、文化）实践客体（现象）对自然法则的自然服从这一"感性的事实"③，而学科的

---

① "'每个人的道德判断'是康德道德哲学的真正出发点。"［美］贝克：《〈实践理性批判〉通释》，黄涛译，华东师范大学出版社 2011 年版，第 200—201 页。

② ［德］康德：《纯粹理性批判》，邓晓芒译，人民出版社 2004 年版，第 613 页。

③ 关于学术研究的事实表象起点和概念逻辑起点之间的区别，马克思《〈政治经济学批判〉导言》有精彩的论述，参见本书第八章《民俗学的笛卡尔沉思》。

目的则不是为了说明"感性的事实"的经验性条件，而是要说明"理性的事实"的先天条件。而这也就意味着，如果你并不希望仅仅从理论的角度，探求人的实践行为的经验性条件即自然条件，而是希望探讨人的实践目的的先天条件、自由条件，那么，通过先验论的条件还原的方法还原出人的存在的纯粹理性—自由意志的存在方式及存在性质，就不仅是必要的而且有充分的理由。

三　现代性的"原罪"：理论对实践的僭越

康德先验论哲学对于中国民俗学—民间文学学科的学术重要性，已有业内的学者表达了自己的看法，比如陈连山指出：

> 康德认为：科学的理性不能跨越经验事实（就是客观事实）的范围，不能研究超经验世界，一旦跨越界限，纯粹理性会陷入二律背反，自我矛盾。当然，宗教、道德也不能僭越科学的范围。……而五四知识分子崇拜科学，用科学去衡量一切是非……宗教信仰，原本跟科学无关，不能用科学来判断它是迷信。可是，经过五四新文化运动洗礼的现代中国人说到宗教信仰，好像比较落后似的。其实，宗教信仰是人类生活的基本需要之一，因为宗教保存了一种伟大的道德价值。……用科学去否定宗教，并不能消灭宗教，只会破坏其中的道德价值。[①]

陈连山另引康德《答复这个问题：什么是启蒙运动？》所言"公众要启蒙自己，却是很可能的；只要允许他们自由，这还确实几乎是无可避免的"之后指出："康德认为民众并不缺乏理性。只要允许民众自由，他们几乎必然地会自我启蒙。"[②] 因为，康德坚持，对道德法则的先天意识、

---

① 陈连山：《重新审视五四与中国现代民俗学的命运——以20世纪对于传统节日的批判为例》，《民俗研究》2012年第1期。
② 同上。

纯粹意识就存在于普通人普遍拥有的日常理性、庸常理性当中，以此，在纯粹理性—自由意志的实践领域，知识分子并不可能说出什么比民众更高明的道理，所以，启蒙的自由钥匙的确就掌握在民众自己手中。高丙中也指出：

> 我们所谓的"归其本位"是要让民间信仰不被恶意利用。我们毕竟生活在一个具有丰富的科学技术可资利用的时代。信仰是民众生活的组成部分，科学技术也是民众生活的组成部分。为了大多数人有更大的机会过一种幸福的当下生活，应该有民间信仰一席之地的方面，就应该将其归于民间信仰；应该归于科学技术的方面，学界和政府有道义为民众提供应有的科学技术的硬件和软件。民间信仰不能越俎代庖，否则就真成迷信了，甚至成为黑道、邪教的帮凶了。这是我们要认真对待的。我们希望，今天在非物质文化遗产概念感召下的相关研究有助于在我们的共同体之中让（民间）信仰和科学技术各就各位，让民间信仰更好地成为积极的公共意识的组成部分。①

虽然没有直接引用康德，但是，让科学技术与民间信仰"各就各位"的论述无疑有着隶属于康德的思想背景，尽管高丙中同时也依赖于后现代性的思想与学术资源。

> 我们并没有必要把后现代性当作反对科学与理性的武器，但是后现代主义对于科学与理性的质疑最起码让我们有理由重新思考科学、理性与日常生活的关系。后现代的思想观念对科学、理性在社会中实际上以科学主义和理性神话发挥作用的历史事实的批判，对科学的实践主体与民俗的实践主体的关系是先进与落后的关系的现代意识形态的批判，将给普通人在日常生活中自由运用民俗的正当性提供思想的

---

① 高丙中：《作为非物质文化遗产研究课题的民间信仰》，《江西社会科学》2007年第2期，收入高丙中《民间文化与公民社会——中国现代历程的文化研究》，北京大学出版社2008年版；高丙中《日常生活的文化与政治——见证公民性的成长》，社会科学文献出版社2012年版。

空间和知识的条件。要拯救生活世界不被意识形态彻底殖民，让普通人有一个自在的日常生活，我们所能够做的是建立知识的防火墙，不让一些人为了自己的生活而借助科学与理性作为工具干预他人的日常生活。在具体的论题上，后现代思想对于重新理解民俗及其主体在当下的地位具有支持作用。例如，在后现代时间观对于单线进化历史观的批判中，我们可以很好地理解生活中的民俗的当代性而避免用历史性围困民俗及其主体，我们也容易剥下民俗的"封建"标签。后现代思想诉诸改造既定的知识、权利的等级结构，这无论如何对于处于上下关系的低端、中心与边缘关系的末端的民、民间、民俗都是机会。①

这样，我们看到，以康德为代表的理性的"古典理想"② 与后现代的思想，在共同反对理论理性对实践理性的僭越和遮蔽方面，达成了逻辑上的"统一战线"，之所以说"逻辑上的"是因为，批判理论理性对实践理性的僭越和遮蔽，后现代思想实际上以古典理想为思考的前提条件③。理论理性和实践理性的分野，康德即便不是始作俑者（始作俑者可能是亚

---

① 高丙中：《日常生活的现代与后现代遭遇：中国民俗学发展的机遇与路向》，《民间文化论坛》2006 年第 3 期，收入高丙中《民间文化与公民社会——中国现代历程的文化研究》，北京大学出版社 2008 年版；高丙中《中国人的生活世界——民俗学的路径》，北京大学出版社 2010 年版；高丙中《日常生活的文化与政治——见证公民性的成长》，社会科学文献出版社 2012 年版。

② 同上。

③ "利奥塔眼中的康德是这样一位哲学家，他提出了三大批判，并指出在理论判断和道德判断、描述性命题和规范性命题之间存在着不可逾越的鸿沟——利奥塔多年来一直信奉这一观点。""利奥塔发现，康德的三种判断能力和判断类型与维特根斯坦的语言游戏有着某种结构上的对应关系，所有这些东西都受它们各自的规则和标准的所支配。""哈贝马斯和利奥塔都接受了康德把理性划分为理论判断、实践判断和审美判断三个领域的观点，两人都赞同那种康德式的文化区分，认为每个不同的文化领域都有其自身的标准和合法性要求。""事实上，在规范性观点问题上——借助这些观点，他［利奥塔］才能去批判相反的观点——利奥塔陷入了一种进退两难的境地。……尽管他试图拒斥普遍性的认识观点和道德观点，然而他的批判性介入却恰恰又预设了这种批判观点。"［美］凯尔纳、贝斯特：《后现代理论——批判性的质疑》，张志斌译，中央编译出版社 2004 年版，第 221—222、225、320—321 页。

里士多德①）也是集大成者，并且被后现代思想所继承②。这就说明，尽管理论理性（科学世界）对于实践理性（生活世界）的僭越，并不仅仅是中国的事情，也并不仅仅是现代的事情，但是，理论之于实践的越俎代庖，于此于今为烈，却是一个无可否认的事实，如若不然，何以激起后现代性对现代性之理论理性的激烈反抗？理论理性对于实践理性的僭越和遮蔽，（我已经指出）其结果是：人的实践的无条件条件——人的自由，消失不见了，因为人的自由是不能通过理论认识和经验实证给予直接的证明的。但是，如果一门人文学术或社会科学不能于人的自由存在有所贡献反

---

① 亚里士多德可能是最早对"理论知识"和"实践知识"加以区分的人，但亚里士多德说的"实践知识"是经验性的实用知识（故有译者直接译作"实用知识"），而不是像康德那样强调实践知识也可以有出于纯粹道德理性的先天实践知识。"理论知识的目的在于真理，实用知识的目的则在其功用。从事于实用之学的人，总只在当前的问题以及与之相关的事物上寻思，务以致其实用，于事物的究竟他们不予置意。"［古希腊］亚里士多德：《形而上学》，吴寿彭译，商务印书馆 1959 年版，第 33 页。"思辨知识以真理为目的，实践知识以行动为目的。尽管实践着的人也考虑事物是个什么样子，但他们不在永恒方面进行思辨，只虑及关系和此时。"［古希腊］亚里士多德：《形而上学》，苗力田译，载苗力田主编《亚里士多德全集》第 7 卷，中国人民大学出版社 1993 年版，第 59—60 页。"理论知识的目的是真理，而实践知识的目的是活动（因为即使为了实践活动的人考虑到事物是怎样的，但他们并不研究永恒的东西，而只研究那相对的东西和在当前的东西。"［古希腊］亚里士多德：《形而上学》，李真译，上海世纪出版集团、上海人民出版社 2005 年版，第 52 页。"实践认识"不同于"（道德）实践知识"或"［实践的］纯粹认识"（《实践理性批判》，韩水法中文译本，第 146 页），在康德那里，"实践认识"是对"（道德）实践知识"同情理解的认识，康德指出："理性（具有）这种乐意对所提出的实践问题进行极其精细考察的倾向。"《实践理性批判》，韩水法中文译本，第 168 页。"实践认识"的表述，见《实践理性批判》，韩水法中文译本，第 26、61、113 页。"实践认识"也就是"实践研究"。"实践研究"，德文 praktischen Untersuchungen，英文 practical investigation，见《实践理性批判》，德国科学院本，第 26 页；Gregor 英文译本，第 24 页；韩水法中文译本，第 26 页。"实践认识"、"实践研究"康德也将其与"自然知识"、"自然研究"相对，称为"人的研究"，见《实践理性批判》，韩水法中文译本，第 160—161 页。

② 梳理后现代知识谱系，一般仅上溯到海德格尔，至多上溯到尼采，而康德无与焉。参见［美］罗斯诺《后现代主义与社会科学》，"后现代谱系：某些思想先驱"，张国清译，上海译文出版社 1998 年版，第 14—17 页；［美］凯尔纳、贝斯特《后现代理论——批判性的质疑》，第一章"后现代理论探源"，张志斌译，中央编译出版社 2004 年版，第 1 页。但利奥塔"深受康德、维特根斯坦和语言哲学的影响"。"利奥塔把康德和维特根斯坦的晚期著作说成是'现代性的尾声和光荣的后现代性的序曲'。""利奥塔……将康德等现代哲学家，当然还有尼采，称颂为后现代观点的鼻祖。""利奥塔向康德和'语法哲学'的转变，给他的后现代观点镀上了一层新的哲学光泽。"参见［美］凯尔纳、贝斯特：《后现代理论——批判性的质疑》，张志斌译，中央编译出版社 2004 年版，第 220、223、227 页。

而有所损害，这难道不是那些坚持理论理性的经验学科本己的"原罪"么？康德对理论理性的"原罪"的预见，以及后现代思潮对现代性"原罪"的质疑，都不是空穴来风。

但是，即便是从学术史的角度看，民间文学—民俗学学科是否从来就只是一门纯粹以理论认识为旨归的经验—实证学科，也不能遽然断定。我曾经撰文指出，中国民间文学—民俗学学科的先驱者们曾经提出过歌谣运动（"学术的"和"文艺的"）"两个目的"①，而歌谣运动之所以会同时有两个目的，就在于学科之基于理论理性和实践理性的不同表象起点和逻辑起点，当然，这也就导致了陈连山所云，中国民间文学—民俗学学术研究中的"二律背反"。所谓学术研究中的"二律背反"，通俗地说就是，当你站在不同的学科范式看待人的同一实践行为的时候，会导致截然相反的观点，而这相反的观点，从不同的范式立场看，却都是正确的。洪长泰描述了中国民间文学—民俗学学科思想史上相反相成的两种学术倾向：以顾颉刚为代表的浪漫主义倾向，和以后期周作人为代表的现实主义倾向。其实，顾颉刚和周作人自己，他们的立场、观点又何尝不是自相矛盾的？

顾颉刚一方面对民众的道德有着浪漫的想象，另一方面又承认民俗的落后性，以至于他为民间文学—民俗学的合理性与合法性，所给予的"曲线"辩护是：你要批判民众的落后性，你总得先科学的研究民俗吧！这样，尽管顾颉刚有着将民俗、民间文学纳入现代科学视野的伟大功绩，同时也就把民众对象化，从而纳入了理论理性的经验范式的认识框架。顾颉刚是一个有着极强的经世致用思想的学者，但同时，他又极力掩饰这一点，他总说，我研究（孟姜女）故事"只是我喜欢"。实践理性的理想设定和理论理性的现实认知的"二律背反"，在顾颉刚身上极其鲜明地体现出来。不只是顾颉刚、周作人，像胡适、郑振铎，无不如此。一部《中国俗文学史》无处不充满了矛盾的表述，郑振铎一方面肯定民间文学"作者的气魄往往是很伟大的"；另一方面又认定，"许多民间的习惯与传统的观念，往往是极顽强的黏附于其［作品］中，任怎样也洗刮不掉。

---

① 参见本书第二章《民间文学—民俗学的"性质世界"与"意义世界"》。

所以，有的时候，比之正统文学更要封建的，更要表示民众的保守性"①。这样看来，《歌谣》周刊《发刊词》关于歌谣运动的两个目的的表述，就反映了那个时代中国民间文学—民俗学学者普遍持有的矛盾立场和观点，而这，如果不是借助于康德关于人的理性的理论运用和实践应用的划分，是很难解释明白的，而在后现代性对现代性的一片质疑声中，我们的确又领略了康德二元论的思想和学术渊源。

学术史、学科史上是如此，今天的民间文学—民俗学者难道就能避免前人的困境吗？即便康德已经为我们指明了我们的学科、学术之所以陷入困境的原因。康德和我们一样，站在传统和现代的时间之交，如何协调信仰的"传统文化"与理性的普遍理想，是康德的难题。而康德所提供的答案，在今天看来尽管不能说十分完满，因而让我们有理由绕过康德的答案，但我们却绕不过康德的难题（我们甚至也绕不过康德的答案，后现代思潮对康德思想的"剽窃"就是明证）。至于康德本人给予"康德难题"的解决办法是：赋予理性以信仰的前提，同时赋予信仰以理性的性质。进而，当康德视理性和信仰为人的先天实践能力，即被视为人的实践的先天意志形式，人的纯粹理性—信仰的自由意志，就被设定为人在感性世界中的此在现象的本体原因。

与康德的理想不同，在后现代性的设想中，人的理论理性（认识）和实践理性（信仰），被并置于非线性时间观的单纯"空间"语境当中，这样，"传统的"信仰意志形式（实践理性），在获得了与"现代的"概念认识形式（理论理性）平等的"空间"性地位的同时，两者却也同时丧失了其（康德意义上）先验的本体根据，而仅仅被用作人的经验性认识与实践能力。概念认识和信仰意志的彻底经验化，是后现代的经验论不再关心学科知识的先验前提的理论基础，于是，学科知识乃至人类的任何认识，都是在具体的语境条件下，通过不同的经验性认识与实践能力之间的理智对话而达成的随机性契约，或如利奥塔所言"多元理性"论和"局部决定论"，即"在参与者同意的基础上建构起来的切实可行的局部规则和规范"，在这里，"没有起规范作用的理想典范，在这种情况下，

———————

① 参见郑振铎《中国俗文学史》，第一章"何谓'俗文学'"，商务印书馆1938年初版，作家出版社1954年版，第5页。

价值通常是通过实验过程来度量的"①。这样，在后现代论者的眼中，现实社会、未来社会，都只能是通过人的不同的经验性认识与实践能力之间的博弈来实现，因而"宿命论者就会适时地进入而占有这个领域"②。这不禁让人回想起民俗学家萨姆纳所云基于"试错"机制的古典实用主义、功利主义的民俗起源论③。但是，即便根据这样的"试错"机制的"实验过程"，也能造成一个"公正"的社会，却仍然不会给人类带来真正的自由——以人与人之间普遍的爱为基础的自由，因为，一旦打开语境条件下"任意"的阿拉丁神灯，后现代性将不仅释放出善的自由力量，也将释放出所有恶的自由力量。

退一步说，根据"试错"机制，即便文化不仅仅是我们人类为生存而发明的方便手段，即如萨姆纳所云，也可以是合于道德的德范（拉丁文 mores），但这样的德范，绝不可能是出于爱的目的的道德。④换句话说，德范，作为他律的实用规则，尽管也可以合于道德原则，却不可能出于道德法则，因而建立在这样的实用规则基础上的"正义"社会，尽管是我们不得不在其中生存的空间，却必定是一个我们不愿意在其中生活的没有爱的无情世界。而一个因爱而自由的道德世界⑤，必定是一个依据自由理性的先验理想而创造的世界，而不是根据各种经验的"试错"而拼

---

①　参见［美］凯尔纳、贝斯特《后现代理论——批判性的质疑》，张志斌译，中央编译出版社 2004 年版，第 214、216、221 页。利奥塔"对语言游戏之多元性的强调，以及对从特定的局部区域中推演规则的强调，从某些方面看，很接近于那种拒斥宏观理论、拒斥对广泛的统治与压迫结构进行分析的经验主义。"同上书，第 228 页。

②　参见［德］康德《道德形而上学基础》，孙少伟译，九州出版社 2007 年版，第 149 页。

③　"孙末楠在他的名著 Folkways 开章明义就说：人类先有行为，后有思想。决定行为的是从试验与错误的公式中累积出来的经验，思想只有保留这些经验的作用，自觉的欲望是文化的命令。"费孝通：《乡土中国》，三联书店 1985 年版，第 87 页。孙末楠即 Sumner，今译"萨姆纳"。萨姆纳的"民俗起源论"属于"19 世纪时那种将人类历史视作进化和进步的证据的流行观点"，因而在萨姆纳看来，"习俗道德不断演化，以满足人类社会的需要。因此它反映了无数代人的判断和试验，而所有这些都是为了寻求对总体幸福的提升"。参见［美］莫尔根《理解功利主义》，谭志福译，山东人民出版社 2012 年版，第 32—33 页。

④　"德范是包含了关于社会福利的普遍的哲学和伦理内容的民俗。"William Graham Sumner, *Folkways: A Study of the Sociological Importance of Usages, Manners, Customs, Mores, and Morals*, A New York Times Company, 1979, p. 30. 汉语译文引自高丙中《民俗文化与民俗生活》，中国社会科学出版社 1994 年版，第 185 页。

⑤　参见户晓辉《返回爱与自由的生活世界——纯粹民间文学关键词的哲学研究》，江苏人民出版社 2010 年版。

凑出来的世界。① 这就是说，如果通过对话能够给出一个完美世界的设计蓝图，那么先于对话，在每一个人的心中必定已经有了一个先验理想，至少在对话者之间，已先于对话行为而就对话规则或对话秩序本身有了一致的意愿并取得了一致的意见。这样，我们就再次回到了"康德难题"：人是否先天地就拥有关于一个"目的王国"的先验理想？反过来说，如果人自身不是先天地拥有纯粹理性—自由意志的认识能力与实践能力，自由理性的"目的王国"，或者退一步如罗蒂所云"新实用主义解决方案"的对话秩序或对话规则——"在多样性社会中和平公正地［自由］生活的理念与实践方法"② ——又如何能够产生？③

四　为民俗复兴辩护就是为自由辩护

　　过去，我们站在单纯的理论理性的立场，总是将民主社会、公民社会归结为现代性的产物，因此，我们习惯于将民主社会、公民社会，对立于传统的君主社会、臣（俗）民社会。立足于理论理性的感性直观—知性概念的经验框架内，上述结论似乎是不错的。换句话说，根据"试错"机制，为了实现现代性的民主社会、公民社会，就有必要否定落后、保守的传统文化，因为传统文化是与君主社会、臣（俗）民社会相同步因而是一个不再"合时宜"的错误。而这正是"五四"以来，中国民间文学—民俗学学者与政治家们"共谋"而完成的一件事情，当然也是此前在西方世界，各国学者与政治家们"共谋"地完成的事情，正如高丙中所言，学者们借助"遗留物"理论，参与了否定传统文化、建构现代社

---

　　① "尽管这些概念摆脱一切经验性的东西而如此纯粹，尽管它们如此肯定地在内心中完全先天地被表现出来……以至于我们为此实际上不需要任何经验……"［德］康德：《纯粹理性批判》，邓晓芒译，人民出版社 2004 年版，第 150—151 页。

　　② 参见［美］梅克林《论多元文化社会中的民俗共享与国民认同》，宋颖译、尹虎彬校，收入周星主编《国家与民俗》，中国社会科学出版社 2011 年版，第 112 页。

　　③ 我们针对后现代经验主义、实用主义的诘问，同样可以用之于古典的经验主义、功利主义，即：如果不是先于试错的行为而就试错的原则取得了先验的一致，我们又如何可能启动试错机制呢？

会的进程。①

　　但是，一个基于人类的普遍之爱，且出于道德目的的民主社会、公民社会，一定不是基于"试错"机制的实用主义、功利主义，而是出于人的纯粹理性—自由意志之先于任何文化经验的普遍理想的实践结果②，所以康德才说，真正公义的"目的王国"是尽管在现实中尚未实现，但经过人们的道德努力却必然可能的生活世界。③ 以此，站在纯粹实践理性—自由意志的先验立场看待传统文化，传统文化与民主社会、公民社会之间，就不是基于"试错"机制，而在时间上"先—后"递进、否定的因果关系（理论理性的现代性解释），而是一个在逻辑上普遍性之于特殊性、客观必然性之于主观偶然性的因果关系（纯粹实践理性的超越论阐释）。这就是说，尽管传统文化是时间上在先，普遍理想却是逻辑上在先，传统文化只是人类的普遍理想在特殊的时空条件下并非完满的偶然显现，而现代文化的公民社会、民主社会，则是人类的普遍理想在时空条件中走向完满的必然性进程。基督教的普遍理想与西方社会传统文化的关系最显明地体现了这一点。在基督教的信仰实践中，人的自由是上帝平等地赋予每一个人的存在权利，是为"天赋人权"，以此，人才生而自由，且

---

　　① 参见高丙中《日常生活的现代与后现代遭遇：中国民俗学发展的机遇与路向》，《民间文化论坛》2006年第3期，收入高丙中《民间文化与公民社会——中国现代历程的文化研究》，北京大学出版社2008年版；高丙中《中国人的生活世界——民俗学的路径》，北京大学出版社2010年版；高丙中《日常生活的文化与政治——见证公民性的成长》，社会科学文献出版社2012年版。人们"是在理性的理念（人应该是什么样的）中考察德性自身的。但是，如果要对道德的存在者，即显象中的人，亦即经验使我们认识到的人，就德性而言予以评价，那么，就可以给予上述两个问题以肯定的答复。因为在这种情况下，并不是在纯粹理性的天平上（在一个属神的法庭上），而是按照一种经验的尺度（由一个属人的审判者）来评判人的。"［德］康德：《纯然理性界限内的宗教》，载《康德论上帝与宗教》，李秋零编译，中国人民大学出版社2004年版，第326页注释［5］。

　　② 尽管"公民社会并不是一个理想的社会"（李景鹏：《〈中国公民社会发展蓝皮书〉序言》），但作为现代社会的范型，"公民社会"的理念却是一个普遍主义的社会理想。参见高丙中、袁瑞军主编《中国公民社会发展蓝皮书》，"导论：迈进公民社会"，北京大学出版社2008年版，第1—14页；高丙中、袁瑞军《中国的公民社会发展状态——基于"公民性"的评价》，《探索与争鸣》2008年第2期，收入高丙中《民间文化与公民社会——中国现代历程的文化研究》，北京大学出版社2008年版。

　　③ "目的王国是一个实践观念，它所要阐明的是，实际上不是真有，但通过我们的行为却可能成真的并与这一实践观念相一致的东西。"［德］康德：《道德形而上学基础》，孙少伟译，九州出版社2007年版，第103页。

在上帝面前,人人平等。基督教的普遍理想在西方社会的传统文化中并没
有现实地实现,以此,才有现代西方的民主理念的发生,而现代西方的民
主理念,正是启蒙主义的理性对基督教的信仰重新解读的产物①,其中,
像康德这样的哲学家、思想家所贡献的批判哲学的理论和方法,在联结理
性和信仰方面做出了自己卓越的贡献。

那么,在中国,传统信仰与普遍理性的关系又可能是怎样的?由于不
同文化在"世界时间"中的错位发展,中国学者一直没有机会静下心来
很好地处理这个问题(中国现代新儒学家试图加以补救②),而为现代中
国学者提供这一宽松机遇的已经是"后现代知识氛围"。正是在"后现代
知识氛围"——无论政治意识形态的松动,还是传统"民俗的复兴",都
摆脱不了与"后现代知识氛围"的干系——的条件下,从 20 世纪 80 年
代到今天,中国民间文学—民俗学启动并完成了学科自身的范式转换。今
天的学界中人,或已不再从理论理性的角度历时性地视民俗—民间文学为
特定时代的"原生态"传统文化,乃至某一阶级、某一阶层的专属文化
(尽管民俗、民间文学仍然与"传统"、与"草根"保持着密切的时间与
空间联系),而是从实践理性的立场出发,更多地视民俗—民间文学为人
们共时性地享用的生活文化和文化生活,视为普通人的生活世界,或人的
生活的普通世界。③ 这一被刘晓春总结为学科范式的"语境"化转换的视
野刷新④,一方面培育了民间文学—民俗学学科脱理论理性、脱意识形态
"时间政治"的学术独立性;另一方面则有利于将学科的表象起点,重新
建立在普通人的普遍理性的实践基础上。而这也就意味着,中国现代民间
文学—民俗学最新一轮的范式转换,并非马林诺夫斯基式的单纯从文本
(文化)到语境(生活)的古典经验论转向,而是对康德意义上的理论理
性的经验论之于人的自然存在条件的独断论的否定。于是,因同时从两个
方面对理论理性的经验论予以否定,康德意义上的古典范式的"实践认

---

① "我们认为这些真理是不言而喻的:人人生而平等,他们都从他们的'造物主'那边被
赋予了某些不可转让的权利,其中包括生命权、自由权和追求幸福的权利。"《美国独立宣言》
([美]杰菲逊撰,1776 年),收入王德禄、蒋世和编《人权宣言》,求实出版社 1989 年版。

② 例如牟宗三就借助康德的思想解释传统儒学,开出儒学思想的新境界。

③ 参见高丙中《民俗文化与民俗生活》,中国社会科学出版社 1994 年版,第 9 页。

④ 参见刘晓春《从"民俗"到"语境中的民俗"——中国民俗学研究的范式转换》,《民
俗研究》2009 年第 2 期。

识"的先验论，以及带有后现代风格的、同样以"实践认识"为目的的经验论，就在学界一并获得了生长的契机。①

前面已经指出，"在中国知识界已经通称为'民俗复兴'"并被描述为"死灰复燃"、"沉渣泛起"的持久而广泛的"传统生活的文化遗留物再现实化"②，是晚近在"后现代思想氛围"中发生的一桩与争取文化多样性权利（非物质文化遗产保护）的国家间努力相互呼应的"后现代事件"。正如王铭铭所指出的："民间宗教的复兴，反映了民间把'过去'的文化改造为能够表述当前社会问题的交流模式的过程。"③ 而我们之所以称"民俗复兴"为一桩"后现代事件"，是因为，"如果不是处于后现

---

① 高丙中所"遭遇"的现代性与后现代性之"相互纠结"的"民俗"表述矛盾，深刻地体现了学科范式转换的多重取向："改变现代化运动以来对于民俗的态度在思想上还是要借助后现代的理论方法。……对于民俗学界来说，我们无意于成为后现代思想在中国的继承人，我们根本就不可能加入那个知识谱系，但是我们要清醒地意识到，我们不得不在后现代的思想方法发挥重要作用的知识氛围里从事学术，并且后现代学术资源对于解放'民'与'俗'具有独到的知识创新效力"；"我们确实难以把自己定位于后现代（性）思想，我们实际上真正能够做的是在从事专业工作的时候自觉意识到自己处于后现代（知识）氛围，可以借助后现代思想的光辉看见原来的盲点、盲区。也就是说，我们不是像后现代思想家一样思考，但是我们是在他们的启发下思考。"参见高丙中《日常生活的现代与后现代遭遇：中国民俗学发展的机遇与路向》，《民间文化论坛》2006 年第 3 期，收入高丙中《民间文化与公民社会——中国现代历程的文化研究》，北京大学出版社 2008 年版；高丙中《中国人的生活世界——民俗学的路径》，北京大学出版社 2010 年版；高丙中《日常生活的文化与政治——见证公民性的成长》，社会科学文献出版社 2012 年版。高丙中的表述矛盾可与后现代思想家利奥塔的思想经历做一比较："尽管利奥塔坚持强调多元性、多样性及他异性等后现代原则，但他却是用康德等现代哲学家的理论来说明这些原则的，这使得他的著作具有了一种（未被明确指出的）现代话语与后现代话语之间的紧张关系……通过这种方式，他解构了现代与后现代之间的僵硬对立，不过这也引出了这样一个问题：利奥塔的近期著作到底在多大程度上是后现代的？的确，利奥塔 80 年代的许多文本都是在评论康德，这些文本令人惊讶地转向了一位传统上一直被视为是典型的启蒙理性主义哲学家。"[美]凯尔纳、贝斯特：《后现代理论——批判性的质疑》，张志斌译，中央编译出版社 2004 年版，第 221 页。

② 参见高丙中《日常生活的现代与后现代遭遇：中国民俗学发展的机遇与路向》，《民间文化论坛》2006 年第 3 期，收入高丙中《民间文化与公民社会——中国现代历程的文化研究》，北京大学出版社 2008 年版；高丙中《中国人的生活世界——民俗学的路径》，北京大学出版社 2010 年版；高丙中《日常生活的文化与政治——见证公民性的成长》，社会科学文献出版社 2012 年版。

③ 王铭铭：《社会人类学与中国研究》，三联书店 1997 年版，第 173 页。

代的思想氛围，民俗的复兴是不可理解的，也是不可原谅的"。① 但是，在"后现代思想氛围"中，"民俗复兴"之所以是可以"原谅"的，又是因为，后现代性一旦祛除了现代性的理论理性加之于民俗上的"时间"条件，以及"时间政治"的评价、判断逻辑，我们就只能站在人的实践理性—自由意志的立场上来看待"民俗复兴"（按照康德的思想，人的理性只有理论的和实践的两种运用，如果我们不从理论理性的角度看待人的实践，就只能站在实践理性的立场对待人的实践），这样，我们也就必须设定民俗和民俗复兴的主体是自由理性的实践主体②，而不是"时间政治"下被视为受感性制约而非理性、不自由的实践主体（实为服从自然法则的客体）。进而，如若我们不设定人的意志是能够遵从客观、普遍和必然的道德法则的意志，人的自由就是荒谬的③；尽管参与"民俗复兴"的每一个具体的个人比如某些"民间精英"，仅仅是出于私人的意愿甚至是基于私利的意欲（比如追求草根权威之类，而这是可以通过经验研究

---

① 参见高丙中《日常生活的现代与后现代遭遇：中国民俗学发展的机遇与路向》，《民间文化论坛》2006 年第 3 期，收入高丙中《民间文化与公民社会——中国现代历程的文化研究》，北京大学出版社 2008 年版；高丙中《中国人的生活世界——民俗学的路径》，北京大学出版社 2010 年版；高丙中《日常生活的文化与政治——见证公民性的成长》，社会科学文献出版社 2012 年版。

② "理性为了把自己想成是实践的，就发现自己被迫要在现象之外采取这个观点。如果感性对人的影响是决定性的，那么，理性就不可能把自己想成是实践的；但是，除非人否认自己有作为一个理智的意识，从而否认自己有作为一个理性的原因和理性的活动的原因的意识，即是说，否认自己有作为自由活动的原因的意识，否则，这样一种［把自己想成是实践的］观点就是必要的。""作为实践的理性，或是作为一个理性存在者的意志［二者是一回事］，理性必须认为自己是自由的。也就是说，一个理性存在者的意志，只有在自由观念中，才能够是它自己的意志，因此，从实践的观点来看，［人的］这样一个［自由］意志必定为一切理性存在者所拥有。"［德］康德：《道德形而上学基础》，孙少伟译，九州出版社 2007 年版，第 129、131、135 页。

③ "就有生命的存在者是理性的存在者来说，意志就是这些有生命的存在者的一种因果性，而自由就是这种因果性的特性，由此，意志就能够不受外在因素对它的规定而独立地起作用，也正如自然的必然性是所有非理性存在的因果性的特性一样，由此，无理性的存在就在自己的运动中受到外在因素的影响而被规定。……一个因果性的概念必然伴随一个规律的概念，根据这个概念，某种东西，也就是结果，必然通过我们称之为原因的某个东西而被确立，所以，自由尽管不是依据自然规律的意志的特性，但是却并不因此而是根本无规律的。相反，它必须是根据不变规律的一种因果性，只不过这是一种独特的因果性而已。否则，自由意志就是一个谬论。"［德］康德：《道德形而上学基础》，孙少伟译，九州出版社 2007 年版，第 125 页。

而认识的①），但这并不影响我们对"民俗复兴"在主观间的客观性方面给予"正面意义"的积极评价②。

> 传统草根社团先是以游击战的方式在政治和行政的空隙潜滋暗长，然后选择时机与方式寻求公开化、正当化，进而主动调整自己的结构、组织方式、价值（至少是价值的表述），一些方面与国家制度和价值（表述）相并接，一些方面则相衔接、融合，逐渐成为大社会或国家的一个"正常"的部分。……不论是在现实关系里还是在想象里，龙牌会的组织者愿意探讨一切成为主流社会的积极成员和具有正面的社会形象的可能性。③

也正是以此，我们才把那些在"国家的在场"④ 的条件下，基于功利主义态度和实用主义手段的"双名制"等民间智慧⑤，视为曲折地表达的普通民众之不自觉的对于自由和平等权利的普遍渴望。就此而言，为民俗或"民俗复兴"的辩护也就是为自由辩护，亦即，为人对于日常生活方

---

　　① 参见陈泳超《作为地方话语的民间传说》，《北京大学学报（哲学社会科学版）》2013年第4期。

　　② 参见高丙中《日常生活的现代与后现代遭遇：中国民俗学发展的机遇与路向》，《民间文化论坛》2006年第3期，收入高丙中《民间文化与公民社会——中国现代历程的文化研究》，北京大学出版社2008年版；高丙中《中国人的生活世界——民俗学的路径》，北京大学出版社2010年版；高丙中《日常生活的文化与政治——见证公民性的成长》，社会科学文献出版社2012年版。此外，陈泳超的调查也证实了"一个趋势很明显，'民俗精英'们［对传说］的改编，总是越来越接近主流意识形态"，参见陈泳超《作为地方话语的民间传说》，《北京大学学报（哲学社会科学版）》2013年第4期。

　　③ 高丙中、马强：《传统草根社团迈向公民社会的历程：河北一个庙会组织的例子》，载高丙中、袁瑞军主编《中国公民社会发展蓝皮书》，北京大学出版社2008年版，收入高丙中《日常生活的文化与政治——见证公民性的成长》，社会科学文献出版社2012年版。

　　④ 参见高丙中《民间的仪式与国家的在场》，《北京大学学报》2001年第1期，收入郭于华主编《仪式与社会变迁》，社会科学文献出版社2000年版；高丙中《民间文化与公民社会——中国现代历程的文化研究》，北京大学出版社2008年版；高丙中《日常生活的文化与政治——见证公民性的成长》，社会科学文献出版社2012年版。

　　⑤ 参见高丙中《一座博物馆—庙宇建筑的民族志——论成为政治艺术的双名制》，《社会学研究》2006年第1期，收入高丙中《民间文化与公民社会——中国现代历程的文化研究》，北京大学出版社2008年版。

式的自由选择权利进行辩护。①

> 我是把中国的民间文化与公民社会当作同一个时代问题的两面来
> 研究的，民间文化的复兴与公民社会的成长其实是一个互为表里的过
> 程。我们从民间文化的复兴看到中国社会的自我价值及其表达方式的
> 显现，我们从公民社会的成长看到中国社会的自主性和共同体意识的
> 成熟，我们合并二者则看到，一个在文化上兼容并包的社会能够使公
> 民普遍受到尊重……②

而现在需要我们进一步思考的是，尽管后现代思想"原谅"进而
"承认"了"民俗复兴"③，却并不一定就真正"理解"了民俗；但是，
既然后现代思想在"原谅"了"民俗复兴"，并"承认"了民俗主体自
由、平等的实践权利，也就说明了后现代思想恰恰又以康德对人的理性
的理论运用和实践应用进行划分的"古典理想"为前提，没有康德等
人对人能够使用自身的纯粹理性于道德实践的先天能力的积极肯定与尊
重，后现代性对民俗和"民俗复兴"的消极"原谅"和"承认"就是
不可想象的。而这就是说，后现代性"原谅"并"承认""民俗复兴"
为民众的自由实践，是祛除了理论理性加之于民俗上的时间桎梏而在逻
辑上的必然结果。以此，我们将后现代语境中被"承认"、被"原谅"
的民俗和"民俗复兴"，"理解"为民众借助多样性文化的传统形态而
表达的自由理性的普遍性诉求，就不是出于与客观"知识"相对的主
观"意见"，正如我们认为，民间文学—民俗学的后现代范式转换，不

---

① "密尔的基本策略是从一种为他那个时代的所有人所支持的自由着手，然后将自由原则
表述为一种对习俗道德的延伸，抑或仅仅是一种澄清。密尔所举的事例是宗教自由。……人们可
以自由选择其宗教信仰这一一般原则几乎是被所有人接受的……在《论自由》中，密尔试图说
明那种为宗教信仰自由辩护的论证同样可以为一种更加广泛的选择生活方式的自由辩护。"［美］
莫尔根：《理解功利主义》，谭志福译，山东人民出版社 2012 年版，第 35 页。但密尔通过信仰为
自由的辩护远不如康德因自由而为信仰的辩护更深刻和完备。

② 高丙中：《日常生活的文化与政治——见证公民性的成长》，"序言"，社会科学文献出
版社 2012 年版，第 7 页。

③ "过去三十年，知识界和政府逐渐学会不仅承认民间有文化，而且承认民间文化对于国家
的重要意义。因为这种承认，组成民间的普通人在文化上就是值得尊重的。"高丙中：《日常生活的
文化与政治——见证公民性的成长》，"序言"，社会科学文献出版社 2012 年版，第 6 页。

仅仅是从一种经验论范式向另一种经验论范式的转向，更是经验论向先验论范式转型的认识，同样是依据的康德划分人的理论理性和实践理性的客观知识。

　　但是，依据康德关于理性的两种使用方式的划分，尽管民间文学—民俗学的古典范式和后现代范式之于"民俗复兴"，取同样肯定的态度，两者之间仍有显著的差距。如果古典范式的先验论于"民俗复兴"能够取积极尊重的肯定态度，则后现代性的经验论于"民俗复兴"，只是现实地持消极"承认"和"原谅"的肯定态度。因为，尽管后现代思想和以康德为代表的古典理想一样，视人的实践为自由—理性的实践，但是，在后现代论者眼中，人的实践仅仅停留于人的理性的"自由的任意"（即"普通人的日常生活具有自我选择的正当性"①），而在古典主义者眼中，人的"自由的任意"却是以人的纯粹理性的自由意志（即为道德法则所决定的自由意志）为无条件条件②，而这一无条件的自由条件，才是民间文学—民俗学的古典范式给予"民俗复兴"，以积极的道德评价或价值判断的最充分的理由，也正是基于这一充分理由，我们才如此断言：

　　　　我们已经进入这样一个时代，现在国人之间关系的最大公约数当然是公民，不管是个人之间还是个人与国家之间，不管是在权利上还是在义务上，我们都别无选择地要以"公民"相待。③

---

　　① 参见高丙中《日常生活的现代与后现代遭遇：中国民俗学发展的机遇与路向》，《民间文化论坛》2006 年第 3 期，收入高丙中《民间文化与公民社会——中国现代历程的文化研究》，北京大学出版社 2008 年版；高丙中《中国人的生活世界——民俗学的路径》，北京大学出版社 2010 年版；高丙中《日常生活的文化与政治——见证公民性的成长》，社会科学文献出版社 2012 年版。

　　② 简单地说，纯粹理性的自由意志（will）是人给出实践法则的能力，而"自由的任意"（choice）是人选择实践准则的能力。参见［美］阿利森《康德的自由理论》，第七章"意志、任意和意向"，陈虎平译，辽宁教育出版社 2001 年版，第 187—213 页。而"自由的任意"以"自由的意志"为自身的条件，亦即，如若没有 will 的立法能力，谈何 choice 的服从法则甚至违背法则的自由能力。

　　③ 参见高丙中《"公民社会"概念与中国现实》，《思想战线》2012 年第 1 期，收入高丙中《日常生活的文化与政治——见证公民性的成长》，社会科学文献出版社 2012 年版。

　　我们作"民间"的学问，在心中要有"民"，有积极行动的个人。当我们在泛指的意义上使用"民间"的时候，清楚地意识到民间是主体的集合；当我们在谈论特定文化的渊源而使用"folk"的时候，认真地把他们当作具有政治、社会、文化的公民身份的成员来对待，这是今天在"民间"做关于文化的调查研究要具备的学术伦理。①

　　但无论如何，借助于后现代性"承认的政治"或"原谅的学术"之从旁襄助，实践理性毕竟改写了理论理性加于传统文化身上的种种"时间政治"的评价、判断标准。这就是说，如果，传统文化（民俗、民间文学）只是在时、空条件下受类似自然法则的文化法则的规定，那么文化现象的道德评价、价值判断标准就只是"合时宜"与否，例如，理性文化的思维方式之合时宜者为先进，信仰文化的思维方式之不合时宜者为落后（郑振铎之所谓"保守性"）。但是，一个受他律的自然法则而规定的文化现象，我们只能将其归因于不可抗拒的自然原因，而不能将其归因于可以自律地"立法"且"守法"的自由动因（动机原因），在这样的自然条件下，文化本身就无所谓善、恶而只有实用或功利的有效性（真、伪）与否。只有将文化现象抽离其特定时空的语境条件，文化现象的理性意志的无条件实践条件才会显现出来②，于是，文化现象才真正有了道德上善、恶的价值问题，正是以此，文化现象的道德评价、价值判断的普遍标准——"人权"的标准——也才有被启用的必要和必然，也就是说，"人权"的道德评价—价值判断的普遍标准的启用，是以"承认"人的纯粹理性—自由意志的实践能力为前提、基础或

---

　　①　高丙中：《民间文化与公民社会——中国现代历程的文化研究》，"序言"，北京大学出版社 2008 年版，第 4 页。在另一篇文章中，高丙中也谈道，"民俗学在今天要关心自己的专业队伍与研究对象的互动，使学科具有自我反思的能力；要使自己的专业活动避免原有的单纯利用调查地点的民众，让作为对象的'民间'有机会在一定意义上成为追求自己目的的主体，从而奠定本学科适应新的时代的学术伦理基础。"高丙中：《知识分子、民间与一个寺庙博物馆的诞生——对民俗学的学术实践的新探索》，《民间文化论坛》2004 年第 3 期，收入吕微、安德明编《民间叙事的多样性》，学苑出版社 2006 年版；高丙中《中国人的生活世界——民俗学的路径》，北京大学出版社 2010 年版。

　　②　关于这一"无条件实践条件"，笔者在本书第十三章中称之为"先验语境"，可参照阅读。

无条件条件的；反过来说，"人权"的标准之所以未能有效地被用作传统文化的评价和判断，正是由于理论理性对于实践理性的僭越，从而在时间条件下遮蔽了人的理性意志的实践能力，因而也就无须给予文化以绝对善、恶的评价与判断。

> 现代思想的利器是科学和理性，知识界借助专业化垄断性地使用这两把利器，为世界造就了意想不到的成就，也使世界形成了按照距离科学和理性的距离而划定的等级结构。这个后果恰恰是违反民主、人权的价值的。①

> "非物质文化遗产"，指被各社区、群体，有时是个人，视为其文化遗产组成部分的各种社会实践、观念表述、表现形式、知识、技能以及相关的工具、实物、手工艺品和文化场所。这种非物质文化遗产世代相传，在各社区和群体适应周围环境以及与自然和历史的互动中，被不断地再创造，为这些社区和群体提供认同感和持续感，从而增强对文化多样性和人类创造力的尊重。在本公约中，只考虑符合现有的国际人权文件，各社区、群体和个人之间相互尊重的需要和顺应可持续发展的非物质文化遗产。②

进而，民俗—非物质文化遗产的"人权"标准的启用，还说明了，"民俗复兴"只有被置于实践理性的古典理想的道德标准之下，才能够真正被"理解"，相反，如若民俗仅仅被置于后现代性的"自由的任意"的实践标准之下，那么，民俗可能是善的（就其能够达成实用的、功利的

---

① 高丙中：《日常生活的现代与后现代遭遇：中国民俗学发展的机遇与路向》，《民间文化论坛》2006 年第 3 期，收入高丙中《民间文化与公民社会——中国现代历程的文化研究》，北京大学出版社 2008 年版；高丙中《中国人的生活世界——民俗学的路径》，北京大学出版社 2010 年版；高丙中《日常生活的文化与政治——见证公民性的成长》，社会科学文献出版社 2012 年版。

② 《保护非物质文化遗产公约》，收入《联合国教科文组织〈保护非物质文化遗产公约〉基础文件汇编》，外文出版社 2012 年版，第 9 页。这就是说，根据联合国教科文组织《保护非物质文化遗产公约》，并不是所有的民俗都能够被视为"非物质文化遗产"，而只有那些符合现代公民社会的普遍"人权"原则的民俗，才能够被"考虑"为"非物质文化遗产"。

目的而言），却不可能是"绝对的善"的（就其能够达成道德的目的而言）。① 这就是说，只有在古典理想的"人权"标准下，善的民俗才有机会通过普遍合法则性的检验，而恶的民俗则无法通过普遍化检验（正是以此，历史上诸多因"合时宜性"而曾经被视为善的民俗的恶俗，如今无法通过合法则性的普遍化检验而遭唾弃并淘汰，而并非仅仅因其不再合乎时宜）。②

　　　公民社会的要义就是以普遍主义原则让被排斥的个人、群体、组织能够作为一个"正常的"、"普通的"成员被纳入进来。这个原则的广泛实现是一个漫长的过程……公民社会的要旨在于人与人发生关系是以一个坚持普遍主义原则的国家的在场为条件的。国家的普遍主义使个人及其活动所体现的价值、权利和义务在原则上可以推及、让渡到所有其他人。反过来，具体情境中活动的人把活动看作国家的一部分或者看作具有国家的意义并且认为其他公民也同样可以如此活动，他们就是把自己置于公民社会在思考、行事。这种心态和行动的价值取向成为社会的基本状态，这基本上就是一种公民社会。③

　　除了文化实践的（善、恶）内容需要接受合法则性的普遍化检验，民俗的实践形式同样需要接受普遍化检验。但是，后现代性只是基于反理论理性时间观的经验论立场，因"承认""原谅"而"解放"了传统文化的实践形式（包括信仰意志的实践形式）；但是，对于后现代性来说，

---

　　① "对于要在道德上成为善的事情来说，仅仅符合道德规律还不够充分；它还必须是为了道德规律的缘故而做出的。如若不然，那种符合就仅仅是偶然的，而且很不可靠。因为，从非道德的根据，确实会不时产生一些合乎道德规律的行为，但更经常产生的却是违背道德规律的行为。"［德］康德：《道德形而上学基础》，孙少伟译，九州出版社 2007 年版，第 9 页。

　　② 合法则的普遍性，或，普遍的合法则性，康德也称之为"准则的普遍有效性"或"准则的普遍性"。参见［德］康德《道德形而上学基础》，孙少伟，九州出版社 2007 年版，第 153 页。

　　③ 高丙中、马强：《传统草根社团迈向公民社会的历程：河北一个庙会组织的例子》，载高丙中、袁瑞军主编《中国公民社会发展蓝皮书》，北京大学出版社 2008 年版，收入高丙中《日常生活的文化与政治——见证公民性的成长》，社会科学文献出版社 2012 年版。

只是被"原谅"、被"承认"而仅仅具有消极意义的文化实践的意志形式，在纯粹实践理性的古典范式视野中，却有着积极的意义。站在纯粹实践理性的康德立场上看，正是文化实践所据以实现的意志形式（包括信仰的实践意志形式），最终体现了人的纯粹理性的自由意志之"给出普遍法则"（或"普遍立法"）的能力①，即便是那些未能通过"合（道德）法则性"的普遍化检验的民俗（包括非道德的民俗和不道德的恶俗），即基于"自由的任意"而给出的恶的实践行为，也必然以自己服从自己给出的道德法则的纯粹实践理性的自由立法的意志形式为基础和前提，否则，基于"自由的任意"的恶的实践行为就是不可能的，而我们也就不能将任何民俗（善的或恶的民俗）主体，视为自由理性的存在者即公民。正是在文化实践的意志形式（包括信仰的自由意志的实践形式）中，我们最终发现并确认了人的超时间性的、纯粹理性—自由意志的实践本质，而这恰恰也就是"现代"公民社会的"人权"理想之最终依赖的先天条件，亦即，唯独民俗实践的单纯"立法"的意志形式，才是我们为民俗作自由辩护的最充分的理由。②

---

① 关于"普遍立法"的意志形式的命题，其中、英文的两种译法，仅以《道德形而上学基础》为例：其一，"普遍立法的意志"（a will giving universal law）（德国科学院本，第 432—433 页；英汉对照本，第 90—93 页），或"意志的普遍立法"（the universal lawgiving of will）（德国科学院本，第 431 页；英汉对照本，第 90—91 页）；其二，"普遍的立法"（universal, legislation）（"人只是服从于他自己的然而却是普遍的立法"；he is subject only to his own, yet universal, legislation. 德国科学院本，第 432 页；英汉对照本，第 92—93 页）。后者强调的是"意志给出的普遍法则"即意志给出的法则具有形式上的普遍性；而前者强调的是"意志普遍地给出法则"即"给出法则"或"立法"的"意志形式"本身具有普遍性，亦即"每一个理性存在者的意志都是普遍立法的［立法者］意志"。［德］康德：《道德形而上学基础》，英汉对照本，Beck 英译，孙少伟汉译，九州出版社 2007 年版，第 91 页。

② "但在构成十分混杂地交织起来的人类知识的各种各样的概念中，有些也被派定来做纯粹先天的（完全不依赖于任何经验的）运用，而它们的这一权限任何时候都需要一个演绎；因为对于这样一种运用的合法性从经验中不足以取得证明，但我们却必须知道，这些概念如何能够与它们并非从任何经验中拿来的那些客体发生关系。所以我把对概念能够先天地和对象发生关系的方式所作的解释称之为这些概念的先验演绎，并把它与经验性的演绎区别开来，或者表明的是一个概念通过经验和对经验的反思而获得的方式，因此不涉及合法性，而是涉及使占有得以产生的事实。"［德］康德：《纯粹理性批判》，邓晓芒译，人民出版社 2004 年版，第 79—80 页。

就此而言,我们这些研究民俗、民间文学的学者,正如康德所言,在实践理性、在自由的理念方面,并不就比民众更高明、更先进,面对民众一直以来已经做的和当下正在做的事情,如果学者仍然把自己关在理论理性的象牙塔里,而根据一以贯之的理论模式,给出顺理(顺理论理性之理而)成章的理解和解释,那么我们就必定要误解民众、曲解民俗。有幸的是,因后现代思想和知识的"启发"和协助,我们现在已经能够比较容易"同情地理解"自由理性的实践主体——普通人的主观意愿(自由的任意)和客观意志(纯粹理性的自由意志)(后者即"普通人的日常生活具有自我选择的正当性"的先验前提),而不是代他们给出单纯理论理性的独断解读①。

民俗曾经是中国传统生活固有的样态,从新文化运动在根本上否定中国民俗对于国人理所当然的属性以后,民俗成为革命的对象。②国家和知识分子不要再以一直以来的方式过分地把符号暴力施加于普通人的日常生活,不要再把他们的日常生活强行模铸在"先进—落后"的框架里,而要让普通中国人的日常生活重新保有生活世界的理所当然。③

---

① 但这并不是说普通人的普通理性不需要"哲学的帮助","天真无邪确实是一件荣耀的事,但非常可悲的是,在另一方面,它却不能很好地保持自身,很容易被诱入歧途。因为这个缘故,即使智慧——智慧更在于行动而不是求知——需要科学,也不是为了从它那里习得知识,而是为了使智慧的原则得到许可与持久。"因此,"哲学和普通理性知识的区别,正在于哲学在特别的学科中阐明了普通理性知识所含糊地理解的东西。"参见〔德〕康德《道德形而上学基础》,孙少伟译,九州出版社2007年版,第29页,第9页。

② 高丙中:《日常生活的文化与政治——见证公民性的成长》,"序言",社会科学文献出版社2012年版,第2页。

③ 高丙中:《日常生活的现代与后现代遭遇:中国民俗学发展的机遇与路向》,《民间文化论坛》2006年第3期,收入高丙中《民间文化与公民社会——中国现代历程的文化研究》,北京大学出版社2008年版;高丙中《中国人的生活世界——民俗学的路径》,北京大学出版社2010年版;高丙中《日常生活的文化与政治——见证公民性的成长》,社会科学文献出版社2012年版。"生活世界的理所当然"就在于生活世界是普通人依据普遍理性而自由地选择的生活方式,以此,我们才能够说:"民俗是天然合理的。"

否则，如果我们仍然坚持使用理论理性的"科学观念"看待民众的文化实践——最好的结果也仅仅是将其定位于"传统"甚至"本土"的"文化自觉"——而不是以一种"全球化"、超时代的后现代视野同时也是实践理性的古典眼光来看待所谓"民俗复兴"的话，那么，我们就将再一次错怪民众①。就此而言，始终奠基于普通人的日常理性（普通理性、普遍理性）的康德实践哲学，对于中国当下的民间文学—民俗学学科来说，仍然是极重要的启示录。站在实践哲学的批判立场看，保护多样性的传统文化，固然有十分必要的理由，而保护每一个人通过文化传统的多样性表达、争取自由、平等的权利，则有着更充分的理由，因而才是需要我们的学术真正促成的事情，而这也就是作为民间文学—民俗学学者理应持有的道德立场（我们并不讳言学术的价值主张）。而所谓以政府主导、主持及学者参与的包办式保护，尽管保护了文化现象，却可能泯灭了、扼杀了人的自由、理性的本体精神。对此，我们是否应该保持足够的警惕，以防止新一轮的学术与政治意识形态或经济意识形态之间的共谋，并自觉地促成民间文学、民俗等民间文化包括"民间信仰更好地成为［公民社会］积极的公共意识的组成部分"？

但是这样的理想和抱负其实也就是对学科经典理念的继承：如何协调"传统"（民俗）文化（非物质文化遗产）与超越文化的理想（公民）社会的实践关系？而这也正是《歌谣》周刊《发刊词》的作者给我们这些学科后来人遗留下来的问题。但是，回顾学科史、学术史，可以断言，面对"二律背反"的学科基本问题，单纯的理论理性的经验研究显然难以独立支撑，相反，只有在实践理性对民俗实践和实践中的俗民的无条件条件——纯粹理性的自由意志——的还原认识中，民间文学—民俗学才能更好地处理被表述为"非物质文化遗产"的"民俗复兴"之所谓"文化自

---

① 当然，这并不是说，普通人在日常生活中任意的自由选择总是正确的，换句话说，"朝向公民社会的民俗复兴"作为一个在实践上的先天综合命题，却不是一个在理论上的经验性判断。在现实中，总有不仅没能促进公民社会的有机整合（团结），反而导致了社会失范的信仰实践。参见陈彬、陈德强《民间信仰能促进社会整合吗？——对湘东仙人庙的个案研究》，《民俗研究》2013年第1期。

觉"与"公民社会"的关系等课题①，因为这样的课题实在只是学科经典
的、基本的问题的当下翻版（就此而言，说民间文学—民俗学仅仅具有
经验的传统而没有超验的维度显然是不对的）。如果说在过去，对文化现
象的经验研究，就足以让学者们满意地解决学科当时的问题意识——民族
国家的文化正当性论证（因为民族国家也是文化现象），那么仅仅用文化
现象证明文化现象的经验研究，已不能满足今天的学科为解决自己当下所
设定的学术任务的问题意识了。

> 中国民俗学在现代参与日常生活批判，顺应现代化的潮流，那是
> 那个时代的知识使命。……但是今天我们面对的是另一种局面，另一
> 些问题更具有优先性和紧迫性，我们要同时承担起另外的角色。让普
> 通人有一个更多正面意义的日常生活……②

这就是说，如果我们仍然站在理论理性的立场上，那么，我们满眼所
见，只能是受他律法则规定的人的存在现象，而不可能是人自己给出、自
己服从自律法则的本体存在。于是导致，无论是"多样性文化"（包括
"民间信仰"）还是"公民社会"，都只能作为经验的客体（现象）交由
专家（政治精英和学术精英）来主持，而不是由作为实践主体（本体）
的普通人自己来主导。从"非物质文化遗产"的保护到"公民社会"的
建构③，其间的联结方式绝对不是单纯的经验研究、语境研究所能够提供
的，因为，两者之间需要一个能够将其联结起来的、即兼具两者共同属性

① 较为中性的"非物质文化遗产"的命题作为具有贬义的"民俗"概念的替代性表述，
在实践上当然对保护"文化多样性"起到了促进作用，但能否在理论上给予"民俗复兴"与
"公民社会"以必然性的联结（先天综合判断），则还需要在理论上给予进一步阐明。

② 高丙中：《日常生活的现代与后现代遭遇：中国民俗学发展的机遇与路向》，《民间文化
论坛》2006年第3期，收入高丙中《民间文化与公民社会——中国现代历程的文化研究》，北京
大学出版社2008年版；高丙中《中国人的生活世界——民俗学的路径》，北京大学出版社2010
年版；高丙中《日常生活的文化与政治——见证公民性的成长》，社会科学文献出版社2012年
版。

③ 在当代中国民俗学界，高丙中最先提出"建构公民社会"的学术命题。参见高丙中
《民间文化与公民社会——中国现代历程的文化研究》，北京大学出版社2008年版；高丙中、袁
瑞军主编《中国公民社会发展蓝皮书》，北京大学出版社2008年版；高丙中《日常生活的文化
与政治——见证公民性的成长》，社会科学文献出版社2012年版。

的"第三者"①，而这一兼具两者之间共同属性的第三者，就是人因纯粹理性的自由意志而提供的判断形式（否则，公民社会只能拒绝那些没有自由条件的"落伍者""守旧者"）。换句话说，纯粹理性的自由意志是民主社会的建构和公民社会的建设，所不可或缺的无条件条件，而俗民的生活世界与公民的民主社会并不是截然对立的，前者的无条件条件——纯粹理性的自由意志，恰恰也就是后者的无条件条件。

五　"尊重为人的共同权利"

最后，我想再次强调的是，以上所言康德意义上"实践认识"的先验论证，并不是对同样是康德意义上的理论理性—经验实证的学术范式的否定，也不是对后现代语境下的经验研究的排斥，而只是希望为不同范式和风格的经验研究，提供一个经过先验反思的逻辑出发点。对实践现象的经验研究与先验认识的区别就在于：前者是对"事实'是'如何"的描

---

① "我们必须超出一个给予的概念以便把它和一个别的概念综合地加以比较，所以就需要一个第三者，只有在它里面两个概念的综合才能产生出来。但为什么是这个作为一切综合判断的媒介的第三者呢？只有某种把我们的一切表象都包括在自身中的总括，也就是内感官，及其先天形式时间。对诸表象的综合是基于想象力，但想象力的综合统一（这是作判断所要求的）则基于统觉的统一。所以在这些东西里我们将必须寻找综合判断的可能性，而由于所有这三项［即内感官、想象力和统觉］都包含有先天表象的根源，也就必须去寻找纯粹综合判断的可能性。……没有这种关系，先天综合命题就是完全不可能的，因为它们没有第三者，亦即没有任何让其概念的综合统一能在上面呈现出客观实在性的对象。"［德］康德：《纯粹理性批判》，邓晓芒译，人民出版社2004年版，第149—150页。康德认为，在理论认识中，这个第三者或者是"先验的图型"，参见［德］康德《纯粹理性批判》，邓晓芒译，人民出版社2004年版，第139页。"综合命题总是需要一个第三者，以便在其中把那些完全没有任何逻辑的（分析的）亲和性的概念相互联结起来。"［德］康德：《纯粹理性批判》，邓晓芒译，人民出版社2004年版，第234页。"现在，这个第三者的本质的形式就在于一切现象的统觉的综合统一，在这个第三者中，我们曾找到了对现象中的一切存有作为普遍必然的时间规定的那些先天条件，没有这些条件，甚至就连经验性的时间规定也将会是不可能的，而且我们还曾找到了先天的综合统一的诸规则，借助于这些规则，我们曾得以对经验进行预测。"［德］康德：《纯粹理性批判》，邓晓芒译，人民出版社2004年版，第196页。在实践信仰中，这个第三者也是因人的"自由的积极概念"而提供的："然而，这样的综合命题之所以可能，只是通过这样一个事实，即，这两个认识都通过与二者皆有关联的一个第三者的联合而结合在一起，这两个认识都理应在这个第三者中得到发现。自由的积极概念（the positive concept of freedom）提供了这第三者。"［德］康德：《道德形而上学基础》，孙少伟译，九州出版社2007年版，第127页。

述，而后者是对"事情'应'怎样"的论述。而后者作为对前者进行价值判断的道德标准，并不能从前者对"人性"的经验性描述中归纳、分析或抽象出来，而只能通过对前者的存在条件的先验还原而给予①。这样，尽管经验研究与先验认识之间有如此显著的范式鸿沟，我仍然以为，在学理上，一方面，"实践认识"的先验论视野可以被传统范式的经验研究所认同（在康德批判哲学的体系中理论理性可以被统一于实践理性②），另一方面也可以补救后现代风格的经验研究之不足③。而且，如果确如高丙中所言，"在后现代的思想方法发挥重要作用的知识氛围里从事学术"的中国民间文学—民俗学学者，并非"像后现代思想家一样思考"，而只是"在他们的启发下思考"④，那么，奠基于实践理性的先验论、普遍性诉求的"古典理想"，就仍然有可能为受后现代思想方法影响的新一代民间文学—民俗学学者认真考虑⑤，从而通过在不同范式、风格下工作的学者的共同努力，完成我们的学科今天为自己规定的任务，并承担起相应的

---

①　"每个人也都必须承认：义务的根据必定不能在人类的本性中或他所处的环境中去寻找，而只能先天地在纯粹理性的概念中去寻找。"〔德〕康德：《道德形而上学基础》，孙少伟译，九州出版社 2007 年版，第 7 页。

②　"在纯粹思辨理性与纯粹实践理性联结成一个认识时，假定这种联结不是偶然的和任意的，而是先天地以理性自身为基础的，从而是必然的，实践理性就占据了优先地位。因为若无这种隶属次序，理性就会发生自相冲突……一切关切归根结底都是实践的，甚至理论思辨理性的关切也仅仅是有条件的，只有在实践的应用中才是完整的。"〔德〕康德：《实践理性批判》，韩水法译，商务印书馆 1999 年版，第 133 页。

③　"传统的文化空间重新在民间被恢复、被承认，这是在群体的层次已经发生的事实，但是群体层次的承认还有待过渡到公共层次，并在过渡中缓解或解决认同的广泛性和真诚性问题，以便为中国历经改革之后进入一种比较稳定的成熟社会创造条件。"高丙中《民间文化与公民社会——中国现代历程的文化研究》，"序言"，北京大学出版社 2008 年版，第 3 页。显然，像认同的"真诚性"等主观性问题是无法通过经验方式被"证实"因而需要先验的"论证"。

④　参见高丙中《日常生活的现代与后现代遭遇：中国民俗学发展的机遇与路向》，《民间文化论坛》2006 年第 3 期，收入高丙中《民间文化与公民社会——中国现代历程的文化研究》，北京大学出版社 2008 年版；高丙中《中国人的生活世界——民俗学的路径》，北京大学出版社 2010 年版；高丙中《日常生活的文化与政治——见证公民性的成长》，社会科学文献出版社 2012 年版。

⑤　就如同后现代主义者利奥塔最终转向康德一样。参见〔美〕凯尔纳、贝斯特《后现代理论——批判性的质疑》，张志斌译，中央编译出版社 2004 年版，第 320 页。或者如梅克林所言："无论如何，我们学者不可能退向后现代通常所持的嘲讽姿态。"〔美〕梅克林：《论多元文化社会中的民俗共享与国民认同》，宋颖译、尹虎彬校，收入周星主编《国家与民俗》，中国社会科学出版社 2011 年版。

问题意识，亦即，有效地回应"我们自己的社会向民俗学界提出的重大知识需求"①。"中国现代的文化历程，从个人与作为集体意识的文化的关系来表述，就是普通人从共同体的普通承担者被贬低为特殊的'民'、'民间'（folk），再转变为正常的成员（即文化上的公民）的历程。这个历程的完成，就是中国在文化上成为正常的民族国家的历程。"② 这个历程的完成需要我们每一个中国人都参与的共同努力。

> 我生性是一个探求者，我渴望知识，不断要前进，有所发明才快乐。曾有过一个时期，我相信这就是使人的生命有其真正尊严的，我就轻视无知的群众。卢梭纠正了我。我臆想的优点消失了。我学会了来尊重人，认为自己远不如寻常劳动者之有用，除非我相信我的哲学能替一切人恢复其为人的共同的权利。③

---

① 参见高丙中《日常生活的现代与后现代遭遇：中国民俗学发展的机遇与路向》，《民间文化论坛》2006 年第 3 期，收入高丙中《民间文化与公民社会——中国现代历程的文化研究》，北京大学出版社 2008 年版；高丙中《中国人的生活世界——民俗学的路径》，北京大学出版社2010 年版；高丙中《日常生活的文化与政治——见证公民性的成长》，社会科学文献出版社 2012年版。

② 高丙中：《民间文化与公民社会——中国现代历程的文化研究》，"序言"，北京大学出版社 2008 年版，第 4 页。

③ ［德］康德：《反思录》，转引自斯密《康德〈纯粹理性批判〉解义》，卓然（韦卓民）译，商务印书馆 1961 年版，第 39 页。

第 十 章

"表演的责任"与民俗学的"实践研究"

——鲍曼《表演的否认》的实践民俗学目的—方法论[*]

一 表演的经验性标定与先验标定

表演理论被引进中国民俗学界以后，中国民俗学家讨论最多的表演理论的关键词是"表演（performance）"和"语境（context）"；但是，对表演理论的代表性人物鲍曼（Bauman，1940— ）反复使用过的另一个关键词"责任（responsibility）"却不曾关注。1993 年，美国民俗学家们曾合作出版过一部专题论文集《口头话语中的责任与证明》（Responsibility

　　* 《表演的否认》（Disclaimers of performance）收入 ［美］鲍曼《作为表演的口头艺术》，杨利慧、安德明译，广西师范大学出版社 2008 年版，第 130—156 页。在本章中，凡引用《作为表演的口头艺术》的地方，若没有特别的说明，仅注明该书的页码。在此，谨向为中国民俗学界介绍、引进表演理论的并翻译《作为表演的口头艺术》的杨利慧、安德明，致以衷心的感谢！同时纪念鲍曼《表演的否认》（1993 年）发表二十周年。本章发表于《民间文化论坛》2015 年第 1 期，其"内容提要"云："本文将鲍曼关于'表演者对表演的否认'的田野经验，视为实践民俗学的研究对象的事实表象起点（而不是概念表象起点），并通过对在田野经验中呈现的民俗现象的条件还原的'理性的实验'（康德），指出，鲍曼的表演'职责/责任'，不仅仅是对民俗现象进行归纳而得出的经验性概念，同时也是对民俗现象的发生条件给予先验阐明而演绎的先验理念。本文尝试将康德基于先验逻辑的论证方法（而不是自然科学式的仅仅给予一个理论性命题以经验性论据的证明方法）运用于民俗学的实践研究，以达成民俗学的实践目的论（先验理想）与知识方法论（先验演绎）在操作（实践判断力）层面的综合统一的有效性。笔者认为，面对自由的人（民）的自由的生活（俗），民俗学者只有站在实践研究的范式立场上，才不会把'表演'、'语境'、'职责/责任'等也可以属于实践民俗学的意志论理念，单单用作理论民俗学的认识论概念，从而避免民俗学的'理性的误用'。"

and Evidence in Oral Discourse，第 130 页），其中讨论的内容（除了鲍曼本人的论述），至今没有被汉语学界所了解，以此，本章讨论的对象仅仅是"鲍曼的"表演理论的"责任"概念（可以作为中国学界共同的讨论对象）。

在讨论"责任"的同时，我们也要讨论鲍曼提出的另一个命题——"表演者对表演的否认"，因为在某些时候，鲍曼认为，"表演者对表演的否认"就意味着"表演者真的不愿意承担起表演的责任"（并不仅仅是"表面上否认自己具有任何真正的交流能力"）。由于在鲍曼对"表演"的定义中，"责任"被界定为表演的本质，所以，在本章中，笔者把"责任"肯定为表演理论的关键词之一。这里，可以借用倪梁康的一句话："我们暂且不经检验就将其［'表演……其本质在于……责任'的命题］作为我们的出发点接受下来。当然，随着阐述的展开，这个出发点将会得到论证。"① 而且我们要像康德那样，严格地"以令人信服的方式来阐述这种联系"②。

虽然早在 1975 年发表的著名论文《作为表演的口头艺术》中，鲍曼就已经注意到表演者本人对自己的"表演的否认"③，然而那时的鲍曼，仅仅视"表演的否认"为标定表演"特点"的经验性手段之一，因而"表演的否认"尽管与表演的本质即责任"并不相矛盾"，但两者之间也没有什么实质性的关联，即"表演的否认"仅仅是标定表演的一种或然性的习惯做法而已。

> 传统上用以标示表演的手段也可能是表面上否认自己具有任何真正的交流能力，即对表演的否认。……当然，这样的否认与承担展示交流能力的责任并不相矛盾，而是对礼节和行为举止规范的让步，因为在这些礼节和举止规范中，妄自尊大是受到贬抑的。在这样的情形下，对表演的否认既是一种道德姿态，用以平衡表演所引

---

① 倪梁康：《现象学及其效应——胡塞尔与当代德国哲学》，三联书店 1994 年版，第 38 页。

② 参见［德］康德《实践理性批判》，韩水法译，商务印书馆 1999 年版，第 136 页。

③ 参见王杰文《"表演理论"之后的民俗学》，《民俗研究》2011 年第 1 期。

起的对表演者的高度关注，同时其本身也是对表演的一种标定方式。①（第25—26页）

而鲍曼于2005年在北京师范大学的讲演中，把"表演的否认"明确解释为表演者对"表演的重新标定"，即从表演的交流模式、言说方式（民间文学家称之为"体裁"），向其他的交流模式或言说方式的体裁转换。这就意味着，在2005年，鲍曼最终决定，不再把"表演的否认"视为对表演本身的标定（不仅是经验性而且是道德性的标定）。

> 另一个问题是表演的重新标定。表演只是交流的一种模式，它是灵活的、可变动的。在某种特定的情况下，表演者会从表演的交流模式转换到其他的交流模式。比如一个说话的人会在某个特定时候对观众/听众承担表演的责任，但别的时候他就不要求听众/观众对他进行品评——"我会给你讲这个故事，但是我不是在为你做表演。"研究者应该敏锐地观察这种交流模式的转变，特别是在田野作业中。在田野作业中，有时会遇到这样的情况：某位故事讲述家会说，"好吧，我知道这故事，我也会讲给你听，但我不是在表演，我对表演不承担责任"；"我会'报道'给你听，或者给你概述故事的梗概，或者引用别人的讲述，但我不是在表演"。所以，要注意到在任何交流情境中的动态变化：即使在讲述同一个故事的时候，人们也可能会从一种言说方式转换到另外一种言说方式。……人们也许会知道一个故事，但是他们也许会觉得自己缺乏相关的讲述技巧以把它表演出来。比如一个故事讲述者会说："我知道这个故事，这是我祖母讲的，虽然我会转述给你听，但这是她的表演，而不是我的表演。"另一个例子是"排练"，排练的时候表演者是在练习，他也不要求这个时候对他的表演技巧、能力等进行评价，

---

① 王杰文批注："陕北秧歌表演者经常唱的一个套路式的开头是：'不会唱呀不会唱，伢把我推到秧歌场上；捉不了嗓子捉不了调，哎——唱得不好了伢可不要笑。'""我个人觉得［这份材料］与鲍曼的本意比较契合。当然，他后来提供的那些材料，又远不如我们所知的'表演之否定'之具体情况复杂。"

他不是在表演。……从更大的范围来讲，表演是一个社会中所有的言说方式的一部分，所以，我和我的同事特别感兴趣的还有这样一些问题：在一个大的语言社区中，表演和其他的言说方式有何差异？在所有的言说方式之中到底什么是表演的独特之处？……我们归纳出以上这些表演形式的特点，就是想通过考察一个社区当中表演具有的功能、模式，从而把它与那些更随意的或者其他的言说形式区别开来。这里我想再一次强调：在谈到"表演"时一定要意识到表演只是一种艺术的交流方式，还存在其他的一些交流方式，要考虑二者之间的相互关系是什么。（第 200—202 页）

鲍曼似乎认为，比起表演的交流模式，人类的其他交流模式是"更随意的"，就鲍曼认为表演应该是负责任的表演而言，表演的确有不能随意的一面。而先于 2005 年的讲演，在 2000—2001 年期间，鲍曼在接受《作为表演的口头艺术》的译者杨利慧、安德明的访问时谈到："'表演的否认'，就是说在一些情况下，表演的框架实际上是不断协调、不断变化的……在那种情形下，讲述者是否愿意表演成了动态的民族志事件的一部分。所以，有的事情就不是表演。"（第 236 页）就已经初步表达了他关于"表演的否认"是表演的交流模式向其他交流模式的体裁转换的观点。

但是，为什么表演者要在不同的交流模式之间进行体裁的转换？这次鲍曼语焉未详，也许是因为，鲍曼认为，对于该问题，他早在 1993 年的论文《表演的否认》（收入《口头话语中的责任与证明》）中就已经给出了答案，即："表演的否认"是表演者因掌握的表演知识和表演能力的缺乏所导致的主观决定的偶然结果。但是，就在同一篇论文中，鲍曼还记录了他所观察到的一组特别值得关注的民俗现象：表演者"真的不愿意"承担表演责任的真诚态度。且鲍曼暗示，在这种"真的不愿意"的真诚态度下面，掩盖的是主观的责任态度所依据的客观（主观间共同）的责任（理性的）理念，即"人应该是什么样"[①] 的理念，而这正是该篇论文最具魅力的地方。

---

① 参见［德］康德《纯然理性界限内的宗教》，载《康德论上帝与宗教》，李秋零编译，中国人民大学出版社 2004 年版，第 326 页。

　　这就是说,鲍曼在不同时段、不同论文中,描述了不同的"对表演的否认"的民俗现象:在 1975 年,鲍曼视"对表演的否认"为表演中的修辞("表面上否认自己具有任何真正的交流能力"),因而可以作为标定表演的经验性手段;而到了 1993 年,鲍曼认识到,"表演的否认"可能是对"完全的表演"的道德性先验标定(体现了鲍曼在解释田野经验时令人赞叹的先验敏感性,正如鲍曼自己的声明:"研究者应该敏锐地观察这种交流模式的转变",使之成为"动态的民族志事件的一部分");而到了 2001 年以后,鲍曼似乎又回到了他在 1975 年的经验论、认识论立场,尽管鲍曼的最新结论不再坚持"对表演的否认"是表演的经验性标定,而是认定"对表演的否认"仅仅体现了表演者希望向不同于表演体裁的其他交流模式转换的主观任意的态度。①

　　或者,也可以这样说,鲍曼始终没有意识到他在 1993 年的论文《表演的否认》中,所观察到的"表演者真的不愿意承担表演责任"这一重要的民俗现象的实践论、先验论解读的可能性与价值,而笔者却认为,鲍曼在 1993 年亲证的表演者"对表演的否认"的田野经验,具有实践民俗学的"新生性"(第 41 页)。而这就意味着,我们实际上面对的是两个不同的鲍曼,一个是作为经验论者和理论认识论者的鲍曼,一个是作为先验论者和实践认识②论者的鲍曼,而我们主要关注的是后一个鲍曼。以此,在本章中,笔者对鲍曼关于"表演的否认"以及表演的责任的实践民俗学先验阐明,仅仅限于《表演的否认》一文。

---

　　① 王杰文批注:"在'艺术人类学'或者'讲述的民族志'的最初的意识当中,研究者们已经发现,'表演'仅仅是交流的多种'框架'之一。而'口头艺术'之'类型'特征注定了'表演'是其最突出的交流框架,于是乎,'表演理论'由此而出。"

　　② "实践认识",参见[德]康德《实践理性批判》,韩水法译,商务印书馆 1999 年版,第 61、113 页。在康德那里,"实践认识"是对"[人的]实践知识"的认识,康德指出:"理性[具有]这种乐意对所提出的实践问题进行极其精细考察的倾向。"同上书,第 168 页。"实践认识",康德也称之为"实践研究",同上书,第 26 页。"实践研究",德文 praktischen Untersuchungen,英文 practical investigation,见《实践理性批判》,德国科学院本,第 26 页;Gregor 英文译本,第 24 页。参见 Immanuel Kant, *Kritik der praktischen Vernunft*, neunte Auflage, Verlag von Felix Meiner in Leipzig, 1929; Immanuel Kant, *Critique of Practical Reason*, Translated and Edited by Mary Gregor, Cambridge University Press, 1997.

二 表演的职责(responsibility)与道德责任(duty)
——实践民俗学先验理想的目的论

  任务一，设定一个意志是自由的：试发现唯一适宜于必然地决定它［即意志］的那个［普遍］法则。

——康德《实践理性批判》①

  首先，还是让我们从鲍曼对"表演（performance②）"的定义，以及

---

  ① 在康德《实践理性批判》中为"任务二"。参见［德］康德《实践理性批判》，韩水法译，商务印书馆 1999 年版，第 29 页。

  ② "作为语言学的术语，performance 主要是指语言的实际应用，以此在汉语语言学中被译为'语言运用'，而不是'表演'。为了统一，也为了避免误解，我们在全书中把 performance 一律译为'表演'。但需要指出的是，本书在介绍语言学的相关观点时提到的 performance，指的就是语言运用，而表演理论也正是在这一层意义上来借鉴语言学的相关成果的。"第 84 页，"译者注"。鲍曼使用的 performance，可能借自奥斯汀（1911—1960），但奥斯汀 *How to Do Things with Words*（1955 年在哈佛大学的讲演）中使用的 performance，只能根据该词的本义译作"实施"，例如 the performance of the act（行为的实施），且奥斯汀更多地使用的是 performative（实施式），如：Ⅰ Performatives and Constatives；Ⅱ Conditions for Happy Performatives；Ⅴ Possible Criteria of Performatives；Ⅵ Explicit Performatives；Ⅶ Explicit Performatives Verbs；Ⅺ Statements, Performatives, and Illocutionary Force. 参见 J. L. Austin, *How to Do Things with Words*，外语教学与研究出版社 2002 年版，第 8 页；以及"目录"，F7。鲍曼承认，奥斯汀的言语行为理论对表演理论有一定的影响（第 8 页）。王杰文批注："对上述相关表演的理解，最好置诸于'语言人类学'对呈现方式的强调的传统中来理解。""'表演'作为日常交流的分析框架之一，是从'语言人类学'来的，戴尔·海姆斯的名篇《突破进表演》中有详细分析。"王杰文写道："唯一例外的是诺姆·乔姆斯基，他用'能力'与'表演'来取代索绪尔的'语言'与'言语'，在他看来，'能力'指的是讲述主体具备的知识，尤其是指'语法知识'；而'表演'则具有双重含义，一方面指的是语法之外的所有知识以及语言使用当中的所有能力，另一方面指的是'纯粹的'表演，或者说'纯粹的'行为。""在美国民俗学领域，早在 1957 年，威廉姆·詹森已经使用了'表演'的概念。随后，阿兰·洛马克斯的《民间歌谣的风格与文化》，罗格·亚伯拉罕的《民俗学修辞理论述评》、《用表演为中心的方法研究闲谈》，丹－本·阿默斯的《民俗：游戏的再界定》，阿兰·邓迪斯的《谚语及讲述民俗的民族志》等文本都关注了'表演'，虽然这些作者对于'表演'的界定并不一致。"参见王杰文《戴尔·海姆斯与"讲述的民族志"》，《温州大学学报（社会科学版）》2012 年第 25 卷第 1 期。

鲍曼关于"表演的责任"的命题入手。

　　从根本上说，作为一种口头语言交流的模式，表演存在于表演者对观众承担展示自己交流能力的责任。这种交流能力依赖于能够用社会认可的方式来说话的知识和才能。从表演者的角度说，表演要求表演者对观众承担展示自己达成交流的方式的责任，而不仅仅是交流所指称的内容。从观众的角度来说，表演者的表述行为由此成为品评的对象，表述行为达成的方式、相关技巧以及表演者对交流能力的展示的有效性等，都将受到品评。（第 12 页）

　　表演是交流性展示的一种模式。在表演中，表演者要对观众承担展示自己交流技巧的责任。表演特别强调言语交流的过程中言语生产行为得以完成的方式，比如表演者会通过表演与观众进行交流："请观察我，看我说得有多棒！"表演者会邀请观众关注其表达行为，并品评其言语交流行为如何有技巧地、有效地完成。所以这里的一个特别关键的问题是表演者如何和听众进行交流。（第 198—199 页）

　　简而言之，我把表演理解为一种交流模式，一种言说方式，其本质在于承担起向听众展示交流技巧的责任，在交流方式的指涉内容之上和之外，突显出达成交流的方式。[①]

　　表演是一种交流性展示的模式，其中表演者对观众承担着展示交流技巧的责任，它凸显的是话语生产行为得以完成的方式，而不仅仅是交流行为可能担负的其他多种功能。在表演中，叙事行为本身被框定为一种展示：它被客体化，并在一定程度上被从语境背景下抽离出来，允许观众对其内在品性以及引起的反响自由地进行阐释性、品评性的仔细审查。（第 77 页）

----

　　① Richard Bauman, *Story, Performance, and Event: Contextaul Staudies of Oral Narrative*, Cambridge University Press, 1986, P. 3. 汉语译文引自户晓辉《民间文学的自由叙事》，社会科学文献出版社 2014 年版，第 97 页。

简单地说，我将表演理解为一种元交流的框架，其本质在于表演者对观众承担着展示交流能力的责任，它突出了艺术交流进行的方式，而不仅仅是它所指称的内容。因此，在这一意义上谈表演，说话行为本身便被框定为展示，它在一定程度上从其语境背景中被客体化、被提取出来，并由观众进行自由而仔细的审查。（第 131 页）

在表演所具有的这种意义上，交流行为是被展示，被客体化，在一定程度上被从其语境背景中提取出来，并交由观众进行仔细审查。因此，表演会引起对交流行为的特别关注和高度意识，并允许观众对其以及表演者予以特别强烈的关注。表演使表演者在交流上负有责任，也赋予观众对表演者的相关技巧以及表演完成的有效性进行品评的责任。（第 68—69 页）

对表演进行品评的阐释性过程包含着对互文关系本身的运用，这一互文关系由过去的表演构成，它为对当下的表演进行比较性评估提供了标准。因此，表演者也对以往的表演负有责任，无论在特定的文化和历史背景中衡量这种责任的标准和尺度是什么。将表演与以往的表演相联属要求对二者之间的互文关系进行校准。对于正确做法的责任感会促使表演者尽可能复制过去的表演，以展示传统的权威性；同时，表演者也会使自己的表演与过去的传统保持距离，这会凸显其表演的独特性。[①]（第 79 页）

卡巴瑞体现了马尔加什高地人的表演范畴。参与卡巴瑞表演，就意味着要对观众承担展示自己对传统卡巴瑞形式的掌握能力的责任，并接受观众对自己的演说质量的品评。（第 14 页）

以上是鲍曼关于"表演的责任"的几处很明确的表述，我们从中可

---

① 笔者原先在阅读中没有注意到鲍曼的这段论述，感谢户晓辉的提醒，让我注意到鲍曼关于表演责任的这段重要论述。

以得知，在鲍曼看来，表演是需要承担起某种责任（responsibility）① 的交流模式，不仅表演者要向观众或听众承担起展示自己的交流能力的责任，观众或听众也要承担起品评表演者的交流技巧、交流效果的责任，亦即，在鲍曼看来，参与表演的双方（表演者和观众、听众）都应当承担起交流的责任。② 对比鲍曼之前的戈夫曼（Goffman，1922—1982）对"表演"的定义（1959 年），也许可以些许领略"表演理论"在美国学界（从奥斯汀［1955 年］，经詹森［1957 年］、戈夫曼［1959 年］，到海姆斯［1962 年］、鲍曼［1972 年］）的传承轨迹。

"表演（performance）"可以定义为，特定的参与者在特定的场合，以任何方式影响其他任何参与者的所有活动。以特定的个体和他的表演为参照点，我们可以把那些做出其他表演的人称为观众、观察者或协助参与者。在表演期间展开并可以在其他场合从头至尾呈现或表演的预先确定的行动模式可称为"角色"或"常规程序"。只要个体在各种不同场合对同样的观众都扮演同样的角色，就可能产生一种社会关系。如果把社会角色定义为对系于特定身份之上的权利与职责（duties）的规定，那么我们便能说，一个社会角色总是包含一个或一个以上的角色，这其中的每个角色都可由表演者在一系列场合下对各种同类观众或由同样的人组成的观众呈现。③

这就是说，在鲍曼之前，戈夫曼已经用 duty（冯钢译作"职责"）作为定义"表演（performance）"的"参照点"。与戈夫曼相比，尽管在鲍

---

① 我们注意到，在指涉表演的"责任"时，鲍曼使用的是 responsibility 一词。而鲍曼使用 responsibility 一词以说明 performance 的做法，可能也是源自奥斯汀。奥斯汀在 *How to Do Things with Words* 一书中使用过 responsibility 一词，如：Features of this sort would normally come under the heading of 'extenuating circumstances' or of 'facters reducing or abrogating the agent's responsibility ［代理人的责任］', and so on. 参见 J. L. Austin, *How to Do Things with Words*, 外语教学与研究出版社 2002 年版，第 21 页。

② "一般而言，在记述式言语行为的意义中，不会出现特殊的行为义务；……要想［交往行为］发挥直接影响互动结果的约束力，言语者和听众就必须相互保证，他们的行为是建立在对语境的解释上的，而且与被认真接受下来的命题之间没有冲突。"［德］哈贝马斯：《交往行为理论》，第一卷"行为合理性与社会合理化"，曹卫东译，上海人民出版社 2004 年版，第 289 页。

③ ［美］戈夫曼：《日常生活中的自我呈现》，冯钢译，北京大学出版社 2008 年版，第 12 页；Erving Goffman, *The Presentation of Self in Everyday Life*, The Overlook Press, Lewis Hollow Road Woodstock, New York, 1959, p. 16.

曼对表演的诸多经验性标定中，responsibility（杨利慧、安德明译作"责任"）并没有位列其中（第16—29页）①，但是，正如鲍曼本人所反复强调的，用责任标定表演，却是我们理解表演的本质（表演的"本质在于表演者对观众承担着展示交流能力的责任"）的实质性条件。因为，如果说到责任，最终只能是人作为"人"的自由—理性的实践行为（例如"观众进行自由而仔细的审查"）的先验标定——正如康德所言，从实践的观点出发，除非我们先于任何经验就设定人具有纯粹理性和自由意志，因而是能够对自己的行为负起责任的存在者，否则，人作为"人"，其"自由意志就是一个谬论"②——尽管对此，鲍曼并没有明言（但是视责任为表演的本质，仍然真切地反映了鲍曼在界定"表演"概念时的先验论意识，因而显得意味深长）。

我们可以从相反的方向设想，如果一个人的行为及其责任，仅仅是被

---

① 鲍曼指出："每一个社区都会在其标定表演框架的各种资源中，习惯性地使用具有结构性的一套独特的交流手段，以使该框架中发生的交流能被理解为该社区中的表演。这些标定手段可以包括特殊的套语（'从前……'）、言说的风格化（例如韵律、平行关系、比喻性的语言）、求诸传统作为表演者所承担责任的参照标准（'老人们说……'）、特殊的符码（比如古老的语言），等等。在特定的社区中，用以标定表演的交流手段的集群也是因具体文化而异的，需要通过经验去发现；它们在不同文化中可能会有变化。"（第131—132页）"这里我想说明的一个基本观点是：我们必须要经验性地确定在一个特定的社区中，哪些是特殊的、惯常被用以标定表演的手段。尽管这些手段也许会具有地区的和类型的模式以及普遍性的倾向，但是它们常常会由于社区的不同而存在差异。"（第26—27页）"另外一个重要问题是表演者如何标定他的表演：表演者用一些什么样的手段来标定'这是一个表演'，或者'我现在开始表演了'。这种标定表演的手段在不同的地域文化和不同的历史发展阶段也是有差异的，但我们会发现有一些标定手段在世界范围内的许多文化中都被广泛地使用……需要注意的是：我们无法开列一个清单，列出所有标定表演的手段和方式，而是需要通过民族志的研究，考察在不同文化、不同社区当中使用的不同的标定表演的方法。"（第199页）

② 参见［德］康德《道德形而上学基础》，孙少伟译，九州出版社2007年版，第125页。"作为一种有理性同时又能够负责任的存在物，人具有人格性的禀赋。"［德］康德：《纯然理性界限内的宗教》，载《康德论上帝与宗教》，李秋零编译，中国人民大学出版社2004年版，第303页。"善与恶必须是他的自由任性的结果。因为若不然，他就不能为二者负责，从而他在道德上就既不能是善的也不能是恶的。"同上书，第318页。"设想自己是一个自由行动的存在物，同时却摆脱适合于这样一种存在物的法则（道德法则），这无非是设想出一个没有任何法则的作用因（因为依据自然法则作出的规定由于自由的缘故而被取消）；而这是自相矛盾的。"同上书，第310页。

动地被各种语境条件的"外在因素"①客观地规定的,而没有任何主观性、主动性可言,人还需要对自己决定、选择的行为承担起什么责任吗?答案自然是否定的。这就是说,唯当行为是人出于理性的自由意志的选择和决定(作为结果),人才需要为自己选择、决定的行为负起责任(作为原因);反过来说,一个应该负起责任的行为,一定是人的自由行为、理性行为②。就此而言,负起责任,是人的任何一种自由行为、理性行为的(道德性和源于道德性的)先验标定。

康德将人的各种道德性的实践活动,划分为:对自己和对他人的完全责任(perfect duty)行为和不完全责任(imperfect duty)行为③。康德认为,对他人的完全责任(不许欺骗,不许撒谎)和对自己的完全责任(不许自杀),是每一个自由—理性的存在者都必须(必然应该)承担的道德责任;但是,对他人的不完全责任(应该帮助他人)和对自己的不完全责任(应该发展自己),尽管也是每个人都应该承担的道德责任,因而是值得赞许的,却不能强制每个人都必须承担,而可以允许有例外④,因而,不完全责任所根据的行为准则,不属于实践行为所必须遵守的普遍的道德法则,尽管不完全责任同样具有道德法则的普遍性。

这样,根据康德对道德行为的等级和类型划分,我们可以将鲍曼所说的表演责任,视为人应该对自己和他人承担的不完全责任,而表演之所以被先验地标定为不完全责任行为,是因为,因表演而应该承担的责任,尽管是(通过品评而)值得赞许的,但却不是每个人都必然应该(必须)承担的。也就是说,如果一个人"不愿意"为自己的表演行为负起责任,即"不愿意"让自己的表演被别人认为是表演(鲍曼称之为"表演的否认"),也即"标记着[表演者]真的不愿意对表演承担责任"(第153页);或者根本就"不愿意"参与交流(同样没有承担起对自己和他人的

---

① 以及"外在的命令""外在的决定""外在因素的影响"等等,参见[德]康德《道德形而上学基础》,孙少伟译,九州出版社2007年版,第125、129、151页。

② "在那作为其原因的公认自由的行动中,就已经现存着使他负责的充足根据了。"[德]康德:《纯然理性界限内的宗教》,收入《康德论上帝与宗教》,李秋零编译,中国人民大学出版社2004年版,第315页。

③ 参见[德]康德《道德形而上学基础》,孙少伟译,九州出版社2007年版,第68—69页。

④ "人意识到了道德法则,但又把偶尔对这一原则的背离纳入自己的准则。"[德]康德:《纯然理性界限内的宗教》,收入《康德论上帝与宗教》,李秋零编译,中国人民大学出版社2004年版,第308页。

表演责任）……那么对此，人们只能表示遗憾而不能予以谴责。因为
"不愿意"承认自己是在表演甚至"不愿意"进行表演以加入交流的例外
行为，尽管没有与道德法则的普遍原则"和谐一致"，但也没有违背或者
与道德法则的普遍性"相抵触"。①

　　康德关于人的不同行为责任之间关系的论述，为我们先验地标定
（认识）表演的本质，提供了重要的"框架"。尽管我们知道，康德的
"责任（德语 Pflicht/英语 duty）"概念与鲍曼的表演"责任（responsibili-
ty）"概念不是同一等级、同一性质的"责任"概念。康德的 Pflicht，汉
语或译作"责任"，或译作"职责"，或译作"义务"②，英语一般译作
duty，对此，鲍曼应该是熟知的。在英语世界中，duty 和 responsibility 之
间，有普遍的、抽象的道德责任，和特殊的、具体的身份责任之别③。也

---

　　① "在人性中，有获得更加完满的能力，这些能力属于对我们自己人身中的人性尊重的自然
之目的；忽视这些能力，也许与那作为自身即是目的的人性的保存相一致，但却并不与这一目的的
增进相一致。"［德］康德：《道德形而上学基础》，孙少伟译，九州出版社 2007 年版，第 89 页。

　　② 比较：在康德《实践理性批判》中文译本中，韩水法将 Zurechung 译作"责任"，将
Verbindlichkeit 译作"义务"，将 Pflicht 译作"职责"。参见［德］康德《实践理性批判》，韩水
法译，商务印书馆 1999 年版，"索引"，第 190—191 页。"Pflicht（duty）这个词我们一概译作
'责任'而不是译作义务。"［德］康德：《道德形而上学原理》，苗力田译，上海人民出版社
2005 年版，"译者后记"，第 149 页。

　　③ Beck 把康德的 Pflicht（责任）译作 duty。在英文中，duty 和 responsibility 都是指的"责
任"，但 duty 的用途更广，除了具体的道义责任，也可专门用于指涉比较抽象的道德义务（moral
obligation），而 responsibility 仅用于指涉比较具体的行为责任。后者往往以一个人的工作（job）、
职业（profession）或社会角色（social role）为条件，比如"我是我弟弟的监护人吗（Am I my
brother's keeper）？"（语出《旧约·创世纪》）这句问话中，就包含了"我应该承担起我作为我弟
弟的监护人的职责"的意思。因此，responsibility 是一种身份职责，即因一个人的特定身份而应
该承担的道德责任（"职业道德"的说法庶几近之）。而 duty 在用于道德义务时，却是指的先于
每个人的后天身份都应该承担（must do）的（作为人的）先天责任，用北京土话说，就是一个
人"该着［zháo］的"（to be due to）的责任，或者用陕北方言说，就是对别人甚至对自己上辈
子"欠下［hà］的"（to be owed to）的责任，亦即必然"能够被要求的（that witch can be re-
quired）"的责任。因为道德责任是只要你是人，就应该承担也一定能够胜任的客观责任，而无
论你是否具备践行道德责任的自然能力，因为人先天地就具备践行道德责任的纯粹理性—自由意
志的实践能力。与之相比，身份职责更接近人们后天在主观上需要承担的义务，一个人未能履行
身份职责（failure to discharge a responsibility）（可能因为其自然能力的缺乏）不一定会遭到"谴
责（censure）"，但可能会遭到"处罚（penalty）"；但一个人即便违背先天、客观的道德责任，
也未必会遭到"处罚"，尽管他一定会遭到"谴责"（因为他没有运用自己的自由能力）。参见
《牛津哲学词典》，纽约牛津大学出版社 1994 年版，上海外语教育出版社 2000 年版，"duty"和
"responsibility"词条，第 112、329 页。笔者也曾就 responsibility 与 duty 的区别请教杨利慧和安德
明，并获益，谨此致谢！

许，正是因为鲍曼清楚地意识到，duty 与 responsibility 之间的区别，所以鲍曼在界定作为特定的、具体的交流模式的表演责任的时候，才使用了responsibility，而不是 duty。

　　尽管 responsibility 和 duty 都可以译作"责任"或"职责"，但是在本章中，为了更清晰地表达笔者的旨意，从现在开始，我们将把指涉具体的身份责任的 responsibility 译作"职责"，而把指涉普遍的道德责任的 duty 译作"责任"，以凸显两者之间同与不同的关系（而在需要兼顾 responsibility 和 duty 的双重意思的地方用"职责/责任"表示）①。而这也就是说，人的特殊的、具体的身份职责，虽然也以特定的、具体的语境目的为经验条件（performance 本身就包含着"履行"语境化责任的意思在内②），但仍然且必然建立在人的普遍的、抽象的道德责任的基础（前提、根据）上，因为，如若没有先验的道德责任意识，人也就不可能产生应该承担具体语境中的身份职责的职责意识。③

　　这样，通过"责任"（首先是通过普遍的道德责任，其次再通过具体的身份职责）的概念，我们先验地就可以知道，人是有自由意志的理性存在者（这是一个从实践的观点必然做出的设定），同时也是并非没有自然本能的感性存在者，但最终却是理性，而不是感性，规定了人的

----

　　①　高丙中批注："两个词的翻译也许可以这么考虑：responsibility，是侧重有能力或有意愿（主动性）做出反应，能够担此大任，也就是该反应时就会反应；duty 是侧重义务，无条件地回应，多一点必然性、必要性。前者翻译为责任（也许你用职责，强调是一种本份？），后者翻译为义务。当然还是要看文中的运用。"杨利慧批注："responsibility 译为'责任'较妥，它比较抽象，在戈夫曼的拟剧理论当中，也十分强调表演者和观众的'责任'，已经成为学界通行的译法了。duty 我觉得可以译为'职责'较好，它稍微具象一些，是与特定的'职'相关的责任。"与杨利慧一样，冯钢也把 duty 译作"职责"，参见［美］戈夫曼《日常生活中的自我呈现》，冯钢译，北京大学出版社 2008 年版，第 12 页。根据高丙中的建议，将 responsibility 译作"责任"，将duty 译作"义务"，对于一般理解而言，可能是最佳方案，这样既突出了 duty 包含的普遍性，同时也与杨利慧、安德明的译法（将 responsibility 译作"责任"）相统一。但是在本书中，我一方面想突出 duty 的普遍性和 responsibility 的具体性，另一方面又想强调两者之间联系，而"责任"和"职责"中各有一个"责"字，很能表达我的用意，故将 duty 和 responsibility 分别译作"责任"和"职责"，因而这种译法只适用于本章。

　　②　我们注意到，在英文中，performance 及其动词形式 perform，其本义首先都是"履行［职责］""执行［指令］""完成［任务］"，而"表演"只是其"引申"的词义。

　　③　"身份职责"与"普遍责任"之间的区分，参考了黄裕生关于人的"舞台角色"与"本相性身份"之间的区别的论述。参见黄裕生《真理与自由——康德哲学的存在论阐释》，江苏人民出版社 2002 年版，第 67—68 页，特别是第 68 页注释①。

存在的本质，同时也规定了人的职责意识的无条件条件——人的出于自
由理性的责任意志（没有理性和自由意志，人也就无须负起具体的身份
职责）。以下是在《道德形而上学基础》中，康德给出的关于"责任"
的三个命题：

第一个命题："一个行为要具有道德价值，必然是出于［人的自由意
志的］责任。"① （反过来说，通过"责任"概念，我们才能够认识到一
个行为具有出于自由意志的道德价值②）——说明责任体现了一个行为
（作为人的行为）的自由属性。

第二个命题："一个出自责任的行为，其道德价值并不来自于通过此
行为［依据自然规律］而要实现的［经验性］意图，而是来自行为被
［普遍法则所］规定的［主观］准则［的客观必然性］。"③ ——说明责任
行为的客观必然性。

---

① ［德］康德：《道德形而上学基础》，孙少伟译，九州出版社 2007 年版，第 17 页。这句
话苗力田译本作："道德的第一个命题是：只有出于责任的行为才具有道德价值"。［德］康德：
《道德形而上学原理》，苗力田译，上海人民出版社 2005 年版，第 16 页。Paton 解释："人类行为
在道德上的善良，并不因为出于直接爱好，更不是出于利己之心，而是因为出于责任。这就是康
德关于责任的第一个命题，虽然他本人并没有用这样的一般形式来表述这一命题。"同上书，第
99 页。李秋零译本据德文原文没有译出这句话，参见 ［德］康德《道德形而上学的奠基》，载
《康德著作全集》，第 4 卷，李秋零译，中国人民大学出版社 2007 年版，第 406 页。亦即，在
《道德形而上学基础》的德文原文中，康德没有直接表述"第一个命题"，"第一个命题"的具体
表述见 Beck 等英文译本，是英文译者根据康德原意所补充的。苗力田译本"根据普鲁士皇家科
学院所编 9 卷本《康德文集》"，但用 ［ ］ 号标出的"第一个命题"的这句话可能也是"参考现
有的汉文和英文的译本"而补充的。参见 ［德］康德《道德形而上学原理》，苗力田译，上海人
民出版社 2005 年版，第 148—149 页。

② 我们可以仿照康德，这样来界定责任和自由意志的关系：责任是自由意志的认识条件，
而自由意志是责任的存在条件。"［自由］是我们所知道的道德法则的条件……当我现在把自由
称为道德法则的条件，而在随后的著作里面又声称道德法则是我们能够最初意识到自由所凭借的
条件时，为了使人们不误以为在这里遇到了前后不一贯，我只想提醒一点：自由诚然是道德法则
的存在理由（ratio essendi），道德法则却是自由的认识理由（ratio cognoscendi）。因为如果道德法
则不是预先在我们的理性中被明白地思想到，那么我们就决不会认为我们有正当理由去认定某种
像自由一样的东西（尽管这并不矛盾）。但是，假使没有自由，那么道德法则就不会在我们内心
找到。"［德］康德：《实践理性批判》，韩水法译，商务印书馆 1999 年版，第 2 页注释①。于是
我们才可以理解康德为什么一方面说"责任概念包含了善良 ［的自由］ 意志的概念"，另一方面
又说"责任是自身即是善良 ［的自由］ 意志的 ［认识］ 条件"。参见 ［德］康德《道德形而上
学基础》，孙少伟译，九州出版社 2007 年版，第 11、27 页。

③ ［德］康德：《道德形而上学基础》，孙少伟译，九州出版社 2007 年版，第 17 页。

第三个命题："责任是出于对 ［普遍］ 规律的尊重而做出的 ［个人］ 行为的 ［主观］ 必然性。"① ——说明责任行为的主观必然性②。

这样，康德就从自由意志基于被"强制""应当"服从实践原则的客观必然性，和自由意志出于"尊重"而"意愿"服从实践原则的主观必然性这两个方面，阐明了何谓实践行为的"责任"，进而"责任"行为的实践价值，即属于"人的行为"的自由尊严。或者也可以这样说，所谓道德责任：一方面起源于实践原则对主体的实践行为的强制地约束（反过来就是实践行为的主体对实践原则的依赖），即普遍原则的"应该"的客观必然性动因③；另一方面则起源于实践行为的主体对实践原则的尊重，即个人意志的"意愿"的主观必然性动机。

---

① ［德］康德：《道德形而上学基础》，孙少伟译，九州出版社 2007 年版，第 19 页。邓晓芒概括"普通的道德理性知识"的三个命题："1）只有意志的出于义务的行为才具有道德价值；2）这种行为的道德价值不在于其结果，而只在于其意志的准则（动机），因而这准则只能是意志的先天形式原则；3）'义务就是一个出自对法则的敬重的行动的必然性'，这敬重所针对的法则是一种普遍的立法原则。"邓晓芒：《康德哲学诸问题》，三联书店 2006 年版，第 77 页。

② 康德关于"责任"的相关论述：（1）"依据这条 ［实践］ 法则而排除了一切出于禀好 ［因而依据自然规律］ 的决定根据的行为是客观 ［必然］ 地实践的，这种行为称作职责（Pflicht/duty 即责任）。"［德］康德：《实践理性批判》，韩水法译，商务印书馆 1999 年版，第 87 页。（2）"［职责（Pflicht/duty 即责任）是］ 对法则的客观必然的遵守。"同上书，第 165 页。（3）"一个不绝对善良的意志对自律性原则的依赖性（道德的强制性）是约束性责任（obligation）。一个出自约束性责任的行为的客观必然性就叫做责任（duty）。"［德］康德：《道德形而上学基础》，孙少伟译，九州出版社 2007 年版，第 111 页。（4）"一个实践规律……遵守这个 ［实践］ 规律即是责任（duty）。"同上书，第 77 页。（5）"根据这个 ［实践］ 原则的行为的 ［客观］ 必然性，就被称作实践的强制，也就是责任（duty）。"同上书，第 97 页。（6）"我就必须把知性世界的规律看作是对我的律令，而把根据这个原则的行为看作是责任（duty）。"同上书，第 143 页。（7）"责任（duty）是出于对规律的尊重而做出的行为的 ［主观］ 必然性。"同上书，第 19 页。（8）"对实践规则的纯粹尊重而来的行为的 ［主观］ 必要性构成了责任（duty）。"同上书，第 25 页。据此，康德的所谓"责任"，一方面是："依据这条 ［实践］ 法则而排除了一切出于禀好的决定根据的行为""根据这个 ［实践］ 原则的行为""遵守这个 ［实践］ 规律 ［的行为］""出自约束性责任的行为"的客观必然性性 ［从（1）到（6）］；另一方面则是：人"出于对规律的尊重而做出的行为""对实践规则的纯粹尊重而来的行为"的主观必然性 ［（7）和（8）］。

③ "每个人都必须承认：如果一个规律要适用于道德，即成为义务的一个根据，那么它必定具有绝对的必然性。"［德］康德：《道德形而上学基础》，孙少伟译，九州出版社 2007 年版，第 7 页。

　　换句话说，如果仅仅是实践行为的主体在主观上对实践原则的服从，实践原则不是主体的实践行为的客观必然性动因，服从就可能仅仅是主观任意性动机；但是，如果仅仅是实践原则在客观上对主体的实践行为的强制的约束，实践原则就不会成为对主体的实践行为来说的主观必然性动机的内在性自律原则，从而实践原则就会成为单纯强制、约束主体的实践行为的外在性的他律规则。这就是说，凡是在需要主体为实践行为负起责任的地方，一定是责任"应当"的客观必然性动因和责任"意愿"的主观必然性动机的先天综合的必然统一，而也这正是康德心目中最高等级的实践行为——道德行为的完美标定。

　　在现实的语境中，尽管并不是所有的实践行为，都符合康德心目中最高等级的道德行为的完美标定，即如鲍曼所言表演的交流模式，其直接承担的只是应该对自己（"发展自己"）和他人（"帮助他人"）所承担的不完全责任，即对"值得赞许"的交流能力的展示和品评，而不是必然应该（必须）承担的对自己和他人（'不许……'）的完全责任，但完全责任仍然可以作为"表演"的标定，乃是因为，表演行为的交流模式的不完全责任，实际上仍然是建立在实践行为的完全责任的道德原则（例如对表演者自己和观众、听众人格的尊重，即哈贝马斯所谓交往理性的"真诚性原则"①）的基础上，而这就要求参与表演的主体双方，都应该通过表演交流的不完全责任，承担起隐蔽在表演交流内部的完全责任，以满足表演交流最基本的实践目的论的道德要求。

　　以此，表演必然出于人的理性（尽管不一定是纯粹理性）的自由意志，以此，表演才是需要人通过其理性的自由意志，承担起职责的自律行为（而表演的"自愿行为"②"可能负担的其他多种功能"如艺术表达的功能倒在其次了），这样，理性的自由意志就成为了承担职责的表演的"自愿行为"即自律行为的无条件条件，而这个表演职责的无条件条件——出于理性的自由意志的责任，我们只能通过让表演行为至少"在一定程度上被从其语境背景中提取（抽离）出来"即在被"语境背景"限制的职责意识之外才能够找到，如果"语境背景"被

____

① 参见本书第三章《民间文学—民俗学的"真理宣称""规范宣称"与"真诚宣称"》。
② 参见［德］康德《道德形而上学基础》，孙少伟译，九州出版社 2007 年版，第 161 页。

限定为时空条件下的"语境因素（元素）"，即现实和历史的经验现象的全部实存的话。①

现在，如果我们假设，表演只是一个在直观中呈现的出于主观任意性（康德所谓"随意的选择"②的"要实现的［经验性］意图"③）的动机的"自愿行为"，而不是一个在实践上被要求合于客观必然性动因的责任行为，那么，如果表演者对自己说："我'应该''愿意'我的表演!"就是无意义的；因为，如果表演者自己已经"愿意"表演了，表演者再用命令的口吻对自己说"我应该"，在理论上能有什么意义呢?但是，如果表演者认为，表演不能够仅仅是一个因语境化目的而出于主观任意性的职责动机的自愿行为，更应该是一个在实践上合于客观必然性的责任动因的自愿行为，那么，如果表演者本人并不认为他的表演，仅仅出于主观上任意的意愿动机，而是首先出于客观上纯粹的意志动因（"客观上就意愿而言"④），则表演者完全可以对自己说："我'应该'

---

① "民俗学家们不断精细地区分'语境'，无非是为了把每一种潜在的语境性因素都寻找出来，但是，这些努力穷尽了'语境'的所有元素了吗? 查尔斯·布瑞格斯发现，在界定'语境'概念的过程中，民俗学家们存在着两个问题，一是他们试图穷尽地描述'语境'的所有元素;一是他们努力把这一描述性的工作当作一种'客观的'描述。然而，首先，从理论上讲，特定民俗事件的'语境'是不可能被穷尽的，因此也不可能是'完整'的。因为特定民俗事件的'语境'因素并不都是呈现在民俗学家面前的，大量的'语境'因素是潜在的，无法被民俗学家直接感知的;第二，既然民俗学家是特定民俗事象的描述者，既然他把语境性的因素视为一套外在于、独立于表演的客观的元素，他就必然会成为'语境'因素的仲裁人，他自身所带有的主观偏见会影响这一仲裁的过程也是不言而喻的。然而，尽管这两种局限性是显而易见的，但是，当时的民俗学家与人类学家们却为了强调自己所从事的研究的客观性、可靠性，竟然有意无意间忽视了这些问题的存出，甚至提出了所谓'自然语境（National Context)'与'人为语境（Artificial Context)'的区分，把在'自然语境'中从事田野作业作为学术共同体最受推崇的学术规范。"王杰文：《"语境主义者"重返"文本"》，《青海社会科学》2013 年第 3 期。

② 参见［德］康德《实践理性批判》，韩水法译，商务印书馆 1999 年版，第 90 页。

③ 参见［德］康德《道德形而上学基础》，孙少伟译，九州出版社 2007 年版，第 17 页。

④ 参见［德］康德《纯然理性界限内的宗教》，载《康德论上帝与宗教》，李秋零编译，中国人民大学出版社 2004 年版，第 287 页。

'愿意'我的表演!"即康德所说的"实践(性)的爱",即被命令的情感①。也就是说,通过这样一个"我应该"的命令,引起或转换一个"我愿意"的行为职责,即根据一个客观必然性的实践责任,我们就将自己的出于主观任意性的职责意愿(愿意),裁成为我们自己的出于主观必然

---

① 康德多次提及"实践的爱"(参见〔德〕康德《实践理性批判》,韩水法译,商务印书馆 1999 年版,第 90 页)或"实践性的爱"(参见〔德〕康德《道德形而上学奠基》,杨云飞译,人民出版社 2013 年版,第 21 页),即一种看起来自相矛盾的被命令(应该)的情感(愿意)。康德的意思是,从理论理性的经验角度看,情感(愿意)完全无须命令(应该);但是从实践理性的先验角度看,被命令(应该)的情感(愿意),却合情合理。"没有一个人能够仅仅因命令而去爱某人。……一个关于人们应当乐意做某事的命令,是自相矛盾的,盖缘如果我们自己已经知道有责任去做什么事了,如果我们此外还意识到乐意去做此事,那么这样的命令就是毫无必要的。"〔德〕康德:《实践理性批判》,韩水法译,商务印书馆 1999 年版,第 90 页。"行为应当所由从出的意向是不能由命令灌注进去的。"同上书,第 160 页。"一种颁行的信仰乃是无稽之谈……认定这种可能性完全无需命令。"同上书,第 157 页。"这种信仰不是颁行的,而是……我们判断的自愿决定。"同上书,第 159 页。"承认一般幸福的可能性完全无需命令。"同上书,第 158 页。"自己的幸福是理性的尘世存在物的主观的终极目的……由于自己的依赖于感性对象的本性,每一个理性的尘世存在物都具有这种主观的终极目的,关于这种目的,说人们应该具有它,是愚蠢的。"〔德〕康德:《纯然理性界限内的宗教》,载《康德论上帝与宗教》,李秋零编译,中国人民大学出版社 2004 年版,第 293 页。"因为爱作为一种爱好是无法被命令的,但是出于义务本身的善行,即使根本没有任何爱好驱使我们去实行之,甚至还被自然的、难以克服的反感所抵制,却是实践性的而非病理学〔'病理学的'在此的意义是指依赖于感性的,或由感性冲动所规定的,具有生理情绪的性质。——译者〕的爱,它在于意志,而不在于情感偏好;在于行动的原则,而不在于温柔的同情心;但惟独这种实践性的爱能被命令。"〔德〕康德:《道德形而上学奠基》,杨云飞译,人民出版社 2013 年版,第 21 页。在《实践理性批判》"纯粹实践理性的动力"一章中,康德花费了大量篇幅讨论这种在实践上(而不是在理论上)'应该的愿意'或'被命令的情感',康德指出,"这种(道德名义之下的)情感仅仅是由理性导致的……人们能够以什么名称比较恰当地授予这个特殊的情感,而它是不能够与任何本能情感相比较的?它是这样一种独特的情感,它看来只听命于理性,并且只听命于纯粹实践理性。"〔德〕康德:《实践理性批判》,韩水法译,商务印书馆 1999 年版,第 82—83 页。"这样一种情感是与道德法则的表象不可分割地联结在一起的","这个自这种强制性的意识发源的情感并不像由感觉对象所产生的情感那样是本能的,而仅仅是实践的,亦即是通过一个先行的(客观的)意志决定和理性的因果性而可能的。"同上书,第 87 页。即"理性通过实践法则所绝对地命令的和实际地产生的"情感。同上书,第 88 页。同样的表述也见于〔德〕康德《道德形而上学奠基》,杨云飞译,人民出版社 2013 年版,第 23 页注释①。

性的责任意志（应该的愿意）①。

由于只有在主观上出于应该的职责意愿的动机，才真正是由客观上必然地应该的责任意志的动因所引起的，据此反观作为交流模式的表演行为，如果我们认为，表演行为应该是出于职责的交流模式，那么，表演者就不能仅仅是出于在主观上任意的职责意愿的动机，而不是出于在客观上必然地应该的责任意志的动因，因为，若此，表演在本质上就可能是也可能不是出于责任（即便是合于职责）的交流。但是，既然作为先验论者的鲍曼，实际上先验地界定了表演的本质是一个在客观上的责任行为——尽管同时在主观上也必定是一个出于或合于职责的"自愿行为"——那么，表演就一定有一个在客观上应该（尽管并非直接是客观上的必然应该）的先验动因，以作为表演交流的实践目的论的本质条件。

但是，正如笔者在上文已经指出的，我们面对的是两个鲍曼，即作为先验论者和实践民俗学者的鲍曼，以及作为经验论者和理论民俗学者的鲍曼，而现在，我们描述了鲍曼从实践民俗学的先验论立场出发，对"表演"以及"表演的职责"的先验规定。然而，作为经验论者和理论民俗学者的鲍曼开始发出质疑：作为先验论者的鲍曼凭什么就界定表演交流，在本质上是一个客观上"应该"的责任行为呢？仅仅凭借对人作为自由主体之"应当'是'"的一个先验的规定吗？当然，在现实中，我们想象的这种情况并没有发生，相反，田野中的、在经验论和先验论之间游移不定的鲍曼（至少是 1993 年的鲍曼），最终完全认同了在对"表演"的概念进行定义时持先验论立场的鲍曼，而 1993 年的这一次认同事件，究竟是如何发生且如何可能的呢？

---

① 这里所说的实践动机的主观必然性，指的就是与实践意志的主观动机的绝对自发性，即自由意志："自由并不在于行动的偶然性（即它根本不为任何根据所规定），即并不在于非决定论，而是在于［自我决定、自我规定其根据的］绝对的自发性。"［德］康德：《纯然理性界限内的宗教》，载《康德论上帝与宗教》，李秋零编译，中国人民大学出版社 2004 年版，第 331 页。而实践动机的主观任意性，同样不是"不为任何根据所规定"的，亦即，实践的任意性同样要用某种规则、规矩（或者是自由法则，或者是自然规律）规定其实践动机。

三 对表演的否认是对完全表演的标定
——实践民俗学的先验还原方法论

> 任务二，设定惟有准则的单纯立法形式是意志充足的决定根据：试发现那只有通过它［即普遍法则］才能被决定的意志的［自由］性质。

——康德《实践理性批判》①

在上文中，我们已经讨论了作为实践民俗学的"坚定不移"的先验论者的鲍曼，如何界定"表演"的概念；而在下文，我们将讨论作为理论民俗学的游移不定的经验论兼先验论者（1993 年）的鲍曼，如何主动地认同前一个鲍曼这一认同事件，究竟是如何发生且如何可能的？现在，我们就来考察这一问题。但是，与上文不同，在下文中，我们考察的对象，不再是先验论者的鲍曼对"表演"概念的先验界定，而是作为游移不定的经验—先验论者的鲍曼借助"表演"概念，所表象的他亲证的田野经验——表演者的表演行为以及表演者的职责意识，并且以这些经验现象（而不是表象经验现象的概念）作为考察鲍曼的——"表演"概念的事实表象起点。

但是，尽管我们考察的是在鲍曼的田野经验中呈现的民俗现象，民俗学者毕竟是在用概念来呈现其田野经验，以及田野经验中的民俗现象，而概念以什么方式被使用，又是民俗现象的不同性质得以在田野经验中被呈现的不同（概念）形式条件。换句话说，正是概念的不同使用方式——实际上体现了概念的不同（经验的或先验的）性质——规定了民俗现象的不同性质。这就是说，尽管"表演"的概念可能"始于"田野经验，但是，决定了表演的本质的"职责"概念（决定了我们对表演的理解），

---

① 在康德：《实践理性批判》中为"任务一"。参见［德］康德《实践理性批判》，韩水法译，商务印书馆 1999 年版，第 28 页。

却并不一定就"源于"田野经验。① 这样，我们最终是通过概念的不同使用方式，亦即不同性质的概念来考察田野经验，以达成对田野经验的经验性理解或先验的理解，而这也正是鲍曼在考察自己的田野经验时所面临的问题（正是以此，鲍曼在解释"表演的否认"时陷入了两难境地，即出现了两个不同的鲍曼）。

于是，在具体地考察鲍曼的田野经验之前，我们尽可以使用不同性质的"表演"和"责任"概念，亦即"表演"和"责任"概念的不同的——或者是理论民俗学的经验论，或者是实践民俗学的先验论的——使用方式，对表演现象做出不同的假设或假定。特别是作为经验—先验论者的鲍曼所提出的作为表演的本质的"职责"概念，最终是一个基于表演现象而归纳出来的（"始于"经验的）经验性概念，还是一个对表演现象的发生条件，给予先验阐明而还原出来的（并非"源于"经验的）先验理念？② 进而，鲍曼究竟是经验性地还是先验地使用"职责"的概念，来考察自己的田野经验——表演？如果是后者，那么，作为游移不定的经验—先验论者的鲍曼，认同作为坚定不移的先验论者的鲍曼，其根源可能就

---

① "我们的一切知识都从经验开始，这是没有任何怀疑的。……但尽管我们的一切知识都是以经验开始的，它们却并不因此就都是从经验发源的。"［德］康德：《纯粹理性批判》，邓晓芒译，人民出版社2004年版，第1页。"如果我们停留于时空，那么，我们就只有直观，而没有先知，事物则只是时空关系物，只以时空形式存在。要把按时空形式存在的印象材料做成经验对象，或者说，事物要在时空中显现其本质，就必须让这些印象材料与我们不得不置身其中的先知（诸超验范畴及其运用原理）发生关联，让它们按照这种先知形式展开出来。……经验事物必须有自己的本质规定，才是一经验事物，才是某种什么……［否则］不可能是有本质的存在，也即不可能是经验事物。"黄裕生：《真理与自由——康德哲学的存在论阐释》，江苏人民出版社2002年版，第76页。

② 在康德那里，简单地说，实践的先验理念与理论的经验概念在使用中的区别在于：理论的概念用于经验的对象——可直观地认识的现象，而实践的理念用于先验的对象——不可直观地认识的实践意志的先验目的及其现实实现的先验条件。参见［德］康德《实践理性批判》，韩水法译，商务印书馆1999年版，第146—149页。关于"先验阐明"或"先验演绎"，邓晓芒解释："由此先验演绎就分成两个阶段，第一阶段叫主观演绎，第二阶段叫客观演绎，把顺序颠倒过来也是可以的……主观演绎就是我们刚才所讲的，追溯我们经验对象之所以可能的先天条件；客观演绎就是从这个已经追溯到的条件里面，推论出这些经验对象的客观必然性，由此说明这个先验条件是有权运用于经验对象的。也就是说，从经验里面找到经验所包含的先天条件，就是主观演绎；从这些先天条件来说明经验对象必然是如何形成的，就是客观演绎。主观演绎是从下往上进行的，即从经验材料往上追溯到它之所以可能的先天条件；客观演绎则是从上而下，用这些先天的范畴来说明经验的对象是如何形成的，如何获得客观必然性和客观实在性，也就是如何形成科学知识的对象。"邓晓芒：《〈纯粹理性批判〉讲演录》，商务印书馆2013年版，第107—108页。

隐藏在这里。

首先，我们可以从经验上假设：并不是所有的人甚至表演者本人都愿意承担表演的职责。对这一基于经验的理论假设，鲍曼借助其田野经验，直接就给出了证明。但是与此同时，我们也可以在实践上先验地假定：所有的人包括表演者本人，都"愿意"承认"表演就应该是负责任的表演"。换句话说，所有的人包括表演者本人，先于经验都拥有"表演就应该是负责任的表演"的责任意识。对这一实践上的先验假定，我们则必须通过对——在田野经验中感性地直观到的——表演交流的经验现象的发生条件的先验还原，间接地才能够予以阐明。①

我们看到，在《表演的否认》中，鲍曼的问题意识更倾向于后一种（不同于他在《作为表演的口头艺术》中以及在北京师范大学的讲演中的问题意识），而无论鲍曼本人是否清楚地意识到了这一点。可能，鲍曼本人对自己的问题意识并没有自觉的反思，换句话说，鲍曼不曾追问，布什先生（鲍曼的访谈对象）之于表演交流的职责意识，究竟是他本人的、在经验中可直观到的职责意愿的主观任意性，还是我们通过对布什先生的职责意愿的发生条件的先验还原而发现的、对于每一个表演者来说都只能如此而不可能不如此、即在经验中无法直观到的先验的责任意志的主观必然性？

有趣的是，鲍曼所使用的方法竟和康德的方法有异曲同工之妙（因为相同的问题意识，导致他们使用了相近的方法，这其间似乎有某种必然性），即，他们都是通过一项事实（经验事实乃至"思想实验"的"理性事实"）的反例，证明了一个先验的实践命题。这个先验的实践命题，对

① "人们虽然可以通过经验觉察到违背法则的行动，乃至（最起码在自己身上）觉察到它们是有意识地违背法则的，但是，人们却不能观察到准则，甚至在自己的心中也并不总是能够观察到。因此，'行为者是一个恶的人'，这一判断并不能可靠地建立在经验之上。所以，为了称一个人是恶的，就必须能够从一些，甚至从惟一的一个有意为恶的行动出发，以先天的方式推论出一个作为基础的恶的准则，并从这个恶的准则出发，推论出所有特殊的道德上恶的准则的一个普遍地存在于主体中的根据，而这个根据自身又是一个准则。"反过来说，对于善的行为的善的准则，其推论的方法却不一样。参见〔德〕康德《纯然理性界限内的宗教》，载《康德论上帝与宗教》，李秋零编译，中国人民大学出版社2004年版，第299—300页。"对道德法则的敬重之中的动机，我们永远也不会丧失。"同上书，第318页。

于康德来说就是：每一个人先于经验就拥有的实践的道德意识。① 而对于鲍曼来说则是：每一个表演者都先于经验而拥有的表演的责任意识，而不仅仅是表演的职责意愿。于是，鲍曼谈到了表演者"对表演的否认"。

与康德将道德责任区分为对自己和他人完全的责任和不完全的责任相类似，鲍曼也把表演区分为"完全（的）表演"（full performance，第 31 页，第 80 页，第 132 页，第 133 页，第 236 页）（或"完全的艺术性的表演"，第 152 页）和"部分的表演"（即"有限定的、不确定的、协商性的、变换的或者部分的表演"，第 133 页）。所谓"完全的表演"是指包括"表演者会对传统的知识负责，遵从传统，认同传统的'真正的表演'"②，鲍曼指出，从"完全［真正］的表演"到"部分的表演"之间，

---

① 与鲍曼提供的经验性反例不同，康德提供的是一个在思想中进行的"理性的实验"的反例。康德的反例大致是这样的：如果我们假设，一个人选择了一个恶的规则作为他的行为的主观准则，那么，他是否愿意他所选择、认同的这个主观准则也被其他人认同和选择呢？但我们先验地就能够认识到，他一定不愿意其他人都认同、选择这一恶的准则；相反，他倒是希望其他人在主观上都认同、选择与客观的普遍原则即与道德法则相一致的善的准则。而同时他自己所认同、选择的恶的准则只是一个例外，即不愿意他所认同、选择的恶的准则像一个自然规律那样普遍有效；同时，他也不愿意道德法则不像一个自然规律那样普遍有效。通俗地说，尽管一个人例外地选择了恶的准则，但同时却一定希望其他所有的人都不例外地选择善的准则（这样他的恶的准则才能没有阻碍地实现），因为，每一个人（即使他是一个恶人）都"会需要他人的爱和同情"并怀着"欲求帮助的所有希望"（参见［德］康德《道德形而上学基础》，孙少伟译，九州出版社 2007 年版，第 73 页）。这样，康德就从一个相反的方向即从每个人在主观上不愿意的例外视角，先验地阐明了我们每个人（即便一个恶人）对道德法则都有先验的意识乃至先验的、出于自由意志的主观必然性意愿，后者康德称之为"不是出于乐意"的敬重（参见［德］康德《实践理性批判》，韩水法译，商务印书馆 1999 年版，第 91 页）或"不情愿的尊重"（同上书，第 94 页）、"敬重之中的不快"（同上书，第 84 页）甚至"痛苦"的情感（同上书，第 79 页）。换句话说，对道德法则的客观意识和主观意愿是我们每个人（无论善人还是恶人）都先验地拥有的，即每一个人"都依赖于同一［道德］原则"（参见［德］康德《道德形而上学基础》，孙少伟译，九州出版社 2007 年版，第 75 页）作为自身行为的立法意志，套用 Paton 的话说，康德《道德形而上学基础》的这一论证几乎是无懈可击的，以此，道德法则就是先验地存在于我们每个人的意识当中的理性的表象。"无论以什么样的准则，人（即使是最邪恶的人）不会以仿佛叛逆的方式（宣布不再服从）来放弃道德法则。毋宁说，道德法则是借助于人的道德禀赋，不可抗拒地强加给人的。……道德法则（这是他在自身之中就拥有的）……"［德］康德：《纯然理性界限内的宗教》，载《康德论上帝与宗教》，李秋零编译，中国人民大学出版社 2004 年版，第 311 页。因此，"'自由'这一概念不是一个得自观察的经验概念，而最多只是能由经验观察反证它存在的一个超验概念。"黄裕生：《有第三条道路吗？——对自由主义和整体主义国家学说的质疑与修正》，《江苏行政学院学报》2014 年第 1 期。

② 参见王杰文《戴尔·海姆斯与"讲述的民族志"》，《温州大学学报（社会科学版）》2012 年第 25 卷第 1 期。表演的职责，包括表演者对观众负责和观众对表演者负责，以及表演者和观众对传统负责。

表演的"范围会沿着一个连续统一体而有变化：从持续不变的、完全的表演到稍纵即逝的、突破性进入的表演"（第132页），或者说，"在这两极之间的也许就是有限定的或者协商性的表演"（第132页）。而与"完全的表演"和"部分的表演"相对应的，就是表演者拥有的表演的"完全的能力（full competence）"和承担的表演的"完全（的）职责（full responsibility）"（第28页，第141页，第151页），以及表演能力的缺乏，和表演者对应该承担的职责的"表演的否认"。

鲍曼发现，当一位正在表演中的表演者，意识到自己的表演能力处于缺乏状态时，他就会倾向于否认自己是在表演，"声明不愿意对他的听众承担展示故事讲述技巧和有效性的责任［即职责］"（第151页），以此摆脱观众或听众对自己的表演所提出的职责要求甚至责任要求，使之转换为"有限定的表演"（hedged performance，第69页），例如，

> 有人讲了一个伤风败俗的笑话，［他处于表演当中］
> 声称自己是从别人那里听来的，［他否认自己是在表演，且暗示自己只是在转述别人的表演］以防观众不是特别喜欢；
> 但他还是尽力绘声绘色地讲述，期望自己讲述的技巧和有效性能得到肯定的评价。［可以假定：如果能够得到听众或观众的正面评价，他将因此而愿意承认自己是在表演］（第70页）①

鲍曼注意到，"在这些例子中，表演者也许并不希望对其观众承担全部的展示交流能力的责任［即职责］"（第133页），以至于表演"可以如此地受限定，以至于假如观众对一段笑话的讲述的评价是否定性的，那么表演者就可能否认其表演的意图，并转而依赖于另一可以选择的、已经有所预备的表述框架"（第134页），在前面的例子中就是"从别人那里听来的""非完全的、变换的表演"（第134页）这一"可以选择的、有所

---

① 鲍曼先是在《表演：观念与特征》（1992年）中举了这个例子，一年以后，鲍曼在《表演的否认》（1993年）中，再次使用了该例证，只是字句稍有不同："就像一位推销员讲了一个伤风败俗的笑话，并声称是从别人那里听来的，以防观众不是特别喜欢；但他还是尽力绘声绘色地讲述，期望自己讲述的技巧和有效性能得到肯定的评价。"（第132—133页）可能鲍曼认为，这个例子很能有效地说明，什么是表演者"对表演的否认"。

预备的表述框架"①。

　　鲍曼认为，根据自己的田野经验，"有几个因素严重地阻碍了他［表演者布什先生］向我［鲍曼］详细地讲述［他自己的］这些故事，这涉及他对于承担展示故事讲述才能的责任［即职责］的意愿"（第136页）——"所有这些要素必须在社区的特定语境中去发现"（第153页）——这些因素有些来自观众或听众对表演者应该承担的表演职责的期待，"情势和观众可能对说话人是否愿意为展示交流能力承担责任［即职责］具有决定性的影响"（第154页）；有些则来自研究表演（者）的学者（包括鲍曼本人）对表演者应该承担的表演职责的期待："布什所生产的文本，在很大程度上是我将其置于口头叙事表演者的角色后新生的结果"（第154页），即"口头文学的讲述者可能会巧妙地拒绝我们希望加在他们头上的表演者的帽子"（第154页）；但影响表演者主观意愿的最终的决定性因素则出自表演者本人，"不愿意"承担表演的职责，是"他自己因为感觉到能力有限而对于承担责任［即职责］持有模棱两可的态度的结果"（第154页），而表演者本人的这种"不愿意"承担起职责的态度，同样是出于对"表演者应该承担起表演责任［即职责］"的先于具体的表演经验的责任意识。

　　表演者"不愿意"（第143页，第151页）承担表演的职责，"体现了［表演者自己的］交流能力的两个侧面"（第139页），即为承担表演交流职责所需要的知识的"缺乏"（第139页，第140页，第152页），和交流能力的"缺乏"（第141页）②。换句话说，表演者之所以要通过对自己的"表演的否认"，而表示"不愿意"承担起表演的职责，直接是表演者自己"无力表演的产物，是实际上缺乏表演的标志"（第153页），

---

　　① 鲍曼使用 performance 和 responsibility 的概念，显然受到奥斯汀的影响，而鲍曼对"表演的否认"的现象的关注，是否也受到奥斯汀的影响，进而受到康德的影响呢？至少，奥斯汀论及"表演的否认"时，就提到了康德："正如或许是康德最早系统地加以论证的那样，许多'陈述'，尽管其语法形式无懈可击，但被证明纯属胡说……人们逐渐普遍认为，许多貌似陈述的话语要么根本就不打算，要么只是部分打算记录或传递关于事实的直接信息。譬如说，'伦理命题'也许全然地或部分地被用于表露情感，或规范行为，或以特殊的方式影响行为。在这里，康德也是先驱者之一。"［英］奥斯汀：《如何以言行事——1955 年哈佛大学威廉·詹姆斯讲座》，杨玉成、赵京超译，商务印书馆 2013 年版，第 6 页。

　　② 鲍曼的相关表述有："能力的衰竭"（第139页）、"能力的退步"（第140页）、"能力的低弱"（第143页）。

即表演者自己因知识缺乏和能力缺乏，导致了表演者在主观上"不愿意"承担表演交流职责。相反，我们可以设想，如果表演者具备了相关的知识和能力，则表演者在主观上将"愿意"承担表演的职责（第152页）。

这就是说，"首先是缺乏能力，其次是缺乏知识，这两者构成了布什先生之所以没有能力进行叙事表演的基础"（第152页），亦即，"在缺乏继续叙述行为的能力的基础上构成了［表演者］对［自己的］表演的否认"（第139—140页），这样，"无论是由于缺乏能力还是缺乏知识，布什先生都将自己从展示完全的能力以及承担叙述故事的完全责任［即职责］中抽脱了出来"（第141页），因而"像布什先生的叙述个案那样，它标记着［表演者在主观上］真的不愿意对表演承担责任［即职责］"（第153页）。

这样，在鲍曼的田野经验中，表演者是否愿意承担表演的职责，就完全取决于表演者本人的表演意愿的主观任意性，换句话说，表演者承担表演职责的主观意愿，实际上依据的实践理由是：如果我拥有表演的知识和能力，我将愿意承担表演的职责，否则我就不会愿意承担表演的职责（因为——至少从我们中国人的观点看——这事关我本人的面子）。这就是说，由于一个在实践上主观任意的直言命题（"我不愿意……"），在理论上只能表现为一个"按照自然规律被看做是必然的"①、客观的假言命题（"如果……否则……"）。

于是，我们通过对鲍曼的田野亲证的考察，就一方面从经验上直接证明了：并不是所有的表演者（由于经验的原因）都"愿意"承担表演的职责。而与此同时，我们却还没有在实践上阐明：所有的表演者（先于经验的根据）都拥有"表演就应该是负责任的表演"的责任意识。但是关于后者，我们现在似乎还看不到任何在实践上给予先验阐明的可能性（而这种可能性从理论上、在经验中是无法证明的）。

但是，鲍曼并没有停留在经验的结论上，而且继续朝向人的实践经验的先验条件的（胡塞尔所言）超越论方向前进，他以一个康德式的提问立即打破了问题的僵局：如果"愿意"承担表演职责的声称，不能作为表演的经验性标定［因为同时存在着"不愿意"承担表演职责的声称，

---

① 参见［德］康德《纯然理性界限内的宗教》，载《康德论上帝与宗教》，李秋零编译，中国人民大学出版社2004年版，第322页。

于是在鲍曼关于表演"特点"(第 202 页)的标定"手段"(第 18—29 页)的经验性列表中,赫然没有"职责"这一项];那么,"对表演[职责]的否认本身也许是对完全表演的[先验]标定"(第 153 页)。这样一来,鲍曼就从相反的方向指出了,任何一位"讲述者如何向观众标记或否认其展示能力的责任[即职责]"都可以成为"在表演中予以展示交流能力的[先验]标准"(第 153 页)的证明的可能性。

当然,在《表演的否认》一文中,鲍曼并没有对"表演的否认"何以就是表演的标定,给出进一步的解释(鲍曼这次描述的表演者"对表演的否认"显然不同于 1975 年那次所描述的表演者"对表演的否认"),但是,我们完全可以沿着鲍曼的思路继续前进,为鲍曼填补他本人为作为实践民俗学的、先验论的表演理论所留出的空白。让我们尝试为鲍曼填满、补足他的先验实践命题的后半部分。①

无论布什先生是否因为自己的知识缺乏和能力的缺乏,而不愿意承担表演的职责,他都先于表演而承认:理想的表演应该是一个承担起"完全职责"的"完全的表演"。所谓"完全的表演"是说,表演者的表演完全展示了表演者完整的表演知识和完善的表演能力,并因承担了完全的表演职责而取得了完满的表演效果;而"完全职责"是说,表演者承担起了在表演中完备地展示其表演知识、表演能力并争取完满的表演效果的表演目的。而与此同时,布什先生也先于表演经验就已经断定,每一个听众或观众,也都持有与自己同样的对表演和表演责任的先验理想,并且将这一先验的理想("表演就应该是承担起完全职责的完全的表演")运用于对表演的评价,否则,他也就不会因为自己缺乏表演能力而感到不安了。

---

① 在本章中,笔者对鲍曼的阐释是否属于"过度阐释"?笔者可以援引康德的一段话事先作答:"这里所说的,切不可被看做是在阐释《圣经》,阐释《圣经》是在纯然理性的权利界限之外的。人们可以就如何在道德上利用一种历史记载的方式做出解释,而不必断定这究竟是作者的意思,还是仅仅由我们穿凿附会的意思,只要这个意思自身不需要任何历史证明就是真的,同时又是惟有按照它,我们才能从一段经文中引出对我们来说有助于改善的东西的意思。否则那经文只不过是我们的历史知识的一个不结果实的赘疣而已。如果某种东西,无论怎样理解它,都无助于成为一个更好的人,如果某种能够有助于此的东西即使没有历史证明就已被认识,甚至完全抛开历史证明来认识,那么,非不得已,切勿对它及其历史威望晓晓争辩。那种与此没有对每一个人都有效的内在关系的历史知识,属于每一个人都可以随其喜好来对待的中性物。"[德]康德:《纯然理性界限内的宗教》,载《康德论上帝与宗教》,李秋零编译,中国人民大学出版社2004 年版,第 329 页。

但是这样一来，布什先生对表演的无论"愿意"还是"不愿意"的主观任意性意愿，就统统建立在了每一个人（包括表演者和所有观众、听众）对表演和表演职责乃至表演责任的主观间客观（共同）的约定性理想甚至必然性理念的先验基础上；反过来说，正是因为每一个人都对表演和表演职责有一种先验的期待，并以此作为规定表演的本质的先验规定，布什先生才会因为自己的知识和能力的缺乏，而"不愿意"承担表演的职责，因为他"对表演的否认"是以"完全的表演"的"完全职责"，即"在表演中予以展示交流能力的［先验］标准"为前提的，所以鲍曼才说，"对表演的否认……是对完全表演的标定"①。

这就是说，布什先生"对表演的否认"，恰恰证明了，"职责"是标定"表演"的一个先验的实践理念，而不是经验性的认识论概念。进而，一个"应该负起责任的表演"的命题，也不是通过对表演者及其观众、听众的主观任意性意愿——"愿意"或"不愿意"承担表演职责——的态度（甚至心理）中总结出来的经验性、认识论命题，而是通过对表演交流的经验现象的发生条件的先验阐明，而还原到表演者及其观众、听众出于主观间客观（共同）的普遍性理想甚至必然性理念，而给出的先于经验的实践命题。

因为，我们绝无可能从"愿意"和"不愿意"承担表演职责的、相互矛盾的主观态度中，理论地、经验地总结出标定表演的客观的、不会自相矛盾的普遍标准（表演者出于"不愿意"的主观态度"对表演的否认"，证明了视职责为表演的本质的经验性理论认识，必然不会成功)②；但是与

---

① 表演者"对表演的否认"可以有多种形式（以此鲍曼于"否认"一词使用的是复数的 disclaimers，第 130 页）：或者是表演者不愿意承担表演的职责（因为表演能力的缺乏，如布什先生的例子），或者是表演者不愿意表演（因为如果表演，就要承担起表演的职责，有人不堪其负担，故不愿意表演），甚至有人就是想不承担职责地表演（仅仅是为了破坏表演的职责秩序），实际上都是把"表演应该是负责任的表演"当做表演的先验标定。这正如维特根斯坦在《论实在性》中所言，先有不怀疑，才有怀疑，怀疑是以不怀疑为前提的。以此，对于表演，我们也可以说，对表演的否认，是以对表演职责的承认甚至以对表演责任的信仰为基础的。

② "如果要对道德的存在者，即显象中的人，亦即经验使我们认识到的人，就德性而言予以评价，那么，就可以给予上述两个问题［德性必须是学习来的吗？是否不仅仅只有一种德性？］以肯定的答复。因为在这种情况下，并不是在纯粹理性的天平上（在一个属神的法庭上），而是按照一种经验的尺度（由一个属人的审判者）来评判人的。"［德］康德：《纯然理性界限内的宗教》，载《康德论上帝与宗教》，李秋零编译，中国人民大学出版社 2004 年版，第 326 页。

此同时，我们却有可能从"不愿意"承担表演职责的主观任意性态度中，实践地还原出表演的职责标定的客观且绝不会自相矛盾的先验本质。

鲍曼关于以人的自然能力为条件的、出于主观任意性意愿的表演交流的"完全职责"说，尽管并不能等同于康德关于以人的自由（道德）能力为条件的、出于客观（也是主观）必然性意志的道德实践的"完全责任"说，正如我们在上文已经说明的，表演至多只能被纳入康德的"不完全责任"的行为范畴，即应该得到赞许，然而可以容许例外（对"表演的否认"并不会因此而遭到谴责）的道德行为。但是，鲍曼意义上出于主观任意性意愿的"不完全职责"的表演行为，仍然是以康德意义上出于客观必然性意志的"完全责任"的道德行为的最高原则为基础的。

正如我们所看到的，布什先生之所以否认自己在表演，一方面固然是因为他自己缺乏表演的知识与能力（这是一个理论理性的经验性判断）；另一方面也可能是因为，布什先生认为，不能违背"对自己和他人必然应该承担的完全责任"（不许撒谎、不许欺骗）的道德行为的普遍原则（这是一个实践理性的先验推断）。以此，布什先生"对表演的否认"，从理论的、经验的观点看，可能是出于自私的意愿（即便以"一种道德姿态"表现出来）；但是从实践的、先验的立场看，却至少是合于（尽管我们不能断言就是出于）"完全责任"的道德意志，而且肯定是以"完全责任"（不许撒谎、不许欺骗）的客观必然性的道德实践的普遍意识为前提的。

这就是说，无论对于表演者的布什先生来说，还是对于布什先生的观众或听众（包括鲍曼本人）来说，都是只能如此而不能不如此的，即：出于（自然能力的充足而成就的）"完全职责"的"完全的表演"，甚至（因自然能力的缺乏而造成的）"不完全职责"的"部分的表演"，都不容许对观众或听众撒谎，也不容许表演者自我欺骗，因而，如果一位并不具备表演能力的表演者勉强承担起表演的职责，那就是对表演双方的不负责任。

这样，布什先生对"表演的否认"（即便是一种以"道德姿态"但实质上出于自私的考虑），现在反而是对表演负责任的表现，因而符合表演责任所依据的普遍原则——道德法则。以此，我们甚至可以说，正是表演者"不愿意"承担表演职责即对"表演的否认"的主观任意性意愿，反而体现出表演者"愿意"承担由主观间共同性的客观必然性意志所规定的道德实践的"完全责任",即表演的双方对表演的真正本质——道德实践的普遍原则（对自己和他人的完全责任）——的先验标定,借用康德的话说就是：如果表演者并不具备表演能力却勉强承担起表演的职责,那么他勉强承担起的表演职责（responsibility）,就会和道德法则所规定的普遍责任（duty）相互矛盾,"但他不可能愿意这［不负责任的职责］会成为一条普遍的自然法则"①,"更不用说我们还会愿意它应当成为这样一个［道德］法则了"②,"愿意这样一条［不负责任的］原则作为自然法则而处处有效却是不可能的"③,"我们实际上并不愿意我们的［不负责任的］准则真能成为一条普遍的法则"④。这是因为"任性［之所以］是自由的",乃是因为"任性自由的概念,并不是先行于对我们里面的道德法则的意识,而是仅仅从我们的任性可被作为一种无条件命令的道德法则所规定推论出来的"⑤,因而"［道德］法则是惟一使我们意识到我们的任性独立于（我们的自由的）其他所有动机的规定,并由此而同时意识到对一切行动负责的能力的法则"⑥。

至此,通过对表演交流的语境化、经验性职责的发生条件——作为表演的本质的先验的、普遍的责任意识——的先验还原,即"在经验中认识一种自由的任性的规定根据的先天原则"⑦,本章的"出发点"就得到了充分的论证⑧;而与此同时,游移不定的经验—先验论者鲍曼,如何认同坚定不移的先验论者鲍曼的1993年认同事件,如何发生以及如何可能的问题,也就得到了完满的解决。最后,民俗学的实践目的论（视责任为表演的本质规定的先验理想）与知识方法论（对表演的职责的条件还原的先验演绎）,在"原初的自明性"（胡塞尔）上也获得了有效的综合统一。

---

① 参见［德］康德《道德形而上学奠基》,杨云飞译,人民出版社2013年版,第55页。

② 同上书,第56页。

③ 同上。

④ 参见［德］康德《道德形而上学奠基》,杨云飞译,人民出版社2013年版,第56—57页。

⑤ 参见［德］康德《纯然理性界限内的宗教》,载《康德论上帝与宗教》,李秋零编译,中国人民大学出版社2004年版,第330页。

⑥ 同上书,第327页。

⑦ 同上书,第294页。

⑧ "我们能够完满证明的东西对我们来说,是与我们亲眼目睹而确信的东西一样可靠的。"［德］康德：《实践理性批判》,韩水法译,商务印书馆1999年版,第160页。

现在，让我们重新回到鲍曼对"表演"的定义，让我们把鲍曼关于"表演"的多次界定加以综合，表述如下：表演的本质就是表演者和观众、听众应该共同承担起展示、评价表演能力、效果的完全职责/责任（responsibility 和 duty 综合统一）的交流模式。于是，我们就能够认识到，鲍曼的表演理论不是建立在经验归纳的理论基础上，而是建立在对经验现象的发生条件的先验阐明的还原方法而给出的实践命题的理念基础上。

正是以此，鲍曼才断言，与影响表演者"愿意"或"不愿意"承担表演职责的"语境元素"，以及表演的经验性标定"必须在社区的特定语境中去发现"（第 153 页）不同①，表演的责任本质只能在"一定程度上从其语境背景中提取（抽离）出来"，才能够被发现，进而得到正确的、准确的理解和评价。因为，只有彻底摆脱了时空语境下自然法则对人的实践行为的客观规定，人才能够自由地运用自己的纯粹理性，规定自己的实践意志②，"为自由行动本身（完全当做自然结果）寻求时间上的起源，这是一种自相矛盾"③，而这并不与"我们将表演行为看作是情境性的行为，它在相关的语境中发生，并传达着与该语境相关的意义"（第 31 页）的理论说明乃至经验证明相矛盾，因为按照康德的说法，这是从理论理性和实践理性这"不同的两种情况""思考"表演的结果。

> 如果那自认为自己是自由的主体，在称自己为自由的时候，与在同一行为中认为自己又是服从自然规律的时候，都是在同一意义上或

---

① "那种不依赖于感性冲动、也就是能通过仅由理性所提出的动因来规定的任意就叫作自由的任意（拉丁文：arbitrium liberum），而一切与这种任意相关联的，不论是作为根据还是后果，都称之为实践的。实践的自由可以通过经验来证明。……所以我们通过经验而认识到，实践的自由是自然原因之一，也就是理性在对意志作规定时的原因性。"［德］康德：《纯粹理性批判》，邓晓芒译，人民出版社 2004 年版，第 610—611 页。实践的先天综合命题之所以可能，"乃是由于它在根本上包含了在经验中认识一种自由的任性的规定根据的先天原则，只要这种经验在人的目的中表现出道德性的效果，并作为尘世上的因果性，赋予德性的概念以客观的、即使只是实践的实在性。"［德］康德：《纯然理性界限内的宗教》，载《康德论上帝与宗教》，李秋零编译，中国人民大学出版社 2004 年版，第 294 页。

② "对于预定论者来说，行动的规定根据存在于过去的时间之中。因此，行动现在已不为我所支配，而是落到了大自然的手中，不可抗拒地规定着我。"［德］康德：《纯然理性界限内的宗教》，载《康德论上帝与宗教》，李秋零编译，中国人民大学出版社 2004 年版，第 331 页。

③ ［德］康德：《纯然理性界限内的宗教》，载《康德论上帝与宗教》，李秋零编译，中国人民大学出版社 2004 年版，第 314 页。

者同一关系中思量自身的，那么，这个矛盾就不可避免。因此，思辨哲学的一个不可避免的任务就是至少要指出，这个矛盾的幻象的产生是基于这样一个事实，即我们［并没有］在不同的意义上，或者在不同的关系中来思考人，而当我们称某人为自由的时候，与当我们认为其是自然界的一部分而要服从自然规律的时候，是不同的两种情况。①

当然，对于自己界定的"表演"概念和自己提出的"表演的职责"的命题，鲍曼还是每一次（至少在 1992 年、1993 年、2005 年）都使用了"在一定程度上"这样谨慎的表述方式，说明鲍曼本人对于自己所提出的这一先验的实践命题信心不足②，但是，在经过了我们的论证，并为鲍曼填补了基于经验事实的反例而留出的逻辑空白之后，我们已经有足够的信心断言：唯当从康德意义上的时空形式的"语境背景"③下的诸经验条件中解放出来，表演之出于纯粹理性—自由意志的道德责任的本质，才能够从实践的立场上被先验地把握。

进而，恰恰是实践理性的先验的"职责/责任"理念，而不是理论理性的经验性"语境"概念④，才是"表演理论"的核心范畴。因为，唯有"职责/责任"的先验理念，才能够在表演的实践框架之下，回答那个始终萦绕在鲍曼心中的问题（先验理想）："我们可以利用什么来使我们成为社会的人？"（第 241 页）进而，"究竟是人类的哪一种基本特性导致我们成为社会的一员？"（第 234 页）就此而言，上文所说的两个鲍曼，归根到底，还就是一个鲍曼，也就是那个内心汹涌着普世情怀的鲍曼。

---

① ［德］康德：《道德形而上学基础》，孙少伟译，九州出版社 2007 年版，第 147 页，第 149 页。"这和所有那些应该被看做是在时间中发生的事件（变化）、从而按照自然规律被看做是必然的、其反面却同时又服从道德规律、被看做是由于自由而可能的东西是一样的。""认为任意的行动作为事件、其规定性的根据存在于先前的时间之中（它连同自己所包含的东西已不为我们所支配）的预定论，如何能够同认为行动与否在发生的瞬间都必然为主体所支配的自由共存，这倒是人们期望看到却从未看到的东西。"［德］康德：《纯然理性界限内的宗教》，载《康德论上帝与宗教》，李秋零编译，中国人民大学出版社 2004 年版，第 322、330—331 页。

② 户晓辉批注："［'先天'］容易被中国读者误解，可改为'先验'。"据此建议，笔者将"先天的"改为"先验的"。

③ 户晓辉批注："其实康德的时间已经不是物理学时间了，不然何来现象学的时间？"

④ 杨利慧、安德明对鲍曼"语境"概念内涵的归纳，见《作为表演的口头艺术》第 150 页注释［16］。

四　表演的责任和表演的权利①

　　说唯有"职责/责任"而不是"语境",才是表演理论的核心范畴,未免有些言过,但却反向地凸显出一个问题:在表演理论被引进中国民俗学界之后,为什么"语境"概念的理论运用备受关注,而"职责/责任"理念的实践应用却遭受冷落? 其间,中国民俗学家自觉或不自觉的观念与方法选择②,值得进一步讨论,但这已经是另外一篇专文的题目了。这

---

　　①　感谢户晓辉的提醒,在结语中我增加了讨论表演的责任与表演的权利之间关系的内容。

　　②　由于英文 performance 及其动词形式 perform,其本义首先都是"履行［职责］""执行［指令］""完成［任务］"的意思(奥斯汀就在"实施"的意义上使用 performance 一词),而"表演"只是其"引申"的词义,所以,也许,在讲英语的鲍曼看来,表演和被履行的职责之间的关系只是分析的同一性关系,而不是综合的关系(这样我们才容易理解,为什么鲍曼很自然地就谈到,表演不应该是"随意"的,而应该是负责任的交流模式)。于是,当鲍曼说到表演的"本质在于承担起向听众展示交流技巧的责任［即职责］"的时候,可能,他并不认为自己这样做,是在给"表演"的概念以一个先验综合(即康德意义上)的"知识性"定义,而只是在把"表演"的概念中已有的内容(职责)更清楚地加以说明而已,因而鲍曼给出的只是一个分析命题。进而,在鲍曼看来,为了理解表演,并不需要对表演的发生条件予以先验的还原,以还原出表演的本质规定性(先验的标定),因为"表演"这个词本身就包含着"职责"的意思(表演就是在履行职责),只要我们使用"表演"这个词规定表演的行为,就已经将表演的行为认知为承担一定职责的行为,这就是说,在英语"视界"中,表演和职责其实是二而一——而二的事情。但是,当汉语学者把 performance 译作"表演",汉语中的"表演"一词,却弱化了英语 performance 所包含的职责的意思("表演:①戏剧、舞蹈、杂技等演出;把情节或技艺表现出来。②做示范性的动作。"《现代汉语词典》,商务印书馆 2002 年修订第 3 版,第 85 页),因此,对于汉语学者来说,就更易于将表演和职责之间的联结理解为综合性关系,问题在于,表演和职责之间的联结关系,是(performance 与 responsibility 之间的)经验性的综合,还是(performance 与 duty 之间的)先验的综合? 通过本文的分析,我们已经证明了,performance(表演)与 responsibility(职责)是以 duty(责任)为条件而先验地联结起来的综合关系,以此,"表演的本质在于承担起向听众展示交流技巧的责任［即职责］"的表述就是一个先验综合命题。于是,对于英语学者来说的一个因语言(文化)而难以察觉的(先验)问题,对于汉语学者来说,却有着因"误译"的曲解而易于直达表演的责任本质的方便之处。就此而言,语言(文化)可能有助于揭示存在的本质(如汉语之于 performance),同时也可能成为对存在的本质的遮蔽(如英语之于 performance)。但是,无论语言对于存在的本质,具有怎样的揭示或遮蔽作用,都无法阻止思想对存在的本质的先验理解,而思想的作用,不仅在于打破语言的界限,甚至还包括了警惕因语言的遮蔽而导致的理性的越界,而后者正是我们在"表演"概念的理论运用中所看到的,即原本是表演实践的意志理念,被越界地应用于对表演现象的理论认识。

里，笔者只想简要地指出，在一种理论的系统引进中，对该系统的基本概念（或核心范畴）的字面含义的正确解释（翻译也是解释，例如究竟把performance译作"表演"还是译作"演述"更为贴切？）固然是重要的"基本功"，但同样重要的是，应该考虑被引进的概念的用法。①

这就是说，在域外，在美国，原本被用作学术实践的表演理论的理念（不仅是"职责/责任"也包括"语境"）②，在引进之后，却被用作了单纯理论的概念③。而这样的情况之所以会发生在中国学界，其缘由，笔者在《民俗学的笛卡尔沉思》中已表达了基于学术史考察的初步认识：学术概念的单纯理论化使用，是中国民俗学之人类学化，乃至社会科学化朝向彻底的经验论的努力结果。④

进而，如若中国民俗学仅仅以"呈现社会事实"为己任（理论民俗学）⑤，而不是同时也自觉地、积极地参与社会的建构（实践民俗学），那么，像"语境"这样本原地应该是也可以是实践理念的概念⑥，如果不是退回到马林诺夫斯基式（亦即康德式）的古典用法，笔者实在想象不出

---

① 维特根斯坦认为"词语的意义在使用中"："命题只有在使用时才有意义。""一个词的一种意义就是对于该词的一种使用。"参见［奥地利］维特根斯坦《论实在性》，张金言译，广西师范大学出版社2002年版，第3、11页。

② 参见彭牧《实践、文化政治学与美国民俗学的表演理论》，《民间文化论坛》2005年第5期。

③ "我们在这里看到理性及其概念已经转移到另外一种应用，而与理性在那里应用这些概念的方式完全不同了。但是，这样一种转移就使得比较新旧两种应用成为必要，以便区分新旧两条路径，同时观察出它们之间的联系。"［德］康德：《实践理性批判》，韩水法译，商务印书馆1999年版，第5页。

④ 参见本书第八章《民俗学的笛卡尔沉思》，以及本书第六章《中国民间文学的西西弗斯》。

⑤ 参见高丙中《〈汉译人类学名著丛书〉总序》，载克利福德、马库斯编《写文化——民族志的诗学与政治学》，高丙中等译，商务印书馆2006年版，第1页。该文以《中国社会科学需要培育扎实的民族志基本功》为题收入高丙中《民间文化与公民社会——中国现代历程的文化研究》，北京大学出版社2008年版；高丙中《日常生活的文化与政治——见证公民性的成长》，社会科学文献出版社2012年版。

⑥ 中国民俗学家对"语境"概念的讨论参见巴莫曲布嫫《叙事语境与演述场域——以诺苏彝族的口头论辩和史诗传统为例》，《文学评论》2004年第1期；刘晓春：《从"民俗"到"语境中的民俗"——中国民俗学研究的范式转换》，《民俗研究》2009年第2期；杨利慧：《语境、过程、表演者与朝向当下的民俗学——表演理论与中国民俗学的当代转型》，《民俗研究》2011年第1期；王杰文：《"文本化"与"语境化"——〈荷马诸问题〉中的两个问题》，《民族文学研究》2011年第3期；杨利慧：《语境的效度与限度——对三个社区的神话传统研究的总结与反思》，《民俗研究》2012年第3期；王杰文：《"语境主义者"重返"文本"》，《青海社会科学》2013年第3期。

还有什么其他的出路（当然，如果"语境"概念不是被理论化、古典式地使用，就仍然可能是表演理论的核心理念），更不要奢谈"职责/责任"理念的实践地使用了。

再退一步，即便在美国民俗学家当中——与在中国民俗学家当中一样——"职责/责任"理念同样不像"语境"概念那样，更为民俗学家所重视，但是，由于美国民俗学家"幸运"地生活在一个表演的权利已然被确立的语境当中，所以，即便美国民俗学家于"职责/责任"的实践理念，完全弃之而不用（当然不是事实），而只是戴着语境的理论眼镜（我们暂且因其理论化、古典式的用法），到"全国各地"去直观民众的表演，就已经是在通过"呈现社会事实"而维护、促进民众的表演权利了。

但是，在中国民俗学家这里，情况恰恰相反，民众自由地表演的权利还没有被确立①，因而，在这样的语境（国情）条件下，仅仅理论地使用"语境"概念，甚至以古典的方式使用"语境"概念（如黄裕生所言"如果我们停留于时空，那么，我们就只有直观……"②），亦即，很难再立足于实践的立场，有效地认识中国当下的现实语境（又是一次"语境"概念的古典理论的用法）中的民俗学问题③。而这也就是笔者特别强调表演理论的"职责/责任"理念，应该得到中国民俗学家的特别关注的实践理由，因为，在"职责/责任"的实践理念背后，站立的恰恰是表演的权

---

① "尽管美国公共民俗学在被介绍到中国之后并没有得到足够的关注和应有的重视，但我仍然要指出，我们往往只看到他们的协商和妥协，看不到他们为什么能够协商和妥协以及凭什么来协商和妥协。也就是说，我们主要关注和强调的往往只是他们的一些具体做法和技术细节（尽管这些细节也非常重要），却忽略了其中最重要而且中国最缺乏的实践理性起点和自由意志。实际上，美国公共民俗学实践之所以能够开展协商、妥协等一系列民主操作细节，恰恰因为他们具有共同的民主大前提和公民社会的自由意志，因为他们已经凭借这种自由意志建立了 fairplay（公平游戏）的游戏规则。美国公共民俗学恰恰昭示出民俗学的实践前提在于实践理性的自由意志，也就是从公民社会的精神出发来进行民俗实践和民俗学的实践。"户晓辉：《非遗时代民俗学的实践回归》，《民俗研究》2015 年第 1 期。

② 参见黄裕生《真理与自由——康德哲学的存在论阐释》，江苏人民出版社 2002 年版，第76 页。

③ "民间信仰，在中国是而在美国不是一个重要的研究题目。"高丙中：《日常生活的文化与政治——见证公民性的成长》，社会科学文献出版社 2012 年版，第 21 页。

利问题（不谈责任，何如权利？不谈权利，如责任何？甚至如何履行职责?①）。

正如笔者在上文已经指出的，如果表演者仅仅对自己说"我'愿意'表演"，这只是一个主观任意性的实践命题；如果表演者同时还对自己说"我'应该''愿意'表演！"这就是一个主观必然性的实践命题。但是，表演者的主观必然性实践，又是以表演者能够自由地表达"我'应该''愿意'表演"的、客观必然地"应该"拥有的实践权利为实现条件的。以此，如若中国民俗学家，在表演者尚未拥有自由地表达"我'应该''愿意'表演"的实践权利的时候，仅仅理论地使用表演理论的"语境"概念，甚至将原本可以用作实践理念的"职责/责任"也用作单纯的理论概念，那就是把自己关进理论的象牙塔里，而罔顾中国民俗学当下应该有所为有所不为的实践语境，或者说，把原本是一个中国的语境问题，当做域外甚至美国的语境问题来处理了。

当然，这样说并不是否定中国民俗学的成就，不是否定中国民俗学的人类学化、社会科学化努力，不是说中国民俗学"呈现社会事实"的做法本身出了什么问题，套用丹麦学者扎哈维的说法，中国民俗学的问题仅仅在于，它在"呈现社会事实"方面"太过于成功了"，而"成功"本身成了问题②。扎哈维的说法当然是源自胡塞尔，胡塞尔的原话是：

> 所有这些学科科学上的严格性，它们的理论成就以及它们的持久的令人信服的成功的自明性，都是不成问题的。……这种见解并不是说，实证—科学方法的自明性是错觉，它们的成就只不过是虚假的成就，而是说，这种自明性本身是一个问题。③

① 虽然我们不能说职责（responsibility）直接与人的基本权利相关，但我们至少可以说责任（duty）必然与人权相关，即"perfect duties are those that are correlative with the rights of others"。参见《牛津哲学词典》，"duty"词条，纽约：牛津大学出版社1994年版，上海外语教育出版社2000年版，第112页。"表演"所体现的权利与职责，参见［美］戈夫曼《日常生活中的自我呈现》，冯钢译，北京大学出版社2008年版，第12页。

② "用有些悖论式的方式来说，危机在于：实证科学，或者更具体地说，科学的客观主义范式，一直以来太过于成功了。"［丹麦］扎哈维：《胡塞尔现象学》，李忠伟译，上海译文出版社2007年版，第135—136页。

③ ［德］胡塞尔：《欧洲科学的危机与超越论的现象学》，王炳文译，商务印书馆2001年版，第14、123页。

胡塞尔的意思是，科学的"自明性"本身所掩盖的问题是科学自身所无法解决的①。以上就是笔者在本章中，通过对一项实践民俗学的方法论案例的讨论，希望与学界同人交换的认识。最后，笔者想转述户晓辉对本章"自由地进行［的］阐释性、品评性的仔细审查"（第77页），以作为本章的一个开放性的结语：

　　也就是说，甚至在表演者不愿承认是表演的情况下，"责任"仍然能够成为表演的标定，因为它依据的不（仅）是表演者的主观心理是否意愿等主观（偶然的经验）条件，而是同时依据客观"必然的先验"条件；这样也许就可以回答这类问题：即如果某个表演者或者表演者与听众主观上都不愿意（承认或者没有意识到）自己有什么责任，这时我们能否标定他的行为是"表演"？或者说，我们可以完全不管表演者（以及听众）主观经验上是否意愿（怎么想），我们认为是表演，它就是表演？按照客观必然的"应该的意愿"来推，我们只能做肯定的回答（且"是只能如此而不能不如此的"），那么有人会问：这会不会导致话语"霸权"或者民众主体性的丧失？这实际上涉及民间文学体裁如何认定以及由谁认定的问题。如果表演者自己不认为自己在表演，谁有权利认为他（是）在表演？也许我们可以通过分析和论证说，表演的否认恰恰可以反证责任的存在，先验条件还原法为回答这个问题提供了很有说服力的答案：权利不是经验性概念，而是先验的概念，所以不能在经验上求解。这是民间文学研究的一个大问题：凭什么（经验标准还是先验标准？）判定体裁，由谁来定？

---

　　①　"严格的科学性要求研究者要小心地将一切评价的态度，一切有关作为主题的人性的，以及人的文化构成物的理性与非理性的问题全都排除掉。科学的客观的真理仅在于确定，世界，不论是物质的世界还是精神的世界，实际上是什么。……如果是这样，这个世界以及在其中的人的生存真的能有意义吗？我们能够对此平心静气吗？我们能够生活于那样一个世界中吗……？"［德］胡塞尔：《欧洲科学的危机与超越论的现象学》，王炳文译，商务印书馆2001年版，第16—17页。参见本书第二章《民间文学—民俗学研究的"性质世界"与"意义世界"》。

第十一章

转过身来的大娘娘

——民俗学实践范式的"普遍化检验"与"怀疑批评"*
陈泳超《背过身去的大娘娘:传说生息的动力
机制》的研究

一　问题:让大娘娘转过身来!

我本人的学术关切,第一当然是人类的普遍理性;但若遇到个人,却总又免不了揣测人的心理,从写何其芳,到写祁连休,再到写刘锡诚①,莫不如此,乃至积习难改,当陈泳超君示以新著《背过身去的大娘娘:传说生息的动力机制——关于山西省洪洞县"接姑姑迎娘娘"活动的传说学研究》,让我最感兴趣的首先是以下这段话:

这么多年来,我们的调查一直在持续,我们的问题也在不断地产生、解决,再产生、再解决地螺旋行进。毫无愧意地说,我们了

＊ "普遍性检验""怀疑批评",语出布尔迪厄的反思社会学,其依据普遍价值的"怀疑批评",不同于马尔库斯等人提出的实验人类学用"异文化"批评"本文化"的"文化批评"。参见[法]布尔迪厄《实践理性——关于行为理论》,谭立德译,三联书店 2007 年版,第 218—220页;马尔库斯、费彻尔《作为文化批评的人类学——一个人文学科的实践时代》,王铭铭等译,三联书店 1998 年版。

① 吕微:《何其芳的传说》,《读书》2007 年第 5 期;《阿长琉斯的愤怒与孤独——祁连休〈中国古代民间故事类型研究〉读后》,《民俗研究》2007 年第 3 期;《中国民间文学的西西弗斯——刘锡诚〈20 世纪中国民间文学学术史〉读后》,《民俗研究》2008 年第 4 期。

解的当地传说，已经比任何一位当地居民包括那些"民俗精英"们要多得多，这一点，跟我们熟悉的当地人也都承认。可是，几年前就有当地村干部问我："陈教授，你们调查了这么多年，怎么还不出书啊？"这让我很感惭愧，虽然我也以此话题撰写了多篇论文，但始终没有下决心写书，因为我感觉还有问题没找到可以让我安心的答案，所以只好拖欠着，并加快调查的频率。终于，今年调查完后，我感觉有把握回答所有自己想到的问题了，而且，尽管现实生活永远在进行之中，新的传说异文和其他现象也永远不会终止产生，但对我而言，已经不再产生新问题了，那个螺旋运动基本停歇。于是，我开始写作了。①

陈泳超君的这种"对我而言已经不再产生新问题"的自信，不禁让我想起普罗普那曾经让我——因其《故事形态学》"具有某种科学发现般的令人震惊的效果"② 而——赞叹不已的自我陈述：

> 初看起来，需要引用所有现存的材料，事实上没有这个必要。因为我们是在按角色的功能来研究故事，一旦发现新的故事不再提供任何新的功能项，那么引用材料就可以停止。③

我曾经有一股冲动，也做一次面对面的田野访谈，请陈泳超君在他的田野"问题格"中，列出"所有自己想到的"和因为"有把握回答"而已经"安心"抹去的全部问题。④ 但是最终，我还是放弃了这一想法，因

---

① 陈泳超：《背过身去的大娘娘：传说生息的动力机制——关于山西省洪洞县"接姑姑迎娘娘"活动的传说学研究》，未刊稿第 20 页。以下凡引此著，仅注页码。

② 参见 [英] 斯柯勒《神话收集者：普罗普和列维—斯特劳斯》，俞建章译，收入叶舒宪编选《结构主义神话学》，陕西师范大学出版社 2012 年版，第 131 页。

③ [俄] 普罗普：《故事形态学》，贾放译，中华书局 2006 年版，第 21 页。

④ "哪些人可以成为'民俗精英'？他们必须具备何等的素质或资本？他们的组合是实体化的吗？能经受多大程度、多长时间的考验？他们通过什么途径主导了传说的主流面向？这些主导者既让地方民众分散的话语可以转化为统一的行动因而有效维系了地方人群的身份一致感，又不可避免地遮蔽了该民俗内其他主体的多样性存在，这些都是如何实现的？果真实现了吗？这些问题都是笔者在田野调查中形成并持续考察的，本书中将会给出一些自认为合适的解答。"（第11 页）

为，我更愿意凭借自己的思考，而不是靠"怎么我们说什么你们都相信"[①] 的"忠实采录"的"科学性"原则，走进一个人的内心。而对于一位学者来说，我所谓的"内心"就是学者在其学术生涯中萌发的问题意识。

  写作行为开始于田野调查中问题的终结，但具体写作，却仍然需要回到问题产生的起点，回到最早激发我探究冲动的那些铭心事件，我首先想起的，是"背过身去的大娘娘"——记得 2007 年农历三月三，我们团队第一次在当地展开大规模调查的时候，罗兴振老人告诉我们说，两位娘娘争大小，通过三次难题考验，"大的成了小的，小的成了大的"，所以大娘娘（指娥皇，虽然人们观念里妹妹是"正宫"，姐姐成了小的，但是在口头上，他们还是习惯叫姐姐是"大娘娘"，妹妹是"小娘娘"）的塑像只能在下首，她很恼火。以前汾河以西的娘娘塑像，大娘娘都板着脸，甚至还有大娘娘的塑像是背过身去的，她不愿意看见得意洋洋的妹妹，也没脸面对芸芸信众。我听完之后十分兴奋。中国民间信仰中确实常有将神灵进行非常俗民化处理的，比如某地土地公公赌钱输了之后，把土地奶奶的神像送到邻村去抵债之类，但从来没有看到过真的这么生动世俗的神像，想起来该是多么有趣的样子啊！我当场就按捺不住寻找的冲动，搜肠刮肚地回想我们曾经路过的各个娘娘庙，一个个跑回去看，但得到的只有沮丧。其实罗兴振已经告诉我，这样的塑像只是以前庙里有，现在恢复重建的都没有了。但我仍不死心，尤其当我在运城地区的垣曲历山调查时也听到类似情况之后，我总相信会在某个地方，有一个未被人注意的小庙，里面还度尽劫波地残留着一个荒破的"背过身去的大娘娘"，等着我在某一天忽然推开那扇吱吱呀呀的庙门。我寻找得还不够尽心啊！（第 20—21 页）

[①] "'怎么我们说什么你们都相信？'这个问句让我惕然、悚然，冷汗汍澜。当调查进行得越来越深入的时候，我们都会发现，很多被调查者有意无意地在编创着一些东西……这个事例十分严峻，笔者经常转述给别人听，以此强调田野调查的信息都需要经过反复辨析、仔细甄别。"（第 17 页）

但是，查看陈泳超君 2000 年出版的《尧舜传说研究》，类似的"铭心事件"，其实早在七年之前第一次实地调查"山西洪洞接姑姑迎娘娘"传说活动期间，就已经发生过。

在浏览各种书籍信息后，我发现了洪洞县有"接姑姑迎娘娘"这样一个庞大的民间信仰活动，便在时任山西师范大学中文系教授的段友文先生引导下，于 2000 年 5 月 31 日至 6 月 2 日，对该活动进行了短暂的考察。（第 15 页）① 在调查中笔者还听说，原先的两个"姑姑"（"娘娘"）像，一个高兴，一个则做生气状，这种让神也带上凡人弱点的民间造神思路，其实是十分亲切生动的，可惜现在的"姑姑"（"娘娘"）像已一律庄严肃穆有如观世音了。许多古老民俗在对外界开放后，都不同程度地闪现着这样的色彩。这固然体现了民俗易于变异的特点，只是这种变异，有时是格外让人咨嗟叹惜的。这再次提醒我们这些民俗采访者（在当地人看来即所谓的"专家"）要时刻警惕自身对被采访民俗的有意无意的"介入效应"。②

于是，我的疑问就是，如果陈泳超君没有对"古老民俗"的偏好，又怎么可能对民俗的"易于变异"如此"警惕"又如此"兴奋"？如此"咨嗟叹惜"又如此"仍不死心"？"当场就按捺不住寻找的冲动"，"搜肠刮肚地回想"，"一个个跑去回看"，苦心孤诣地寻找那个"度尽劫波"的文化"残留"物，以至于尽管"得到的只有沮丧"，却仍然只责怪自己"寻找得还不够尽心啊！"于是问题就变成了：我们作为学者，我们在学术研究中的问题意识，究竟是我们在田野中遭遇的"铭心事件"本身提供给我们的，还是因为田野经验与我们内心的先验情结，发生了针锋相对的尖锐冲突而被激发出来的？进而，在研究过程中，如果学者"自我"的先验情结遭到了质疑，我们又该以何种方式予以回应呢？我的意思是——也借用陈泳超君的说法——尽管我们的对象（作为经验对象）"已经不再产生新问题"，但我们作为学者，在田野中遭遇的"自我"问题，

---

① 陈泳超：《羊獬、历山"迎姑姑"习俗之考察报告》，陈泳超《尧舜传说研究》，"附录 6"，南京师范大学出版社 2000 年版，第 390 页。

② 同上书，第 404—405 页。

同时也是我们这个学科所遭遇的最紧迫、最严峻的"理论理性与实践理性的自相冲突"这个先验的范式问题（学者"自我"的先验情结不过是学科先验问题在学者个人身上的具体体现）——尽管陈著已经大大深化了对这一问题的思考——至今却还未见一完满的答案（见本章最后一节对此问题的讨论）。于是带着这些疑问——这些疑问构成了本章的核心关切——笔者走进了陈泳超君通过一次又一次"铭心事件"，为我们描绘的"无限迷人的动态图景"（第11页）①，以及这些图景中，一个个鲜活的、充满魅力的个人和他们遭际的无奈人生。

　　由此，笔者不禁想起，作为民间文化的研究者，我们通常所谓的主流文化（或曰精英文化）与民众文化公众性的界分是否过于粗疏了呢？我们历来对民众文化公众性的强调是否有遮蔽了其中突出人物②个性魅力的嫌疑呢？……但是，罗［兴振］老本质上又仍是民众文化的一部分，他对于民众的习俗与传说是相当尊重的，他的服膺古书，甚至根据古书对民众知识进行局部的调整，其根本目的却是为了维护民众的传统，更确切地说，他似乎是在努力为民众的习俗与传统建立更为主流文化认可的依据。对于这样的人物，这样的现象，我们是否还缺乏足够的关注与研究呢？正因为此，罗老那饱经沧桑却老而弥坚的硕长身躯，老是在笔者眼前晃动着，随着车行的晃动。背后是黄蒙蒙的广袤历山。③

　　现代社会日益开放和一体化，"地方外"对于"地方内"的影响无所不在，即便像我们这样走入地方进行调查的文化他者，也多少给地方传说带来了一些变化，这是我们亲身观察到的，也将成为我们考察地方传说演变的一个变量。而"地方内"的人群，出于各种目的，更有一种向外展示的冲动，具体的行动无疑又会落到本地"民俗精

---

　　①　"这次短暂的考察对我震动很大，除了现场粗狂奔放的风格让我这种生活于南方城市的文人大受刺激之外，更主要的是引发了很多思考。"（第15页）"随着调查的深入和话题的扩展，我们感觉到哪怕只是自己感兴趣的某一方面，困惑也像秋天的落叶那样，扫掉一地又落一地，扫掉一地又落一地。"（第16页）

　　②　"指的就是罗兴振。"（第15页"注释30"）

　　③　陈泳超：《尧舜传说研究》，南京师范大学出版社2000年版，第411—412页。

英"的身上，有时笔者觉得这一冲动本身仅是"民俗精英"们自身的心理表征。尤其在"接姑姑迎娘娘"被批准成为国家级非物质文化遗产项目之后，当地"民俗精英"们的道德责任感迅猛增长，对于原有的地方传说，就有很多芒刺在背的感受，以致提出了"规范传说"［有如刘知几之"整齐故事"，第88页］的口号，为此他们双管齐下，一边"讲传说"，一边"写传说"，有的是对传统说法的统一化，有的则是对传统说法的改造，其中有些改造可以达到伤筋动骨、面目全非的地步。它们到底能多大程度上被最大基数的普通村民接受，因为正在进行中，本书暂时还无法给出终极判断，但一个趋势很明显，"民俗精英"们的改编……总是越来越接近主流意识形态，这也凸显了"地方外"影响力的日趋强大。（第13页）

一方面是陈泳超君"总相信会在某个地方，有一个未被人注意的小庙，里面还度尽劫波地残留着一个荒破的'背过身去的大娘娘'，等着我在某一天忽然推开那扇吱吱呀呀的庙门"①；另一方面却是"地方精英"们，义无反顾地非要让"大娘娘转过身来"的前赴后继，"为民众的习俗与传统建立更为主流文化认可的依据"②，即使对传说的"改编……越来越接近主流意识形态"也在所不惜。其间，民俗精英们的"心理表征"与学者们的情理倾向之间的巨大反差，足令陈泳超君清楚地认识到，这些

---

① 民间写手叶健说道，"咱们是搞学术研究的，学术研究和那个民俗，一般民俗，有联系，但不是一回事。""民间写手叶健虽然也被我们归入内部写手的行列，毕竟已是其中最外缘的了，他经常带有地方外的思维和立场，有些时候反而显得较为公允。"（第247页）"张梁子对这些民俗精英的最新编创，完全不以为然……从其言论中，我们分明可以感知他是一个有思想、有能力的村民，他把尧舜二妃定格在常人的水平，并不希望附加上过多的道德意义，所以民俗精英们不待见他。他也讲历史，但既不是罗兴振式的文献考据，也不是吴青松式的社会史理论，他讲的是村民自身的传承史，因此对于民俗精英们的任意窜改和编创，就非常看不惯了。同时，他又很有个性，颇有睥睨群贤的气概，对我们的调查也有些语带不满，这个性格或许正是他始终居于在野反对派的根本原因吧。"（第214页）张梁子的不满实在是误解了陈泳超君，就民俗学者对"文化残留物"的先天情结和真挚情感而言，陈泳超君尽管理解民俗精英们的创新，却更同情张梁子的"完全不以为然""非常看不惯"的"保守"。陈泳超君写道："我们非常担心这样的大面积改动，会损害到传说的生动性和吸引力，毕竟，民间的传说演述，原本是非常轻松随性的，并不需要负载道德、文化等等之类的太多使命。"（第254页）难怪陈泳超君欣赏民间写手叶健的"地方外的思维和立场"。

② 陈泳超：《尧舜传说研究》，南京师范大学出版社2000年版，第411—412页。

"有价值的问题"——例如"很多被我们判定的地方编造,也有它自身的逻辑"(第17页)①,用以"表达着民众"的同时也"建构着社会"(第14页)——不仅学者们认识到,"无法用已有的知识来解答","老百姓"自己也"发现跟通行知识不符合了"(第117页),进而双方的对话进一步坚定了陈泳超君解决问题的决心。

> 我至今依然认为这些都是有价值的问题,后来推动我逐渐形成了本书中"民俗精英"[以及"传说动力"——笔者补注]的概念,但在当时,这些困惑远远超过了那一点点兴奋感,让我对该信仰活动包含的丰厚文化底蕴有了切身的感知。我相信,任何一个田野对象如果简单地考察一圈就什么都明白了,那这个田野也就不必往下做了;只有出现了问题而且无法用已有的知识来解答,那才可能是有价值的田野对象;问题越多,价值也就越大。于是,我心心念念地想再有机会去做更长时间的调查,但一直未能如愿,这一蹉跎就是7年[2000至2007年——笔者补注]。(第15页)[直到]2007年,借助刘魁立先生的威望,我得知洪洞县甘亭镇(即羊獬村所在的镇)的领导正在为申报非物质文化遗产而竭力宣传该项活动,热情邀约京城学者前去参观考察,去者不拒,多多益善。真是霹雳一声震天响……(第15—16页)

接着就是实地调查的八个年头(始于2007年,第15页),在经过漫长的实地调查之后,终于在2014年,"在地方上调查得足够深入""感觉有把握回答所有自己想到的问题"了,陈泳超君向我们出示了一部动人心魄的田野专著。我之所以称之为"动人",是因为在我看来,还没有哪

---

① "我们一直在为此困惑,终于在2009年5月23日,在迎娘娘回万安的路上,我再次问起这个问题,吴克勇如实告诉我说,其实就是2006年前后为了配合申遗工作,他和老村支书于占辉以及县文化馆干部罗学茂几个编绘出来的,他绘声绘色地说:'我们还看着地图的,可能大概从这走,从这回来。'"(第17页)"这对于当地民众来说,原本并不构成问题,但'申遗'以来有了对外宣传的目标,必须有个明确的说法,于是吴克勇等人就在地图上找出了一条他们认为最合理的线路,即去的时候路过羊舍、和村、景村、车辐村、张家庄、兰家节、神西,回来从石家庄到西乔村等,这跟其他人的说法其实差距很大,但因为吴克勇等人是当地对外宣传的主要人员,因而他们的线路就被当做真实的存在而被编绘出来对外宣传了。"(第18页)"仅仅18天之后的6月10日,吴克勇就因意外事故不幸身亡。"(第17页)

一部田野研究的学术专著，像陈著这样，在承受了如此沉重而复杂的问题压力下，却仍然能够因"不死心"而"尽心"，并最终突破"自我"（"已有的知识"），用自己因"不死心"而"尽心"竭力的汗水，浇灌出如此枝繁叶茂的学术"生命树"。①

二　方法:古典抑或后现代的语境论

作为一名崇尚"实学"的经验论者，陈泳超君当然不讳言其谨守康德关于"我们的一切知识都从经验开始"②的概念认识—直观实证即"直接观察"（第3页），"实际观察"（第11页）"亲身观察"（第13页）；"可被观测"（第110页）的"理论理性"的科学方法③，作为一名坚守经验论的科学家，陈泳超君当然也"期待"自己基于特殊经验的理论结论具有普遍性的认识论价值。

本书这样的分层方案以及由此得出的动力机制模型，本身不免还

①　"生命树"，语出刘魁立《民间叙事的生命树——浙江当代"狗耕田"故事类型文本的形态结构分析》（第65、79页）。

②　参见［德］康德《纯粹理性批判》，"导言"，邓晓芒译，人民出版社2004年版，第1页。

③　"本书所谓的'传说动力学'，是要在田野调查的情景语境中去探讨作为地方性知识存在的传说，尤其注重于考察那些具有明显动机的传说变异过程，也就是说，某一传说之所以被这样讲而不那样讲，其中包含着讲述者可被观测的实际目的，是讲述者自觉推动了该传说的变异。"（第110页）"他们不主动说，我们绝不过问"，"我们不便多问"。（第227—228页）"笔者在开始进行田野调查时，就预设了自己的定位：我将始终保持一个外来观察者的身份。随着调查的深入，跟当地各色人等发生了非常多样的交集，自然会产生理性判断和感情倾向的种种变化，也不自觉地会对当地进程发生一些影响，本书中有大量这方面的实例，甚至已经明确地将我们这些'文化他者'也当做一个动力因素予以持续的关注和反省，但原则上我们尽量不主动参与其事，我们当然要问我们关心的问题，但绝不进行价值判断，更不主动对当地民俗提出任何意见和建议，只有在被当地人再三询问的情况下，才会有节制地表达自己真实的想法。这从行为表面上看似乎有些交流不对等，但绝不表示我们对当地人有丝毫的不尊重，因为我们希望尽可能客观地观察当地民俗的自我生息过程。至于民俗之外的其他话题，我们照样是对等交流、无限开放的。我把这个基本原则叫做'参与式观察法'，以区别于仅仅靠发放问卷、个别提问获得学术资料的途径，但自觉撇清于'介入式调查法'，虽然身处其间，但我们行为上绝不主动介入，主观上仍坚守观察者的定位。"（修订版第23页）

有一些可訾议的地方，但笔者相信它一定有助于文化他者对于当地传说的认识，而笔者更关心的是，它对于理解其他地方传说，是否同样具有效力呢？如果有（但愿），那么哪些有效，哪些失效？失效的部分缘故何在？这自然是后话了，或许不该在绪论就这么期待起来，但确是笔者从事此项研究的愿景。（第11页）

为达成此认识论的"愿景"，陈泳超君反复强调，田野作业应提升其科学"品质"，而科学品质的重要标志之一，就是使用实证方法获得的田野资料的可重复性、可检验性，即科学性。[1] 除了科学方法和材料的科学性，陈泳超君也重视对所使用的概念的反复讨论，因为使用什么概念以及如何使用概念，并不是"分析的一个简单工具"（第63页），总是已经体现了作者的根本立场。但是，对核心概念（关键词）——比如"语境"（context）——的讨论，却可能是陈著全书——相对于对田野经验的表述——最含混的地方，这很是影响了陈著的总体性阐释力，尽管"阐释"的效应是陈著自觉追求的"根本目的"。[2]

以口头程式理论、民族志诗学以及表演理论为代表的新的研究思潮不断兴起，它们都将口头文学看作是在一定语境中由表演者与受众

---

[1] "民间文学、民俗学之所以经常被人评为'软科学'，一个主要原因是每个学者自身的田野调查很少会被业界同行们重复进行，因而从资料到观点的历程充满了个人性，许多时候甚至要靠人格和良心来担保……为此，笔者一再呼吁所有来自田野的研究，必须将自己所凭据的材料都以某种方式公之于世，接受同行们随时随地的检验。此外，笔者也建议，每一本田野调查的专著，都要花一定的笔墨交代清楚自己的田野过程、基本原则、重要资料的采集活动以及一些值得重视的特殊经历……我们需要的是尽最大努力来取信于同行，避免从材料到结论都是个人独白，以集体提升民间文学、民俗学研究的学科品质。"（第14—15页）"我们在洪洞县的调查都是短期的，从2007年算起，截止到2013年6月，我和我的团队一共去了洪洞县17次，大约平均每次4人5天，我亲自参与的有14次。……我们将在完成此项课题研究之后，建立一个资料库，找一个合适的途径全部公诸于世，欢迎学界同人复核检验。"（第19页）陈泳超君自己也通过反复检验来使用这些资料："这个腊月初三［尧王三公主］的生日，原本我们也没有特别在意，但在整理以往录音资料的时候，竟然在2008年4月8日采访罗海健的时候又看见了这个日子，当时是一个叫做邱玉来的人插嘴……包括我们在内，没人当它回事。现在看到，感觉非常惭愧。"（第159页）"这让笔者开始有些警惕了，回头重新搜检原来的录音。"（第170页）

[2] "作为学者，我们尽管努力去理解当地民众的认知世界，并表示无条件的尊重，但绝非不应该有自己的阐释，否则与新闻报道有何差异呢？我们走入民间，根本目的是要在田野中思考整个世界，包括地方民众和我们自己。"（第106页）

共同完成的，因而更多着眼于文本产生的语境研究，这就要求学者不能单纯利用书面材料，必须走入实际场域中去捕捉更多信息资料，形成自己的阐释模式。这一转型其实和整个哲学、社会科学由整体性宏大叙事转向地方性知识的演变相呼应，且方兴未艾。①（第1—2页）

陈泳超君在多种意义上使用"语境"概念，这使得"语境"的含义在陈著中难以被准确定位。陈泳超君正确地指出了"语境"概念之现代使用、学术使用的真正鼻祖是马林诺夫斯基，马林诺夫斯基赋予了英语context以不同于其"上下文"的本义而在文本之外的引申意义，这使得context从此具有了"内部语境"和"外部语境"的双重含义，而马林诺夫斯基本人则主要是在"外部语境"的意义上使用context的②。这是一种非常古典的用法，首先是牛顿式的用法，甚至还不是康德式的用法。

在牛顿的意义上，"语境"具有客观对象的时间、空间形式条件的价值，所以马林诺夫斯基有时也会用"时间布景"（time - setting）③ 以类比"语境"。马林诺夫斯基还使用过诸如"环境"（environment）④、"氛围"（atmosphere）⑤ 等词语作为"语境"（context）概念的修辞性替换物，at-

---

①　"笔者在北大中文系作博士后期间，一边做着学术史的新课题，一边也在完善自己的博士论文《尧舜传说研究》。所谓完善，主要是想添加一些关于尧舜的田野调查，因为我的一个学术追求是想尝试文献与田野的'对读'，我始终坚信这个思路天地极大。"（第15页）已显示了陈泳超君对"整个哲学、社会科学由整体性宏大叙事转向地方性知识的演变"转型的响应。

②　目前在汉语学界多将context译作"语境"，context的两种用法有二，如法国语言学家苏波特尼克在使用法语contexte一词时，"或指文本层面的语境（文本内背景），或指语言的使用环境（与社会的关系，言语外背景）"。在后者的意义上，史忠义将苏波特尼克的contexte译作"背景"。参见［法］苏波特尼克《言语行为哲学——语言的精神衬托与日常性》，"若干词义辨析"，史忠义译，天津人民出版社2003年版，第5页。而马林诺夫斯基本人也基本上是在"文本外"而不是在"文本内"的意义上使用context的。

③　参见［英］马林诺夫斯基《巫术科学宗教与神话》，李安宅译，中国民间文艺出版社1986年版，第89页；Malinowski, *Myth in Primitive Psychology*, London, 1926, p. 30.

④　"神话不是无聊的心理消遣，而且是与环境的实用关系中的一件重要的成分（myth, that far from being an idle mental pursuit, it is a vital ingredient of practical relation to the environment）。"［英］马林诺夫斯基：《巫术科学宗教与神话》，李安宅译，中国民间文艺出版社1986年版，第128页；Malinowski, *Myth in Primitive Psychology*, London, 1926, p. 127.

⑤　"故事所流行的生命围氛（the atmosphere in which they flourish）。"［英］马林诺夫斯基：《巫术科学宗教与神话》，李安宅译，中国民间文艺出版社1986年版，第89页；Malinowski, *Myth in Primitive Psychology*, London, 1926, p. 30.

mosphere 有"环境""气氛"的意思，setting 也可译作"环境""背景"。这就是说，在牛顿的物理学意义上，时间、空间都是客体（对象）客观存在的关系形式，或者是先后存在的时间关系形式，或者是并列存在的空间关系形式（后者可比喻为"盛东西的空盒子"）。马林诺夫斯基作为一位主张"自然科学化的民族志"的人类学家，在牛顿的古典物理学意义上界定 context 是十分正常的，因此，马林诺夫斯基的"语境"可以用容纳社会、历史、文化背景的"时空环境"来替换使用。

　　与牛顿不同，在康德的意义上，我们可以把"语境"理解为主体主观的感觉形式，因为在康德看来，时间、空间都不是客体客观的存在形式，而是主体对客体主观的感性直观的接受形式（先验能力），只有在主体主观的时间、空间感觉形式的先验条件下，客体（对象）才能够在时间、空间的感觉形式中显现（被表象）为现象。时间、空间作为主体主观的感性直观的接受形式，虽然是主观的形式（康德所谓"先验的观念性"），却有着与牛顿式的客观时间、空间形式同样的能够"使"对象现实地存在的客观性（康德所谓"经验的实在性"）。因为在康德看来，时、空形式是每一个人先验地普遍拥有的接受能力，因而对于每一个人来说，在时空形式中显现（被表象）的现象，才同样是客观、普遍地存在的（对每一个人来说，都具有同样的效果）。而陈泳超君（一般来说，民俗学者都是如此）既在牛顿式古典客观时空观（"时间与空间这些外在条件"，第 111 页）的意义上，也在康德式古典主观时空观的意义上使用"语境"概念。

　　　本书的立场还是回到马林诺夫斯基建立的起点，即首先将"语境"当做是语言文本的外部面向，不包括语言文本内部的上下文；其次，基于传说的口头性特征，笔者认为马氏的"情景语境"和"文化语境"是紧密关联、缺一不可的，尤其强调需要研究者直接观察的"情景语境"是"语境"的必备条件；"文化语境"是分析性的，可以从田野中获得，也可以单纯从文献中获得，但都必须以"情景语境"为前提，否则就不应该包括在本书的"语境"概念之中。这样的界定，重在突出语境研究的田野性质。（第 3 页）

以上使用的是基于牛顿式古典客观性时空观的"语境"概念，用陈泳超君的话说就是"'纯净'的时空"①，据此，当陈泳超君说到"具有实际维度和生命存在的'地方'"（第1页）的时候，我们可以有限度地把"地方"置换为"语境"或"时空环境"。以此类推，陈泳超君的基于空间性的"地方传说"，以及基于时间性的"古老传说"等概念，也都必须在牛顿式空间观、时间观的基础上，才能够恰当地把握（这就是说，牛顿的时空观奠定了古典民俗学进化论和功能论的遗留物理论的客观性经验论基础②）。但是在以下的引述中，陈泳超君所使用的则是基于康德式主观性时空观的"语境"概念。

> 对于传说界一直讨论不休的"真实性"问题，我们也可以有另外的阐释。现行相关学说，无论是真实说、可信表述说、专名说、相信性说，似乎仍然游弋于上述两种视角〔据下文，应为"真实与可信"——笔者补注〕之间，始终未能获得一个公认的结论。笔者认为，真实与可信，都牵涉到心理判断过程，带有浓重的个人化倾向，很难作为集体特性的指标，不如改为相对比较简单通约的"实感性"，或许可以更合理地突出传说在语境中的特质：它是与特定人群的真实生活和思想感情具体相关的。（第7页）

这里，陈泳超君的"实感性"，作为并非"个人化倾向"而具有普遍有效性的"集体特性指标"，的确可与康德那具有主观间客观性的"时空感"相媲美。作为与幻想故事不同的民间叙事文体③，传说就是通过"专

---

① "本书所谓的'传说动力学'，是要在田野调查的情景语境中去探讨作为地方性知识存在的传说，尤其注重于考察那些具有明显动机的传说变异过程。前面两章，我们暂时屏蔽了时间与空间的变化参数，尽量在较为'纯净'的时空前提下，集中探讨传说如何在不同层级的人群之间被传播演述的动力机制。事实上，这样'纯净'的时空并不存在，现在开始，笔者将要分别探究空间、时间对于传说的不同影响。"（第162页）

② 文化"遗留物"理论是进化论的发明，功能论表面上反对实际上却给予了前者以直观的证明。对此，吕微《神话信仰—叙事实践的内容与形式》将有讨论，未刊。

③ 从功能的角度看，"传说是具有权力关系的，而故事没有。"（第63页）"本书关心的不是纯粹形态学的〔传说〕内部结构及其机制，而是异说的多样性及其与讲述人的关联，这正体现了传说学与故事学之间的质性差异。"（第66页）

名化"① 即"常用具体实在的人名地名物名"（第 63 页）等修辞手段，赋予了被讲述的对象——人物、事物、实物——以在主观性的时间、空间形式中被表象的直观感觉，因而才具有了普遍性、客观性的真实感、实在感即"语境感"，而无论地方性的传说，还是跨地方全国性的传说，其体现的"语境感"的普遍真实性与客观的可信性，与康德所云时、空形式下的主观间客观性感觉（"集体特性指标"）十分接近。

但是除此以外，陈泳超君还在另外一种后现代的意义上使用了"语境"概念，这种后现代式的"语境"概念，得到了现象学—存在论哲学在理论上的支持。我们试比较一下康德的时空观与胡塞尔的时空观，就会约略了然，基于古典时空观的语境论，与基于后现代时空观的语境论之间的差别。具体地说，康德的时间是主体先验的感性（感觉）形式，但不是先验的理性（概念、意志）形式，对于康德来说，纯粹理性的概念认识形式和实践意志形式，必然是超时间、超空间因而才具有先验性，否则，局限于时间、空间的感性形式之内，理性就会受到感性经验（感觉）的影响，不仅无法给出具有普遍性意义的理论认识，而且在实践中，更是无法给出（做出）纯粹出于理性的自由意志而具有普遍性价值的道德行为。

但是对于胡塞尔来说，时间、空间不是单纯的感觉形式，而就是以内在时间为条件的意识、意志相统一的意向形式②。首先，胡塞尔并不区分感觉（意识）行为、认识（意识）行为和实践（意识—意志）行为，而是将三者视为统一的意识—意志的意向行为；其次，当康德把时、空形式中显现的对象认知为显现（被表象）的存在现象（对象），同时也就设定了在时、空条件中无以显现（被表象）其存在的本体（对象）。而在胡塞尔这里，康德意义上能够被直观（感知）的现象和只能被思想（理知）

---

① 参见邹明华《专名与传说的真实性问题》，《文学评论》2003 年第 6 期，收入吕微、安德明《民间叙事的多样性》，学苑出版社 2006 年版。

② "时间是所有一般现象的先天形式条件。空间是一切外部直观的纯形式，它作为先天条件只是限制在外部现象。相反，一切表象，不管它们是否有外物作为对象，毕竟本身是内心的规定，属于内部状态，而这个内部状态却隶属在内直观的形式条件之下，因而隶属在时间之下，因此时间是所有一般现象的先天条件，也就是说，是内部现象（我们的灵魂）的直接条件，正因此它间接地是外部现象的条件。如果我能先天地说：一切外部现象都在空间中并依空间的关系而先天地被规定，那么我也能出于内感官的原则而完全普遍地说：所有一般现象、亦即一切感官对象都在时间中，并必然地处于时间的关系之中。"［德］康德：《纯粹理性批判》，邓晓芒译，人民出版社 2004 年版，第 37 页。

的本体，都以现象学的方式同时被悬置了，于是对象只能以现象学还原的"剩余物"——意识—意志的意向性对象——的形式在纯粹主观的意向性直观—认识的绝对意识中存在。当然，所谓"悬置"，只是通过"加括号"（无效示意）的方法而"不设定"其存在，"不设定"不是不承认对象的客观存在，而是对对象的客观存在"不表态"，"不设定"不仅对"存在"不表态，也对"不存在"不表态，即悬置任何"执态"。所以胡塞尔经常会谈到一些在我们看来是经验对象的对象，其实胡塞尔已不设定其客观的存在，而是视之为由纯粹意识所构造的意向性对象，用胡塞尔自己的话说就是，"就现在的观察来说，我们是否接受内在的或超越的客体，这是无关紧要的"①。

在不设定对象的存在，即对对象的客观存在与否不表态的情况下，在康德那里能够被直观所表象的对象（现象）和不能被直观所表象的对象（本体）均不再被设定②，而在康德那里作为主体主观的、先验的感性直观形式的时间，即主体主观间客观性的先验感性（时间）直观能力③，也被还原为胡塞尔的主体主观间客观性的先验（时间）直观的意识（感觉意识、认识意识和实践意识—意志相统一的意向性）形式，胡塞尔称之为"内在时间意识"④。与康德一样，胡塞尔也认为，只有上帝才拥有非时间的理性（理知）直观的无上能力，而人只能通过时间形式来直观；但与康德不同，康德认为，人只有感性直观的能力，而胡塞尔却认为，人也拥有理性（观念）直观的能力，只要是在时间形式中，人的被悬置了直观之感性性质的意识形式，就能够直观到纯粹观念的意向性对象。于是，胡塞尔的时间不是牛顿式的客体客观的存在形式，也不是康德式的主体主观的感觉形式，而就是主体主观的意识—意志的意向性形式，正是以此，胡塞尔才称主体的纯粹意识为"内在时间（形式）意识"。胡塞尔的"内在时间"，是通过对牛顿的外在时间形式和康德的感性时间形式的现

---

① ［德］胡塞尔：《内在时间意识现象学》，杨富斌译，华夏出版社2000年版，第33页。

② 当胡塞尔试图把康德所分析的人的理论理性与实践理性以及理性与感性的存在方式，还原为主体主观纯粹意识的意向性存在方式（生活世界），对直观、认识与思想对象的现象与本体的划分就没有必要了。

③ 康德的"时间意识"作为"感性意识"，参见黄裕生《真理与自由——康德哲学的存在论阐释》，江苏人民出版社2002年版，第110—113页。

④ ［德］胡塞尔：《内在时间意识现象学》，杨富斌译，华夏出版社2000年版。

象学悬搁而还原出来的，即如果我们悬置了时间形式的牛顿式外在性和康德式的感性，那么主体就只能拥有主观（内在）的、纯粹（超感性）的先验直观的时间形式了，从而使得时间本身成为主体绝对主观性（非外在性）存在的内在形式（康德的时间尽管是主观形式，却仍然与牛顿时间的客观形式"剪不断理还乱"，而不具有纯粹的内在性）和超感性存在的纯粹形式（因而能够直观观念）。

　　于是，现在，当不再作为客体（对象）的康德式主观感觉形式，更不再作为对象（客体）的牛顿式客观存在形式的条件下，时间就作为主体主观存在的先验能力的统一形式，即感觉意识、理论意识和实践意志—意识相统一的主体先验意向的纯粹内在（主观和非感性）的直观形式而被设定了。在胡塞尔对主体先验的"内在时间"、纯粹时间的现象学直观中，"内在时间"意识—意志的意向形式（"为时间构成的意识"①）既是历时性（过程性）的，也是共时性（结构性）② 的：当下的时间（现在）始终向将来的时间（未来）敞开自身，将来的时间（未来）不断地进入当下的时间（现在），又不断地向身后的时间（过去）退去；但是，未来作为理想在经过现在而不断向过去退隐的同时，并不是完全的消逝，未来不断沉入现在的深处，在现在残留而共时地积累为传统；于是，每个现在首先就是未来（理想），同时也是过去（传统），未来和过去都包含在现在之中，但只有现在才是名副其实的直接经验，而未来和过去，都是先验的理想（以此，胡塞尔有充分的理由谈论"历史性……的先验意义"③），因为，过去的传统本起源于未来的理想，原本也就是理想。

　　正是以此，与康德的先验论不同的是，在康德那里，主体存在的先验

---

　　① ［德］胡塞尔：《内在时间意识现象学》，杨富斌等译，华夏出版社 2000 年版，第 29 页。

　　② 胡塞尔称之为"一种与空间观点相类似的时间观点"，即"那种有结构的过程的统一性"。参见［德］胡塞尔《内在时间意识现象学》，杨富斌等译，华夏出版社 2000 年版，第 29 页。

　　③ "如果人们接受胡塞尔的实在是被主体间性地构成的这个信念，那么，他就不仅应该严肃地对待经验着世界的主体的共识，也要严肃地对待其异议。……虽然严格的康德式先验哲学会认为，那样的经验性和世间性领域没有任何先验相关性，但因为胡塞尔对先验主体间性的兴趣，他被迫从一个先验的观点来考察这些。由此，我相信，胡塞尔的晚期思想以对先验和经验的东西之间关系的决定性的重新考察为特征，这个重新考察最终将会导致先验领域的扩张，它部分地产生于他对主体间性的兴趣，并且迫使他考虑诸如生成性、传统、历史性和常态等概念的先验意义。"［丹麦］扎哈维：《胡塞尔现象学》，李忠伟译，上海译文出版社 2007 年版，第 143—144 页。

性——在实践中就是完全摒弃时间中的经验性根据、功利性目的，而纯粹出于理性、出于道德的存在——是由非时间的纯粹理性所保证的；而在胡塞尔这里，人的先验性存在，现在却是由纯粹内在时间的直观意向形式中的未来时间形式——人类社会的普遍理想（陈泳超君所谓"时代性动力"，见陈著下篇第六章）——在主体主观的、直观的现在时间形式中的"到场""出场"或"在场"的现场性来保证的，在主体主观的纯粹内在时间的直观意向形式的现象学描述中，如果没有未来时间形式与过去时间形式，在现在时间形式中的"同时到时"（黄裕生）的先验条件，主体存在的先验性特别是实践的道德性是无法保证的（当然只能保证行为的道德性却不能保证实践的绝对道德性，此是后话，见本章之五"插话"、之六"合题"对此问题的进一步讨论），正如布迪厄所言：

> 实践活动在它合乎情理的情况下，也就是说，是由直接适合场域内倾向的习性产生的，是一种时间化行为，在这行为中，行动者通过对往昔的实际调动，对以客观潜在的状态属于现时的未来的预测，而超越了当下。习性是往昔的产物，因为习性蕴涵着暗含未来的实际指涉，它在行为本身中使得自身时间化了，并通过这个行为而表现出来。①

于是，根据胡塞尔现象学式的时间观，我们就可以用与牛顿、康德的古典式时间观不同的方式，来把握后现代的语境论了。后现代的"语境"，当然不再是牛顿式的客体客观的存在形式，也不再是康德式的主体主观的感觉形式，而就是主体先验的主观间客观性的纯粹内在的时间意识的直观形式，也就是说，"内在时间"成为主体存在、实践与生活（存在形式、实践形式，维特根斯坦称之为"生活形式"②）的纯粹内在的主观、

---

① ［法］布尔迪厄：《实践理性——关于行为的理论》，谭立德译，三联书店 2007 年版，第151 页。布迪厄（Bourdieu），或译"布尔迪厄"，在本章行文中一律译作布迪厄。

② "生活形式"是维特根斯坦使用的一个奠基性概念，简单地说，"生活形式"就是："我们学会在其中工作的参照框架。""生活形式"是共同体的先天共识，是我们的日常生活的不可置疑的基础，当我们为思考和交谈中所使用的概念寻找更深层或更基本的合理根据时，维特根斯坦总是求助于这个概念。"如果我对正当性的证明已经走到尽头"，那么我就会碰到坚硬的岩石墙壁，我的铁锹就挖不动了。（维特根斯坦《哲学研究》第 217 条）参见 Grayling《维特根斯坦与哲学》，张金言译，译林出版社 2008 年版，第 95—96 页。

直观的先验意向形式。特别是当我们像胡塞尔那样，不再区分理论的理性意识和实践的理性意识，不再设定感性的自然客体（现象）以及理性的自由主体（本体）的客观存在，而是把自然客体和自由主体的客观存在都还原到主体绝对内在、纯粹直观的先验意向形式当中，我们就能够比较容易地理解，"话语"理论家和"表演"理论家们不再设定文本（意向对象）与语境（意向的时间形式）的牛顿式区别，也不再设定语境（意向的时间形式）与行为（意向形式）的康德式区别，而把文本（意向对象）包括在行为（意向形式）当中（例如奥斯汀"以言行事"）①，把语境（意向的时间形式）既等同于文本（意向对象）也等同于行为（意向形式）的哲学基础了。在后现代的语境论中，话语、表演都被视为主体之间"时间化"（布迪厄）的交往行为、交流事件，用陈泳超君的话说就是，在后现代的语境观中，"'纯净'的时空"不再存在（第162页），时空是重叠或复合的。只是，中国的后现代学者多半不像胡塞尔甚至布迪厄那样关注重叠、复合即"时间化"的交往行为、交流事件即语境所体现出来的话语、表演的先验性（过去和未来时间形式），而只是关注了话语和表演的经验性乃至功利性（关注功利性是关注经验性的必然结果）的现在时间形式。②

　　语境并非外在于文本、仅仅作为文本的背景而存在，它和文本共同构成了生活实践的具体过程，正像本·阿莫斯所言："语境就是一种互动的现实"（context as an interactive reality），也即是

---

① "叙事实践。"（第1页）"'传说'一词本来就有动词和名词两个义项。"（第8页）
② 陈泳超君对"表演"和"表演性"似有误解，认为只有如史诗、民间故事、民间歌谣才是"带有表演性的文类"，"传说尽管可以有精彩的展演，但它不是可以从现实生活中拔出来单独欣赏的文学作品，多数时候只是所有地方共享者日常话语的一个面向、一个持久的话题，人们注重的不是传说的表演，而是传说的指涉及其实际功能。""本书倾力而为的，则是在情景语境中观察和分析作为话语的传说在地方人群中的实际交流行为。"（第108页）其实，表演正是指的"实际交流行为"，而表演性也是指的"实际交流行为"的交流性。王杰文评论陈泳超君："'表演理论'和你用的'话语理论'，在总体方向是一致的，但'表演理论'不适合用在这里。"未必是确论。参见陈泳超等《"传说动力学"批评》，《民间文化论坛》2014年第4期。

户晓辉所谓的"演述活动的整体性和当下性"。在此意义上说，根本不存在无语境的文本，反之亦然。有了这样的前提，语境和文本这一组概念，在本书全文中反而并不需要被时常提及了。（第3—4页）

笔者更愿意将传说当做是地方民众人际交流的一种话语形式，它渗透于地方民众全部的生活之中。……话语不单是对现实世界的表达，同时也反过来建构着世界。（第9页）"话语建构社会，包括建构'客体'和社会主体"。……重要的是对于"社会主体"的建构，按照费尔克拉夫的说法，这样的主体建构主要体现在三个方面，即"社会身份"、"社会关系"以及"知识和信仰体系"，它们分别对应于语言的"身份"功能、"关系"功能和"观念"功能。本书一以贯之的主题之一，即是通过对"接姑姑迎娘娘"信仰活动中各种传说形态及其言说行为的描述，来解析地方社会中人群主体性的建构实践，并在探究地方内部纷繁复杂的共存策略之余，进一步关注与地方之外主流社会文化进程的多样联系。（第9—10页）

突出语境、行为、文本的"时间化"，并且把对于语境、行为、文本的"时间化"理解和解释，最终落实为胡塞尔现象学的"内在（纯主观）时间"、纯粹（超感性）时间，并不是对牛顿、康德式时间观的彻底否定，而是把牛顿、康德式的时间观回收到胡塞尔式的时间观中。举例来说，陈泳超君对"仪式圈""祭祀圈""信仰圈""传说圈""文化圈"（第86—87页）等民俗实践的空间形式（内在时间的外在形式）之间细微差别的精彩讨论，就既以胡塞尔式的空间观为前提，同时也以牛顿式的空间观为基础。没有牛顿式的"地理空间"（第86页）的客观性"区域概念"（第87页），我们无法想象"……圈"的空间性；但若不是根据胡塞尔式的内在（主观）性、纯粹（意向）性空间观，我们就无法理解和解释"……圈"的空间性"边界"何以因主体主观的"语境"实践，而

"相对模糊"（第 87 页）①。再如在前述"实物感"的例证中，我把陈泳超君的"实物感"类比于康德的"时空感"，但下面的事实，借助胡塞尔的"内在时间意识现象学"，似乎能得到更有效的阐释。

> 尧、舜和娥皇、女英，本来是汉文化圈内的公共符号，他们以自己的品德和功绩获得了神灵的地位，受到广泛的信奉，这在中国传统的信仰逻辑里是很自然的，但对于"接姑姑迎娘娘"文化圈的信众而言，如果在这些神人之间的伟大形象上再添加一层自己祖先的身份，显然可以增加更多亲密的感情。当地信众受到尧都平阳（今临汾）的传说沾溉，将羊獬村说成是尧的行宫或第二故乡，历山说成是舜的耕作之地，于是这两地民众就成了他们的子孙后代。而尧舜通过二妃的联姻叙事又是传统中国主流历史观里的共同知识，是被上下各阶层长期确认过了的"历史事实"，这便使该仪式在具有同类活动所共具的信仰真实感之外，又增添了一份历史真实感，因而更夯实了其认同力度。至今在"接姑姑迎娘娘"文化圈内的信众还都相信，这个仪式从4000 多年前的尧舜时代就产生并一直流传至今、从未断绝，它甚至被一些地方知识分子推举为中华民族婚姻习俗的古老化石，每言及此，本地人士都无比骄傲。（第 95 页）

---

① "我们眼中的传说，是作为地方话语而存在的，那么，多大一个范围可以被研究者设定为是一个'地方'呢？如果只要自外于我们自己的文化体系就可以被指认为'地方'的话，那只是自我中心的映现，与其说是研究'地方'，不如说还是在研究我们自己。所以，本书认为，'地方'的概念不单纯是一个空间界限，必须先找寻到其中的文化同质性，设立几个有说服力的文化标志，才能划定其边界，从而真正成为我们的研究对象。……正是基于娘娘的传说信仰、以及互称亲戚关系这样的同质文化内涵，我们把这一地区看成一个文化圈，是一个'地方'。尽管文化圈的概念比仪式圈的路线本身更具有面上的延展性，但毕竟仍以仪式活动为核心，而羊獬每年三月三'接姑姑'时有所谓'来回不同路'的习俗，差不多正好把这些村庄巡游一遍，可以被视为对这一文化圈的周期性温习和确认。"（第 162 页）"'羊獬姑姑'因为有每年举行的大型游神活动，并且大家互称亲戚，其信仰文化圈才能被我们感知得如此分明。"（第 166 页）"无论怎么说，在被我们统称为'地方'（region）的整个文化圈内，还有更小的区域或社区（community），它们多数情况下可以村为单位，但从传说的共享关系而言，它既可能指村与村之间结成的小范围联合体（例如赤荆村与马驹村），也可能在同一个村子之内继续分出更小的社区单位（例如马驹村分出南北），总之，'地方'内还有'地方'，端看我们是从何种话题和角度切入观察，而这些次级的'地方'（社区），对于传说又构成了不同的动力来源，并且相互之间依然充满了各种互动关系。"（第 174 页）

　　然而，世俗化的民间传说却在很大程度上可以弥补这样的隙漏，你看：娥皇、女英这样伟大的人物，其实也跟常人一样会纳鞋底、煮豆子，也有嫉妒、争斗之类并不高尚的品格。人们越是"窥私"式地知道这些底细，就越是增加了神灵的亲切度，同时也越增加了血缘关系的真实感：如果不是自己的祖先亲戚，我们怎么可能知道这些家底呢？可见，通过将圣王神灵的祖先化，当地信众达到了将公共资源"私有化"的效果，以此增强了地方民众的身份荣耀和心理保障，这是该传说的一个重要功能。（第96页）

　　可见，"接姑姑迎娘娘"文化圈内所包含的亲属关系，尽管对学者的理性来说依然是模拟式的，但在当地民众的信仰思维里，它已经是最理性、最真实的了。（第98页）当然，真实感的坚牢程度，也与现实人群建构与培植的努力程度相关。比如同为与尧舜相关的仪式传说，我们在山东菏泽地区调查时了解到，当地尧王寺旁有一口井，是求雨的圣地。据说每到旱情严重时，周边各地都来祈雨，但历山虞帝庙那边来的人总是最先得到雨水，因为舜王是尧王的女婿，尧王尤其是尧王夫人就特别照顾他们一点。这看上去似乎村民之间也有横向的拟亲属关系，但是这种关系是模糊的、临时的，没有周期性的仪式活动来反复印证、温习，而日常生活中人群之间的互相往来，均与这一附加身份无关。（第98页）

　　笔者列出这些案例来对比，是想说明虽然"神亲"、"社亲"这样的拟亲属关系在中国民间信仰里并不少见，但很多时候只是象征性的模拟，不容易产生真实感。相对而言，"接姑姑迎娘娘"文化圈内的拟亲属关系，由于神灵是被大传统反复强调过的真实人物，因此他们建构的垂直关系和横向关系，就显得更加符合现实人伦逻辑，因而真实感要更加坚牢。（第98页）

接姑姑迎娘娘的仪式"从4000多年前的尧舜时代就产生并一直流传至今、从未断绝"，是古老的活化石，若"不是自己的祖先亲戚，我们怎么可能知道这些家底呢？"但是，若不是根据胡塞尔的"传统就是先验理想在经验现实中的沉降"，而仅仅根据康德的"感觉形式"（即便是先验形式）或"时空感"，我们又如何可能认识到，地方民众的"真实感"不是仅仅感知到的，而且也是通过把作为先验理想的历史传统"周期性的……反复印证、温习"实践而在现实中当下地做出来的，进而领悟其先验真实性（或真实的先验性）的实践"信仰逻辑"呢？

但是，正如我在上文中已经指出的，在康德那里，人的实践的先验性即道德性，是以纯粹理性为条件的；而在胡塞尔这里，人的存在的先验性则是以未来时间（过去时间不过是在现在时间中沉积的未来时间）的意向形式作保证的。但是，如果我们在使用后现代的"语境"概念的同时，却忽略了后现代（如布迪厄）的"语境"概念中理应包含的未来时间形式的先验维度，那么，"语境"概念的单纯"现代（现在）性"、经验性使用，就有把"语境"概念彻底（自然）因果化、功利化的危险。于是，人的存在、实践与生活的先验的真实性或真实的先验性，就会从我们的单纯现在性、经验性"语境"视野中消失殆尽，亦即根本无以同情地了解我们的研究对象的行动、行为，作为道德实践的真实可能性与现实性。

假如在地方上调查得足够深入，那么我们一定会发现，地方民众的生活世界是那么纷繁复杂。且不论地方民俗精英们的新近改编，即便是在当地长期自在传播的传说，也像多棱镜似的体现着演述者们的各种欲望、动机、观念、情感和策略，呈现的是一派"喧哗与骚动"的景象。传说正是在这样的话语世界中实际存在，它被地方民众演述着，同时也表达着民众，建构着社会，归根结底，它就是民众生活的一个部分。（第14页）

在被我们研究者标定的一个文化意义上的"地方"（region），经常还可以离析出更小的"社区"（community），它们在场域中的位置关系既不平等也不稳定，比较容易想到的是中心与边缘的关系，它们既互相依存又充满张力，使传说出现更加细化的"地方性"特征；同时，即便是所谓的"中心"，也未必是唯一的、稳定的，经常会发生中心与中心之间的摩擦，有时候甚至会形成对抗性的人群关系，而传说恰恰是他们奋力争夺的话语资源，民间社会可以通过独特的协商策略，一边容受着矛盾与对立，一边又努力达成地方内的某种动态平衡，用以保障整个"接姑姑迎娘娘"活动的持续进行。可见，所谓

的"地方性话语",其内部从来都不是均质的,需要深入其中才能知其冷暖。(第12—13页)

在话语权力的角逐过程中,各层级的力量和效果是不均等的,每次交锋碰撞的胜负关系也是不确定的,本书将描述很多田野中实际观察到的交流个案,其中所体现的演述者的动机意志、各种力量的分合组成、交流的多变情景以及演述者随机应变的话语机巧等等,般般构成学者接近传说实际存在状态的无限迷人的动态图景。但在这些生动个案的背后,站在地方传说的整体平台上观察,我们仍可以分辨出其中的主导因素,即所谓的"话语霸权"。(第11页)

基于"奋力争夺的话语资源"而导致的"话语霸权""话语暴政",是后现代学术用以描述后现代状况时使用频率最高的词语,我在这里想问的不是陈泳超君的眼中,是否只能看到"霸权""暴政"等"权力"现象;而是问,在彻底经验化的"时间化"语境论指引下,除了"话语霸权""话语暴政",我们还能够看到什么?但是现在,当未来时间的实践形式被从"时间化"的语境视野中完全排除之后,我不知道,基于因果性、功利性的地方社会生活的"话语霸权""话语暴政"背后,真的就什么都没有了吗?"话语霸权""话语暴政"就是民众日常生活唯一的"主导因素"吗?

正是以此,以上,我才根据牛顿、康德、胡塞尔的三种时间观,讨论了民俗学的"语境"概念的多种可能的使用方法(按照维特根斯坦的说法,词语的意义就存在于如何使用当中①)。我之所以要喋喋不休地讨论"语境"概念,乃是因为,尽管陈泳超君认为,"语境"概念在全书中并不需要被时常提及,但正因为不需要被时常提及,反而彰显了"语境"概念实际上就是陈著中无处不在的"关键词"。在陈著中,经常代替"语境"出场的实际是布迪厄的"场域"概念,或者说,由"场域""资本""惯习"等"一系列概念"(第11页)组合而成的布迪厄"一整套思想"(第109页),不仅结构了陈著的全书框架,而且决定了其基本的立场和

---

① "命题只有在使用时才有意义。""一个词的一种意义就是对于该词的一种使用。"〔奥地利〕维特根斯坦:《论实在性》,张金言译,广西师范大学出版社2002年版,第3、11页。

方法论①,正因为有了"场域"概念,"语境"才不需要被时常提及了。陈泳超君合法地给予了布迪厄的"场域"等概念以经验化的解读,并合理地用作全书的理论基础;但同时也就据此而"悬置"了对"时间化"的"语境—场域"下,传说活动的先验构成条件的进一步论证。这当然不是布迪厄理论本身的问题,而是陈泳超君对布迪厄概念的使用问题,而上引布迪厄《实践理性——关于行为的理论》中的那段论述,虽然不能代表布迪厄的"一整套思想",却也能局部地说明,布迪厄的"思想"并不能以经验论全盘视之(本章之"五"将着重讨论这个问题)。

正是出于此种考虑,我在上文中,才通过对"语境"概念的多方位讨论,希望提供一种依然简省(能够一以贯之地阐明传说形态学与传说动力学的奥卡姆剃刀)却更具有整体性(经验加先验)阐释力的概念,以避免甚至纠正对"语境"或"场域"概念之仅仅基于"可被观测到"的现象的经验论使用。对此,陈泳超君也许会"以子之矛陷子之盾"地援引康德的话反驳我说:理论理性的经验研究如果超越了直观的范围就是超验的、逾界的、外在的,因而是非法的②。但我的回答是,如果我们承

---

① 布迪厄的"一整套思想"构成了陈著"传说活动研究"的理论基础:"笔者借鉴布迪厄(Pierre Bourdieu)关于'场域'(field)、'资本'(capital)和'惯习'(habitus)的一系列概念和理论运作,以'身份—资本'这一较为软性的指标,对传说人群进行层级划分,来具体展示该地区传说演述的动力机制。"(第11页)"在此,借鉴一下布迪厄(Pierre Bourdieu)关于场域(field)和惯习(habitus)的一整套思想,对我们或许会有帮助。布迪厄认为,所谓场域是一个客观关系的系统,它体现于事物或者社会体制中;而惯习则体现于个人身体之中,是主观的,但又不能脱离社会,它是一种'社会化了的主观性'。场域与惯习互相型塑、互相制约。每个场域都是一个充满动态关系的争夺空间,各个行动者(个人或集体)据有不同的资本,依凭惯习来选择策略,用以保证和改善他们在场域中的位置。因此,每个场域中都会包含着动力机制,'一个场域的动力学原则,就在于它们的结构形式,同时还特别根源于场域中相互面对的各种特殊力量之间的距离、鸿沟和不对称关系。'"(第109页)"布迪厄在研究尼日利亚和法国这样两个迥然不同的社会时,所使用的分析单位就不一样:对于前者,他用的是个人、家庭和宗族;对于后者,则从社会阶层着手。"(第111页)"于是笔者又想到了布迪厄通过对尼日利亚和法国的社会分析提出并发展的所谓'象征资本'概念,他认为在可被标示的三大资本'经济资本'、'文化资本'和'社会资本'之外,还存在着难以标示的'象征资本',其要素出自于并可以回归为这三大资本。"(第111页)关于布迪厄的"一整套思想",陈泳超君主要援引[法]布迪厄、[美]华康德:《实践与反思》,李猛、李康译,中央编译出版社1998年版;关于布迪厄的社会调查及其资本分类的介绍,陈泳超依据的是景军《知识、组织与象征资本——中国北方两座孔庙之实地考察》,《社会学研究》1998年第1期。

② 参见本书"绪论"《"内在的"和"外在的"民间文学》。

认人的行动、行为（尽管也只能被表象为经验的现象）自在、自为地就是理性的实践，而不仅仅是理论理性的认识对象，那么我们就只能首先从实践理性（而不是理论理性）出发，假定人是自由的，人的实践是自由的实践，即最终是根据自由法则而不是根据（理论理性所给出的）自然法则的"作为"；否则，无论是根据自然法则，还是不根据自由法则，人的实践都是荒谬的。① 但是，如果我们仅仅把自己的视线限制在理论理性的感性直观或经验性直观中，或者限制在并非"时间化"的"语境—场域"直观中，那么，我们所看到的人和人的实践，就只能是被自然法则（或"准"自然法则的社会法则）所支配、所控制的人的本能或本能的人，即便"看呐，这人"表现出道德实践的高尚情操，也只能解释为人的善良天性的个人心理（"有时笔者觉得这一冲动本身仅是'民俗精英'们自身的心理表征"，第 13 页）。于是，传说活动之基于个人心理至多基于"地方逻辑"—"文化意义"② 的"话语霸权"，就既是陈著的事实起点，也是其阐释的终点。

但这样一来，在并非胡塞尔意义上的"时间化"，而是康德意义上的理论理性的经验论语境直观中，我们根本无法理解和解释传说活动的实践本质（如果我们视实践为人的实践），因为，如果不是在普遍理性而仅仅是从个人心理的层次理解实践，实践就只能被视为人的意志的偶然、任意的结果，而不是必然地出于人的纯粹实践理性的自由意志。于是对于陈著来说，"接姑姑迎娘娘"的传说活动的普遍意义，就遗憾地"背过身去"，最终只能像陈泳超君自己所声言的那样："作为学理的探讨，我们更倾向于在文化象征［或"文化意义"的"地方逻辑"，而不是普遍价值的］层面上去理解当地群众构建区域内和谐人际关系的意愿和实践。"（第99—100 页）对此，王杰文有充分的理由质疑陈泳超君：我们"把现象里的内部动态机制描述得非常精到了，我们还要再做点什么？还能做点什么？"③

---

① "自由尽管不是依据自然规律的意志的特性，但是却并不因此而是根本无规律的。相反，它必须是根据不变规律的一种因果性，只不过这是一种独特的因果性而已。否则，自由意志就是一个谬论。"［德］康德:《道德形而上学基础》，孙少伟译，九州出版社 2007 年版，第 125 页。

② 所谓"文化意义"就是"对于当地所有人都具有的""地方性的统一意志"，而对于当地之外的所有人都不具有的实践意志。（第 108—109 页）

③ 参见陈泳超等《"传说动力学"批评》，《民间文化论坛》2014 年第 4 期。

正是基于与王杰文同样的疑虑，我才试图赋予陈泳超君反复使用的"语境—场域"概念，以除了经验性视角之外的先验视域。在这方面，基于胡塞尔"内在时间意识现象学"的"语境"概念，无疑会优于牛顿的"经验感性论"，而且也会暂时优于康德"先验感性论"时空框架中的"语境"概念，前者更易于以一元性（而不像康德那样必须还原到二元论）方式，同时给出对民俗实践的经验性维度与先验维度的整体性阐释，而不会流于在感性地直观到民俗实践的经验现实（如话语霸权或话语暴政）的同时，如若不是还原到康德所云自然感性现象的自由理性条件，就会与地方民众的先验理想擦肩而过或失之交臂（但实践证明，我们还真是离不开康德，还得回到康德，无论胡塞尔还是布迪厄，都"无可奈何"地承认这一点，见本章之"五""插话"的讨论）。

有鉴于此，经受了胡塞尔"内在时间意识现象学"洗礼的"语境—场域"概念，因同时蕴含了现在时间形式的经验性，与未来、传统的先验时间形式，可能最适于同时再现传说信仰实践活动中"文化英雄"（第135页）们的"英雄事迹"① 所蕴含的现实维度与理想维度，而这些"文化英雄"的"英雄事迹"，在古典时间观中，曾经被视为传统时代的文化"遗留物"。时来运转，负面价值的文化"遗留物"摇身一变，变成了正面价值的"非物质文化遗产"，这不是因为"遗留物"本身发生了质变，也不是因为"遗留物"的理论在中国（20世纪初）曾经来早了，或者（21世纪初）来得正当其时②，而是我们的时间观已经从古典（牛顿式、康德式）的时间观，转换为后现代（胡塞尔式）的时间观。在胡塞尔"时间化"的时间观关照下，传统文化的"遗留物"在现在时间形式中，赢得了先验理想的存在理由。正是以此，经典的民俗学理论范式、经验范式才能够在"时间化"的"语境—场域"中，合理合法地拥有了"实践

---

① 洪洞人为争取信仰的自由权利而不懈斗争，在当地有被誉为"一人一马""揣着牌位"不断香烟的典型事件，见陈著上篇第一章第三节"口述现代史"。（第43—54页）

② 参见高丙中《日常生活的现代与后现代遭遇：中国民俗学发展的机遇与路向》，《民间文化论坛》2006年第3期，收入高丙中《民间文化与公民社会——中国现代历程的文化研究》，北京大学出版社2008年版；高丙中《中国人的生活世界——民俗学的路径》，北京大学出版社2010年版；高丙中《日常生活的文化与政治——见证公民性的成长》，社会科学文献出版社2012年版。

认识"的正当性（本章之"六"将再次回到对这一问题的讨论）。

当然，在给予了后现代的"语境—场域"观，以胡塞尔"内在时间意识现象学"的哲学阐释的同时，我还要补充的是，正如胡塞尔本人所指出的，"内在时间意识现象学"所关注的只是内在时间意识的呈现方式（"构成过程"），还不是对时间意识所呈现的对象（"被构成的东西"）①内容的先验意义或道德价值的最终评价标准。这就是说，通过未来和过去时间在现在时间中的"同时到时"所呈现的先验对象（包括道德理想）本身的内容，仍然需要非时间性②的判断形式予以纯粹理性的"普遍化检验"，亦即康德所云"理性的公开运用"③；如果我们把未经纯粹理性的非时间性判断形式予以"普遍化检验"而呈现的对象（包括未来时间形式和过去时间形式所"构成的东西"）的内容，以绝对真理的"附加身份"在现在时间形式中强行使用，就会导致"时间化"的"语境—场域"的呈现方式（"构成过程"）自身的"谬误使用"（理论地使用实践对象）。这里特别强调的是，"时间化"的"语境—场域"的先验维度、理想维度，必然应该建立在非时间性亦即纯粹理性的普遍化判断形式的基础上（见本章"附录"），而这样的一个补充，也就为在下文中为民俗精英们"规范传说"的话语霸权之功过得失，奠立辩护与批评的最终标准，埋下了一线伏笔，我们将在本章之"五"再回到这个问题。

三　正题："按说有"就是"真的有"

陈泳超君用一系列"二元分析模式"，支撑了《背过身去的大娘娘》

---

① 内在时间意识的"构成过程"与"被构成的东西"，见本章"附录"。

② "在一定程度上从其语境背景中被客体化、被提取出来""抽离出来"。参见［美］鲍曼《作为表演的口头艺术》，杨利慧、安德明译，广西师范大学出版社 2008 年 10 月第 1 版，第 68—69、77、131 页。

③ 参见［德］康德《回答这个问题：什么是启蒙？》，载《康德著作全集》，第 8 卷，李秋零译，中国人民大学出版社 2010 年版，第 41—42 页。该文有多种汉语译本，如何兆武译本，收入［德］康德《历史理性批判文集》，何兆武译，商务印书馆 1990 年版。

整个上篇"传说与信仰"①，这些"分析模式"包括：元传说（尧舜身世传说）② —核心传说（娘娘身世传说）；大传统—小传统；主流文化（主流知识）—地方话语（地方性知识）；国家政治体系—地方信仰体系；国家共祖—地方私祖；地缘关系—血缘（姻亲）关系（拟亲属关系）；附加身份（娘娘的亲属）—现实身份（日常身份）……那么，以"元传说"与"核心传说"为代表的两极，"在这个［接姑姑迎娘娘的传说活动］文化圈内是一种什么样的共存关系呢？"（第92—93页）为了回答这个问题，陈泳超君"先暂时将当地民众视为一个均质的群体，看传说所能体现的、当地共同的话语诉求"（第80页），尽管"探讨传说与现实中各种人群的不同关联，这是本书追求的核心目标，但在此之前，笔者还须按捺住这一冲动"（第80页）。当然，元传说与核心传说的共存关系的问题，还可以转化为其他的提问方式，例如，"当地民众"用"核心传说"来模拟"元传说"，是出于怎样的"实践意愿"呢？

> 在传世的主流文献中，尧和舜向来是被当作以制度完备、人伦和谐为主要标志的中国上古"黄金时代"的两位圣王，负载着中国传统文化中几乎所有的正面价值。（第88页）

> 尽管多数情况下［尧舜的］"元传说"与［娥皇女英的］"核心传说"共同支撑着整个仪式活动，但一旦二者有矛盾，"元传说"会很轻易地占据上风，因为"元传说"背后有强大的主流文化作支撑。（第86页）

> 这里我们不妨借用美国人类学家罗伯特·雷德菲尔德（Robert Redfield）在1956年出版的《农民社会与文化》中提出的大传统（great tradition）和小传统（little tradition）的二元分析模式，把以尧舜为叙事核心的话语体系称为大传统，它具有悠久的历史和跨越阶层

---

① 上篇实即与下篇"传说动力学"相对的"传说形态学"，不说"形态学"而说"传说与信仰"，是因为上篇的主要目的，并不在于探讨"形态学"本身，而是"先暂时将当地民众视为一个均质的群体，看传说所能体现的、当地共同的话语诉求"。（第80页）
② "我们把这一传说命名为'元传说'，它是游神仪式的结构支撑，是以尧舜为中心的，总体风格上与主流文化是一致的。"（第80—81页）

的共享群体,可被几乎所有的文献所证明;同时把以娘娘为叙事核心的话语体系作为小传统,它是以口头为主要传播形式的地方性知识。毫无疑问,大传统在这个文化圈内是始终在场的,那么,大、小传统在这个文化圈内是一种什么样的共存关系呢?最直接的印象是,以尧舜为核心的大传统尽管被捧得很高,但却因其过高而被置于一种虚悬的境地,脱离了信仰中的世俗表演前台,他们只是"名誉主角";真正活生生的主角,当然是那两位既是伟人、又是神灵同时又充满世俗性的娘娘。这样,表面看起来还是同一套话语,其实核心传说已经将主流的政治体系转换为信仰体系了。(第92—93页)

正是由于信仰传说的中心发生了[从"元传说"到"核心传说"]这样的转移,[尧舜圣王的]身世传说才能摆脱主流话语的高压,在一个相对自在的环境下恣意生长,从而充分展示民间叙事本身的乐趣。(第90页)

本书《绪论》中引用批判话语分析学者诺曼·费尔克拉夫(Norman Fairclough)对于话语功能的概括:"话语建构社会,包括建构'客体'和社会主体。"客体部分不必多说,笔者看重的是,作为话语的传说,是如何建构"社会主体"的。按照费尔克拉夫的说法,这样的主体建构主要体现在三个方面,即"社会身份"、"社会关系"以及"知识和信仰体系",它们分别对应于语言的"身份"功能、"关系"功能和"观念"功能。本节将要呈现并分析的是,"接姑姑迎娘娘"文化圈内的民众,如何通过传说和信仰的"观念"体系,在自己的日常身份之外,附加尧舜及二妃后裔的光荣"身份",以此将原本的地缘关系改建为血缘"关系"的实践过程。(第94页)

在当地人心目中,尧舜以及娥皇女英绝不像外人想象的那么遥不可攀,他们就是自己的"爷爷"、"姑姑"和"娘娘"(奶奶)(有时候也将所有神灵不分性别称为"老人家"),只是当地民众世俗关系中的一个亲戚罢了。(第104页)作为地方话语,传说对于身份和关系的建构,并非只是停留在观念领域,它还会落实到行为层面,直接或间接地影响着该地方民众的生活实践。(第103页)

显然，传说的古老性给他们带来许多不虞之誉，这也是附加身份的特殊魅力。通常来说，附加身份总是高于现实身份，才会激发群众的持久热情，否则非但不能持久，恐怕民众还要不断予以撇清或修正。（第 95 页）

那么，这样用传说来将地缘关系改建为血缘关系有什么好处呢？简单地说，在我们的传统中，人际关系最亲密的当属血缘关系，它的重要性远远大于近邻式的地缘关系，尽管也有"远亲不如近邻"的俗谚，但那只是场合性的权宜之语，传统的骨子里面，从来都是以血亲为至上的。（第 98—99 页）

通过将圣王神灵的祖先化，当地信众达到了将公共资源"私有化"的效果，以此增强了地方民众的身份荣耀和心理保障，这是该传说的一个重要功能。不止于此，当这一文化圈内的民众将国家共祖转化为地方私祖的时候，他们不仅在垂直方向上分别与尧、舜建立了模拟性的血缘关联，还进一步依据尧舜联姻的解释性传说，将血缘关系横向推衍，非但羊獬、历山两端之间建立了由翁婿关系而来的表亲关系，而且将这一拟亲属关系肆意扩展，使之弥漫于沿途几乎所有的村庄。（第 96 页）

这些村庄进入拟亲属序列的模式大约有四种：一种是"真实"亲属故事的延伸落实，比如韩家庄，虽说被指认为后继母娘家的身份不甚光彩，但正如他们所说总还是亲戚嘛，谁家没有个纠纷烦恼呢？我们还听他们说过"血浓于水"这样经常被媒体用来指称海外华人的"高端"词语；一种是娘娘显灵选择的行宫，比如西乔庄，该村人也依例进入了"亲戚"的行列，这有点像是现实中领养或认干亲的关系；再一种是因为娘娘曾经在当地发生过故事，比如，马驹、赤荆等地，这个系列传说是将本地拟亲属关系模式扩大化了。按照我们前面的分析，羊獬、历山、西乔庄最多不过尧舜或娘娘曾经住过的地方，当地村民就可以自称他们的后代，其原理可以概括为：因为圣灵出现在某地，某地的村民就是圣灵的后裔。那么马驹、赤荆等是娘娘曾经路过的地方，这些村民当然也可以套用这个原理而进入拟亲属关系之列；最后还有一种就是什么由头也没有，只是正好在线路上，也愿意奉持这一信仰，于是就加入进来，笼而统之地互称"亲戚"。其实推究起来，它也是上述原理的进一步扩大化，娘娘虽然没有"亲身"路过，可是迎送娘娘的队伍是路过的，娘娘又是很灵验的，在驾楼里供奉着的娘娘塑像本身就象征着娘娘的真身，所以经过模拟之模拟，这些人群照样可以进入"亲戚"的行列。这一法门非常管用，它保证了整个文化圈的开放姿态，所以信众中只有屯里等一、二个小村子的村民跟羊獬一样管二妃叫姑姑，绝大多数都跟着历山喊娘娘了，而各村民众之间，则均以笼而统之的"亲戚"互称。即便是我们这样地方之外的人群，因为尊重这一信仰并与当地民众建立了十分友好的关系，就可以自称"北京亲戚团"，当地人也欣然接受。由此我们可以看出这一仪式传说另一深具影响力的功能在于改变了现实中的人际关系，即把现实中的地缘关系血缘化了。其实，信徒与神灵攀亲的垂直关系是司空见惯的，人们经常把神灵亲切地称为"爷爷"、"奶奶"、"姑姑"，女性神灵尤其容易获得这样的认同，但是像这样大规模地将拟亲属关系横向推衍的似乎并不多见。(第96—97页)

以此，所谓主流文化（以讲述圣王身份的"元传说"为代表）与地方话语（以讲述娘娘身份的"核心传说"为代表）的"共存关系"，实际上是一种传说实践，即"地方民众"（"当地信众""这一文化圈内的民众"）通过传说实践，将"国家共祖转化为地方私祖"，将"公共资源'私有化'"，从而将大传统的血缘—姻亲关系"套用""推衍""扩大""扩展""弥漫"到小传统的地缘关系上，将小传统的地缘关系"模拟""转化""转换""转移""改变""改建"为大传统的血缘—姻亲关系（"模拟性的血缘关联""拟亲属关系""拟亲属序列"），由于"作为地方话语，传说对于身份和关系的建构，并非只是停留在观念领域，它还会落实到行为层面，直接或间接地影响着该地方民众的生活实践"，所以，传说实践的基本"功能在于改变了现实中的人际关系，即把现实中的地缘关系血缘化"，即通过"将原本的地缘关系改建为血缘'关系'的实践过程"，既维持了"主流话语［对地方话语］的高压"（这里并不存在地方话语"摆脱""违背主流知识"的任何可能，即主流话语

"不在场"的"虚悬的境地"的任何可能，相反，"大传统在这个文化圈内是始终在场的""很轻易地占据上风"，且"始终在默默而有效地掌控着大局"），同时也"保证了整个［小传统］文化圈［对大传统］的开放姿态"。①

尽管主流文化与地方话语之间存在着一定的张力关系，但说实在的，地方的娘娘传说与主流的圣王传说，除了一个见于官方文献，一个出自民众口传，在内容上其实没有本质上的区别。所以是"同一套话语"，不仅"在思路上是完全对应的"，其"内在结构却毫无二致"，从而双双成为负载着"人伦和谐"的"正面价值"的王朝"家天下""模拟性的血缘关联"的信仰叙事。圣王传说是如此，娘娘传说同样是如此，以此才有地方话语对主流话语的"模拟"以及"模拟之模拟"，以及"拟亲属关系的历史对应"②，"这样的［模拟］改建手段和目标，与中国主流历史的宏大建构，本质上是遥相呼应的"。

> 《五帝本纪》以来中华民族的历史构建与"接姑姑迎娘娘"区域内民众关系的改建，在思路上是完全对应的，他们都希望将事实上的地缘关系改建成血缘关系，以此加强该区域内人群的相互认同，力图构建更亲密因而也更有凝聚力的人际关系，只不过两者面对的区域大小有天壤之别罢了。尽管从中国文化的总体格局来说，据于主流的《五帝本纪》是如此宏大庄重，偏处一隅的"接姑姑迎娘娘"只是草氓百姓的肆意造作，两者的文化层次不可同日而语，但内在结构却毫无二致。（第 103 页）

其间的差异当然也存在的，一个更倾向于政治化、道德化的神圣叙事，一个更倾向于生活化、信仰性的世俗性叙事；但这并不是说，大传统的神圣叙事就没有信仰性，正如古史辨学派已经证成的，中国古代的历史

---

① 参见高丙中《民间的仪式与国家的在场》，《北京大学学报》2001 年第 1 期，收入郭于华主编《仪式与社会变迁》，社会科学文献出版社 2000 年版；高丙中《民间文化与公民社会——中国现代历程的文化研究》，北京大学出版社 2008 年版；高丙中《日常生活的文化与政治——见证公民性的成长》，社会科学文献出版社 2012 年版。

② 陈著上篇第三章第四节的标题。（第 99 页）

叙事其实承担了等同于西方宗教叙事的全民信仰功能①，所以顾颉刚才有
"假古史—真神话"的说法②。正因为同样作为信仰性叙事，民众话语对
官方话语始终保持"开放"的状态，而尽享"附加身份"的"无虞之
誉"，才是可以理解和解释的。

> 民间传说的肆口逞言，也不是完全无边无际，它可以津津乐道娘
> 娘身上附带的很多俗民心性，但绝对不会把她们描画成纯粹的负面形
> 象，否则非但失去了信仰的保障，也会因为太过违背主流知识而难以
> 容身，毕竟，从主流而来的"元传说"，始终在默默而有效地掌控着
> 大局。（第92—93页）

这里并不存在"将主流的政治体系转换为［地方的］信仰体系"的
问题，因为主流的叙事体系也好，地方的叙事体系也好，其实都是通过
"时间化"的"语境—场域"实践，将未来和过去时间形式的先验理想或
先验传统纳入现在（当下）的时间形式，而"想象"③地建构起来的、

---

① "本土传统的文化秩序或价值结构与西方的差异，可以借用杜维明的一句话加以描述，
这就是：自从古希腊和古希伯来时代以来，西方的文化秩序—价值结构及其超越途径一般表现为
'存在（being，杜氏原译「存有」）的断裂'，即神圣世界与世俗世界的宗教性的空间划分，此
岸世界的终极价值由彼岸世界（上帝）提供；而古代中国的文化秩序—价值结构及其超越途径
表现为'存在的连续'，即神圣世界与世俗世界被置于历史性的时间两端，现代世界的终极价值
是由古代世界（大同时代的先公、先王）所提供的。终极性的价值本体存在于历史长河之中，
并由历史源头提供，即内在（于历史）的超越而不是外在（于此岸）的超越，祖先崇拜而不是
上帝信仰构成了中国式准宗教的价值结构以及对于价值本体的'史学'式体认方式。"本书第一
章《现代性论争中的民间文学》。
② "按照马林诺夫斯基的标准，在中国古代汉语文化中，神话不仅存在，而且是以非零散
的、成系统的方式存在的，这就是以顾颉刚为首的古史辨学派所力主的'三皇五帝'的古史传
说。古史传说因讲述了'天赐大法'（'洪范'—charter）的系列故事，从而以其叙事—信仰的
功能形式造就了最典型的本土神话形态。在中国古代汉语文化中，古史传说乃至纯正的'信史'
都发挥了类似'大宪章'（the Great Charter）的信仰功能。以此，当顾颉刚把古史传说说成是
'假古史'和'真神话'的时候，顾氏可谓一语中的，乃至'古史是神话'这一命题在今天已经
是不成其为问题的了（张光直）。"吕微：《神话信仰—叙事是人的本原的存在》，《青海社会科
学》2011年第1期，即杨利慧等《现代口承神话的民族志研究——以四个汉族社区为个案》的
"代序"，陕西师范大学出版社2012年版。
③ 参见［美］安德森《想象的共同体：民族主义的起源与散布》，吴睿人译，上海世纪出
版集团2003年版。

对历史的"真实性"的信仰体系，娘娘传说是如此，圣王传说又何尝不是如此？以此，"'元传说'与'核心传说'共同支撑着整个［接姑姑迎娘娘的］仪式活动"，才合情合理，主流话语并非"脱离了信仰"，而地方话语则因为仰仗了主流话语的信仰性，才赢得了自身"信仰的保障"。

"那么"，接下来的问题就是，"这样用传说来将地缘关系改建为血缘关系有什么好处呢？"答案当然十分明确，通过"附加身份"，在人与人之间通过"反复印证、温习"（第98页）娘娘传说而构建了同一性的身份认同的社会生活的"人伦和谐"。当然，通过传说实践，"造成事实上的区域和谐"是一回事，而"当地群众构建区域内和谐人际关系的意愿和实践"，则是另一回事。

　　当地群众对于这层亲属关系津津乐道，并不断表明这样的关系使得当地人群能非常和谐地相处，用罗兴振的话说，四千年来他们历山人和羊獬人"没闹过意见，大话都没说过一句"。笔者在2000年第一次实地考察之后，也跟着对其血缘关系的建构大加感叹："这就比单纯的地域关系要牢固和亲密得多，也使这一带的民风，因着尧舜的圣德化育和亲戚般的周边感情，而显得特别的淳朴和善。"［《尧舜传说研究》第410页］现在看来，这样一厢情愿的赞叹未免有些不负责任，随着调查的深入，我们知道该地区在现实生活中，人群之间照样存在着无穷无尽的矛盾，和别的地方没有差别，本书后文也会展示很多这方面的情况。但笔者在此要说明的是，重要的不是去判断上述人际关系的改建是否一定会造成事实上的区域和谐，作为学理的探讨，我们更倾向于在文化象征层面上去理解当地群众构建区域内和谐人际关系的意愿和实践。而且，这样的改建手段和目标，与中国主流历史的宏大建构，本质上是遥相呼应的。（第99—100页）

这里，民众的"意愿"是第一位的，进而，"尊重这一信仰并与当地民众建立了十分友好的关系"也就同样显得重要，只有在"尊重这一信仰""意愿"的前提下，学者才可能进一步"在文化象征层面上去理解当地群众构建区域内和谐人际关系的意愿和实践"，这里的所谓"意愿"就是地方民众因"看重"、因"希望"而认为"应该"（康德）而"力图"

做的事情,不是事实上已经完成、已经实现的事情。

> 他们都希望将事实上的地缘关系改建成血缘关系,以此加强该区域内人群的相互认同,力图构建更亲密因而也更有凝聚力的人际关系。(第 103 页)

> 羊獬与历山从来没有任何世仇的说法,相反,人们津津乐道的都是亲戚般的友爱与和谐。(第 105 页)

> 当地人都很骄傲地宣称他们之间相处得非常和谐,因为都是亲戚,有什么困难应该大家帮忙、有什么矛盾也应该互相体谅。他们经常给我们说一些这方面的真人真事,比如我们在羊獬采访孙万朋时,他自豪地对我们说:这个关系一直这么好着。关系就这么好着。一直这个关系就不断。这里再摘录万安人常志和记录的两个例子……表达羊獬人与万安人之间友好往来的情意,充分证明当地人是多么看重这种"亲戚"关系。(第 98—99 页)

因"拟亲属关系"或"拟亲属序列"而构建和谐、友好的人际关系,也许是生活在传统时代的人们所能够"希望"的最现实的先验理想和最"便宜"的实践法门,今天的人们当然已经能想象出更具普遍性的达致人际和谐、友好的实践模式;但我们不能以此苛责于前人,即苛责已成为传统的曾经的未来,而要特别且始终对前人、传统"遗留"、积淀在当下的"应该"的"希望"与"看重",保持应有的无上敬意。但是,陈泳超君却有惊人地发现,地方民众的所谓"应该",还不仅仅是观念上的"应该",在他们看来,"应该"就是"事实","按说有""应该有"就是"真的有"。

> "按说有",他现场语气表达的意思是应该有,也就暗示了曾经真的有。(第 19 页)显然,以我们的眼光来看,吴克勇的逻辑是"把应该当做事实"的合理主义推断法。这个逻辑不仅体现在吴克勇一人身上,本书后面将要展示的形形色色的人群和传说都会证明,这

是乡民们普遍的思维方式之一。① （第 18 页）

　　所谓"按说有"，原本不是指的经验事实（真的有），而就是指的先验理想（应该有），而先验理想，可能前瞻地指向未来，也可能回望地指向过去（即胡塞尔"历史性……的先验意义"，以及布迪厄的"场域"的"时间化"），例如，"中国上古'黄金时代'"的古史传说，不就是因为表达了先验的理想，因而不过是关于先验历史的信仰叙事吗?② 安德森把对历史的信仰称之为"想象"，绝不能从心理学而只能从理性的立场，对信仰逻辑予以同情的理解。把对先验理想和先验传统的真实历史的信仰—叙事认定为经验性的历史现实，相信"按说有"就一定会"真的有"，体现、表达了"民众特殊的时空观"（第 105 页）即胡塞尔现象学所描述的"内在时间意识"的语境观，以及布迪厄所描述的"时间化"场域观的信仰时空观。没有未来时间意识与过去时间意识在主体主观内在的当下时间意识中的"同时到时"，民众如何能够"合理主义"地推断出，"按说有"就是"真的有"? 并将想象的"按说有"转换为信仰的"真的有"，过去的未来时间的遗留物，在现在时间中所营造的传统—理想构成物的现实真实感，既是先验的"按说有"作为历史的"真的有"的"经验"性保证，也是先验的"按说有"（可能）能够"就是""经验"的"真的有"（现实）的"时间化""语境—场域"条件本身的"构成过程"的先验构成物。

　　　　目的王国是一个实践概念，它所要阐明的是，实际上不是真有，但通过我们的行为却可能成真的并与这一实践观念相一致的东西。③

　　但是，"按说有"就是"真的有"，还真的不仅仅是基于内在时间意识形式的信仰"意愿"的单纯"想象"，陈泳超君还真是发现了"按说有"就是"真的有"的民众实践的田野证据。

---

① 户晓辉批注："可见民众比学者'高明'，泳超对此做了可贵的记录。"
② 户晓辉批注："埃利亚德所谓古代循环时间和永恒回归正可以而且必须这样来理解。"
③ ［德］康德：《道德形而上学基础》，孙少伟译，九州出版社 2007 年版，第 103 页注释①。

尽管"接姑姑迎娘娘"的文化建构与中华民族的建构在理路上如此一致，但是以《五帝本纪》为代表的改建后的族群关系逐渐被历代帝王认可和宣扬，它们在传统的主流历史观中早已立脚坚固不可动摇……而"接姑姑迎娘娘"活动区域内民众改建的血缘关系，显然没有这么强大的支撑，他们虽然假借了尧、舜和二位娘娘的令名，但主流的文献传统根本不支持它，连地方文献也几乎没有提及，光靠神迹显灵的地方传说不免有些缺乏底气，需要一些更有力的佐证。除了已有的仪式之外，以笔者的视角来看，当地至少还有两种实践活动对这一传说关系具有强烈的维系功能。（第 104 页）

其中之一是：

我们惊讶地发现当地竟然至今坚持着一种禁忌风俗：羊獬和历山、万安世代不能通婚！……羊獬与历山从来没有任何世仇的说法，相反，人们津津乐道的都是亲戚般的友爱与和谐，他们不通婚的理由是：羊獬人是尧王的后代，历山人（有时也包括万安人）是舜王的后代，既然尧王的女儿嫁给了舜，就已经是近亲了，所以不能再通婚。（第 105 页）

"接姑姑迎娘娘"信仰区域内的不通婚习俗，并没有任何传统礼法的依据。当有人提及这一问题时，当地的民俗精英通常都这样回答：虽然二位姑姑离现有 4000 多年，但她们就像现实中的亲姑姑一样活在百姓的心目中，所以不能再通婚了。这样的说法并非没有道理，它表现了民众特殊的［现象学］时空观：虽然在观念里谁都知道 4000 多年是很长很长的［物理学］时间，他们也会因为古老而自豪，但在具体的信仰感觉中，这 4000 多年仿佛只是一个含含糊糊、空空洞洞的存在，人们毫不费力地［通过过去时间在现在时间中的遗留物而］观想着尧舜及二位娘娘的一言一行，并亲身经历着与他们之间的感应交集。（第 105 页）

这就是说，立足于现象学的"时间化""语境—场域"观，我们也就能够在"在文化象征层面上"，同情地理解地方信众出于"实践意愿"的

"合理主义推断"的"地方逻辑"①，并且认定这种"地方逻辑"就是体现了"实践意愿"的先验理想的先验逻辑——"乡民们普遍的思维方式"——一定能够开辟出"真的有"的经验现实，就像"羊獬和历山、万安世代不通婚"这一"没有任何传统礼法的依据"，但仍然是依据"'按说有'就'真的有'"的"地方逻辑"提供的"反例"所证明的那样②。所以，在上述案例中，看起来是"当地人按照俗民的现实亲属关系来处理信仰活动的基本思维"（第104页），倒不如说同样是在遵循"按说有"就应该"真的有"的"普遍的思维方式"——"时间化"的"语境—场域"观——来处理他们所有的日常生活包括世俗生活和神圣生活。

以上，笔者着重讨论了当地信众乃至全体地方民众，如何根据"'按说有'就是'真的有'"的先验逻辑、理想逻辑（"地方逻辑""乡民们普遍的思维方式"），向大传统主流话语的历史叙事"开放"自身；而按照"时间化""语境—场域"论的说法就是，作为未来时间的过去时间在现在时间中"同时到时"，从而赋予了现在时间，即人的当下存在的实践与生活以先验的理想性。但接下来，笔者将讨论的是，民俗精英如何使用权力话语：一方面，将现在时间"时间化"为向过去和未来开放的先验性；另一方面，又如何在当下时间的现实关系中，以"谬误使用"的实践方式颠覆了"'按说有'就是'真的有'"的先验—理想逻辑的"正题"（正剧），将其置换为"反题"（悲剧）的"'真的有'不是'按说有'"的经验—现实逻辑。但是，在指出了民俗精英的话语霸权、话语暴政所造成的令人痛惜的现实之后，笔者将再次援引布迪厄对"普遍化检验"的"怀疑批评"，并借助陈泳超君切身的田野经验，给出"'按说有'就是'真的有'"的先验逻辑正题，在综合了"'真的有'不是'按说有'"的经验逻辑反题之后，在现实中实现了"'按说有'一定能够

---

① "很多被我们判定的地方编造，也有它自身的逻辑。"（第17页）"按说有"就是"真的有"是一种基于实践意愿的先验逻辑；而不同于陈泳超君引"周教授"的"解答"以及怀特豪斯的"伤害性"意向模式等，为解释实践功能的经验现象，而提出的合乎形式逻辑的理论假说。（第106—107页）

② 为达成"亲戚般的友爱与和谐"的目的，通婚才是正途，"不通婚"则是反其道而行之，故云"反例"；但是，此经验的"反例"却仍然是基于营造"亲戚般的友爱与和谐"的先验原则。"'自由'这一概念不是一个得自观察的经验概念，而最多只是能由经验观察反证它存在的一个超验概念。"黄裕生：《有第三条道路吗？——对自由主义和整体主义国家学说的质疑与修正》，《江苏行政学院学报》2014年第1期。

'真的有'"的实践"合题"的可能性与现实性。

四　反题："真的有"不是"按说有"

陈著的下篇"传说动力学"是全书的重中之重（占全书正文篇幅的
3/5 强），且构成了与上篇明确的对比。正如我在上文中已经指出的，陈
著上篇是通过对"传说对于当地所有人都具有的文化意义"（第 108—109
页）或者传说所代表的"地方性的统一意志"（第 109 页），讨论"'按
说有'就是'真的有'"的传说活动普遍"意愿"的先验—理想逻辑的
正题；而下篇则是通过对不同层级、不同序列的人群质地的分门别类，讨
论了"'真的有'不是'按说有'"所反映的基于形形色色"实际目的"
的传说活动的现实经验所遵循的形式逻辑的反题。在下篇中，反题之所以
颠覆并取代了正题在现实中的位置，根据陈泳超君的描述以及笔者的理
解，乃是由于民俗精英们对传说活动"语境—场域"的"时间化"实践
形式及实践目的（胡塞尔之"构成过程"和"被构成的东西"或"判断
形式及其客体"，见本章"附录"），在未经"非时间超越性""普遍化检
验"的条件下的谬误使用。

> 本书倾力而为的，则是在情景语境中观察和分析作为话语的传说
> 在地方人群中的实际交流行为。（第 108 页）

> 本书所谓的"传说动力学"，是要在田野调查的情景语境中去探
> 讨作为地方性知识存在的传说，尤其注重于考察那些具有明显动机的
> 传说变异过程，也就是说，某一传说之所以被这样讲而不那样讲，其
> 中包含着讲述者可被观测的实际目的，是讲述者自觉推动了该传说的
> 变异。（第 110 页）

> 本书在［上篇］第二章第三节汇聚了二位娘娘身世传说的种种
> 说法并画出树状图示，目的就是要探讨传说作为话语如何体现了人群
> 交往的不同动机和诉求。在第三章里，笔者特意控制了人群之间的各
> 种差异，暂时将整个传说圈内人群假定为均质的个体，力图呈现这一

传说对于当地所有人都具有的文化意义。此后各章，笔者将放弃这一假定，于是，身世传说便显现为表现人群不同质地的一套话语，而一切话语都是具有权力的，传说当然也不例外，人们通过对它的言说，来重复或者调整共享的知识结构，从而达到建构社会身份、优化社会关系的现实目的，并展开其他一系列的生活实践。（第108—109页）

人群的不同质地包含着各种面向，本章暂时忽略时间与空间这些外在条件上的明显差别，将目光聚焦于同一村落中的人群关系上。（第111页）

前面两章，我们暂时屏蔽了时间与空间的变化参数，尽量在较为"纯净"的时空前提下，集中探讨传说如何在不同层级的人群之间被传播演述的动力机制。事实上，这样"纯净"的时空并不存在，现在开始，笔者将要分别探究空间、时间对于传说的不同影响。（第162页）

探讨传说与现实中各种人群的不同关联，这是本书追求的核心目的。（第80页）

笔者认为，对于传说的田野调查，主要不是记录一个一个的文本，也不是事无巨细地去描摹每次演述的场景，重要的是要发现诸多文本之间映射的人际关系，以及这些关系之间的动力类型和层次，从中窥探到这些动力所组成的潜在结构。只有这样，我们对采撷来的文本才会有明确的定位，不至于将文本所代表的人群意志胡乱安插，更反对把任意一个人群的意志当作地方性的统一意志来看待，本书将这样的研究命名为"传说动力学"。（第109页）

理论上说，每一个个体都是不同于其他个体的独立存在［"地方民众非均质的当下生活"，第108页］，但民俗学的任务并非研究每一个活生生的个体，人群集团也并非每一个个体的简单相加。当我们将一个人群集团视为一个有机整体的时候，我们必须找到某种指标对这一集团进行划分，才能更好地观照其内部的运作机制。这个指标也许是宗族，也许是职业，也许是性别、年龄、阶级、宗教信仰……端看它对于研究对象是否具有分析功能。……在"接姑姑迎娘娘"文化圈内，我们找不到一个现成的、较为硬性的身份指标可以与传说的演述构成可分析的关系……对于"接姑姑迎娘娘"传说圈内的人群来说，传说与信仰本身是一种传统象征符号，却又跟经济、地位等密切相关，这直接取决于他们对待传说与信仰的"惯习"。……当地人对于娘娘传说信仰的"惯习"，既是其身份与资本的体现，又通过具体的实践活动，即各种惯习在场域中的博弈之后，反向影响着其既有的身份与资本，从而不断型塑着传说的多样风貌。最重要的是，我们通过大量田野调查，可以充分感受到这样的"惯习"与传说之间的紧密关联，而这样的关联，又是远远超过其他任何指标的。基于这样的认识，我们将同一地方的人群，按照各自不同的"身份—资本"，划分为如下 7 个层级，这里的"层级"并不与现实中的经济、政治、文化程度等直接对应，它只是一个以不同方式影响传说的人群序列。（第 111 页）

这一不同质地的人群序列、层级包括：普通村民、秀异村民、巫姓村民、会社执事、民间知识分子①、政府官员②和文化他者（第 112—117页）。陈泳超君认为，民俗学研究的不是个人而是"人群"（"民俗学的任务并非研究每一个活生生的个体"，第 111 页），因为"俗"总是群体的行为模式而非个人的生活习惯；但陈泳超君为自己的"传说动力学"所设定的人群，又不是拥有"对于当地所有人都具有的［共同］文化意义"即拥有"地方性的统一意志"的人群，而是现实地讲述着传说的不同"类型和层次"的人群。以此，陈泳超君指出，划分"传说人群"（第 11页）层级、序列的"身份指标"，可以参考却不能完全根据每一个人的性别、年龄、职业、所属宗族，甚至以往民俗学家在采录民间文学文本时，

---

① "民间知识分子是指自己确信同时也被多数村民认可其知识水平和写作能力远高于普通村民、且对民间传说有明显热情的本地知识分子，他们最乐于使用写本来引导传说变异，普遍以独有的知识优越感和高度的教化民众、从事乡邦建设的社会责任感来写作，与其他层级的写手迥乎不同。"（第 239 页）

② "［政府官员，主要是村级干部］在非物质文化遗产申报的动力下，作为主管部门，他们更多倾注心血的是如何使整个文化现象体现得更贴近制度要求。"（第 117 页）

科学地标注的"受教育程度",而是不同质地的人群对于所掌握的传说的不同使用方式和不同使用程度,即"惯习"或"俗",这样,对于民俗学者而言,"惯习"或"俗",也就成为了分析不同质地的传说人群的"身份指标"①。但是,对于不同质地的传说人群来说,使用或享用传说的"惯习"或"俗"又是在传说活动中,为使用、享用传说而争夺的"身份—资本"——"当地人对于娘娘传说信仰的'惯习',既是其身份与资本的体现,又通过具体的实践活动,即各种惯习在场域中的博弈之后,反向影响着其既有的身份与资本"——进而,由于"话语都是具有权力的,传说当然也不例外",于是对传说话语权的争夺就导致了"并非所有的讲述行为都是这样互补和谐的,当地人也经常会为了传说的不同说法而争执起来,有时候还会很有意气"(第119—120页),以达到其攫取传说"惯习"或"俗"的"身份—资本"的实践目的。这些实践目的不一而足、一言难尽,尽管陈泳超君尽量将这些实践目的限制为"可被观测的实际目的[或'现实目的''明显动机']"(第110页),但实际上,在"实际目的"背后是否还有无法公开验明的隐秘目的,我们永远也无法弄清楚,否则就是"诛心之论"(第244页)。

这里,尽管"实际目的"(或"现实目的""明显动机")都是"可被观测的",但是对于传说活动来说,"可被观测的实际目的"又可以区分为"外在目的"和"内在目的"。所谓"内在目的"是指纯粹"出于对姑姑的极端维护"(第120页)或"为娘娘服务是真心诚意不求回报"(第124页)即"就为老人家服务"(第124页)的实践目的;而在"出于对姑姑的极端维护"或"为娘娘服务是真心诚意不求回报""就为老人家服务"的"内在目的"之外,所有试图通过"惯习"资本而获得"娘娘亲戚"的"附加身份"②,"从而达到建构[信仰传说之外的]社会身份、优化社会关系……并展开其他一系列的生活实践"包括维护村落群体利益的"现实目的""明显动机",都是相对于"内在目的"的"外在目的"。由于"内在目的"和"外在目的"都有"可被观测的"现实性

---

① 或即高丙中所谓"以俗论民"。参见高丙中《民俗文化与民俗生活》,中国社会科学出版社1994年版,第29页。

② "在整个传说圈内,由于尧舜和二位娘娘总体上是正面价值的象征人物,所以,几乎所有村子都希望从这个附加身份里分一杯羹。"(第170页)"人们总是更愿意接受身份的改善而不是降低,哪怕只是附加身份。"(第173页)

和不可被观测到的可能性，加之，所有的"外在目的"都附着于"内在目的"之上，即所有的"外在目的"无不打着"内在目的"的旗号——在传说活动中"外在目的"不可能不以"内在目的"的名义表达自身，否则"外在目的"就无法被纳入传说活动——所以，一旦不同诉求的"外在目的"之间发生冲突，就会导致传说人群共同的"内在目的"本身也无法实现。"1989年他［于占辉］任羊獬支书期间，曾试图召集羊獬、历山、万安三方组成一个'尧舜传说事迹调查委员会'，共同编撰一个大家都满意的定本，但没有成功"（第131页），就是出于不同利益诉求的各种"外在目的"之间的相互冲突，而导致了共同的"内在目的"无法实现。

有一次，他与另外一位秀异村民的典型人物吴克勇，却因为传说发生了面对面的激烈冲突。……我们当然相信吴克勇为了传说跟人争吵是出于对姑姑的极端维护，这样的争吵我们见过不止一次了，但是他跟张梁子的争执，总让我们不自觉地联想到信仰传说之外的社会身份，因为吴克勇曾在张梁子开办的食堂里做过厨师，后来自己经营了一个饭馆，目前很是出色。他们的争执，是否也包含着身份关系转换之后的不同心态呢？这样的猜想或许只是我们的小人之心，难以落到实处。但我们可以举出更多可以落实的案例，来解剖传说演述过程中所包含的"身份—资本"的交换关系。（第120页）

"为什么我和吴克勇合不来？吴克勇说我是神经病，既然我是这样的人，在这二年中，我能整理出这样的东西？我到处查找，时间都花在这上边了。村里人都说我是神经病，所以我和村里人都不太打交道。"（第122页）潘炳杰先按梦中原话写成草稿，然后再询问故老、查阅书籍，组织整理成为新的传说，写下了约7.5万字、题名为《千年荣显神谜讦——娥英传》的长篇文字，对于文化程度只有小学五年级的他来说，其不懈努力的程度可想而知。（第115页）在包括吴克勇在内的一些鄙视潘炳杰的人眼中，潘炳杰的所作所为并非只是为了挣个身份，还怀有更现实的经济目的，即希望借此机会出名，然后出版自己的书赚钱给儿子结婚。（第122—123页）他们最不能忍受的就是他对"生獬地"具体位置的自我作古。羊生獬的传说当然是羊獬村民家喻户晓的共同财富，村里还有生獬滩的遗址，据说那地方寸草不生，是金黄色的沙滩，大雪无痕。老一点的村民还能指给我们看原来生獬滩的位置，在羊獬村东北角，可是潘炳杰的家在南羊獬，方向完全不对，于是在他演述的传说中，就说羊生獬有两次，第一次是黄帝时，在北羊獬金沙滩；第二次是尧王时，就在他自家门口院子里，他曾带我们到院子里看过，那里的一块土地据说就从不积雪。尽管由于原来金沙滩的沙子早就因为生产劳动被挖光了，目前在尧王寝宫前面立碑的"生獬滩遗址"，大家都知道是上世纪80年代重新恢复庙会活动时洒了些沙子新造的，但因为仍然是公共财富，所以已经被大家接受。可潘炳杰要将公共资源化为私人资源，就引起很多人的反感。（第123页）

在我们私下采访他的时候，他说自己为娘娘服务是真心诚意不求回报的，连那些上马道具都是自己找材料亲手加工的（锁口签就是用旧自行车轮子的钢条截断磨尖而成），有人向他问事，他也不管人要钱，最多叫人家到庙上去捐款。他只是希望通过这些活动，让更多的人知道他，来他的骨科店看病，生意兴隆。许多人觉得罗羊儿不是真马子，因为他有时候显得过于憨厚老实，完全没有马子应有的神秘和威风。但是，他的愿望很可能会达成，就在我们调查的那几天里，已有好几个外村人向我们的主要资讯人打听关于罗羊儿的骨科店情况并索要他的手机号码了。当然，"身份—资本"是可以互相转换的，潘炳杰、罗羊儿看上去似乎更多是通过对于娘娘传说信仰的实践活动来获取经济利益，但也有相反的行为。（第124页）

羊獬村民吴亚辉，他原本是一个非常普通的村民，我们前几年调查的时候，经常也在仪式队伍中见到他。2011年，他照例去北京打工，其间买的彩票中了千万大奖。从此他再不打工，也不住村里了，在临汾城里买房住下，还买了两台车，专门雇人理财。毫无疑问，一夜暴富的他成了村里的"大"人物。他将这一切归因于娘娘保佑，回来之后，就经常给羊獬姑姑庙捐钱，还主动要求参与庙上各种事务，他对我们说："咱就享到老人家力上了，老人家照顾的，我的经历全是老人家给的，就为老人家服务。"根据我们的观察，他似乎并不满足于参与普通的管理事务,已经显示出要发出自己声音的话语冲动。(第124页)可见,吴亚辉在获得意外的超乎寻常的经济资本之后,非常希望通过对于娘娘传说信仰的实践活动,来获取更多更优越的身份地位。事实上,我们在2013年农历五月初四随着羊獬队伍上历山给舜王拜寿的途中,一直听到吴亚辉在各种场合都争着发言,口气越来越断然,甚至对一些现行的仪式规程也发出颇为强硬的批评,显示出对话语权的强烈渴望。(第126页)

吴青松……想尽办法为传说人物改造或新编出各种越来越伟大的事迹,不仅希望以此建立读者对祖先和神灵的尊崇感,更深层的心理,也是希望以一种区域内最有学问者的身份,来彰显其话语权力,获得教化民众的满足感。他说:"比如西乔庄那个,这就是政治问题,如果按原来的写,就是政治问题。我给他们讲,毕竟不能过高地要求他们,他们就是农民嘛,这个问题他们想不到,但我一点到,他们就说对着哩,传的这些即使是真事也不能写,有失国格人格,让日本人听了要笑话你,不光中国人怕,中国的神也怕日本人呢。这也算是一种民族气节吧。我不能让他们把关,我要自己把关,让我写我就要这样写。"他甚至对包括罗兴振、吴克勇在内的其他民俗精英分子也持有居高临下的心态,兹录两段:"对人不能苛求,他是从旧社会过来的知识分子,对这个他不可能,我一辈子从事教育,你不能苛求罗兴振像我这样讲,我不苛求罗兴振,但我要把他说服过来,不知你们老师的主导思想是什么?我的观点就是民俗要为当今社会所用。"又如:"我每写一件事,一篇文章,传播范围都广,我作为教师,不能把误人的思想传播出去,尽管是事实,也不能传播。我要发挥传播教育的思想。像吴克勇他催我好多次这本书,我说不着急,尽管记录传说很快,一记录很快就出来了,但我要经过我的加工,把我的思想渗透进去,我要传播我的思想,这也不是我的思想,这是中华民族正统的思想。"(第254页)

内部写本的作者无论出于何种原因开始写作,笔者以为,他们最终总是希望公诸于世为人所知的,单纯为了自己一个人阅读的几率等于零,即使一时秘不示人,也只是出于某种原因而时机未到罢了。

（第 259 页）笔者并没有对罗兴振和赖北生进行各种比较的特殊爱
好，而是从中发现了这样一个现象：这些内部写本越界外传的首要途
径，是其所属上级辖区的乡邦文献；换句话说，某种说法被正式的乡
邦文献采纳，是这些写本转化为现实价值的主要指标；再换句话说，
历来的乡邦文献，哪怕是最正式的县市省志，经常会采录一些地方性
知识，而这些地方性知识，很多可能来自于内部写本。（第 264 页）
这是当地民间信仰传说被乡邦文献认可并"正史化"的极佳案例，
从中我们可以知道，地方志一类的乡邦"正史"，很多时候更像是地
方民间知识传播链的终端，笔者相信，像赖北生、罗兴振这些民俗精
英和地方写手们，一定无限希望自己的写本能获得这样的荣宠吧。当
地民间信仰传说被乡邦文献认可并"正史化"（第 266 页）

但是，正如陈泳超君所言，对所有通过"内在目的"来达到"外在
目的"的"猜想或许只是我们的小人之心，难以落到实处"；更重要的
是，我们并不能仅仅因为一个人抱有"外在目的"就否认民俗精英甚至
处于传说人群的序列或层级最低端的"普通村民"之"出于对姑姑的极
端维护""为娘娘服务是真心诚意不求回报""就为老人家服务"的"内
在目的"，因为"内在目的"也可能是不可被观测的，由于难以"蠡测他
们对于传说存在规则的态度"（第 141 页）。但是尽管如此，"有一点是这
些民俗精英们都必须具备的：即对娘娘的信仰和传说抱持着极大的热情，
并且勇于任事，切实为娘娘做出超越常人的贡献"（第 135 页），而"超
越常人的贡献"，总是可以直接观测到的。

像吴克勇这样在特殊时期冒着风险坚持搞活动，为此进过两回拘
留所的，就在事实上为他烙上了文化英雄的光荣印记；像尤宝娅那样
放着从政坦途不走，偏要来做"盖庙统帅"，也不由得让人钦敬；罗
兴振更不用说了，他不光知识程度高出众人，他那吃苦耐劳、百折不
回的劲头，也不是一般人可以想象的，他给我们讲述过很多很多往事
（第 135 页）……我相信他不会夸张，更不会生造（第 136 页）……
这些民俗精英身上都具有相当的人格魅力，所谓克里斯玛（chris-
ma），这是无形的东西，是一种气质，跟任何别的因素没有关系，即
便像罗兴振这样坐牢 17 年、带帽又 10 年，回家务农后只能娶一个已

经生养了三个儿子的寡妇为伴，经常要做"掏茅粪"这类最低贱活
计的老头，依然可以赢得群众的称赞，闪耀出强劲的人格光芒。（第
136 页）

　　"民俗精英"是超越上述传说人群序列、层级的身份指标之外，陈泳
超君提出的用以判断传说人群的另一项更具精神性而"跟任何别的因素
没有关系"的"人格魅力"的身份指标，以此，"民俗精英"可以是秀异
村民、巫姓村民、会社执事、民间知识分子，甚至可以是政府官员，由于
跨越了不同质地的传说人群的序列或层级，因而是一种"跨越层级的理
论概括"。①（第 152 页）

　　　本书前文使用"民俗精英"一词时，有时用单数，有时用复数
　　"民俗精英们"，因为民俗精英绝对不可能只是一个人，他们某种意
　　义上说是一个联合体，是一种跨越层级的理论概括。事实上，这一联
　　合体是松散的、非实体的，它会在某个时期由于某一共同的［内在
　　的或外在的］目标而使某些人士联合起来，同样，时期变了、目标
　　变了，原来的联合体也会随之星散或重新组合。即便在同一时期，出
　　于［内在或外在］目标的不同，民俗精英之间也会有不同的联合关

---

　　① "民间知识分子是指自己确信同时也被多数村民认可其知识水平远高于普通村民、且积
极介入地方传说与信仰事务的当地知识分子。知识水平高于普通村民，使他们自信有能力对传说
进行筛选、加工、改编，且确实较为容易赢得当地人的信赖；对地方事务的积极介入，使他们不
同于普通被称为精英、士绅的一般知识分子，他们更具引导民众的使命感，对于传说的改编和传
播自认为责无旁贷，非常积极。在羊獬、历山、万安三个主要区域，都有这样的民间知识分子。"
（第 115—116 页）"据他［潘炳杰］自己说，以前妻子难产时，他曾许愿如能保得母子平安，愿
为姑姑驱使。2005 年正月十五夜里，他梦见一位书童送他一支钢笔，告诉他以后有用。自那以
后，他夜里常常听见姑姑向他以七言韵文的形式讲述传说，早上醒来就必须赶紧记下，否则就会
整天头痛，无法干活。潘炳杰先按梦中原话写成草稿，然后再询问故老、查阅书籍，组织整理成
为新的传说，写下了约 7.5 万字、题名为《千年荣显神谜评——娥英传》的长篇文字，对于文化
程度只有小学五年级的他来说，其不懈努力的程度可想而知。"（第 114—115 页）"值得反省的
是，类似吴克勇这样的编创，某种意义上是被我们这样的调查者逼迫出来的，他们生活中或许原
本并不关心这些信息，至少不是一个紧迫的话题。更进一步说，这样的编创，非但没有任何人品
上的贬义，相反，我们从中恰恰看出了吴克勇对此项活动无比虔敬、热爱的内心，他不能允许回
答不出外人对它的任何质疑。事实上，在吴克勇去世之后，他的两个儿子又继承了父亲的志愿，
成为我们在当地最主要的资讯人了。"（第 19 页）

系，甚至同一个人可以同时分属于不同的联合体中。就传说而言，关键在于［共同的和不同的］话语目标如何将人群分成不同的集团，这些集团的成员互相之间未必都认识，但都能感知某种一致性的链接纽带，而民俗精英，则是这些集团中起主导作用的个人或联合体罢了。这些联合体各有侧重，互相之间可以［因共同的内在目标］有共同点，但时常也会［因不同的外在目标］发生矛盾。（第 152 页）

我们说民俗精英都具有人格魅力，这是无疑的，不过，这个魅力也会给他们自身带来身份上的优越感，至少在传说信仰方面，这种优越感有时会带有压迫性。像前面说到潘炳杰演述的很多特异传说，就遭到罗兴振、吴克勇等民俗精英的反复压制，他们根本看不起潘炳杰，即便他的说法有一定道理，也不会当面认可，如果换一个有身份的人（比如洪洞县文联的柴九山），倒是可以考虑采纳。当然，这样的优越感和压迫性，不能简单归咎于个人品格或恩怨，它从另一个侧面也体现了民俗精英对于传说信仰的责任心和使命感，因为他们总觉得在这些方面自己已经掌握了真理，而将一些不同的说法视为异端邪说，因而很难容忍，经常要加以辩难甚至呵斥。（第 139—140 页）

笔者一向愿意用"民俗精英"一词来指称那些占据着民间知识的话语权，并且实际引领着民俗的整合与变异走向之人，也就是可以产生话语霸权效应的人群组合。（第 11 页）从宏观上看，正是一批像罗兴振这类的民间知识分子［为代表的民俗精英——笔者补注］占据着民间知识的话语权，并且实际引领着民俗的整合与变异的走向。（第 129 页）民俗精英，既是专指对于某项特定的民俗具有明显的话语权和支配力，并且实际引领着该项民俗的整合与变异走向的个人及其组合，那么，就传说而言，不用说，在含混不清的地方，他们都会想办法说清楚；在众口难调的异文中，他们会选择一种加以反复宣讲；在大家都只会片段地随口说说的时候，他们会使之体系化、书面化……这里，笔者要特别介绍他们对传说的两种更加积极的作为，这两种作为是相反相成的，即：发明和压制。（第 136 页）

而无论"发明"还是"压制"，都是由于民俗精英因"掌握了真理"

进而掌握了话语权;反过来说,由于民俗精英对传说人群在整体上实施着"发明"和"压制"的"霸权"与"暴政"而"实际引领着民俗的整合与变异的走向",让民俗精英进一步掌控了话语权。[①]

在汾河以西以历山、万安为主的区域,由于传说"大的成了小的,小的成了大的",所以据很多人说,早先汾河西面各村的娘娘庙里,是把女英塑在上首,面带笑容,娥皇则塑在下首,面呈愠色,甚至还出现过娥皇背过身去的塑像。但是当地民间知识分子的杰出代表罗兴振觉得这些塑像有损娘娘形象,在他的竭力鼓动下,仪式圈内多数村庄在新修庙宇时,两位娘娘的塑像就都变得庄严肃穆没有差别了,……2008年4月9日(三月初四),我们来到熟堡娘娘庙,看庙大爷贺长荣(时年73岁)指着庙里的塑像对我们说:"姐姐不高兴。前几年,这才改过来,姐姐是大的,妹妹是小的了。恼的那个是老大。以前的驾楼里就是姐姐背过身去,现在都改了,左边是姐姐,右边是妹妹。"(第127—128页)我们普查下来,沿途只有万安、东梁两个村子的塑像还保留着传统塑像的样子和格局,因为这两处的人跟历山人尤其是罗兴振有很大矛盾,不愿意听他的话,而其他村子基本都改成凤冠霞帔的贵妇人形象了。(第128页)

2007年我们刚开始调查的时候,四月二十八历山人下来"迎娘娘"时,只抬一个空的驾楼,然后将二位娘娘的小型塑像装入驾楼抬回去,舜王是不出行的。可是后来当地一些民俗精英们认为既然是尧王生日,作为女婿的舜王怎么能不一起来给尧王拜寿呢?这样是不符合礼节的。于是从2008年开始,每年的四月二十八,历山上都要抬下两个驾楼,新增的一个装的是舜王的牌位,这是我们亲眼目睹的变化,充分展现了当地人按照俗民的现实亲属关系来处理信仰活动的基本思维。(第104页)

[①] "与控制公众载体一样,民俗精英还体现为对一些地方组织的控制。……另一方面也充分显示出民俗精英把持民间机构所带来的话语霸权和行事主导。"(第152页)民俗精英对公众载体和地方组织的控制,见陈著下篇第五章第二节"三、话语霸权"(第149—152页)。

——以上是"发明"的例子。

发明的反面,是对其他人演述传说的压制。前者是原先没有的给增加了,后者则是将已有的给删除了,至少是要遮蔽的,这也是民俗精英经常喜爱的行为。这次李苗条原本讲的是历山的传说,偏偏一个不知名男子插入了娥皇女英原为放羊女、是被尧王收为义女的说法,这个说法其实羊獬原本就有,但是现在已经遭到吴克勇、于占辉、吴青松等民俗精英的批驳,所以白喜来一听就不愿意了,当即呵斥过去,那个男子只好王顾左右地傻笑,而李苗条当然是支持羊獬民俗精英的说法的,于是简要地将此传说正面讲述一遍,委婉批驳说:"就这样的,就不是娘娘放羊哩。"(第 141 页)

2008 年 1 月 17 日,我们团队成员在当地一户村民家聚拢了羊獬六个女马子采访,吴克勇和于占辉也在场,谈到高兴时分,我们询问关于二姑姑庙的情况,有的女马子就说是"二姑姑嫌舜王长得丑,不愿意回来"。这个说法我们在别处也听说过,但是于占辉听不下去了,当即纠正说:"二姑姑庙是来自二姑姑治水,为了不影响父母休息。昨天尤主任反复强调,二姑姑给做了好多好事,其中一个就是治理洪水。"那些女马子们就再不敢说了。同年 4 月 7 日(农历三月初二)一大早,我们团队成员来到唐尧故园娘娘殿内驾楼旁边,吴小莉(南羊獬人,时年 64 岁)等几位大妈正在忙着收香火钱、摆供品、分毛线等等,我们随机询问,问到二姑姑庙时,吴小莉说:"那是俩人不 shigan[和谐、配合]。"此时在一旁烧香的霍陈设立即打断她,呵斥说:"不敢乱说!"霍陈设是羊獬总社首沈草娃的妻子,也是尤宝娅比较信任的马子之一,1 月 17 日采访的 6 位女马子中就有她,所以她又略带不满地对我们说:"两个姑姑都是一起来一起走,你们冬天里不是来了,我跟你说过了吗?"(第 212 页)

2007 年调查期间,我们无意中发现羊獬的尧王寝殿旁有一个偏殿,里面供奉了一位年轻女神像,问旁边管香火的妇女们,有的说不知道,有的说是尧王的"三公主",具体情况也是不知道。这个问题激起了我们的好奇心,因为我们从来没听说过尧王还有第三个女儿,为此我们在当地到处打听关于三公主的情况，这引起了秀异村民吴克勇以及信仰姑姑的村级干部于占辉等人的密切关注。他们都知道这个三公主是本村马子罗宝妹的提议，以前塑像造殿，他们也并没有觉得多么不妥，现在通过对我们这些外来者的观察，发现跟通行知识不符合了，就非常在意，力图遏制这个传说和信仰的继续传播。（第117页）

——以上是"压制"的例子①。

民俗精英对于传说来说，无论发明也好、压制也好，以及筛选、精致化等其他分散在其他各节中探讨的作为，其目的是要对各种传说异说起到整合的作用。……所谓民俗精英，笔者以为，一个基本标志便是有能力掌控这些公众载体，发出其权威声音，并有形无形、略带强制地要求公众按照他们设定的方案举行群体活动。最典型的例子当然就是娘娘塑像的表情变化了，本书已经多次提及。再比如说庙里的壁画，我们在这个仪式圈内所有壁画中，可以看到二位娘娘孝顺父母、助夫避害、泪洒湘江之类的画面，这是大传统里的主流话语；也可以看到她们帮助民众劳动生活、除妖安民之类的地方传说，甚至神立庙建造过程这类灵验传说也被画上了历山娘娘庙的西墙；而在当地广泛流传的姐妹俩争大小的传说，却始终没有看到过，至于那些负面形象的灵验传说，当然就更不必说起。可见，壁画所选择的叙事内容，是经过某种正面价值净化过的。（第150页）

在下篇"传说动力学"中，为了考察传说活动的动力机制，陈泳超君对参与传说活动的人群、个人（包括具有"人格魅力"的民俗精英）的"可被观测的实际目的"，花费了大量的笔墨，而这些笔墨充分地证明

---

① 压制的法门包括：1. 书本取证法；2. 故老传言法；3. 实地考察法；4. 逻辑推理法；5. 牵连解释法；6. 生僻知识法。除了"书本［取证法］带有地方之外主流文化的绝对权威，而其他法门都只是地方内部的知识竞赛"（第141页）。"以上6种法门，当地人群使用起来随心所欲，很多时候在我们看来简直有点像小孩吵架似的天真烂漫，但一个共同基点分外明显：他们都将传说信以为真，至少在他们争执的时候，总是往真实可信的方向去证明的。这是他们对于传说最根本的态度，何况，这个传说又与信仰密切相关呢？"（第149页）

了，作为人的理想"存在规则"（第 141 页）的"'按说有'就是'真的有'"的先验逻辑，不过是人们在主观上的一厢情愿，在大量直观的经验事实面前，先验逻辑的"存在规则"就只是康德所说的"先验幻象"。在"拟亲属关系"铺展出一派和谐友好的淳朴民风的"桃花源"式的表象下面，是乡村政治的话语权力无处不在的潜在与公开的无情运作，尽管所有的权力运作的"外在目的"都披着"内在目的"的正当性外衣。于是，在"真的有"的现实面前，"按说有"的理想黯然失色，即便如陈泳超君所言，"重要的不是去判断上述人际关系的改建是否一定会造成事实上的区域和谐，作为学理的探讨，我们更倾向于在文化象征层面上去理解当地群众构建区域内和谐人际关系的意愿和实践"（第 99—100 页）。但是，"真的有"的现实就是现实，当地的传说活动中充满了话语霸权的暴力与暴政，而那些高高在上的话语霸权总是板着因"经过某种正面价值净化"（第 150 页）而"自己已经掌握了真理"（第 139—140 页）的无可置疑的正当性面孔。以此，即便传说活动在当地造就了"拟亲属关系"的信仰—仪式圈，却仍然是"以民众启蒙者自居"（第 240 页）的民俗精英们，借助话语霸权的暴力或暴政强加给每一名信众的，而不是信仰主体自由、平等的"因信称义"，信仰自由的"按说有"的理想——因为民俗精英们"将一些不同的说法视为异端邪说，因而很难容忍，经常要加以辩难甚至呵斥"（第 139—140 页）——并未在现实中实现为平等信仰的"真的有"。

> 他［吴克勇］个性过于刚直，藏不住话，经常为了传说信仰与人争吵，维护他领会到的与主流意识形态合拍的正面价值。（第 132 页）事实上，我们经常遇到民俗精英们为了传说信仰与别人发生争辩，其中不光能看到人们对于传说内容的理解，更可以蠡测他们对于传说存在规则的态度。（第 141 页）

对于民俗精英来说，传说活动在"文化意义"上的"存在规则"就是"规范传说"，而前述对传说的"发明"与"压制"，都是"规范传说"的"存在规则"的具体实践或实现手段，"就我们观察所及，这些民俗精英为了宣扬自己的说法，以早日达成他们希望的'规范传说'的局面，经常发生直接压制异说的现象"（第 212 页）。

　　民俗精英们不同，他们全方位地关注着包括传说在内的民俗内容，申遗行为将他们的潜能大大激发出来，对传说与信仰着手进行大规模、持续性的清理和整治，用当地民俗精英的话来说，是要"规范传说"！当笔者大约在 2008 年某日赶路的车上第一次从吴克勇嘴里听到这个词的时候，非常震惊，传说还能规范？他们竟然有如此宏大的"抱负"?！是的，民俗精英们真是明确地奔着"规范传说"这个目标去的，并且进行了许多让人瞩目的实践。（第 204 页）

　　他自己也以民众启蒙者自居。他本是羊獬村人，长期居住于洪洞县城，申遗运动前后，开始加入羊獬"规范传说"的行动之中……在与吴克勇合作的小册子《娥皇女英轶事传闻》中，他以传统道德和当代主流意识形态为指导思想，以社会发展史为主要依据，对传说进行全面改编，将传统叙事中不符合这一标准的地方全部改换了，认为这样有利于教化民众。（第 240 页）

　　民俗精英们最激进的"文艺理论"。比如对于二姑姑庙的传说，他坚决认为以前争大小的说法根本就是错误的，他说："为什么我不主张争大小？第一，从中国传统来讲，礼让。家里姐妹俩都不礼让，怎么成为千百年的榜样？再一个，孔子的仁的学说，是我的第二个思考点。第三点，联系当今社会的和谐。第四点，对人的教育作用。要是我不写，那你们随便说随便传吧，但既然我要写，就要传播一个正统的文化。"（第 209 页）"我的观点是，礼仪也是一种文化，教育人。比如你们都听过两个姑姑争大小，罗兴振也这样写，我一直反对，这次我全把它正过来。我的观点是：作为古典贤圣，以仁爱为本心，应该礼让，姐妹俩不礼让，后人是什么榜样？再从历史的角度讲，在原始社会末期，中国的婚姻制度好多是群婚制，就没有大小这回事，没有这个意识，后人为什么硬给安插上争大小的意识？这就有了争名利，没有礼让。作为大家都尊崇的圣贤，传说应该是正面形象还是负面形象？对后人是有教育意义还是没有？我在历山讲了以后又在这〔羊獬〕讲，就统一了这个观点。"（第 210 页）

　　他的社会史知识为他增添了传说的历史真实感，而传说为现实服务的理念又充满了道德责任感，这些都是民俗精英们追求的目标，所以，他虽然在整个文化圈内较晚展现身手，可甫一出手便不同凡响，大有后来居上的势头。（第210页）"原来争大小是这么传的，这个传说现在不能存在了，又变了。……［为什么要改？］就是这个对二位娘娘的道德有贬低，不行了，只能抬高不能贬低，实际争大小不光我们这个地方有，垣曲也有，那也有舜庙，也有历山，他们那也有这个传说，这个传说我们现在不能接受，要变一下，故事情节还是那回事。"（第210页）"提的我也觉得他很有道理，民间都这样传说，传说要考虑它的副作用，就是对娥皇女英的道德问题有点负面影响。娥皇女英都是通情达理的人，为什么还要争大小，这个不好，对二位娘娘的道德问题有点负面影响，这咱就不提了。我觉得人家这个道理对着哩，是，《史记》上古书上记载都是两女儿同时嫁的，没有这争大小，就是民间有这个传说。我就把这个剧本改了，改成姊妹两个同时出嫁。同时出嫁也有道理：你两个女儿哩，你考验他，你把一个女嫁给他，你何必把两个女儿都给他呢？这尧王这么想的，啥呢：社会上的一夫一妻制，家庭关系容易处理，如果一夫多妻制，这家庭关系就难了，特别是亲姊妹两个嫁给一个，这更难玩么，难题更多，不是啊？我专把姊妹两个给你一个人，看你这个家庭关系你怎么办。如果这个家庭关系你能处理好，那么你治国就有办法，处理不好这个家也不敢给你。尧王这么想的。后来他又考虑呢，他不怕人笑话，你姊妹两个人给了一个人啦，没人笑话，上古时期社会上有这个风气，'媵嫁'，就是姐姐出嫁妹子陪嫁，叫做'媵嫁'。没人笑话，尧王把两个女儿同时嫁给他。这么弄也好，今天我给人家材料上就是这么写的，'舜测试二妃'，把那争大小取消了，舜测试二妃是啥呢？就是娥皇、女英两个都富有智慧，都是很聪明的人，都是很有才、很有德，但是不能和吃饭的筷子一边齐，总有个较好的、有个较差的，两个给一人，为了把你们两个的智慧和你们的能力考试考试，谁的成绩好，你应该在朝里辅佐，心里有数了。就弄了个舜测试二妃。故事的情节还是煮豆子啊纳鞋底啊，就是编了这么一个背景。"（第210—211页）

通常来说，村民们原本对传说就是随口说说的，并不特别当回事，所以一旦遭到民俗精英的纠正或呵斥，也就闭口不谈算了。（第213页）民俗精英通常负有较为强烈的道德使命感，他们对于本地传说的更改，总是倾向于往更高的道德标准上提升，因而就自觉不自觉地向超越地方范围的主流文化上靠拢。而这样的行为，并非始于申遗活动。（第218页）

如此说来，吴克勇、于占辉、吴青松在申遗时代对传说的种种作为，邱刚龙当年早就着手进行了。而罗兴振在上世纪后期恢复庙会活动时，苦口婆心地劝说河西建庙人不要将两个娘娘像塑成不同表情、尤其不能再有背过身去的大娘娘塑像，不也是出于同样的心思吗？这样的理念在民俗精英身上是最有感召力的，尤其当本地生活越来越开放、对外宣传乡土文化越来越成为村民们的普遍诉求之时，维护本地文化的总体形象已经超越了地方内的各种社区矛盾。这就难怪罗兴振很爽快就接受了羊獬民俗精英对他的指责，因为这本来就符合他的深层理念，他对我们说："我以前也考虑过，不过考虑争大小的影响太大，立马改编这个宣传工作就做不出去，就没改。人家羊獬先改了，我也同意，完全同意，这也是为二位娘娘考虑。"……甚至，那些对罗兴振充满敌意、不爱听罗兴振主张的万安人，当初建庙时还保留了两位娘娘的不同表情，最近翻修娘娘大殿，表情差异已荡然无存；而靠近万安的东梁村，我们刚开始见到的塑像表情差异很明显，最近没有翻修庙宇，但娘娘塑像也被重新描画刷新成一样的庄严肃穆了，这不用说是该村民俗精英何新木的作为。（第218页）

可见，以地方外主流的正统思想为标准来改造地方内的民俗传说，是民俗精英们的深层理念，它超越申遗思潮，比申遗思潮更内在、更持久，但在申遗时代表现得分外突出。吴青松有一段话说得很有代表性……"这是为了宣传，不是为了改变民俗，民俗是不可改变的，但是可以规范的，在民俗中间，我的思想是要让民俗为当今社会所用，促进思想文化建设，有些东西就吸收进来，我们要尊重历史尊重民俗，但时代大背景变化以后，不要受民俗的约束，有些东西不能接受可以不信。"（第220页）

事实上，内部写本非常注重对外部写本的吸纳和引证。（第256 页）目前我们在当地看到的所有成体系的传说写本，都有一个颇为明显的倾向：即强烈希望提升整个信仰传说的道德水准和文化品格，这并非始于申遗运动，早在信仰活动恢复的初期，赖北生、罗兴振的写本中就已经带上这样的色彩了，因为他们希望借此活动发展旅游事业，需要用写本的形式对外宣传，这就必须维护传说的正面形象。只是他们二人的主要心力都扑在各自的核心命题上，在这点上并不突出。而羊獬人没有身份顾虑，这一倾向反而最为醒豁。……这里既有传统与现行的主流道德标准，又努力按照社会发展史的知识营造着"真实"的历史场景。不过，邱刚龙的写本只是在努力之中而已，总体而言还很不纯粹，里面附带了大量的神异传说，远远超过西乔庄娘娘行宫的来历等众所周知的灵验故事。而在吴青松的写本中，这一倾向达到了登峰造极的境地。……除了道德水准和社会发展史两项武器之外……吴青松以道德水准、社会发展史和民俗来源三项利器，想尽办法为传说人物改造或新编出各种越来越伟大的事迹。（第253—254 页）

根据陈泳超君的细致观察，民俗精英们"规范传说"（规范仪式也包括在其中）有三大理路。

其一，遵从"当地人按照俗民的现实亲属关系来处理信仰活动的基本思维"（第104 页），"将神灵进行非常俗民化处理"（第20—21 页），由于"这个改造理路恰是'接姑姑迎娘娘'仪式活动的基本准则"（第220 页），所以这种改造多半能够为信众所接受。

其二，用传统文化的正统道德与当代主流意识形态（主流文化）的"正面价值"提升、规范传说的内容——民俗精英们依据其"规范传说"的"存在规则"或"深层理念"（第220 页）所"追求的目标"（第210 页）和社会"责任心"、道德"使命感"——即"以地方外主流的正统思想为标准来改造地方内的民俗传说"（第220 页），让地方传说"经过某种正面价值净化"（第150 页），"往更高的道德标准上提升"（第218 页）。凡是"不符合这一标准"（第240 页）的地方传说都在被规范之列，从而将"传说对于当地所有人具有的文化意义"（第

108—109 页）即"地方性的统一意志"（第 109 页），达成"与主流意识形态［正面价值］合拍"（第 132 页），"使整个［地方］文化现象体现得更贴近［国家］制度要求"（第 117 页），最终达到"为现实服务"（第 210 页）的"教化民众"（第 239 页，第 240 页，第 254 页）或"从事乡邦建设"（第 239 页）的社会效果，在这方面，民俗精英们对地方传说的"发明"与"压制"的确取得了相当的成功。分析其成功的缘由，无外乎把"地方之外主流文化"视为"绝对权威"（第 149 页），"自觉不自觉地向超越地方范围的主流文化上靠拢"（第 218 页），把"超越地方范围"的"地方（之）外"的"绝对权威""时间化"为相对于"地方内"的经验现实的先验传统或先验理想的普世价值，因而自我赋予了用普遍道德规范地方传说的"文化意义"（第 12—13 页，第 108—109 页）的正面价值。

但是其三，就不那么容易了，因为民俗精英们的做法显得有些过头，他们企图用历史（如"社会发展史"）完全代替宗教，用理性彻底替换信仰，这就会引起信众的普遍疑虑：这还是信仰吗？信仰还灵验吗？信仰是有底线的，就像当代基督教能够有限地接受"时间之内"的宇宙演变说、人类进化论，但决不会放弃"时间之前"的上帝创世说和上帝造人说。

> 反正此后多年直到今天，一切重大仪式活动上都只有一些较为缓和的上马表演，最多只是插签，甚至很多时候都由女马子做些轻微动作来担任打路程的工作，那些比较血腥的上刑表演完全绝迹。笔者相信这是受制于当地对外展示的总体目标，他们不希望被外人看到这类带有愚昧落后色彩的形象。葛老六虽然时常还能见到，但只是混迹于熙熙攘攘的普通群众之中，再没有上马机会了。（第 222 页）

> 值得注意的是，民俗精英们（包括吴成龙这样一半身份的民俗精英）对仪式规程的改良，并非都能顺利实现，像面具之类的小细节不足为据，笔者以为，至为关键的是，添加（比如舜王驾楼）或改换（比如女马子）一些仪式细节较为容易被认可，但要更改或者删除某些重大仪轨的话，就非常冒险了，因为它很可能触动到传统［宗教信仰］仪式的深层结构。（第 222 页）

其实，这些民俗精英们的激进思想还没有止步于传说层面。2009年农历三月三的时候，我们忽然被告知：本年度已经取消了三月初五清晨去二姑姑庙接回二姑姑的仪式，因为两位姑姑和谐相处，不应该再分头进庙。我们很是震惊：这样传承既久、充满异说的仪轨，说取消就取消了吗？负责接待我们的那些羊獬村干部特意叫我们初五上午好好休息，不必赶早去看了，连吴克勇在我们面前也闪烁其词，不得要领。我们只好做些别的调查，度过了一个狐疑沉闷的上午。后来当地人告诉我们，其实初五那天还是照常举行了这一传统仪式，只是有些干事不希望我们去看。我们分明能感觉到当地人在这个仪轨的存废问题上出现了较大的纷争，最后还是坚持传统的保守派占了上风，此后历年都照常举行，而且再不忌讳我们去观摩了。笔者相信，这正反映了仪式传统的巨大制约力。传说可以你说我说、人各一词，理论上谁也无法绝对消灭别人的说法，但仪式是群体的行为实践，必须在众多话语中选择一个加以施行，面对涉及到仪式深层结构的问题时，民俗精英们也不敢悍然删改，当地群众都深刻记忆着1991因为更改了日期而使参与各村都遭到雹灾的惨痛教训，这正体现了降祸型灵验传说的维系功能。（第222页）

在把宗教信仰改造为历史理性这方面，民俗精英们之所以并不总能够取得成功，关键看他们是否触动了信仰本身的"重大仪轨"或"深层结构"（第222页），而信仰本身，正如陈泳超君所言，恰恰是以"最大基数的普通村民"（第13页）为基础的，正是"最大基数的普通村民，发挥了无形却巨大的影响力，因为只有他们的总和，才是本地传统［宗教信仰］的最终代表，民俗精英也好、话语霸权也好，在此意义上也难免相形见绌"（第222页）。传统的信仰之所以不可动摇，并非因为信仰是传统，而只是因为信仰就是信仰本身，而信仰就是理想、就是希望。"从较长的时间段来看，当地所有写本中最有生命力的，还是要数罗兴振的黄皮书，除了写作能力之外，笔者以为最要紧的是，它比较尊重民间传说，基本保留了当地传说的主干结构和风格，这或许值得深思吧。"（第255页）①再联系整整一个世纪以前（"从较长的时间段来看"），古老中国自我开启的"精英式"现代性进程，对传统文化"遗留物"的"告别对象"的激进做法；现在，当我们看到，民俗精英们把地方文化作为"现代社会中主流文化的支点"或"当代……政治经济过程的一部分"，陈泳超君难免不会在"心里冒出一种有点奇怪的轮回感"（第232页）。

> 地区性认同可能是借助于相似族群认同的动力而发挥作用的。……但是，与族群认同不同，地区性认同不带任何掩饰地产生于所处地区的政治分化，是依附于地域的强烈的集体历史感的表现。地区主义的核心是精英政治，而精英政治的实践所借助的是对文化形式、宗教神话以及忠诚关系的操纵。因而地区主义一方面是对支配社会的现代性自觉信仰的有力怀疑，另一方面也是现代社会中主流文化的支点。地方文化的回潮以及地区认同所依赖的往事，是批评民族志的理想论题。批评民族志力图揭露出，文化概念之所以被接受为常识是因为它是当代美国政治经济过程的一部分。②

站在"作为文化批评的人类学"的立场上看，陈泳超君所描述的地方民俗精英们"规范传说"的种种努力，即便不是一无是处，也几近毁誉参半了。除了民俗精英的道德使命感、地方和社会责任感所奉行的"存在规则""深层理念"，除了他们个人的"心理表征"和人格魅力，对于国家、社会以及与"国家—社会"同构的地方来说，没有对自我的"怀疑批评"，民俗精英们的种种作为，真的能够推动地方文化的进步吗？如果他们的作为并不能真正有助于我们迈向或者接纳沉降到现在（现实）时间中、作为未来（理想）时间的过去（传统）时间？

回到本章之"二""方法"的问题：在民俗精英"时间化"的时间观念中，当然包含着作为传统（过去）时间的理想（未来）时间的先验

---

① "要相信谁说得对，要以罗兴振为主，赖北生有个人主义，以万安为主，他没有统揽全局的想法。万安，历山，羊獬，这三个是统一的，他没有这个观点，都对他这个反感，但具体想法是啥呢？我也不太清楚，我的看法就是要以罗兴振为主。"（第251页）

② 马尔库斯、费彻尔：《作为文化批评的人类学——一个人文学科的实践时代》，王铭铭等译，三联书店1998年版，第215页。

维度。我们当然也承认，民俗精英们对地方传说的道德规范与改造，的确把传统和未来的先验性，引进了当下时间的地方生活，让当地生活在当下时间中接受了"普遍价值"的净化与提升，因而其正当性无可厚非；但是，当民俗精英们把权力话语用作"普遍价值"的推行手段，却是值得怀疑且让人难于苟同的。这样的怀疑和难于苟同，不是对民俗精英们个人（尽管偶然却现实的）"心理表征"和"人格魅力"及其社会、历史责任心和道德使命感的怀疑，尽管民俗精英们在"为老人家服务"的内在目的之外，或许还附加着种种外在的目的，即布迪厄所云借助"普遍化检验"以追求"普遍性利润"①；而是对民俗精英们的群体实践方式之必然性的怀疑，即对前述"'按说有'就是'真的有'"的先验理想逻辑，在地方文化的"存在规则""深层理念"面前，是否必然会沦落为"'真的有'不是'按说有'"的现实经验逻辑的质疑。

> 官场公认的真理，崇尚对公共财产的热爱和对公共利益的忠诚都经不起怀疑批评；怀疑批评发现到处都是腐败堕落，钻营投机，用煽动手段寻求支持，或者，最好的情况是为获取个人利益而服务于公共利益。公职人员专心于奥斯汀附带指出的，像某种"合法诈骗"那样的东西，他们是在社会上被合法化的私下人，他们受到鼓励，自认为是公职人，因而自以为并自居为公众和公共利益的忠诚仆人。②

于是"怀疑性批评提出，所有的普遍性价值实际上都是被普遍化了的特殊价值，所以常常要受到怀疑（普遍性文化，就是支配者的文化，等等）"③。面对陈泳超君所描述的民俗精英们"规范传说"的所作所为，我们同样可以像布迪厄那样提出"怀疑批评"："到处都是"话语的霸权，"到处都是"话语的暴政。尽管如此，我们仍然可以认为，民俗精英们"规范传说"的信仰内容的非凡努力，具有"正面价值"，这

---

① 参见［法］布尔迪厄《实践理性——关于行为理论》，谭立德译，三联书店2007年版，第218页。
② 同上书，第219—220页。
③ 同上书，第146页。

不是从康德"非时间超越性"的纯粹实践理性的普遍化判断形式的立场出发，而是从布迪厄关于未来与过去的先验理想与先验传统"同时到时"的"时间化""语境—场域"观出发，而给予的肯定。但是，正如胡塞尔和布迪厄都强调的，在"时间化"的意向对象的呈现方式（胡塞尔"构成过程"）中，如果意向对象（即便是先验理想）若不是已经经受了"非时间超越性"的"普遍化检验"，我们就仍然不能说，民俗精英们的传说实践只要因为"时间化"就具备了天然的正当性，尽管我们始终尊重地方民众的信仰叙事的传说活动的自由实践。所以，为了更深入地认识民俗精英们援引"历史性……的先验意义"，以"规范传说"的"时间化""语言—场域"实践的现实正当性的"历史性"失败，我们有必要再引进布迪厄针对"时间化"场域观的"普遍化检验"和"怀疑批评"的真知灼见，就像陈泳超君为了界定传说活动的动力机制和话语权力，而引进布迪厄的"场域""惯习""资本"等一系列概念一样。但是，布迪厄的"普遍化检验"说，却起源于布氏对康德关于实践判断力的普遍化形式的肯定与应用；于是，为了阐明布迪厄的"实践理性行为理论"的"普遍化检验"及其连带的"普遍化利润"的命题，我们还需要先回到康德，看看康德是怎样描述了纯粹理性的实践判断力的普遍化形式。

五　插话：布迪厄谈康德的"普遍化检验"

在康德看来，实践的最高原则——道德法则，并不是关于任何善的目的（质料）的具体规定①，而就是行为的纯粹实践理性的自由意志决定（普遍立法）形式本身。因为，行为的任何具体的"可被观测"到和不可

---

① "如果善的概念不是从一个先行的实践法则［的纯粹形式中］推论出来的，而相反应该充任这个法则的基础：那么这个概念就只是某种东西的概念，这种东西的实存预示快乐，并因此决定了主体造成这种东西的因果性，亦即欲求能力。因为既然我们无法先天地洞见到，什么表象伴随着快乐，什么表象相反伴随着不快，那么要辨别什么是直接地善的，什么是直接地恶的，就唯有取决于经验了。"［德］康德：《实践理性批判》，韩水法译，商务印书馆1999年版，第62页。更重要的是，任何具体的善的目的，都存在着随时间、空间条件的改变而朝向非善的方向转化的可能性。

观测到的"实际目的"甚至内在目的，作为意志的决定根据，都不能保证行为必然（只能或然）地具有道德性。行为的实际目的（如我们在陈泳超君描述的传说活动中所看到的），尽管可能合乎内在于纯粹理性的决定根据，但也可能仅仅是出自外在于纯粹理性却内在于感性的决定根据，而且即便看起来是内在于理性的决定，也可能附加着感性的根据，所以，行为的任何具体的实际目的甚至内在目的，都不能必然地被用作道德行为的实践根据即道德法则。但是，既然行为的任何具体的实际目的、内在目的，都不能必然地被用作道德法则，那么，什么才能够必然地被用作道德法则——用陈泳超君的话说就是"动力机制"——呢？康德认为，这就是实践法则的形式（行为规则总是由目的内容和意志形式两方面构成的），即排除了行为的任何具体的实际目的、内在目的的纯粹实践理性的意志决定形式，所以康德说：

倘若我们抽去［实践］法则的全部质料［目的］，即意志的每一个对象（作为决定根据），那么其中就剩下普遍立法的单纯［意志决定］形式了。①

那么，康德的"普遍立法的单纯形式"即行为的纯粹实践理性的意志决定形式，又是怎样的一种道德实践的法则形式呢？用康德的话说，就是"合乎法则性的［判断］形式"②。换句话说，在康德看来，所谓"道德法则"，就是一则"让行为合乎道德法则"的这样一条没有任何具体内容规定的纯粹形式规定的判断命题，即作为意志决定根据的形式判断原则。亦即，道德法则不是关于善的目的（无论是实际目的还是内在目的）的具体内容规定，而是关于行为的（实际甚至内在）目的所遵循的主观规则（康德称为"准则"或"理由"），都应该合于对所有行为主体意志的自由决定形式都有效的客观法则的一条普遍化、形式化规定性。一般认为，康德在《实践理性批判》中给出了关于道德法则"内容"的这一普遍化、形式化规定性的标准表述：

① ［德］康德：《实践理性批判》，韩水法译，商务印书馆1999年版，第26—27页。
② 参见［德］康德《实践理性批判》，韩水法译，商务印书馆1999年版，第76页。

　　这样行动：你的意志的准则始终能够同时用作普遍立法的原则。①

　　这是一条在客观上对每个人或每个人的行为意志都有效的道德法则，康德坚持认为，这是一条适合于每一个人在对自己的每次行动所遵循的实际准则（理由）是否具有道德性，在主观上做出判断时，必然要采用的客观判断形式，"事实上，每个人都依照这个［是否合乎普遍法则的］规则判断行为：它在道德上是善的抑或恶的"②。这就是说，我们每一个人，只有你是拥有纯粹理性自由意志的实践主体，实际上都是在用这同一个客观的实践法则，来检验自己主观的行为准则（这个主观准则为行为的主观目的提供了实际的、具体的理由）是否合乎道德法则，从而判断自己的行动是否是一道德行为。

　　根据［合乎法则性的判断形式的］道德法则来判定什么是该行之事，必定没有多大困难，以致十分庸常未经历练的知性，甚至不必通达世故，也会胸有成竹。③

　　因为［善恶之别］在普通的人类理性那里，它早已经有如左右

　　①　［德］康德：《实践理性批判》，韩水法译，商务印书馆1999年版，第31页。在《道德形而上学基础》（孙少伟译，九州出版社2007年版）中，康德对这条道德法则有N种表述："我从来也不应该以这样的方式去行动，除非我也能够意愿我自己的准则应当成为一个普遍有效的规律。"第23页 "我的准则应当成为一个既对我自己普遍有效也对别人普遍有效的规律。"第25页。"要只按照你能够同时愿意它也应该成为普遍规律的那个准则去行动。"第67页。"所有理性存在者的行为都应该按照他们自己意愿当作普遍规律的规则来评判。"第79页。"不根据任何与它作为一个普遍规律不一致的准则行动。"第97页。"应当根据那种同时能够使自己成为普遍规律的准则行动。"第103页。"要根据这样的准则行动，此准则能够同时把自己当成像自然的普遍规律那样的对象。"第105页。"总是按照你同时也愿意其普遍性作为一个规律的那个准则行动。"第105页。"行为所依据的准则要包含那为自己所有的并对每一个理性存在者都有的普遍有效性。"第107页。"如此行动，以使你的准则同时作为（所有理性存在者的）普遍规律。"第107页。"除非所选择的准则被理解为同一意欲中的一个普遍规律，否则，就不要做这样的选择。"第111页。"行动所依据的准则只应该是以使自己成为一个普遍规律为其目标的准则。"第127页。"这样行动，以至于行为的原则与理性原因的本质特性相符合，也就是说，与作为规律的准则的普遍有效性的条件相符合。"第153页。
　　②　［德］康德：《实践理性批判》，韩水法译，商务印书馆1999年版，第75页。
　　③　同上书，第39页。

手的分别一样被决定了，虽然不是通过抽象的一般公式，而是通过
［"合乎法则性"的判断形式的］习惯的应用决定的。①

　　进一步说，所谓"合乎法则性的判断形式"，就是要求每个人的行
为、行动的主观准则，都应该同时在形式上能够普遍地被用作对所有人的
自由意志的决定形式都有效的客观原则，而不会导致对某个人的行为有效
的主观准则，和对所有人的行动都有效的客观法则之间的相互矛盾，这样
一条对行为准则的普遍形式（通过"应该……"的定言命令）的规定性，
就是道德法则。这样，当对一个人有效的主观准则，合乎对所有人都有效
的客观法则的时候，个人的行动就通过了"合法则性的形式"的普遍化
检验，而被认为是道德的行为。就康德提出的对每个人都有效的客观道德
法则，同时也就是每个人在主观上必然应该采用的客观道德判断形式来
说，不仅每个人的主观（具体的实际目的甚至作为某种行为、行动自身
的内在目的的）目的，而且每个人的主观目的所遵循的主观准则，都不
能先验地被用作道德法则，只有客观必然性的道德法则同时也是主观必然
性的道德判断形式，才是先验的道德实践原则，个人主观的行为准则只有
在经受了客观普遍的道德法则，以及同样客观普遍的道德判断形式的普遍
化检验之后，才能够被用作道德实践目的的意志决定根据。
　　对照康德的客观必然性道德实践法则，以及主观必然性的道德判断形
式，我们或可了然，陈泳超君所描述的民俗精英们"规范传说"的
"使……贴近（接近）""与……合拍""往……提升"而"符合……标
准"的"价值净化"的手法、做法，就其判断形式而言，好像与康德所
云"普通的人类理性"或"庸常的人类知性"必然地应该使用的道德法
则的主观必然性判断形式相吻合，亦即，只要让地方传说接受传统文化和
现代文化的正统或主流的道德意识形态的"合乎法则性形式"的"普遍
化检验"，则无论"正统"或"主流"的具体内容和实际目的是什么，
"规范传说"所根据的"合乎法则性"的"普遍化检验"的道德判断形
式本身，都应该予以肯定，因为，这是行为道德化的唯一可能且现实的实
现途径。但实际情况却并非如此，民俗精英们"规范传说"所使用的
"普遍化检验"手段，并不像康德所提出的道德实践原则及其道德判断形

---

① ［德］康德：《实践理性批判》，韩水法译，商务印书馆 1999 年版，第 169 页。

式那样,直接针对行为准则是否普遍合法则性的纯形式规定性,而是直接针对地方传说的具体、实际的历史和道德的目的性内容(质料),进而,据以检验这些目的性内容的根据(正统或主流意识形态)本身,也仍然是需要接受普遍化检验的质料(即便具有"历史性的……先验意义")。于是,在没有"抽去"(康德)"规范传说"的具体、实际的目的性内容,而且其主观准则(例如"教化民众""建设乡邦"等"理由"),也没有接受"合乎法则性形式"的"普遍化检验"的情况下,"规范传说"的目的性内容,就已经被民俗精英们坚信为在手的"真理"——用陈泳超君的话说,民俗精英们因为真理在手的良好感觉,而被激发出"天降大任"的责任心和使命感——并且被直接用作了"规范传说"的"杰出的武器"(布迪厄,见下文),从而埋下了"话语霸权"的致命祸根①。我们在下文再讨论这个问题,现在还是先回到布迪厄。

布迪厄说:"对康德来说很重要的普遍性检验是伦理主张的逻辑批评的普遍策略。"② 这就是说,布迪厄承认并且支持康德关于客观必然性的道德法则和道德实践的主观必然性判断形式,以及行为是否具有道德性,必须接受"合乎法则性"的"普遍化检验"的先验阐明。③ 但与康德不同,康德考虑的是,行为应该纯粹"出于"道德自身的内在目的,而不应该仅仅"合于"道德的内在目的,事实上却"出于"外在于道德目的

---

　　① 康德所云合乎客观法则的主观准则,不是指的行为的具体、实际的主观目的(例如吃苹果),而是行为的具体、实际目的的主观理由(例如吃苹果有益于健康)。如果我们用行为的主观目的代替了行为的主观准则、主观理由,就会出现"你的意志的实际、具体目的始终能够同时用作普遍立法的目的"的荒谬说法,即对某个人有效的主观目的(吃苹果),被同时用作对所有人都有效的客观目的(每个人都应该吃苹果,因为"我"吃苹果,即便有的人不爱吃苹果)。但如果说"你的意志的准则始终能够同时用作普遍立法的原则",就不会出现悖谬的说法,即对某个人有效的准则(吃苹果有益于健康),可以被同时用作对所有人都有效的客观法则(每个人都应该吃苹果,因为吃苹果有益于健康,即便有的人不爱吃苹果)。

　　② 〔法〕布尔迪厄:《实践理性——关于行为理论》,谭立德译,三联书店 2007 年版,第219 页。布迪厄在该书中对康德的引述显得突兀,但只是对我们中国读者来说,显得突兀,显得"太远"(参见王杰文《"生活世界"与"日常生活"——关于民俗学"元理论"的思考》,《民俗研究》2013 年第 4 期)罢了;而对于西方读者来说,康德其实早已是常识,至少在学术界已经是耳熟能详的常识,因此布迪厄引述康德的名言,才既不注明出处,也不介绍背景。

　　③ 说康德对实践的道德法则的阐明是先验阐明,乃是因为,康德是通过悬搁一般实践规则的特殊经验质料,而还原出一般实践规则的普遍形式、先验形式,即道德实践法则。参见〔德〕康德《实践理性批判》,韩水法译,商务印书馆 1999 年版,第一部第一卷第一章第一节至第七节,第 17—34 页。

的"实际目的"，如果是后者，行为就是伪善的；而布迪厄自称出于"社会学的现实主义观点"①，更多地考虑到并非纯粹理性的实践主体的个人行为的伪善性，而对康德所要求的实践主体之"出于"道德目的而体现的人的"高尚的灵魂"②，持以悬置的态度③。当然，这不是说，布迪厄不赞同人类道德的基本原则，恰恰相反，布迪厄认为：

> 只有在认为对人类运用理性规范是合理的情况下，才能用人类是没有理性的这个事实来反对亚里士多德对人类［是理性动物］的定义。④ 怀疑批评实际上包含着对符合逻辑的或伦理的普遍原则的承认。⑤ 揭开面纱、解除魔法、认清真相的工作没有什么使人［的道德价值遭到］幻想破灭的，事实上，它只有以价值本身的名义才能完成，这些价值是揭露某种现实关键性性能的根源；……［这些价值就是］平等博爱，特别是在特殊情况下的诚挚、超功利性、利他主义，总之，一切公民道德所确定的东西。⑥

这就是说，布迪厄之所以在是否"出于"道德的行为目的上"反对"康德，是因为，康德的"普遍化检验"的道德判断形式，建立在人的纯粹实践理性的意志决定形式的超时间基础上，而一旦布迪厄把康德的"普遍化检验"的道德判断形式"代入"时间即"时间化"的"语境—场域"之中，就会相应地引发出"普遍化检验"的诸多伪善现象。因为在时间之中，纯粹理性的实践主体并非必然存在（相反是普遍地不存在），进而在主体"语境—场域"的"时间化"实践中，主体甚至并不必然地把传统和未来的先验时间所承载的先验理想，纳入到当下的时间化经

---

① 参见［法］布尔迪厄《实践理性——关于行为理论》，谭立德译，三联书店2007年版，第219页。

② 同上书，第220页。

③ "如果所有社会确实提供某种普遍概念的可能性，那么，具有一般愿望的行为举止将普遍受到怀疑。"［法］布尔迪厄：《实践理性——关于行为理论》，谭立德译，三联书店2007年版，第144—145页。

④ 同上书，第218页。

⑤ 同上书，第218页。

⑥ 同上书，第220页。

验当中，以此，试图在经验现实（历史时间）中实现康德的先验理想①的布迪厄，才没有立即就对所有的伪善行为，完全关上道德的大门。但是，在有限地承认伪善的"正当性"之前，布迪厄首先还是分析了伪善产生的原因，这就是"官方"以及各种"集团""集体""团体"所代表的并不具有"严格普遍性"的"众意"（其中有出于私利的目的），布迪厄以略带反讽的口吻称之为"普遍大同"。

> 国家科层的……公仆借口为普遍大同服务，实际上为他们个人利益服务，只是因为我们暗自赞同，科层如同它所声称的那样，能为普遍大同服务。②

这样，当"声称"的"普遍大同"的未被"抽去"具体、实际的目的性内容的行为准则（"为普遍大同服务"的理由），其"合乎法则性"的"普遍化检验"就容易演变成一种伪善的"普遍化策略""合法化策略"或"正式化策略"。③

> 通过这些策略，行动者们力求生产遵从一种普遍规则的假象，即使他们的实践［主观准则］与［客观］规则相矛盾，或者，他们的实践并不是以对规则的纯粹服从为原则［即不是出于原则］。通过这些策略，人们"按规定办事"，尤其是"委婉地做"，也就是说，表

---

① "认识反思性使我们得以在不消解理性的前提下将历史理性化，亦即得以建立一种可以调和解构与普遍性、理性与相对性的历史主义的理性主义。""布迪厄……其目的绝不是要反对科学，而是旨在将科学理性植根于历史之中。""布迪厄的学说试图通过对社会科学知识的某种反思性应用，而使诸如种理性主体的东西得以在历史中浮现出来。"参见［法］布迪厄、［美］华康德《实践与反思》，李猛、李康译，中央编译出版社1998年版，第50—52页。

② ［法］布尔迪厄：《实践理性——关于行为理论》，谭立德译，三联书店2007年版，第218—219页。

③ 布迪厄称之为"［道德］元话语或元实践的暗示性策略"。参见［法］布尔迪厄《实践理性——关于行为理论》，谭立德译，三联书店2007年版，第215页。如果继续上文"注释"的例子，一旦用"吃苹果"的主观目的（对象内容）代替了"吃苹果有益健康"的主观准则（理由条件），伪善的"每个人都爱吃苹果"的"普遍化策略"就会取代"吃苹果有益于每个人的健康"的"合法则性检验"。

明人们承认规则，直到违反的程度；这些策略以［表面］承认集团的根本法则为前提，这根本法则希望人民即使尊重的不是［道德］规则，至少也要尊重要求人们表明自己承认［似乎"合乎法则"的］规则的这一［集团的］根本法则。①

我们已经指出，在康德那里，道德法则是一项无内容、纯形式的普遍化规定性，即无内容规定的纯形式规定的同语反复（道德法则就是"合乎道德法则的普遍性"），对道德法则的这一"内容"规定，用康德的话就是"遵从普遍规则"（这里实际上借用了布迪厄的话），亦即布迪厄所言"承认规则"，"承认规则"就是接受"普遍化检验"这一普遍性规则，这就是行为的最高道德原则，或道德实践的"根本法则"。但是，人们立即把这一"普遍化检验"的普遍性原则实施为伪善的"普遍化策略""合法化策略"或"正式化策略"。因为"要求人们表明自己承认规则的这一［集团的］根本法则"，轻易地就被转换为"集团只充分承认那些公开表示他们承认集团的人"②（就像马克思所揭露的，资本家购买的不是"劳动"而是"劳动力"，从而生产出"利润"），因为是集团"表象"③了根本法则；换句话说，"对构成团体存在的明确的普遍原则的尊重"④转换为对团体的尊重，于是，是"集团"鼓励了伪善，而伪善是"集团的支持或赞同的产物"⑤，因为"为获得霸权，它们［集团］构想了以普遍概念为名义的统治"⑥。

集团对自己形成的表象只有在不断的表现中，并通过这种表现才能永久延续下去；通过这一工作，行动者们生产并再生产，哪怕是虚构的，至少符合集团想象中的真理，符合它真正理想的表象。这项工作异常紧迫地摆在那些被认为表达集团意愿的人，即代言人，官方人

① ［法］布尔迪厄：《实践理性——关于行为理论》，谭立德译，三联书店2007年版，第215页。
② 同上书，第216页。
③ 同上书，第216页。
④ 同上书，第216页。
⑤ 同上书，第217页。
⑥ 同上书，第146页。

士的面前，在他们的公开生活，甚至私人生活中，他们不比任何别的人更有权对集体的理想主义缺乏敬意。集团只充分承认那些公开表示他们承认集团的人。①

　　如果说，这些欺骗行为如此轻易地被群体接受，这是因为这些［伪善］行径不容置疑地表明了对团体的尊重，也就是对构成团体存在的明确的普遍原则的尊重。通过正式化策略，行动者们表现出他们对集团公认的信仰的敬意；这些策略是一些普遍化策略，它们使集团拥有它主要要求的东西，也就是，对集团和它打算给出及本身已有的表象，公开表示敬意。②

　　"普遍化策略""合法化策略"或"正式化策略"——对"表象"了"理想主义"普遍原则即"集团""主要要求的东西""公开表示敬意"——并不需要什么高深的智慧，只需要普通理性、庸常理性的"常识"，是"常识"贡献了"对普遍性的参照"这一"普遍化策略"的"杰出的武器"。

　　普遍化尤其是合法化策略，人们总是有权怀疑，一种形式上的普遍的行为是努力依靠集团的支持或赞同的产物，是努力把普遍化，即常识所体现的象征力量据为己有的产物，常识是所有自称为普遍大同的选择的基础……在所有被称为普遍性的价值中，对普遍性的参照确实是杰出的武器。③

　　普遍化是合法化的普遍策略。遵守规则的人在公然维护集团的同时，采取并通过公开承认某项标准这一行为，把集团置于自己这一边，这项标准因为在集团范围内被一致认可，因而是普遍的、共有的［所以上文"集团的根本法则"和下文"官方形式"都不是

---

① ［法］布尔迪厄：《实践理性——关于行为理论》，谭立德译，三联书店 2007 年版，第216 页。
② 同上书，第 215—216 页。
③ 同上书，第 217—218 页。

严格的普遍性形式，只是"在集团范围内"的普遍性——笔者补注]。他表示，他同意在自己的行为中贯彻集团的观点，这一行为对任何可能的行动者，对某种普遍性来说都是有充分理由的。与主观随意性的纯粹肯定相反，对规则普遍性的参照意味着一种象征性潜在的提升，这一提升与成为普遍形式、官方形式、一般规律有关。①

"普遍化策略"或"合法化的普遍策略"对人们的社会地位有一种"象征性潜在的提升"的现实作用，就像陈泳超君为我们指出的，民俗精英通过尊重"地方之外"所代表的"普遍大同"的"普遍化策略"，攫取了在地方上的话语权力，提升了其"身份资本"。由于"普遍化策略"对人们的社会地位有"象征性提升"（即便是"潜在的提升"）作用，人们也就因此而获得了"普遍性利润"或"规范化的利润"，根据普通理性、庸常理性的"常识"，"人人皆知存在着对道德的某种关注和道德的社会理想一致的利润"②。

> 人们可以坚持认为，服从普遍概念，（至少）摆出具有美德的样子，表面上遵守官方的规则，这样做是有利润的。换句话说，普遍适合于官方规则的承认，使得对规则的尊重，即使形式的或虚构的，也保证了规律性（符合规定总是比较容易，而且令人欣慰）或规范化的利润。③

> 在按照官方规定行事的同时，他们可能在某种"谋私利"的策

---

① ［法］布尔迪厄：《实践理性——关于行为理论》，谭立德译，三联书店2007年版，第217页。

② 同上书，第217页。"人们怎么会几乎普遍都看到有一些利润要服从普遍概念呢？……比较人类学可以表明有一种对普遍概念认识的普遍承认，可以表明，这是一种把对普遍概念哪怕表面的服从作为原则的行为视为正当的社会实践的普遍概念。"同上书，第144页。"因此，可以用了解是否建立一些人们对普遍概念怀有兴趣的领域这个问题，来代替了解德行是否可能这个问题。"同上书，第145页。

③ 同上书，第217页。

略所获取的利润上增加因符合普遍概念而获取的利润。①

　　　　但这种批评不应该使人忘记支配者所赞扬的所有这些东西，正是因为这些东西基本上享有普遍的承认，才能发挥其合法化的象征作用，而且，支配者在赞颂这些东西的同时，在赞美自己——任何人都不可能公开否认这些东西而又认为自己是仁慈的；而且，以此对它们表示敬意的行为具有一种象征利润的形式。②

　　行文至此，布迪厄对实践行为的"普遍化检验"所导致的"普遍化策略"的批判，可以说是体无完肤了。但是，布迪厄口锋一转："对普遍性的兴趣和普遍性的利润无疑是迈向普遍性的最可靠的原动力。"③

　　　　如果人们没有对普遍性的普遍承认这一动力，也就是说，没有对集团至上的官方承认，没有集团对个人及所有团体在这样确立的行为本身所主张的利益表示关注的官方承认，那么，这种世界的形成是不可思议的。④

　　　　观念学者把适合他特殊利益的东西当作普遍的、超功利的。总而言之，存在着普遍利润和普遍化利润，人们哪怕是虚伪地向普遍概念表示敬意的同时，在实际上出于个人利益而用普遍概念美化一项特定行动的同时，获得了利润；可能存在德行利润和理性利润这一事实，这无疑是历史中德行和理性的伟大动力之一。⑤

　　普遍化利润之所以是迈向真正的普遍性的原动力甚至伟大动力，布迪厄给出的理由是："为了陈述和表明利己主义的、谋求私利的或局部的、

---

　　① ［法］布尔迪厄：《实践理性——关于行为理论》，谭立德译，三联书店 2007 年版，第144 页。
　　② 同上书，第 146 页。
　　③ 同上书，第 218 页。
　　④ 同上书，第 145—146 页。
　　⑤ 同上书，第 145 页。

主观的逻辑，它［伪善的行为］至少应该默示地援引普遍化策略"①，这是其一；其二，"只有在他们各自的场域逻辑确保他们作为潜在里比多根源的普遍性利润，他们自己才可能对创造建立公民道德统治的条件做出贡献；在这件事中，没有什么令人失望的"②。"普遍化策略作为所有官方规范和形式（以及这些形式可能有的所有欺骗性东西）的根源，建立在普遍化利润的普遍存在基础上，它是使得普遍性普遍具有并非实现不了的可能性的东西。"③ 布迪厄的意思似乎是，如果每一个人都追求"普遍性利润"即"表明自己承认规则的这一根本法则"，"默示地援引普遍化策略"，那么"负负得正"（"假假成真"？布迪厄的这一逻辑非常奇怪，让人难以理解甚至难以接受，就像我们难以接受民俗精英们为"规范传说""就必须建立自己的话语霸权"一样），所有的"普遍性利润"相加，就现实地实现了"普遍大同"；最后，"集团"也必须回报人们的"普遍性兴趣"，即曾经承诺理应实现的"普遍大同"，这样人们对"普遍性的兴趣"和"集团"的"普遍地回报"，最终将导致社会整体"向伦理道德的过渡"。

> 集团普遍地回报它们认为在事实上是普遍大同的，或者至少在意图方面是与德行一致的行为，集团对于真正的甚至虚构的敬意，对理想的超功利性，对于"我"对"我们"的服从，个人利益为总体利益的牺牲，都倍加赞赏，这种赞赏恰恰确定了向伦理道德的过渡。④

当然，布迪厄并不认为，仅仅靠每一个人都追求"普遍化利润"和"集团"的"普遍地回报"，就一定能实现"向伦理道德的过渡"；布迪厄认为："只有人们积极创造一种道德政治的制度手段［而不是仅仅依赖个人和"集团"］，道德才有可能获得成功"⑤。

---

① ［法］布尔迪厄：《实践理性——关于行为理论》，谭立德译，三联书店 2007 年版，第218 页。

② 同上书，第 220 页。

③ 同上书，第 145 页。

④ 同上书，第 216—217 页。

⑤ 同上书，第 219 页。

　　政治道德不可能从天而降；它并不属于人的本性。只有一种理性和道德的现实政治才能有助于促成社会世界的建立，在这些社会世界里，每一位行动者和他们的行为会服从于——尤其通过批评——一种永久的，实际上构建于场域逻辑本身的普遍性检验：没有比这更现实的政治行动了。①

　　提出政治上的道德问题，或政治的道德性问题，就是非常实际地思索应该已经具备的条件，使得政治实践永久地服从某种普遍性的检验，使政治场的功能本身向完全投入其中的行动者强制规定一些约束和监督，如同他们被限制于一些真正的普遍化策略中那样。人们看到，关键也许在于构建社会世界。②

　　布迪厄认为，最终，只有"制度"即由国家"强制规定一些［超国家的］约束和监督"，再加上社会性"怀疑批评"，才是"政治的道德性"和社会道德化的最终条件，布迪厄特别强调了社会性（而不是如马尔库斯等所主张的"文化性"）"怀疑批评"作为"普遍化检验"，即"真正的普遍化策略"的现实性，所以他强调"关键也许在于构建社会世界"，尽管"怀疑批评本身就构成一种参与普遍性利润的方式"。③ 对于本章的问题意识来说，这里，布迪厄实际上指出了走出民俗精英们"规范传说"的话语霸权或话语暴政的有效途径，即超国家的"约束和监督"制度的建立，和社会的"怀疑批评"机制的展开。据此，所谓"真正的普遍性检验"是说，不是以"集团"所表述的"普遍大同"的道德内容来实施"普遍化检验"（而这正是民俗精英们采用的"普遍化检验"方式），而是要超越任何"普遍化兴趣"的具体内容，而真正回到康德的纯粹理性的"普遍化检验"的主观准则合乎客观法则的判断形式本身，亦即胡塞尔所言"非时间的超越性""判断真假的意识"（见本章"附录"）。

---

　　① ［法］布尔迪厄：《实践理性——关于行为理论》，谭立德译，三联书店2007年版，第219页。

　　② 同上书，第219页。

　　③ 同上书，第218页。

据此，我们就能够很明确地指出，陈泳超君为我们描述的民俗精英们的"权力话语"所实施的，并不是纯粹实践理性的"普遍化检验"的判断形式，而是冒用了"在集体范围内被一致认可，因而是普遍的、共有的"但仍然是经验普遍性的实践内容（正统和主流意识形态），对特殊性经验的实践目的（娘娘传说的"世俗性"）的"普遍化检验"，代替了康德所云无内容（排除了任何具体目的）的纯形式（适合于每个人的自由意志决定形式）规定性的"普遍化检验"的道德法则的判断形式，这样，我们就能明白，民俗精英们所实践的"规范传说"的"话语霸权"的病根之所在了。这就是说，尽管从"语境—场域"的"时间化"视角看民俗精英们"规范传说"的"普遍化检验"，其对传说内容的"整齐故事"，固然包含了未来和过去时间的"先验"维度（但这一时间中的"先验"维度是否绝对地先验？却仍然需要超时间的"合乎法则性"形式的"普遍化检验"），但其"规范传说"理应遵循的道德法则的判断形式本身，却不应该"时间化"（而应该如胡塞尔所言"非时间超越性"的判断形式，见本章"附录"），即使"时间化"的时间形式包含着未来时间形式甚至过去时间形式所承载的实践目的的先验内容（如亲戚般"和谐友好"的传统理想）；否则，未经"普遍化检验"的现在时间形式（尽管标榜着携带了"普遍大同"的实践目的）本身，在"压制"了对所有人都有效的先验理想的未来时间形式和先验传统的过去时间形式（时间形式本身也必须接受"非时间超越性"的"普遍化检验"）之后，就只剩下仅仅基于现在时间（实践）形式下，对某个人或某些人如民间精英与官方（集团）之间因交换权力而有效的"普遍化利润"（合乎自然因果性的社会法则的理论性。[①]）的经验性实践维度。[②] 于是，在"非时间超越性"的"约束和监督""制度"尚未健全的"地方"，民俗学的田野研究是否应该反省、限制自身的理论理性的直观立场，而启动民俗学的实践理性的"非时间超越性"的"社会""怀疑批评"，以阻挡权力话语的无限蔓延，就上升为刻不容缓的民俗学实践问题，因为，正如康德所言，普通道德知识的"天真无邪确实是一件荣耀的事，但非常可悲的是，在另一方面，

---

① 参见本书第九章《民俗复兴与公民社会相联结的可能性》。

② 户晓辉批注："我们往往只是把'传统'理解为过去，这是对传统最大的误解和纠结的根源所在！只有现象学以及由此发展出来的伽达默尔的诠释学才真正解放了'传统'。"

它却不能很好地保持自身，很容易被诱入歧途。……这样一来，普通人的理性就被迫走出它的范围，从而进入实践哲学的领域"，即康德所言实践的"自然辩证法（natürliche Dialektik/natural dialectic）"。①

于是，在康德和布迪厄的启发下，尽管实践民俗学还只是初识了"社会"（学术就在"社会"、在"民间"或如菅丰所言"在野"②）的"怀疑批评"，但如果沿着该思路走下去，本书所言民俗学的"正题"（先验的理想逻辑），在经历了"反题"（经验的现实逻辑）的质疑之后，却已经通过实践民俗学田野研究的"社会""怀疑批评"，即学者和民众在"语境—场域"的"时间化"实践的基础上展开的"非时间超越性"对话，正当地将两者综合为民俗学的实践"合题"（先验逻辑对反映经验的形式逻辑的必然综合），提供了理论的可能性进而实践的现实性。

六　合题："德著河汾"

如果陈著的上篇是正题（"'按说有'就是'真的有'"的先验理想逻辑），下篇是反题（"'真的有'不是'按说有'"的现实经验逻辑），那么，陈著的合题（理想与现实的统一）又在哪里？也许，我们可以从陈泳超君给我们介绍的那些民间知识分子（即本应独立于上、下篇的"写传说"部分）入手，考察地方民众与民俗精英，在与民俗学者的对话过程中，所践行的理想在现实中实现的实践合题。

考察这些［民间］写手的写作动机，于至泰明确自称是想挣钱的，潘炳杰虽然号称是为了神性的原因无法自已，但很多羊獬人认为他主要是为了挣钱，如今他已经拉起了锣鼓队营业，并号称"半仙"替人择日、看病了。即便是老牌写手赖北生和罗兴振，在张梁子眼里

---

① 参见［德］康德《道德形而上学基础》，孙少伟译，九州出版社2007年版，第28—29页。

② 参见［日］菅丰《日本现代民俗学的"第三条道路"——文化保护政策、民俗学主义及公共民俗学》，陈志勤译，《民俗研究》2011年第2期。

也都是想印刷写本拿去卖钱。这些诛心之论，代表的是民间相互间的品评观点，我们不必过多评论，但有一点值得思考，像已故的于至泰、邱刚龙、李永义之类写手，他们没有生活在可以拿写本换钱的时代，却依然有创作和修改的热情，说明其写作动机定有超越经济层面的追求，或许是乡邦感情和责任，或许是对信仰的虔诚，或许是希望开发旅游，或许只是自娱自乐，等等，这些都有可能，而就本书来说，笔者将更多在文化层面上去理解他们的动机和诉求。（第244页）

陈泳超君所言"他们的动机和诉求"，也就是布迪厄所说的"普遍化利润"，即附着于信仰的内在目的的个人外在目的、实际目的；而陈泳超君所谓"在文化层面上去理解"，就是超越个人的动机，从群体性动因的角度考察民俗精英们规范民众信仰实践的社会伦理意义。而笔者在本章之"二""方法"中，引进胡塞尔—布迪厄式的"时间化""语境—场域"概念，则不仅希望"在文化层面上去理解……"而且还试图在更严格的普遍性（即布迪厄所言"社会"性）层次上去理解①"接姑姑迎娘娘"传说活动的实践意义。但是，在经历了漫长、反复的讨论之后，笔者发现，自己的初衷还是落空了；因为，面对陈泳超君为我们描绘的地方性传说文化生活的"无限迷人的动态图景"，"时间化""语境—场域"概念的现象学使用，并没有能够发挥出预期的整体性阐释力。

应该承认，"时间化"的"语境—场域"概念，为"在文化层面上去理解"民俗精英们出于"普遍化检验"的内在目的和"普遍化利润"的实际目的而"规范传说"的权力话语，提供了尽管有限却仍然部分有效的正当性辩护。从"语境—场域"的"时间化"角度看，无论是民俗精英们把未来和传统的先验理想，纳入当下时间以"规范传说"的呈现形式（"意识的构成过程"）方面，还是用传统文化及当代文化的正统、主流意识形态"规范传说"，使其在"经过某种正面价值净化"（但并非真正的普遍化检验）后而呈现的内容（"判断所构成的东西"）方面，民俗精英们都取得了值得予以一定的价值肯定的成功。但是，即便站在中国现

---

① 所谓"严格的普遍性"，是说先验的客观必然性，而不是指的经验的普遍性，在经验现象中，没有绝对的即严格的普遍性。

代性的长时段和大范围的"文化批评"立场上，看待地方民俗精英几代人的追求，我们也不能不承认——这取决于我们的视野或视域的宽窄——其"规范传说"的种种努力，仍然未能冲出"现代性"甚至"全球化"浪潮的旋涡——套用马尔库斯等人的话说——因而不过是"当代……［中国］政治经济过程的一部分"，并且是"现代社会中主流文化的［地方］支点"。我们甚至可以这样认为，尽管现代中国的"文化革命"终结了，但是借助文化的力量，自上而下地不断扩大的社会控制过程，仍然在继续；民俗精英们的话语霸权、话语暴政（暴力），不过是不自觉或者十分自觉地迈出的这一过程的最后一步：对每一个作为个体的人的信仰与灵魂的控制（尽管在此过程中，地方民众的公共文化在国家体制中的地位也得到了象征性的提升）。① 而为了达成控制的目的，传统的信仰正在遭受伤筋动骨——变信仰叙事为"社会发展史"的历史叙事——的外科手术，亦即，民俗精英们正在继续做着近代以来中国上层文化精英们一直都在做的事情：借助理论理性的权力话语僭越地遮蔽实践理性的底层信仰。② 于是我们看到：一方面，唯有基于理论理性的正当性理由的权力话语，上述僭越才有可能；另一方面，正是通过成功的僭越，僭越者才攫取了话语权力。于是，通过"规范传说"乃至"非遗"保护，民俗精英与"在场"的国家正相向而行，完成新一轮现代性控制的共谋与"表演"③（陈著忠实地、深入地、生动地再现了这一轰轰烈烈的地方悲喜剧）。

　　胡塞尔和布迪厄都清醒地意识到，无论"时间化"的"语境—场域"，还是"内在时间意识"的"构成过程"，都只是对社会事实（布迪厄）或意向对象（胡塞尔）的单纯呈现方式④，在意向性对象（社会事实）的单纯呈现方式中，在意识中被呈现的社会事实或意向性对象，如布迪厄所云出于私人实际目的的"普遍化利润"，作为"普遍化检验"的

---

　　① 参见高丙中《中国的非物质文化遗产保护与文化革命的终结》，《开放时代》2013 年第 5 期。

　　② 参见本书第九章《民俗复兴与公民社会相联结的可能性》。

　　③ 参见王杰文《遗产即政治——关于"文化遗产"的表演性与表演"文化遗产"》，《"作为记忆之场的东亚"国际学术研讨会论文集》，华东师范大学，2014 年。

　　④ 这里再重复一遍胡塞尔所强调的："就现在的观察来说，我们是否接受内在的或超越的客体，这是无关紧要的。"参见［德］胡塞尔《内在时间意识现象学》，杨富斌译，华夏出版社2000 年版，第 33 页。

衍生物，就被认为具有根据自然法则而存在的合理性与合法性。① 但是，尽管布迪厄承认"普遍化利润"在现实中的经验普遍性；但是，一旦涉及对社会事实（意向对象）的价值评估，布迪厄就会像胡塞尔一样，主张回到康德所言（人的本体存在的）"理性的公开运用"的"非时间超越性"的"判断真假的意识"。正是以此，布迪厄才主张在"时间化"的"语境—场域"之外，超越国家权力的"约束和监督"制度，以及社会的"怀疑批评"机制。这就是说，唯当我们回到了康德"非时间超越性"的纯粹实践理性的自由主体（本体）即公民（而不是国民）的立场，我们才有可能给予民俗精英们"规范传说"的话语霸权，以超越事实判断（如上引马尔库斯式"文化批评"）的价值判断。仅仅局限在"时间化"的"语境—场域"视线之内，无论就民俗精英们赋予了传说所呈现的内容以道德规范，从而经受了并非严格的"普遍化检验"来说；还是就民俗精英把指向未来和传统的先验理想，纳入传说的"时间化"当下时间的呈现方式而言，从"语境—场域"的"时间化"立场看，或许都无可厚非。但是，民俗精英们仍然做错了事情，而他们的错误，却唯有站在超越"时间化""语境—场域"的"非时间超越性"立场上，才能够给予正当的评价，即，一旦民俗精英们用理论理性僭越地遮蔽了实践理性的信仰目的，就从根本上违背了启蒙主义实践理性的公民意识（而不是国家主义的国民意识）的自由原则：唯当每个人的自由同时也保证了所有人的自由的时候，每个人的自由才是真正的自由。就此而言，民俗精英们用以"规范"实践理性的理论理性（如"社会发展史"），必须接受来自纯

---

① "或许［民俗精英的］压制与遮蔽看上去显得有点粗暴，但也应该看到，在纷纷扰扰、多样存在的共同体中，整顿出一种相对稳定的话语秩序（order of discourse），乃是地方社会所必需，因为这些传说话语具有直接指导地方人群共同行动的职能，无论是劝说还是蛮力，总要有一个方案，才能保证将民众分散的话语转化为统一的行为因而有效维系地方人群的身份一致感。何新木就对我们感慨：'群众虽然是有组织，也是无组织的，都是自发性的，无主意么！'吴克勇在被羊獬总社逐出管事圈之后，更是对民间组织滋生出不信任情绪，他说：'但这个民间组织很难干，很难说，你要东他要西，这不是我也退出来了。到现在来说他们也不 wojie【重视】我。……我跟他们的观点不一，我跟他们说，不管是谁搞这个，没有政府行为不行，离了政府，你们谁也搞不下，几千年来，要不是 06 年后政府支持，你庙宇建得再大再好也没多大意义，全靠对外界宣传报道，把咱这个宣传报道出去，这才有力度哩。'我们相信，这样的人群关系是可以由今视昔的。而要想整顿出一套话语秩序，并将话语转化为行动，民俗精英们就必须建立自己的话语霸权。"（第 150 页）否则，如布迪厄所言"这种世界的形成是不可思议的"。参见［法］布尔迪厄《实践理性——关于行为理论》，谭立德译，三联书店 2007 年版，第 146 页。

粹实践理性的真正严格意义上的"普遍（形式）化检验"的"怀疑批
评"。但诡异的是，在陈泳超君为我们提供的"接姑姑迎娘娘"的传说活
动的迷人图景中，原本应该坚持实践理性（先验信仰）的形式原则的民
俗精英们，却即时地挥舞起基于国民意识的理论理性（经验知识）目的
原则的"杰出武器"；而始终坚持理论理性（直观经验）的学术规范的陈
泳超君，却最终走上了出于公民意识的实践理性（先验理念）的规劝之
路。正是在这个意义上，笔者认为，陈泳超君为我们提供了一项实践民俗
学田野研究的"现代学"（钟敬文）成功案例。

> 为此他为历山编创了很多舜和二位娘娘的遗迹和传说，他潜在的
> 论辩对手，是该文化圈之外的其他历山，诸如山东济南、菏泽，以及
> 山西的永济、垣曲等，而本文化圈内其他村庄的传说与他的目标没有
> 矛盾，反而可以增加他的说服力，所以他的写本虽然对于历山着墨较
> 多，但依然能够综览全局，将各村传说都尽量囊括，他的代表作名为
> 《羊獬·历山联姻传记》，就是明证。（第 248 页）

> 被人称为"大罗"的罗兴振，才是最有代表性的民俗精英。在
> 申遗成功之后，他并没有停止前进的步伐，还有两件事支撑着他以现
> 年 86 岁的高龄仍然壮心不已、黾勉以求：第一是要确认舜王故里就
> 在洪洞历山，而非其他二十几处有历山的地方；第二是要把"接姑
> 姑迎娘娘"活动进一步申报为世界级的非遗项目。关于第二件事，
> 笔者一再直截了当地给他泼冷水，他也逐渐知道此事的难度，慢慢消
> 歇了一点热情。而第一件事他绝对不愿放弃，这是他自认为一生最大
> 的贡献，甚至就是他整个人生的唯一支柱。（第 229 页）

> 想起来，从 2007 年至今，不过 7 年光阴，活色生香的一代民俗
> 精英就很快凋零的凋零、坚挺的坚挺、改换的改换了，这或许正是民
> 俗精英的"原生态"，笔者强调过多次，民俗精英只是松散的集合
> 体，他们是会依据条件的变换而重新组合的。（第 231 页）

> 然而，还有比这更悲哀的。被罗兴振视为生命的历山论证工作，
> 笔者站在学者的立场上，自然认为根本不能成立，不过先前都尽量不

正面表态，但就在本书写作前最后一次去历山时，他终于明白了笔者的心思，很直接地问我："陈教授，那你是不赞成舜耕历山就是我们这个历山喽？"我没有退路了，只好鼓足勇气回答："是的，我不赞成。我也不赞成任何历山，因为这个命题无法求证，没有答案。"虽然我不想伤害老人的感情，但必须坚持学者的底线。我感觉他听完后，似乎立刻变得颓唐了起来，让我感到彻心的悲凉。（第231页）

每每读到这里，我的心也像陈泳超君一样，沉入冰冷的深渊，但七年之中，陈泳超君却是要无数次面对这样的考验，想想那是老人一辈子的梦想①，这是怎样一件令人悲哀的事情！我现在能够设身处地地体会，当一个人，在崇尚理性、崇尚经验的科学精神的同时，又秉持着善良、诚实的道德良知（我说的是"仁"），所陷入的困境了。站在前者的立场上，我们有时真是难以理解那些最普通的人们，竟然能够为了一项在外人看来并不起眼的娘娘崇拜，不惧坐牢杀头而舍身舍命地服侍"老人家"；而站在后者的立场上，我们又不得不对那些为了自由的信仰而"一人一马""揣着牌位"不断香烟的"文化英雄"的"英雄事迹"②，奉献我们无上的敬意③。但是，尽管身陷理智与情感的矛盾，陈泳超君还是毅然决然地说出了自己内心真实的想法④。

　　虽然笔者在当地坚守旁观者立场，但在吴成龙兴致勃勃地畅想并征求我意见的时候，我忍不住劝他：实在要搞也行，但不要掺和在原

---

①　"他的终极目标，是要将这个历山论证成就是舜当年耕种并生活的真正的历山（因为全国各地有很多叫历山的），所有关于舜与二位娘娘的传说都是在这山上发生的真实历史。"（第137页）

②　见陈著上篇第一章第三节"口述现代史"，第43—54页。

③　"充分尊重每一个民族选择自己的信仰、包括图腾信仰的权利和自由，不仅是宪法赋予公民的权利和义务，而且也是保持我国各民族和世界文化多样性的需要。"刘锡诚：《非物质文化遗产：理论与实践》，学苑出版社2009年版，第95—96页。

④　"在理性的辩证论里面彰显出来的纯粹理性的二律背反，事实上乃是人类向来所能陷入的最富裨益的困境；因为它最终驱使我们去寻求走出这个迷宫的线索，而这个线索一经发现，还会揭示出我们并不寻求却仍然需要的东西，也就是对于事物的一种更高而不变化的秩序的展望；我们现在已经处于这个秩序之中，而且我们从现在起能够受确定的规矩之命依照至上的理性决定在这个秩序之中继续我们的此在。"［德］康德：《实践理性批判》，韩水法译，商务印书馆1999年版，第118—119页。

有的仪式过程之中,可以作为配套的但是独立的活动另外举行,反正四月二十八羊獬逢会,有许多唱大戏、杂技、魔术之类娱乐项目,婚庆活动理应归入这类娱乐项目而非仪式项目之列。后来这个活动并没有搞起来,原因不明。(第 221 页)

当初吴克勇在车上向笔者提出"规范传说"的目标时,非常诚恳地询问我的意见。笔者在与当地民众交往时,向来坚守一个原则:尽量不发表自己想法,以便较为客观地观察体验。但看着吴克勇诚挚的神态,笔者又很内疚,人际交往难道不是应该平等交换吗?既然他们看重我们的知识背景,我们就不应该单方面索取村民的知识,而不贡献自己的知识!为此,我就对他有节制地说了我的真实想法:如果一定要规范传说,你们主要应该用在对外宣传上;至于内部村民,可以对他们讲述你们的说法,但他们最终爱怎么说还怎么说,你们不应该干涉。[①](第 212 页)

陈泳超君终于还是按捺不住"怀疑批评"的实践冲动,而最终超越了自己为自己设定的理论理性的经验主义、客观主义的直观界限!正如陈泳超君所言,如果不是这样超越自我,而是藏着掖着,又将置坦诚交往的普遍道德于何处呢?也许,不是因为陈泳超君自觉地践行了实践民俗学的职业伦理,反而是因为他那"仁者爱人"的一片掏心掏肺的赤诚[即布迪厄所云"特殊情况下的诚挚"的"公民道德"[②]],打动了对方的心,陈泳超君最终赢得当地民众的信任[③],而无论在他所秉持的科学理论观

---

① 陈泳超君的劝告,更多地还是出于理论民俗学对古老传说自然语境的生态保护意识,而不是完全自觉地出于实践民俗学的普遍"人权"观念。

② 参见[法]布尔迪厄《实践理性——关于行为理论》,谭立德译,三联书店 2007 年版,第 220 页。

③ "事实上,有一段时间,连我们的调查行为也分明感受到被某种或有形或无形的力量给控制了,那些民俗精英们不希望我们去采访他们不喜欢的人,即便不明说,也总会以各种言辞或表情暗示,有时候我们不得不使用一些小伎俩。比如潘炳杰是 2008 年主动来找我们的,之前我们根本不知道有他这样一个文马子存在,当时我们就对他很感兴趣,但是那些主要干事都反对我们去接触他,说他是神经病等等。最后只好由笔者陪同这些干事们抽烟聊天,然后悄悄嘱某个学生赶紧去潘炳杰家采访,毕竟学生人多分散,目标也比我小得多。后来慢慢跟当地所有人都厮混熟悉,我们也再三推心置腹地向民俗精英们交代我们采访各种人的意义只在于学术研究,不会直接影响到本地的实际进程,他们才逐渐解除戒心,对我们也宽容起来。乡民们总的来说还是那么的朴实可爱。"(第 213 页)

点，与当地民众所坚持的信仰实践立场之间，横亘着怎样难以填平的沟壑。但也正是这一次次小心翼翼的难能规劝，打破了陈泳超君为自己手订的"他们不主动说，我们绝不过问"①的理论戒律。

在打破理论戒律的实践对话中，学者和民众都重新认识了"自我"，至少，在陈泳超君这里，大娘娘的"遗留物"不再仅仅是物理时间上的古老传说；却因古典时间观的"时间化"，而在"内在时间意识"中，作为"同时到时"的传统和未来的先验理想，使得民俗学者一贯坚持的理论理性，从打压传统的工具衍变为"怀疑批评"的武器，从而针对任何"普遍化检验"的不当使用（如民俗实践中的话语霸权），奇妙地发挥了对多样性文化的自由信仰权利的"时间化"（未来和过去在现在之中的）保护作用。这样，陈泳超君及其团队的 17 次山西之行（第 19 页），就通过与地方民众之间自由、平等的交流、交往，为中国民俗学真正开启自身的"对话理性"（哈贝马斯）的实践范式，迈出了尽管艰难却极为关键的一步，正如陈泳超君所言："笔者坚信，我们做田野调查，并不仅仅是在考察这一个田野对象，而是在田野里思考整个世界。"（第 24 页）

像吴克勇一家这样跟我们结下深厚友谊的，在当地还有许多，甚至包括一些政府官员。不过，既然我们考察的目标，主要是传说与人群的联接关系，而人群之间又有各种各样的矛盾，所以我们也清醒地意识到，不能表现出跟任何一方走得过于亲近，否则很容易引起对立方感情上的误解，不利于更广泛地获取信息并得出更加客观公正的判断。我们很感谢这些乡民们的理解和支持，这些年来，"北京的陈教授"已被当地很多村民熟知，我的学生甚至当面听村民这样描述过（笔者不在场）："那个陈教授就是我们洪洞人吧？你看他上面穿个褂褂，下面穿个短裤，穿个拖鞋，还不穿袜子。"这让我感觉无比自豪！我们基本上可以毫无阻力地采访任何人，包括一些互相有意见甚

① "就我们所知，两边人马之间还有很多复杂的矛盾，只是因为过于敏感，他们不主动说，我们绝不过问，但其紧张关系分明可感，只是在搞重大仪式活动，有我们这样很多外人在场，才互相隐忍把活动搞好罢了。"（第 227 页）

至不能共处的对抗性人群，虽然有时他们也会很不情愿我们去采访对立方，或者在背后有些咕哝抱怨，但总体上还是可以体谅我们对各方的平等访谈［超越功利性的主体间对话——笔者补注］。这点上我们尤其感谢洪洞县政府以及文化馆干部们，他们的上级官方身份主要用来帮助我们解决问题、提供方便，却并没有对我们的调查有任何限制和干预。（第19页）

于是，陈泳超君和他率领的"接姑姑北京亲戚团"，就通过理论理性的经验性直观（参与观察）和实践理性的"怀疑批评"（深度访谈）的田野研究，不仅超越了自身"已有的［理论］知识"（第15页），而且直接进入到"接姑姑迎娘娘"传说信仰圈，和"最大基数的普通村民"——这些沉默的大多数，用他们自己手中的自由信仰的公民权利，最终"发挥了无形却巨大的影响力，因为只有他们的总和，才是本地传统［也是未来］的最终代表，民俗精英也好、话语霸权也好，在此意义上也难免相形见绌"（第222页）——一起，继续维护了传说中4000多年以来，尽管每年"临时"（第98页）但却始终"开放"（第96—97页）的自由人共同体的神圣时间与神圣空间，即康德所描述的纯粹理性自由意志的"目的王国"。① 凡是进入这一"目的王国"的每一个陌生人，无论你是羊獬人、万安人，还是历山人，甚至……也无论我们各自过着怎样相互陌生、相互冲突的世俗生活；但是，只要我们每一个人都拥有自愿地选择的无差别的"附加身份"——"娘娘的亲戚"，这一现代公民之间的"共同的陌生性"②，我们都获得了心理上的安慰与精神上的慰藉，以及更重要的，传统与未来在当下时间中"陌生人"因自由、平等的信

---

① "犹如在马基雅弗利提倡的理想共和国那样，行动者们关心的是德行，超功利性，对公用事业和公共利益的忠诚。"［法］布尔迪厄：《实践理性——关于行为理论》，谭立德译，三联书店2007年版，第219页。"马基雅弗利说共和国是一个公民们关注德行的世界。"同上书，第145页。

② 参见倪梁康《胡塞尔：通向先验本质现象学之路——论现象学的方法》，《文化：中国与世界》第2辑，三联书店1987年版，第307—308页；本书第四章《从"我们和他们"到"我与你"》。

仰而交融的公民体验。①

　　卫家坡与历山之间隔着一座高大的青龙山，两地村民平常日子以及信仰仪式活动期间都很少来往，杨三增是一个特例。我们在卫家坡采访他为什么不辞辛苦翻山越岭跑去参加，他的回答是："我到神立去比咱这里还吃开哩！"因为"村里人，咱无能，老百姓，那看不起，瞧不起，到外边去不是这样子，过去这条山，那都是热情招待，就是凭的老人家这关系。"可见，凭着传说所建立的神灵关系，一个在本村毫无地位的村民，可以在别处找到身份上的情感安慰。（第121 页）②

正是为了这一份"到外边（陌生的地方）去不是这样子"（"外边"或"别处"总是代表着陌生的传统和未来，即代表着理想）而是建立在"拟亲属关系"基础上的理想情境中的"情感安慰"的共同目的，无数在日常生活中普通得不能再普通的人，以无比的热情投身于"接姑姑迎娘娘"的传说活动当中，尽管他们同时也还可能藏匿着其他隐秘的"实际目的"。

　　2012 年 8 月 8 日，羊獬村民罗羊儿忽然宣称自己成了马子，尽管他的言行和人品经常受到村民们的调笑，但他一往无前。2013 年三月三历山启程仪式开始之前，他用自制的钢签锁了口、舞弄着自制的三尖两刃刀上马了，引起很多人的围观。我们在正面拍摄他时，他忽然对我们说："你们北京来的，也要为咱姑姑申报世界非遗多作贡

　　①　"我们要把龙牌会放在'公民社会'的［语境］范畴里来审视是很具有挑战性的。显然，龙牌会初看起来与中国学界关于公民社会的常识有很大的距离。但是，过去十多年对于龙牌会的跟踪观察让我们见证了传统草根社团迈向公民社会的历程。我们在多年的观察和思考中认识到，恰恰是够远的距离让这一个案例具有更大的理论潜力和更强的说服力。"高丙中、马强：《传统草根社团迈向公民社会的历程：河北一个庙会组织的例子》，载高丙中、袁瑞军主编《中国公民社会发展蓝皮书》，北京大学出版社 2008 年版，收入高丙中《日常生活的文化与政治——见证公民性的成长》，社会科学文献出版社 2012 年版。参见本书第十三章《民俗学的哥白尼革命》。

　　②　"2013 年春节后不久羊獬遭受了一次严重水灾，万安人很快送去了一卡车救灾的面粉，让羊獬人很是感激，他们专门制作了一块匾，三月三羊獬队伍来到万安村口时，由沈草娃亲自献给了万安村支书，而去年演戏的恶劣事件，就不好再提了。"（第 224 页）

献啊，你听到了吗？"（第 231 页）

我想，陈泳超君听到了，证据就是至今安静地摆放在他办公室书柜顶上的那块"德著河汾"的匾牌（将来也许应该收藏于"中国民俗学博物馆"）。

> 不光如此，我们还接受了当地官员和民众的委托，为该项目填写《国家级非物质文化遗产申报书》，制作申报光碟等等。2008 年，该项目以"洪洞走亲习俗"为名被批准为第二批国家级非遗项目，当地从官员到普通村民都很高兴，官员们的激动不用多说，最让我们感动的是，羊獬总社首沈草娃带领三位社里骨干亲赴北京，代表全体乡民精心制作了三块体量巨大的木匾来献给我们，笔者所得匾书为"德著河汾"。我当然不至僭妄到敢与河汾诸多神灵、耆老比肩的地步，这里忍不住沾沾自喜地描述，只是想说明，通过这些参与活动，我们明显感觉到与当地人群的距离被迅速拉近，他们已经接受了我们，甚至带着一点感激之情。（第 16 页）

> 有一个事件颇为耐人寻味，本书《绪论》里说，由于在申遗过程中笔者等北京的几位学者为当地出了一些力，他们为了表示感谢，专程来北京给我们献匾。但是前来献匾的只有羊獬的民间代表，没有别处之人。我们自然不好多问，后来再去调查，罗兴振几次三番对我表白，他是多么想参与，再三对羊獬人说上北京一定要喊上他，最后羊獬人还是没喊他就去了，为此他又气又急，恨不得掏心窝子要我接受他无比真切的感谢之情。（第 225 页）

我想，这是"五四"以来，中国民俗学迄今荣膺的最高荣誉，由老百姓（由民俗精英们代表）组成的特别评委会颁发给学者们的"中国民俗学实践研究奖"，以表彰这一伙人、这一代人从理论民俗学"转过身来"朝向实践民俗学[1]而践行的"'按说有'就一定能'真的有'"——

---

① 户晓辉批注："题目《转过身来的大娘娘》恰好与泳超书名《背过身去的大娘娘》相对，可谓神来之题！但点题不够，尤其在结尾处似可进一步点明转身的方式和意义，只有实践理性的立场才能让背过身去的大娘娘转过身来，让'按说有'变成'真的有'。"

尽管临时却仍然开放、尽管现实地令人痛惜而无奈，却仍然饱含着理想热情——的实践民俗学"合题"。

附录　记忆的构成过程与判断所构成的东西

记忆是一个古老的话题，对于民间文学—民俗学家来说，没有耳口相传的记忆，就没有民间文学、民俗传统的传承，以此，似乎也就不会有以传统、传承为研究对象的民间文学—民俗学学科了。但是，记忆作为现代学术的一个具有哲学背景的理论课题，却是由于胡塞尔现象学对记忆问题的特殊关注而形成的。在 20 世纪最初 10 年（1904—1910 年）间完成的《内在时间意识现象学》（胡塞尔"本人生前所发表的仅有的两部非引论性专著之一"，另一部就是《逻辑研究》）中，胡塞尔以现象学的方式讨论了记忆的时间形式，从而开启了现代学术对"记忆"作为一个富有哲学意义的课题而展开的广泛、深入的研究（例如关于"集体记忆"的人类学研究），进而为建立在记忆条件下的文化多样性保护和文化身份认同等一系列后现代诉求，提供了哲学上的正当性基础。

但是，在 1905 年讲演的结尾部分（即该书第一编第三章第四十五节），胡塞尔在完成了对记忆的时间形式的长篇大论之后，忽然以"非时间的超越性的构成"的题目，即用一个与时间性的记忆形式（呈现行为）相对立的非时间性的判断形式及其客体（判断行为）的问题，戛然结束了他的讲演，这一点让人感到惊异。在这一节中，胡塞尔写道：

> 并非每一种意识本身都是时间意识，即关于某种时间性事物的意识，某种构成内在时间的事物。因此，那种处于其统一性之中而未加区分的"存在"事物的数学状态所具有的判断真假的意识，决不是一种时间性的事物；判断行为不是一种呈现行为。因此，人们能够说某种事物、某个事件或时间存在着，它可以复现于想象之中，因此，它根据想象、记忆、期望或它持存地呈现出来的样式而显现；并且人们同样可以说，事物作为实际的存在而显现，它可以被知觉到。但是，人们不能说一种数学状态的事件显现为存在或呈现。判断行为可以是长期的或短期的持续，在主观时间中具有其广延性，并且能实际

地存在或表现。然而被判断的东西不是长期的或短期的，持续的或非持续的。

…………

价值在时间中没有设定或位置。时间客体也许的美丽的、令人愉悦的、有用的等等，并且所有这些可能都存在于某种决定性的时刻之中。但是，这种美丽、愉悦等等在自然界和时间之中没有位置。这些品质不是那些显现在呈现之中的东西。[①]

也许是因为 1905 年的讲演意犹未尽，在 1905—1910 年间，胡塞尔又对上述同一个问题（时间客体）做了一点补充研究，这就是胡塞尔为我们留下的题为"作为内在时间客体的自然发生的统一性的构成——作为时间形式和绝对时间构成意识的判断"（即该书第二编"附录十三"）的手稿。在该手稿中，胡塞尔首先解释了何谓"数学状态"的判断行为的"逻辑原则"：

假如我们有一个判断（例如，$2 \times 2 = 4$），那么，这种判断所意指的就是一个"非时间的概念"。……并且这种判断可真可假。

人们难道不能说"这种判断行为"，即正是在其中 $2 \times 2 = 4$ 的那种意识正是所意指的那种东西吗？不能这样说。让我们考虑：与对这样所意指的东西的瞬间注意不同，我把注意力指向那种判断，指向逐步给予我 $2 \times 2 = 4$ 的那一过程。这种过程在继续进行着。我从那种主体思想即 2×2 的形成开始，并把这一构成一贯到底。因而，这对确定"等于 4"起着基本的确定作用。所以，我们具有一种自然发生的构成行为，这种行为开始、前进和结束。然而，我在那里构成的不是因此而意指的那种逻辑原则。所"构成的"东西不是那种所意指的东西；相反，自发构成的东西首先是 2×2，并且在此基础上，才有 $2 \times 2 = 4$。一旦这种构造完成，作为一个过程它就完结了，并且立刻沉降到过去之中。

所构成的东西显然不是那种构成过程（否则，根据构成而出现

---

① ［德］胡塞尔：《内在时间意识现象学》，杨富斌等译，华夏出版社 2000 年版，第 98—99 页。

的比较将会被错误地运用）。我也能关注那种不断前进的意识和关注那种前进过程的统一性（正像在对一支曲子的知觉中一样，我可以关注那种连续意识，那种"现象"的连续消失，但是不能关注那些音符本身）。但是这一过程的结束不是那种已完成的、$2 \times 2 = 4$ 恰恰在其中所意指的现象。

因此，我们必须说有两种事物需要区分：

（1）意识流和

（2）其中何种东西被自我构成了，并且从第二方面看，另一方面：

（a）作为"自我构成的"关于 $2 \times 2 = 4$ 的意向的"显现"的判断，它是一个生成过程，并且

（b）在那里所生成的东西，作为被构成的东西矗立在末尾的判断，那种生成：完成的谓词。[①]

这样，胡塞尔就借助 $2 \times 2 = 4$ 的数学公式的构成过程的构成结果，解释了何以"数学状态"作为"完成的谓词"的"逻辑原则""决不是一种时间性的事物"，而是一种"非时间的概念"；同时，胡塞尔也用这样一个"非时间的概念"，区分了"被（意识）构成的东西"（相关的说法是：生成的东西、所意指的东西、所意指的现象……例如"音符本身"）和意识的"构成过程"（相关的说法有：逐步给予我……的那一过程、自然发生的构成行为、生成过程、不断前进的意识、前进过程的统一性、连续意识、意识流……）。显然，胡塞尔本人的关切主要集中于后者而不是前者；但是，胡塞尔提醒我们注意，不能混淆"构成过程"和"被构成的东西"，如果混淆两者，关于记忆、判断的研究，就"将会被错误地运用"。

胡塞尔关于"被构成的东西"作为"非时间的概念"的说法，让我们想起了康德。对于康德来说，纯粹理性（无论是纯粹理论理性还是纯粹实践理性）的先天综合判断，作为胡塞尔所说的"构成过程"本身，究竟是时间性的还是非时间性的，不是康德所关注的问题；但与胡塞尔一

---

① ［德］胡塞尔：《内在时间意识现象学》，杨富斌等译，华夏出版社 2000 年版，第 151—153 页。

样，在康德那里，纯粹理性的先天综合判断所"构成的东西"，却一定是
"非时间性的概念"。进而，纯粹理性的先天综合判断，作为"构成过程"
也就不是"关于某种时间性事物的意识"（尽管纯粹理性的先天综合判断
本身作为构成过程，可能如胡塞尔所言具有时间性），因为，"这种判断
可真可假"，是一种能够"判断真假的意识"。所谓"可真可假"，不是
说，"被构成（判断）的东西"能够像记忆的东西一样，会因为"一旦这
种构造完成，作为一个过程它就完结了，并且立刻沉降到过去之中"，而
当它被重新"现前化"的时候，就昨天是真，今天成假；或者，今天是
真，明天变假；而是说，作为"非时间的概念"，是真（对）的就永远是
真的，是假（错）的就永远是假的，不会因为"构成过程"本身沉入过
去之后，就无法再把"被构成的东西"本真地打捞出来，所以它才是一
种"判断真假的意识"。正如康德在《实践理性批判》中为我们留下的那
段百年之后仍然动人心弦的宣言：

> 人们在每一次回想许久以前所行之事时而起的悔恨之情也是以此
> 为基础的；这是一种由于道德意向引起的痛苦感受，由于它无法有助
> 于挽回已经形成的事件，所以在实践上是空洞的，甚至会是荒谬的，
> 但是这种悔恨之情作为痛苦仍然是完全合法的，因为当事关我们理智
> 的实存的法则（道德法则）时，理性并不承认任何时间差别，而只
> 追问：这个事件是否作为行动而属于我，然后总是从道德上把它与这
> 种感受结合起来，不管这个事件是刚才发生的，或是早已发生的。①

也许，正是因为康德言犹在耳，胡塞尔才坚持，他的"内在时间意
识现象学"讨论的只是意向的形式（构成过程），而不是意向的对象（被
构成的东西）。如果胡塞尔之后，在记忆研究中，有人企图用意向形式的
时间性，偷换意向对象的非时间性，那么，他们就将犯下绝大的错误，就
像胡塞尔所云：对记忆的意向性、时间性形式的研究"将会被错误地运
用"。在后现代的今天，当人们试图借用胡塞尔的"记忆论"于文化保
护、文化认同，以及文化间交流等等诸多意向活动，以促进文化间的相互
理解和相互宽容时，我们也必须记住胡塞尔曾经的警告，切勿混淆了意向

---

① ［德］康德：《实践理性批判》，韩水法译，商务印书馆1999年版，第107—108页。

活动的"构成过程",与在意向活动中"被构成的东西",因为,后者,可能不是"判断真假的意识",但也可能就是"判断真假的意识",如果我们用不是"判断真假的意识"取代了"判断真假的意识",那么,我们就将丧失判断真假是非的理性能力,甚至会丧失我们的理性人格。

第十二章

接续民间文学的伟大传统

——从实践民俗学的内容目的论到形式目的论
户晓辉《民间文学的自由叙事》解读

本章是为户晓辉著《民间文学的自由叙事》作的"序",而笔者的所谓"序",实际上是一篇读后感,绝无作导读的奢望(原著的论述更流畅,也更华丽①)。但是,如果读者不打算被我的先入之见所干扰,则可以翻过此序,径直进入户晓辉的大著(以下简称"户著")之正文,待阅读了全书之后,于掩卷深思之际,再返回来,与我一起交换对户著的感悟与认知。我相信,每位读者,只要你悉心地熟悉了户著全书的整体思路和具体论点,都能够发表不同于我的理解和解释的独到感知。正是在不同感知的对话交流中,户著丰富而深刻的内涵,才会得到充分的阐发。而这样的阅读、讨论方式,我想,非常适合于像户著这样的古典式—体系性(而不是后现代碎片化)的实践民俗学—民间文学的理论著作。以下所述,皆为笔者对户著的粗浅理解和粗略解释,需要事先声明的是:即便"其中有象",亦当挂一漏万。故读者应切记,如遇可观之处,皆因户著的启发或直接就是转述的户著本身;而若现穷途之哭(均在注释中以"愚见"点明),则必以笔者自身的闭塞。

---

① "华丽"乃金耀基评价杨庆堃的用语,只有褒义没有贬义。"《中国社会中的宗教》是一部可以称为现代经典的华丽的巨著,是中国宗教社会学研究的典范之作,被著名中国宗教研究大师欧大年称为研究中国宗教的'圣经',是不少社会学学者研究宗教的重要参考书。"金耀基、范丽珠:《序言:研究中国宗教的社会学范式——杨庆堃眼中的中国社会宗教》,载杨庆堃《中国社会中的宗教——宗教的现代社会功能及其历史因素之研究》,范丽珠等译,上海人民出版社2007年版,第1页。

一　自由目的是民间文学的发生条件

"民间文学"作为汉语学术概念，是从英文 folklore（直译作"民的知识"，也可以意译为"民俗""民情"①）移译过来的，中国学者用这个词，既指涉作为学科对象的民间文学，也指称作为学科本身的民间文学②。钟敬文先生很早就打算用"民间文艺学"的说法取代指称学科本身的民间文学，以区别于指涉学科对象的民间文学③，但没有被学界广泛接受。在中国民间文学—民俗学界，多数学者还是习惯于用"民间文学"这同一个词，既指涉学科对象也指称学科本身。这说起来带有点主观偶然性（民间文学—民俗学学者之间执拗的约定俗成），但是，当我们阅读完户著全书，认同了作者所说的民间文学自身内在的实践目的，或可了然，在人们不经意、不在意的地方，户著却发现了学理上的客观性和必然性（说者无意听者有心），亦即，用"民间文学"这同一个词，同时指涉、指称民间文学学科本身和学科对象的做法，实在是大有深意。

据说在国际学界，folklore（民间文学）这个词已经不时兴了。前些年，在美国民俗学界发生过一场不大不小的争论：要不要在民间文学研究中废止 folklore 这个概念？其背景是，指称学科本身的 folklore，总让人联想起民间文学—民俗学学术曾经服务于集权政治意识形态（如在民间文学—民俗学的发源地德国）的那段并不光彩的学科历史；而指涉学科对象的 folklore，则往往被认为仅仅圈定了民间文学一贯传承但即将消亡的传统体裁和题材文本，因而妨碍了当下语境化实践的非传统学科对象进入

---

① "民间文学乃是人们思想感情的自然流露。而且流露出来的是民族共通的思想感情，不是个人的思想感情"，"所以民间文学是民情学的一部分，而且是最重要的部分。"愈之：《论民间文学》，《妇女杂志》第七卷第一号，上海商务印书馆，1921 年，收入王文宝编《中国民俗学论文选》，中国民间文艺出版社 1986 年版。

② 笔者之"作为学科对象的民间文学"与"作为学科本身的民间文学"（具有胡塞尔先验现象学的味道），户著分别称为"民间文学本身（自身）"和"民间文学研究"（更具有康德先验 本体论的色彩），参见户晓辉《民间文学的自由叙事》，社会科学文献出版社 2014 年版，"引言　反本开新"，第 3 页，以下凡引此著，仅注页码。

③ 参见钟敬文《民间文艺学的建设》，《艺风》1935 年第四卷第一期，收入《钟敬文民间文学论集》下册，上海文艺出版社 1985 年版。

学术视野。①

　　但是在中国，不仅民间文学—民俗学界仍然坚持"民间文学"的说法（当然也不乏追随世界学术潮流主张弃之不用者）以指称学科本身。而且，学界以外的各界人士，也广泛地认同"民间文学"的用法，如用"网络民间文学"指涉反映民情、民意的网络"生活现象"。以此，能够同时用以指涉"生活现象"以作为"学科对象"②，和指称学科本身的"民间文学"，至少在中国，还远远没有走到面临被淘汰的地步。同时，我们也不得不思考，除了表面上的命名指涉、指称功能，人们继续使用"民间文学"这个词，或许还因为民间文学自身（学科对象和学科本身）的目的还没有完全实现——用户著的话说就是，民间文学的"内涵还没有被耗尽，它在中国还有未了的心愿"（第9页）③ ——所以在中国，学界内外都还在坚持民间文学的理论命名和实践命名，以实现民间文学的自身目的。④。

　　所以，不仅不抛弃、不放弃"民间文学"的说法，而且还延续传统的、经典的"民间文学"的用法，这首先是一个中国问题。当然，也是

---

　　①　参见李扬《"FOLKLORE"名辨》，《民俗研究》1999年第3期，收入李扬《西方民俗学译论集》，中国海洋大学出版社2003年版。

　　②　民间文学"作为生活现象的名称、学科名称或研究'对象'的名称被广泛使用"（第6页）。"数字媒体时代的网络文学和历史上任何时代的民间文学都有着高度一致的基本诉求和同样的民间立场，表达的是民间的生活面貌和平民的情感世界，所以被称为网络时代的'新民间文学'。"（第8页）

　　③　"随着欧美国家民主制度的不断完善和自由理念的深入人心，英语folk和德语Das Volk的传统指涉已经在社会阶层生活中失去了实际的对应内容，阶层文化和社会等级已经逐渐被统一文化或文化一体化所取代。但直到今天，中国人仍然普遍把'民间'当作与'官方'相反相成的概念在继续使用。这种情况恰恰表明，'民间'与'官方'的对立在中国仍然有其现实性，深入思考这种对立关系仍然是我们需要做好的功课，也是当代民间文学介入中国现实的一个重要入口。"（第41—42页）

　　④　套用高丙中在谈到"公民社会"的概念时所言："民间文学""从一个排斥很多中国现实的外来概念已经演变为一个对于中国现实极其具有包容性的概念，从一个少数学者用以谈论非常有限的中国现实的概念演变为一个中国公民自我指涉与认同的日常概念"，"民间文学"的概念"在指涉中国社会的时候，包含近来西方社会没有的对象，这才像是真的在谈中国社会了，也只有包含中国社会的真实的全景，中国作为当代世界一部分的位置才能彰显，中国学术作为世界学术的必不可少的部分的价值才能更好地彰显"。参见高丙中《"公民社会"概念与中国现实》，《思想战线》2012年第1期，收入高丙中《日常生活的文化与政治——见证公民性的成长》，社会科学文献出版社2012年版。

一个世界问题，只是我们的国外同行们还不曾站在 folklore 自身内在的实践目的，及承载了 folklore 的内在目的的民间文学的纯粹实践形式的立场上，思考 folklore 的客观价值；而只是根据其外在目的，仅仅考虑了其主观的使用价值（曾服务于政治角色认同的实用功能），于是才导致了 folklore 的使用价值（实用功能）即外在目的（主观性内涵）已被耗尽（以此才应该通过更名而服务于文化身份认同等新的外在目的、使用价值或实用功能）的理论认识。其实，无论在中国还是在世界各国，folklore—民间文学的价值（纯粹意义），即其内在目的（客观性内涵）都还远远没有耗尽，也永远不会被耗尽，不仅在中国，民间文学的内在目的，仍然是"现代精神的一个未完成的方案"（第 9 页）；而且在世界上，也永远是人类精神的一个"将来完成时"的指南，因为民间文学的内在目的，实在就是人作为自由主体而存在、实践或生活的根本原则或"逻辑前提"（第 1 页）[1]。

　　但是，我们如何能够断言，民间文学有其自身内在的实践目的？实践目的（甚至任何目的都）只能是主体意志的意向对象（客体没有目的[2]），即便我们承认，民间文学的学科对象，作为被认识的客体，的确也就是被表象为现象的实践主体和主体实践，因而在被表象为实践主体和主体实践的民间文学现象中，的确投射了主体（民、民间）的内在目的，站在对象（客体）之外的学科、学术（主体）立场上，也是无法认识的（你无法进入作为他者的主体内心以断言其内在的目的，否则就是观念论所谓"超验性"，中国古人称为"诛心之论"）。所以，对于民间文学的理论（经验）研究来说，民间文学对象是否拥有内在的目的，原本就是一个不应该提出也不能够提出的问题。正是以此，在通过概念以理论地认识民间文学对象（被表象为可经验地实证的现象）为己任的民间文学学科（理论民俗学）的问题意识当中，根本就无以提出像"民间文学对象自身

---

　　[1]　"只有学科的内在目的才是衡量学科事实发展的尺度和准绳。"（第 1 页）其实我们的欧美同行们也是在民间文学内在目的的根本原则或逻辑前提下工作，只不过对这些工作原则或前提，在他们那里似乎已被认为是天经地义、无须再讨论的问题；但是在中国民间文学—民俗学界，这些原则或前提始终没有得到充分的论证，因而并不总是能够被视为工作的原则或前提。

　　[2]　"自然从最一般的意义上来理解就是事物在法则之下的实存"，"在自然知识里面，所发生的事件的原则，同时就是自然法则；因为理性的应用在那里是理论的，是由客体的性质决定的"，而不是由客体的目的决定的。参见〔德〕康德《实践理性批判》，韩水法译，商务印书馆1999 年版，第 17—18、45 页。

内在的实践目的"这样自相矛盾的理论命题。

当然，民间文学学科（理论民俗学）无以认识民间文学对象的内在目的，却不是说，民间文学学科不能认识民间文学对象——被表象为实践主体及主体实践现象——的外在目的（使用价值或实用功能、主观性内涵）。因为，只要作为外在于被认识的客体的认识主体的民间文学学科，把民间文学对象置于特定时空语境条件的因果关系中，民间文学对象基于因果关系的实然（或然、偶然）经验的外在、主观的实践目的就能够被揭示出来。换句话说，身为理论民俗学的民间文学学科，有能力借助于概念认识到，民间文学对象作为被表象的现象，总是因应了外在于民间文学对象的某些社会、历史、文化、生活的语境条件的实然经验而发生和存在的。于是这些语境条件的实然经验，也就因此而构成了民间文学对象的因果性发生条件与存在理由，进而构成了民间文学对象的实践主体之外在的、主观（内涵）的实践目的，从而体现了民间文学对象的使用价值（实用功能）和实然（偶然—或然）意义。①

民间文学对象的外在目的，往往通过民间文学对象的题材内容（民情、民意）而直接地表达出来，以此，一贯以理论研究、经验研究相标榜的民间文学学科，也就从来都是通过民间文学对象的题材内容来认识其外在的、主观的、实然的实践目的（中国人很早就认识到民间文学对象的外在目的，即民间文学对象实然的使用价值、实用功能和主观的实践意义，以此，历代统治者才得以观风知政），即便是以研究民间文学对象的题材内容的结构形式为己任的民间文学研究的故事类型学（阿尔奈—汤普森）、故事形态学（普罗普），也从来被用作认识民间文学对象的题材内容的工具性手段。由于对民间文学对象的外在目的的理论认识，完全依赖于民间文学对象外在性、因果性语境条件，因而，一旦民间文学对象外在性、因果性语境条件不再，民间文学对象也就因为无法觅得其相应的外在性、主观性目的，而丧失了其实然（或然—偶然）的发生条件与存在理由，于是在理论民俗学家的眼中，民间文学对象也就濒临消亡之虞。②

---

① 主体实践的内在目的（自由动因）和外在目的（自然动机），可用如下相互对立的范畴予以界定：内在—外在，先验—经验，纯粹—实用，应然—实然，必然—偶然（或然），可能—现实，普遍—特殊，客观—主观……

② 参见陈连山《结构神话学——列维‐斯特劳斯与神话学问题》，外文出版社1999年版，第268页。

目的构成了主体（包括实践主体和认识主体）之为主体的发生条件与存在理由（认识也以实践的目的为最终目的，所以主体的任何目的都是实践目的，故以下凡称"目的"都是指谓实践目的①），主体一定是有目的的主体。但是，只有自由地给出了自身内在的实践目的即先验目的的主体才是真正的主体，不能自由地给出自身内在的先验目的，而只是被给予了外在的经验性目的的主体不是真正的主体（徒有其名的准主体、伪主体），实际上是客体。客体不可能自由地给出自身内在的先验目的，而只能被给予外在的经验性目的即自然原因（包括社会原因）。自然原因是客体外在的经验性发生条件与存在理由，用作主体的目的，因而不是主体自由地给出的自身内在的先验目的，而是被给予的外在的经验性目的。这就是说，主体的目的分为外在的经验性目的（自然动机）和自身内在的先验目的（自由动因），只有主体自由地给出的自身内在的先验目的，才是主体作为真正的主体而发生与存在的客观必然性条件和理由，而主体外在的经验性目的即自然原因，不是主体作为真正的主体而发生与存在的客观必然性条件和理由。正是以此，仅仅被给予了外在的经验性目的（自然原因）的主体，都会随着外在的经验性目的（因为外在的经验性条件）的消亡而消亡，因而仍然是偶然或或然（尽管是实然）地发生与存在的客体；但是，自由地给出了自身内在的先验目的的主体，都不会随着外在的经验性条件的消亡而消亡，而且只要自由地给出了自身内在的先验目的，主体就会作为真正的主体而客观必然地发生和存在。所以，只有自身内在的先验目的（自由动因）才是主体之为真正的主体的客观必然性发生条件与存在理由，那么，民间文学对象作为实践主体是否自由地给出了自身内在的先验目的，以作为其客观必然的发生条件与存在理由呢？

我们已经区分了客体之为客体的自然原因，以及主体之为主体的外在目的（自然动机）与内在目的（自由动因）。主体的外在目的（自然动机，实质上也就是自然原因），是主体之为主体（实际上是客体）的主观

---

① "在纯粹思辨理性与纯粹实践理性联结成一个认识时，假定这种联结不是偶然的和任意的，而是先天地以理性自身为基础的，从而是必然的，实践理性就占据了优先地位。……因为一切关切归根结底都是实践的，甚至思辨理性的关切也仅仅是有条件的，只有在实践的应用中才是完整的。"［德］康德：《实践理性批判》，韩水法译，商务印书馆1999年版，第133页。

性、偶然性条件；而主体自身的内在目的（自由动因），才是主体之为真正的主体的客观性、必然性理由。主体是有目的的存在者，但是，唯当主体自由地给出了自身内在的实践目的，主体才能够在客观上先验地成为一个必然的主体，而不是因外在目的，而在主观上经验性地作为一个偶然的主体。所以，只有主体先验地给出的自身内在的实践目的，即自由目的，才构成了主体在客观上成为主体的必然性条件和理由，以此，只要我们"认识"了主体先验地给出的自身内在的自由目的——或者反过来说，自由地给出的自身内在的先验目的——即主体之为真正的主体的客观条件和必然理由，我们就能够在众多名为"主体"的主体当中，识别出谁才是真正的主体。但是，所谓主体自身内在的、先验的、自由的实践目的，作为主体意志的意向对象，在排除了主体的所有外在目的之后，只能被设想为主体自身，因为，除了主体以自身为目的，没有什么东西能够作为主体的内在目的，以此，所谓主体自身的内在目的，其实就是主体以自身为目的①，这就是说，是目的让主体成为主体（包括以自然原因为外在目的的准主体、伪主体），但是，只有自由地以自身为目的的内在目的，才能够使主体成为真正的主体，即自由主体。

但是，笔者已经指出，当民间文学学科视民间文学对象为认识的客体，且站在外在于客体的主体的认识论立场上，民间文学学科（主体）无法认识民间文学对象（客体）作为实践主体（民、民间）——即便被表象为实践主体和主体实践现象——的内在目的（否则就是诛心之论）。以此，为了"认识"民间文学对象作为实践主体（民、民间）的内在目的，进而证成民间文学对象作为自由主体的先验的客观必然性（而不是经验的主观偶然性），我们就不得不预先在实践上给出两项理论假定：第一，民间文学对象是实践主体②；第二，民间文学学科也是实践主体（这两项假定在方法上可以正当地被称为"现象学的双重悬搁与还原"，即：悬搁视民间文学对象为客体的成见，还原为主体；悬搁视民间文学学科为认识主体的成见，还原为实践主体）。没有第一项"实践主体"的假定，我们

---

① "民间文学知道自己是实践主体，而且知道自己是目的，实现自己就是民间文学的目的，实际上实践主体自身就是目的。因此，目的的实现与实践主体的实现是同一个过程。"（第56页）

② "民间文学体裁叙事行为中的我不是一个认识主体，而是一个实践主体。"（第171页）"这个我是一个实践主体，而不是一个认识主体。"（第164页）

无法设想民间文学对象能够自由地给出其自身内在的先验目的①；没有第二项"实践主体"的假定，民间文学学科无法自我认识民间文学对象作为实践主体先验地给出的自身内在的自由目的②。只有在假定了民间文学对象与民间文学学科同为且互为实践主体的理论条件下，民间文学自身的内在目的的实践命题，才是可以为共在的实践主体（因现象学的双重还原而）交互地自我认识并取得自由共识的。反过来说，自由（先验）地给出实践的内在目的，也是民间文学对象和民间文学学科作为共在的、交互的实践主体，在客观上必然的发生条件和存在理由。③ 以此，户著才把阐明民间文学对象和民间文学研究同为、互为民间文学实践主体④，以及民间文学实践主体的内在目的的"实践认识"⑤ 的主体论和目的论问题（主体和目的是同一问题的两种不同的提问方式），用作该著的开篇（逻辑起点）。

---

① "长期以来，学者们没有从作为实践主体的民间文学自身的辩证矛盾运动和主位视角来看待民间文学，而是主要采取了用非此即彼的外在对立视角来看待民间文学与作家文学的关系。"（第 34 页）"把民间文学当作实践的主体不是我们变换研究视角的主观需要，而是作为实践主体的民间文学自身演变、发展的客观需求和内在经历。"（第 14 页）"只有从作为实践主体的民间文学自身的角度才能看到这种客观实际。"（第 13 页）

② "民间文学的实践主体性需要我们学者来领悟和发现。"（第 3 页）"我们只能站在作为实践主体的民间文学的立场上才能替它［民间文学］看见它［民间文学］的实践目的。换言之，民间文学的目的是内在的实践目的，是只有站在作为实践主体的民间文学自身的主位上才能看见的目的。"（第 15—16 页）

③ "民间文学本身和民间文学研究的内在目的是一致的和一体的。"（第 3 页）"民间文学研究的理想目的也是发现并促成民间文学这个内在目的的实现。"（第 230 页）

④ "民间文学实践主体"的命题，见户著第 83、227 页。户著反复强调"使用民间文学的人"（第 208 页）、"民间文学的每个表演者"（第 225 页）是"作为实践主体的人"（第 136、137、175、184、224 页），但户著并未停留于此，而是进一步强调了"被卷入民间文学体裁叙事行为的我"（第 164 页）即"作为实践主体的我"（第 164、165、171 页）是自由的人格而非自然的个人："民间文学体裁叙事行为所要求的表演者和听众都是有人格的人。作为人格的人并非抽象的人，而仍然是活生生的具体的人，但此时活生生的具体的人已经不是现实生活的角色中的人，而是悉数变成了民间文学体裁叙事行为的表演场域中的听众，也就是变成了我想对话的'你'和'你们'。"（第 165 页）

⑤ 民间文学研究的"实践认识"不同于［民间文学本身的］"实践知识"，在康德那里，"实践认识"是对"实践知识"的认识。康德指出："理性（具有）这种乐意对所提出的实践问题进行极其精细考察的倾向。"参见［德］康德《实践理性批判》，韩水法译，商务印书馆 1999 年版，第 168 页。"实践认识"，同上书，第 61、113 页。"实践认识"也就是"实践研究"，同上书，第 26 页。"实践认识""实践研究"康德也将其与"自然知识""自然研究"相对，称为"人的研究"，同上书，第 160、161 页。

　　这就是说，为了实践地认识同为、互为民间文学实践主体的民间文学对象和民间文学学科，及其自身的内在目的，以作为其客观必然的内在性、先验性（而不是主观偶然的外在性、经验性）发生条件和存在理由，像以往那种视民间文学对象为被认识的客体，以及视民间文学学科为认识主体的做法，无论在理论上还是在实践上都行不通的。笔者已经指出，民间文学的内在目的，即其作为实践主体在客观上必然的发生条件与存在理由，在视民间文学对象为认识客体的民间文学学科中，首先是一个在理论上无法理喻也无以成立的命题；但是，如果我们转换立场，视民间文学对象进而视民间文学学科为能够自由地给出自身内在的自由目的，且能够自我认识这一内在目的的自由主体（而不仅仅将其表象为能够被给予外在目的的准自由、伪自由主体），民间文学对象和民间文学学科，能否在同为、互为民间文学实践主体，并且在自由给出自身的内在目的这些问题上，取得自由共识呢？这的确是一个诱人的理论假设，无论成功与否都值得一试，以证成民间文学并非在历史中偶然的经验性存在物，而是先于历史（摆脱语境条件的时空限定）且能够必然地伴随着人类历史始终的先验存在者。

　　于是，民间文学对象和民间文学学科，作为同一性的民间文学实践主体的命题，就这样被提出来了，这在国际民间文学—民俗学界，或将掀起一场理论上的哥白尼革命（即不是在理论上，学科的认识主体围着被认识的客体即学科对象转，或者学科对象即被认识的客体围着学科的认识主体转；而是在实践上，学科对象和学科本身同为主体、互为主体都围着自身转）。在这方面，西方学者已经在实践上先行了一步（如"表演"研究），而中国民间文学—民俗学者也早已为这场哥白尼革命埋下了伏笔，这就是笔者在上文已指出的，中国民间文学—民俗学学者把民间文学对象和民间文学学科都命名为"民间文学"的做法。换句话说，当我们的前辈把民间文学对象和民间文学学科都命名为"民间文学"的时候（"民间文学"的命名本身"天然"地内涵了作为主体的"民间"①），也就为后辈的我们视民间文学对象和民间文学学科为共在的、交互的实践主体、自由主体，奠定了尽管不很自觉的思想基础，进而为认识民间文学实践主体及其自身内在的自由目的，开启了自觉的学术愿景。

　　　　————————————

　　①　参见高丙中《民俗文化与民俗生活》，"关于民俗之'民'的问题"，中国社会科学出版社 1994 年版，第 5 页；本书第八章《民俗学的笛卡尔沉思》。

　　但是，由于这里说的"认识"，不是理论的认识，而是实践的反身（反思自身）性自我意识、自我认识和自由共识，于是在旧说中一分为二的民间文学对象和民间文学学科，才被视为具有同一的实践主体性或主体实践性的民间文学实践主体。① 这就是说，现在，就连以往民间文学学科对于民间文学对象的认识，也被视为民间文学主体实践的组成部分②（民间文学对自身的概念认识），亦即在历史上（时间中），民间文学实践主体历时性的自我认识。这样，旧说中民间文学认识主体（民间文学学科、研究者主体）和实践主体（民间文学对象、被研究者客体）作为现象在性质上的二分，终于在作为自由主体（康德谓之"本体"）的意义上合而为一（"我们自己就是民众，应该各各体验自己的生活！"③）。

　　但两者之间毕竟还有区分④，即户著仍然区分了民间文学对象对自身内在的自由目的之自在的自我意识（"表象"），和民间文学学科对民间文学的内在目的之自觉的自我认识（"概念"）的历时性历史现象（作为现象，两者的区分是客观普遍地有效的）。户著认为，我们可以把民间文学对象的自我意识，和民间文学学科的自我认识置诸历史（时间）当中，并且视其为同一的民间文学实践主体不同的自我意识和自我认识的从表象到概念的自我运动（民间文学传承史与民间文学学术史合二为一）的实践历史⑤。但是，如果我们希望暂时悬置历史（时间）条件下被表象为民间文学对象和民间文学学科的二分现象，视之为同一性的民间文学实践主体，同时又避免在面对二分性的经验表象的情况下给出的同一性的理论独断，那么，我们就只有在先于历史（时间）的无条件条件下，先验地设想一个在起源上具有同一性的"作为实践主体的民间文学"（这样一个设想可以正当地称为户著的第二次现象学的双重悬搁与还原，即悬搁视民间文学对象与民间文学学科为现象的成见，将其一并还原为先验的自由主体），才可以把在经验表象中不同的民间文学对象与民间文学学科现象，视为同一

---

　　①　"民间文学的实践主体性。"（第3页）

　　②　"民间文学是一种实践，民间文学研究也是一种实践。"（第3页）

　　③　顾颉刚：《〈民俗〉发刊辞》，《民俗周刊》第一期，中山大学，1928年3月21日；收入王文宝编《中国民俗学论文选》，中国民间文艺出版社1986年版。

　　④　"不是一码事。"（第26页）

　　⑤　"本书试图重构和复原的又是以往在很大程度上被忽视了的另一种历史，即作为实践主体的民间文学如何从表象主动进展到概念的历史。"（第17页）

性的民间文学实践主体，没有这样一个"作为实践主体的民间文学"的先验设想，把历史上（时间中）的民间文学对象和民间文学学科，在经验中表象为同一性的民间文学实践主体现象，仍然是难以做到的。

于是，我们必须认真地看待、对待户著划分"民间文学实践主体"和"作为实践主体的民间文学"的做法。这里，笔者称历史上（时间中）的"民间文学实践主体"为经验性的实质主体、实体主体（个人和共同体）；称先于历史（时间）的"作为实践主体的民间文学"为先验的逻辑主体、形式主体（人格）。① 尽管笔者这样做时，是把户著对"作为实践主体的民间文学"的设想，类比于康德、黑格尔、胡塞尔所描述的，超越了经验性的实质主体、实体主体，而作为"纯粹理性""纯粹意识"的"绝对精神"② 的先验的逻辑主体、形式主体了。

实际上——回到上文"主体—目的"的问题——唯当经验性的实质主体、实体主体被还原为先验的逻辑主体、形式主体的时候，主体才能够先验地亦即自由地给出自身内在的实践目的。因为，唯当经验性的实质主体、实体主体（历史上—时间中的个人或共同体）被还原为先验的逻辑主体、形式主体（超越历史—时间的人格），主体才能够彻底摆脱为历史（时间）的经验性条件所限制的外在目的，而在彻底摆脱了外在的经验性目的的无条件条件下，主体才有可能先验地、自由地给出其自身内在的实践目的，进而在历史上（时间中）实践其自由的人格乃至自我实现为自由主体。所以，实践主体自身内在的自由目的，作为彻底摆脱了所有外在目的而仅仅以主体自身为目的的目的，是主体能够实践且实现其作为自由主体的自由人格的唯一目的。当然，现在，主体实践、实现其作为自由主体的自由人格的内在目的，还只是一个应然的理想，还不是实然的现实，是主体应该成为自由主体、成就自由人格的先验可能性（不同于主体已经作为自然客体并显现出自然属性的经验现实性），这就是说，如若实践主体希望自己实然地成为自由主体、成就自由人格，就必须进入历史

---

① "应该注意区分两个层面：即作为实践主体的民间文学层面和作为［民间文学］实践主体的人的层面。"（第 136 页）

② "如果没有一种'元民间文艺学'或民间文学的精神现象学来研究民间文学如何作为能动的实践主体来发展自身、展开自身和实现自身，那么，我们就仍然不能理解民间文学自身的正当基础和合理要求，民间文艺学也就缺乏建立学科的前提。"（第 18 页）"作为实践主体的民间文学就是精神。"（第 233 页注释①）

（时间）和社会（空间）的文化生活的经验性语境。

这里的问题是，我们何以能够断言，民间文学对象和民间文学学科作为不同的经验性实质主体、实体主体（个人或共同体）的民间文学实践主体，有一个同一性的逻辑主体、形式主体（人格）即"作为实践主体的民间文学"的先验起源，进而能够先验地给出自身内在的自由目的，因而民间文学在历史上（时间中）的"天命"，就是通过民间文学实践主体而实践且实现其作为自由主体的自由人格，借用周作人的话说就是，我们何以能够断言，民间文学的内在目的，就是通过民间文学实践主体实践且实现"人的文学"的先验理想呢？的确，如果我们不是已经在实践中把民间文学对象和民间文学学科都设想为经验性的实质主体、实体主体的民间文学实践主体，那么我们就绝不会认为我们在实践上有正当的理由理论地认定一个"作为实践主体的民间文学"的先验的逻辑主体、形式主体；但是，假使我们没有认定一个"作为实践主体的民间文学"的先验的逻辑主体、形式主体，那么，民间文学对象和民间文学学科也就不会被我们明白地设想为共在、交互的经验性实质主体、实体主体的民间文学实践主体。换句话说，唯当我们在实践中设想了"作为实践主体的民间文学"听从自己的"天命"，先验地给出自身内在的自由目的，在历史上（时间中）通过民间文学实践主体，实践且实现其作为自由主体的自由人格的必然可能（当然未必是实然现实）的经验结果之后，我们在理论上才有正当理由，为必然可能的经验性民间文学实践主体，认定一个"作为实践主体的民间文学"的同样必然可能的先验条件；反过来说，唯当我们设定了"作为实践主体的民间文学"的先验条件，民间文学对象和民间文学学科才会被我们设想为必然可能的民间文学实践主体的经验结果。这当然是一个循环论证。①

但是现在，我们事先就能够回答的问题只是，我们设想和认定的先于

____

① 面对这一循环论证可能遭遇的质疑，康德的回答是："当我现在把自由称为道德法则的条件，而在随后的著作里面又声称道德法则是我们能够最初意识到自由所凭借的条件时，为了使人们不误以为在这里遇到了前后不一贯，我只想提醒一点：自由诚然是道德法则的存在理由（ratio essendi），道德法则却是自由的认识理由（ratio cognoscendi）。因为如果道德法则不是预先在我们的理性中被明白地思想到，那么我们就决不会认为我们有正当理由去认定某种像自由一样的东西（尽管这并不矛盾）。但是，假使没有自由，那么道德法则就不会在我们内心找到。"［德］康德：《实践理性批判》，"序言"，韩水法译，商务印书馆1999年版，第2页注释①。

历史（时间）的"作为实践主体的民间文学"，以及在历史上（时间中）的民间文学实践主体，其实也就是同一个实践主体。以此，自由主体的自由人格，作为逻辑—形式主体自由地给出的自身内在的自由目的（主体自由地以自身为目的），也才就是实质—实体主体的内在目的。所以，实质—实体主体遵从逻辑—形式主体所给出的内在目的以作为自己的内在目的，并不是在服从经验地被给予的外在理论规定（他律），而就是在遵从主体自己（逻辑—形式主体）给自己（实体—实质主体）先验地颁行的内在性实践规范（自律）。① 正是因为，自由主体的自由人格是"作为实践主体的民间文学"为在历史上（时间中）被抛入、被卷入民间文学实践主体自律地颁行的内在目的—实践规范，对于民间文学实践主体来说，实践乃至实现"作为实践主体的民间文学"自由地给出的自身内在的实践目的，即成为自由主体、成就自由人格，才是必然地可能的。与此同时，通过民间文学实践主体在历史上（时间中）为成为自由主体、成就自由人格的民间文学自我实践、自我认识，也就彰显出民间文学实践主体的背后站立的"作为实践主体的民间文学"的先验身影，从而部分地回答了我们何以能够断言，必须设想一个"作为实践主体的民间文学"，以作为民间文学的实践认识的理论条件的问题。但是现在，由于我们已经为民间文学实践主体设想、设定了一个先验的条件——"作为实践主体的民间文学"，那么，我们就拥有了实践认识的理论能力以进入历史（时间），经验地考察民间文学实践主体为实现其作为自由主体的自由人格的自由目的的自我实践、自我认识的自我运动的逻辑历史。

二　民间文学自我认识的逻辑—历史

在本章之"一"中笔者已经指出，民间文学的经典研究，主要是针对民间文学题材内容（质料）的理论（经验）认识，即便民间文学学者曾趋之若鹜的类型学、形态学，也只是针对民间文学题材内容的形式研

---

① "作为实践主体的民间文学向人的体裁叙事行为提出了伦理规范。只不过长期以来，我们不仅忽视了作为实践主体的民间文学，也忽视了作为实践主体的人。"（第224页）

究，而不是针对民间文学体裁形式的实践研究。① 笔者还指出了，民间文学的题材内容，尽管也能表达民间文学实践主体的内在目的（动因），但受语境条件的外在影响，却经常被用来表达民间文学实践主体的外在目的（动机），于是郑振铎看到了俗文学的题材内容中"种种的坏处"："许多民间的习惯与传统的观念，往往是极顽强的黏附于其中。任怎样也洗刮不掉。所以，有的时候，［俗文学的题材内容］比之正统文学更要封建的，更要表示民众的保守性些。"② 以此，从民间文学的题材内容中，即便我们分辨出了"人的文学"的应然目的，也只是表达了民间文学实践主体内在目的的主观偶然（或然）性，而不是民间文学（通过民间文学实践主体而表达）的内在目的的客观必然性。

与周作人不同，胡适、郑振铎都尝试过从民间文学的实践形式的角度，认识民间文学的"真相和本质"③，但无论是胡适的白话文学的言语形式（语体），还是郑振铎的俗文学的体裁形式（文体），最终也都没能证成民间文学内在目的的客观必然性，因为，胡、郑都倾向于认为，民间文学的言语形式和体裁形式，只是民间文学实践主体为表达其实践目的而采用的工具性手段而不是目的本身。④ 以此，尽管胡适特别赞成，民间文

---

① 亚里士多德以来，特别是康德对理性的理论使用（理论理性）和实践使用（实践理性）的划分，参见本书第九章《民俗复兴与公民社会相联结的可能性》。

② 郑振铎：《中国俗文学史》，商务印书馆1938年初版，作家出版社1954年版，第5页。"民主性的精华与封建性的糟粕交杂在一起，构成了独特的藏污纳垢的形态。因而要对它作一个简单的价值判断，是困难的。"陈思和：《民间的沉浮——对抗战到文革文学史的一个尝试性解释》，《上海文学》1994年第1期，转引自户著，第135页。

③ 如郑振铎《中国俗文学史》第一章的题目"何谓'俗文学'？"就是为了回答这个问题。参见郑振铎《中国俗文学史》，商务印书馆1938年初版，作家出版社1954年版，第1页。"人在语言和本源的内在时间中发生我与你通过民间文学体裁叙事行为来对话的关系，这就是民间文学表演的真相和本质。"（第228页）

④ 其实胡适已经萌发了实践形式先验地蕴含着实践目的的思想，如胡适《答朱经农》（1918年）："若把雅俗两字作人类的阶级解，说'我们'是雅，'他们'小百姓是俗，那么说来，只有白话文的文学是'雅俗共赏'的。"《五十年来中国之文学》（1922年）："他们的最大缺点是把社会分作两部分：一边是'他们'，一边是'我们'。一边是应该用白话的'他们'，一边是应该做古文古诗的'我们'。……那种态度是不行的。"《〈中国新文学大系〉第一集导言》（1935年）："把社会分作两个阶级，一边是'我们'士大夫，一边是'他们'齐氓细民。"《新文学·新诗·新文字》（1956年）："我们是我们，他们是他们，那种态度是不行的，非我们就是他们，他们就是我们不可！"参见姜义华主编《胡适学术文集·新文学运动》，中华书局1993年版，第62、149、237、282页；本书第四章《从"我们和他们"到"我与你"》。

学的内在目的应该就是周作人所提倡的"人的文学"，但是，由于"人的文学"作为民间文学的先验理想，只是由外在于民间文学实践主体（表演者）的民间文学认识主体（研究者），从民间文学的外部自外向内地输入民间文学的①，于是，即便周作人植入民间文学的"人的文学"的先验理想，确切地表达了民间文学的逻辑—形式主体的内在目的（"国民心声"②），却仍然没有内化为民间文学的实质—实体主体（表演者）的客观必然的自我认识（自我启蒙）③，因为"人的文学"的先验理想既不是从民间文学的题材内容中归纳出来的，也不是从民间文学的言语形式和体裁形式中演绎出来的。

　　周作人没有认识到甚至没有意识到的问题是，尽管民间文学的题材内容，只能偶然（或然）地证明民间文学实践主体的内在目的的现实（实然）性，但民间文学的体裁形式，却能够阐明民间文学的内在目的的必然可能性。但是，这样的问题意识（提问方式），对于中国"五四"一代学者来说，毕竟太难为了（因为在"五四"时代，民间文学的实践形式作为实践目的之充分发展的认识条件尚未成熟，详见下文）。于是，民间文学实践主体何以实然地给出自身内在的实践目的，而民间文学是否已经必然地给出了其内在的、先验的自由目的？迄今在实践认识上都还是悬而未决的理论难题。但是，尽管中国"五四"一代学者最终没能证成民间文学的自由目的的必然可能性，但他们还是用自己尚未成功的革命为后辈学者指示了一条穿越理论—经验研究（范式）的实践—先验认识（范式）的问题通道，即：如果民间文学的题材实践

---

　　①　"周作人是现实主义的民众观和民间文学观的代表……但他不久便对自己产生了怀疑，从此不再做出主观的民众观和民间文学观的评论。像其兄长鲁迅一样，他后来不断批评乡村生活的积弊和农民的愚昧落后，指出农民的宿命迷信，渴望向上爬等劣根性局限了他们的眼界。"［美］洪长泰：《到民间去：1918—1937 年的中国知识分子与民间文学运动》，董晓萍译，上海文艺出版社 1993 年版，第 273—274 页。

　　②　参见《〈歌谣〉发刊词》，载《歌谣》第一号，北大歌谣研究会出版，1922 年 12 月 17 日，收入《歌谣》第 1 册，中国民间文艺出版社影印，1985 年版；亦收入《周作人民俗学论集》，上海文艺出版社 1999 年版。

　　③　"让公众自己给自己启蒙，这与其说是可能的，倒不如说，如果赋予他们自由，这几乎是不可避免的。"［德］康德：《回答一个问题：什么是启蒙？》，收入《康德书信百封》，李秋零编译，上海人民出版社 2006 年版。

内容（质料），甚至民间文学的体裁实践形式①，都只能证成民间文学实践主体的内在目的在主观经验中的偶然（或然）现实性，那么民间文学的纯粹实践形式，能否证成民间文学的内在目的在客观上先验的必然可能性？无论如何，在民间文学实践历史（时间）中，首先悬置民间文学的题材内容，还原到民间文学的体裁实践形式；继而悬置民间文学的体裁实践形式，进一步还原到民间文学的纯粹实践形式（与主体悬搁—还原同步的形式悬搁—还原），以证成"作为实践主体的民间文学"如何能够通过民间文学实践主体而给出自身内在的、先验的自由实践目的，总值得一试，正如康德所言："看看这样［的哥白尼革命］是否可能取得更好的成绩？"②

　　为了证成民间文学如何能够通过民间文学实践主体而给出自身内在的自由目的，户著引导我们进入了民间文学的实践形式（包括隶属于实践形式的认识形式）依次被展开，即通过民间文学实践主体的自我意识（表象）和自我认识（概念）而实践并逐步实现的逻辑—历史，并且最终来到了民间文学的实践形式最充分地自我展开的网络民间文学的当下阶段③，以及民间文学的内在目的曾超前地自我认识（的"概念存在"，第48页）的民间文学学科开端时期。尽管此"当下"和彼"开端"，在时间中并不重合，但是由于民间文学充分展开的自我实践的形式阶段，与同样充分发展的自我认识的形式阶段，两者之间共在、交互的自由共识，作

---

　　① 愚见：民间文学实践任意约定的体裁形式，包括被户著称之为"大传统"的、具有普遍性的体裁形式，如神话、传说、故事、史诗、故事诗、歌谣、说唱、小戏、谚语……以及被户著称之为"小传统"，即具有民族性、地方性、文化性的体裁形式，如郑振铎所谓"变文""杂剧""宝卷""弹词""鼓词""子弟书"……。"每一种作为类型的民间文学体裁叙事行为大传统在不同地区和不同族群又可能表现为不同的小传统或者被冠以民族性的、区域性的称谓。后者是作为类型的民间文学体裁叙事行为的亚类型或小传统。"（第85页）"民间文学体裁叙事行为的大传统（作为类型的某种体裁叙事传统）和小传统（作为类型的某种体裁叙事传统在某个地区和民族的亚类型传统）。"（第148页）但是，无论"大传统"还是"小传统"的体裁形式，都是民族性、地方性、文化性任意约定的体裁形式，例如，神话作为普遍性的体裁形式，其实只是将特殊性的实践形式加以概念化、普遍化的理论认识结果，以此，经验的理论普遍性与先验的实践普遍性，完全是两回事。

　　② ［德］康德：《纯粹理性批判》，"第二版序言"，邓晓芒译，人民出版社2004年版，第15页。

　　③ 在时间中，"作为实践主体的民间文学意识到自身和意识到自己具有主动性和能动性即达到实践主体意识并非同步。"（第26页）

为户著现象学双重悬搁与还原的结果,是户著的方法论本身严格地要求
的①,所以在这里,户著似乎陷入了类似于胡适"白话—文言双线文学史
观"②的自我矛盾。即,在户著看来,民间文学实践主体(民间文学对
象)对民间文学实践形式的自我展开,与民间文学认识主体(民间文学
学科)对民间文学内在目的的自我认识,是在时间中并不同步的两件事
情。但我们立刻也就意识到,这一表面上的自我矛盾,仅仅存在于户著自
身表述的谦逊态度之中,实际上只要作为读者的我们,认识到户著本身就
代表了民间文学的认识主体(由于认识主体也是实践主体,故认识主体
的认识也就是实践主体的自我认识),对民间文学的内在目的(较之"五
四"学者的超前认识)更充分的"概念"认识,则户著更充分"概念"
的自我认识,和以网络民间文学为代表的民间文学实践主体对民间文学的
实践形式的更充分的自我展开,两者对民间文学的内在目的的自由(观
念)直观以及取得的自由共识,在我们感知的时间中恰恰也是当下地同
步的。

　　按照笔者在本章之"一"中的讨论,民间文学的内在目的,是民间
文学实践主体作为自由主体的发生条件与存在理由,以此,民间文学的
内在目的,从来都应该也就是任一任意约定③的民间文学体裁形式的发
生条件与存在理由(否则民间文学实践主体就无以为自由主体)。但
是,民间文学的体裁形式所根据的内在目的,在通过"概念"而更充
分地自我认识之前,却有待于民间文学的实践形式更充分地自我展
开。无法想象,在民间文学的实践形式充分地自我展开之前,民间文
学的内在目的能够被充分地自我认识。正是以此,我们才说,周作人
之所以伟大,就在于他在民间文学的实践形式尚未充分地自我展开之

---

　　①　"中国民俗学的重大转变发生在1990年之后,这绝不只是理论论证所能够造就的。传统
民俗在现实生活中的复兴实际上为民俗学的这一嬗变提供了最强劲的动力。"高丙中:《日常生
活的文化与政治——见证公民性的成长》,"序言",社会科学文献出版社2012年版,第2页。
　　②　参见陈平原《中国现代学术之建立——以章太炎、胡适之为中心》,"双线文学观念",
北京大学出版社1998年版,第193—202页。
　　③　户著认为:"民间文学的体裁虽然在某种程度上是语言自动形成的,但这种自动形成的
体裁只是种种可能性,它们必须由具体的人来使用(进入体裁叙事行为)才能实现出来,才能
分化为具体的民间文学文本从而变成现实性,也就是变成民间文学的体裁叙事行为。"(第111
页)如果根据索绪尔的说法,则民间文学的体裁是主体任意约定的,当然是非理据地任意约定
的。

前，就超前地认识到了民间文学的内在目的①；但是，正如笔者已指出的，尽管如此，胡、周、郑仍然未能证成，"人的文学"是民间文学自身内在的实践目的，而不仅仅是从外部植入或输入民间文学的应然的先验理想。

但这同时也就意味着，民间文学的实践形式之充分的自我展开，与民间文学的内在目的之充分的自我认识，两者在时间中亦步亦趋的自由（观念）直观与自由共识，是唯有在网络民间文学的实践形式，与民间文学研究的实践范式经历了现象学的双重悬搁，并还原为实践主体而共在、交互的当下，才得以直接地实现的②。民间文学实践形式充分的自我展开，有赖于对民间文学内在目的充分的自我认识这一存在条件；而对民间文学内在目的充分的自我认识，则有赖于民间文学实践形式充分的自我展开的认识条件，两者互为因果，且构成了民间文学（包括对象和学科）在理性上的原因（起源），而不是在时间上的起源（原因）（康德，详见本章之"四"）。因为，正如笔者在本章之"一"中已阐明的，唯有民间文学的内在目的，才是民间文学的先验发生条件与纯粹存在理由，以此，民间文学（无论就对象还是就学科而言）的起源（原因）即在理性上的发生条件与存在理由，都仅仅存在于对自身内在的自由目的的自我意识和自我认识的那一"时刻"，所以，民间文学的"起源处不一定是时间上的某个点，而是［民间文学对象和］学科发生时的内在目的。它与其说是时间上的源头，不如说是在起源中包含的逻辑前提"（第1页）。以此，对民间文学内在目的充分的自我认识，就依赖于民间文学实践形式（主体）与民间文学实践范式（主体）之间充分的自由共识，以此，民间文学在理性上的原因（起源）即其发生条件与存在理由，就其在时间中的显现而言，也就无须我们回头面向历史

---

① 正如马克思所说："人类始终只提出自己能够解决的任务，因为只要仔细考察就可以发现，任务本身，只有在解决它的物质条件已经存在或者至少是在形成过程中的时候，才会产生。"《马克思恩格斯选集》，第2卷，人民出版社1972年版，第83页。

② 没有现象学的双重悬搁与还原，实践认识就仍然可能滑落回理论研究。"我认为，知识伦理学或哲学伦理学是一种理想范式和条件还原，它更多地是从存在论和实践理解的意义上给我们学科的具体研究奠定基础并树立规范，以防止我们在对待'你'时随时容易滑入'我—它'的物化关系中去。"（第172页注释①）

深处的无限后退①，而是需要我们抬头面对未来时间的"无限的进程"②而"无止境的趋近"③，因为，我们对民间文学内在目的更充分的自我认识，始终要期待于不断进入当下时间的未来时间（在时间中我们不得不服从时间法则）。

户著对民间文学起源于未来时间的问题意识，建立"作为实践主体的民间文学"进入历史（时间）以后，显现为民间文学的实践主体的民间文学对象与民间文学学科，对于自身内在的自由目的的互动认同的逻辑基础上④。正如笔者已指出的，在户著看来，民间文学的自我认识（学科），其实也就是民间文学自我实践（对象）的组成部分，甚至就是民间文学自我实践本身，这不仅是因为，认识目的最终还以实践为目的，而且也是因为，不同的、经验的民间文学实践主体，不过是先验的、同一的民间文学在历史上（时间中）的自我实践和自我实现，即民间文学在历史上（时间中）显现为不同的民间文学对象的自我实践与民间文学学科的自我认识。于是，民间文学在历史上（时间中）显现的从不自觉地"表象"的自在意识，到自觉的"概念"的自为认识，再到充分自觉的表象—概念（观念直观）的自由共识，在户著中被描述为民间文学实践主体，在历史上（时间中）显现的自我认知的不同形式即不同阶段，即共时性的理性主体在感性时间中历时性的显现方式，也就可以理解了。

对民间文学对象和民间文学学科之间的同与不同，在民间文学的旧说

---

① 试比较：民间文学在时间上的起源的"原汁原味""原生态"（原始形式）遗留物，以及在理性上的原因（自由目的），尽管两者的发现都诉诸于民间文学当下的"活形态"。"结果和开端是同一个东西，只因为开端就是目的"，但是，"空洞的开端只有到达终点才成为一种现实的知识。"（第204页）考察现象在历史上的原始形式（即在时间中的起源），是一个无限后退的过程，永远无法给出最原始的形式或"最初的原因"，以此，19世纪历时性的"起源研究"才合理、合法地被20世纪共时性的"结构研究""功能研究"所替换掉。但是，如果我们不是考察一件事情在时间中的起源（原始形式），而是考察其在理性上的原因（开端目的），则"起源研究"就仍然是一个不成问题的学术问题。

② 参见［德］康德《实践理性批判》，韩水法译，商务印书馆1999年版，第91页。

③ "意志的这种神圣性同时就是一个必定充任榜样的实践理念，无止境地趋近这个理念是一切有限的理性存在者唯一有权做的事情，并且这种神圣性也就把因此而称为神圣的纯粹道德法则持续而正确地置于他们眼前；有限的实践理性能够成就的极限，就是确信他们的准则朝着这个法则的无穷前进……"［德］康德：《实践理性批判》，韩水法译，商务印书馆1999年版，第34页。

④ "民间文学本身和民间文学研究的内在［理性］目的是一致的和一体的。"（第3页）

和户著的新说之间，存在着明显的判断上的差异。在民间文学的经典研究的理论视野中，民间文学学科与民间文学对象之间只有不同（研究者主体与表演者客体）；但是现在，在户著的新说中，即民间文学研究的实践视界中，民间文学学科与民间文学对象之间既同也不同。同是说，两者同以先于时间的逻辑—形式主体的民间文学为同一的"本相"；不同是说，进入历史（时间）以"后"，两者分别显现为实质—实体性主体即民间文学实践主体的不同身份或角色（表演者实践主体和研究者认识主体）。①或者说，一旦进入了历史（时间），同一的民间文学逻辑—形式主体就分化为不同的实质—实体主体的民间文学实践主体。或者，从民间文学实践主体（民间文学对象）中外化出自我认识的另一个他者，即作为民间文学认识主体（民间文学学科）的民间文学实践主体。进而，民间文学实践主体在历史（时间）中的使命，就是通过对共同的内在目的的自由共识，克服相互之间不同的身份、角色（实质—实体主体）以认同其同一的本相，而最终返回到自身（逻辑—形式主体）。以此，我们可以这样认为，不同的民间文学实践主体之间对其共同的内在目的（民间文学的发生条件与存在理由）取得（而不是认识主体单方面强加给实践主体）的自由共识，以消除主体之间的差异，是历史上（时间中）的实质—实体主体的不同身份、角色，返回先于时间（历史）的逻辑—形式主体的同一本相的必由之路。而这条必由之路，也就是笔者在上文指出的，由民间文学的先驱者们已指示的，通过悬置民间文学的题材内容，穿越民间文学的体裁实践形式，而返回到纯粹实践形式，进而返回到内在的实践目的这一民间文学先验的发生条件与绝对的存在理由的还原通道。

---

① 关于人的存在"本相"与生活"角色""身份"之分，黄裕生写道："'人'不是胡适这个存在者的自身存在，而只是他这个存在者的一个角色，一个身份，就如说'胡适是北大校长'，这里的'校长'并不是胡适这个存在者本身，而只是他在人群中充当的一个特定的角色。不同的是，'北大校长'这个'角色'并不是非胡适这个存在者承担不可，但'人'这个角色却是胡适这个存在者在关联世界一定要充当的。相对于'北大校长'、'中国驻美大使'这些角色而言，'人'这个角色性存在对于胡适这个存在者来说更具有根本性意义。因为只有当胡适这个存在者作为不同于牛、羊、草、木而又与牛、羊、草、木共同处在逻辑—关联空间里的'人'这个角色存在，他才有可能进一步是校长、大使、哲学家等等角色。'人'这个角色性存在是胡适这个第一本体在进入了种、属关联，也即进入了与他物（牛羊草木等周遭万物）的关联中首先呈现出来的一种最根本性的存在形态。因此，'人'这种角色性存在便有了本体的地位。"黄裕生：《真理与自由——康德哲学的存在论阐释》，江苏人民出版社 2002 年版，第 28 页。

　　我们已经指出，目的是主体之为主体的发生条件，而客观内在目的是实践主体之为自由主体（不是以主观外在目的为意志、意向对象的自然主体）的存在理由。自由主体的内在目的，实然（或然、偶然）地表达为实践的内容，但却必然地通过自由主体的纯粹实践形式而表达自身。这是因为，主体的实践内容固然能够表达自由主体的内在目的，但是由于语境条件的外在影响，只能是偶然或或然（尽管是实然）的；唯独自由主体的纯粹实践形式才必然地能够表达自身的内在目的。因为实践形式其实就是实践主体本身，而纯粹的实践形式，就是自由的实践主体本身。"理性的这两种［理论的和实践的］运用实质上也就是理性的两种不同存在方式，或说是理性（人）的两种不同身份［或角色］。"① 这就是说，实践形式与实践主体，以及实践主体的实践形式的实践目的（主体的发生条件与存在理由），都是同语反复的分析性的同一性命题。以此，如果体裁实践形式是不同身份、不同角色的民间文学实质—实体主体任意约定的不同实践形式，那么，纯粹实践形式就是同一本相的民间文学逻辑—形式主体自由规范的同一实践形式。以此，只要我们通过民间文学的任意约定的体裁实践形式，还原到自由规范的纯粹实践形式，我们就能够通过民间文学的纯粹实践形式，先验地演绎出民间文学的内在目的，即最终还原出"作为实践主体的民间文学"的发生条件与存在理由。

　　这就是说，在历史上（时间中）显现的民间文学诸体裁实践形式，作为民间文学实践主体任意约定的多样性体裁实践形式，尽管还不直接就是民间文学的纯粹实践形式，但是民间文学的体裁实践形式的充分的自我展开，却提供了通过民间文学的体裁实践形式，还原到民间文学的纯粹实践形式的可能机遇。于是，我们的问题意识和方法意识，就把我们的研究视线，直接地引导到民间文学的实践形式在历史上（时间中）最充分地自我展开的当下阶段，即网络民间文学的实践形式阶段，以及民间文学研究的实践范式阶段。现在，唯有通过民间文学实践主体的不同身份、角色（包括民间文学对象和民间文学学科）之间，对民间文学纯粹实践形式和内在自由目的的自由共识，我们才有可能自我阐明民间文学的发生条件与存在理由，从而返回到"作为实践主体的民间文学"本相。于是，当我

---

　　① 黄裕生：《真理与自由——康德哲学的存在论阐释》，江苏人民出版社 2002 年版，第 66 页。

们再回过头来，重新审视民间文学实践主体的自我实践与自我认知的历史，我们才能够通过对民间文学的内在目的的先验还原，而认识到民间文学史和民间文学学术史，实际上是"作为实践主体的民间文学"在进入历史（时间）之后，通过民间文学实践主体的诸实践形式和实践形式的诸阶段，而自我展开其自身内在的自由目的，以成为自由主体，成就自由人格，并最终实现的目的论的民间文学逻辑—历史。

　　这就是说，民间文学实践主体（实质—实体主体），是我们每一个人在历史上（时间中）现实实然（或然、偶然）地"表演"的身份、角色，而"作为实践主体的民间文学"（逻辑—形式主体），则是我们每一个人在"史前"就必然可能地承担的本相责任。历史上（时间中）的身份、角色，我们每一个人可任意地选择表演或者不表演（可以表演也可以"否认"表演民间文学，可以研究也可以不研究民间文学）①，但"史前"的本相责任，却是我们每一个人因自由而不可能推卸的命运（在实践上，我们不得不设定自己是自由的人，否则我们就是物；尽管在理论上，我们可以认为自己是不自由的人，我们就好像是物）。换句话说，在我们每一个人被抛入历史上（时间中）的民间文学实践主体之前，我们就已经被卷入"史前"的民间文学，于是我们才认识到，历史上（时间中）经验地现实实然的民间文学实践主体，及其任意约定的体裁实践形式，甚至外在的实践目的，何以必然以"史前"先验地必然可能的民间文学，及其自由规范的纯粹实践形式，和内在自由目的为发生条件和存在理由。因为，站在实践认识的立场上，我们不得不认定人是自由的，也就是说，我们在实践上不得不认定，"作为实践主体的民间文学"是民间文学实践主体在理性上的先验（逻辑）前提，而后者只是前者在历史上（时间中）的经验（实体）结果，正是因为民间文学实践主体也是"作为实践主体的民间文学"的后天（实体）结果，则除非等待作为经验（实体）结果的民间文学实践主体的实践形式，在历史上（时间中）充分地自我展开（服从事物在时间中的发展规律），我们无以据以演绎、还原其先验前提即"作为实践主体的民间文学"的纯粹实践形式及其内在的自由目的。

　　这就是说，一旦民间文学携带着自身纯粹的实践形式和内在的自由目的进入历史（时间），民间文学实践主体已经在客观上（而不是自己在主观上）被期待为以人自身为目的的自由主体，尽管在历史（时间）中，从民间文学的体裁形式和题材内容中，我们可能一时半会直观不到民间文学所要求的纯粹实践形式和内在自由目的（往往被任意约定的体裁实践形式和外在的实用目的所遮蔽）。但是，由于"作为实践主体的民间文学"是民间文学实践主体在逻辑（形式）上的发生条件与存在理由，所以，"作为实践主体的民间文学"就是我们每一个人作为在历史上（时间中）的民间文学实践主体，都不得不以此检验自己的身份、角色之正当性的主体形式、实践形式和目的形式（如上所述，三者是分析性的同一性命题）的先验标准。这就是说，只要你是一个人，你就应该以"作为实践主体的民间文学"的主体形式、实践形式和目的形式而存在、实践和生活，即被卷入"作为实践主体的民间文学"，尽管当你被抛入历史（时间）之后，始终是或然、偶然地以民间文学实践主体的身份、角色而实然地存在、实践和生活。

从民间文学的实践立场看，民间文学不再是理论理性的认识论、实证论视线（理论研究）中的认识对象（客体），而是实践理性的存在论、实践论视域（实践认识）中的实践主体（及其实践形式和实践目的），以此，先于历史（时间）的民间文学必将作为人的"史前""原始"的存在方式、实践形式与生活形式，始终伴随着人类的整个历史（时间），只要人类的历史（时间）没有终结，民间文学的历史（时间）也就不会终结，尽管就我们每一个人来说，你可以选择也可以选择"是"还是"不是"民间文学实践主体的历史（时间）性身份、角色，但你不可能不"在""作为实践主体的民间文学"的"史前"本相中。①

由于民间文学实践主体，是"作为实践主体的民间文学"，在进入历史（时间）之后自我展开、自我实现，以及自我意识、自我认识的目的论"对象"，于是在整个的历史（时间）中，民间文学呈现为纯粹形式与体裁形式、内在目的与外在目的之间否定之否定的自我运动，而这一自我否定的运动动力，直接地来自于民间文学在进入历史（时间）

---

① 参见吕微《神话信仰—叙事是人的本原的存在》，《青海社会科学》2011 年第 1 期，即杨利慧等《现代口承神话的民族志研究——以四个汉族社区为个案》的"代序"，陕西师范大学出版社 2012 年版。

之后，不断克服民间文学实践主体的体裁形式和外在目的对自身的纯粹形式和内在目的的遮蔽，以彰显自身、返回自身的目的论冲动，正是以此，户著才断言，"民间文学的战斗正未有穷期。作为实践主体的民间文学的自由处于不断地克服矛盾的痛苦和不懈地争取自由的过程之中"（第233页）。

我们已经指出，民间文学的纯粹实践形式和内在自由目的（这是一个分析性的同一性命题），是户著的逻辑起点，即为了实践地认识民间文学的发生条件和存在理由（民间文学的根本原则和基本问题），而不得不在实践上先验地给予的一个理论上的假定，正是这个假定，把历史上（时间中）的民间文学实践主体（民间文学对象的实践主体和民间文学学科的认识主体）的民间文学实践，建构为"史前"的民间文学进入在历史（时间）之后，"始于"民间文学"表象"实践的自我意识，经过民间文学"概念"实践的自我认识，"终于"民间文学"表象—概念"的观念直观的自由共识的目的论逻辑—历史，户著称之为民间文学从"自在"到"自为"再到"自在自为（自由）"的"自我教化"（第15、203页）① 过程。于是，民间文学实践主体的多样性体裁实践形式（表演实践的自我认识和实践认识的自我实践），就被逻辑地安排在历史发展的不同阶段（既属不同"阶段"也属不同"形式"）。

这就是说，尽管民间文学的纯粹实践形式和内在自由目的，作为其自身的发生条件与存在理由，先于历史（时间）而理性地内在于"作为实践主体的民间文学"，但是，在进入历史（时间）之后，"作为实践主体的民间文学"通过显现为民间文学实践主体，而对自身的发生条件与存在理由的自我意识和自我认识，却呈现为一个从自在的"实践命名"（表象）的自我意识②，到自为的学术命名（概念）的自我认识，再到自在自为（自由）的实践—学术交互命名（表象—概念）的观念直观的自由共识的否定之否定的"自我教化"的诸形式暨诸阶段相统一的逻辑—历史（而不再是实践形式与认识形式"双线"分流的非逻

---

① 即民间文学从自在到自为再到自在自为的自我实践、自我认识。类似的表述见：第14、21—22、34、47—48、54、135—136、203页。

② 愚见："实践命名"首先是针对实践形式（体裁形式）如最早的"风"，而不是首先针对实践的质料（题材内容）。

辑的历史）。

在民间文学自在的实践阶段（形式），民间文学仅仅不自觉地自我意识到其自在的实践形式以及自在（包括内在和外在①）的实践目的，以此，民间文学只能通过对诸体裁形式的实践命名而自我表象，例如"乐府"之于"歌谣"，"稗官"之于"小说"（这些实践命名我们今天多称之为"小传统"或"地方性知识"）②。在此自在的实践阶段（形式），民间文学还没有自觉地自我意识（更谈不上自觉地自我认识）到自身纯粹的实践形式和内在的自由目的（表达公意的"国民心声"），而多是自发地表达了其外在的目的（表达私意和众意的民情、民意）。

在民间文学自为的实践阶段中，从民间文学中分化（外化）出否定自身的他者（书面文学、高雅文学、作家文学、贵族文学、官方文学、庙堂文学……），民间文学通过他者对自身的否定以及自身对他者的否定（反抗）和肯定（依附）③，自觉地认识到自身作为独立于他者而自由地存在的实践主体的自为性质（下层文学）和自为特征（集体性、口头性、传承性、变异性……），自觉地给予了自身的多样性体裁实践形式以"民间文学"的普遍性学术概念的自我认识。在此自为的实践阶段，民间文学或已超前地认识到自身内在的自由目的（表达公意的"国民心声"）。但是，在民间文学自为的实践阶段，民间文学对自身内在的自由目的的自我认识——因为还没有对自身纯粹的实践形式的自由共识而——仍然不够充分和稳定，以此，民间文学的内在目的随时可能会被歪曲和遗忘（例如今天的学者多已经遗忘了赫尔德、胡适、周作人对民间文学内在目的的深刻阐发）。

在民间文学自在自为的自由实践阶段，民间文学通过对否定自我的他者的扬弃的否定（否定之否定），在否定他者的同时也肯定了他者，在重新肯定自在的自我（实践命名的体裁实践形式）和自为的自我（学术命名的普遍实践形式）的同时也否定了自我，也就是将他者与自在的自我、

---

① 自在目的和自为目的都既包括外在目的也包括内在目的，自在目的与自为目的的区别仅仅在于，前者是只有自我意识而没有自我认识的目的，而后者是有自我认识的目的。

② "有各种不同的地方名称或民族性称谓（比如'风'），不过，那时还没有被通称为民间文学。"（第10页）

③ "民间文学并非一种孤立的存在，它对非民间文学（官方文学或作家文学）具有很大的依附性或依存性。"（第45页）

自为的自我，扬弃地综合为自在自为即自由的网络民间文学之"超文体和超体裁"（第75页）① 实践形式（网络民间文学并非单纯的媒体或载体革命，同时也是体裁革命）。以此，只有在民间文学自在自为的自由实践阶段，即民间文学的网络载体和超体裁实践形式阶段，以及民间文学研究的实践范式阶段，才为民间文学纯粹的实践形式和内在的自由目的，提供了自觉认识的充分条件，即将民间文学不自觉的自我意识（地方性表象的实践命名）和民间文学自觉的自我认识（普遍性概念的学术命名），统一为共在的、交互的实践主体的自由共识（表象—概念的实践—学术观念直观）。这就是说，只有在民间文学自在自为的自由实践阶段，民间文学自身纯粹的实践形式和内在的自由目的，才具备了（通过民间文学的超体裁形式的充分条件而）先验地自我还原、自我阐明（无法经验地归纳，但可以先验地演绎），即最终完成作为民间文学实践主体的历史角色、身份，返回"作为实践主体的民间文学"的"史前"本相的自我运动的逻辑进程。

当然这也就意味着，只有在历史上（时间中）民间文学自在自为的自由实践形式阶段，即户著称之为民间文学的"高级阶段和最新形式"（第54页），也就是网络民间文学实践的网络载体和超体裁形式和民间文学研究的实践范式的自由共识中，民间文学自身内在的自由目的，才能够通过其自身纯粹的实践形式的自我演绎而得到还原地阐明。在此，户著对"作为实践主体的民间文学"在进入历史（时间）而显现为民间文学实践主体之后，从不自觉的自我意识到自觉的自我认识，再到充分自觉的自由共识的自我运动的自我描述（因为户著把自己也摆进了民间文学实践—认识的自我运动），无疑是借助了黑格尔、马克思式的历史与逻辑相统一的建构论方法论：对象起源的理性原因（也就是其发生条件和存在理

---

① "网络民间文学已经不再局限于传统民间文学的那些体裁形式，也就是扬弃了传统民间文学体裁与作家文学体裁的外在对立，表现出各种体裁混杂交融的趋势和社会语言的杂语倾向。"（第63页）"在当前的自媒体时代，网络民间文学的体裁叙事行为已经冲破了传统民间文学体裁叙事行为的范围，扩大到几乎无所不包并且将古今中外的各种体裁一网打尽的程度。"（第87—88页）"在网络民间文学阶段，民间文学的各种体裁似乎已经大大地平民化和网民化了，一方面是传统民间文学中那些篇幅较长的体裁形式（如史诗）在如今追求方便和快捷的网络时代很少继续受到网民的青睐，另一方面则是一些短、平、快的新体裁形式或者消解正统体裁的形式（如套语、段子、短信、论坛和跟帖等）被融合、发展和创造出来。"（第111—112页）

由），唯有通过其最高级的发展阶段上最充分的展开形式（自为表象与自觉概念的具体综合），才能够被分析地抽象出来。① 于是，马克思关于"人体解剖对于猴体解剖是一把钥匙。低等动物身上表露的高等动物的征兆，反而只有在高等动物本身已被认识之后才能理解"② 的历史—逻辑的还原建构的古典主义认识论方法论，在经历了现象学方法论的洗礼之后，就重新被"激活"③ 并得到了有效的使用。

　　而下一步的问题是：我们如何能够通过对民间文学的纯粹实践形式的现象学悬搁与还原，演绎并直观到民间文学内在目的的纯粹观念呢？因为按照马克思的认识论方法论，现象的经验条件（即时间中的起源、原因），可以借助于对充分发展的经验现象，分析地抽象出来；但是对于户著来说，这显然是不够的；因为，户著所要求的，是现象的本体发生条件，即经验的先验存在理由，所以，即便面对最充分发展的经验现象，也不可能据此就分析地将民间文学本体条件和先验理由（自由主体自身内在的自由目的），从经验现象中抽象出来。于是，户著的逻辑历史的建构方法，最终要依赖于现象学方法对经验现象的本体条件或纯粹理由的先验

---

　　① "在整体思路和论证步骤上主要借鉴了黑格尔和马克思的辩证逻辑。"（第277页）

　　② 《马克思恩格斯选集》，第2卷，人民出版社1972年版，第108页。"为了理解低级阶段，我们就必须认识发达的有机体。因为发达的有机体是不发达的有机体的尺度和原型；由于发达的有机体内的一切都已到达其发达的活动水平，所以很清楚，只有根据这种有机体才能认识不发达的东西。"［德］黑格尔：《自然哲学》，梁志学、薛华、钱广华、沈真译，商务印书馆1980年版，第581页。（第56页）

　　③ 参见高丙中《日常生活的现代与后现代遭遇：中国民俗学发展的机遇与路向》，《民间文化论坛》2006年第3期。收入高丙中《民间文化与公民社会——中国现代历程的文化研究》，北京大学出版社2008年版；高丙中《中国人的生活世界——民俗学的路径》，北京大学出版社2010年版；高丙中《日常生活的文化与政治——见证公民性的成长》，社会科学文献出版社2012年版。"激活"，高丙中又称之为"古典新用"，参见高丙中《社团合作与中国公民社会的有机团结》，《中国社会科学》2006年第3期，收入高丙中《民间文化与公民社会——中国现代历程的文化研究》，北京大学出版社2008年版；高丙中《日常生活的文化与政治——见证公民性的成长》，社会科学文献出版社2012年版。"我有意识地选用一些很旧的概念，尝试让它们在中国当下的社会情境里获得解释的生命。"高丙中：《民间文化与公民社会——中国现代历程的文化研究》，"序言"，北京大学出版社2008年版，第5页。我在《阿卡琉斯的愤怒与孤独》（本书第六章）、《民俗学的笛卡尔沉思》（本书第八章）中指出，中国民间文学—民俗学家（以祁连休、高丙中为例）的思想方法深受德国古典哲学特别是黑格尔、马克思的影响。但马克思的条件还原还局限在经验论认识论的范围之内，而经过改造的先验条件的还原方法，则先验地阐明了：悬置现象的所有经验条件而剩余的先验条件，是现象发生与存在的自由条件。

演绎、先验还原（先验阐明）的现象学方法。所以笔者认为，户著在借助于马克思式的认识论方法论的同时，又给予了该方法论以先验论现象学的方法论改造。在下文中，笔者将着重讨论户著如何在对网络民间文学的超体裁实践形式以及民间文学研究范式给予现象学的双重悬搁与还原的基础上，先验地演绎、还原出民间文学的纯粹实践形式和内在自由目的，从而最终阐明了民间文学就"在""'我们'文学"中，就"是""'我们'文学"。①

三　对民间文学纯粹形式的先验还原

根据户著的逻辑，历史上（时间中）民间文学自在自为的自由实践形式阶段，与网络民间文学的实践形式阶段，以及民间文学研究的实践范式阶段，在时间上是直接地同步的。从载（媒）体形式的角度看，民间文学经历了口头载体形式、口头和书面（抄写、印刷）相互影响的载体形式，和网络载体形式诸阶段；从体裁形式的角度说，民间文学经历了实践约定的地方性体裁形式、理论规定的普遍性体裁形式，和当下在实践上无约定、理论上无规定的超体裁形式诸阶段；从自我认知的角度言，民间文学经历了自在的实践命名（不自觉的表象）的自我意识、自为的理论命名（自觉的概念）的自我认识，以及因"现在进行时"而可能的自在自为的实践—理论命名（充分自觉的观念直观）的自由共识诸阶段。于是，如果民间文学的自我实践及自我认识建立在实质性、实体性实践主体（作为逻辑、形式主体在历史—时间中的显现）的后天基础上，则民间文学的自我运动就呈现为历史上（时间中）在后的实践形式阶段，共时性地包含了历史上（时间中）在前的实践形式阶段的全部历时性规定性，进而，唯独历史上（时间中）民间文学最充分发展的形式阶段，才具备了据以认识民间文学的纯粹实践形式及

---

① "民间文学的'民间'就是'我们'，民间文学实际上就是'我们'文学。"（第165页）"所谓自媒体恰恰是 We media（'我们'媒体），这意味着把素不相识和素昧平生的网友都当成'我们'。"（第220—221页）

其内在的实践目的的充分条件。①

　　户著多次强调，民间文学通过自我认知而自我揭示的自身内在的实践目的，是民间文学作为自由主体的唯一发生条件或绝对存在理由。只是最初，民间文学通过多样性题材内容和任意性的体裁形式，自发地意识到自身外在的实践目的，因而仅仅意识到自我自在的实然性存在；之后，民间文学通过圣贤文学、庙堂文学等他者对自我的多样性题材内容与任意性体裁形式的否定，以及自我对他者否定自我的独立反抗，自觉地认识到被外在目的遮蔽的自身内在的自由目的，因而自觉地认识到自我（作为实践主体）自为的或然（偶然）性存在；最后，网络民间文学通过无限性题材内容和无约定、无规定的超体裁实践形式的自我直观，以及民间文学研究的实践范式的自我反思，民间文学才可能对自我（作为自由主体）自在自为即自律的必然（应然）性存在取得自由的共识。

　　根据户著，民间文学在历史上（时间中）最充分发展的形式阶段，是对此前诸形式阶段的诸多规定性的否定之否定的扬弃与综合，后现代民间文学把此前（时间中在前面，空间中在别处）的前现代和现代的诸多（包括地方性和普遍性）规定性（包括实践约定性和理论规定性），都一览无余地吸纳、囊括于自身当中。这样，当所有的规定性，在后现代获得了被承认的正当性的同时，所有的规定性之间原有的对立也被一一转换、综合为新的规定性。例如：民间文学的表演者与观众、听众以及表演者与研究者之间的身份与角色的对立被综合为的自由地、平等地享有并承担交往、交流权利与责任的"一身二任"（第 144 页）的同一性实践主体，民间文学的文本与语境之间的对立被综合为"以言行事"② 的表演行为与表演事件，民间文学的体裁艺术实践形式与非体裁日常生活形式之间的对立

---

　　①　"为了理解民间文学如何从表象达到概念的过程，我们不应该到民间文学外在的表象或现象的演化历史中去寻求答案，而是必须在民间文学的最新形式中去寻求理解。"（第 55 页）"网络民间文学作为民间文学的晚期形式包含着民间文学迄今被扬弃的历史。因此，通过分析网络民间文学的矛盾构成，不仅能够从共时的层面认识民间文学的构成要素及其本质特征，也有助于从历时的层面了解民间文学被扬弃的历史并且展示民间文学概念的运动过程。"（第 53 页）"对网络民间文学的解剖也将有助于对以往的民间文学形态甚至民间文学本身运动形式的认识。"（第 56 页）"民间文学活在当下，如果有本质，它的本质也是源于当下。要想理解民间文学的存在条件，我们也就必须打开它的这个活生生的当下。"（第 177 页）
　　②　参见［英］奥斯汀《如何以言行事——1955 年哈佛大学威廉·詹姆斯讲座》，杨玉成等译，商务印书馆 2013 年版。

被综合为网络民间文学超体裁的日常审美的生活方式①，民间文学的口头性被转换为因虚拟的面对面现场（公共领域）的直接性、当下性（当前化）而凸显的网络民间文学向陌生人开放的对话的公共性（公共性对话），最终，民间文学的集体性被转换为网络民间文学的公共性，如此等等。这就是说，上述民间文学自我认知的诸多综合与转换，是我们通过对网络民间文学的实践形式的经验现象的直观表象的分析抽象而给予，而阐明的。

依旧说，民间文学的"集体性""特质（特征）"② 属性，曾经是民间文学研究（认识主体）基于普遍性经验而给予民间文学对象（被认识的客体）的理论（概念）规定性。但是，在网络民间文学中，面对匿名的、虚拟的开放主体、无限主体之间的"关系（存在）场域"（第162页），网络民间文学实践主体作为网民共同体的实质（同质）性、实体性的集体性边界越来越模糊。在通过网络民间文学载体实践形式不间断地建构的"关系（存在）场域"中，曾经是职业的体裁表演者和同样熟悉题材、体裁的职业观众、听众之间相对稳定的角色、身份，就进入了可随时随地相互转换的自由流动的松散状态，于是，传统的、经典的民间文学实践主体的集体性特征属性，与否定集体性的个体性特征属性，在可相互转换（交换）、相互消解的关系条件下，就被网民共同体的公共性特征属性所涵盖。曾经因反抗他者（如庙堂文学、圣贤文学……）而建构起来的民间文学实践主体的实质性、实体性主体之曾经边界分明的集体性共同体身份、角色，对今天的网民共同体来说，已经是难以想象的事情。

---

① "只有那些采用了民间文学体裁叙事形式的日常叙事才是民间文学。无论这种艺术形式在现实生活中被人们用于功利的目的还是非功利的目的，也无论它是否具有明确的审美价值，体裁叙事都是民间文学区别于日常的非体裁叙事的一个必要而充分的条件。"（第80—81页）"如果一般的语言叙事不进入民间文学的体裁艺术叙事行为，那就仍然是日常叙事而不是民间文学的艺术叙事。只有民间文学的体裁叙事行为才是民间文学的艺术叙事行为。"（第111页）"笔者对民俗学作为社会科学的基础性学科的认识其实是从撰写硕士论文开始的。笔者在1988年夏季完成的《民间口头创作新探》借助普列汉诺夫关于社会心理与社会意识形态形式的分类。说明以'民间'为对象的调查所获得的资料包括两类，一是达到一定形式化的、具备文体（genre）的作品（如史诗、故事），一是没有达到文体门槛的语言表达方式。"高丙中：《中国人的生活世界——民俗学的路径》，"序言"，北京大学出版社2010年版，第4页，该文发表于《民俗研究》2010年第1期，收入高丙中《日常生活的文化与政治——见证公民性的成长》，社会科学文献出版社2012年版。

② "'俗文学'有好几个特质……"参见郑振铎《中国俗文学史》，商务印书馆1938年初版，作家出版社1954年版，第3页。郑振铎之"特质"，以后民间文学—民俗学学者多称之为"特征"，参见钟敬文主编《民间文学概论》，上海文艺出版社1980年版，第23页。

　　与"集体性"一样，"口头性"的特征属性，也曾经是与"书面性"特征属性"势不两立"的民间文学的普遍性经验的理论（概念）规定性。尽管在民间文学的书面（书写、印刷）载体的实践形式阶段，民间文学的口头性专利或版权就已经被不断地质疑；然而，除非网络民间文学的载体形式革命，民间文学口头性的无上地位不会从根本上动摇。但是如今，当年黄遵宪"我手写我口"的"诗界革命"理想已几近于现实，于是，无论口头性还是书面性，都不再能够恰当地被用以规定网络载体的民间文学实践形式的特征属性。但也正是在口头性与书面性的特征属性可相互转换（交换）、相互消解的关系条件下，民间文学的网络载体实践形式真正的特征属性才向我们显现出来——民间文学实践主体当下、直接互动的现场对话的交流与交往。即，民间文学的口头性的真谛是：邀请所有素不相识、素昧平生的陌生人，无远弗届地加入公共领域的公共对话，即共同参与在表演现场的"表演中的创作"①。以此，并非口头性是民间文学的发生条件，而是公共领域的现场（感）与公共的对话性②才突显了民间文学的存在理由（注意，这里的发生条件与存在理由还是经验的），亦即，唯独当下、直接在现场（到场、出场、在场）（并非一定是当下、直接的面对面③）表演的实践形式中，民间文学才是民间文学。

　　与民间文学的集体性被综合、转换为公共性，口头性被综合、转换为民间文学公共领域的现场性、（公共）对话性一样，并非只是在网络载体的外在实践形式和和超体裁的内在实践形式阶段④，民间文学实践主体的

---

　　①　参见朝戈金《口传史诗学：冉皮勒〈江格尔〉程式句法研究》，广西人民出版社 2000 年版，第 86 页。

　　②　"内在对话的特性。"（第 116 页）

　　③　"网络民间文学体裁叙事行为的这种口头性能够制造出一种现场感和当下性……口头性的要义在于保持开放性和对话性。网络民间文学体裁叙事行为的创作、传播、接受和再创作已经跨越了时空距离的限制，同时也超越了身体上直接的面对面交流，也就是说，身体上的面对面不再是面对面交流的唯一形式，甚至不一定是其主要的形式。虽然面对面交流的形式发生了天翻地覆的变化，但其本质要求不仅没有改变，反而在网络时代变得更加明显和更加强烈。"（第 112—113 页）

　　④　电子载体形式是网络民间文学的外在实践形式，"网络民间文学之所以体现了民间文学的被扬弃的历史，并非仅仅因为它在时间上是传统民间文学的最新形式，而是因为它已经扬弃了民间文学的一系列外在对立的条件，如口头性、书面性甚至电子性，也可以说它把这些对立面都纳入了自身。因此，从外在方面来看，以往被争论得不可开交又不亦乐乎的口头性、书面性甚至如今的电子性并非民间文学的本质特征；但是，从内在方面来看，这些对立的特性在被民间文学扬弃之后又成为它的内在构成要素或载体，尽管不是本质的要素。"（第 59 页）

公共性和网络载体和超体裁实践形式的现场对话性特征属性才突然出现了。公共性、（公共）现场对话性等民间文学（主体及实践形式即旧说的"传承方式"）的特征属性，从来都存在于民间文学自在和自为实践的主体形式和主体的实践形式当中。当然，只有在网络民间文学的实践形式阶段，民间文学实践主体身份、角色的公共性和民间文学的网络载体和超体裁实践形式的（公共）现场对话性，才充分地显现出来。当然，也正是由于网络民间文学载体实践形式和超体裁实践形式，将民间文学的特征属性充分地自我揭示出来，翻过头再检视民间文学自在意识的形式阶段和自为认识的形式阶段，我们才会发现，公共性、（公共）现场对话性等民间文学的特征属性，从来都存在于民间文学实践主体及其各种载体实践形式和体裁（包括超体裁）实践形式当中。①

---

① 彝族史诗的"克智"辩论（巴莫曲布嫫：《叙事语境与演述场域——以诺苏彝族的口头论辩和史诗传统为例》，《文学评论》2004年第1期；巴莫曲布嫫：《克智与勒俄：口头辩论中的史诗演述》，《民间文学论坛》2005年第1、2、3期）、中国各民族民歌的"对歌""盘歌"，都是民间文学的现场性、对话性的绝好例证。"对歌显示出民间文学体裁叙事行为的表演关注并要求的不是人在现实中的角色联系，而是人在精神上的人格关系，而且要通过表演的当下化行为把不平等的角色联系（至少暂时）转变为平等的人格关系。"（第143—144页）"一旦从作为实践主体的民间文学的内在目的着眼，我们就会看到，原来民间文学的体裁叙事行为传统早已预设了我与你的关系，我虽然不知道你之所想（内容），但民间文学的体裁叙事行为传统让我把你当做你，也就是说，这种传统让我为你预留了如何想（形式）的方式。我与你的'我们'共同被卷入民间文学体裁叙事行为传统就意味着，我们拥有共同的形式，因此我们才能够相互诉说和倾听。"（第226页）户著引拙作"尽管我们不可能确切地理解他者之所想，但我们能够确切地把握他者如何想。"（吕微《母题：他者的言说方式》，《民间文化论坛》2007年第1期）指出："在民间文学体裁叙事行为的表演场域，由于共同的传统为我们规定了共同的形式，所以表演者与听众都先验地分享着某种民间文学体裁叙事行为的共同实践形式，我与你不用经历实际的讲述和倾听就先验地知道这种实践形式。"（第226页）民间文学的"内容是需要经过讲和听的经验才能知道的，但形式却可以不必经过讲和听而先验地知道。因此，在民间文学体裁叙事表演行为的活生生的当下之中隐含着先验的形式。"（第226—227页）但拙作拙见指的是可经验地直观到的民间文学实践形式；至于民间文学的纯粹实践形式——"民间文学体裁叙事表演行为的活生生的当下之中隐含着先验的形式"——或许可以这样说：尽管我们不可能先验地知道他者之所想，但我们能够先验地知道我与你共同拥有的应该如何想的形式。"我们只能以民间文学体裁叙事行为传统让我们言说的方式言说。换言之，被民间文学体裁叙事行为传统言说是我们言说民间文学的唯一方式，我们只能以民间文学体裁叙事行为传统吩咐并馈赠给我们的方式说和听，我们只能在民间文学体裁叙事行为传统中找到我们言说民间文学的天命和自由。"（第147页）

　　但是，因网络民间文学的载体和超体裁实践形式而被凸显的民间文学实践主体的公共性和实践形式的对话性、现场感等特征属性，实际上仍然是民间文学的经验性发生条件与存在理由。因为，无论公共性还是对话性、现场感，是我们通过对网络民间文学现象（如表演者与观众、听众的身份、角色在现场对话中的相互转换）的感性直观就能够得到的经验性表象，于是，我们就完全有理由追问：网络民间文学的公共性和对话性、现场性，是谁的公共性？谁的对话性、现场性？是民间文学实践主体身份、角色的公共性，还是"作为实践主体的民间文学"的人格的公共性？是民间文学经验性实践形式的对话性、现场性，还是民间文学纯粹实践形式的对话性、现场性？实际上，即便通过对网络民间文学的表演者身份、角色的自由转换及现场对话的经验性直观，我们也仍然无法直观到"人格性""公正性"这样的先验观念、纯粹观念，以作为民间文学的纯粹实践形式的纯粹规范性（先验的发生条件与存在理由）。以此，作为民间文学纯粹实践形式的纯粹规范性（所谓"纯粹的"在康德的意义上就是"先验的"），也就还没有被充分的阐明（即没有被演绎、还原出来），亦即，公共性和现场对话性，作为网络民间文学现象的经验性条件，都还没有超越马克思所言，只有通过高等动物才能认识的，在低等动物身上已表露的高等动物的器官—功能征兆。[①]亦即，公共性和现场对话性，作为网络民间文学"活形态"的实践主体形式和主体实践形式的经验性规定性，至多被理解为民间文学在历史上（时间中）（"原汁原味"的"原生态"）的起源（经验条件），而不是在理性上的原因（先验理由）。进而，仅仅通过可以经验地直观到的民间文学——公共性、对话性、现场性——的"规定性一般"，我们也仍然无法直观到（演绎、还原出）民间文学的纯粹实践形式和内在实践目的的纯粹观念规定性，即我们还难以直接地把公共性、对话性、现场性，就理解为民间文学的自由主体形式和先验实践形式的纯粹规定性。[②]。据此，民

　　[①]　这就好比马克思说的"劳动一般""生产一般"，都仍然是对现代社会化大生产——商品化劳动（前现代特殊劳动生产如采集业、畜牧业、手工业和农业劳动生产的充分发展形式阶段）的经验条件的归纳总结，而不是对生产劳动的先验条件的演绎还原。参见本书第五章《阿卡琉斯的愤怒与孤独》。

　　[②]　民间文学的"形式不仅指民间文学的各种体裁叙事形式，而且指民间文学体裁叙事的行为方式和伦理形式"（第33页）。

间文学的纯粹形式和内在目的，就仍然要等待我们对民间文学的网络载体和超体裁形式的经验规定性的进一步悬搁与还原，而这也就是说，尽管目前我们已经分析地抽象出的民间文学的经验性"规定性一般"，这些经验性"规定性一般"，却仍然难以负担起阐明民间文学的先验发生条件与纯粹存在理由的重大"史前"责任。

从户著为我们描述的民间文学自我实践、自我实现的逻辑历史中，我们的确能够经验地直观到主体的公共性、实践的对话性、现场性等民间文学（相对于集体性、口头性来说）的更抽象的经验性条件（尽管对这些经验性条件的直观有赖于民间文学实践形式的充分发展），（如口头性）实然地内在于民间文学实践命名的特殊体裁形式当中，以及同样（如集体性）实然地内在于理论命名的普遍体裁形式当中；但这里强调的是，无论主体角色、身份的公共性、实践形式的现场性、对话性，都仍然是我们在经验中能够直观到，因而能够通过概念分析地抽象出的民间文学现象表象的经验规定性，而不是民间文学的主体形式和实践形式的纯粹（先验）规定性本身。因为，像公共性、对话性、现场性等民间文学的主体形式和实践形式的经验规定性，并非只能出于民间文学的内在目的，而是在出于外在目的（表达众意的民情、民意）的条件下，也是可以被给予的。以此，如果我们要求的是民间文学的先验主体形式和纯粹实践形式，即必然地出于民间文学的内在目的的先验—纯粹规定性，那么，我们就还需要对网络民间文学的实践形式做进一步的还原考察。但是，民间文学的纯粹实践形式及其内在实践目的，即便我们通过最充分发展的民间文学实践形式阶段（仍然是在历史上—时间中的实践形式，故也可以称之为"实践阶段"）的经验性现象的直观表象，也无法被给予。亦即，即便面对网络民间文学的主体形式、图像媒体（外在）实践形式和超体裁（内在）实践形式，我们也无法经验地直观到出于民间文学自身内在目的的纯粹观念的实践形式，更遑论民间文学自身内在的实践目的的纯粹观念本身。

但是，尽管我们无法通过对网络民间文学实践形式的经验性直观，而直观到民间文学的内在目的和纯粹形式的先验观念（无法经验地直观的先验对象只能是纯粹的观念对象）；却并不意味着，我们不能运用现象学对经验现象的先验条件的演绎还原的观念直观的方法，以网络民间文学的主体形式和实践形式为反例，反向地推论（演绎还原）出民间文学的纯粹形式和内在目的①，而这也就是笔者所云黑格尔、马克思式的逻辑—历史还原建构的经验论方法论必须接受先验论现象学的方法论洗礼，才能最终解决民间文学研究的实践认识的问题意识的道理所在。这就是说，除非我们将自己置身于网络民间文学的实践形式和民间文学研究的实践范式的现象学双重还原结果的当下性，不仅悬置民间文学的题材内容，而且悬置民间文学的任何可以在历史上（时间中）经验地直观到的体裁形式，包括网络民间文学外在的图像载体形式和内在的超体裁实践形式。② 我们才有可能最终通过对网络民间文学的先验发生条件与纯粹存在理由的演绎性阐明，先验地还原出因而直观到民间文学的现象学剩余物——"作为实践主体的民间文学"自身内在的、应然（必然）的自由实践目的和纯粹实践形式的纯粹观念。

　　笔者已经指出，在网络民间文学的实践形式阶段，以往旧说的各种经验规定性，无论是主体形式的经验规定性（集体性以及否定性的规定性个体性），还是载体、体裁实践形式的经验规定性（口头性以及否定性的规定性书面性），都可以互换位置，用马克思的话说就是，只有在各种劳动、生产都能够相互交换的充分条件下，才可能分析地抽象出"劳动一般"或"生产一般"的经验性普遍规定性。以此，我们通过分析网络民间文学的主体形式、实践形式，而抽象出来的主体形式的公共性和实践形式的现场性、对话性，也就仍然是民间文学的主体形式和实践形式的"形式一般"，是民间文学发生、存在的经验性实然（或然、偶然）条件和理由，而不是其发生与存在的先验必然性条件与理由。换句话说，公共性、现场性、对话性背后的先验意义③，只有在与民间文学的内在发生条

---

　　① 胡塞尔的"观念直观"，近似康德的"理智直观"；但是康德认为，只有神而不是人才具有理智直观的能力。"对此，自由作为一个肯定的概念，就需要一种理智的直观，而在这里我们完全不可以认定这种直观。"［德］康德：《实践理性批判》，韩水法译，商务印书馆1999年版，第32页。以此，黄裕生指出："'自由'这一概念不是一个得自观察的经验概念，而最多只是能由经验观察反证它存在的一个超验概念。"黄裕生：《有第三条道路吗？——对自由主义和整体主义国家学说的质疑与修正》，《江苏行政学院学报》2014年第1期；参见本书第十章《"表演的责任"与民俗学的"实践研究"》。

　　② 民间文学的纯粹实践形式因蕴含了内在的实践目的，也可以称之为"内在存在形式"（第174页），而不同于作为经验性内在形式的体裁形式（相对于载体形式）。

　　③ "内在行动的交互性。"（第166页）

件与纯粹存在理由发生联结之后，才能够真正向我们显现出来①。

那么，我们如何才有可能实践地认识民间文学的先验必然性发生条件与存在理由呢？进而，如果我们不能经验地直观到民间文学的纯粹实践形式（同时也是先验主体形式，两者是分析性的同一性命题），我们又如何可能断言民间文学"有"其纯粹的内在目的呢？当然，仍然是经受了现象学双重还原的民间文学最充分发展的实践形式阶段和民间文学研究的实践范式阶段，为我们提供了这种先验还原、演绎的必然可能性。笔者已经指出，在网络民间文学的实践形式阶段，当以往旧说的所有经验规定性都可以相互交换，因而相互消解了各种规定性本身，于是，网络民间文学的实践形式阶段就呈现为无序和失范的"关系场域"。在匿名甚至虚拟的网民面前，集体性在哪里？（负责任的）个体性又在哪里？在键盘加屏幕的媒体面前，口头性在哪里？（合语法的）书面性又在哪里？在超体裁的实践形式中，民间文学在哪里？作家文学又在哪里？但是，在无序（主体秩序的无化）、失范（载体规范、体裁规范的缺失）的经验性直观中，网络民间文学，作为民间文学最充分发展的形式阶段，其自身（主体和实践）形式的失范与无序，反而以最明确的方式不得不（必然）要求一种先验的、应然的秩序和规范②，这一"不得不"（必然）要求的先验、应然的秩序和规范，是我们并不能够通过经验性直观而直接给予的，但却是网络民间文学先于经验但必然（不得不）要求的应然条件和绝对理由，而这也就是我们通过对网络民间文学的应然发生条件与必然存在理由的先验演绎、先验还原的观念直观的先验阐明，而给出的民间文学的主体形式的人格性即公民性③，以及实践（体裁和超体裁）形式的公正性。先验的公民性（主体形式）、公正性（主体的实践形式）虽然不是我们通过对民间文学最充分发展的实践形式阶段的经验性直观而给予的——在网络民间

---

① "作为实践主体的民间文学从表象到概念似乎是从模糊的整体返回了具体的整体，但这时的它已经把当初潜在的目的变成了清晰认识到、具体规定过并且逐步实现出来的目的，那么，我们随着民间文学向开端的返回也是要把民间文学的目的和要求变成我们的体裁叙事行为的法则。"（第232页）

② "旧秩序的瓦解恰恰是新秩序形成的条件。"高丙中：《"公民社会"概念与中国现实》，《思想战线》2012年第1期，收入高丙中《日常生活的文化与政治——见证公民性的成长》，社会科学文献出版社2012年版。

③ "因为公民社会人格的第一步是学会［像民间文学那样］把他人当作'你'。"参见林达《美国〈公民读本〉的第一课"你"》，《法制与社会》2006年第4期，转引自户著第146页。

文学实践形式的经验性直观中，我们经验性地直观到的反而经常是截然相反的现象，缺乏公民性、公正性的无序与失范——却是民间文学不得不（必然）要求的应然条件与绝对理由。这样，在民间文学最充分发展的实践形式阶段，我们就通过对网络民间文学的先验条件的先验演绎和先验还原，即根据网络民间文学的经验现象这一无序、失范的反例，反向地推论（演绎、还原）出并直观到"作为实践主体的民间文学"在所有时代、地域及文化中都不得不（必然）要求的应然条件和绝对理由（尽管公民性、公正性都不是能够在民间文学的经验性直观中显现的纯粹观念之物），户著称之为"公共伦理条件"①，也就是公民道德准则，没有这样的"公共伦理条件"或公民道德准则，民间文学就会自我瓦解。② 于是我们终于认识到，民间文学在进入历史、进入时间之后，显现为民间文学实践主体的自我展开、自我认知，就是一部以实现自身内在的、先验的、纯粹的、必然（应然）的、绝对的自由目的的目的论的逻辑历史（通过民间文学的充分发展的实践形式和主体形式显现出来）。当年，康德如是说："倘若我们抽去法则的全部质料，即意志的每一个对象（作为决定根据），那么

---

　　① "公共伦理条件"，见第136—138、144、150、154—155、165、173、224页。"网络民间文学更加直观地凸显出民间文学创作和表演不同于作家文学的地方，即民间文学的创作行为和表演行为的集体性实际上具有公共特征（在公共的空间和时间中完成），而作家文学的创作行为则是一种私人性（在私人的空间和时间中完成）。这就造成了二者的根本差异和不同。正因为民间文学的创作和传承（体裁叙事行为）都具有公共特征，所以民间文学的集体性实际上恰恰是一种公共行为，必须有公共的行为伦理，这也是本书探讨民间文学体裁叙事自由的基础和根本原因。"（第62—63页）"从作为实践主体的民间文学层面来看，民间文学让人通过体裁叙事行为言说民间文学时已经包含着一个深切的'命令'和要求，也就是说，民间文学'令'我们把他人都当成'我们'，让民间文学的听众都加入一个'我们'，共同组成一个'我们'。之所以如此，是因为这是民间文学体裁叙事行为的公共伦理条件，否则的话，民间文学就会违背自己为民主、争自由的初衷和内在目的。"（第136页）"'我们'不仅作为内容出现在民间文学的体裁叙事行为之中，而且是作为形式和公共伦理条件伴随着民间文学体裁叙事行为的发生和存在。换言之，'我们'是民间文学体裁叙事行为发生和存在的形式和公共伦理条件。当民间文学体裁叙事行为发生和存在时，同时就产生并存在着'我们'，当'我们'存在时才可能产生民间文学的体裁叙事行为。"（第138页）

　　② "民间文学体裁叙事行为的对话性明显要求表演者与听（观）众之间具有平等、自由和民主的叙事行为伦理……否则，民间文学体裁叙事行为的公共伦理条件就会遭到破坏，民间文学就会违背自己为民主、争自由的初衷和目的而自我瓦解。"（第136页）"如果每个人都只想拥有民间文学体裁叙事行为的权利而不愿承担相应的责任，只想通过这种体裁叙事行为快一己之意甚至过把瘾就死，那么，民间文学就会成为权力话语和权力叙事的工具，它的为民主、争自由的起因和初衷就会自我瓦解和自行解构。"（第218页）

其中就剩下普遍立法的单纯形式了。"① 今天，我们也可以这样说：倘若我们悬置了民间文学的经验性实践（题材）内容（质料）和同样是经验性的实践（体裁和超体裁）形式，那么剩下来（现象学直观到）的就只有民间文学的先验（应然）的实践形式和内在（绝对）的实践目的的纯粹观念（理念、理想）条件。

于是，从目的论的角度看民间文学，民间文学的内在目的即户著之"隐秘的渴望"——"模拟公民社会"②（我更愿意说：预演公民社会!③）——终于向我们显现出来了。尽管这一纯粹的、先验的目的，从来都构成了历史上（时间中）民间文学的应然发生条件与必然存在理由，但我们却一直都没能将其从经验性主体形式和实践形式中分离出来、识别出来，要不是通过对民间文学最充分发展的主体形式和实践形式的认识条件的先验演绎、还原（推论的阐明）而达成的观念直观，民间文学的纯粹实践形式和内在实践目的，仍然不会向我们显现其自身的纯粹观念（理念、理想）的本真面貌。

从先验论现象学的实践认识和观念直观的立场和方法看民间文学，历史上（时间中）的民间文学主体既是实质性、实体性的角色主体、身份主体，也是逻辑主体、形式主体即人格主体，历史上（时间中）的人一旦被卷入、被抛入民间文学，就被卷入、被抛入了民间文学实践主体和"作为实践主体的民间文学"的双重存在。但是，唯当我们立足实践认识的先验论立场，采用条件还原和观念直观的现象学方法，我们才能够恍然觉悟到，我们从来都既是经验性的"我们"和"他们"，同时也是先验的"我与你"，于是一旦被卷入、被抛入民间文学，我们就进入了"我与你"的临时人格共同体④，这个临时的人格共同体的"隐秘的渴望"就是从历

---

① ［德］康德：《实践理性批判》，韩水法译，商务印书馆1999年版，第26—27页。

② "模拟公民社会。"（第146、204、207页）

③ "作为实践主体的民间文学的内在运动过程就是模拟公民社会的过程。在这方面，它堪称整个中国社会的先知先觉。因此，当中国现代社会的民主化进程步履维艰、一波三折之时，作为实践主体的民间文学可以率先向自己的内在目的迈进。换言之，恰恰因为民间文学是实践主体，所以，它可以在一个不自由的社会中率先自由起来。"（第207页）

④ "民间文学体裁叙事行为出现和发生的前提和公共伦理条件在于首先要把听众中的他、她变成你，至少是为了把他、她变成你，把不平等的角色转变成平等的人格，使我与他、我与她都变成我与你，也就是变成'我们'。这里的'我们'扬弃了民间与官方、集体性与个人性的外在对立，虽然仍然是复数，但不是乌合之众意义上的集体，而是由自发的平等个体（人格）组成（哪怕是临时）的'共同体'。"（第144—145页）

史（时间）性角色、身份共同体的中脱身出来，返回"永久和平"的
"史前""世界公民"的人格共同体①。

　　以此，我们才认识到，在民间文学实践的主体形式（特别是网络民
间文学实践的主体形式）中，何以要特别为匿名甚至虚拟的他者（陌生
人）——"你"先验地预留出一个"空位"②，无论"你"怎样潜水，无
论"你"披着怎样的马甲，"你"都是"我"在道德上应该理性地信仰
即康德所云"实践的爱"③（理性的情感）的人格对象，从而能够让
"你"随时随地来填补"我"为"你"预留的先验人格空位。而这个
"知性存在者［人格先验］的空位"，就是民间文学的纯粹实践形式通过
对自身先验的发生条件与存在理由的先验还原、先验演绎的观念直观，而
自我揭示（阐明）的与陌生人交往（《墨子》"泛爱众"、《论语》"仁者
爱人"、《圣经》"爱汝邻人如爱己"④……）的必然目的的定言命令：把
相互陌生的"我们和他们"做成拥有自由、平等人格的"我与你"即
"我们"。这里的民间文学的纯粹实践形式就是内在的实践目的，即民间
文学在理性上的发生条件和存在理由的先验之域，实践形式就是主体目
的，实践目的就是主体形式，实践主体的自身形式（我们）、主体的实践
形式（我们）和实践目的（我们）都是分析地同一的三位一体的同语反
复（"形式就是目的"，第 103 页），但这里呈现的不再是经验的抽象分析
的同一性，而是先验的还原分析的同一性。

　　但是，即便如此，我们仍然无法想象，人（类）为何以及如何创造
了一种完全出于"我"对"你"、对"我们"的纯粹（无功利）的爱的

---

　　① 参见康德《世界公民观点下的普遍历史观念》和《永久和平论》，收入［德］康德《历
史理性批判文集》，何兆武译，商务印书馆 1990 年版。

　　② "尽管仅仅是实践认识的拓展，所以我反躬自问：为什么独独给予自由概念以如此巨大
的丰衍性，而其余的概念虽然能够标明纯粹可能的知性存在者的空位，但却不能通过任何东西决
定那些存在者的概念。"［德］康德：《实践理性批判》，韩水法译，商务印书馆 1999 年版，第
113 页。

　　③ 参见［德］康德《实践理性批判》，韩水法译，商务印书馆 1995 年版，第 91 页。民间
文学就是饱含着"实践的信仰情感"的"伦理的信仰实践关系"的"信仰情感的实践"。（第
171—172、174 页）

　　④ 如果"爱邻人如爱己"是民间文学的内在目的和先验原则，则"爱你自己甚于一切，
但爱神及邻人乃为汝自己缘故"就是民间文学的外在目的和经验原则。参见［德］康德《实践
理性批判》，韩水法译，商务印书馆 1995 年版，第 90 页。

实践目的和实践形式的民间文学。① 如果仅仅是为了表达外在的实践目的，人们只要掌握"体裁一般"的实践形式，能够在身份、角色共同体中攫取话语的权力，就足够了；如果仅仅是为了规范无序、失范的身份、角色共同体，使民间文学实践免于自我瓦解，人们只要功利地规定现场对话的实践秩序的公正性，甚至主体身份、角色的公共性，这些民间文学的"公共伦理条件"的"历史的先验性"（胡塞尔）就可以了。② 但是，人（类）何以先于任何"历史的先验性"，就以绝对的先验性，创造出一种应然（必然应该的）实践形式？而这种绝对的先验实践形式，只是出于爱而平等地尊重自我与他者的自由人格、公正地维护他人与自我的自由权利并承担起相应的责任。③ 然而，我们在民间文学的先验实践形式中，的确识别出这一以人自身为目的的纯粹实践目的，并且把这一出于纯粹的爱的实践目的，视为民间文学的最终条件。进而这一最终条件不仅内在于先验的实践形式，而且也内在于任何经验性的实践形式，或者换句话说，民间文学的内在目的与纯粹形式，也构成了民间文学的经验性实践形式和外在性实践目的的必然发生条件与应然存在理由。

这就是说，唯独民间文学最充分发展的（网络载体和超体裁）实践形式阶段，民间文学实践的纯粹形式和内在目的才发展出（截至目前）更充分的自我揭示的否定性（反例）条件，即通过观念直观而不得不如此先验地设想甚至先验地设定的无条件条件。但是，如果我们在此基础上，再次回望民间文学（实践命名）的自在实践形式阶段与（理论命名）的自为实践形式阶段，我们就发现了之前不曾发现的东西，即，

① "能不能说，'民间'文学就是'我们'文学呢？本真的'民间'就是'我们'吗？如果真要这么说，难道不是可能再次重蹈肆意美化'民间'的覆辙吗？"（第150页）"民间文学体裁叙事行为的集体性就是'我们性'或者我与你的关系，民间文学就是'我们'文学。'我们'不是各种现实角色的集合体，而是平等精神人格（哪怕是临时）的共同体。"（第160页）"'我们'本来就应该是一个爱的共同体，因此，民间文学就是'我们'文学。"（第231页）

② "在一个充满差异和多样性的时代，如果没有基本的'公共性'的保障，一个社会就难以有效运转。"高丙中：《民间文化与公民社会——中国现代历程的文化研究》，"序言"，社会科学文献出版社2012年版，第2页。

③ "责任之所以构成了表演的本质，恰恰因为民间文学体裁叙事行为本身就是一种需要复数主体参与的伦理实践和道德行为，民间文学的文本实际上是一种公共表演的伦理实践和道德行为，因此，表演的集体性实际上具有公共特征，表演者和观（听）众在表演中都责任重大。"（第102页）

民间文学实践的纯粹形式和内在目的，从来就是民间文学的发生条件与存在原理即先验原则，只是对于这一绝对的、客观的先验必然性，我们未曾相识。但是如今，通过对网络民间文学的先验发生条件与存在理由的客观必然性原则的演绎还原（推论）和观念直观，我们也就认识到，网络民间文学先验的发生条件和存在理由（原则），其实也就是任何时代、地域、民族、文化共同体的民间文学的先验的发生条件和存在理由。而这样的一个先验条件和纯粹理由，也就是"作为实践主体的民间文学"向所有的民间文学实践主体，先验地颁布的应然（应该、应当）的目的或命令。这一应然的目的或命令，就是民间文学得以发生的先验条件或存在的先验理由的客观必然性原则，尽管在这一先验的、纯粹的应然目的或命令，从来都只是或然、偶然（实然）地彰显于民间文学实践的经验性题材内容，也不是必然地彰显于民间文学实践的经验性特殊形式和"形式一般"（包括体裁形式和超体裁形式），但是，她毕竟就在那里，只能即不能不作为民间文学实践的必然发生条件和应然存在理由，而构成了民间文学的实践（内容与形式传承与变异的）传统与实践理想，而先验地决定了民间文学的历史逻辑。于是，在经过了一系列对民间文学的题材内容、体裁形式的现象学悬搁，以及对民间文学的发生条件和存在理由的现象学先验演绎的还原推论，当我们再次回眸民间文学传统的体裁实践形式，在户著的现象学观念直观中，民间文学传统的体裁（包括超体裁）实践形式就向我们呈现出令人惊异的、迥异的本原面貌，"一旦从作为实践主体的民间文学的内在目的着眼，我们就会看到，原来民间文学的体裁叙事行为传统早已预设了我与你的［人格间］关系"（第226页），即呈现出其从来就蕴含的民间文学的纯粹实践形式和内在自由目的。

以此，旧说的民间文学特征属性的传统（传承）性，在先验意义上，同样是"作为实践主体的民间文学"，对在历史上（时间中）显现为民间文学实践主体身份与角色的主体形式和实践形式的当下、直接的先验人格规范（就此而言，所谓当下、直接其实就是先验）。而民间文学的传承性与变异性等特征属性，也就是民间文学的纯粹形式与内在目的，在不断地自我展开并不断地返回自身的逻辑历史的先验时间规范。于是，我们从民间文学自在、自发的自我意识到自觉、自为的自我认识到自由、自律的自由互识的自我运动的逻辑历史中，就看到了传承与变

异的先验时间规范的"历史性……的先验意义"。① 当然，"我们"作为
民间文学的先验传统在现实中的实现，迄今都还是一件可望而不可即的事
情，于是，民间文学实践的纯粹形式和内在目的作为先验传统（过去），
也就始终作为先验理想（未来）而不断地走进（历史的、时间的）当下
（现在），即作为理想的传统或传统的理想，不断地向我们的当下走来，
并走进现在。

　　这样，民间文学的先验传统和先验理想就在我们现在、当下的含客观
价值的理性时间中同时抵达现场（到场、出场、在场）②。这就是说，在
民间文学的主体实践中，同时抵达现场的是永远面对未来和不断返回过去
的含客观价值（内在目的）的理性时间，而非非价值的物理时间与含主
观价值（外在目的）的心理时间。因为，只有主体实践的含内在目的的
纯粹实践形式，才能够把含客观的传统价值的过去时间和含同样客观的理
想价值的未来时间，作为含客观价值的理性时间，同时召唤到当下、现在
非价值的物理时间中。所有非价值的物理时间的过去与未来，都无法在当
下、现在的物理时间中实然地停留，所有含主观价值的心理时间的过去与
未来，只能在当下、现在的物理时间中（通过心理记忆和心理希望）偶

---

　　① "如果人们接受胡塞尔的实在是被主体间性地构成的这个信念，那么，他就不仅应
该严肃地对待经验着世界的主体的共识，也要严肃地对待其异议。……虽然严格的康德式
先验哲学会认为，那样的经验性和世间性领域没有任何先验相关性，但因为胡塞尔对先验
主体间性的兴趣，他被迫从一个先验的观点来考察这些。由此，我相信，胡塞尔的晚期思
想以对先验和经验的东西之间关系的决定性的重新考察为特征，这个重新考察最终将会导
致先验领域的扩张，它部分地产生于他对主体间性的兴趣，并且迫使他考虑诸如生成性、
传统、历史性和常态等概念的先验意义。"［丹麦］扎哈维：《胡塞尔现象学》，李忠伟译，
上海译文出版社 2007 年版，第 143—144 页。"传统或传承本身就是一种我与你的关系。"
（第 155 页）；"传统就是一种交互主体的实践关系。我处于传统中，就等于我处于这种交
互主体的实践关系中。"（第 155 页）
　　② 愚见：被用作主体直观形式的物理时间是无目的、非价值的客观时间。如果客观物
理时间仅仅被用以实现主体外在、特殊—个别、偶然、主观的实践目的，则无目的、非价
值的客观物理时间就目的化、价值化为主观心理时间；但是，如果无目的、非价值的客观
物理时间被用以实现主体内在、普遍、必然、客观的实践目的，则无目的、非价值的客观
物理时间就转化为有目的、含价值的客观理性时间。本书对无目的、非价值的客观物理时
间，有目的、含价值的主观心理时间，和同样有目的、含价值的客观理性时间的划分，不
同于户著，可以讨论。

然地、或然地尽管也是实然地短暂停留①，只有含客观价值的理性时间的过去与未来，才能够必然地在当下、现在的物理时间中永驻。②

　　这就是说，就含客观价值的理性时间而言③，民间文学的含内在自由目的的纯粹实践形式——无论就实践主体的形式规范性（公民性）、主体实践目的的形式规范性（公正性），还是就主体实践目的的质料规范性（公意性）而言——都直接体现为民间文学实践的伦理价值时间形式，也就是含先验的、应然的伦理目的的时间形式。即，从主体实践的内在目的先验、应然的伦理规范性来说，对他者（你）和自我的"理性的信仰"和理性的情感（爱），也就是对先验传统和先验理想的理性信仰与理性情感。因为，对先验的、应然的自由理性的道德主体的理性信仰和理性情感，只能存在于含客观价值的理性时间当中，即先验的传统和先验的理想当中。以此，民间文学对过去和未来的信仰期望和情感期待，和对他者（你）与自我作为道德主体的情感愿望和信仰希望，都是基于内在的、同一的价值（伦理）目的，因此只能内在于同一的伦理价值的时间形式。于是，对于应然的他者（你）与自我（作为自由理性、交互共在的道德主体）的信仰与情感，与对于先验的传统（过去）与先验的理想（未来）的信仰和情感，是二而一、一而二的，都是"作为实践主体的民间文学"自身内在的自由目的的的纯粹实践形式或实现形式，因而也就是在历史（时间）中的民间文学实践主体的实践形式和实践目的现象的先验原型。以此，民间文学实践主体先验地应该就是自由主体、理性主体，道德主体、信仰主体、爱（情感）的主体；而"作为实践主体的民间文学"先验地就是人的自由实践、

-----

　　① "过去和未来以回忆和期待的方式被当下化。"（第 187 页）"唤起记忆以便证明希望。"（第 187 页）

　　② "只要人作为人来存在，民间文学就会存在。只要人有人的精神需求，民间文学就会应运而生，也会不择地而出。既然未来只能被我们信仰，那么，在这个意义上说，民间文学也存在于我们对未来的信仰情感之中，因为是未来'让'民间文学存在。"（第 201 页）

　　③ "客观价值的理性时间"的说法受胡塞尔"内在时间意识"（［德］胡塞尔：《内在时间意识现象学》，杨富斌译，华夏出版社 2000 年版）的影响，即内化了人的内在目的即客观价值而理性化、道德化、信仰（宗教）化、情感化的时间，亦即，既有先验的主观性直观形式，也有纯粹的客观性价值内容的理性时间。

理性实践、道德实践、信仰实践与爱（情感）的实践。①

　　这就是说，对先验的他者与自我（作为自由人格的、交互共在的自由主体）在道德上充满悖论的"理性的信仰"和理性情感，构成了在历史（时间）中的民间文学实践主体的他者与自我之间自由、平等地交流、交往的民间文学实践的纯粹形式，与自由理性的内在（先验、应然）目的（意志、意向）的充分内涵（理由、原则）。以此，民间文学的纯粹实践形式和内在自由目的，其实也就是人类历史和社会文化的价值生活的先验伦理传统和应然道德理想，而这也就是民间文学发生与存在的根本条件和无上理由，尽管这根本条件和无上理由（公民性、公正性），并不能通过对民间文学的题材内容（质料）和体裁形式的经验性直观而先验地给予，却构成了民间文学得以发生、存在的先验条件和纯粹理由，并蕴含在民间文学的纯粹实践形式之中（户著以此阐明，中国文化内部就蕴含了现代社会的生成条件的先验酵素，那些认为普适的民主制度不适合于中国文化的看法、说法都是未经证明的独断）。以此，尽管像"公民""公民性""公民社会"等并不属于经典的民间文学研究的传统课题，却先验（必然、客观、普遍）地内在于民间文学对象和民间文学学科，正如在民间文学的先驱者们（赫尔德、胡适、周作人、顾颉刚）那里毋庸置疑一样。进而任何关于民间文学实践（包括民间文学研究）仅仅关乎文化传统，而无关乎人类理想（包括未来社会的人类理想）的想法、说法、做法，都是对民间文学的"真相和本质"的严重误解，因为，正是民间文学的先验（人类）理想，才成就了民间文学的先验（文化）传统；反过来说也是一样，民间文学的先验（文化）传统，也成就了民间文学的先验（人类）理想。以此，以民间文学—民俗学的名义，把先验的人类理想（价值性未来）纳入民间文学对先验的文化传统（历史价值）的自我认识，即把先验的文化传统和先验的人类理想，作为民间文学的发生与存在的先验条件和纯粹理由一样，是回归传统同时走向未来（反过来说也是一样）的实践民俗学和民间文学研究的实践范式的题中应有之义，甚

---

　　①　"一切法则之中的那条法则，就像《福音书》中的所有道德规矩一样，描述了最为完满的德性意向，然而它作为没有一个创造物能够达到神圣性的理想，仍然是我们应当接近并且在一个不断却无限的进程中为之努力的榜样。"［德］康德：《实践理性批判》，韩水法译，商务印书馆 1999 年版，第 90—91 页。就此而言，民间文学从来就是涂尔干、埃利亚德所言"宗教的人"的信仰实践。

至构成了民间文学实践（包括民间文学研究）先验的、纯粹的发生条件
和存在理由。①

四　通过返回未来激活民间文学的起源

　　户著是一项针对民间文学的纯粹实践形式和内在实践目的，即民间文
学的必然发生条件和应然存在理由（在借鉴德国古典哲学、现象学理论、
方法的基础上）的形而上学研究。固然，为了认识民间文学实践的纯粹
形式和内在目的，户著也必须借助于民间文学在历史上（时间中）显现
的各种经验性实践形式②，就像索绪尔研究语言规则，必须借助于言语活
动或言语行为的经验现象的直观表象一样，户著也援引了"五四"以来
中国民间文学—民俗学学者（在康德意义上）的理论研究所提供的中国
实践的大量丰富、生动的经验案例。但是，户著对这些经验案例的处理方
式，却不同于理论研究的范式方法（如比较、归纳……），对于户著来
说，对实践案例的经验性描述，仅仅是户著借助先验论—现象学的方法，
以悬置其经验性的题材内容和体裁形式，还原其先验的实践形式，进而演
绎出并直观到民间文学的内在目的（纯粹观念）的表象起点。户著响应
现象学"回到（主观意向的）实事本身"的号召，描述了历史上（时间
中）民间文学实践主体（"作为实践主体的民间文学"在历史上—时间中
显现的身份、角色）对自身内在的实践目的，从自在的自我意识（表象）
到自为的自我认识（概念），再到自在自为的自由共识（表象—概念的观
念直观）的否定之否定的自我理解—自我解释的逻辑运动，并最终在民
间文学最充分发展的形式阶段，运用现象学方法，通过悬置民间文学的题
材内容和体裁形式（包括地方性体裁、普遍性的"体裁一般"和超体裁

---

　　①　"一个正常的现代民主国家，应该把普通人［之基于道德理性］的日常经验作为政治、
经济、学术的出发点和服务对象，其中，一个具有活力的民俗学对于中国人饱受凌迟的日常生活
的呵护是十分重要的。"高丙中：《日常生活的文化与政治——见证公民性的成长》，"序言"，社
会科学文献出版社 2012 年版，第 3 页。
　　②　包括民间文学体裁实践的特殊形式、普遍形式（"体裁一般"）和超体裁实践形式、不
同的载体形式，以及民间文学研究的实践范式，后者也是民间文学的实践形式之一，即反思的民
间文学实践形式。

形式），而还原出并直观到民间文学的纯粹实践形式和内在的自由目的
（意志、意向的观念对象），即民间文学的先验传统暨先验理想（"模拟公
民社会"的"公共伦理条件"），以作为民间文学先验的、纯粹的必然发
生条件和应然存在理由①，即康德所云民间文学"在理性上的起源（原
因）"。

> 所谓（最初的）起源，是指一个结果从其最初的原因产生，这
> 样一个原因不再是另一个同类的原因的结果。它可以要么作为理性上
> 的［自由］起源，要么作为时间上的［自然］起源而被考察。在第
> 一种意义上，所考察的只不过是结果的存在［，从而也就是把它当
> 作事件与其在理性中的自由原因联系起来］；在第二种意义上，所考
> 察的是结果的发生，从而也就是把它当作事件与其在时间中的［自
> 然］原因联系起来。②

同样，户著所考察的民间文学的发生条件和存在理由，也不是"在
时间中［在前］的原因"或"时间上［在前］的起源"，而是民间文学
的发生与存在"在理性中的原因"或"理性上的起源"。通过户著我们知
道，民间文学"在理性上的起源"，就是民间文学的先验必然的发生条件
和纯粹应然的存在理由，也就是民间文学的纯粹实践形式和内在自由目
的，以此，我们就只能放弃民间文学"事件"（现象）的时间中在前的
"另一个同类的原因"，即便这"另一个同类的原因"是时间中在前的民
间文学活形态的题材内容现象，或原生态的体裁形式现象（这是主张
"遗留物"理论的民俗学、人类学进化论学派的通行做法）也不行。因
为，无论时间中在前的多么原始的题材内容和体裁形式现象，从实践的立
场看，都仍然是民间文学的时间中在前的外在原因（客体现象），而不是

---

① "本书所做的不是有关民间文学体裁叙事行为的事实描述和个案分析，而是条件还原。"
（第150页）"本书主要从民间文学的实践主体角度着眼，对民间文学体裁叙事行为传统的本真
要求和公共伦理条件做出还原。"（第155页）
② ［德］康德：《单纯理性限度内的宗教》，李秋零译，商务印书馆2012年版，第36页。
"发生"（becoming）要归溯为"存在"（being），没有存在就理解不了发生，就不能认识发生之
特殊"真相"（truth）。参见［德］卡西尔《神话思维》，黄龙保等译，中国社会科学出版社
1992年版，第3页。

民间文学的理性上（逻辑上在前）的内在原因（自由主体本身），即民间文学理性上的内在目的。① 以此，我们可以知道，以往的民间文学在自我认识方面（民间文学学术史）少有成效，就是因为，我们的前辈没有明确地区分民间文学在理性上的原因和在时间中的起源，所以他们在探讨民间文学的发生条件和存在理由的时候，就容易陷入民间文学"在时间中的起源"的无底深渊。②

周作人千古独步、先知先觉地提出了民间文学应该是"人的文学"的先验命题（第 32 页），在周作人看来，促成有人格尊严的自由主体，应该就是民间文学自身内在的理性目的。但是，周作人的先验命题只是用来规范民间文学的题材内容③，他本人并不曾考虑过"人的文学"的自由目的，原初地内在于民间文学的体裁形式。正如笔者已指出的，周作人并不是从民间文学的体裁实践形式（更遑论纯粹实践形式）中，发掘出民众能够自我启蒙的必然可能性，但周作人对文学形式的忽略（与胡适对文学形式的重视相辅相成地）启发了郑振铎。郑振铎认识到，俗文学④的题材内容，无以证成其内在的理性目的，于是转而把目光投向了俗文学的体裁形式——文体。但是，郑振铎仍然不能通过文体证成俗文学内在的理性目的的客观必然性，因为，郑振铎的文体仍然拘囿于民间文学体裁实践的特殊形式（如实践命名的弹词、鼓词、子弟书……之类）和普遍形式（学术命名的"俗文学""民间文学"的"体裁一般"），既没有悬置俗文学诸文体的经验性实践形式，也没有还原到民间文学的先验实践形式，以至于功亏一篑。胡适、周作人、郑振铎没有做到的事情，正是户著的努力

① 主体的实践目的建立在特定理由的基础上，没有没有理由的目的，所以内在目的作为主体的"发生条件"也被称为主体的"存在理由"。当然，从理论的观点看，主体在理性上的原因（发生条件），也可以是外在目的（存在理由）。详见笔者在本章之"一"中对此问题的讨论。

② 胡适、周作人、郑振铎都考察过民间文学"在时间上的起源"，如胡适《白话文学史》、周作人《新文学的源流》、郑振铎《中国俗文学史》，以图证成民间文学—俗文学在时间中因历史而在当下的正当性。

③ "简单说来，我们的中心理论只有两个：一个是我们要建立一种'活的文学'，一个是我们要建立一种'人的文学'。前一个理论是文字工具的革新，后一种是文学内容的革新。中国新文学运动的一切理论都可以包括在这两个中心思想里面。"胡适：《中国新文学大系·建设理论集》，"导言"，上海文艺出版社 1981 年影印本，第 18 页，转引自户著第 31 页。

④ 在郑振铎看来，俗文学与民间文学是一而二、二而一的，"何谓'俗文学'？'俗文学'就是通俗的文学，就是民间的文学，也就是大众的文学。"郑振铎：《中国俗文学史》，商务印书馆 1938 年初版，作家出版社 1954 年版，第 1 页。

方向，于是，在胡适的白话文学形式研究（1922 年）之后 90 多年，郑振铎的俗文学形式研究（1938 年）之后近 80 年，户著终于接过了先驱者们手中的民间文学实践的纯粹形式和内在目的（学科基本问题）研究的接力棒，竟然实现了先驱者们未竟的遗愿，进而超越了前人，贡献了一部出人意表地"返本开新"的民间文学实践研究（范式）的倾心杰作，即一部自从民间文学（学科）诞生以来难能可贵的哲学民俗学（或民俗学的形而上学）的理论著作，完成了从民间文学—民俗学实践的内容目的论到形式目的论的哥白尼革命。这就是，通过对作为实践主体的民间文学的纯粹实践形式和内在实践目的的先验演绎、还原和现象学观念直观，证成民间文学先验的发生条件和纯粹的存在理由，并通过完满地回答了民间文学—民俗学学科的基本问题，为民间文学—民俗学以道德实践、信仰实践、爱的实践的独特方式，承担起参与建设中国现代—未来社会的"表演的责任"。[1] 以此，民间文学实践才真正称得上一门"政治艺术"[2]，而民间文学研究也才称得上是一门"文化政治学"[3]；但是，我更愿意认同户著的如下说法：民间文学实践是"信仰情感的实践活动"，而民间文学研究是认识"信仰情感的实践科学"（第 174 页），因为，"民间文学体裁叙事行为的对话不是一般的对话，而是具有神圣性的对话"（第 171 页）。

---

① 从民间文学的纯粹实践形式和内在自由目的的角度看，"民间游戏也体现着人类社会的一种基本理想：自由、平等、公正。"参见陈连山《游戏》，中央民族大学出版社 2000 年版，第 33 页。因此，"不再用理论和道义的高度来贬低民众的生活"（高丙中：《中国人的生活世界——民俗学的路径》，"序言"，北京大学出版社 2010 年版，该文发表于《民俗研究》2010 年第 1 期，收入高丙中《日常生活的文化与政治——见证公民性的成长》，社会科学文献出版社 2012 年版），而是重启对民众生活道德性的先验阐明。

② 参见高丙中《一座博物馆—庙宇建筑的民族志——论成为政治艺术的双名制》，《社会学研究》1997 年第 2 期，收入高丙中《民间文化与公民社会——中国现代历程的文化研究》，北京大学出版社 2008 年版。

③ 参见彭牧《实践、文化政治学与美国民俗学的表演理论》，《民间文化论坛》1995 年第 5 期。"民俗学是研究普通人的日常生活的文化传承的社会科学，它在应用上可以说是研究共同体延续的文化政治学……在一个政治民主和文化公民身份成为时代主题的社会，它必然属于主流，必然处在公共领域的中心。""民俗学又是日常生活的文化政治学。"高丙中：《中国人的生活世界——民俗学的路径》，"序言"，北京大学出版社 2010 年版，该文发表于《民俗研究》2010 年第 1 期，收入高丙中《日常生活的文化与政治——见证公民性的成长》，社会科学文献出版社 2012 年版。

　　民间文学的体裁叙事行为最终通往了宗教，难怪洛德颇富深意地反复指出，从广义上说，口头传统叙事诗的根不是艺术而是宗教，传统的口头史诗歌手不是一个艺术家，而是一位先知。他继承的思维模式并非服从于艺术，而是服务于最基本意义上的宗教。即便在汉民族这样缺少宗教的文化之中，民间文学体裁叙事行为的表演仍然具有潜在的宗教维度。（第169—170页）

　　民间文学—民俗学学者之所以充满信心，坚信小学科能够做出大学问、回答大问题（第9页注释②），乃是因为，民间文学—民俗学学者，在民间文学的纯粹实践形式和内在实践目的——也就是民间文学先验的发生条件和纯粹的存在理由，也就是民间文学的先验传统和先验理想——中，发现了现代社会及未来社会的根本依据（根据）和原初法则（原则）。尽管上述形式—目的、条件—理由、根据—原则、传统—理想，并不直接显现于民间文学现象的经验性直观表象中，也就是说，通过民间文学现象，上述形式—目的、条件—理由、根据—原则、传统—理想，统统不能被经验性地直观和表象，但是，这些形式—目的、条件—理由、根据—原则、传统—理想，却仍然构成了经验性地被直观、被表象的民间文学现象的基础或前提。于是悖谬的是，即便人们只是或然（偶然）地生活在民间文学的现实性中（人凭借其自由意志可以任意地承认或否认民间文学），却必然地被抛入、被卷入了民间文学的理性信仰和理智情感的道德实践的可能性中。以此，被抛入民间文学，就是被卷入人自身在理性（逻辑）上最原始的存在方式，从而返回到人自身纯粹实践理性信仰的道德情感的起源或开端，也就是返回到康德所云人作为人自身在时间中作为当下"结果的存在"。以此，被抛入、被卷入民间文学就是成为自由主体，成就自由人格，而成为自由主体、成就自由人格也就是人类的天命：先验地被要求成为一个有理性的道德信仰和道德情感的"宗教的人"①，从而成就康德所云"纯粹实践理性信仰"的道德情感的"实践的爱"。于是在民间文学中，纯粹实践理性信仰的道德情感的"实践的爱"，也就始

---

　　①　参见涂尔干《宗教生活的基本形式》，渠东、汲喆译，上海人民出版社1999年版，第46页。

终指向了人类传统和人类理想中"享太平"①的"好生活"（第4页），即人自身通过民间文学而表象和表达的自身存在的先验必然形式和纯粹应然目的：先验传统中的先验理想——反过来说也是一样——先验理想中的先验传统，在历史上（时间中）必然可能的"摹本"或"复本"②，即，根据"公共伦理条件"而"模拟［的］公民社会"，以了民间文学未了的心愿，并完成其未完成的方案。

我们就这样被抛入、被卷入了民间文学，被卷入、被抛入民间文学，是我们人作为拥有人格尊严的自由主体，必然要承担的天命（权利和责任），因为，民间文学是人最原始的即必然、应然的存在方式，我们每一个人作为人，都不得不以这种必然、应然的爱的原始方式而存在，而实践，而生活，尽管我们还从来没有完满地这样存在、实践与生活。以此，"作为实践主体的民间文学"，就真的好像是一个有生命的存在者，他把自身内在的必然形式和应然目的，作为一个命令颁布给我们每一个人，让我们每一个人都能够据此而成为民间文学的实践主体，而我们每一个人也都自愿地遵从于他的命令，因为他——"作为实践主体的民间文学"——就是我们每一个人自己内心理性信仰和道德情感的爱的对象。于是，回到本章开篇的问题：为什么我们不得不设想（先验还原）一个"作为实践主体的民间文学"？③答案是，非如此，我们就无法理解我们自己，也无法解释：何谓"民间文学"？如果我们把民间文学认定为认识的客体，那我们就太狂妄了，以为我们能够穷尽对民间文学的认识（理论知识）。唯当我们设想了一个"作为实践主体（即'自由主体'暨'本体'）的民间文学"，我们才有可能在对民间文学的理性信仰和道德情感中，去思考他的纯粹实践形式和内在的自由目的（不然，我们就会满足

---

① 参见高丙中《日常生活的现代与后现代遭遇：中国民俗学发展的机遇与路向》，《民间文化论坛》2006年第3期，收入高丙中《民间文化与公民社会——中国现代历程的文化研究》，北京大学出版社2008年版；高丙中《中国人的生活世界——民俗学的路径》，北京大学出版社2010年版；高丙中《日常生活的文化与政治——见证公民性的成长》，社会科学文献出版社2012年版。

② 参见［德］康德《实践理性批判》，韩水法译，商务印书馆1999年版，第45—46页。

③ "还原民间文学和人的实践主体身份。"（第2页）

于对作为对象的民间文学现象的经验性直观和概念性认识①），也就是民间文学先验地向我们阐明的人之为人的发生条件和存在理由：应该也必然能够成就自由人格、成为自由主体。

但是，即便我们把民间文学设想成一个作为自由主体（本体）的实践主体，我们仍然无法理解，"作为实践主体的民间文学"出于什么目的就一定要把"爱人"的命令，以民间文学纯粹内在目的的纯粹观念形式，颁布给我们每一个人？是出于纯粹的爱，还是最终仍然出于某种功利性目的的难言之隐，如若是后者，那么民间文学颁布给我们的"模拟公民社会"的"公共伦理条件"就仍然可能是一个仅仅"合于道德"的主观准则（动物世界的丛林规则）②，而不是必然"出于道德"的客观法则（上帝王国的至善原则），但是，只有后者才是能够让人（角色、身份）成为"仁"（"我与你"或"我们"）即人自身（本相）的人类实践的最高原理，而这就是民间文学的实践认识（即民间文学实践研究的先验范式，而不是理论研究的经验范式）对民间文学内在的实践目的及其纯粹的实践形式的先验演绎（悬搁、还原）和现象学的纯粹（观念）直观，只能如此而不可能不如此地给出的最终答案，因为否则，人（类）为自己设想、设定的理想（也就是传统）就是一个我们并不愿意在其中生活的、没有爱的非人的社会。

> 我们固然不理解道德命令的实践的无条件的必然性，但我们毕竟理解这命令的不可理解性，这就是对一门力求在原则中达到人类理性的边界的哲学所能公正地要求的一切。③

所以，现在，也许，民间文学—民俗学的实践研究，只能满足于对设想一个"作为实践主体的民间文学"，以及他何以颁布"实践的爱"的命

---

① "本书的实践研究重点关注的并非民间文学的这些被误用和滥用的现象，而是作为实践主体的民间文学自身的命令和本质要求。因为只有民间文学自身的命令和本质要求才是民间文学的实践研究需要追寻的必然知识。那些偶然的和随兴所至的现象并非实践研究应该逗留的地方。"（第225—226页）

② "对话不等于爱。"（第166页）"我把你挂在嘴上不一定就是把对方看做你，我可能嘴里说你而心里想的是他或它。"（第166页）

③ ［德］康德：《道德形而上学奠基》，杨云飞译，人民出版社2013年版，第115页。

令的不可理解性的理解，因为唯其如此，才有助于我们每一个人都能成为民间文学的实践主体，即"作为实践主体的民间文学"在时间（历史）中成为自由主体、成就自由人格的爱的目的论的承担者——一个配得上被称为"公民"的"民"或"民间"。

　　我们所需要的是理解哲学的，特别是近代哲学的历史发展中的目的论，同时使我们明确意识到，我们自己是这种目的论的承担者，我们通过我们个人的意图参与实现这种目的论。我们试图认出并理解支配着一切历史上的目标设定，和这些目标设定的相互对立而又彼此配合的种种变化的统一性。①

---

　　①　［德］胡塞尔：《欧洲科学的危机与超越论的现象学》，王炳文译，商务印书馆 2001 年版，第 88—89 页。

第十三章

民俗学的哥白尼革命

——高丙中的民俗学实践"表述"的案例研究[*]

在《民俗学的笛卡尔沉思——高丙中〈民俗文化与民俗生活〉申论》（即本书第八章）的结尾，我曾经写道："'建构公民社会'是《民俗文化与民俗生活》之后高丙中'知行合一'的学术实践的目标或理想。"[①]就已经暗示了我将适时地以高丙中的学术实践为具体案例，阐述我对《民俗文化与民俗生活》之后中国民俗学的范式转换的理解和解释。所以，《民俗学的笛卡尔沉思》的副标题应为"上篇　为民俗学辩护"，计划中的下篇，题目应为"建构公民社会"，或"保卫日常生活"，或"拯救生活世界"。在《民俗复兴与公民社会相联结的可能性——古典思想与后现代思想的对话》（即本书的第九章）中，我在题记中写道：该文"修订本的对话对象主要是高丙中'把民俗学的可能性与一个民主的共同体的可能性结合成一体'的系列学术论文及其相应的社会实践"。以此，该文如果被视为《民俗学的笛卡尔沉思》的下篇，那么我也就兑现了对自己的承诺。但是，在本书的修改接近完稿之际，我认识到，我兑现承诺的方式在概念和命题的表述方面还不是很明确；因为，在为户晓辉的大作

---

　　* 本章依据的资料主要是，高丙中：《民俗文化与民俗生活》，中国社会科学出版社1994年版；《民间文化与公民社会——中国现代历程的文化研究》，北京大学出版社2008年版；《中国人的生活世界——民俗学的路径》，北京大学出版社2010年版；《日常生活的文化与政治——见证公民性的成长》，社会科学文献出版社2012年版。

　　① 吕微《民俗学的笛卡尔沉思——高丙中〈民俗文化与民俗生活〉申论》，《民俗研究》2010年第1期，全文发表于《中国民俗学》2012年第1辑，广西师范大学出版社2012年版，第253页注释①。

《民间文学的自由叙事》撰写了序言（即本书第十二章）之后，具有"中国特色"的"实践民俗学"，或"民俗学的实践范式"，或"作为实践科学的民俗学"（怎么说都行）的基本轮廓，在我的脑海中比任何时候都更清晰地呈现出来。而现在再回过头去，重新阅读《民俗文化与民俗生活》之后高丙中的民俗学实践的系列论文，又有了不同于以往的新的理解，于是，我决定以更明确的概念—命题的方式续写《民俗学的笛卡尔沉思》的下篇，但是这次，题目不应再是"保卫日常生活"或"拯救生活世界"之类，而直接就是"民俗学的哥白尼革命"。

一　为什么用"实践民俗学"
界定民俗学的学科范式？

这是我们多年梦寐以求的事情！即便从 1994 年（《民俗文化与民俗生活》出版）算起，也整整 20 年了，中国民俗学共同体通过集体的努力，用我们切身实践的中国经验（经验性经验和先验的经验），终于向国际民俗学界贡献了我们中国学者关于实践民俗学或民俗学的实践范式的学科目的、对象、理论和方法的崭新方案。而为了实现这一目标、这一理想，中国民俗学学者共同体成员之间相互配合、相向而行，尽管（按照康德的划分）有人从事的是理论的经验研究，有人从事的是实践的先验认识（正如"孔子殁后儒分为八"，随着当代中国民俗学界的当然领袖钟敬文先生的去世，中国民俗学的经典范式一统天下的局面一去不复返），而每个人都希望把自己的工作（就特定角度而言）做得纯粹又纯粹，于是在中国民俗学共同体内部的相互辩难，也就在所难以避免了（可能没有一个学科共同体像中国民俗学共同体这样，在最近 20 年陷入了如此尖锐的理论和方法论的内部冲突）。但也正是在这样一个不断"克智"[①] 的学术交往的实践过程中，20 年来，中国民俗学共同体才始终保持了自身的活力，并日渐把实践民俗学或者民俗学的实践范式（尽管还是十分粗

---

① 参见巴莫曲布嫫《叙事语境与演述场域——以诺苏彝族的口头论辩和史诗传统为例》，《文学评论》2004 年第 1 期；巴莫曲布嫫《克智与勒俄：口头辩论中的史诗演述》，《民间文学论坛》2005 年第 1、2、3 期。

略）的基本样式以整体性的方式呈现出来，这正如我在 10 多年前曾经说过的：

> 实际上，我们所有具体的学术研究都是在用我们个别的解题工作给各自［服务］的学科提供一种崭新的、独到的和（对于自己来说是）"科学革命"的理解，尽管在具体解题的时候我们自己往往不会意识到这一点，尽管在我们的学术共同体中究竟由哪个人最后臻于重新理解的新境界是个不确定的因素，但是共同体中的每个人都将为这一天的到来贡献自己的那一份力量则是毫无疑义的。①

而当这一天终于到来，当我们终于祭出了"实践民俗学"的理论和实践的旗帜，我无法忘记我们曾经走过的那些左冲右突的曲折道路，而走在这条艰难的冲突之路上，我们最先碰到的问题就是：我们究竟该怎样看待我们的前辈曾经践行的学术范式？为此，我曾多次引用高丙中关于这个问题的先后矛盾的自我表述，描述了年轻一代中国民俗学者曾经陷入的迷茫。

> 这种学术诉求的转变是时代在我身上的投影。我在 1980 年代初从一般的语言文学训练转向民俗学，这着实是对神魔故事、奇风异俗的追本溯源大感兴趣，诸如情节雷同故事的发源地和迁徙路线、发须爪作为魇胜所代表的原始心理、龙凤的原型、端午节的真实来历，这些都是非常具有吸引力的题目。这种研究的民俗学显然是一种文史研究，仍然是一种好古、发思古之幽情的文人雅士学问。这种学问最能彰显作者个人的博学与才情，所以特别吸引青年学生。但是，当我真正被吸引进去，开始探求它的学问之道后，却逐渐发现它在学术上已经不属于我们这个时代了。②

> 民俗学可以奠定理解民众文化生活的学科目标以纠正形式主义的

---

① 本书"绪论"《"内在的"和"外在的"民间文学》。
② 高丙中：《日常生活的文化与政治——见证公民性的成长》，社会科学文献出版社 2012 年版，"序言"，第 2 页。

偏向。当代人类学重视文化理解和意义阐释，这对我们颇有启发。历来对于民俗的形式研究往往有证据不足的问题，一些孤立的资料常常是被大胆的想象和推测联系到一起的。大量的此类研究与其说是在证明什么事实，不如说是一种智力游戏。民俗的形式主义研究着眼于"俗"，却把"民"悬置起来，离开事件谈事象，违背"人本"说文本，无视内容（意义）论形式。不谈意义的文化研究没有什么意义。要理解民众的生活，通过实地调查记录他们生活的民俗过程是第一个步骤，然后必须把民俗事象置于事件之中来理解。把文本与活动主体联系起来理解；意义产生在事件之中，是主体对活动价值的体验，撇开事件的主体，也就无所谓意义。……我们希望民俗学从发挥高度想象力的智力游戏转向严肃的入世的学术，关心人，关心人生，关心生活。①

但是十多年后，高丙中却对自己曾经的"形式论"观点给予了重要的功能论修正：

笔者在 1990 年写作博士论文的时候，笔者的一个主要的意图就是批判民俗学的遗留物研究。但是，后续的历史却证明，这个时期让文化遗留物在知识上重新成为可见的，对于中国社会在后来的变化中重新建立与自己的传统的连续性具有关键的作用。当时对"遗留物"作为文化现象的发掘［即"文史研究"——笔者补注，下同］，对"遗留物"的言说作为合法话语的呈现，实际上奠定了中国社会后续发展的文化基础，凝聚了中华民族的文化认同的集体意识或集体无意识。……不管民俗学者在那个时代对作为遗留物的中国民俗说了什么或者怎么说过［即便是"好古、发思古之幽情"］，我们今天感到欣慰的是，他们的述说本身开启了遗留物重新成为日常生活的有机组成部分的可能性。他们的论说曾经被中国社会科学的兄弟学科所忽略、轻视［也被我们自己所忽视、所轻视］，事实是他们的学术活动参与

　　① 高丙中：《中国民俗学的人类学倾向》，《民俗研究》1996 年第 2 期，收入高丙中《民间文化与公民社会——中国现代历程的文化研究》，北京大学出版社 2008 年版；高丙中《日常生活的文化与政治——见证公民性的成长》，社会科学文献出版社 2012 年版。

改变了中国社会的文化现实，最起码是呼应、催生了一个新的文化中国的问世。①

　　但是这也就意味着，在几代中国民俗学者的共识中，民俗学（特别是中国民俗学）始终应该是事实上也就是一门实践科学②，即便曾经的"文史研究"已近乎"形式主义"的"智力游戏"，也不是一句"仍然是一种好古、发思古之幽情的文人雅士学问"，能够完全打发得掉的；因为，无论我们的前辈"说了什么或者怎么说过"，"文史研究"也好，"智力游戏"也好，但正是他们的那些好像已经"陈旧发霉"的"形式主义"学术范式，"让文化遗留物在知识上重新成为可见的"，"参与改变了中国社会的文化现实，最起码是呼应、催生了一个新的文化中国的问世"。于是，在中国民俗学的理论—实践范式面前，康德对理论理性（事实研究）和实践理性（价值研究）的划分，似乎一时失去了实际的意义，难怪康德以后有"事实与价值二分法的崩溃"③的说法。也许正是以此，中国民俗学者更愿意合并使用"人文科学"和"社会科学"的命意，来界定民俗学特别是中国民俗学的学科性质。

　　　　中国的民俗学在二十年前基本上是文史之学，在最近二十年里，它增生了［而不是替换为］社会科学的内容，把实地调查作为知识生产的基础，从面向历史转而面对当下。④ 学者们在民俗学恢复以来完成的最重要的基本理论建设就是论证了民俗学从人文学科（偏重文艺学和历史学）向社会科学的转型……与此同时，民俗学也切实地履行着关怀普通民众的文化公民权利、从日常生活理解中国社会的

---

　　① 高丙中：《日常生活的现代与后现代遭遇：中国民俗学发展的机遇与路向》，《民间文化论坛》2006 年第 3 期，收入高丙中《民间文化与公民社会——中国现代历程的文化研究》，北京大学出版社 2008 年版；高丙中《中国人的生活世界——民俗学的路径》，北京大学出版社 2010年版；高丙中《日常生活的文化与政治——见证公民性的成长》，社会科学文献出版社 2012 年版。

　　② 参见本书第七章《我们的学术观念是如何转变的？》。

　　③ 参见［美］普特南《事实与价值二分法的崩溃》，应奇译，东方出版社 2006 年版。

　　④ 高丙中：《日常生活的文化与政治——见证公民性的成长》，社会科学文献出版社 2012年版，"序言"，第 1—2 页。

承诺。① 民俗学应该是一门人文属性足够强，却以实地调查研究为基础的社会科学。②

这样，民俗学既坚持了严格的经验实证（呈现事实）的科学方法，同时也保持了先验论证（表达价值）的民主理想。我不能说，对民俗学学科性质的上述界定是不正确的，正如卡西勒《启蒙哲学》在评价浪漫主义学术思想的时候说过的一句话，他们的目标是浪漫主义的情感，但他们的方法是启蒙主义的理性。但是，即便如此，我仍然不能认同用"人文科学兼社会科学"（反过来说也是一样）来界定民俗学学科性质的说法，因为这种说法看起来合情合理，既照顾了理想之"情"也兼顾到方法之"理"，却存在着一个根本的缺陷，这就是：民俗学的人文理想，不仅不能用社会科学的方法予以经验的证明，更不能用社会科学的方法加以先验地阐明，也就是说，不能用"准"（或"类"）自然科学的方法从研究对象的经验事实中把学科的先验理想推论出来。于是，所谓人文学科和社会科学的双重属性，在民俗学这里就始终是二分而无法统一的。无法统一的民俗学的二分性质所带来的必然结果——无论就理论还是就实践而言——就是，如果人文科学的社会理想，不能从社会科学所提供的社会事实（民俗主体和民俗实践的经验现象）中抽象（更不要说演绎地推论）出来，那么，民俗学的人文理想就仍然是、且只能是由知识人站在普通人之外，自外而内地输入给"民间"的（像胡适、周作人曾经做过的那样③），而不是民间、民众自我启蒙的结果④。以此，这样的人文科学兼社会科学的民俗学，就仍然如"五四"时代一样，难以褪尽精英主义的色彩，而无论知识人在态度上、在言辞上，如何地尊重民众、敬重民众，如何把民众当作自己人（"你"），把自己和民众视为"我们"。所以，如果

---

① 高丙中：《中国民俗学三十年的发展历程》，《民俗研究》2008 年第 3 期，收入高丙中《中国人的生活世界——民俗学的路径》，北京大学出版社 2010 年版；高丙中《日常生活的文化与政治——见证公民性的成长》，社会科学文献出版社 2012 年版。

② 高丙中：《中国人的生活世界——民俗学的路径》，"序言"，北京大学出版社 2010 年版，第 1 页；修订后发表于《民俗研究》2010 年第 1 期，收入高丙中《日常生活的文化与政治——见证公民性的成长》，社会科学文献出版社 2012 年版。

③ 参见本书第十二章《接续民间文学的伟大传统》。

④ 参见陈连山《重新审视五四与中国现代民俗学的命运——以 20 世纪对于传统节日的批判为例》，《民俗研究》2012 年第 1 期；本书第九章《民俗复兴与公民社会相联结的可能性》。

一门学科（我说的是学科）能够始终坚持其人文理想，靠的一定不是学者个人的主观态度，而是一定要靠该学科本身所秉持的客观方法，而这也就是我不能认同用"人文科学兼社会科学"的说法，来界定民俗学的双重属性的根本理由。因为，如果我们不能使用社会科学的经验方法，从社会事实中抽象出共同体必然的集体理想（当然能够呈现偶然的个人愿望），那么作为社会事实（经验现象）的实践主体，即作为并不必然地拥有先验的人文理想的普通民众，又如何能够在认识结构中，作为被研究的客体（对象）在客观上具有与研究者主体平等的道德地位呢？尽管作为学者个人，我们的确对作为实践主体的普遍民众，在主观上都抱有发自内心的、真诚的尊重和敬重，并且希望自己与被研究的对象即民众之间，建立起基于学术伦理的道德关系①；但是在没有客观方法的支持下，仅凭主观态度，学者与民众之间的关系，最终仍然会退回到"哀其不幸"的同情甚至"怒其不争"的怨恨（就像伟大的鲁迅那样）。②

　　这使得我们不得不重新考虑康德对理性的理论使用和实践使用（从亚里士多德以来就被不断完善）的划分，以及由此而生发的对学科的理论（经验）范式与实践（先验）范式的思考。③ 因为，在康德那里，实践理性对实践主体（包括研究者主体和被研究者主体）所拥有的人文理想的先验阐明，不是借助于对经验现象（实践主体和主体实践也必须作

---

　　① 参见高丙中《知识分子、民间与一个寺庙博物馆的诞生——对民俗学的学术实践的新探索》，《民间文化论坛》2004 年第 3 期，收入吕微、安德明编《民间叙事的多样性》，学苑出版社 2006 年版；高丙中《中国人的生活世界——民俗学的路径》，北京大学出版社 2010 年版。参见本书第三章《民间文学—民俗学的"真理宣称"、"规范宣称"与"真诚宣称"》，第四章《从"我们和他们"到"我与你"》。

　　② "这里又造成了一个诡异的局面：采风的'文化人'到村民家通常受到热情接待，已经习惯在冷漠的陌生人社会中生活的文化人深受感动；可是，这些人的成果，尤其是该群体的成果的总体效应，造成了村民群体极其不利的话语地位，他们成为太多否定价值的代表，他们也没有申辩的回应机会。被观察的对象成为价值否定的对象，成为社会运动的对象，而离作为主体的机会越来越渺茫。对伴随现代化过程的民俗学的反思要反思到这个层次，民俗学者的职业伦理才会提升到这个时代的制高点。"高丙中：《日常生活的现代与后现代遭遇：中国民俗学发展的机遇与路向》，《民间文化论坛》2006 年第 3 期，收入高丙中《民间文化与公民社会——中国现代历程的文化研究》，北京大学出版社 2008 年版，第 40 页注释①；《中国人的生活世界——民俗学的路径》，北京大学出版社 2010 年版，第 180 页注释①；《日常生活的文化与政治——见证公民性的成长》，社会科学文献出版社 2012 年版，第 44 页注释①。

　　③ 参见本书第九章《民俗复兴与公民社会相联结的可能性》。

为经验表象而显现为可直观的现象）的自然原因（社会现实）的经验证明的直观（归纳）方法，而是依据的对经验现象（实践主体和主体实践行为、活动）的自由条件（人文理想）的先验阐明的还原（演绎）方法而推论出来的。当然，对经验现象的先验条件的还原阐明，又不可能通过实践现象的"正面"直观而直接地归纳（证明）出来，而只能通过实践现象的最充分发展的形式或阶段的"反例""反向"地演绎（推论）地还原（阐明）出来。① 所以，尽管先验阐明（演绎性推论）的还原方法，康德早已提出，并且成功地以此阐明了我们每一个普通人都必然地就拥有先验的人文（道德）理想，但是，囿于我们早已习以为常的理论认识的经验论即科学研究的方法论传统，在我们的民俗学学科中，我们还从来没有一个人像康德和胡塞尔那样，哪怕尝试过一次"实践研究"的先验论现象学方法。为此，我们必须感谢户晓辉！他做了我们以及我们的国际同行们还从来都没有做过的事情②，即用现象学的先验悬搁与先验还原的方法，证明了民间文学的实践主体（我们的研究对象、认识客体）必然地拥有先验的（"求民主、争自由"的）人文理想。这样，我们就根据康德、胡塞尔所开创并且成功地践行的对于经验现象的先验条件的先验阐明（演绎性推论）和现象学悬搁与现象学还原的科学方法论，把民俗学的目的论（人文价值）和方法论（包括了理论科学的经验方法论和实践科学的先验方法论）统一在了同一个民俗学学科的自身内部，从而让民俗学——民俗学自己让自己——成为了一个"无求于外"，即不再需要成天担忧"民俗学何以安身立命"③、"民俗学与人类学相距究

① 参见本书第十章《"表演的责任"与民俗学的"实践研究"》，本书第十二章《接续民间文学的伟大传统》。

② 对此，王杰文可能会反驳我说："如果我们把欧美民俗学的学术史考虑进来的话，就会发现，欧美的同行们在谈论这个话题的时候，第一，他们已经把'存在论'的思想贯穿到他们的学术思路当中来了，因为'交流''讲述''表演''实践'等关键词及其携带的'主体间性'的思想观念都与'存在论'的主张不谋而合；第二，他们甚至已经超出了我们现在所面对的问题了，因为'文本化''去—再语境境化'就意味着'权力'与'不平等'，就意味着主体身份的'建构'与'认同'等问题。"王杰文：《语言人类学与民间文学的"存在论"》，《民间文化论坛》2014 年第 3 期。

③ 参见赵世瑜《传承与记忆：民俗学的学科本位——关于"民俗学何以安身立命"问题的对话》，《民俗研究》2011 年第 2 期。

竟有多远"① 的"自给自足"的实践科学。

所以，我最终还是选择了用"实践民俗学"，或民俗学的"实践范式"，或"作为实践科学的民俗学"等单一性表述，代替了"人文科学兼社会科学"的双重表述，来界定民俗学的学科性质。我的理由，已如前述：前者不仅包括了目的论，也涵括了"合目的"的方法论；而且，不仅开启了先验论的方法，同时也继续坚持了经验论的方法（因为"实践研究"的事实表象起点——而不是概念表象起点——仍然是可直观地经验的现象对象）。而"人文科学"（仅仅指涉了先验目的论）与"社会科学"（仅仅指涉了经验方法论）加在一起，也无法表达民俗学的实践范式所包含的全部目的论和方法论的自洽结构；相反，无论人文科学怎样"兼容"社会科学（反过来说也是一样），我们都会陷入韦伯、陈平原已经描述过的，学者在学术（求真）上与在政治（致用）上的人格分裂②；更重要的，则是学科自身的目的与方法的分裂所导致的直接结果：民俗学丧失了以平等的身份登上与其他社会学科、人文科学"高层"对话的主流平台（理由详见下文），而只能满足于作为国家体制内二级甚至三级学科的"资料学"地位。

以上只是本章的绪论，而本章的要旨其实并不在于论证民俗学的学科属性，而是要给以下的讨论设立一个平台，即站在民俗学的"实践范式"的立场上，重新认识《民俗文化与民俗生活》以后，高丙中将"公民社会"的理念引进民俗学实践的做法。这里，恐怕没有人愿意否认，《民俗文化与民俗生活》以后的高丙中，给中国民俗学注入的"公民社会"的理念是一个先验理想；但是，如何以民俗学的方式（方法）实现这一先验理想，又恐怕是高丙中自己也没有完全想通的事情。我也一直以为，高丙中为实现民俗学的先验理想——公民社会——所坚持的，始终是"民俗学的人类学化"乃至"民俗学的社会科学化"的方法，从而陷入了我在上文已经阐明的，人文科学的先验目的论与社会科学的经验方法论的二分困境，但实际上却并非如此简单。以下就进入本章的正题：从民俗学的实践范式（而不是理论范式）的立场，重新审视《民俗文化与民俗生活》

---

①　参见吴秀杰《民俗学与人类学相距究竟有多远？》，《中国民俗学》2012 年第 1 辑。

②　参见［德］韦伯《学术与政治》，冯克利译，三联书店 1998 年版；陈平原《中国现代学术之建立——以章太炎、胡适之为中心》，北京大学出版社 1998 年版。

之后高丙中的民俗学"实践研究"。

二 "公民社会"：民俗学实践研究的先验语境

在《民俗学的笛卡尔沉思——高丙中〈民俗文化与民俗生活〉申论》（即本书第八章）中，我曾经既赞赏又批评高丙中在该著中提倡的"日常生活语境论"，我认为，在民俗学的人类学化乃至社会科学化的口号下，高丙中所提倡的只能是（依据康德的古典时空观而造就的）马林诺夫斯基式的时空化生活语境。在这样的语境条件下，尽管我们可以把民俗学的历史经验研究，置换为现实经验研究，从而有助于"个体民俗学"的兴起，以呼应努力实现"自由人联合体"这一人类理想的社会进步的历史步伐；但是就事实言，在时空化的语境条件下，我们只能直观到自然个体，却无法把自然个体思想为自由主体；于是，在时空化的语境条件下，我们能否通过民俗学的实践参与来实现公民社会（自由主体的共同体）的先验理想，就成了一个问题。以此，我在《民俗学的笛卡尔沉思》的结尾，向高丙中提出的问题是：在时空化的语境条件下，我们如何阐明："民"是自由的主体？"俗"又如何是主体自由的生活？① 否则，我们就不能说，"'俗'是以民族立国的现代国家的文化根基；而'民'是民主政体的政治根基"②。当然，我的问题其实不只是针对高丙中，也是针对当时的中国民俗学学者共同体，因为在《民俗文化与民俗生活》之后，对于高丙中来说，这已经不再是一个问题（他已经不再坚持马林诺夫斯基式的时空化的日常生活语境论）；但是对于当时的中国民俗学学界整体来说，却仍然是一个问题，因为中国民俗学界的大多数学者，仍然赋予了"生活语境"以时空化的理解和解释，这只要是阅读过刘晓春《从"民

---

① 参见本书第八章《民俗学的笛卡尔沉思》。
② 高丙中：《日常生活的现代与后现代遭遇：中国民俗学发展的机遇与路向》，《民间文化论坛》2006 年第 3 期，收入高丙中《民间文化与公民社会——中国现代历程的文化研究》，北京大学出版社 2008 年版；高丙中《中国人的生活世界——民俗学的路径》，北京大学出版 2010 年版；高丙中《日常生活的文化与政治——见证公民性的成长》，社会科学文献出版社 2012 年版。

俗"到"语境中的民俗"——中国民俗学研究的范式转换》① 那篇具有划分学术史阶段的"标志性"长文的人都会承认，当刘晓春用"时空坐落"界定"语境"概念的时候，正是准确地描述了大多数中国民俗学者对"语境"概念的古典式理解。②

高丙中当然是一位两栖学者甚至三栖学者，同时脚踩民俗学、人类学（民族学）甚至社会学三条船，于是，当高丙中开始研究公民社会的问题时，他的中国民俗学同行们会很自然地认为，这是出于高丙中个人的兴趣，顶多是受了政治社会学的影响甚至政治理想主义的感召。当然，没有人会否认，高丙中的公民社会研究因为援引了民俗学（者）的（身份）资源，而为中国公民社会研究贡献了独特的民俗（资料）视角或民俗学（学科）视角。但是，对于大多数中国民俗学者甚至对于中国民俗学学科来说，"公民社会"的议题还是遥远的可望而不可即的，大多数中国民俗学者（包括曾经的我自己）甚至根本就没有意识到，对于民俗学学科来说，"公民社会"的议题究竟意味着什么？即，"中国公民社会的发育更多的是一个'民间'的事业"③，而这也就是我后来对《民俗文化与民俗生活》在中国民俗学界长期造成的"不良"影响的忧虑。具体地说，当时空化的日常生活语境凸显出自然个体的现实性的同时，也就容易遮蔽自然个体被思想为自由主体的可能性，因为在时空语境中，尽管可以有传统（因为传统可以因"遗留"而保存于现代）的维度④，却必定没有自由主体的先验理想的未来可能性的立足之地，从而一个葆有未来维度的"当代民俗学"或"当下民俗学"（钟敬文的理想）就仍然是一句空

---

① 参见刘晓春《从"民俗"到"语境中的民俗"——中国民俗学研究的范式转换》，《民俗研究》2009 年第 2 期。

② 王杰文批评我对表演理论的"语境"概念的时空化理解有误，王杰文是正确的。但我对"语境"概念的非时空化解释的希望，又正与王杰文对表演理论的"语境"概念的非时空化解释相吻合。参见吕微《史诗与神话——纳吉论"荷马传统中的神话范例"》，《民俗研究》2009 年第 4 期；王杰文《"文本化"与"语境化"——〈荷马诸问题〉中的两个问题》，《民族文学研究》2011 年第 3 期。

③ 参见高丙中、袁瑞军《中国公民社会发展蓝皮书》，"导论：迈进公民社会"，北京大学出版社 2008 年版，第 13 页；高丙中、袁瑞军《中国公民社会发展状态——基于"公民性"的评价》，《探索与争鸣》2008 年第 2 期，收入高丙中《民间文化与公民社会——中国现代历程的文化研究》，北京大学出版社 2010 年版。

④ "人文学者只有言说过去的资格，所有的人文学者都是历史学家。"施爱东：《警惕"神化"非物质文化遗产——兼谈民俗学者的角色定位》，《民间文化论坛》2007 年第 2 期。

话，因为真正的当代学、当下学一定是葆有着先验理想的未来维度的
当代学与当下学，否则，就是没有价值论前提的伪当代学、准当下
学。可以这样设想，公民社会的议题长时间没能进入中国民俗学的研
究范围，也许正与《民俗文化与民俗生活》在中国民俗学界的持久影
响力有关，而这正是高丙中亲手播种的结果，因为高丙中没有告诫中
国民俗学界的同行们，自从《民俗文化与民俗生活》之后，他的"生
活语境"早已不再是时空化的感性直观的经验条件，而就是"公民社
会"这个未来理想的先验条件，这里，如果我们套用并且改造鲍曼表
演理论的命题，我们可以说，"公民社会"是高丙中为了"见证"当
代中国的"民俗文化与民俗生活"，而给出的一个先验语境的"阐释
性框架（frame）"。①

　　把先验理想视为理论范式的经验研究的感性直观的语境条件，当然
是根本无法想象（在理论上无以成立）的事情；但是对于先验研究的
实践范式来说，先验理想作为价值判断的语境条件，却无论如何都是顺
理成章的事情。因为，对于实践研究来说，从来都不存在什么非价值的
物理时空条件（理论范式下的经验研究才要求绝对非价值的客观物理时
空条件），无论历史文化时间还是社会文化空间，都是被价值化，也就
是被未来化即理想化了。只有在语境条件被价值化、被理想（未来）
化之后，我们才能根据价值化、理想（未来）化的时空语境条件，来
判断人们在其中的实践活动、行为是否得当。② 公民社会，就是在当代
中国或在中国当下以实践的方式研究中国问题的先验语境条件，只有注
意到公民社会是实践地研究当代中国或中国当下的任何问题的先验语境
条件，我们才能准确把握当代中国或中国当下的语境脉络中的根本问题
（包括一些具体问题）的性质、作用究竟是什么。而那些没有把公民社
会作为当代（或当下）实践民俗学的语境条件的民俗学者，即使成天
口口声声"到民间去"面对人与生活的鲜活经验，进行"深入"的田

---

　　① "表演建立或者展现了一个阐释性的框架，被交流的信息将在此框架之中得到理解。"
［美］鲍曼：《作为表演的口头艺术》，杨利慧、安德明译，广西师范大学出版社 2008 年版，第 9
页。参见王杰文《"文本化"与"语境化"——〈荷马诸问题〉中的两个问题》，《民族文学研
究》2011 年第 3 期。
　　② 参见本书第十二章《接续民间文学的伟大传统》之"三　对民间文学纯粹形式的先验
还原"。

野调查，却对真正的、鲜活的中国问题视而不见、听而不闻，因为他们根本就不具备"正在迈向"或"已经迈进"公民社会的语境视野，也就是说，他们根本就没有进入公民社会的生活现场①，而没有进入公民社会的生活现场，也就意味着，他们无法把自己的研究对象（民众）作为公民来看待或对待②，于是，他们就把自己关进了学院派的象牙塔里，让公民社会的现场语境下真正的中国问题，从自己的指间轻易地流失了。

　　当然，公民社会是否能够被当作民俗学的实践研究的语境条件，本身仍然是一个被理论科学不断地质疑的问题，因为在对现实经验的理论认识中，关于当代中国或中国的当下，能否被表象为"已经迈进"公民社会，还是只能被表象为"正在迈向"公民社会，在从事理论—经验研究的学者中间是有争论的。但"公民社会的范畴""公民社会的理念"③，作为实践学科的先验理想，站在"关注社会的主流价值"④的立场上，却又是凡参与争论的学者都不可能不认同的"新价值"或"新知"⑤，也就是

　　① 这里，我们并不说"国家就在现场"（高丙中《民间的仪式与国家的在场》，载郭于华主编《仪式与社会变迁》，社会科学文献出版社 2000 年版，第 327 页；发表于《北京大学学报》2001 年第 1 期，收入高丙中《民间文化与公民社会——中国现代历程的文化研究》，北京大学出版社 2008 年版；高丙中《日常生活的文化与政治——见证公民性的成长》，社会科学文献出版社 2012 年版），而是说"公民社会就是现场"。

　　② "在中国语境中，学者只有具备公民意识，才能与民众互动，构建公共生活。"宣炳善：《人性自由实践的互为启蒙及其中国语境》，《民俗研究》2013 年第 4 期。

　　③ 高丙中、袁瑞军：《中国公民社会发展蓝皮书》，"导论：迈进公民社会"，北京大学出版社 2008 年版，第 1 页；高丙中、袁瑞军：《中国公民社会发展状态——基于"公民性"的评价》，《探索与争鸣》2008 年第 2 期，收入高丙中《民间文化与公民社会——中国现代历程的文化研究》。

　　④ 参见高丙中《"公民社会"概念与中国现实》，《思想战线》2012 年第 1 期，收入高丙中《日常生活的文化与政治——见证公民性的成长》，社会科学文献出版社 2012 年版。

　　⑤ "广大人民群众及其组织起来的民间力量善于利用改革开放过程所产生的个人自由和资源，创造性地在社会领域开辟新的空间，建立新的团体，传播关于共同体内人际关系的新价值；知识界和媒体积极把单个的社团或事件纳入公民社会的范畴，努力让公民社会的理念成为公众的新知并转化为具体的行动。"高丙中、袁瑞军：《中国的公民社会发展状态——基于"公民性"的评价》，《探索与争鸣》2008 年第 2 期，收入高丙中《民间文化与公民社会——中国现代历程的文化研究》，北京大学出版社 2008 年版。

说，"公民社会的理想境界"①，不仅作为当下中国"社会领域的公共目标"②，也作为"所有社会都有待构建的理想社会目标"③，"在当前世界实际上是各个国家的公民表述社会领域的建设目标的总范畴"④，即"人类的公民社会理想"⑤。

正如当代公民社会理论的集大成者科恩与阿雷托在 1972 年出版的《公民社会与政治学理论》序言中所说的那样，"公民社会概念并非只是适用于社会主义国家和发展中国家的研究，而且，对发达的西方国家仍然有价值，这些国家也同样存在构建公民社会的问题。"一些社会正在迈向公民社会，一些社会虽然已经是公民社会，但是迄今世界上还没有一个"完成"的公民社会。在这个意义上，公民社会概念在当前世界实际上是各个国家的公民表述社会领域的建设目标的总范畴。"公民社会"理想的追求，对于人类世界的各种政治共同体来说，都是未竟之业。⑥

正是以此，"尝试用'公民社会'的概念指涉中国现实"，才成为了"过去二十年中国学术界的一项重要工作"⑦，因为，无论中国正在迈向公民社会，还是"中国已经迈进公民社会的门槛里。公民社会的逐渐成形

---

① 高丙中、袁瑞军：《中国公民社会发展蓝皮书》，"导论：迈进公民社会"，北京大学出版社 2008 年版，第 13 页；高丙中、袁瑞军《中国的公民社会发展状态——基于"公民性"的评价》，《探索与争鸣》2008 年第 2 期，收入高丙中《民间文化与公民社会——中国现代历程的文化研究》，北京大学出版社 2008 年版。

② 同上。

③ 参见高丙中、袁瑞军《中国公民社会发展蓝皮书》，"导论：迈进公民社会"，北京大学出版社 2008 年版，第 2 页。

④ 同上。

⑤ 参见高丙中、袁瑞军《中国公民社会发展蓝皮书》，"导论：迈进公民社会"，北京大学出版社 2008 年版，第 13 页；高丙中、袁瑞军：《中国的公民社会发展状态——基于"公民性"的评价》，《探索与争鸣》2008 年第 2 期，收入高丙中《民间文化与公民社会——中国现代历程的文化研究》，北京大学出版社 2008 年版。

⑥ 高丙中、袁瑞军：《中国公民社会发展蓝皮书》，"导论：迈进公民社会"，北京大学出版社 2008 年版，第 2 页。

⑦ 参见高丙中《"公民社会"概念与中国现实》，《思想战线》2012 年第 1 期，收入高丙中《日常生活的文化与政治——见证公民性的成长》，社会科学文献出版社 2012 年版。

是中国过去近三十年改革开放的一项伟大成就"①,把一个先验理想的公民社会,用作实践研究的语境条件,即"引入公民社会的概念来思考草根民间组织的社会作用"②,将公民社会的先验理想用作思考现实经验的民间文化、民俗生活的语境条件,"把民俗学［实践研究］的可能性与一个民主的共同体［作为先验标准］的可能性结合成一体"③,对于高丙中来说,无论是在面对经验的理论研究(无须考虑民众的自我意识,而仅凭学者的自我判断),还是着手先验的实践认识(必须考虑民众的自我意识),都仍然是一项严重的挑战,特别在实践研究中,你的研究"对象(民众)"是否就如你所愿,认为自己应该生活在公民社会之中,而不是"生活在别处"呢?

　　家族组织在结社形式上是传统的,但是家族作为组织实体却是当代的。大量关于家族组织的研究忽视了这样一个基本事实,未能把城乡各地在近三十年涌现的家族组织作为当代的公民自愿结社看待。……传统社会的家族属性不能够轻易套用在当代家族组织上,当代家族组织再怎么具有传统的属性,我们也不能否认它们是当代公民的结社。……我们高兴地看到,个别学者已经在尝试用公民社会来认识家族组织,这是我们非常认同的研究方向。……农民作为公民,进行各种结社活动本来是再正常不过的,无论他们采用何种结社形式。可是,我们的社会长期简单地把家族组织当做"过去时",当做与官方正式制度和各种现代性相对立的事物。这种社会认知使人们把家族组织当做特殊的例外看待,妨碍了人们把家族组织当做一般的社团来看待。④

---

① 参见高丙中、袁瑞军《中国公民社会发展蓝皮书》,"导论:迈进公民社会",北京大学出版社 2008 年版,第 1 页;高丙中、袁瑞军:《中国公民社会发展状态——基于"公民性"的评价》,《探索与争鸣》2008 年第 2 期,收入高丙中《民间文化与公民社会——中国现代历程的文化研究》,社会科学文献出版社 2012 年版。

② 参见高丙中《日常生活的文化与政治——见证公民性的成长》,"序言",社会科学文献出版社 2012 年版,第 7 页。

③ 参见高丙中《中国人的生活世界——民俗学的路径》,"后记",北京大学出版社 2010 年版,第 251 页。

④ 高丙中、夏循祥:《作为当代社团的家族组织——公民社会的视角》,《北京大学学报(哲学社会科学版)》2012 年第 49 卷第 4 期。

　　我们要把龙牌会放在"公民社会"的［先验实践的语境］范畴里来审视是很具有挑战性的。显然，龙牌会初看起来与中国学界关于公民社会的［理论经验的语境］常识有很大的距离。但是，过去十多年对于龙牌会的跟踪观察让我们见证了传统草根社团迈向公民社会的历程。我们在多年的［实践］观察和思考中认识到，恰恰是够远的距离让这一个案例具有更大的理论潜力和更强的说服力。①

　　每次阅读高丙中的这段话，当我的目光滑过"够远的距离"这几个字，总让我心生疑虑，究竟什么"够远的距离"，坚定了高丙中的决心，最终毅然决然地把公民社会的语境条件，用作了"民俗文化与民俗生活"的判断标准（阐释框架）？固然，这"够远的距离"：一方面可能仍然是指的理论研究在时间上的经验距离（有一种理论研究的说法，时间上距离越远认识上就能越客观）；另一方面更应该是指非时间的实践研究与理论研究的超验距离，即用一种与理论研究拉开距离的实践认识的眼光，才能够把龙牌会置于一个先验的语境条件下来审视，即不是用学者所制定的关于公民社会的种种客观性的理论标准（但从实践的观点看，这些理论标准恰恰只是根据理论家们个人主张的主观性②），而是用民众自己在主观上把自己认同于公民的主观间客观性共识的实践标准（"我们在自己的共同体里已经大致领会只能把自己当作公民中的一员"③，"［龙牌会的］组织者和参与者都是当下社会中人，他们都处在并且都知道自己处在国家

---

　　①　高丙中、马强：《传统草根社团迈向公民社会的历程：河北一个庙会组织的例子》，载高丙中、袁瑞军主编《中国公民社会发展蓝皮书》，北京大学出版社 2008 年版，收入高丙中《日常生活的文化与政治——见证公民性的成长》，社会科学文献出版社 2012 年版。

　　②　"由于一些立论以发达资本主义国家的社会组织为参照，把中国出现的新式的组织当作公民社会的实体，而把传统形式的组织看作中国不具有公民社会属性的指标，所以对中国的社会组织的草根性评价偏低。"高丙中：《"公民社会"概念与中国现实》，《思想战线》2012 年第 1 期，收入高丙中《日常生活的文化与政治——见证公民性的成长》，社会科学文献出版社 2012 年版，第 298 页。

　　③　高丙中：《"公民社会"概念与中国现实》，《思想战线》2012 年第 1 期，收入高丙中《日常生活的文化与政治——见证公民性的成长》，社会科学文献出版社 2012 年版。

的行政、法律和意识形态的约束之中"①。尽管处在国家的行政、法律和意识形态约束中，作为公民，我们每一个人，像理论家们一样，并不一定就认为我们的国家已经迈进或正在迈向公民社会；但是，我们每一个人又一定希望自己都能够"作为"公民）。我想，正是这一实践立场与理论观点之间"够远的距离"，让高丙中作出了最终的决断。但是，即便如此，高丙中仍然显得决心有余而信心不足，这不足的信心，与公民社会的先验理想与民间生活的经验现实之间，在理论视野中的巨大鸿沟不无关系，毕竟，人类学化和社会科学化的民俗学，即兼有理论品格和实践品格的民俗学，是高丙中一直以来追求的学术目的论与方法论（但也正是这一非统一性的学科性质，让高丙中的实践信心大减）。那么在高丙中看来，什么是可能的公民社会？而民间生活又呈现出怎样的现实性呢？

　　我们已经进入这样一个时代，现在国人之间关系的最大公约数当然是公民，不管是个人之间还是个人与国家之间，不管是在权利上还是在义务上，我们都别无选择地要以"公民"相待。②

　　如果一个共同体在法律和社会政治生活中赋予每个成员"公民"身份，而且成员之间相处的价值基础也是"公民精神"，那么，在这里，公民之间的结合就构成"公民社会"。③

　　什么是公民社会？我们在此愿意采用美国当代著名的思想家希尔斯的一个很简明的定义："一个公民社会（civil society）就是社会成员相互之间的行为体现公民精神（civility）的社会。"希尔斯是把公民精神作为公民社会的定性要素来看待的。不是由于有了结社自由的法律就有了公民社会，也不是由于有了多少社团就有了公民社会〔这是判断当下中国是否已经进入公民社会的经验性语境条件或理论

---

　　① 参见高丙中、马强《传统草根社团迈向公民社会的历程：河北一个庙会组织的例子》，载高丙中、袁瑞军主编《中国公民社会发展蓝皮书》，北京大学出版社 2008 年版，收入高丙中《日常生活的文化与政治——见证公民性的成长》，社会科学文献出版社 2012 年版。
　　② 高丙中：《"公民社会"概念与中国现实》，《思想战线》2012 年第 1 期，收入高丙中《日常生活的文化与政治——见证公民性的成长》，社会科学文献出版社 2012 年版。
　　③ 同上。

标准——笔者补注]，决定社会性质的是个人、社团、国家之间处理另一方的关系的特定价值，也就是公民精神［这才是判断当下中国是否已经进入公民社会的先验语境条件或实践标准——笔者补注]。①

如果说公民社会是各种人际关系、各种社团之间的关系以及它们与国家共同体的关系的一种集合，那么社团作为组织实体是公民社会的外显的方面，而公民精神（civility）则是它的内在品质。civility是"公民性"，是养成在人心里的素质；表现在公民的日常习惯中，是公民个人以及全体所公认的［普遍]价值。……当我们谈论［普遍的]"集体价值"的层次的时候，我们使用"公民精神"，在一般而论的时候则采用"公民性"。希尔斯是把［公民认同的普遍价值的]公民精神作为公民社会的［实践研究的]定性要素来看待的，他说，公民性——它主宰着一个社会作为公民社会在运转。②

在此，我不避私心的猜测，高丙中之所以倾心于希尔斯对"公民社会"的定义，与希尔斯用"公民精神""公民性"的普遍价值，作为"公民社会"的先于经验的"定性要素"③，与高丙中本人的民俗学出身不无关联，作为民俗学者，高丙中习惯于"在民众的日常生活实践中看到它们［指'公民社会'理念——笔者补注]的表现"④，即在"日常生

---

①　高丙中：《"公民社会"概念与中国现实》，《思想战线》2012年第1期，收入高丙中《日常生活的文化与政治——见证公民性的成长》，社会科学文献出版社2012年版。类似的表述见高丙中、袁瑞军《中国公民社会发展蓝皮书》，"导论：迈进公民社会"，北京大学出版社2008年版，第3页；高丙中、袁瑞军《中国公民社会发展状态——基于"公民性"的评价》，《探索与争鸣》2008年第2期，收入高丙中《民间文化与公民社会——中国现代历程的文化研究》，北京大学出版社2008年版。

②　同上。

③　所谓公民社会的"定性要素"是说，"公民社会是由社会结合达到基本程度的公民性所决定的。"参见高丙中《"公民社会"概念与中国现实》，《思想战线》2012年第1期，收入高丙中《日常生活的文化与政治——见证公民性的成长》，社会科学文献出版社2012年版。

④　"公民社会的理念对人与人的相处之道有一系列预期，我们已经在民众的日常生活实践中看到它们的表现。"高丙中、袁瑞军：《中国公民社会发展蓝皮书》，"导论：迈进公民社会"，北京大学出版社2008年版，第13页；高丙中、袁瑞军：《中国的公民社会发展状态——基于"公民性"的评价》，《探索与争鸣》2008年第2期，收入高丙中《民间文化与公民社会——中国现代历程的文化研究》，北京大学出版社2008年版。

活中的凡人琐事所体现的公民价值"①，于是当公民社会的定性因素"公民精神""公民性"，被高丙中认为"是养成在人心里的素质，表现在公民的日常习惯［即民俗］中"的普遍价值的时候，我想，高丙中与希尔斯一定相顾无言，唯有会心一笑而已。但是，即便有了用民俗的普遍价值定义公民社会的做法，高丙中对从传统的民间生活（熟人世界）中能否生发出现代的公民社会（陌生人共在的世界）的先验理想，仍然存有与"五四"学者同样的疑虑。②

　　公民性的内涵是由日常简单的礼貌习惯不断扩大有效范围而生成共同体的集体自我意识的。尽管礼貌的内容有所不同，但是一般的熟人社会都有效地维护着礼貌待人的原则。在熟人社会，人际互动主要发生在亲属和熟人之间，这些长期和稳定的关系都积淀下互动的习俗，因此和人相处只要依俗而行就算中规中矩，要是向上看齐就显得礼貌了。但是，礼貌待人的原则从小社区扩展到大共同体却不是容易的事情。礼貌成为公民性的内涵，就在于同样礼貌地对待不相干的陌生人，并且更难的是，自己能够相信陌生人通常也会同样对待自己。"'公民性'的规范界定一套行为标准，以便公民可以对陌生人产生正确的预期"（R. C. Sinopoli）。礼貌是外显的姿态，它同时包括相应的心态，那就是相互善待的集体共识、社会习惯。公民性所代表的姿态和心态是个人自愿的、主动的，又是一种义务性的，无直接交换条件的，不是因为他人对自己友善、对自己有用才这样回应他。礼貌作为马路边、公车上、餐馆里的细节，可能显不出重要性来，但是作为整个社会的集体心理［其实应该是普遍理性——笔者补注］却是现代国家能够在个人自由的条件下有序

---

① 参见高丙中《"公民社会"概念与中国现实》，《思想战线》2012 年第 1 期，收入高丙中《日常生活的文化与政治——见证公民性的成长》，社会科学文献出版社 2012 年版。

② "'民间社会'在字面上只讲与官方的区别，没有明示这个社会的属性，难以清楚地表达对现代文明的期待。"高丙中：《"公民社会"概念与中国现实》，《思想战线》2012 年第 1 期，收入高丙中《日常生活的文化与政治——见证公民性的成长》，社会科学文献出版社 2012 年版。近代中国，"民间始终没有生成为与国家真正分离的社会"，参见本书第一章《现代性论争中的民间文学》。

运转的基础。①

　　作为价值观来说，把任何人都当作人来对待，在日常生活中尊重人是常规的表现，这与我们的社会作为礼仪之邦的传统是一脉相承的。但是对待犯罪嫌疑人、对待服刑的个人、竞争者（政敌）也要在人格上尊重，也必须礼貌相待，这是与我们的社会传统（坏人是畜生）和社会主义的新传统（对待敌人要像秋风扫落叶一样）是相左的。②

　　但是，"我们［正］在学会并习惯不把同胞当敌人，而把所有陌生的人当潜在的合作伙伴"③，"帮助与自己没有直接关系或者自己不承担直接责任的人"④，尽管这一"学会并习惯"的过程将是漫长的，因为，"把对于熟人的'自然'态度投射到素昧平生的他人身上，有赖于共同体意识作为心理基础［其实应该是理性基础——笔者补注］"⑤，但是，既然我们已经认识到，"我们在日常帮助左邻右舍，那是乡情；我们在不认识的同袍有难时奉献自己的时间、财产，那是公民精神"⑥，那么我们是否就有充分的理由，期待公民精神应该也能够在我们每一个公民身上在未来实

————————

①　高丙中：《社会团体的合法性问题》，《中国社会科学》2000 年第 2 期，收入高丙中《日常生活的文化与政治——见证公民性的成长》，社会科学文献出版社 2012 年版。类似的表述见高丙中、袁瑞军《中国公民社会发展蓝皮书》，"导论：迈进公民社会"，北京大学出版社 2008 年版，第 3 页；高丙中、袁瑞军《中国公民社会发展状态——基于"公民性"的评价》，《探索与争鸣》2008 年第 2 期，收入高丙中《民间文化与公民社会——中国现代历程的文化研究》，北京大学出版社 2008 年版。

②　高丙中：《社会团体的合法性问题》，《中国社会科学》2000 年第 2 期，收入高丙中《日常生活的文化与政治——见证公民性的成长》，社会科学文献出版社 2012 年版。

③　同上。

④　参见高丙中《"公民社会"概念与中国现实》，《思想战线》2012 年第 1 期，收入高丙中《日常生活的文化与政治——见证公民性的成长》，社会科学文献出版社 2012 年版。并见高丙中、袁瑞军《中国公民社会发展蓝皮书》，"导论：迈进公民社会"，北京大学出版社 2008 年版；高丙中、袁瑞军《中国公民社会发展状态——基于"公民性"的评价》，《探索与争鸣》2008 年第 2 期，收入高丙中《民间文化与公民社会——中国现代历程的文化研究》，北京大学出版社 2008 年版。

⑤　同上。

⑥　高丙中：《社会团体的合法性问题》，《中国社会科学》2000 年第 2 期，收入高丙中《日常生活的文化与政治——见证公民性的成长》，社会科学文献出版社 2012 年版。

现的那一天？

　　以上所引高丙中关于公民精神的论述，多出自高丙中在 2000 年发表的《社会团体的合法性问题》那篇至今都让人过目难忘的论文①。我想，2000 年，那一年的我做了什么？就在同一年，我刚刚发表了反思民俗学的第一篇论文《现代性论争中的民间文学》（即本书的第一章），但此时的高丙中已经把中国民俗学界远远甩在了身后，独自一人闯入了主流学术的公共空间，代表民俗学界发出了民俗学的声音，而在他身后的整个民俗学界，此时都还处于困惑之中，根本谈不上给予高丙中以任何学科上的理论和实践支持（这真是让我们感到惭愧）。我想，如果户晓辉《民间文学的自由叙事》早十五年写就（这当然不能怪户晓辉只能怪中国民俗学学科），高丙中就会重写他的《社会团体的合法性问题》，他会充满信心地说：出于仁爱，与陌生人交往的公民精神，不仅是现代公民社会的先验"定性因素"，也是我们传统的民间社会的先验存在条件，在我们传统的民俗、民间文学的纯粹实践形式中，先验地就内在着自由目的的先验理想和先验传统，因此，先验的传统生活并不与现代社会的先验理想"相左"。正是以此，在过去的十多年中，对于龙牌会的跟踪观察，才让我们能够见证传统草根社团迈向公民社会的伟大历程，因为，民众不仅拥有天赋的自由权利，也拥有天赋的自由能力，正是依据这一天赋的自由能力，民众才能够也一定能够自我启蒙。

　　就这样，2000 年的高丙中，以他对公民社会的深刻理解，以及对传统的民间社会与现代的民主社会之间相互关系的深入思考，将公民社会的先验理想作为语境条件（以此我们称之为"先验语境"），引入了中国民俗学的实践研究，尽管那时的他还没有考虑民俗学的实践范式问题，而仍然在一心一意地推广他对民俗学的人类学化乃至社会科学性化

---

　　① 高丙中关于"公民社会"的全面论述除了《社会团体的合法性问题》（载《中国社会科学》2000 年第 2 期，收入高丙中《日常生活的文化与政治——见证公民性的成长》，社会科学文献出版社 2012 年版），主要见于 2008 年至 2012 年的三篇论文，即：（1）高丙中、袁瑞军《中国公民社会发展状态——基于"公民性"的评价》，《探索与争鸣》2008 年第 2 期，收入高丙中《民间文化与公民社会——中国现代历程的文化研究》，北京大学出版社 2008 年版；（2）高丙中、袁瑞军《中国公民社会发展蓝皮书》，"导论：迈进公民社会"，北京大学出版社 2008 年版；（3）高丙中《"公民社会"概念与中国现实》，《思想战线》2012 年第 1 期，收入高丙中《日常生活的文化与政治——见证公民性的成长》，社会科学文献出版社 2012 年版。三篇论文的内容有重复，但又有各自的侧重，其中，以 2012 年的第三篇论述最为全面。

的范式设想，但是，这一设想却一方面推动了中国民俗学的科学化，另一方面又阻碍了中国民俗学以整体身份参与公共领域学术对话的实践性，从而造成了中国民俗学界与他本人超前的学术实践的整体脱节。而根据高丙中的设想，中国民俗学本应该对中国当下的现状和未来的发展"提供根本的见解"（胡适），就像自己的"五四"前辈一样，参与对现代中国人的"元身份"（或"［国民］普遍［的］身份"[①]）的"公民身份设计"。[②]

> 元身份是国家多种身份设计的依据，是可以对众多身份的合法性和效力提供解释的身份。现代民族国家的元身份是要通过宪法来表述的。在中国，"人民"、"公民"是发挥过或者能够发挥元身份作用的身份设计。一个政治共同体需要建立元身份来保障每个成员的正当权利，保证所有人在竞争、合作的社会生活中具有共同的观念基础和可预期别人行为的身份条件。现代民族国家的成员身份在理想上是公民身份。[③]

民俗学——中国民俗学也是一样——从其诞生的第一天起，就参与了对现代人的"元身份"的"身份设计"，即把"民"作为本学科的核心问题来讨论，而中国民俗学贡献的"民间""民众""平民""国民"等一系列观念，与中国共产党人贡献的"人民"概念一样，都参与过对现代中国人的"元身份"的"身份设计"，作为或者"肯定一种社会进步的

---

① 参见高丙中《"公民社会"概念与中国现实》，《思想战线》2012年第1期，收入高丙中《日常生活的文化与政治——见证公民性的成长》，社会科学文献出版社2012年版。

② 参见高丙中《"公民社会"概念与中国现实》，《思想战线》2012年第1期，收入高丙中《日常生活的文化与政治——见证公民性的成长》，社会科学文献出版社2012年版。"'我'是谁？我和谁是'我们'？身份意识、认同问题是各种层次的共同体的核心议题。对于这类问题的情境性回答都会明显甚至强烈影响'我们'相处的态度和相互对待的方式。可是，靠什么界定'我'，一个一个的'我'又怎么被认知为'我们'，这是所有的人文与社会科学都直接与间接参与的知识生产工程。"高丙中：《中国人的生活世界——民俗学的路径》，收入高丙中《日常生活的文化与政治——见证公民性的成长》，社会科学文献出版社2012年版，原文为高丙中《中国人的生活世界——民俗学的路径》的"序言"，北京大学出版社2010年版，修订后发表于《民俗研究》2010年第1期。

③ 高丙中：《"公民社会"概念与中国现实》，《思想战线》2012年第1期，收入高丙中《日常生活的文化与政治——见证公民性的成长》，社会科学文献出版社2012年版。

行为"或者"批评一种社会问题"的"基本价值内涵"①,而获得过在那个时代大致上名实相符的意识形态地位;但是时过境迁,当中国民俗学迎来了自己科学化、理论化的春天,却与国人当下及未来的元身份设计渐行渐远,因为,日益学院化的民俗学学科认为,自己的学术对象和研究范围,不是历史传统,就是历史传统的传承方式,而自外于对国人元身份的价值设计。而自觉或不自觉地参与国人元身份的价值设计,原本就是一个学科"作为现代学科"是否有资格进入主流学术的公共平台的最重要的实践途径,在这方面,民俗学在学科见识上的确落在其他学科之后。而民俗学能否重新参与对国人元身份的设计实践,端有赖于民俗学能否对人性有更深刻的把握,而不是流于对人的实践行为、活动的现象描述。高丙中清楚地意识到这一点,所以即便"世人皆醉我独醒",他也要代表中国民俗学,只身前往公民社会这个公共论坛,也就是那个事关中国命运的"是非之地"。② 但遗憾的是,在他的身后,他所代表也背靠甚至仰仗的中国民俗学,却没能及时地给予他以有效的支持甚至充分的理解,因为2000年的中国民俗学,在理论上对于公民性原本出于人的自由天性,因而公民精神可以从民间生活的传统习俗中生发出来,亦即公民社会所倡导的"负责任地与陌生人自由交往"现代理念,原本就出自民俗、民间文学关于"我与你"的"我们"的先验理想甚至先验

---

① 参见高丙中《"公民社会"概念与中国现实》,《思想战线》2012年第1期,收入高丙中《日常生活的文化与政治——见证公民性的成长》,社会科学文献出版社2012年版。"附加身份",也是民众自己自觉追求的目标,参加本书第十一章《转过身来的大娘娘》对陈泳超的田野发现的讨论。

② "'人民'这个概念作为我们立国的基础能够成立,民俗学关于民间文学的研究在这里也起了一个关键性的作用。再往下一步就是'公民'。只有'公民'这个概念进来,才能说我们个人的价值观、群体的合作才有可能。这个时候的民俗学研究怎么跟这个概念联系起来呢?这是我们今天仍要讨论的问题。不是说我们民俗学的研究已经将这个今天作为立国基础的概念做好了,而是说'民间'、'人民'的概念在建立现代人民共和国中做出了不可缺少的贡献。今天我们民俗学要有一个新的机会,我们要为我们新的国家变换到一个新的认同、新的形象来做出我们的贡献,就是怎么样结合'公民'概念来做!"高丙中:《从民间到公民——民俗学在其中的作用》,《中国民族报》2004年3月19日。另参见高丙中《"公民身份"的理论取向和现实意义》,《学习时报》2003年9月1日;户晓辉《从民到公民:中国民俗学研究"对象"的结构转换》,《民俗研究》2013年第3期。

传统（户晓辉《民间文学的自由叙事》），还一无所知。① 于是，当高丙中只身登上"公民社会研究"这一跨学科的航空母舰，他只能像他的先驱者们（胡适、周作人）一样，把"公民社会"的先验理想，视为民俗与民俗学之外"来自星星的你"的天外来客，而不是出自民俗与民俗学"我们"内心的天籁之音②，于是在高丙中随身携带的理论装备中，就只有一个"应该是一门人文属性足够强，却以实地调查研究为基础的社会科学"，即先验的目的论与经验的方法论相互分裂的民俗学，而不是一个以目的与合目的的方法为同一性基础的实践民俗学。当然，即便如此，高丙中仍然立场坚定地写道：

> 我在过去二十多年里目睹了平凡世界里这种奇迹的发生。我由衷地相信，普通的中国人是中国奇迹的创造者！……这是一个民众靠自己的智慧为自己开拓生存空间的时代，他们的伟大创举总是在改造各种成文的制度。③

那么，在平凡的世界里，高丙中究竟目睹了什么"奇迹"和"伟大创举"，能够让他在理论装备相对薄弱的实践认识条件下，仍然由衷地相信，普通的中国人是伟大创举、奇迹的创造者？当然，这个奇迹或伟大创举的"标志性"所指，就是被誉为中国民俗学田野研究的第二个"妙峰山"的河北赵县的范庄龙牌会。

---

① "一个国家的社会科学有一个最基本的责任，就是提供能够让这个社会因为它的人民的价值和行为方式值得尊敬而获得热爱（对内）和尊重（对外）。看一看普通中国人的生活方式在中国社会科学的各个学科的文献中被估量的价值高度，就会清楚地感觉到，我们的整个学术是大有问题的。笔者认为，当代的学术应该以营造尊重普通人、让普通人相互欣赏的知识条件为专业伦理的基准线。民俗学在中国学界是做得最不差的。但是，民俗学可以做得更好……"高丙中：《中国人的生活世界——民俗学的路径》，收入高丙中《日常生活的文化与政治——见证公民性的成长》，社会科学文献出版社 2012 年版，原文是高丙中《中国人的生活世界——民俗学的路径》的"序言"，北京大学出版社 2010 年版，修订后发表于《民俗研究》2010 年第 1 期。

② "有两样东西，我们愈经常愈持久地加以思索，它们就愈使心灵充满日新又新、有加无已的景仰和敬畏：在我之上的星空和居我心中的道德法则。"［德］康德：《实践理性批判》，"结论"，韩水法译，商务印书馆 1999 年版，第 177 页。

③ 高丙中：《日常生活的文化与政治——见证公民性的成长》，"序言"，社会科学文献出版社 2012 年版，第 5、7 页。

三　"双名制"与"经受合法秩序有效规则的检验"

　　以范庄龙牌会为案例，高丙中写过多篇文章，讨论的虽然是同一个对象，讨论的角度、方式却并不相同，其中重要的有三篇，即 2004 年发表的《知识分子、民间与一个寺庙博物馆的诞生——对民俗学的学术实践的新探索》①，2006 年发表的《一座博物馆—庙宇建筑的民族志——论成为政治艺术的双名制》②，以及与马强合作于 2008 年发表的《传统草根社团迈向公民社会的历程：河北一个庙会组织的例子》③。另外，2001 年发表的《民间的仪式与国家的在场》④，尽管不是直接讨论的龙牌会，其"国家的在场"的命题应被视为"双名制"的先声，因为没有"国家的在场"，也就不会有基于国家力量与民间力量之间相互博弈而导致的"双名制"的诞生。"国家的在场"与"双名制"这两项命题，在中国民俗学界立即引起了广泛的连锁反映，为诸多民俗学的硕士与博士论文，提供了观察、思考民俗现象的理论—概念的切入角度，并且在田野中发现了越来越多的"双名制"现象。⑤

　　　　当我坐在嘉宾席上参加由县政府主持的龙祖殿落成典礼的时候，真是百感交集。还不曾有一个建筑物的故事让我如此感叹。……造庙

---

　　①　参见《民间文化论坛》2004 年第 3 期，收入吕微、安德明编《民间叙事的多样性》，学苑出版社 2006 年版；高丙中《中国人的生活世界——民俗学的路径》，北京大学出版社 2010 年版。

　　②　参见《社会学研究》2006 年第 1 期，收入高丙中《民间文化与公民社会——中国现代历程的文化研究》，北京大学出版社 2008 年版。

　　③　参见高丙中、袁瑞军主编《中国公民社会发展蓝皮书》，北京大学出版社 2008 年版，收入高丙中《日常生活的文化与政治——见证公民性的成长》，社会科学文献出版社 2012 年版。

　　④　参见《北京大学学报》2001 年第 1 期，收入高丙中《民间文化与公民社会——中国现代历程的文化研究》，北京大学出版社 2008 年版。

　　⑤　"实际上，文史研究会和宗亲会是同一个家族组织的两个牌子而已。前者是合法社团，在与政府、外部发生联系时出面；后者是没有合法身份但是能够凝聚族人的组织。两个组织的主要成员都是同一些人，以哪个组织的形式出现比较方便，他们就用哪个组织的名义。"高丙中、夏循祥：《作为当代社团的家族组织——公民社会的视角》，《北京大学学报（哲学社会科学版）》2012 年第 49 卷第 4 期。

本身的困难不是难中之难，最难的是合法地造庙，最难的是让所造的
庙宇具有合法的身份。本文谈论的"龙祖殿"，是经过了政府的规划
的，它在物理空间和意识形态空间中都拥有合法的身份。我们看到，
其中最关键的环节在于它事先已经在知识分子的话语空间里占有了一
席之地。近代以来，包括民俗学者在内的中国知识分子关于"迷
信"、"落后"等观念的知识生产，使神州各地的拆庙运动成为必然。
时过境迁，今天让人耳目一新的是，河北省范庄"龙祖殿"的兴建
得益于民俗学者的学术活动。抚今追昔，民俗学者在专业工作上也许
没有太大的变化，但是作为知识分子，他们与"民间"的关系正在
发生惊人的变化。①

以上文字写于 2004 年，关注的主要是学者、知识分子的作用。尽管，
龙祖殿能够落成，"其中最关键的环节在于它在诞生前已经在学术的、政治
的和政府管理的话语或者符号结构里占有了一席之地"②，但是，龙祖殿真
正的主人即当地村民的作用也不可小觑，甚至首先依赖于后者的操作
智慧。

　　尽管龙图腾与龙牌爷原本在意义上是不同的，但是，经过他们的
叙述和解释，龙牌信仰因为见证了远古的勾龙神话而从一种地方性的
信仰变成了中华民族一个历史阶段的"活化石"，从而被认为具有了
进入博物馆的价值。博物馆的功能是通过实例见证历史，于是，龙牌
就具备了与博物馆的功能联系起来的可能性。……龙牌会的组织者通
过意义和认同的再生产（重新解释并加以传播），使自己的信仰活动
由原本可能完全不被外部世界接受的事物，变成了大家很难在政治上

---

　　①　高丙中：《知识分子、民间与一个寺庙博物馆的诞生——对民俗学的学术实践的新探索》，《民间文化论坛》2004 年第 3 期，收入吕微、安德明编《民间叙事的多样性》，学苑出版社 2006 年版；高丙中：《中国人的生活世界——民俗学的路径》，北京大学出版社 2010 年版。
　　②　参见高丙中《一座博物馆—庙宇建筑的民族志——论成为政治艺术的双名制》，《社会学研究》2006 年第 1 期，收入高丙中《民间文化与公民社会——中国现代历程的文化研究》，北京大学出版社 2008 年版。

否认其正确性的东西。①

　　以上文字写于 2006 年，关注的主要是龙牌会组织者（"村民们"）的作用。除了学者、政府和村民在龙祖殿最终落成的整个过程中，都发挥了各自的作用，但高丙中更关心是他们共同遵循的"文化传统"和"文化逻辑"的"习俗""惯制"，这显示出高丙中作为一名民俗学者，与人类学者、社会学者不尽相同的学科视野。

　　　　这个寺庙博物馆或者说博物馆寺庙的诞生对于我们认识今天中国的社会具有非同寻常的价值。在 2003 年的落成典礼上（我从1996 年受邀参与观察龙牌会，在过去的 10 次庙会中，我参加了 6次，大致算是见证了它在这个期间的发展），我坐在主席台上，观看官员在台上表演，村民在台前表演，感受到政府和村民因为各得其所而皆大欢喜。一直标榜"无神论"和反"迷信"的一方如何可能与"搞迷信"的一方如此共处？现实的原因会有很多，我在这里更感兴趣的是他们的双重命名及其文化逻辑。……本文所用的"双名法"概念源于中国社会传统的给人命名的方式，即给同一个人两个或多个名字的传统。这是中国社会所习惯的经验事实，也是大家共有的一种思维能力和思维习惯。这种命名的惯制被人们当作应对复杂局面的技巧、方法来使用，我们就称之为"双名制"。……［双名制］兼顾了个人生命史的不同阶段在社会联系上的不同范围，是一种跨时间和空间的表征思维模式。不是通过命名而把生命、实物像树一样栽到一个点上，而是意识到他（它）将处于一个复杂的社会，给它两个点，让它左右逢源。这是一个解决时间变迁和空间差异的有效方案。……这是人们自幼就习惯的一种文化传统。……普通民众针对社会障碍和紧张关系施展策略，为自己的宗教信仰构建合法性的文化逻辑，并从一个侧面揭示当代中国社会运行的一种文化逻辑……［按照这一］中国社会的文化逻辑……

----

　　① 高丙中：《一座博物馆—庙宇建筑的民族志——论成为政治艺术的双名制》，《社会学研究》2006 年第 1 期，收入高丙中《民间文化与公民社会——中国现代历程的文化研究》，北京大学出版社 2008 年版。

村民并不必然要放弃他们的"迷信"，学者和官员仍然抱持"文化"。这种事实的发生，在我看来，取决于双名制这一文化传统被作为政治艺术而灵活地运用了。……中国社会内部自近代以来逐渐滋长出多种紧张关系……中国社会长期被这些广泛存在的紧张关系所困扰。中国人运用过很多方式处理这些紧张关系，其中一个广为采用的有效方式是作为文化传统并被作为政治艺术运用的双名制。……这种［双名制］命名习俗表现在我们的个案里，不仅是一种文化传统的延续，而且是一种有效的政治艺术。①

以上文字写于 2006 年，关注的主要是"普通民众"如何"灵活运用""文化传统"或"文化逻辑"的"政治艺术"。在高丙中看来，"双名制"原本是在中国传统文化中，是由一种"思维习惯""思维模式"的"文化传统""文化逻辑"所形成的"习俗""惯制"或"习惯"，即"针对社会障碍""处理紧张关系""应对复杂局面"的一种"技巧"或"策略"的"有效方式"或"有效方案"，当"普通民众"把"双名制""灵活运用"于当代社会的政治生活中，就成为了"普通民众"所掌握并使用的"政治艺术"，这种政治艺术不仅反映的是"中国社会的文化逻辑"，而且是"当代中国社会运行的一种文化逻辑"。这种当代中国社会的文化运行逻辑，使得多样性的文化能够共存，那么，这样一种文化逻辑，究竟是"普通民众"狡黠的权宜之计——功能性的实用规则，还是在"传统草根社团迈向公民社会的历程"中，所必然要遵循的道德性实践法则呢？如果我们执意要"把龙牌会放在'公民社会'的［语境］范畴里来审视"的话，这样的问题的确是"很具有挑战性的"。②

"国家的在场"与"双名制"的命题，为高丙中在中国民俗学界内部，甚至在民俗学界以外，赢得了广泛的赞誉；但是，当更多的民俗学学者、学生在田野调查中，发现了越来越多的普通民众如何灵活运用"双

---

① 高丙中：《一座博物馆—庙宇建筑的民族志——论成为政治艺术的双名制》，《社会学研究》2006 年第 1 期，收入高丙中《民间文化与公民社会——中国现代历程的文化研究》，北京大学出版社 2008 年版。

② 参见高丙中、马强《传统草根社团迈向公民社会的历程：河北一个庙会组织的例子》，载高丙中、袁瑞军主编《中国公民社会发展蓝皮书》，北京大学出版社 2008 年版，收入高丙中《日常生活的文化与政治——见证公民性的成长》，社会科学文献出版社 2012 年版。

名制"的政治艺术，以"发扬光大"传统文化的经验案例的当口①，"双名制"的命题却在高丙中 2008 年的那篇同样以龙牌会为对象的论文中，悄然地消失了，其中，尽管"中国社会的文化逻辑"和"国家的在场"都仍然被再一次强调，但是这一次，"国家"代表的是什么？"龙牌会"代表的又是什么呢？而两者之间又有怎样的关系呢？高丙中坚决地回答，既然我们已经"把龙牌会放在'公民社会'的［语境］范畴里来审视"，那么，龙牌会就不能简单地以传统会社视之，龙牌会"无疑是中国公民

① 这里仅仅提供高丙中自己以及陈泳超和施爱东的田野调查（我把网络调查视为民俗学在当代的田野形式）的三则案例。"家族组织合法化的第二种形式是走政治正确的路线，对自己的组织行为进行解说，阐明自己是奉行国家的价值的。组织者预计，国家不会反对国家自己都认为正确的事情。家族行为本来具有自身的价值观和目的，但组织者知道，要得到政府的容忍乃至承认，必须在价值观上向国家靠拢。例如，郑氏家族在向族人发出修谱的邀请书时说，根据《文化部办公厅通知》'家谱、方志、正史构成中华民族历史大厦的三大支柱，是我国珍贵文化遗产的一部分'的精神；家谱是家族教育和社会发展、演变的资料；家谱的整理有利于科学研究、寻根问祖和国际交流。此外，族谱中特设'名人能人榜'，记述族人为国效力的事迹。这体现家族组织积极表达对当下国家体制、价值的承认与尊崇，反过来也是证明组织行为在政治上的正确。"高丙中、夏循祥：《作为当代社团的家族组织——公民社会的视角》，《北京大学学报》（哲学社会科学版）2012 年第 49 卷第 4 期。"一个趋势很明显，'民俗精英们［对传说］的改编，一定跟'五髭须'和'杜十姨'的荒诞路向相反，总是越来越接近主流意识形态，这也凸显了'地方外'影响力的日趋强大。""他个性过于刚直，藏不住话，经常为了传说信仰与人争吵，维护他领会到的与主流意识形态合拍的正面价值。""在与吴克勇合作的小册子《娥皇女英轶事传闻》中，他以传统道德和当代主流意识形态为指导思想，以社会发展史为主要依据，对传说进行全面改编，将传统叙事中不符合这一标准的地方全部改换了，认为这样有利于教化民众。"陈泳超《背过身去的大娘娘：传说生息的动力机制——关于山西省洪洞县"接姑姑迎娘娘"活动的传说学研究》，未刊稿，第 13、132、240 页。"无论传说还是谣言，都会基于一定的事实基础，它们之所以能在这个时代流行，或者在这个时代死灰复燃，一定是直接或间接地迎合了这个时代流行的社会、文化心态或价值观念，反映了这个时代的希望或恐惧。割肾传闻抨击了人类的堕落以及法网的疏漏，而这正是民众对当前社会的一种普遍情绪。正如《人民论坛》所指出的，当代中国，人们日益关注各种各样的'互害事件'，坏现象越来越多，甚至人们意想不到的各种恶性事件层出不穷，'一方面，互害现象已经演变为一种社会化的现实逻辑，在这种结构性的逻辑之下，害人害己，人己互害，环环相扣；而另一方面，互害逻辑正潜在地扩展弥漫至社会存在与文化心理的各个层面'。正是在这样一种社会氛围之下，各种带有寓言训诫性质的传闻和故事就广为传布，一再告诫人们要洁身自好、明哲保身，要经受住金钱美色的诱惑，抛弃天上掉馅饼的幻想，以免被人算计，落个凄惨下场。比如故事的结尾总是这么告诫听者：'不要再幻想一夜情，如果不听劝，或许哪天你的肾也被摘了，那可就生不如死，可别说我没劝过你。'"施爱东：《盗肾传说、割肾谣言与守阈叙事》，《华南师范大学学报》（社会科学版）2012 年第 6 期。

的［现代］结社"①，这就是说，国家是公民社会（至少是正在迈向公民社会的国家），而龙牌会是公民结社，两者互为因果。

　　在城市社区和农村村社，许多组织实体以传统民间组织的形式出现，但是，我们与其把它们看作是传统民间组织，不如看作现代民族国家的社团。我们审视一下这些团体的组织要素和背景就会很清楚。组织者和参与者都是当下社会中人，它们都处在并且都知道自己处在国家的行政、法律和意识形态的约束之中。这些社团要在公共空间中活动，必须经得住公权力和公众的检验和监督。这些都决定了它们虽然以传统形式出现，但必然是这个时代这个社会的组织。②

　　传统草根社团……选择时机与方式寻求公开化、正当化，进而主动调整自己的结构、组织方式、价值（至少是价值的表述），一些方面与国家制度和价值（表述）相并接，一些方面则相衔接、融合，逐渐成为大社会或国家的一个"正常"的部分。我们从龙牌会这一个案看到，原本巨大的空间距离、社会距离、文化距离因为自由结社和社团合作而在一个更高（更具普遍主义意涵）的层次得以克服，原本疏离的个人、团体、部门得以沟通，这个过程正是公民社会的发

---

　　①　"可惜的是，学者们的定义通常都没有直接列出传统形式的结社，如家族组织、庙会组织等。但是，公民社会和公民组织的概念在逻辑上是应该纳入这些社团的，因为它们无疑是中国公民的结社。"高丙中：《"公民社会"概念与中国现实》，《思想战线》2012 年第 1 期，收入高丙中《日常生活的文化与政治——见证公民性的成长》，社会科学文献出版社 2012 年版。"今天的公民结社在另一方面来看是传统组织资源经过现代化洗礼的产物，是现代化早期的社团组织在社会重新开放之后的复兴……传统型的民间组织在近 30 年的复出应该理解成一种孳变。……它们实质上是今天的公民利用传统组织资源而结成的社团，我们要避免因为它们的传统形式而把它们看作过去时代的组织的偏颇。……宗族已经蜕变为适应当今政治和法律环境的公民社会组织。"高丙中、袁瑞军：《中国的公民社会发展状态——基于"公民性"的评价》，《探索与争鸣》2008 年第 2 期，收入高丙中《民间文化与公民社会——中国现代历程的文化研究》，北京大学出版社 2008 年版。
　　②　高丙中、马强：《传统草根社团迈向公民社会的历程：河北一个庙会组织的例子》，载高丙中、袁瑞军主编《中国公民社会发展蓝皮书》，北京大学出版社 2008 年版，收入高丙中《日常生活的文化与政治——见证公民性的成长》，社会科学文献出版社 2012 年版。

展和地方社团的"公民"属性逐步生长的见证。①

　　不论是在现实关系里还是想象里，龙牌会的组织者愿意探讨一切成为主流社会的积极成员和具有正面的社会形象的可能性。……至此，我们再一次清楚地见证，龙牌会总是在寻找融入主流社会价值、成为主流社会的成员的机会……公民社会的要义就是以普遍主义原则让被排斥的个人、群体、组织能够作为一个"正常的"、"普通的"成员被纳入进来。……落实普遍主义原则的过程不仅启动多年了，而且成绩卓著，龙牌会的历程就是一个生动的例子。②

　　显然，在高丙中的最新表述中，"国家"暂时代表了"普遍主义意涵"或"普遍主义原则"③，而"传统草根社团"总是"主动调整自己"，以融入的"主流社会价值"或"普遍主义的价值观"④。实际上，"绝大多数明文记载的社团宗旨都定位于一种积极的政治态度……社团的政治表现比国家的［法律、政策］底线高得多"⑤。

　　一些极具生存智慧的草根组织利用了国家政策上的松动以及与社会组织博弈策略性的变化，不断寻求着生存的空间、存在的政治合法

---

　　① 高丙中、马强：《传统草根社团迈向公民社会的历程：河北一个庙会组织的例子》，载高丙中、袁瑞军主编《中国公民社会发展蓝皮书》，北京大学出版社 2008 年版，收入高丙中《日常生活的文化与政治——见证公民性的成长》，社会科学文献出版社 2012 年版。

　　② 同上。

　　③ 在《中国的非物质文化遗产保护与文化革命的终结》（《开放时代》2013 年第 5 期）一文中，高丙中否定了国家垄断普遍主义价值的可能性。"'人民'是在革命意识形态中被使用得更多的范畴，'公民'更为自由主义者所借重。在思想多元的时期，它们看起来是在被混用，但是，在主流的思想和主导的社会力量结合起来之后，支配性的话语会选择自己的核心概念，赋予它优先的和统摄的地位。"参见高丙中、袁瑞军《中国公民社会发展蓝皮书》，"导论：迈进公民社会"，北京大学出版社 2008 年版，第 8 页；高丙中、袁瑞军《中国的公民社会发展状态——基于"公民性"的评价》，《探索与争鸣》2008 年第 2 期，收入高丙中《民间文化与公民社会——中国现代历程的文化研究》，北京大学出版社 2008 年版。

　　④ 参见高丙中《社会团体的合法性问题》，《中国社会科学》2000 年第 2 期，收入高丙中《日常生活的文化与政治——见证公民性的成长》，社会科学文献出版社 2012 年版。

　　⑤ 高丙中：《社会团体的合法性问题》，《中国社会科学》2000 年第 2 期，收入高丙中《日常生活的文化与政治——见证公民性的成长》，社会科学文献出版社 2012 年版。

性，从而谋求成为大社会中正常的一员。正是国家与草根社团的如此互动中，呼应了、见证了公民社会的发生、发展。"①

高丙中写道："我对民间文化复兴的观察有一个着眼点，这就是看它们的传承人如何运用智慧和资源促使它们重新见容于现代文化、现代体制。"② 但是，现在，传统文化的传承人智慧，在高丙中这里，已经极力避免被说成是实用主义的"政治艺术"，而被称为道德实践的"合法化效力（努力）的策略"③，即"一个组织是否具有合法性，那就取决于它能否经受某种合法秩序所包含的有效规则的［普遍化］检验"④，进而"运用智慧"把不同价值（权利、义务）之间类似"双名制"的价值"并接"，提升为可普遍化即"在原则上可以推及、让渡到所有其他人"的同一性价值"衔接"（以此我们可以大概领悟高丙中之所以放弃"双名制"的表述方式的理由了）。

公民社会的要旨在于人与人发生关系是以一个坚持普遍主义原则的国家的在场为条件的。国家的普遍主义使个人及其活动所体现的价值、权利和义务在原则上可以推及、让渡到所有其他人。反过来，具体情境中活动的人把［自己的］活动看作国家的一部分或者看作具有国家的意义并且认为其他公民也同样可以如此活动，他们就把自己置于公民社会在思考、行事。⑤

① 高丙中、马强：《传统草根社团迈向公民社会的历程：河北一个庙会组织的例子》，载高丙中、袁瑞军主编《中国公民社会发展蓝皮书》，北京大学出版社2008年版，收入高丙中《日常生活的文化与政治——见证公民性的成长》，社会科学文献出版社2012年版。

② 高丙中：《日常生活的文化与政治——见证公民性的成长》，"序言"，社会科学文献出版社2012年版，第6页。

③ 参见高丙中、马强《传统草根社团迈向公民社会的历程：河北一个庙会组织的例子》，载高丙中、袁瑞军主编《中国公民社会发展蓝皮书》，北京大学出版社2008年版，收入高丙中《日常生活的文化与政治——见证公民性的成长》，社会科学文献出版社2012年版。

④ 参见高丙中《社会团体的合法性问题》，《中国社会科学》2000年第2期，收入高丙中《日常生活的文化与政治——见证公民性的成长》，社会科学文献出版社2012年版。

⑤ 高丙中、马强：《传统草根社团迈向公民社会的历程：河北一个庙会组织的例子》，载高丙中、袁瑞军主编《中国公民社会发展蓝皮书》，北京大学出版社2008年版。收入高丙中《日常生活的文化与政治——见证公民性的成长》，社会科学文献出版社2012年版，第265页。

以上文字均写于 2008 年，关注的是个人、团体如何遵循普遍主义的实践原则以使自己成为自由主体的国家公民或公民组织。进而，一个遵循普遍主义价值原则的普通公民的日常生活，也就应该得到同样"坚持普遍主义原则"的现代国家的保护与呵护。"民俗曾经是中国传统生活固有的样态，从新文化运动在根本上否定中国民俗对于国人理所当然的属性以后，民俗成为革命的对象"①；但是，现在，如果"民俗"就是"国人"的道德生活的外在显现，那么，"一个正常的现代民主国家，[就] 应该把普通人的日常经验作为政治、经济、学术的出发点和服务对象，其中，一个具有活力的民俗学对于中国人 [原本是合法则性却] 饱受凌迟的日常生活的呵护是十分重要的"②。因为，每一个普通人的日常生活正是依照其"庸常（日常）理性"而遵循着普遍主义的实践法则，而每一个普通人的庸常理性正是公民社会得以实现的基础，因为每一个普通人所拥有的庸常理性，不是什么身外之物，就是每个人内心"理所当然"的道德良知，"把他人当作平等的一员予以尊重，相信他具有和自己一样的理性、一样的价值追求、一样的选择权利，这是公民性的各种内涵的核心价值"③。

在《实践理性批判》中，康德十余次说到人们日常的（即庸常的）人类理性（或知性）以及人类理性（或知性），对道德法则的普通意识和普遍意识④，正是以此，"在道德事件中，人的理性，即使在最普通的意

---

① 高丙中：《日常生活的文化与政治——见证公民性的成长》，"序言"，社会科学文献出版社 2012 年版，第 2 页。

② 同上书，第 3 页。

③ 高丙中：《"公民社会"概念与中国现实》，《思想战线》2012 年第 1 期，收入高丙中《日常生活的文化与政治——见证公民性的成长》，社会科学文献出版社 2012 年版。每一个人是否先验地都拥有道德良知？康德在《道德形而上学基础》中给予了充分的肯定和"无懈可击"（Paton 语）的成功论证，参见本书第十章《"表演的责任"与民俗学的"实践研究"》。

④ ［德］康德：《道德形而上学基础》也多次提到"普通人的理性"（common human reason）、"普通理性"或"通常理性"（common reason、ordinary reason）、"普通的人类知性"（ordinary human understanding）、"普通知性"（common understanding）、"普通的实践理性"（common practical reason）、"实践的普通理性"（practical common reason），以及"健康的理性"（healthy reason）、"自然健全的知性"（natural sound understanding）。参见 ［德］康德《道德形而上学基础》，孙少伟译，九州出版社 2007 年版，第 10、11、26—31 页。

识（the commonest mind）中，也很容易达到高度的正确性和完善性"①。以此，康德认为，人类的普通理性先天地就拥有对道德法则的普遍意识；换句话说，对道德法则的意识先天地就存在于每个人的理性当中，而这是一个"理性的事实"。

> 我认为实际上是有纯粹的道德律的，这些道德律完全先天地（不考虑经验性的动机，即幸福）规定了所为所不为，即规定一般有理性的存在者的自由的运用，而且我认为这些规律绝对地（而不只是在其他经验性目的之前假言式地）发出命令，因而在任何方面都是必然的。我可以有权假定这一命题，这不只是因为我援引了那些最明察秋毫的道德学家们的证据，而且是因为我依据的是每一个人的道德判断，如果他愿意清楚地思考这样一条规律的话。②

---

① ［德］康德：《道德形而上学基础》，孙少伟译，九州出版社 2007 年版，第 13 页。"这样，我们就在普通人的理性所具有的道德知识中，获得了这种道德知识的原则。普通人的理性不以这种普遍的形式去抽象地思考这一原则，虽然这点确信无疑，但是人们一直把它牢记在心中，并总是把它用作判断的标准。这里就很容易表明，有了这一指针，普通人的理性会如何清楚地辨明，什么是善，什么是恶，哪些符合责任，哪些不符合责任。我丝毫也不需要教给普通理性任何新的东西……既不需要科学，也不需要哲学，他们就懂得如何做才能成为诚实的和善的，甚而成为有智慧的和有德行的。我们事先就可能推想到：关于每一个人必须做的，因而也是必须要知道的知识，是每一个人，甚至连最普通的人，都力所能及的。在这里与理论的判断能力相比，我们会禁不住对实践的判断能力在普通的人类知性中所具有的巨大优越性表示羡慕。……在普通理性的实践关切中，最值得注意的事情是，它很可能和一个哲学家一样有希望达到目标。事实上，它几乎比哲学家更有把握做到这一点，因为，哲学家所拥有的原则，普通知性也同样拥有。"同上书，第 27、29 页。

② ［德］康德：《纯粹理性批判》，邓晓芒译，人民出版社 2004 年版，第 613 页。"所有的道德概念，在理性中，都完全先天地拥有它们的位置和根源。在最普通的理性中是这样，在最高度思辨的理性中也同样如此。"［德］康德：《道德形而上学基础》，孙少伟译，九州出版社 2007 年版，第 45 页。"［理性的事实］这个前提现在或许是由某种可直接接近者，亦即我们对于道德律作为最高权威的普通意识所提供的，而不是由我们的智性世界的成员身份这种悬拟的观念所提供的。"［美］阿利森：《康德的自由理论》，陈虎平译，辽宁教育出版社 2001 年版，第 360—361 页。"人们日常的理性在道德中比在理论中，是一个更可靠的向导。""在实践事务，而不在思辨中，通常人的理性可以说与哲学比较是更好的向导。""唯有善良意志才是无条件的善的观点，是为通常的道德意识所支持的，它就是我们在日常生活中全部道德判断的前提或条件。"Paton 关于《道德形而上学基础》的"论证分析"，参见［德］康德《道德形而上学原理》，"附录"，苗力田译，上海人民出版社 2005 年版，第 95、98、105 页。

贝克在援引了康德《纯粹理性批判》的上述似乎是"独断论"的论断之后指出："'每个人的道德判断'是康德道德哲学的真正出发点"。①对此，阿利森表示赞同："'理性的事实'的学说，而这本是康德的观点最终必须倚重的基础。"② 那么在康德看来，什么是每一个普通人的日常理性所坚持的道德法则呢？康德对此的表述其实十分简单，就是"［普遍］合法则性"③，这就是说，某一个人的主观行为准则应该符合于对每一个人都有效的客观行动法则，即悬置了法则内容（质料）的先验剩余物的纯粹意志决定形式的"［普遍］合法则性"这一道德原则④。在《实践理性批判》，康德将这一道德实践的最高原则表述为：

> 这样行动：你的意志的准则始终能够同时用作普遍立法的原则。⑤

不难看出，上文所引高丙中关于人们的社会生活实践"能否经受某种合法秩序所包含的［普遍］有效规则的检验"的命题，与康德对道德实践的基本原则同时也是最高法则的表述，几乎如出一辙。这就是说，最终，所谓"双名制"，从理论认识的角度看，不过是人类经验的实用智慧；但是从道德实践的立场看，"双名制"最终所依据的，却不是可以诉诸经验现象的归纳而抽象出来（经验证明）的"文化逻辑"（不同价值之间的"并接"），只能是诉诸于对经验现象的先验条件的演绎而还原出来（先验阐明）的"先验逻辑"（不同价值之间的"衔接"），即人类实践所遵循的最高原则——道德法则。以此，"双名制"的实用主义最终所依据的，将是"地方性知识"因朝向理想主义原则、普遍主义价值的普遍合法（则）性的存在，后者（先验逻辑）构成前者即"所有最为习惯的、

---

① ［美］贝克：《〈实践理性批判〉通释》，黄涛译，华东师范大学出版社 2011 年版，第 200—201 页。

② ［美］阿利森：《康德的自由理论》，陈虎平译，辽宁教育出版社 2001 年版，第 295 页。

③ 参见 ［德］康德《实践理性批判》，韩水法译，商务印书馆 1999 年版，第 77 页。

④ "普遍合法则性"的道德法则就是以"我与你"或"我们"的名义，要求对某个人在主观上有效的行为准则，推己及人都能用作对每个人在客观上都有效的行动法则，这就是"合法则性"，即道德法则的"内容"，以此，康德的道德法则，是一个完全没有实践内容规定性的纯粹实践形式规定性的实践原则。

⑤ ［德］康德：《实践理性批判》，韩水法译，商务印书馆 1999 年版，第 31 页。

乃至经验的判断［文化逻辑］的基础"。①

　　高丙中最终放弃了"双名制"的表述，而把"双名制"替换为康德所说的"每个人的道德判断"，即"愿意清楚地思考这样一条［实践］规律"的道德法则——"经受某种合法秩序所包含的有效规则的检验"。这样，根据民间社团"主动调整自己"甚至"克服"自我，以融入普遍主义、理想主义的道德原则②，高丙中就给出了与经验研究所直观到的事实表象（实用主义的功能行为），尽管完全不同却仍然合理、合法的理解和解释。这是因为，正如康德所言，我们完全可以从理论理性和实践理性的不同立场和观点，来看待或对待任何经验现象的内容（质料）与形式（对象总是可以从内容和形式两方面来思考③）。换句话说，如果我们仅仅

---

　　①　参见［德］康德《实践理性批判》，韩水法译，商务印书馆1999年版，第75页。关于人的职业伦理（职责）以人的道德伦理（责任）为根据，参见本书第十章《"表演的责任"与民俗学的"实践研究"》。"这里我们要马上指出的是，人与人之间也必定存在忌恨与战争，而并非只有仁爱与友好。但是，不管是忌恨还是战争，都首先已经把对方当作与自己一样的同类来理解和看待。也就是说，人们必须首先发现一个与自己一样的他人：能够设身处地理解他与自己一样有自己的意志、尊严、利益，能理解他与自己一样会有喜怒哀乐、爱恨情仇，以及会有痛苦与幸福，还同时能理解这个人与自己一样也能理解他人的这一切，人们才会因自己在利益或尊严方面受损害而恨这个他人，并与之争斗。相反，如果一个人不能够或者没有把他人当作与自己一样有自由意志的自由存在者来理解与对待，那么他甚至不会恨他人而寻求复仇，因为这意味着在他眼里，他人与动物或石头一样，没有自己的意志、尊严、利益，所以，与这种他人的碰撞、冲突，就如与一只动物或一块石头发生冲撞一样，都不是他人故意的，都与他人的动机无关。所以，如果与他人有冲突，那么这种冲突并不是一种有动机的人之间的争斗。在没有自己意志的地方，或者更确切说，在没有自由意志的地方，也就只有本能而没有自主的动机，因而无所谓为'自己的利益'而战。因为如果人只有本能，那么他也就不可能自主地把'自己的利益'当作自己的动机，并付诸行动。在这个意义上，在只有本能而没有自由意志的地方，甚至也就没有所谓'自己的利益'。所以，如果人们不把对方当作与自己一样拥有自由意志的存在者来理解与对待，那么人们甚至根本不会为利益而发生争斗或战争，而最多只会发生基于本能的冲突。而任何基于本能的冲突都会像卢梭所揭示的那样温和，而不会是人类意义上的战争。所以，我们会非常惊讶地发现，人类的忌恨和战争就如人类的友爱和团结一样，都是以人类能够相互把对方当作与自己一样的自由存在者来理解与对待这一伦理共在与伦理原则为前提的。只不过，忌恨与战争是对这种伦理共在与伦理原则的背离和突破。但是，如果人们不能或没有首先生活于这种伦理共在与伦理原则当中，人们也就不会有突破或背离伦理世界而走向战争的行为发生。在这个意义上，我们要说，爱先于恨，友爱、和平先于敌对和战争。"黄裕生：《有第三条道路吗？——对自由主义和整体主义国家学说的质疑与修正》，《江苏行政学院学报》2014年第1期。

　　②　户晓辉批注："民间文化的实用智慧融入普遍主义的价值和准则是大势所趋！"

　　③　正如"在一条法则里面，除了法则的质料而外，无非就只包含着立法的形式"。参见［德］康德：《实践理性批判》，韩水法译，商务印书馆1999年版，第29页。

从理论认识的经验角度，着眼于实践行为或行动（如"双名制"）的内容（质料），我们就永远也无法否认该实践行为、行动的实用目的的可能性（尽管这种可能性我们甚至在表面上完全看不出来）；但是，如果我们从实践研究的先验立场出发，悬置了实践行为、行动的内容（质料）——例如"双名制"的实用主义功能目的——而仅仅着眼其实践形式，我们就会发现，除了"合法则性"的单纯意志决定形式，我们就再也看不到其他任何东西，能够作为实用主义的"双名制"的最终根据，而这个"合法则性"的单纯实践形式本身，就是康德所给出的人类实践的道德原则①。

> 但是倘若我们抽去法则的全部质料，即意志的每一个对象（作为决定根据），那么其中就剩下普遍立法的单纯形式了。于是，一个理性存在者或者完全不能把他主观的—实践的原则，亦即准则同时思想为普遍法则，或者他就必须认定，它们据以使自己适应普遍立法的那个单纯形式，就可以使它们自为地成为实践法则。②

具有客观必然性的先验道德法则就是这样，对每一个人的主观性实践意志都发出了毫不宽容的"定言律令"："这样行动：你的意志的准则始终能够同时用作普遍立法的原则"；但是这样一条客观的实践法则，同时也就是一条主观的判断形式，也就是说，我们作为理性存在者的每一个人，实际上都是在用同一个实践法则——"能否经受某种合法秩序所包含的有效规则的检验"，即康德所云"合法则性"来检验自己的行为、行动是否具有道德价值。

---

①　在康德看来，如果善的目的性质料不是从道德法则的纯粹形式中推论出来，则善的质料也不一定就是善的目的。"如果善的概念不是从一个先行的实践法则［的纯粹形式中］推论出来的，而相反应该充任这个法则的基础：那么这个概念只是某种东西的概念，这种东西的实存预示快乐，并因此决定了主体造成这种东西的因果性，亦即欲求能力。因为既然我们无法先天地洞见到，什么表象伴随着快乐，什么表象相伴随着不快，那么要辨别什么是直接地善的，什么是直接地恶的，就唯有取决于经验了。"［德］康德：《实践理性批判》，韩水法译，商务印书馆1999年版，第62页。

②　［德］康德：《实践理性批判》，韩水法译，商务印书馆1999年版，第26—27页。

事实上，每个人都依照这个［合法则性的］规则判断行为：它在道德上是善的抑或恶的。①

而这个受"合法秩序所包含的有效规则的［普遍性］检验"的、"合乎法则性的［实践行为、行动的道德判断］形式"②，就像自然法则一样的严格，实际上，人们也正是在"经验的场合"援引自然法则的严格形式作为"实例"（范型、模范），对自己的实践行为、行动作出道德判断，"人对自己稍加注意，就会证实这个理念犹如范本现实地树立了意志决定的一个模范。当实践理性检验我打算据以作见证的那个准则时，我总要审视，如果它被算作一条普遍的自然法则，它会怎么样"③，这样，"通过这个［自然法则的］判断力［范型、模范或实例］，在规则中被普遍地断言［合法则性］的东西可以具体地运用到行为上去"④。

自然法则仍然是依照道德原则评价行为准则的一个范型［"模范"或"实例"］。如果行为［的具体、主观］的准则被构造得经不起一般自然法则的形式的检验，那么它在道德上是不可能的。甚至最为庸常的知性也如此判断；因为自然法则永远构成了他们所有最为习惯的、乃至经验的判断的基础。⑤

---

① ［德］康德：《实践理性批判》，韩水法译，商务印书馆1999年版，第75页。"社会运行的价值、原则（当然在现阶段还不全部是现实）是普遍主义、平等协商、自愿选择……在公众领域，我们在知识上知道哪些行为是比较好的，很多时候，问题主要是我们没有养成一些必要的习惯……"高丙中、袁瑞军：《中国公民社会发展蓝皮书》，"导论：迈进公民社会"，北京大学出版社2008年版，第7、13页；高丙中、袁瑞军：《中国的公民社会发展状态——基于"公民性"的评价》，《探索与争鸣》2008年第2期，收入高丙中《民间文化与公民社会——中国现代历程的文化研究》，北京大学出版社2008年版。"共同体的认同作为推己及人的范围的议题、平等看待成员并以善意对待他人的议题为公民社会提供了思维方式、认同对象和人与人相处的价值准则……社会运行的原则是普遍主义、平等协商、自愿选择……"高丙中、袁瑞军：《中国的公民社会发展状态——基于"公民性"的评价》，《探索与争鸣》2008年第2期，收入高丙中《民间文化与公民社会——中国现代历程的文化研究》，北京大学出版社2008年版。
② ［德］康德：《实践理性批判》，韩水法译，商务印书馆1999年版，第76页。
③ 同上书，第46页。
④ 同上书，第73页。
⑤ 同上书，第75页。

　　根据道德法则来判定什么是该行之事，必定没有多大困难，以致十分庸常未经历练的知性，甚至不必通达世故，也会胸有成竹。①

　　准则之中的哪些形式适合于普遍立法，哪些不适合，这一点极其庸常的知性不经指教也能区别。②

　　因为［善恶之别］在普通的人类理性那里，它早已经有如左右手的分别一样被决定了，虽然不是通过抽象的一般公式，而是通过［道德法则的判断形式之］习惯的应用决定的。③

　　德性与自爱的界限划分得如此清楚，如此分明，以致最平庸的眼光都完全不会分辨不清某种东西是属于这边还是属于那边的。④

　　［善与恶的］这种异质是如此突出昭著，以致任何一个人，乃至最为庸常的知性在某个陈于面前的例子里都会立即明了。⑤

　　依照意志自律的原则该做何事，这对于极其庸常的知性也是毋需犹豫就一望而知的。⑥

　　这是因为，"（一般合乎法则性的形式）这个概念也出现在最为庸常的理性应用中"⑦，"关于道德原则就是纯粹理性原理的正当性证明，也能够通过单纯诉诸于普通人类知性而妥当又充分可靠地完成"⑧，"［道德］原理无需求索无需发明；它长久以来就在所有人的理性之中，与人的存在融为一体，是德性的原理"⑨，"理性对于意志的呼声……甚至最平庸的人

①　［德］康德：《实践理性批判》，韩水法译，商务印书馆1999年版，第39页。
②　同上书，第27页。
③　同上书，第169页。
④　同上书，第38页。
⑤　同上书，第100页。
⑥　同上书，第39页。
⑦　同上书，第76页。
⑧　同上书，第99页。
⑨　同上书，第115页。

都可以清楚听见"①，"这一点是任何诡辩永远也无法从甚至最为庸常之人的信念里夺取去的"②。这就是说，与实用主义的实践规则（文化逻辑）的内容，通过现象表象就可以经验性地直观到不同；理想主义的实践法则的单纯形式，只能通过对实践行为、行动的经验现象的先验条件的演绎而推论出来，即"可以从由这个法则赋予我的此在的合［普遍价值］目的性的决定里面推得"③。

在一个充满差异和多样性的时代，如果没有基本的"公共性"的［普遍主义价值］保障，一个社会就难以有效运转。④

"公民"取代"人民"成为政治和社会生活的首要范畴，以普遍主义的思想方法正面对待陌生成员的公民精神才成为可能。⑤

社会中总是存在歧视现象的，如一些市民对民工的歧视。但是，这些歧视现象在文化价值上是被公开批评的，这反而说明"不歧视"才是社会的公共价值。⑥

礼貌待人作为一种普遍主义的价值观在我们的主流社会是成立起来了。一些人的违反不是在否认我们有这个价值，而是会通过社会过程确认我们已经树立了这个价值。⑦

---

①　［德］康德：《实践理性批判》，韩水法译，商务印书馆1999年版，第37页。

②　同上书，第146页。

③　同上书，第177页。

④　高丙中：《民间文化与公民社会——中国现代历程的文化研究》"序言"，北京大学出版社2008年版，第2页。

⑤　高丙中、袁瑞军：《中国公民社会发展蓝皮书》，"导论：迈进公民社会"，北京大学出版社2008年版，第8页；高丙中、袁瑞军：《中国的公民社会发展状态——基于"公民性"的评价》，《探索与争鸣》2008年第2期，收入高丙中《民间文化与公民社会——中国现代历程的文化研究》，北京大学出版社2008年版。

⑥　高丙中、袁瑞军：《中国公民社会发展蓝皮书》，"导论：迈进公民社会"，北京大学出版社2008年版，第9页注释①。

⑦　高丙中：《"公民社会"概念与中国现实》，《思想战线》2012年第1期，收入高丙中《日常生活的文化与政治——见证公民性的成长》，社会科学文献出版社2012年版。

这样，普遍主义的价值原则不仅仅构成了现代社会，实际上也构成了任何时代的人类社会，之所以能够作为人的社会而发生与存在的语境条件或"历史处境"，尽管在不同的语境条件或"历史处境"中，人们对普遍主义价值的内容有不同的理解①，即特定"历史处境"中的某些价值，并不是被"广泛接受的社会价值"②，但是，普遍主义的价值形式——普遍地合法则性——却永远地、到处地都是一样的。

　　　　其中，迟早意识到这个历史处境的许多团体主动调整自己，能动地借助社会之中的资源发展自己，它们就幸存下来了，发展起来了；而另外那些团体只会在地方上、在社会的一些小角落或勉力维持，或自生自灭。③

这样，在完成了对"双名制"的实践意义从经验的证明到先验的阐明，高丙中关于公民社会的民俗学研究就实现了其学术生涯中的一次最重大的范式转换，即从对人类文化的实用规则的经验说明（社会科学），转换为对人类普遍的实践原则的先验阐明（实践范式）。对于高丙中来说，"双名制"所根据的纯粹实践形式及其包含的普遍合法则性的纯粹实践目的，就不再是仅仅反映了民间社会实用主义的生存智慧（内容目的），而就是起源于民间社会的公民社会之发生、发展（在康德看来也是人类存在）的普遍主义实践原则（形式目的），而这样一种从内容目的的实践研究，向合目的的形式的实践研究的立

---

　　① "在普通民众的观念中，天子及其皇朝政府是宇宙间秩序和规律的代表，具有世俗的和神圣的绝对权威。民众的文化活动能够被纳入到皇朝的礼仪范围，他们的价值追求能够得到皇朝政府的认可和赞赏，这不啻证明了他们的追求和他们行为的合法性（legitimacy）。"吴效群：《妙峰山：北京民间社会的历史变迁》，第六章"皇会：清末北京民间香会的最高追求"，人民出版社2006年版，第148—149页。"皇会"曾经是清末北京民间香会所认为的普遍主义价值内容，如果我们悬置了这一价值内容，那么就只剩下香会追求普遍主义价值的"合法则性"纯粹实践形式了。

　　② 参见高丙中、袁瑞军《中国公民社会发展蓝皮书》，"导论：迈进公民社会"，北京大学出版社2008年版，第9页；高丙中、袁瑞军《中国的公民社会发展状态——基于"公民性"的评价》，《探索与争鸣》2008年第2期，收入高丙中《民间文化与公民社会——中国现代历程的文化研究》，北京大学出版社2008年版。

　　③ 高丙中、马强：《传统草根社团迈向公民社会的历程：河北一个庙会组织的例子》，载高丙中、袁瑞军主编《中国公民社会发展蓝皮书》，北京大学出版社2008年版，收入高丙中《日常生活的文化与政治——见证公民性的成长》，社会科学文献出版社2012年版。

场、观点的转换，也就是一场从人文科学兼社会科学的民俗学，到民俗学的实践范式即实践民俗学的哥白尼革命。而且，也只有站在民俗学实践范式的哥白尼革命立场，我们也才能真正地理解，高丙中积极参与"非物质文化遗产"保护的实践民俗学或民俗学实践的范式意义。

四　"非遗"：民俗学的实践判断力形式

可以这样说，已经持续了十年之久的"非物质文化遗产"保护运动，是当下中国的一场以政府名义启动，因而在规模上无可比拟地超越了龙牌会的"双名制""政治艺术"即国家—社会、政治—经济的文化实践。[①] 说"非遗"体现了"双名制"政治艺术的文化实践，是因为，"非遗"概念的前身其实就是"民俗"的概念（"非物质文化遗产"的新瓶装的旧酒[②]），因而是"民俗—非遗"概念的"双名制"使用（在国家主导的公共领域，人们正式使用"非遗"概念；而在学界等社会公共空间，"民俗"或"民间文化"的概念仍然被广泛使用，但两者的所指往往是重叠的）。户晓辉指出，先于 2003 年 10 月 17 日通过的《保护非物质文化遗产公约》，联合国教科文组织 1989 年 11 月 15 日通过的《保护传统文化和民俗倡议书》（Recommendation on the Safeguarding of Traditional Culture and Folklore）——"使用的关键词还是 folklore"[③] ——中文通常被译作《保护民间创作建议案》，不准确。而此前，高丙中、巴莫曲布嫫在 2007 年，巴莫曲布嫫、安德明在 2008 年就已经讨论过这一"更名"事件：

---

① "代表着民俗复兴运动的最高发展水平。"高丙中：《日常生活的现代与后现代遭遇：中国民俗学发展的机遇与路向》，《民间文化论坛》2006 年第 3 期，收入高丙中《民间文化与公民社会——中国现代历程的文化研究》，北京大学出版社 2008 年版；高丙中《中国人的生活世界——民俗学的路径》，北京大学出版社 2010 年版；高丙中《日常生活的文化与政治——见证公民性的成长》，社会科学文献出版社 2012 年版。

② 高丙中：《非物质文化遗产：作为整合性的学术概念的成形》，《河南社会科学》2007 年第 2 期，收入高丙中《民间文化与公民社会——中国现代历程的文化研究》，北京大学出版社 2008 年版；高丙中《日常生活的文化与政治——见证公民性的成长》，社会科学文献出版社 2012 年版。

③ 参见户晓辉《非遗时代民俗学的实践回归》，《民俗研究》2015 年第 1 期。

在 UNESCO［即联合国教科文组织］《建议案》英文版的标题和具体内容中,保护对象一律被表述为 folklore,这个概念在中文中对应的翻译,就是众所周知的"民俗"或"民间文学"。而无论是英文的 folklore 还是中文的"民俗"或"民间文学",都早已是构成民俗学（folkloristics）这门学科的基础术语。然而,《建议案》的中文版本却没有采用汉语中早已为人们所熟知的术语,而是发明了"民间创作"来指代民俗传统文化。这样的翻译,也许是为了突出《建议案》所包含的与版权相关的意义,但它却极大地遮蔽了早已成为汉语中一个常见词的"民俗"或"民间文学"所具有的丰富含义,特别是其中所包含的"集体的"、"传承的"以及"匿名的"等意义,根本是"民间创作"这个似是而非的词语无法体现的。这个新创造的名词,甚至还容易让人理解为"非专业人士即时创作的作品",从而对推广和普及《建议案》的倡议造成更多的障碍。……总之,这样的翻译,实际上对中文社会正确理解教科文组织在相关问题上的本意,带来了不必要的困难。……［尽管］公约正式采用"非物质文化遗产"这个概念,取代了"民俗"的概念,但从其对这个新概念的定义来看,"非物质文化遗产"的基本所指,还是与"民俗"大体一致的。……非物质文化遗产概念所指代的对象,仍然是民俗学的研究对象,也就是说,在某种程度上,它仍然是可以与"民俗"相互置换的一个概念。①

安德明还指出,"［'民间创作'］这种译法,也有意无意地忽略了中国民俗学（包括民间文学研究）领域的工作者近一个世纪以来的努力——当然,在一定程度上,这或许也体现了中国民俗学学科建设的薄弱。"而众所周知,"作为一门专门以各民族民间文化传统为研究对象的学科的民俗学,在理念、思路和方法上都［为非遗］

---

① "在 UNESCO 框架内最早出现的与今天非物质文化遗产保护有关的议案,是玻利维亚政府于 1973 年就民俗（folklore）保护问题向 UNESCO 总干事提出的。""1985 年 8 月总干事为第 23 届大会所作的题为《关于保护民俗（folklore）国际通用规则中技术、法律和行政方面的初步研究》的报告。"安德明:《非物质文化遗产保护:民俗学的两难选择》,《河南社会科学》2008 年第 1 期。

作出了重要的贡献，可以说为这项工作的形成和展开提供了学理上的基础"。①

　　参与制订"非遗"公约的专家们多是国际知名的民间文学—民俗学家（以此可以说"非遗"保护是民间文学—俗学学者的实践创举，以及民间文学—民俗学学科的理论骄傲），由于"首义者"多是民间文学家、民俗学家，所以"非遗"保护最初使用的概念是"民间创作"［使用的英文原文为 folklore，如安德明指出的，本应译作"民俗"——笔者补注］，其所指的内容（对象、范围），也多是民俗或民间文化（包括民间文学、民间信仰）的传承。②

　　事实上，联合国教科文组织在 2003 年 10 月 17 日通过《保护非物质文化遗产公约》之前的近二十年里，走过了在"民间创作"、"民间文化"、"民俗"、"口头与非物质文化遗产"之间反复筛选的一个最优概念的历程。最后，还是"非物质文化遗产"胜出，……哈弗斯登在长篇博士论文里以自己亲身参加 2003 年 6 月的联合国教科文组织《保护非物质文化遗产公约》起草专家委员会的经历，分析了欧美国家代表和亚洲国家代表之间为文件定稿所发生的争论所体现的文化差异，把"非物质文化遗产"最终替代了欧美更愿意使用

---

　　①　安德明：《非物质文化遗产保护：民俗学的两难选择》，《河南社会科学》2008 年第 1 期。

　　②　本书第七章《我们的学术观念是如何转变的？》。户晓辉指出："非遗保护实际上主要是由民俗学者发起并推动的实践活动，没有民俗学者的参与和推动就没有非遗保护。"并引淇园之竹在网上对美国公共民俗学的讨论："我在主持公共民俗学主题讨论的时候，忘了交代一个重要的背景。美国公共民俗学的理念和实践是联合国教科文组织制定 2003 年非遗保护公约一个重要源头，而且很多重量级的美国公共民俗学家都在联合国教科文组织制定非遗保护公约的时候发挥了重要作用（BKG 最新的有关文化遗产的论文里有清楚的梳理和交代）。其实与公共民俗学最密切相关的就是非遗保护的项目。当然，美国并没有加入非遗保护公约，但是这并没有妨碍公共民俗学家在自己的领域开展诸多传统文化传承与传播的丰富实践活动。"（参见 http：//www.pkucn.com/chenyc/viewthread.php? tid = 48642&extra = &page = 3）户晓辉云："不仅是公共民俗学者，劳里·杭柯等一批学院民俗学者也长年参与起草、制定并推行了联合国教科文组织保护民俗和文化遗产的各项公约。"户晓辉：《非遗时代民俗学的实践回归》，《民俗研究》2015 年第 1 期。

的"民俗"[即 folklore——笔者补注]看作是亚洲文化观念的胜利。①

传统"民俗"[的学术]概念常常带有贬义,而且在西方民俗学观念中指的往往是被收集的和僵死的东西,而在世界各地的许多本土民族看来,民俗则是活生生的和不断演进的传统,包含了文化遗产的所有方面。因此,从某种意义上说,《公约》使用的"非物质文化遗产"概念也是世界各地本土民族的民俗观念与西方民俗观念进行对话和视域融合的结果["比较而言,欧洲多为物质文化遗产,而亚洲、非洲和美洲则以非物质文化遗产为主。因此,《公约》也是对后者的兼顾和'倾斜'"]。《公约》倡导的非遗与传统意义上的民俗的根本区别在于:非遗是当地社区(群体和个人)自我认定的,是一种自我认可或授权,而民俗一般由(外来的)专家认定;非遗是活态的、变动不居的和不断被再创造出来的,而民俗主要指的是已经凝固的习俗甚至是古俗在后来时代的遗留物;非遗既来自过去,也属于现在和未来,而民俗则多半只属于过去;非遗属于社区或共同体成员(群体和个人),不分高低和等级,而民俗则属于底层的民众,暗含高低等级之分。在《公约》中,社区、群体和个人直接被看作非遗的重要组成部分,他们不仅是非遗的守护者,也是非遗的创造者和支持者[户晓辉指出,而《建议案》则"特别强调政府在民俗保护过程中应该起决定性作用"]。因此,非遗概念是一种列举式、开放式并且有足够弹性的描述而非严格的定义,因为它本来就不是为了认识,而是为了"给未来的实践提供一个起点",让以往被"民俗"忽视的社区及其非遗闪亮登场并得到新的价值体认。②

---

① 高丙中:《非物质文化遗产:作为整合性的学术概念的成形》,《河南社会科学》2007 年第 2 期,收入高丙中《民间文化与公民社会——中国现代历程的文化研究》,北京大学出版社 2008 年版;高丙中《日常生活的文化与政治——见证公民性的成长》,社会科学文献出版社 2012 年版。

② 户晓辉:《非遗时代民俗学的实践回归》,《民俗研究》2015 年第 1 期。

与 1989 年《建议案》对民俗的定义相比，［对"非物质文化遗产"的］这个定义，体现了更多的当代社会所关注的价值观，表达了更加丰富的意义，在表述上也更为概括和严密。但对于长期致力于同公约相关的工作的民俗学而言，这只能说明是该学科最新理论成就的一种反映。……有人指出，UNESCO 之所以采用"非物质文化遗产"概念而摒弃"民俗"（folklore）的概念，同后者在许多国家的语境中带有"贬义"有关。的确，对于英语语境来说，这个新概念的呈现，避免了"folklore"中所隐含的"落后"、"遗留物"的意义。①

于是，再联系多年以来欧美民俗学界关于 folklore 的"废名"之争②，以及 20 世纪 70 年代以来对"非物质文化"的现场"表演"研究和公共民俗学在美国的发展来考虑③，说"非遗"仅仅体现了"亚洲文化观念的胜利"，并"最终替代了欧美［民俗学者］更愿意使用的'民俗'"概念，似乎也不尽然；其实，"非遗"恰恰也反映了欧美主流学者（尽管可能不是学者共同体主体）的主导意愿。正是以此，户晓辉才认为，"非物质文化遗产"概念"也是世界各地本土民族的民俗观念与西方民俗观念进行对话和视域融合的结果"；安德明也认为，"非遗"的概念"体现了更多的当代社会所关注的价值观"。

回到 folklore 的问题。与"非物质文化遗产"作为纯粹的"人工"概念一样，folklore 在其欧美起源地，并不像"神话"（myth）概念（起源于古希腊语 muthos）那样，首先是一个具有"土著"实践价值的"地方性知识"，也是一个由学者"生造"出来的学术用语（汤姆斯写道："我要求得到创造民俗［folklore］这个专有名词的荣誉。"④）。进而

---

① 安德明：《非物质文化遗产保护：民俗学的两难选择》，《河南社会科学》2008 年第 1 期。

② 参见李扬《"FOLKLORE"名辨》，《民俗研究》1999 年第 3 期，收入李扬《西方民俗学译论集》，中国海洋大学出版社 2003 年版；参见本书第十二章《接续民间文学的伟大传统》。

③ 参见本书第十章《"表演的责任"与民俗学的"实践研究"》。

④ ［英］威廉·汤姆斯：《民俗》，《雅典娜神庙》第 982 期（1846 年 8 月 22 日），收入［美］邓迪斯编《世界民俗学》，陈建宪等译，上海文艺出版社 1990 年版。

中国学者在 20 世纪初移译 folklore 为"民间文学"或"民俗"的时候，从一开始便将其用作具有普遍性价值的学术（理论）概念（尽管在中国古代汉语言文献中并非没有"民俗"作为"地方性知识"的实践用语）。但是，正如我已多次指出的，尽管中国民俗学者也曾经有过对"民俗"概念的实践（周作人之"文艺"）目的论使用，以达成其表达"国民心声"以塑造社会"新人"的纯粹实践理性的普遍性目的，但其理论（周作人之"学术"）方法论的使用①，则因其"遗留物"的内涵②，却导致了对普通人日常生活或"生活世界"（胡塞尔）的现代性"殖民"③。

　　文化遗留物应该是已经不能够发挥完全的功能的文化事项，或者是重要性大大地缩减了，或者是形式不完整了，或者是意义变得不明确了。总之，"文化遗留物"概念要表达的意涵是，本来是基本组成部分的文化要素现在从实际的功用上说处于可有可无的地步了，因此在现实中常常是一些非常奇怪的文化现象。④

　　正是由于概念的理论使用必须依赖于相应的时空条件，所以，相对于不同于西方现代语境的中国前现代语境（20 世纪初）的那些尚不能算是遗留物的普通人的日常生活，folklore——"民俗"作为理论概念的实

---

　　① 参见本书第二章《民间文学—民俗学研究中的"性质世界"与"意义世界"》，以及第七章《我们的学术观念是如何转变的？》。

　　② "贵刊经常发表的那些你们似乎很感兴趣的东西，我们在英格兰称之为'民间古俗'或'通俗文学'（顺便说一下，它更多地属于一种知识而不是一种文学。用一个挺不错的撒克逊语合成词，folklore——即民众的知识——来表述更为恰当）。"［英］威廉·汤姆斯：《民俗》，《雅典娜神庙》第 982 期（1846 年 8 月 22 日），收入［美］邓迪斯编《世界民俗学》，陈建宪等译，上海文艺出版社 1990 年版。

　　③ 参见高丙中《日常生活的现代与后现代遭遇：中国民俗学发展的机遇与路向》，《民间文化论坛》2006 年第 3 期，收入高丙中《民间文化与公民社会——中国现代历程的文化研究》，北京大学出版社 2008 年版；高丙中《中国人的生活世界——民俗学的路径》，北京大学出版社 2010 年版；高丙中《日常生活的文化与政治——见证公民性的成长》，社会科学文献出版社 2012 年版。

　　④ 同上。

践使用，不仅是"来早了"，而且在"实际上发挥了……告别对象的作用"①，无论其实践的使用方式（"强行进入中国社会"② 让"日常生活成为文化遗留物"③）还是其使用的理论内容（"关于历史的现代化信念和关于文化进化论的遗留物理论"④），都是不正当也不恰当的⑤。换句话说，中国民俗学从一开始就陷入了实践目的论与理论方法论自我矛盾的二律背反，以此，就难以抵挡 folklore 这一在字面上包含着"传统""落后"等理论内容的"西方民俗（学）观念"的内部"殖民"式的实践使用。

但是 20 世纪 1980 年代以来，随着"总体主义国家"⑥ 向以公民社会为基础的现代国家的转变，对社会领域中普通人日常生活（私人生活和公共生活）的全民性、国家化"殖民"，不再具有实践的合法性甚至理论的合理性，而民俗或民间文化作为社会领域中普通人日常生活的实践形式甚至实践根据，需要在公正理解的基础上得到平等的承认，于是，执政党和政府急需一种新的理念，以代替像"民俗""民间文化"这样一些在以往的实践运用中带有贬义或负面价值的理论词语，让民俗或民间文化等生活现象，在无须重新给予实质性价值"重估"而仅仅基于修辞性的实用手段的条件下，就可以成为在政治上被承认的事物。以此，如果说对于20 世纪初的中国来说，folklore 的概念"来早了"；那么，对于 21 世纪初的中国来说，"非物质文化遗产的保护运动来得适逢其时。如果联合国教科文组织的这个宏伟项目是在 1970 年代推动的，中国就没有那个政治气

---

① 参见高丙中《日常生活的现代与后现代遭遇：中国民俗学发展的机遇与路向》，《民间文化论坛》2006 年第 3 期，收入高丙中《民间文化与公民社会——中国现代历程的文化研究》，北京大学出版社 2008 年版；高丙中《中国人的生活世界——民俗学的路径》，北京大学出版社 2010 年版；高丙中《日常生活的文化与政治——见证公民性的成长》，社会科学文献出版社 2012 年版。

② 同上。

③ 同上。

④ 同上。

⑤ 参见本书第九章《民俗复兴与公民社会相联结的可能性》。

⑥ 参见高丙中《日常生活的现代与后现代遭遇：中国民俗学发展的机遇与路向》，《民间文化论坛》2006 年第 3 期，收入高丙中《民间文化与公民社会——中国现代历程的文化研究》，北京大学出版社 2008 年版；高丙中《中国人的生活世界——民俗学的路径》，北京大学出版社 2010 年版；高丙中《日常生活的文化与政治——见证公民性的成长》，社会科学文献出版社 2012 年版。

氛和社会条件来参与"。①

　　　　恰恰要等到非物质文化遗产保护在中国成为全国性运动，在民众生活中寻找文化认同对象的途径才一下子顺畅起来。非物质文化遗产保护在中国的操作采用重新命名的［双名制］技巧，让原来在价值上比较负面的"民间文化"经过选择程序之后重新归入"非物质文化遗产"名下，成为具有极高价值的文化财富，成为法定的保护对象。②

　　以此我们也就可以设想，如果最初将《建议案》的 folklore 翻译为"民间创作"，还只是一种下意识的"翻译的政治"；那么，加入《公约》，正式使用《公约》的"非物质文化遗产"的概念，就是执政党和政府有意识地运用"双名制"的政治艺术，即通过对民俗、民间文化的评价标准之基于修辞手段的"积极"转身，推进意识形态在"不知不觉"中的转型，从而为国家地位的国际间竞争、为地方经济的文化性"基建"，提供了经验性的实践策略。③ 但是，也正出于对"非物质文化遗产"概念的非理想主义即实用主义、功利主义的经验性实践使用，造成了在"非遗"保护运动中出现的种种权力化、利益化弊端。

---

　　① 高丙中：《作为公共文化的非物质文化遗产》，《文艺研究》2008 年第 1 期，收入高丙中《日常生活的文化与政治——见证公民性的成长》，社会科学文献出版社 2012 年版。

　　② 高丙中：《中国的非物质文化遗产保护与文化革命的终结》，《开放时代》2013 年第 5 期。

　　③ 从消极的方面说，"原有的'民间文化'、'民俗'等概念迅速让位于'非物质文化遗产'，尽管照目前学者的理解，这些概念之间的内涵几乎没有任何差别。概念之间的差别在于概念产生的背景和概念所关联的意识形态。在政府《意见》中，紧随'非物质文化遗产'概念之后的，是'保护工作的意见'。善于领会上意的官员和学者全都明白《意见》背后的潜台词：任何民俗现象，只要能够贴上'非物质文化遗产'的标签，就意味着取得了'文化'的合法地位，紧接着而来的就是能够得到'保护'。"参见施爱东《警惕"神化"非物质文化遗产——兼谈民俗学者的角色定位》，《民间文化论坛》2007 年第 2 期。但是从积极的方面看，"持续近百年的文化革命的价值、逻辑在不知不觉中被替代、颠覆，被革命否定的文化现象又重新获得积极的肯定。"参见高丙中《中国的非物质文化遗产保护与文化革命的终结》，《开放时代》2013 年第 5 期。

　　无论是在英语语境还是在中文语境中，［非物质文化遗产］这个概念都是一个比较新鲜甚至拗口的新词。尽管由于陌生化效应，它对吸引整个社会广泛注意和参与保护工作，起到了一定的作用，但概念的这种陌生化特征所体现的话语霸权，也是显而易见的。对广大民众已经用"民俗"来指称的传统生活文化的重新命名，使得作为文化主体的民众，一定程度上丧失了对于自己置身其间且耳熟能详的文化的话语权。他们的生活文化，则成了有待评估和认定的、不确定的对象，而评估的规范，不是来自民众自身，而是来自围绕 UNESCO 形成的新的权力系统。这样的结果，大概与民俗学者发起相关行动的初衷是相背离的。①

　　在"保护运动"的旗帜下，各种利益诉求得以纷纷登上舞台。学者、商人、地方官员，以及民俗主体，心照不宣地结成了暂时的利益共同体。为了取得社会的信任与支持、获取持续的利益和资源，学者们正逐步将非物质文化遗产"神化"为民族精神的象征，并借助民族主义话语把自己操作成民族精神的守护者。②

　　面对"非遗"实践的种种"负面影响"③，如果你是一位站在单纯理论理性立场上的理论民俗学家，自然会对"非遗"运动保持必要的警惕，并对民俗学理论不当的实践应用持以批评的态度，并试图在民俗学理论的"学术行为"之基于"学科概念"④ 的"常规研究"⑤，与"非遗"实践

---

　　①　安德明：《非物质文化遗产保护：民俗学的两难选择》，《河南社会科学》2008 年第 1 期。

　　②　施爱东：《警惕"神化"非物质文化遗产——兼谈民俗学者的角色定位》，《民间文化论坛》2007 年第 2 期。

　　③　参见施爱东《学术运动对于常规科学的负面影响——兼谈民俗学家在非遗保护运动中的学术担当》，《河南社会科学》2009 年第 3 期。

　　④　参见施爱东《民俗学在非物质文化遗产保护运动中的尴尬处境》，《民间文化论坛》2014 年第 2 期。

　　⑤　参见施爱东《学术运动对于常规科学的负面影响——兼谈民俗学家在非遗保护运动中的学术担当》，《河南社会科学》2009 年第 3 期。

的"政府行为"之立足于"工作概念"① 的"行动方案"② 之间画清界线。

> 非物质文化遗产保护主要是一种政府行为，而不是学术行为，学术对政治的过度依赖往往是以牺牲学术独立性为代价的。保护和研究是两个范畴的概念，民俗学的参与，主要是应用民俗学的参与，而不是理论民俗学的参与。③

甚至，如果让价值中立、道德无涉的理论民俗学，盲目地参与到"非遗"之含价值目的的道德实践中，民俗学就将重蹈"五四"以来中国民俗学者对进化论理论之不当的实践应用的覆辙（现实情况就是如此，应用民俗学者正是在没有理清"非遗"实践内在的道德—价值目的的情况下，就贸然地使用了手中的理论武器，以服务于从中央到地方的政治—经济的文化实践）。以此，理论民俗学者认为，如果让理论民俗学勉强承担自己并不擅长的"学术担当"，就必然会陷入理论民俗学与实用主义的应用民俗学之间的"两难选择"，以及理论民俗学因"越界"地使用自身而导致的"尴尬处境"乃至"负面影响"。但是，在理论民俗学厘清了与"非遗"功利主义的"双名制"实践，以及同样是实用主义的应用民俗学之间"剪不断理还乱"的关系（区分理论民俗学与应用民俗学体现了民俗学自我认识的历史进步）之后，笔者进一步提出的问题是，在理论民俗学与功利主义的"非遗"实践，以及实用主义的应用民俗学的理论—实践关系之外，民俗学能否与"非遗"实践之间，建立起一种基于先验价值目的论（而不是经验性价值目的论）的主体间客观性的纯粹实践关系？从而改变在"非遗"实践中，或者"既有的民俗学［理论］研究范

---

① 参见施爱东《民俗学在非物质文化遗产保护运动中的尴尬处境》，《民间文化论坛》2014 年第 2 期。

② 参见施爱东《警惕"神化"非物质文化遗产——兼谈民俗学者的角色定位》，《民间文化论坛》2007 年第 2 期。

③ 施爱东：《民俗学在非物质文化遗产保护运动中的尴尬处境》，《民间文化论坛》2014 年第 2 期。

式根本没有用武之地"①，或者超越经验而逾界地使用民俗学理论的"非法"状况呢?② 而这一问题意识，正起源于笔者在本书"绪论"中，通过索绪尔和康德对学术理性的内在性与外在性使用的划分，所阐明的实践民俗学之必然可能的内在正当性。

这就是说，学术的内在正当性和外在（逾界）的非正当性，并非如索绪尔所云，固定地对应于理性的理论使用和实践使用；而是如康德所言，无论在理性的理论使用还是在理性的实践使用中，我们都可以再区分出理性的经验性使用和先验（纯粹）使用。对于理性的理论使用来说，经验性使用就是内在的、正当的（没有逾越经验的范围），而理论理性的超验使用则是外在的、非法的（逾越了经验的范围）；但是，对于理性的实践使用来，理性的经验性使用则既可以是外在的、非法的（超越了纯粹理性的范围），也可以是内在的、正当的（在主观上超越了但在客观上没有超越纯粹理性的范围），而实践理性的先验使用却一定是内在的、正当的（无论在主观上还是在客观上都没有超越纯粹理性的范围）。以此，对于民俗学来说，单纯的理论民俗学是内在的和正当的（没有超越经验性事实判断的直观范围）；同样，纯粹的实践民俗学也是内在的和正当的（没有超越先验的价值判断的理性范围）；但是，应用民俗学却既可以是外在的和非法的（经验性价值判断不符合先验的价值判断），也可以是内在的和正当的（经验性价值判断符合先验的价值判断）。因此，理论民俗学可以正当地拒绝其经验性价值判断不符合先验的价值判断的应用民俗学，却不应该拒绝先验（纯粹）的实践民俗学，而且还可以（也必须）与后者联辔而行，在实践民俗学面前，理论民俗学不会陷入"尴尬处境"，也不会面临"两难选择"。当然，如若理论民俗学在对民俗现象做出事实判断的同时，还要对民俗现象做出价值判断，则理论民俗学就必须以实践民俗学的纯粹理性的价值判断为先验根据（而不是像应用民俗学那样，当实践民俗学还未给出先验的价值判断之前，就贸然地做出了经验性的价值判断）。因为，理论民俗学的内在正当性原本只是"呈现社会事

---

① 参见施爱东《民俗学在非物质文化遗产保护运动中的尴尬处境》，《民间文化论坛》2014 年第 2 期。

② "这种担心主要基于这样的观点，即非遗保护顶多属于应用民俗学，与民俗学研究，不是一回事"户晓辉：《非遗时代民俗学的实践回归》，《民俗研究》2015 年第 1 期。

实",以此,就如康德所言,在理性的两种(单纯理论的和纯粹实践的)内在正当性使用之间,如果将两者联结在一起,纯粹实践理性就对理论理性占居了优先的地位。因为,理论理性不仅依据纯粹实践理性对事实做出价值判断,极端地说,甚至理论理性只有根据纯粹实践理性才能够对事实做出事实判断,因为,在没有价值判断的先验条件下,你甚至无法根据(有意无意的)价值预判(学术研究的问题意识),而发现乃至表象一个值得给予事实判断的经验现象。以此,就学科整体(而不是就学者个人)而言,最终并不存在什么理论民俗学和实践民俗学的区分①,只有应用民俗学与实践民俗学的区别,即外在的、非法的应用民俗学,与内在的、正当的实践民俗学的划分。所以,户晓辉才说:"实践民俗学的根本在于完全放弃实证科学的客观认识范式及其对理论与应用的划分,完全从实践理性的自由意志来看待民众的民俗实践并以此进行民俗学自身的一切实践。"②而笔者也才坚持认为,只有一个先验的实践目的论与同样是先验(统领经验)的认识方法论相统一的、作为民俗学的实践范式的实践科学,即实践民俗学,用普特南的话说,这就是"事实与价值二分法的崩溃",而用康德的话说,这是一个"理性的事实"。

于是,站在纯粹理性的实践民俗学的立场上,民俗学不仅不应当与"非遗"实践拉开距离,反而要积极参与到"非遗"实践当中去。当然,实践民俗学对"非遗"的参与方式,不仅与理论民俗学也与应用民俗学参与"非遗"实践的方式完全不同。对于理论民俗学来说,参与"非遗"的方式就是理性的单纯理论使用,就是通过感性直观与理性概念,以直观描述和概念认识的表象方法,理论地给出对民俗现象(包括作为现象的"非遗"实践的事实本身)的经验性判断,以达成"呈现社会事实"的理论目的,并以此作为对"非遗"的参与。对于实践民俗学而言,参与"非遗"的方式则是理性的纯粹实践使用,即通过对经验事实的先验条件的先验理念的先验还原、先验演绎即先验阐明,推动先验理念在"非遗"运动中的实践乃至实现,以作为对"非遗"的参与,于是,在理论民俗学止步的地方,我们可以确认实践民俗学的起点和方向。

---

① 就学科整体而言,单纯的理论民俗学从来都不存在,参见前引高丙中对民俗学学科范式先后矛盾的迷茫表述。

② 户晓辉:《非遗时代民俗学的实践回归》,《民俗研究》2015年第1期。

正是因为根据索绪尔和康德所区分的理性的理论使用和实践使用的内在正当性与外在非法性，从而对理论民俗学、应用民俗学和实践民俗学在区分的基础上的重新综合，即站在实践民俗学的立场上，民俗学者才能够区分出"非遗"概念之基于实用主义、功利主义的"双名制"修辞手段或政治艺术的经验性实践使用，和"非遗"概念本身因蕴涵了理想主义的价值目的而必然可能的先验（纯粹）的实践使用，而后者，正是民俗学的实践范式或实践民俗学的题中应有之义。换句话说，如果仅仅站在理论民俗学的直观立场上，理论民俗学家（因忠实于直观的本分）满眼看到的往往是执政党和中央政府、地方政府利用"非遗"的一箭双雕或一石二鸟的政治智慧；但是，站在实践民俗学的立场上，运用先验还原、先验演绎（先验阐明）的现象学先验论方法，民俗学者才可能认识到，"非遗"概念所蕴涵的普遍主义价值观念，以及"非遗"实践必然可能的普遍主义价值方向。以此，民俗学家也才可能以纯粹理性的实践使用的正确方式，参与到"非遗"保护的工作甚至运动中去，而将"非遗"概念用作"合法则性"的实践判断的普遍形式，而不是像执政党和政府目前所做的那样，只是将"非遗"概念用作实用主义、功利主义的修辞手段和政治艺术，或者像应用民俗学者（日本民俗学者菅丰所谓"无清醒认识地参与文化保护政策的民俗学者"[①]）那样，盲目地共谋于各种意识形态。正是通过对理论民俗学与实践民俗学在区分的基础上所重建的学科范式的统一性，我们才可能认识到，此前曾以"呈现社会事实"相号召的理论民俗学家，现在如何又以实践民俗学家的身份，并且以不会自相矛盾（"两难选择"）的"尴尬"方式参与"非遗"实践。

> 非物质文化项目被公布为"遗产"实际上是一种社会命名。所谓"社会命名"就是以一种形式或程序向社会公布一个名称，让这个名称被纳入特定的范畴里为公众所周知，这实质上是让一个事物在社会上定位。……而相关的人物在这个名称被公布之前与之后产生了崭新的意义。……社会命名具有二次命名的性质，尽管在形式上社会

---

① 参见［日］菅丰《日本现代民俗学的"第三条道路"——文化保护政策、民俗学主义及公共民俗学》，陈志勤译，《民俗研究》2011年第2期。

命名所采用的词语可能是原有的，也可能是改造过的或全新的。①

文化具有公共性，但是并非谁的文化都是公共文化，并非什么文化都是公共文化。……在中国，文化项目进入或退出公共文化是近代以来的文化社会史的主要情节。非物质文化遗产在不同的国家对于公共文化具有不同的意义。当前，中国的非物质文化遗产运动是中国社会重构自己的公共文化的一个重要方面。其重要性只有置于近代以来的历史过程之中才能得到恰当的理解。……［即］以"非物质文化遗产"的路径进入公共文化事业则主要涉及公益，即共同体的价值。②

政府是社会的公共性的制度性保障，也是文化公共物品的提供者。因此，政府在把非物质文化遗产作为公共文化对待的事业中发挥着特别重要的作用。……对于公共物品，政府的作用首先是建立并维护法律秩序，保障参与的各方都遵守游戏规则。③

与"民俗"或"民间文化"相比，"非物质文化遗产"所指的对象并没有多少新意，但是，它所伴随的话语却是全新的［所谓"新瓶装旧酒"］。……［即］探讨把它［指非物质文化遗产——笔者补注］转变为建构民族国家内部正面的社会关系的文化资源的可能性和方式。……在实践层次，是要厘清民间信仰［等非物质文化遗产——笔者补注］与国家的文化认同和公民社会建设的密切关系。④

关于民间信仰的知识和话语对中国今天建立公民社会和公民身份具有重要的意义。我们今天的知识生产要有"公民身份"的自觉意识，尤其要引进公民身份的文化维度，即把尊重他人的价值观、尊重

---

① 高丙中:《作为公共文化的非物质文化遗产》，《文艺研究》2008 年第 1 期，收入高丙中《日常生活的文化与政治——见证公民性的成长》，社会科学文献出版社 2012 年版。

② 同上。

③ 同上。

④ 高丙中:《作为非物质文化遗产研究课题的民间信仰》，《江西社会科学》2007 年第 2 期，收入高丙中《民间文化与公民社会——中国现代历程的文化研究》，北京大学出版社 2008 年版；高丙中:《日常生活的文化与政治——见证公民性的成长》，社会科学文献出版社 2012 年版。

其他群体的文化特性作为共同体成员之间的一种文化修养和道德规范。……创造公民之间通过交流、沟通而达致相互理解、相互适应的公民社会机制。①

于是，通过"非遗"概念的普遍主义价值形式，当下中国就"重新赋予长期被贬低的文化以积极的价值，改变了现代制度与草根文化的关系"②。

非物质文化遗产保护在中国确实正在造成社会变化的奇迹。分析奇迹发生的原因，当然首先要分析"非物质文化遗产"的理念，应该是它所代表的新的文化话语包含着化腐朽为神奇的思想力量。③

这就是说，"非物质文化遗产"，作为"社会命名"，现在不再被视为基于实用主义、功利主义的"双名制"手段，而就是基于普遍价值的实践"机制"，甚至就是通过"非遗"概念（理念、观念）所蕴含的普遍意义，建构公民社会和"公民身份"等基本"人权"的价值目的的社会实践本身，在这方面，中外民俗学学者已接近达成了共识。④

"非物质文化遗产"，指被各社区、群体，有时是个人，视为其文化遗产组成部分的各种社会实践、观念表述、表现形式、知识、技能以及相关的工具、实物、手工艺品和文化场所。这种非物质文化遗产世代相传，在各社区和群体适应周围环境以及与自然和历史的互动中，被不断地再创造，为这些社区和群体提供认同感和持续感，从而增强对文化多样性和人类创造力的尊重。在本公约中，只考虑符合现有的国际人权文件，各社区、群体和个人之间相互尊重的需要和顺应

---

① 高丙中：《作为非物质文化遗产研究课题的民间信仰》，《江西社会科学》2007 年第 2 期，收入高丙中《民间文化与公民社会——中国现代历程的文化研究》，北京大学出版社 2008 年版；高丙中《日常生活的文化与政治——见证公民性的成长》，社会科学文献出版社 2012 年版。

② 高丙中：《中国的非物质文化遗产保护与文化革命的终结》，《开放时代》2013 年第 5 期。

③ 同上。

④ 户晓辉《非遗时代民俗学的实践回归》引日本学者岩本通弥、菅丰的相关论述，《民俗研究》2015 年第 1 期。

可持续发展的非物质文化遗产。①

　　一个受他律的自然法则而规定的文化现象，我们只能将其归因于不可抗拒的自然原因，而不能将其归因于可以自律地"立法"且"守法"的自由动因（动机原因），在这样的自然条件下，文化本身就无所谓善、恶而只有实用或功利的有效性（真、伪）与否。只有将文化现象抽离其特定时空的语境条件，文化现象的理性意志的无条件实践条件才会显现出来，于是，文化现象才真正有了道德上善、恶的价值问题，正是以此，文化现象的道德评价、价值判断的普遍标准——"人权"的标准——也才有被启用的必要和必然，也就是说，"人权"的道德评价—价值判断的普遍标准的启用，是以"承认"人的纯粹理性—自由意志的实践能力为前提、基础或无条件条件的；反过来说，"人权"的标准之所以未能有效地被用作传统文化的评价和判断，正是由于理论理性对于实践理性的僭越，从而在时间条件下遮蔽了人的理性意志的实践能力，因而也就无需给予文化以绝对善、恶的评价与判断。②

　　提出"非物质文化遗产"的概念，就其实践的意义来说，原本就是要在国家间通过开展一场针对民族民间多元文化的保护运动并形成制度，以保障每一个共同体都能够平等地行使其文化选择的自主权利，进而保障每一个人的文化认同的"人权"。③

于是，"非物质文化遗产"的概念，在实践民俗学家的眼中，就被视为纯粹理性的实践判断力形式，即因人的纯粹理性的自由意志而提供的一个能够终结百年以来的"文化革命"，进而联结民俗、民间文化的经验现实即普通人的日常生活与公民社会的先验理想的"第三者"（因为这个"第三者"可以同时表述经验的实在性与先验的观念性），这一基于人的

----

① 《保护非物质文化遗产公约》，《联合国教科文组织〈保护非物质文化遗产公约〉基础文件汇编》，外文出版社 2012 年版，第 9 页。这就是说，根据联合国教科文组织《保护非物质文化遗产公约》，并不是所有的民俗都能够被视为"非物质文化遗产"，而只有那些符合现代公民社会的普遍"人权"原则的民俗才能够被"考虑"为"非物质文化遗产"。

② 本书第九章《民俗复兴与公民社会相联结的可能性》。

③ 本书第七章《我们的学术观念是如何转变的？》。

纯粹理性—自由意志的先验实践判断（力）形式①，从而推动由执政党、政府所主持的"非遗"保护，转变成为由社会自身所主导的②、在当代中国实践并实现民主社会的有效酵素，而不是任其与意识形态（无论是政治意识形态还是文化意识形态、经济意识形态）的新一轮共谋而生成为一种话语霸权，并造成不同文化群体之间的利益冲突。

在此，"非物质文化遗产"的概念，并不在于它是一个陌生的理论概念还是一个熟悉的实践概念，关键在于我们如何使用这一概念，是理论地、非功利地使用它，还是实践地却功利地使用它，抑或非功利地实践地使用它？正如维特根斯坦已经反复强调的："命题只有在使用时才有意义"，"一个词的一种意义就是对于该词的一种使用"③。这就是说，如果我们理论地使用"非遗"概念，我们就只能直观地呈现"非遗"实践的经验事实；如果我们实践地但功利地使用"非遗"概念，我们就会经验地参与意识形态的共谋；但是如果我们实践地但纯粹地使用"非遗"概念，我们就能够推动"非遗"实践朝向先验的理想不断进步。于是纯粹理性的实践民俗学，构成了与理论民俗学和应用民俗学相对（如日本民俗学者菅丰所言）的"第三条道路"，尽管不是基于地方主义价值，而是基于普遍主义价值的"第三条道路"④。于是，"非遗"才不会成为民俗学学科的障碍，反而会促进民俗学对自身实践本质的认识⑤，并且能够促进

---

① 参见本书第九章《民俗复兴与公民社会相联结的可能性》。

② "名录的设计要求文化项目的持有人群自己申报或自愿委托机构申报，因此实际传承文化的社群就被置于整个体系的第一推动者的位置。任何社区、群体（包括民族）都可以申报，都被鼓励申报能够代表自己的项目。申报什么？当然是由文化社群通过内部机制选择、认可的。外部的人或机构只能起咨询、建议等服务性的作用。……其中，政府要确保各种非物质文化遗产得到承认、受到尊重，并能够弘扬；而且突出了各种社群、非政府组织参与的重要性和必要性。"高丙中：《中国的非物质文化遗产保护与文化革命的终结》，《开放时代》2013 年第 5 期。

③ ［奥地利］维特根斯坦：《论实在性》，张金言译，广西师范大学出版社 2002 年版，第 3、11 页。

④ 参见［日］菅丰《日本现代民俗学的"第三条道路"——文化保护政策、民俗学主义及公共民俗学》，陈志勤译，《民俗研究》2011 年第 2 期。

⑤ "《公约》重新激活了民俗学的实践意识和自由意志，也给我们重拾学科求民主、争自由的古典理想并且重新领会民俗学的学科性质提供了启示。"《公约》"不仅是从外部激发了民俗学的内在实践意识，而是从内部彰显出民俗学本身的实践属性。换言之，如果说由《公约》带来的非遗保护是民俗学自身在全球化时代演化出来的新的实践形式，那么，这种实践形式就不是外在于民俗学自身的性质，而是民俗学内部本来就应该具备的实践属性。"户晓辉：《非遗时代民俗学的实践回归》，《民俗研究》2015 年第 1 期。

实践民俗学在未来的发展，即便"非遗"运动在十年之后不再"时兴"①。

　　这样，在经过了几代民俗学者的披荆斩棘，即在回答了"理性兴趣"的"三个问题"——我能够知道什么［通过理论的经验性方法］？我应当做什么［实践的先验目的］？我可以希望什么［实践的先验目的对理论的经验性方法的必然综合］？②——从而完成了实践的目的论与实践认识的方法论，被重新统一在实践民俗学的同一个学科范式之内的艰难过程，并且找到了实践民俗学在当下切实的践行入口（"非遗"概念作为实践民俗学的判断力形式，以及"非遗"保护作为民俗学的田野作业的实践形式）之后，中国民俗学这条满载着一船自由梦想的"五月花号"③，可以再一次向着新大陆起航了。

　　①　岩本通弥"讨论了一个话题：非物质文化遗产作为运动过去之后，民俗学该怎么办？"参见户晓辉《为民主、争自由的民俗学——访日归来话短长》，《民俗研究》2013年第4期。

　　②　参见［德］康德《纯粹理性批判》，邓晓芒译，人民出版社2004年版，第612页。"哲学是关于人类理性的最终目的的一切知识和理性使用的科学，对于作为最高目的的最终目的来说，一切其他目的都是从属的，并且必须在它之中统一起来。在这种世界公民的意义上，哲学领域提出了下列问题：1）我能知道什么？2）我应当做什么？3）我可以期待什么？4）人是什么？形而上学回答第一个问题，伦理学回答第二个问题，宗教回答第三个问题，人类学回答第四个问题。但是从根本说来，可以把这一切都归结为人类学，因为前三个问题都与最后一个问题有关系。"［德］康德：《逻辑学讲义》，许景行译，商务印书馆2010年版，第23页。

　　③　《五月花号公约》（Mayflower Compact）全文如下："以上帝的名义，阿门！我们，下面的签名人，作为伟大的詹姆斯一世的忠顺臣民，为了给上帝增光，发扬基督教的信仰和我们祖国和君主的荣誉，特着手在弗吉尼亚北部这片新开拓的海岸建立第一个殖民地。我们在上帝的面前，彼此以庄严的面貌出现，现约定：将我们全体组成一个公民政治体，以使我们能更好地生存下来并在我们之间创造良好的秩序。为了殖民地的公众利益，我们将根据这项契约颁布我们应当忠实遵守的公正平等的法律、法令和命令，并视需要而任命我们应当服从的行政官员。"（据［美］布莱福特《"五月花号公约"签订始末》，王军伟译，华东师范大学2006年版）托克维尔（Tocqueville）写道："不要认为清教徒的虔诚仅仅是说在嘴上，也不要以为他们不谙世事的道理。正如我在上面说过的，清教的教义既是宗教学说，又是政治理论。因此，移民们在刚刚登上纳撒尼尔·莫尔顿描述的不毛海岸，第一件关心的事情就是建立自己的社会。他们立即通过一项公约［即上引《五月花号公约》——笔者补注］……此事发生于1620年。"此后，"建立罗得岛州的移民在1638年，创业于钮黑文的移民在1637年，康涅狄格的首批居民在1639年，普罗维登斯的创立者们在1640年，先后以书面形式定出社会契约，并经全体当事人一致通过。"［法］托克维尔：《论美国民主》，上卷，董良果译，商务印书馆2013年版，第43—44页。

五　"表述"：实践民俗学的知识生产与观念性实践

当代社会有一种奇妙的机制，个别或少数现象要较快成为常见的社会现象，必须把它说出来（不管是从正面说还是从反面说），成为众所周知的事情。①

所谓使之"成为众所周知的事情"就是"说事儿"②，"说事儿"就是"让……在知识上成为可见的"③，而"让……在知识上成为可见的"例如前述龙祖殿能够落成，"在于它在诞生前已经在学术的、政治的和政府管理的话语或者符号结构里占有了一席之地"，"其中最关键的环节在于它事先已经在知识分子的话语空间里占有了一席之地"，则是学科"表述"的基本目的。但这里要强调的是，尽管"让……在知识上成为可见的"的"说事儿"是学科"表述"的基本目的，但"表述"却超出了"说事儿"或"让……在知识上成为可见的"的这一理论民俗学的认识目的的界限，换句话说，"表述"不应当仅仅是民俗学的理论知识的基本目

----

① 高丙中：《日常生活的现代与后现代遭遇：中国民俗学发展的机遇与路向》，《民间文化论坛》2006 年第 3 期，收入高丙中《民间文化与公民社会——中国现代历程的文化研究》，北京大学出版社 2008 年版；高丙中《中国人的生活世界——民俗学的路径》，北京大学出版社 2010 年版；高丙中《日常生活的文化与政治——见证公民性的成长》，社会科学文献出版社 2012 年版。

② "说事儿"，参见高丙中《〈汉译人类学名著丛书〉总序》，载克利福德、马库斯编《写文化——民族志的诗学与政治学》，高丙中等译，商务印书馆 2006 年版，第 1 页。该文以《中国社会科学需要培育扎实的民族志基本功》为题收入高丙中《民间文化与公民社会——中国现代历程的文化研究》，北京大学出版社 2008 年版；高丙中《日常生活的文化与政治——见证公民性的成长》，社会科学文献出版社 2012 年版。

③ 参见高丙中《日常生活的现代与后现代遭遇：中国民俗学发展的机遇与路向》，《民间文化论坛》2006 年第 3 期，收入高丙中《民间文化与公民社会——中国现代历程的文化研究》，北京大学出版社 2008 年版；高丙中《中国人的生活世界——民俗学的路径》，北京大学出版社 2010 年版；高丙中《日常生活的文化与政治——见证公民性的成长》，社会科学文献出版社 2012 年版。

的和认识界限，而是也应当扩展到实践民俗学的最终目的——表述的应用领域，否则，仅仅局限于可证实的理论民俗学的认识领域和基本目的，民俗学者就无法避免被"表述"的对象——"民间"：一方面在理论民俗学的经验性语境中，被直观到并表述为"自然的民"；另一方面却无法在实践民俗学的公民社会的先验语境中，被思想并表述为"自由的人"。这就是说，除非我们依据公民社会的先验理想的语境条件，我们就无法把传统的"民间"思想、表述为自由主体。

> 我喜欢强调表述的作用。强调表述的作用其实是"话语"、"书写"、"言说主体"的学术思想在民族志方法中的简化……表述，是今日的社会科学能够有所为的知识生产方式，也就是经验研究的学者关怀公共事务的表达文体。①

从"社会科学"的"经验研究"的立场出发，我们可以视"表述"为民俗学"关怀公共事务"的"知识生产方式"的"表达文体"（尽管这种"表述"并非建立在其自身的方法论基础上）。换句话说，"表述"首先在"民族志"这种"表达文体"中发挥"基础"的"作用"，而民族志的"基础""作用"就是"呈现社会事实"，即把直观到的现象说出来，使之成为众所周知的事实（"让……在知识上成为可见的"）。但是，"表述"的"作用"并非仅仅是"呈现社会事实"（直观现象），"表述"的作用还在于"表述"能够以"简化"的形式让"言说主体"的"学术思想"（先验理念）在知识上也成为可见的，以备实践的不时之需，而后者才是"表述"作为实践民俗学的"知识生产方式"发挥"作用"——即"关怀公共事务"——的最重要的"机制"。

这里，我们实际上已经把"表述"这种"知识生产方式"，视为实践民俗学或民俗学的实践范式发挥"关怀公共事务"的"作用—机制"，于是，接下来的问题就是：除非我们已经证明，实践民俗学或民俗学的实践范式的"表述"是在严格的"知识生产方式"下给出的科学知识，否则，即便民俗学的"表述"已经产生了一定的社会效应，我们也仍然不能肯

---

① 高丙中：《民间文化与公民社会——中国现代历程的文化研究》，"序言"，北京大学出版社 2008 年版，第 5 页。

定，实践民俗学已经成功转型，或者，民俗学的实践范式仍然"处在尝试、探索阶段"①。那么，实践民俗学或民俗学的实践范式，究竟是通过怎样的"知识生产方式"即严格的科学程序，而生产出了民俗学的"实践知识"（practical knowledge）② 即对民俗现象的"实践认识"呢？在本书中，笔者已经从实践民俗学或民俗学的实践范式的目的论与方法论的统一性的角度，给予了初步的论证，这就是：通过对主体实践（民俗）的经验现象的先验条件的演绎还原，推论（生产）出并（现象学地）直观到实践主体（俗民）自身作为自由主体纯粹观念的先验目的，并以此民俗学的实践范式（方式）所提供的纯粹观念，用于民俗学的社会实践。于是——回到本书"绪论""'内在的'和'外在的'民间文学"的结尾部分所提出的问题——民俗学者才能够有把握地断言：我们学者"加给""放进"老百姓心中的东西，也就是我们学者从老百姓的心中"看出""找出""取出""学到"并"受教"于他们的东西。而学者"放进"老百姓心中的东西，和学者从他们心中"取出"的东西，之所以就是同一个东西③，乃是因为，学者和老百姓（都是普通人）同样拥有能够纯粹自为地、自律地实践的普通理性、普遍理性。但是，在理论民俗学的经验语境条件下，"放进"并"取出"同一个东西——实践理性的纯粹观念——是无法做到的；然而理论民俗学无法做到的事情，实践民俗学却可以做到，于是，在实践民俗学的目的论和方法论相统一的基础上，"理性在这里应当［也能够］自己成为自己的学生"（参见本书"绪论"）。

---

① 参见刘晓春《从"民俗"到"语境中的民俗"——中国民俗学研究的范式转换》，《民俗研究》2009 年第 2 期。

② 参见［德］康德《道德形而上学基础》，孙少伟译，九州出版社 2007 年版，第 7 页。

③ "将民众正当拥有的、我们取之于他们的东西以一个他们理解的方式归还给他们。"［美］罗伯特·巴龙：《美国公众民俗学：历史、问题和挑战》，黄龙光译，《文化遗产》2010 年第 1 期。转引自户晓辉《非遗时代民俗学的实践回归》，《民俗学研究》2015 年第 1 期。

结　语

目的论的学科历史与逻辑

　　《民俗学：一门伟大的学科》的写作，始于 2000 年，2014 年完稿，本书从理论上阐述了过去 30 年间中国民间文学—民俗学学科范式转换的目的论的历史逻辑，具有思想上的连贯性。本书的写作起源于笔者对民间文学—民俗学学科危机的问题意识，并以寻求克服危机的理论出路为写作目的。笔者对学科危机的讨论，始于胡塞尔现象学式的现代性反思（《现代性论争中的民间文学》，2000 年），着意于学科与现代性方案的意识形态之间的共谋关系，以此，学科危机的解决之道就在于，斩断学术与极权主义意识形态藕断丝连的隐秘关联。但是，在接下来的讨论中，笔者转向了学科自身（包括伦理目的、科学方法）的范式问题（《"内在的"和"外在的"民间文学》，2002 年；《从"我们和他们"到"我与你"》，2004 年；《民间文学—民俗学的"真理宣称""规范宣称"与"真诚宣称"》，2004 年；《民间文学—民俗学研究中的"性质世界"与"意义世界"》，2006 年），并通过对祁连休、刘锡诚、高丙中等两代民间文学—民俗学学者所实践的学术范式的案例考察，分析了学科经典范式的内在痼疾，即（与意识形态共享的）理论理性的方法论基础与实践理性的目的论前提之间的自我矛盾，由此而领悟到学科范式转换的可能方向（《阿卡琉斯的愤怒与孤独》，2007 年；《中国民间文学的西西弗斯》，2008 年；《民俗学的笛卡尔沉思》，2010 年；《我们的学术观念是如何转变的？》2014 年），并最终达成了以康德的先验论实践哲学为根据，对民间文学—民俗学的先验目的论与先验方法论相统一的实践范式，即"实践民俗学"的理论认识（《民俗复兴与公民社会相联结的可能性》，2013 年；《"表演的责任"与民俗学的"实践研究"》，2013 年；《转过身来的大娘娘》，2014 年；《接续民间文学的伟大传统》，2014 年；《民俗学的哥白尼革命》，2014 年）。业内有学者把本学科的范式转换表述为从"'民俗'到'语境中的民俗'"，也有学者表述为从单纯的文史研究向"人文属性足够强，却以实地调查研究为基础的社会科学"的转型；但在笔者看来，中国民间文学—民俗学的学科发展，其基本问题是要克服内在的自我冲突，把自身建设成为一个在先验的实践目的（内容）论与同样是先验（统领经验）的认识方法（形式）论上，重新统一的实践范式的实践科学，即实践民俗学。以此为基点再反观学科的发展，其历史逻辑清晰在目，正如笔者曾经的比喻："就如同个体生命的成长史一定要再现人类整体生命的进化史，学术也是一个积累的成就。学术就像安徒生笔下的睡帽，谁戴上这顶睡帽，谁的学术梦想中就会再现他的前辈的所有眼泪和欢笑。前辈的成就将融入你的血液，你也将接过他提出过的所有问题，他的困惑你将再次体验，他的答案你将重新检验。"（《从"我们和他们"到"我与你"》）于是，中国民间文学—民俗学学术共同体，在经过了 30 年艰苦卓绝的学术实践和理论探讨——为此我们应该特别感谢以钟敬文和刘锡诚为代表的学术前辈和老师，是他们那一代学者启动了 30 年来中国民间文学—民俗学范式转型的最初步伐——之后，当实践科学的范式理想终于出现在学术的地平线上，今天，我们已经有充分的理由断言：民间文学—民俗学是一门伟大的学科！

作　者

2014 年 8 月于中国社会科学院文学研究所

参考文献

中文论著、译著、论文集

[美] 阿利森:《康德的自由理论》,陈虎平译,辽宁教育出版社 2001年版。

[德] 艾伯华:《中国民间故事类型》,王燕生等译,商务印书馆 1999年版。

[美] 安德森:《想象的共同体:民族主义的起源和散布》,吴睿人译,上海世纪出版集团 2003 年版。

[英] 奥斯汀:《如何以言行事——1955 年哈佛大学威廉·詹姆斯讲座》,杨玉成等译,商务印书馆 2013 年版。

巴莫曲布嫫:《史诗传统的田野研究:以诺苏彝族史诗〈勒俄〉为个案》,博士学位论文,北京师范大学,2003 年。

[美] 鲍曼:《作为表演的口头艺术》,杨利慧、安德明译,广西师范大学出版社 2008 年版。

[英] 鲍曼:《立法者与阐释者——论现代性、后现代性与知识分子》,洪涛译,上海人民出版社 2000 年版。

[美] 贝克:《〈实践理性批判〉通释》,黄涛译,华东师范大学出版社 2011 年版。

[日] 柄谷行人:《日本现代文学的起源》,赵京华译,三联书店 2003年版。

[丹麦] 勃兰兑斯:《十九世纪文学主流》,第一分册《流亡文学》,张道真译,人民文学出版社 1980 年版。

[丹麦] 勃兰兑斯:《十九世纪文学主流》,第二分册《德国的浪漫派》,刘半九译,人民文学出版社 1981 年版。

［英］博尔尼：《民俗学手册》，程德祺等译，上海文艺出版社 1995 年版。

［法］布迪厄、［美］华康德：《实践与反思——反思社会学导引》，李猛等译，中央编译出版社 1998 年版。

［法］布尔迪厄：《实践理性——关于行为理论》，谭立德译，三联书店 2007 年版。

［美］布莱福特：《“五月花号公约”签订始末》，王军伟译，华东师范大学 2006 年版。

朝戈金：《口传史诗诗学——冉皮勒〈江格尔〉程式句法研究》，广西人民出版社 2000 年版。

《陈独秀书信集》，新华出版社 1987 年版。

陈嘉映：《海德格尔哲学概论》，三联书店 1995 年版。

陈平原：《中国现代学术之建立——以章太炎、胡适之为中心》，北京大学出版社 1998 年版。

陈连山：《结构神话学——列维 - 斯特劳斯与神话学问题》，外文出版社 1999 年版。

陈连山：《游戏》，中央民族大学出版社 2000 年版。

陈泳超主编：《中国民间文化的学术史观照——民间文化青年论坛·1》，黑龙江人民出版社 2004 年版。

陈泳超：《中国民间文学研究的现代轨辙》，北京大学出版社 2005 年版。

陈泳超：《尧舜传说研究》，南京师范大学出版社 2000 年版。

陈泳超：《背过身去的大娘娘：传说生息的动力机制——关于山西省洪洞县“接姑姑迎娘娘”活动的传说学研究》，未刊稿，2014 年。

［法］德里达：《论文字学》，汪堂家译，上海译文出版社 2005 年版。

［美］邓迪斯编：《世界民俗学》，陈建宪等译，上海文艺出版社 1990 年版。

［美］邓迪斯：《民俗解析》，户晓辉译，广西师范大学出版社 2005 年版。

［美］邓迪斯编：《西方神话学读本》，朝戈金等译，广西师范大学出版社 2006 年版。

邓晓芒：《康德哲学诸问题》，三联书店 2006 年版。

邓晓芒：《〈纯粹理性批判〉讲演录》，商务印书馆 2013 年版。

［美］邓金：《解释性交往行动主义——个人经历的叙事、倾听与理解》，周勇译，重庆大学出版社 2004 年版。

[美] 丁乃通：《中国民间故事类型索引》，郑建成等译，中国民间文艺出版社1986年版。

杜维明：《儒家思想新论——创造性转换的自我》，江苏人民出版社1996年版。

[美] 杜赞奇：《从民族国家拯救历史：民族主义话语与中国现代史研究》，王宪明等译，社会科学文献出版社2003年版。

[日] 饭田隆：《现代思想的冒险者——言语的限界》，讲谈社1997年版。

费孝通：《乡土中国》，三联书店1985年版。

[法] 福柯：《必须保卫社会》，钱翰译，上海人民出版社1999年版。

高丙中：《民俗文化与民俗生活》，中国社会科学出版社1994年版。

高丙中：《民间文化与公民社会——中国现代历程的文化研究》，北京大学出版社2008年版。

高丙中：《中国人的生活世界——民俗学的路径》，北京大学出版社2010年版。

高丙中：《日常生活的文化与政治——见证公民性的成长》，社会科学文献出版社2012年版。

高丙中、袁瑞军：《中国公民社会发展蓝皮书》，北京大学出版社2008年版。

高荷红：《满族说部传承研究》，中国社会科学出版社2011年版。

《歌谣》，合订本，中国民间文艺出版社影印，1985年版。

[美] 格尔兹：《文化的解释》，纳日碧力戈等译，上海人民出版社1999年版。

[美] 戈夫曼：《日常生活中的自我呈现》，冯钢译，北京大学出版社2008年版。

[日] 沟口雄三：《中国的思想》，赵士林译，中国社会科学出版社1995年版。

[日] 沟口雄三：《中国前近代思想之曲折与展开》，陈耀文译，上海人民出版社1997年版。

Grayling：《维特根斯坦与哲学》，张金言译，译林出版社2008年版。

顾颉刚等：《孟姜女故事论文集》，中国民间文艺出版社1983年版。

顾颉刚编著：《孟姜女故事研究集》，上海古籍出版社1984年版。

[日] 关敬吾：《民俗学》，王汝澜等译，中国民间文艺出版社1986年版。

郭于华主编：《仪式与社会变迁》，社会科学文献出版社 2000 年版。

［德］哈贝马斯：《认识与兴趣》，郭官义等译，学林出版社 1999 年版。

［德］哈贝马斯：《公共领域的结构转型》，曹卫东等译，学林出版社 1999 年版。

［德］哈贝马斯：《交往行为理论》，第一卷 "行为合理性与社会合理化"，曹卫东译，上海人民出版社 2004 年版。

［美］洪长泰：《到民间去：1918—1937 年的中国知识分子与民间文学运动》，董晓萍译，上海文艺出版社 1993 年版。

［德］胡塞尔：《经验与判断》，邓晓芒等译，三联书店 1999 年版。

［德］胡塞尔：《内在时间意识现象学》，杨富斌译，华夏出版社 2000 年版。

［德］胡塞尔：《欧洲科学的危机与超越论的现象学》，王炳文译，商务印书馆 2001 年版。

［德］胡塞尔：《笛卡尔式的沉思》，张廷国译，中国城市出版社 2002 年版。

［德］胡塞尔：《生活世界现象学》，［德］黑尔德编，倪梁康、张廷国译，上海译文出版社 2002 年版。

《胡适学术文集·新文学运动》，中华书局 1993 年版。

户晓辉：《现代性与民间文学》，社会科学文献出版社 2004 年版。

户晓辉：《返回爱与自由的生活世界：纯粹民间文学关键词的哲学阐释》，江苏人民出版社 2010 年版。

户晓辉：《民间文学的自由叙事》，社会科学文献出版社 2014 年版。

华勒斯坦等：《开放社会科学——重新建社会科学报告书》，李锋译，三联书店 1997 年版。

黄裕生：《真理与自由——康德哲学的存在论阐释》，江苏人民出版社 2002 年版。

［德］伽达默尔：《赞美理论》，夏镇平译，上海三联书店 1988 年版。

［法］加缪：《西西弗的神话》，杜小真译，三联书店 1998 年版。

［德］卡西勒：《启蒙哲学》，顾伟铭等译，山东人民出版社 1988 年版。

［德］卡西尔：《神话思维》，黄龙保等译，中国社会科学出版社 1992 年版。

［美］凯尔纳、贝斯特：《后现代理论——批判性的质疑》，张志斌译，中

央编译出版社 2004 年版。

［德］康德：《纯粹理性批判》，邓晓芒译，人民出版社 2004 年版。

［德］康德：《实践理性批判》，韩水法译，商务印书馆 1999 年版。

［德］康德：《实践理性批判》，邓晓芒译，人民出版社 2003 年版。

［德］康德：《实践理性批判》，李秋零译，收入《康德著作全集》第 5 卷，人民大学出版社 2007 年版。

［德］康德：《道德形而上学原理》，苗力田译，上海人民出版社 2005 年版。

［德］康德：《道德形而上学基础》，孙少伟译，九州出版社 2007 年版。

［德］康德：《道德形而上学的奠基》，李秋零译，载《康德著作全集》第 4 卷，中国人民大学出版社 2007 年版。

［德］康德：《道德形而上学奠基》，杨云飞译，人民出版社 2013 年版。

［德］康德：《判断力批判》，邓晓芒译，人民出版社 2002 年第 2 版。

［德］康德：《纯然理性界限内的宗教》，李秋零译，收入《康德论上帝与宗教》，中国人民大学出版社 2004 年版。

［德］康德：《纯然理性界限内的宗教》，李秋零译，载《康德著作全集》第 6 卷，中国人民大学出版社 2007 年版。

［德］康德：《单纯理性限度内的宗教》，李秋零译，商务印书馆 2012 年版。

［德］康德：《逻辑学讲义》，许景行译，商务印书馆 2010 年版。

［德］康德：《反思录》，见斯密《康德〈纯粹理性批判〉解义》，卓然（韦卓民）译，商务印书馆 1961 年版。

［德］康德：《历史理性批判文集》，何兆武译，商务印书馆 1990 年版。

《康德书信百封》，李秋零编译，上海人民出版社 2006 年版。

［苏］克拉耶夫斯基：《苏联口头文学概论》，连树声译，东方书店 1954 年初版。

［美］库恩：《科学革命的结构》，李宝恒等译，上海科学技术出版社 1980 年版。

［美］芮德菲尔德：《农民社会与文化——人类学对文明的一种诠释》，王莹译，中国社会科学出版社 2013 年版。

［法］利科尔：《解释学与人文科学》，陶远华等译，河北人民出版社 1987 年版。

黎敏：《建国后前十年民俗文献史》，中国文史出版社 2008 年版。

李扬：《西方民俗学译论集》，中国海洋大学出版社 2003 年版。

《联合国教科文组织〈保护非物质文化遗产公约〉基础文件汇编》，外文
　出版社 2012 年版。

刘锡诚：《原始艺术与民间文化》，中国民间文艺出版社 1988 年版。

刘锡诚：《中国原始艺术》，上海文艺出版社 1998 年版。

刘锡诚：《象征——对一种民间文化模式的考察》，学苑出版社 2002
　年版。

刘锡诚：《20 世纪中国民间文学学术史》，河南大学出版社 2006 年版。

刘锡诚：《民间文学：理论与方法》，中国文联出版社 2007 年版，2010 年
　第 2 次印刷。

刘锡诚：《非物质文化遗产：理论与实践》，学苑出版社 2009 年版。

《刘锡诚文章著作要目》，2014 年 2 月。

刘小枫：《现代性社会理论绪论——现代性与现代中国》，上海三联书店
　1998 年版。

刘晓春：《仪式与象征的秩序》，商务印书馆 2003 年版。

刘大先：《现代中国与少数民族文学》，中国社会科学出版社 2013 年版。

娄子匡、朱介凡：《五十年来的中国俗文学》，正中书局 1963 年版。

［英］罗素：《西方哲学史》下卷，何兆武译，商务印书馆 1976 年版。

［法］罗斑：《希腊思想和科学精神的起源》，陈修斋译，广西师范大学出
　版社 2003 年版。

［美］罗斯诺：《后现代主义与社会科学》，张国清译，上海译文出版社
　1998 年版。

吕微：《神话何为——神圣叙事的传承与阐释》，社会科学文献出版社
　2001 年版。

吕微、安德明编：《民间叙事的多样性》，学苑出版社 2006 年版。

《马克思恩格斯选集》，人民出版社 1972 年版。

［德］马丁·布伯：《我与你》，陈维刚译，三联书店 1986 年版。

［英］马林诺夫斯基：《巫术科学宗教与神话》，李安宅译，中国民间文艺
　出版社 1986 年版。

［美］马尔库斯等：《作为文化批评的人类学——一个人文学科的实验时
　代》，王铭铭等译，三联书店 1998 年版。

马昌仪、刘锡诚：《石与石神》，学苑出版社 1994 年版。

毛巧晖：《涵化与归化——论延安时期解放区的"民间文学"》，上海辞书出版社 2006 年版。

毛巧晖：《20 世纪下半叶中国民间文艺学思想史论》，上海文化出版社 2010 年版。

毛巧晖：《马克思主义民间文艺学的中国化进程》，未刊稿，2014 年。

［英］梅因：《古代法》，沈景一译，商务印书馆 1959 年版。

［美］莫尔根：《理解功利主义》，谭志福译，山东人民出版社 2012 年版。

倪梁康：《现象学及其效应——胡塞尔与当代德国哲学》，三联书店 1994 年版。

倪梁康：《胡塞尔现象学概念通释》，三联书店 1999 年版。

倪梁康主编：《面对实事本身——现象学经典文选》，东方出版社 2000 年版。

［俄］普罗普：《故事形态学》，贾放译，中华书局 2006 年版。

［俄］普罗普：《神奇故事的历史根源》，贾放译，中华书局 2006 年版。

［美］普特南：《事实与价值二分法的崩溃》，应奇译，东方出版社 2006 年版。

祁连休、程蔷主编：《中华民间文学史》，河北教育出版社 1999 年版。

祁连休：《中国古代民间故事类型研究》，河北教育出版社 2007 年版。

秦晖、苏文：《田园诗与狂想曲——关中模式与前近代社会的再认识》，中央编译出版社 1996 年版。

阮新邦等：《解读〈沟通行动论〉》，上海人民出版社 2003 年版。

塞德曼编：《后现代转向——社会理论的新视角》，吴世雄等译，辽宁教育出版社 2001 年版。

施爱东：《中国现代民俗学检讨》，社会科学文献出版社 2010 年版。

［法］苏波特尼克：《言语行为哲学——语言的精神衬托与日常性》，史忠义译，天津人民出版社 2003 年版。

［瑞士］索绪尔：《普通语言学教程》，高名凯译，岑麒祥等校，商务印书馆 1980 年版。

［苏］索柯洛娃等：《苏联民间文艺学四十年》，刘锡诚、马昌仪译，科学出版社 1959 年版。

［法］涂尔干：《宗教生活的基本形式》，渠东、汲喆译，上海人民出版社

1999 年版。

［法］托克维尔：《论美国民主》，董良果译，商务印书馆 2013 年版。

《汪晖自选集》，广西师范大学出版社 1997 年版。

汪晖：《死火重温》，人民文学出版社 2000 年版。

王文宝编：《中国民俗学论文选》，中国民间文艺出版社 1986 年版。

王娟：《民俗学概论》，北京大学出版社 2002 年版。

王杰文：《北欧民间文化研究》，学苑出版社 2012 年版。

王铭铭：《社会人类学与中国研究》，三联书店 1997 年版。

［奥地利］维特根斯坦：《论实在性》，张金言译，广西师范大学出版社
　　2002 年版。

［德］韦伯：《学术与政治》，冯克利译，三联书店 1998 年版。

吴效群：《妙峰山：北京民间社会的历史变迁》，人民出版社 2006 年版。

西村真志叶：《日常叙事的体裁研究》，博士学位论文，北京师范大学，
　　2007 年。

［古希腊］亚里士多德：《形而上学》，吴寿彭译，商务印书馆 1959 年版。

［古希腊］亚里士多德：《形而上学》，苗力田译，载《亚里士多德全
　　集》，苗力田主编，中国人民大学出版社 1993 年版。

［古希腊］亚里士多德：《形而上学》，李真译，世纪出版集团、上海人民
　　出版社 2005 年版。

杨荫深：《中国民间文学概说》，华通书局 1930 年版。

杨祖陶、邓晓芒：《康德〈纯粹理性批判〉指要》，人民出版社 2001
　　年版。

杨庆堃：《中国社会中的宗教——宗教的现代社会功能及其历史因素之研
　　究》，范丽珠等译，上海人民出版社 2007 年版。

杨义：《重绘中国文学地图》，中国社会科学出版社 2003 年版。

杨义：《重绘中国文学地图通释》，当代中国出版社 2007 年版。

叶秀山：《思·史·诗——现象学和存在哲学研究》，人民出版社 1988
　　年版。

叶舒宪：《原型与跨文化阐释》，暨南大学出版社 2002 年版。

叶舒宪编选：《结构主义神话学》，陕西师范大学出版社 2012 年版。

［美］伊格尔斯：《二十世纪的历史学——从科学的客观性到后现代的挑
　　战》，何兆武译，辽宁教育出版社 2003 年版。

余英时：《中国思想传统的现代诠释》，江苏人民出版社 1989 年版。

［丹麦］扎哈维：《胡塞尔现象学》，李忠伟译，上海译文出版社 2007
　　年版。

《张灏自选集》，上海教育出版社 2002 年版。

张廷国：《重建经验世界——胡塞尔晚期思想研究》，华中科技大学出版
　　社 2003 年版。

张绍杰：《语言符号任意性研究——索绪尔语言哲学思想探索》，上海外
　　语教育出版社 2004 年版。

赵建国：《科学的社会建构——科学知识社会学的理论与实践》，天津人
　　民出版社 2001 年版。

郑振铎：《中国俗文学史》，商务印书馆 1938 年初版，作家出版社 1954 年
　　版。

钟敬文主编：《民间文学概论》，上海文艺出版社 1980 年版。

《钟敬文民间文学论集》，上海文艺出版社 1985 年版。

钟敬文：《新的驿程》，中国民间文艺出版社 1987 年版。

《中国文学史讨论集》，中华书局 1959 年版。

《周作人民俗学论集》，上海文艺出版社 1999 年版。

周星主编：《国家与民俗》，中国社会科学出版社 2011 年版。

史铁生：《礼拜日》，华夏出版社 1988 年版。

刘小枫：《这一代人的怕和爱》，三联书店 1996 年版。

余华：《活着》，南海出版公司 1998 年版。

　　中文论文、译文

安德明：《非物质文化遗产保护：民俗学的两难选择》，《河南社会科学》
　　2008 年第 1 期。

安德明：《“农民”刘锡诚》，《中国艺术报》2014 年 3 月 19 日。

巴莫曲布嫫：《叙事语境与演述场域——以诺苏彝族的口头论辩和史诗传
　　统为例》，《文学评论》2004 年第 1 期。

巴莫曲布嫫：《田野研究的“五个在场”——巴莫曲布嫫访谈录》，《民族
　　艺术》2004 年第 3 期。

巴莫曲布嫫：《克智与勒俄：口头辩论中的史诗演述》，《民间文学论坛》
　　2005 年第 1 期、第 2 期、第 3 期。

巴莫曲布嫫：《非物质文化遗产的概念化过程》，《中国社会科学院院报》
2007 年 6 月 12 日。

巴莫曲布嫫：《非物质文化遗产：从概念到实践》，《民族艺术》2008 年
第 1 期。

［日］柄谷行人：《民族主义与书写语言》，陈燕谷译，载《学人》第 9
辑，江苏文艺出版社 1996 年版。

陈连山：《重新审视五四与中国现代民俗学的命运——以中国 20 世纪对
于传统节日的批判为例》，《民俗研究》2012 年第 1 期。

陈泳超：《我对于民俗学的学科理解》，《民间文化论坛》2004 年第 6 期。

陈泳超：《作为地方话语的民间传说》，《北京大学学报（哲学社会科学
版）》2013 年第 4 期。

陈泳超等：《"传说动力学"批评》，《民间文化论坛》2014 年第 4 期。

陈彬、陈德强：《民间信仰能促进社会整合吗？——对湘东仙人庙的个案
研究》，《民俗研究》2013 年第 1 期。

董作宾：《为〈民间文艺〉敬告读者》，《民间文艺》第一期，中山大学，
1927 年 11 月 1 日。

费孝通：《谈谈民俗学》，收入张紫晨编《民俗学讲演集》，书目文献出版
社 1986 年版。

甘阳：《"民间社会"概念批判》，收入张静主编《国家与社会》，浙江人
民出版社 1998 年版。

高丙中：《"公民身份"的理论取向和现实意义》，《学习时报》2003 年 9
月 1 日。

高丙中：《从民间到公民——民俗学在其中的作用》，《中国民族报》2004
年 3 月 19 日。

高丙中、夏循祥：《作为当代社团的家族组织——公民社会的视角》，《北
京大学学报（哲学社会科学版）》2012 年第 49 卷第 4 期。

高丙中：《中国的非物质文化遗产保护与文化革命的终结》，《开放时代》
2013 年第 5 期。

顾颉刚：《〈民俗〉发刊辞》，《民俗》周刊第一期，中山大学，1928 年 3
月 21 日。

郭于华：《试论民俗学的社会科学化》，《民间文化论坛》2004 年第 4 期。

胡适：《逼上梁山——文学革命的开始》，《东方杂志》1934 年第三十一

卷第一期。

户晓辉：《类型：民间故事的存在方式——评祁连休〈中国古代民间故事
　类型研究〉》，《民俗研究》2007 年第 3 期。

户晓辉：《从民到公民：中国民俗学研究"对象"的结构转换》，《民俗研
　究》2013 年第 3 期。

户晓辉：《为民主、争自由的民俗学——访日归来话短长》，《民俗研究》
　2013 年第 4 期。

户晓辉：《〈保护非物质文化遗产公约〉能给中国带来什么新东西——兼
　谈非物质文化遗产区域性整体保护的理念》，《文化遗产》2014 年第
　1 期。

户晓辉：《非遗时代民俗学的实践回归》，《民俗研究》2015 年第 1 期。

黄裕生：《有第三条道路吗？——对自由主义和整体主义国家学说的质疑
　与修正》，《江苏行政学院学报》2014 年第 1 期。

［日］菅丰：《日本现代民俗学的"第三条道路"——文化保护政策、民
　俗学主义及公共民俗学》，陈志勤译，《民俗研究》2011 年第 2 期。

［美］杰菲逊：《美国独立宣言》，收入王德禄、蒋世和编《人权宣言》，
　求实出版社 1989 年版。

卡尔霍恩：《民族主义与市民社会：民主、多样性和自决》，黄平等译，
　收入邓正来等编《国家与市民社会：一种社会理论的研究路径》，中央
　编译出版社 1999 年版。

［德］康德：《回答这个问题：什么是启蒙？》，载《康德著作全集》第 8
　卷，李秋零译，中国人民大学出版社 2010 年版。

［瑞士］凯恩：《论胡塞尔的"生活世界"》，载《文化：中国与世界》第
　2 辑，三联书店 1987 年版。

林达：《美国〈公民读本〉的第一课"你"》，《法制与社会》2006 年第
　4 期。

刘锡诚：《整体研究要义》，《民间文学论坛》1988 年第 1 期。

刘锡诚：《民间文学学科向何处去？》，《社会科学报》2007 年 5 月 24 日。

刘锡诚：《在民间文学的园地里——我的学术自述》，收入刘锡诚《民间
　文学：理论与方法》，中国文联出版社 2007 年版，2010 年第 2 次印刷。

刘锡诚：《正确认识"非遗"的文化属性》，《学习时报》2011 年 10 月
　14 日。

刘锡诚：《21 世纪：民间文学研究的当代使命——关于中国特色的民间文艺学》，《民间文化论坛》2013 年第 1 期。

刘锡诚：《二论 21 世纪民间文学研究的当代使命——关于中国特色的民间文艺学》，《民族艺术》2013 年第 4 期。

刘晓春：《现代性的民间表述——当下民间造神运动的一种阐释》，《思想》第 7 辑，中国社会科学出版社 2001 年版。

刘晓春：《从"民俗"到"语境中的民俗"——中国民俗学研究的范式转换》，《民俗研究》2009 年第 2 期。

罗家伦：《今日之世界新潮》，《新潮》第一卷第一号，北京大学，1919 年 1 月。

吕微：《中国少数民族文学史研究：国家学术与现代民族国家方案》，《民族文学研究》2000 年第 4 期。

吕微：《何其芳的传说》，《读书》2007 年第 5 期。

吕微：《民间文学：现代中国民众的"道德—政治"反抗——欧大伟〈中国民众思想史论〉对〈定县秧歌选〉的研究之研究》，《民俗研究》2001 年第 2 期。

吕微：《现代学术研究中的形式范畴与文化立场——爱伯哈德与丁乃通之争的案例分析》，收入严平编《全球化与文学》，山东教育出版社 2009 年版。

吕微：《从翻译看学术研究中的主体间关系——以索绪尔语言学思想为理论支点》，《民间文化论坛》2006 年第 4 期。

吕微：《民间文学—民俗学的意向方式》，《中国社会科学院院报》2006 年 11 月 9 日。

吕微：《史诗与神话——纳吉论"荷马传统中的神话范例"》，《民俗研究》2009 年第 4 期。

吕微：《神话信仰——叙事是人的本原的存在》，《青海社会科学》2011 年第 1 期，即杨利慧等：《现代口承神话的民族志研究——以四个汉族社区为个案》，"代序"，陕西师范大学出版社 2012 年版。

倪梁康：《胡塞尔：通向先验本质现象学之路——论现象学的方法》，《文化：中国与世界》第 2 辑，三联书店 1987 年版。

倪梁康：《现象学的意向分析与主体自视、互识和共识之可能》，《中国现象学与哲学评论》第 1 辑，上海译文出版社 1995 年版。

彭牧:《实践、文化政治学与美国民俗学的表演理论》,《民间文化论坛》
　2005 年第 1 期。

施爱东、刘宗迪、吕微:《两种文化:田野是"实验场"还是"我们的生
　活本身"》,《民间文化论坛》2005 年第 6 期、2006 年第 1 期。

施爱东:《〈歌谣〉周刊发刊词作者辨》,《民间文化论坛》2005 年第
　2 期。

施爱东:《学术运动对于常规科学的负面影响——兼谈民俗学家在非遗保
　护运动中的学术担当》,《河南社会科学》2009 年第 3 期。

施爱东:《盗肾传说、割肾谣言与守阈叙事》,《华南师范大学学报（社会
　科学版)》2012 年第 6 期。

孙尚扬:《在启蒙与学术之间:重估〈学衡〉》,见孙尚扬编《国故新知
　论——学衡派文化论著辑要》,中国广播电视出版社 1995 年版。

汪晖:《从文化论战到科玄论战——科学谱系的现代分化与东西文化问
　题》,《学人》第 9 辑,江苏人民出版社 1996 年版。

王文宝:《珍贵的中国第一批民俗学课试卷》,《东南文化》2003 年
　10 期。

王杰文:《文化政治学:民俗学的新走向?》,《西北民族研究》2005 年第
　4 期。

王杰文:《"表演理论"之后的民俗学》,《民俗研究》2011 年第 1 期。

王杰文:《"文本化"与"语境化"——〈荷马诸问题〉中的两个问题》,
　《民族文学研究》2011 年第 3 期。

王杰文:《戴尔·海姆斯与"讲述的民族志"》,《温州大学学报（社会科
　学版)》2012 年第 25 卷第 1 期。

王杰文:《"语境主义者"重返"文本"》,《青海社会科学》2013 年第
　3 期。

王杰文:《"生活世界"与"日常生活"——关于民俗学"元理论"的思
　考》,《民俗研究》2013 年第 4 期。

王杰文:《"民俗主义"及其差异化的实践》,《民俗研究》2014 年第
　2 期。

王杰文:《语言人类学与民间文学的"存在论"》,《民间文化论坛》2014
　年第 3 期。

王杰文:《遗产即政治——关于"文化遗产"的表演性与表演"文化遗

产"》,《"作为记忆之场的东亚"国际学术研讨会论文集》,华东师范
大学,2014年。

吴秀杰:《民俗学与人类学相距究竟有多远?》,《中国民俗学》第1辑,
广西师范大学2012年版。

西村真志叶:《作为日常概念的体裁——体裁概念的共同理解及其运作》,
《民俗研究》2006年第2期。

宣炳善:《人性自由实践的互为启蒙及其中国语境》,《民俗研究》2013
年第4期。

杨成志:《现代民俗学——历史与名词》,《民俗》第一卷第一期,中山大
学,1936年9月15日。

杨利慧:《语境、过程、表演者与朝向当下的民俗学——表演理论与中国
民俗学的当代转型》,《民俗研究》2011年第1期。

杨利慧:《语境的效度与限度——对三个社区的神话传统研究的总结与反
思》,《民俗研究》2012年第3期。

叶舒宪:《中国文化的构成与"少数民族文学"——人类学视角的后现代
关照》,收入刘大先主编:《本体的张力——比较视野下的民族文化研
究》,中国社会科学出版社2013年版。

愈之:《论民间文学》,《妇女杂志》第七卷第一号,上海商务印书馆
1921年版。

张瑜:《民俗学的性质、范围和方法》,《晨报》,北平,1934年6月6日。

张庆熊:《胡塞尔论内在时间意识》,《中国现象学与哲学评论》第1辑,
上海译文出版社1995年版。

赵世瑜:《传承与记忆:民俗学的学科本位——关于"民俗学何以安身立
命"问题的对话》,《民俗研究》2011年第2期。

钟敬文:《〈民俗学译文集〉序》,《民俗研究》1985年试刊号。

周作人:《〈歌谣〉发刊词》,《歌谣》第一号,北京大学,1922年12月
17日。

邹明华:《专名与传说的真实性问题》,《文学评论》2003年第6期。

西文论著

Benedict Anderson, *Imagined Communities*: *Reflections on the Origin and Spread of Nationalism*, First published by Verso, 1983.

John Langshaw Austin, *How Do Things with Words*: *The William James Lectures delivered at Harvard University in* 1955, 外语教学与研究出版社 2002 年版。

Giuseppe Cocchiara, *The History of Folklore in Europe*, Translated from the Italian by John N. McDaniel, Philadelphia: Institute for the Study of Human Issues, Inc. , 1981.

Erving Goffman, *The Presentation of Self in Everyday Life*, The Overlook Press, Lewis Hollow Road Woodstock, New York, 1959.

Immanuel Kant, *Kritik der praktischen Vernunft*, neunte Auflage, Verlag von Felex Meiner in Leipzig, 1929.

Immanuel Kant, *Critique of Practical Reason*, Translated and Edited by Mary Gregor, Cambridge University Press, 1997.

Immanuel Kant, *Foundations of the Metaphysics of Morals*, English Translation by Lewis White Beck, 英汉对照本, 九州出版社 2007 年版。

BronislawMalinowski, *Myth in Primitive Psychology*, London, 1926.

Vladimir Propp, *Morphology of the Folktale*, First Edition Translated by Laurence Scott with an Introduction by Svatava Pirkova – Jakobson, Second Edition Revised and Edited with a Preface by Louis A. Wagner, Austin: University of Texas Press, 1968.

Ferdinand de Saussure, *Course in General Linguistics*, Translated by Roy Harris, 外语教学与研究出版社 2001 年版。

William Graham Sumner, *Folkways*: *A Study of the Sociological Importance of Usages*, *Manners*, *Customs*, *Mores*, *and Morals*, A New York Times Company, 1979.